OPRAH WINFREY

Kitty Kelley

Oprah Winfrey

La verdadera historia de una de las mujeres
más poderosas del mundo

Traducción de María Isabel Merino Sánchez

indicios

Argentina – Chile – Colombia – España
Estados Unidos – México – Perú – Uruguay – Venezuela

Título original: *Oprah – A Biography*
Editor original: Crown Publishers, New York
Traducción: María Isabel Merino Sánchez

1.ª edición: febrero 2011

Edición: Aibana Productora Editorial, S.L.
    Villarroel, 220-222 entlo. D – 08036 Barcelona
    www.aibanaedit.com

ISBN: 978-84-937954-1-2
Depósito legal: B-3.532-2011

Impreso por: Romanyà-Valls – Verdaguer, 1
08786 Capellades (Barcelona)

Impreso en España – *Printed in Spain*

De nuevo y siempre,
para mi esposo, John.

Índice

Prefacio

Conocí a Oprah Winfrey en 1981, en Baltimore, mientras hacía una gira de promoción de mi libro, y ella era copresentadora del programa matinal de WJZ, *People Are Talking*, con Richard Sher. Nos reunimos antes de que empezara el programa y, según recuerdo, fue Richard quien más habló, mientras Oprah parecía un tanto distante, una actitud que no comprendí hasta más tarde. Richard me entrevistó y luego nos reunimos con Oprah en el estudio, felicitándonos por nuestra animada conversación. Oprah cabeceó con desagrado. «No apruebo esa clase de libros —dijo—. Tengo familiares sobre los que has escrito un libro y no les gustó en absoluto.»

Miré al productor y le pregunté de qué diablos estaba hablando. Comprendía qué quería decir con «esa clase de libros» —una biografía no autorizada, escrita sin la cooperación o el control del sujeto—, pero estaba perpleja por su referencia a que yo había escrito un libro sobre sus parientes. La única biografía que yo había escrito hasta entonces era la de Jacqueline Kennedy Onassis (*Jackie Oh!*) y mi investigación no había sacado a la luz a ningún pariente Winfrey en el árbol genealógico.

El productor parecía algo incómodo. «Bueno... Oprah tiene una relación muy estrecha con Maria Shriver; además, siente un gran respeto por los Kennedy... Supongo que se considera parte de la familia en cierto sentido y... sabe que tu libro les disgustó, porque era tan revelador... Bueno, por eso decidimos que fuera Richard quien te hiciera la entrevista.»

Anoté la conversación en el dorso de mi programa de promoción del libro, por si acaso el editor me preguntaba qué tal había ido en Baltimore. No tenía ni idea de que veinticinco años más tarde Oprah Winfrey sería una supernova en nuestro firmamento y que yo dedicaría cuatro años a escribir «esa clase de libro» sobre ella.

Durante las tres últimas décadas, me he dedicado a escribir biografías de iconos vivos, sin su cooperación y con independencia de su control. Estas personas no son simples famosos, sino titanes de la sociedad que han dejado su huella en nuestra cultura. En cada biografía, el reto ha sido responder a la cuestión que planteó John F. Kennedy cuando dijo: «Lo que hace que el periodismo sea tan fascinante y el género biográfico tan interesante es el esfuerzo por responder a la pregunta: "¿Cómo es?"». Al escribir sobre personajes contemporáneos, he descubierto que una biografía no autorizada evita las verdades destrozadas por la historia revisionista que es, precisamente, el escollo con que se encuentran las biografías autorizadas. En el caso de las biografías no autorizadas, el biógrafo, sin tener que seguir los dictados del sujeto, tiene una oportunidad mucho mejor que el biógrafo autorizado de penetrar en la imagen pública fabricada, algo que es crucial para una biografía. Porque, citando de nuevo al presidente Kennedy, «El gran enemigo de la verdad no suele ser la mentira —deliberada, artificiosa y deshonesta— sino el mito que es persistente, persuasivo y poco realista».

Sin embargo, nunca me he sentido del todo cómoda con la expresión «no autorizada», probablemente porque suena un poco malvado, casi como si se tratara de un allanamiento de morada. Reconozcámoslo, la biografía es, por su propia naturaleza, la invasión de una vida; un examen íntimo por parte del biógrafo, que trata de penetrar hasta la médula para explorar en lo desconocido y revelar lo oculto. Pese a mi incomodidad con el término, comprendo por qué la biografía no autorizada suele provocar el enfado de los protagonistas biografiados, porque la biografía no autorizada es una presentación independiente de su vida, sin consideración a sus exigencias y decretos. No es una biografía hecha de rodillas. No se inclina ante la fama ni hace reverencias a la celebridad, y las poderosas figuras públicas, acostumbradas a la deferencia, se resisten, naturalmente, al escrutinio que exige una biografía así. Oprah Winfrey no ha sido una excepción.

Al principio, parecía bien dispuesta cuando, en diciembre de 2006, Crown Publishers anunció que yo iba a escribir su biografía. Preguntaron cómo había reaccionado y su publicista respondió: «Está ya enterada de lo del libro, pero no tiene previsto colaborar».

Seis meses después, Oprah le dijo a *The Daily News*, de Nueva York: «No coopero en el libro, pero si ella quiere escribirlo, pues estupendo. Estamos en los Estados Unidos. Ni lo aliento ni dejo de alentarlo. —Luego, con un guiño, añadió—: Y ya sabéis que sé cómo dar aliento».

Para abril del 2008, Oprah había cambiado de actitud. En una transmisión por Internet, con Eckhart Tolle, autor de *A New Earth,* afirmó: «Vivo en un mundo en el que constantemente se escriben cosas que no son verdad. Ahora hay alguien trabajando en una biografía mía, no autorizada. Así que sé que habrá muchas cosas allí que no son verdad».

Inmediatamente escribí a Oprah diciéndole que la verdad era tan importante para mí como lo era para ella. Repetí mis intenciones de ser justa, honrada y exacta, y de nuevo le pedí una entrevista. Ya le había escrito antes; primero como cuestión de cortesía, para decirle que estaba trabajando en el libro y que esperaba presentar su vida con empatía y percepción. Luego le escribí varias veces más, pidiéndole una entrevista, pero no recibí respuesta. No debería haberme sorprendido, dado que la misma Oprah había escrito su autobiografía unos años antes, pero la había retirado antes de que se publicara, porque le parecía que revelaba demasiado. Con todo, seguí probando; pero después de varias cartas más sin ninguna respuesta, recordé lo que John Updike dijo cuando el gran jugador de béisbol Ted Williams usó con él la táctica del cerrojo: «Los dioses no contestan a las cartas».

Cuando estaba a mitad de mi investigación, recibí, finalmente, una llamada de Lisa Halliday, la publicista de Oprah, que me dijo: «La señora Winfrey me ha pedido que le diga que declina que la entreviste».

Para entonces yo ya había averiguado, por los reporteros de Chicago, que Oprah había dejado de conceder entrevistas y que no respondía directamente a la prensa sino que lo hacía a través de sus publicistas. Si los periodistas insistían, como hizo Cheryl Reed cuando redactaba el editorial de *Chicago Sun-Times*, los publicistas de Oprah le proporcionaban una lista de preguntas preparadas y respuestas enlatadas. «[A Oprah] siempre le preguntan lo mismo —le dijo la publicista a la señora Reed—. [Así] es como la señora Winfrey prefiere contestar.»

Le dije a la señora Halliday que necesitaba ser exacta en lo que escribía y le pregunté si la señora Winfrey querría comprobar los datos. La señora Halliday respondió: «Si tiene preguntas sobre algún dato, puede acudir a mí».

Así que lo intenté, pero cada vez que llamaba a Harpo, la señora Halliday no estaba disponible. Al final, fue la propia Oprah quien resultó ser una gran fuente de información.

En lugar de hablar con ella directamente o tener que fiarme de recuerdos fragmentados, decidí recoger todas la entrevistas que había concedido en los últimos veinticinco años a periódicos y revistas y a la radio y la televisión, en los Estados Unidos y el Reino Unido, además de Canadá y Australia. Las archivé todas —había cientos— por nombres, fechas y temas, hasta un total de 2.732 archivos. Partiendo de este recurso, pude utilizar las propias palabras de Oprah con seguridad. Dispuesta en una red, la información extraída de estas entrevistas, sumada a los cientos de entrevistas que hice a su familia, amigos, compañeros de escuela y de trabajo, proporcionaba un perfil psicológico que no podría haber conseguido de ninguna otra manera. Reunir las entrevistas concedidas durante más de dos décadas llevó un tiempo considerable, pero una vez reunidas y catalogadas, resultaron valiosísimas para proporcionarme su voz. A lo largo de este libro, he podido citar a Oprah con sus propias palabras, expresando lo que pensaba y sentía en respuesta a los sucesos de su vida, en el momento en que ocurrían. A veces, sus reflexiones públicas no casaban con los recuerdos privados de otros, pero incluso las verdades que disfrazaba, así como las que compartía, agrandaban las dimensiones de su fascinante imagen.

Siendo una de las mujeres más admiradas del mundo, Oprah Winfrey es adorada por millones de personas por sus grandes logros: es un modelo del éxito de los negros en una sociedad blanca, un icono afroamericano que ha roto las barreras de la discriminación para alcanzar un éxito sin paralelo. En un mundo que venera la riqueza, es idolatrada no sólo por su fortuna neta (unos 2.400 millones de dólares), sino porque ha hecho esa fortuna ella misma, sin el beneficio del matrimonio o de una herencia. En el mundo editorial se la considera una heroína por llevar la alegría de la lectura a millones de pesonas y enriquecer la vida de los escritores, así como la de los lectores.

Sin embargo, por mucho que la quieran, también la temen, lo cual no es inusual entre los gigantes de la sociedad. Cuando escribí sobre Frank Sinatra, hace años, me encontré con que muchos temían hablar de un hombre relacionado con el crimen organizado, por miedo a perder las piernas o incluso la vida. Con Nancy Reagan y la dinastía de los Bush era el miedo a perder el acceso a la presidencia o un puesto de trabajo federal, además de temer que les cayera encima una auditoría del IRS (Hacienda). En el caso de la monarquía británica era el miedo a perder la aprobación real o un posible título nobiliario. Ahora, escribir sobre Oprah revelaba una clase diferente de miedo.

«Tuve miedo de Oprah durante veinte años —dijo su prima hermana Jo Baldwin—. Es peligrosa... Me dijo que si alguna vez abría la boca y contaba lo que sé me demandaría hasta dejarme en cueros.»

Baldwin, pastora ordenada de Misisipí, no temía las represalias físicas, pero sí las represalias personales y profesionales que podría sufrir debido al amplio poder e inmensa riqueza de Oprah. En consecuencia, la reverendo Jo, como la llaman, se negó a hablar de su famosa prima para la versión en tapa dura de este libro, pero desde su publicación en abril 2010 ha conseguido un puesto permanente como profesora universitaria en la Universidad Estatal de Misisipí Valley y ya no cree que Oprah pueda amenazar su medio de vida. Así pues, en el verano de 2010 se ofreció a contar su historia.

Como sucede con otros muchos de la familia de Oprah, los sentimientos negativos de la reverendo Jo hacia su prima Oprah surgen del resentimiento por la manera en que la han tratado. El poder de la enorme riqueza de Oprah hace temblar a la mayoría de sus parientes. Quieren formar parte de la lujosa vida que ella les ofrece en ocasiones (sus lujosos regalos de Navidad, sus cheques de cumpleaños, e incluso la ropa que ya no usa), pero les escuece las manera en que los ha dejado de lado desde que se hizo famosa y saben que no los valora como familia.

«Poco después de conseguir mi doctorado, en 1985, por la Universidad de Winconsin-Milwaukee, Oprah me preguntó dónde iba a trabajar —explicó Jo Baldwin—. Le contesté que iba a solicitar un puesto en la revista *Ebony*, como correctora. Oprah dijo que no le gustaba Lois Johnson Rice (propietaria de *Ebony*) y que lo mejor sería que trabajara para ella. Y eso es lo que hice.»

»Iba a trabajar para ella durante tres años, pero me despidió, sin previo aviso, al cabo de dos años […] Luego me enteré de que se había librado de mí porque se cansó de que yo hablara constantemente de Jesús […] Siempre que pasaba algo importante, le leía versículos y pasajes de la Biblia, para que no perdiera el contacto con la realidad, pero Oprah prefería las enseñanzas de Shirley MacLaine en libros como *Dancing in the Light* (Bailando bajo la luz) y *Out on a Limb* (En el limbo), que Oprah me hizo leer, pero que no me parecieron nada extraordinarios.»

Jo Baldwin se distanció de Oprah cuando dejó de trabajar para ella. «Creo que quería quitarme el respeto de mi familia dando a entender que yo era una perdedora, porque ella me había despedido. También creo que Oprah me perjudicó económicamente, impidiendo que publicaran mi novela. Pero creo que, por encima de todo, Oprah quería avergonzarme por ser discípula de Jesús como diciendo: "¿Qué está haciendo Él por ti que sea tan grande?". Oprah inflige heridas emocionales que podrían llevar a enfermedades físicas si no se curan. Mi fe me impidió caer enferma.»

Desde 1995, Oprah exige a todos sus empleados de Harpo y, más tarde, de *O, The Oprah Magazine,* que firmen acuerdos de confidencialidad, donde juran que nunca revelarán nada sobre ella, de sus negocios, de su vida personal, de sus amigos o asociados, a nadie, en ningún momento. Casi todos los que entran en sus dominios deben firmar este contrato de confidencialidad, y la perspectiva de ser procesado por incumplirlo hace que muchos, aunque no todos, guarden silencio. Sorprendentemente, averigüé que Oprah está tan asustada de la verdad sin adornos en labios de sus antiguos empleados como ellos lo están de unos posibles pleitos.

Aparte de los que están atados por los acuerdos de confidencialidad, había otros que temían hablar, sencillamente, por miedo a ofender a alguien famoso, de forma muy parecida a lo que les sucedía a los que admiraban el traje nuevo del emperador de la fábula. Esto tampoco era inusual, excepto entre los periodistas, que suelen ser tan valientes como los marines y, supuestamente, son inmunes al culto a los famosos. Si consideramos que Oprah es el patrón oro del marketing, es comprensible que haya cierto miedo a hablar por parte de cualquiera que desee vender sus productos en su programa, incluyendo los periodistas que anhelan escribir libros que ella bendecirá. Cuando llamé a Jonathan Van Meter para preguntarle sobre el efusivo artículo de primera plana que había escrito sobre Oprah para *Vogue*, dijo: «Mira, es que no puedo hablar contigo... Sí, puede que esté asustado... Es sólo que ayudarte no me ayudaría» y a continuación reconoció, a regañadientes, que había puesto todos los «aspectos negativos» de su investigación para *Vogue* en una semblanza de Oprah que, más tarde, publicó en *The Oxford American*. «Aquí no ha tenido mucha resonancia», añadió, nervioso.

Cuando llamé a Jura Koncius, de *The Washington Post*, me dijo: «Conocí a Oprah antes de que fuera Oprah, cuando llevaba el pelo a lo afro [...] Cada año, en Navidad, enviaba una limusina para que me recogiera y me llevara a su programa en Baltimore para hablar de regalos navideños [...] Pero no quiero hablar de mis experiencias y, sobre todo no quiero que me incluyas en tu lista de agradecimientos». He tomado la debida nota, la señora Koncius.

Mi investigadora recibió una respuesta todavía más acalorada de Erin Moriarty, de CBS-TV, que compartió habitación con Oprah durante un par de meses, en Baltimore. Desde entonces, la señora Moriarty ha obsequiado a los amigos con anécdotas de Oprah de aquellos tiempos, y después de oír esos relatos en boca de otros le pedí una entrevista. Reacia a que sus palabras constaran públicamente, la señora Moriarty se mostró menos que cordial cuando se enteró de que sus historias sobre Oprah se habían difundido por todas partes.

Vi toda la fuerza del poder y la influencia de Oprah en la publicación de este libro, en abril 2010, cuando algunos de los principales medios lo boicotearon. Larry King me excluyó de su programa de entrevistas en la CNN, porque no quería ofender a Oprah. Joy Behar también me cerró la puerta, igual que Barbara Walters, que salió en *The View* para denunciar que las biografías no autorizadas, y especialmente ésta, lo único que hacen es «tratar de encontrar algo sucio». Como no había leído el libro, le envié un ejemplar, con una carta en la que expresaba mi decepción por su denuncia pública. No ha contestado. Por entonces, Barbara Walters estaba negociando con la ABC para que en 2011, cuando Oprah ya se hubiera retirado de las emisiones de televisión, el programa *The View* pudiera emitirse a las cuatro de la tarde, es decir, en la franja horaria de *The Oprah Winfrey Show*. ABC se negó a sindicar el programa de la señora Walters, lo cual, según reconoció, le hizo perder millones de dólares.

Sería imposible escribir biografías, tanto autorizadas como no autorizadas, sin la ayuda de los periodistas, y por este motivo yo he recurrido a tantos. Su trabajo es el primer borrador de la historia y sienta las bases para futuros estudiosos e historiadores. Por ello, agradezco la generosidad que recibí, especialmente en Chicago, donde los periodistas llevan veinticinco años ocupándose de Oprah y la conocen bien. También aprecio a los que tenían demasiado miedo para ayudar, porque ese temor pone de relieve el efecto que Oprah ha tenido en muchos de los medios.

A lo largo de los años, la mujer que parece tan cálida y acogedora en televisión se ha ido volviendo cada vez más recelosa y desconfiada de los que la rodean y, a juzgar por la investigación que he hecho para este libro, no me cuesta comprender por qué dice que, a veces, se siente como un cajero automático. Cuando llamamos a su ex amante de Baltimore para solicitarle una entrevista, dijo: «Para hablar, quiero un pedazo del pastel».

Le escribí diciendo que no pago las entrevistas porque eso ensucia la información transmitida, convirtiéndola en poco fiable y sospechosa. Una transacción así destruye la confianza que el lector debe tener en el escritor y puede poner en entredicho el hecho de que la información revelada sea justa, sincera y exacta y no está coaccionada en modo alguno ni influida por el dinero. El hombre respondió por correo electrónico diciendo que, en realidad, no había pedido que le pagaran por hablar de Oprah y que nunca le habían pagado por hablar de ella en el pasado, algo que el redactor de un tabloide negaría más tarde.

Mientras escribía, recibí, también, una llamada de un abogado de Chicago, en representación de un cliente que afirmaba «tener pruebas contra Oprah» y que quería venderme la información. Sentí la suficiente curiosidad para preguntarle si su cliente, que había trabajado con ella, había firmado uno de los acuerdos de confidencialidad vinculantes de Oprah. «No —dijo el abogado—. Está libre como un pájaro.»

Su cliente pedía un millón de dólares. Una vez más, le dije que no pagaba por la información.

Cuando acabé este libro me sentía de un modo muy parecido a cuando lo empecé: llena de admiración y respeto por mi personaje y con la esperanza de que esta biografía no autorizada sea recibida con el mismo espíritu, si no por la propia la señora Winfrey, sí por aquellos que se han visto inspirados por ella, en particular las mujeres. Porque he tratado de seguir la brújula fiel de las palabras mencionadas antes del presidente Kennedy y he intentado adentrarme en el mito con el objetivo de contestar a la eterna pregunta: «¿Cómo es *realmente*?». En el proceso he descubierto a una mujer extraordinaria, enormemente complicada y contradictoria. A veces, generosa, magnánima y profundamente afectuosa. A veces, mezquina, de miras estrechas y egocéntrica. Ha hecho muchísimo bien, sin duda, pero también ha respaldado productos e ideas que no sólo son polémicos sino que muchos consideran nocivos. Hay un lado cálido en Oprah y otro que podríamos llamar frío como el hielo. Oprah no es una primera dama, un cargo elegido, ni siquiera una estrella de cine, pero es un personaje estadounidense único que ha dejado una huella indeleble en la sociedad, mientras trataba de cambiarla. Ha hecho realidad el sueño americano... para ella y para muchos.

KITTY KELLEY
Marzo de 2010

«La libertad de expresión no sólo está viva
—gritó—. Además, está que se sale.»

OPRAH WINFREY,
(26 de febrero de 1998)

1

Oprah Winfrey voló a Chicago desde Baltimore en diciembre de 1983, en unos momentos en que una peligrosa ola de frío sumía a la Ciudad del Viento a temperaturas de -30 °C.

Había ido a presentar un programa diurno, local, de entrevistas, y el 2 de enero de 1984 introdujo sus 106 kilos en la ciudad marchando, resuelta, en su propio desfile, organizado por WLS-TV. Llevaba uno de sus cinco abrigos de pieles, el pelo con una permanente Jheri y lo que ella llamaba sus «pendientes mamá grande». Saludaba a la gente a lo largo de State Street, gritando: «Hola, soy Oprah Winfrey. Soy la nueva presentadora de *A. M. Chicago... Miss* Negra en el aire».

Era un gran carnaval formado por una sola mujer, lleno de *guaus, yupis* y aleluyas. «Pensé que en WLS estaban locos cuando me enteré de que habían contratado a una mujer afroamericana para presentar su programa matutino dirigido a las amas de casa blancas, de los barrios residenciales, en la ciudad más dividida racialmente de los Estados Unidos —dijo Bill Zwecker, del *Chicago Sun-Times*—. Por suerte, me equivoqué».

Chicago iba a vivir un viaje de locura. Durante la primera semana de Oprah, su programa matinal y local derrotó de forma aplastante al programa de difusión nacional *Donahue* en los índices de audiencia y, antes de que pasara un año, Phil Donahue, rey de los programas de entrevistas en televisión, hacía las maletas y se marchaba a Nueva York. Oprah continuó derrotándolo en los índices y, después de forzarlo a cambiar de escenario, a continuación lo obligó a cambiar de espacio horario, a fin de no competir con ella. Para entonces estaba a punto de alcanzar la difusión nacional, después de recibir una prima de fichaje de un millón de dólares cuando *The Oprah Winfrey Show* se vendía en 138 mercados. Durante ese primer año llegó a ser una sensación tal que apareció en *The Tonight Show*, ganó dos Emmy locales y estaba a punto de hacer su debut cinematográfico en *El color púrpura*. Su «descubrimiento» para el papel de Sofía en esa cinta le ganó muchos partidarios entre los entusiastas de la historia de la Cenicienta y más tarde la recompensaría con el premio del Globo de Oro y la nominación al Óscar como mejor actriz de reparto.

—Era igual que Lana Turner, en la cafetería, tomándose un refresco, sólo que de un color diferente —bromeó Oprah, al contar la historia de cómo Quincy Jones, que estaba en Chicago por negocios, la vio en televisión una mañana y llamó a Steven Spielberg para decirle que había encontrado a la persona perfecta para hacer de Sofía.

—Es perfecta —dijo Jones—. Gorda y peleona. Muy peleona.

Oprah pasó el verano de 1985 rodando la película, un tiempo que luego recordaría como el más feliz de su vida. «*El color púrpura* fue la primera vez que recuerdo estar con una familia de personas que me hacía sentir querida de verdad…, donde la gente ve genuinamente tu alma y ama tu alma, y te quieren por quien eres y por lo que puedes dar».

Para entonces, estaba en la cúspide de la clase de éxito que siempre había soñado conseguir. «Me destinaron a grandes cosas —dijo—. Soy Diana Ross y Tina Turner y Maya Angelou.» Desbordando confianza, le dijo a Steven Spielberg que debía poner su nombre en las marquesinas de los cines y su cara en los carteles de la película. «Probablemente soy la persona más popular de Chicago», afirmó. Cuando Spielberg puso reparos, diciendo que eso no estaba en el contrato, lo regañó diciéndole que cometía un enorme error. «Espera. Ya verás. Voy a pasar a nacional. Voy a ser algo inmenso».

Spielberg no cambió de opinión y Oprah no lo olvidó. Cuando llegó a ser tan «inmensa» como había pronosticado, él se convirtió en una de las malas hierbas de su jardín de agravios. Trece años más tarde, en 1998, en una entrevista concedida a *Vogue* contó su conversación: «"Voy a estar en televisión y la gente va a…, bueno, conocerme." Y Steven dijo: "¿Ah, sí?". Y yo le dije "A lo mejor quieres poner mi nombre en el cartel de la película". Y él dijo: "No, no puedo hacer eso…". Y yo insisto: "Es que creo que voy a ser famosa". Y todo junto es mi favorito "Ya-te-lo-dije, Steven, ¡deberías haber puesto mi nombre en aquel cartel!"»

Una semana antes del estreno, Oprah decidió hacer un programa sobre la violación, el incesto y los abusos sexuales. Cuando la dirección le puso obstáculos, les dijo que unos días después iban a verla en la pantalla grande, en una película sobre el tema, así que por qué no investigarlo primero para el público local. La emisora aceptó, al principio a regañadientes, y luego puso anuncios pidiendo voluntarias para hablar por televisión sobre los abusos sexuales a los que habían sido sometidas.

Este programa en particular se convirtió en el sello distintivo de Oprah —una víctima que vence a la adversidad— y en el principio del fenómeno Oprah Winfrey. Nadie lo comprendió en aquel momento, pero el espacio le dio importancia nacional y acabó convirtiéndola en defensora de las víctimas de abusos sexuales. En ese programa, inició un nuevo tipo de televisión que sumiría a los telespectadores en dos décadas de altibajos, llevándolos desde los barrizales a las estrellas. Entretanto, llegó a ser la primera mujer negra multimillonaria del mundo y un icono cultural cercano a la santidad.

«Soy el instrumento de Dios —ha dicho Oprah en diversas ocasiones—. Soy su mensajera... Mi programa es mi ministerio.»

El programa sobre los abusos sexuales fue promocionado durante los días previos a su emisión, para atraer a un público interesado en «victimas de incesto». Excepto su reducido personal, nadie sabía qué tenía intención de hacer, salvo presentar un tema excitante, lo cual había estado haciendo desde que empezó en WLS. Nadie tenía ni idea de que Oprah estaba a punto de desdibujar la vieja línea marcada en la televisión entre debate y confesión, entre la entrevista y la autorevelación; entre la objetividad y una confusa zona de fantasía y manipulación de los hechos.

El jueves 5 de diciembre de 1985, Oprah empezó su programa de las 9 de la mañana presentando a una joven blanca a la que identificó sólo como Laurie:

—Una de cada tres mujeres de este país han sido objeto de acoso o abusos sexuales —le dijo al público antes de volverse hacia su invitada—. Su padre empezó acariciándola. ¿Cuándo pasó a algo distinto de las caricias?

—Creo que tendría nueve o diez años —dijo Laurie.

—¿Qué pasó? ¿Recuerda la primera vez que su padre tuvo relaciones sexuales con usted? ¿Qué le dijo, cómo se lo dijo, qué le explicó?»

No se oía ni un suspiro entre el público, en su mayoría mujeres.

—Sólo me dijo que quería hacer que me sintiera bien —dijo Laurie.

—¿Dónde estaba su madre?

—Se había ido de viaje no sé dónde; estaba fuera de la ciudad. Estuvo fuera tres semanas y yo me quedé con mi padre esas tres semanas.

—Así que él entró en su habitación... y empezó a toquetearla. Debe de ser algo aterrador cuando tienes nueve años y tu padre tiene relaciones sexuales contigo.

Laurie asintió, pero no dijo nada.

—Sé que es difícil contarlo..., de verdad. Sé lo difícil que es. Cuando acabó, ¿qué... o durante el acto...? Bueno, antes que nada, ¿le hizo daño?

Laurie se mostró algo avergonzada.

—Pues... Solía decirme que lo sentía y que no volvería a hacerlo. Muchas veces después de hacer algo, se arrodillaba y me hacía rezar a Dios para que no volviera a hacerlo.

Unos momentos después, Oprah se metió entre el público y plantó el micrófono delante de una mujer blanca de mediana edad, con gafas.

—Yo también sufrí abusos sexuales —dijo la mujer—. Bueno, mi vida también empezó como la de Laurie, con las caricias y... el resultado fue un niño que ahora..., que ahora tiene treinta años, pero ha pasado dieciséis de esos años en una institución del Estado debido a su autismo.

—¿Fue un miembro de su familia quien abusó de usted?

La mujer se ahogó al admitir que la había dejado embarazada su padre.

—Entonces, ¿su hijo es hijo de su padre? —preguntó Oprah.

—Sí. Pasaba con mucha frecuencia, igual que con Laurie, casi cada día cuando mi madre se iba a trabajar. Es una de las experiencias más horribles que recuerdo.

Cuando la mujer se desmoronó y mientras luchaba por recuperar el control, Oprah la rodeó con el brazo y luego rompió a llorar también ella, tapándose los ojos con la mano izquierda. Con el micro en la mano derecha, señaló hacia la cabina de control. Más tarde, dijo que quería que pararan las cámaras, pero ellos siguieron rodando, mientras ella sollozaba con la cara apoyada en el hombro de la mujer.

—Lo mismo me pasó a mí —dijo—. El hecho de que tuviera todas estas desgraciadas experiencias está presente en toda mi vida.

Durante los segundos siguientes, pareció que Oprah descubría que lo que ella había experimentado a los nueve años era realmente una violación, una profanación tan indecible que nunca había podido expresarla con palabras hasta ese mismo momento. El público sentía como si estuviera presenciando que se abrían las grietas de aquella alma cuando la misma Oprah reconoció su vergonzoso secreto. Oprah reveló que su primo de diecinueve años la violó cuando se vio forzada a compartir la cama con él en casa de su madre. «Me dijo que no lo contara. Luego me llevó al zoo y me compró un helado.» Después dijo que también había abusado de ella el novio de su prima y después su tío favorito. «Abusaron de mí desde los nueve hasta los catorce años.»

La pasmosa confesión de Oprah se convirtió en noticia nacional y muchos la aplaudieron por su sinceridad y franqueza. Pero su familia negó sus acusaciones de forma vehemente y hubo quien insinuó que trataba de conseguir publicidad para su papel en el cine, dado que nunca había hablado *con nadie* de esos abusos antes de revelarlos públicamente. «[Eso] me ofendió —dijo más tarde Oprah—. Salió algo en la revista *Parade*, una pregunta publicada no hace mucho: "¿Realmente abusaron sexualmente de Oprah o fue sólo propaganda para los Óscar?". Pensé que, bueno, me asombra que a alguien se le pueda ocurrir que haría algo así como propaganda. Pero supongo que se ha hecho. Supongo».

Dijo que la dirección de la emisora se enfadó debido a sus «escandalosas» revelaciones e, incluso veintitrés años más tarde, Dennis Swanson, antiguo vicepresidente y director general de WLS-TV, se negaba a hablar del asunto. Se le atribuía el mérito de haber contratado a Oprah y haberla llevado a Chicago, pero no quiso comentar su reacción ante su primer programa sobre los abusos sexuales.

En aquel entonces, Swanson y su director de promoción, Tim Bennet, estaban eufóricos por los espectaculares índices de audiencia, pero heridos por las críticas de la prensa contra su insistencia en los programas de sexo, en especial el que hicieron sobre pornografía. P. J. Bednarski, crítico televisivo del *Chicago Sun-Times*, los había vapuleado a ellos y a la «moralidad corporativa» de WLS por permitir que Oprah dedicara un programa de toda una hora al sexo duro. «Deberían avergonzarse», escribió y luego arremetió contra Oprah por invitar a tres estrellas del porno para que hablaran de los órganos, el aguante y las eyaculaciones masculinas.

> En la parte más lamentable del programa se habló de lo que, en la emisión, llamaron gráficamente «toma de dinero» de unas relaciones sexuales. Esto provocó muchas carcajadas […] Sorprendentemente, en el programa «Pregúntaselo a las estrellas del porno» no hubo ni un minuto en el cual Winfrey afirmara, preguntara o incluso se preocupara por que esas estrellas X fueran, en realidad, unas vendedoras baratas, sin talento, sórdidas traficantes de carne. Apenas se preguntó si estas películas degradaban a las mujeres. Lo que sí preguntó fue: «¿No acabáis escocidas?»

«Para alguien con el talento natural de Winfrey, fue una prueba reveladora de que tiene que madurar», escribió Bednarski, antes de añadir que el programa porno de Oprah consiguió una cuota del 30 por ciento de la audiencia de Chicago a las nueve de la mañana, un porcentaje mucho mayor de lo habitual. «También hablaron de eso en toda la ciudad y aquí obtuvo su propia columna.» El titular de la columna era: «Cuando todo está permitido: Oprah Winfrey se aprovecha del atractivo de las estrellas porno».

Oprah entendía bien el axioma de la televisión: *Quien consigue audiencia, manda*. «Mi mandato es ganar», les dijo a los periodistas. Durante las cruciales semanas de los «barridos», insistía en programas de acción y violencia, para los cuales su productora, Debra DiMaio, dirigía la caza en busca del éxito, con Oprah aportando sus propias ideas. «Me encantaría conseguir que un sacerdote viniera a hablar de sexo —afirmó—. Me gustaría mucho encontrar uno que dijera "Sí, tengo una amante. Adoro a Jesús y la adoro a ella. Sí, la quiero y se llama Carolyn".»

En su carrera por ganar audiencia, durante el Mes de la Historia Negra, Oprah contrató a miembros del Ku Klux Klan con sus sábanas y sus capirotes blancos. También hizo un programa en el que presentaba a miembros de una colonia nudista que permanecieron en escena desnudos. Por televisión, sólo se emitieron sus caras, pero el público del estudio disfrutaba de una visión frontal completa, así que la dirección insistió en que el programa se grabara. «Esto nos permitirá asegurarnos de que no aparezca nada que se suponga que no debe verse por televisión», dijo Debra DiMaio.

La dirección también ordenó que convocaran a todos los miembros del público que iban a asistir al programa sobre nudismo y se les recordara que los invitados estarían desnudos. «Nadie se retiró, asqueado —dijo DiMaio—. Por el contrario, estaban entusiasmados. Quiero decir que les parecía muy divertido.»

Oprah reconoció que, durante el programa nudista, estaba nerviosa. «Me enorgullezco de ser sincera de verdad, pero en aquel programa estaba fingiendo. Tenía que actuar como si fuera algo absolutamente normal estar entrevistando a un puñado de personas desnudas y no mirar. Tenía ganas de mirar a la cámara y decir: "¡Dios mío! ¡Aquí hay penes!". Pero no podía. Y eso me hacía estar muy nerviosa.»

Cuando les dijo a sus jefes que quería hacer «Mujeres con trastornos sexuales», y entrevistar a una mujer que no había tenido ni un orgasmo durante los dieciocho años de matrimonio, y luego al sustituto sexual que le daba lecciones de orgasmos, y después a una joven tan adicta al sexo que una noche se había acostado con veinticinco hombres, el director de programas palideció.

«La dirección no quiere problemas, pero quiere audiencia —dijo Oprah—. Les dije que me portaría bien, y lo hice. No entienden lo que sienten las mujeres y yo sí. Los hombres piensan, por ejemplo, que si haces un programa sobre la mastectomía, no puedes enseñar un pecho. Yo digo que tienes que enseñarlo.»

El día después del programa sobre trastornos sexuales, la centralita de WLS se vio inundada de llamadas de espectadores iracundos, así que Oprah pidió a su productora que acudiera al estudio e invitó al público presente a que hiciera sus comentarios.

«El programa de ayer fue un ultraje —dijo una mujer—. No sé de qué otra forma describirlo. Absolutamente degradante.»

«Hay millones de mujeres que nunca experimentan placer sexual —respondió Oprah—. Ayer, después del programa, recibimos 33 llamadas de mujeres, por ordenador. Hemos hecho que muchísimas mujeres sientan que no están solas».

«Con tantos temas de calidad, ¿por qué ir a revolver en la basura?»

DiMaio sorteó la pregunta. «Lo que puede ser basura para una persona quizá no lo sea para otra. Nos sentimos bien con los programas en los cuales hablamos de problemas, tanto si se trata de incesto, agorafobia o no tener orgasmos.»

Oprah intervino. «Me molesta que nos acusen de que somos sensacionalistas y explotamos estas situaciones. No es así. Somos un grupo de personas que se preocupan —Breve pausa—. A veces nos equivocamos.»

Es posible que Oprah se refiriera a uno de sus programas anteriores, titulado «¿El tamaño sexual importa?». Mientras hablaban del tamaño del pene, soltó: «Si se pudiera elegir, nos gustaría tener uno grande, si pudiera ser. ¡Métele uno grande a mamá!». Casi se podía oír la ahogada exclamación colectiva de los 2,95 millones de hogares con televisores del mercado de Chicago. Cuando los medios locales consiguieron volver en sí, la mayoría farfullaba de indignación. P. J. Bednarski dijo que Oprah había «superado los límites del buen gusto», pero Alan G. Artner escribió en el *Chicago Tribune* que Oprah simplemente había sido natural, del modo en que muchas personas lo son cuando «su concentración en sí mismas les lleva, ciegamente y sin malicia, a hacer el payaso».

Más tarde, Oprah prometió a los periodistas que cuando hiciera un programa nacional, no diría la palabra 'pene', sin avisar antes al público. «Ahora puedo decir 'pene' siempre que quiera. ¿Lo veis? Acabo de decirlo —exclamó—. Pene, pene, pene.»

Para entonces, los periodistas bailaban al son que ella tocaba. Les encantaban sus textos pintorescos y no podían conjurar adjetivos lo bastante rápidamente para describirla. «Grandiosa, descarada, chillona, agresiva, desbordante, risible, encantadora, enternecedora, mezquina, práctica, cruda y ansiosa», escribió Howard Rosenberg, crítico de televisión de *Los Angeles Times*. Otro crítico confesó: «No me importa si abarca mucho y no aprieta nada; es irresistible». Y el *The Philadelphia Inquirer Magazine* dijo que su programa era el *National Enquirer* de las ondas. «Lleva el mínimo común denominador a nuevas e inferiores profundidades. Es una mezcla superficial de sordidez, bichos raros, patetismo, chabacanería, exageración, bombo, abrazos, chillidos, sentimentalismo, modas y guasa, todo ello marinado en lágrimas.»

Su atrevido brebaje embriagaba al público. Mientras grababa entradas para el siguiente programa, se suponía que tenía que leer: «Martes en *A. M. Chicago*: Parejas que sufren por la impotencia». Después de equivocarse dos veces, anunció: «La semana que viene en *A. M. Chicago: Parejas que no consiguen que se le levante*».

Hablando de una nueva dieta, se volvió hacia el público y afirmó: «Ah, sí. Ésa es la que hace que cuando vas de vientre huela mejor».

Durante el programa sobre la impotencia, un hombre solemne de mediana edad dijo que después de su operación de cirugía correctiva se le hincharon los testículos hasta el tamaño de pelotas de baloncesto. «Un momento —exclamó Oprah—. ¿Cómo se puede andar con unos testículos como pelotas de baloncesto?»

En otro programa entrevistaba a una mujer que afirmaba que había sido seducida por siete sacerdotes. «¿Qué hizo cuando el sacerdote se bajó los pantalones?»

«Nada —respondió la mujer—. Pero entonces me cogió la mano.» Oprah puso los ojos en blanco y el público estalló en carcajadas. Les encantaban su irreverencia, sus comentarios inapropiados y sus escandalosas preguntas.

«¿Por qué se convirtió en lesbiana?», le preguntó a una mujer.

En otro programa, un sociólogo explicó que tener una compañera de habitación podía llevar a tener una relación lésbica y Oprah anunció enfáticamente: «Entonces nunca compartiré habitación con nadie».

Durante la entrevista con el responsable de la prevención de robos de unos grandes almacenes, le preguntó: «¿Qué pasa cuando pilla a alguien robando? ¿Llegan a perder el control corporal? Quiero decir, ¿se vienen abajo y se orinan encima?».

No se salvaban ni siquiera las celebridades. A Brooke Shields le preguntó: «¿De verdad eres una buena chica?» A Sally Field la interrogó sobre si Burt Reynolds se acostaba con el peluquín puesto. Arremetió contra Calvin Klein por sus anuncios: «Odio esos anuncios de vaqueros. En esos anuncios, todas tienen unos culitos diminutos» A Dudley Moore le preguntó cómo se las arreglaba un hombre tan bajito como él para acostarse con mujeres tan altas. «Por suerte —dijo el actor—, la mayor parte de la longitud extra parece estar en las piernas.» La verdad es que parecía obsesionada por los hombres bajos en la cama. Mientras hablaba de una aparición de Christie Brinkley, que estaba a punto de casarse con Billy Joel, Oprah dijo a sus productores: «¿A quién le importa realmente su carrera como actriz? Quiero saber cómo es su relación con Billy Joel… [y] qué tal es hacer el amor con un tipo bajito. Billy Joel es muy bajo, ¿no?»

Oprah se hizo tan popular que WLS amplió el programa de la mañana hasta una hora y le cambió el nombre en su honor. También le dieron un tema musical titulado *Everybody Loves Oprah* (Todo el mundo quiere a Oprah), que decía: «Es moderna, está en la onda, tiene estilo de verdad».

Dennis Swanson intentó capitalizar su popularidad poniéndola en los noticiarios. «Quería experimentar con ella como comentarista porque su programa tenía tanto éxito —dijo Ed Kosowski, ex productor de WLS—. Presentó las noticias de las cuatro de la tarde durante una semana. No funcionó. Era un riesgo para la emisora y una apuesta difícil para Oprah. Swanson la sacó de inmediato. No tenía aplomo periodístico. Ni una pizca de autoridad. Es genial en esas cosas de chicas, pero no sabe dar las noticias.»

Sin amilanarse, Swanson envió a su presentadora de programas de entrevistas, a quien pagaban 200.000 dólares al año, a Etiopía, con los comentaristas Mary Ann Childers y Dick Johnson para informar del proyecto de Chicago de enviar cereales a la nación africana que estaba padeciendo una terrible hambruna. Una semana antes de ir, Oprah empezó una dieta televisada en Channel 7, para perder 23 kilos, después de hacer una apuesta pública con la actriz Joan Rivers en *The Tonight Show*. A P. J. Bednarski, que comentó la imagen de una corresponsal sobrealimentada entrevistando a víctimas del hambre, le pareció que era un momento poco acertado. «¿No es un problema enviar a una personalidad que confiesa una adoración tal por la comida a un país donde hay tan poca?», preguntó.

Oprah estuvo de acuerdo. «Tienes razón; es de muy mal gusto, ¿verdad?»

Durante unos días después de la emisión del programa sobre abusos sexuales, Oprah trató de aplacar a la dirección no hablando de violaciones ni incesto. Pero cuando vio los índices de audiencia del programa, las cartas que llegaban sin cesar, las llamadas a la centralita de WLS y las reacciones de las mujeres de la calle, supo que había dado voz a una tortura tabú que muchas mujeres sufrían. Había encontrado un problema que despertaba eco en su público mayoritariamente femenino, así que insistió en hacer más programas sobre abusos sexuales. Entretanto, alentó una imagen de sí misma como antihombres, porque muchos de sus programas presentaban a los hombres como cerdos. No obstante, se convirtió en heroína para las mujeres y en defensora de los niños.

Con aquel programa y su confesión de lo que había sufrido de niña, Oprah se convirtió en algo más que la presentadora de un programa de entrevistas que entretenía enarbolando la crudeza de la calle. En tanto que alguien que había sufrido, sobrevivido y compartido su dolor, se transformó en una inspiración para las víctimas que se sentían derrotadas por la adversidad.

No era la primera que expresaba el sórdido envilecimiento del abuso infantil. La habían precedido escritoras como Maya Angelou *(Yo sé por qué canta el pájaro enjaulado)*, Toni Morrison *(Ojos azules)*, y Alice Walker *(El color púrpura)*, pero Oprah contaba con el potente megáfono de la televisión y lo usaba para llegar a las mujeres encadenadas por la vergüenza de lo que les habían hecho de niñas. «Lo que creo es que los abusos sexuales de niños son más corrientes que raros en este país —dijo en 1986—. Mete a cinco mujeres en una habitación y habrá tres que lo reconocerán.» Su propia confesión, más sus siguientes programas en los que analizaba la devastación que producen los abusos sexuales, llegaron a ser la fuerza más poderosa de la sociedad para ayudar a las mujeres a empezar a sanar y recuperar su vida.

- «Víctimas de incesto», 5/12/1985.
- «Asesino en serie, John Wayne Gacy», 11/02/1986.
- «Hombres que violan y trato a los violadores», 23/09/1986.
- «Abusos sexuales dentro de la familia», 10/11/1986.
- «Muerte de Lisa Steinberg», 2/1987.
- «Hombres que han sido violados», 11/1987.
- «Padres con hijos maltratados por cuidadores», 1988.
- «Mujeres que han tenido hijos de sus propios padres», 1988.
- «Quiero que mis hijos maltratados vuelvan», 1988.
- «Violación y víctimas de violación», 7/11/1988.
- «En busca de niños desaparecidos», 14/08/1989.
- «Violadores», 23/08/1989.
- «Abusos por parte de clérigos», 14/09/1989.
- «"Ella se lo buscó…": La decisión de violar», 17/10/1989.
- «Violación en una cita», 7/12/1989.
- «Truddi Chase, víctima de un síndrome de personalidad múltiple, habla de cómo abusaron de ella», 10/08/1990.
- «Cómo protegerse de que te rapte un violador», 1991.
- «Niños víctimas de delitos», 13/03/1991.
- «Enseñar a los niños a protegerse», 1993.
- «Madres que mataron a sus hijos entrevistadas en prisión», 1993
- «Efectos del programa de entrevistas en la sociedad, incluyendo la defensa contra abusos», 22/02/1994.
- «Violencia en las citas adolescentes», 12/08/1994.
- «Violaron a mi mujer», 10/10/1994.
- «Casada con un acosador», 23/05/1995.
- «Niños y armas (1.ª parte)», 30/10/1995.
- «Niños y armas (2.ª parte)», 30/10/1995.
- «Violencia doméstica a través de los ojos de un niño», 18/03/1996.
- «Pedófilos», 31/05/1996.
- «Mujeres sometidas a abusos sexuales durante el embarazo». 12/06/1996.

- «Seguimiento del programa de 1991 sobre cómo protegerse de un violador, 1998.
- «Protégete para que no te violen», 3/02/1999.
- «¿Lo sabrías si estuvieran abusando sexualmente de tu hijo?», 25/03/1999.
- «Citas adolescentes con abusos», 16/04/1999.
- «El marido con 24 personalidades», 17/06/1999.
- «Pedófilos de las ligas menores», 24/09/1999.
- «Los niños online: lo que los padres deben saber», 1/10/1999.
- «Niños torturados», 3/04/2000.
- «¿Se les debe permitir a las mujeres que abandonen a sus hijos?», 19/04/2000.
- «Seguimiento de niños torturados», 4/05/2000.
- «¿Por qué esos asesinos de niños están fuera de la cárcel?», 20/12/2000.
- «Un niño llamado 'Eso'», 30/01/2002.
- «Acosadores de niños *online*», 7/02/2002.
- «Lo que debes saber sobre la violación», 15/02/2002.
- «Abusos en citas de adolescentes», 28/02/2002.
- «Escándalos sexuales en la Iglesia Católica», 28/03/2002.
- «El mundo secreto de los abusos deshonestos a los niños», 26/04/2002.
- «Madres que pierden el control», 21/10/2002.
- «Raptos: niños que escaparon», 9/12/2002.
- «¿Hay alguien en tu barrio que abusa de los niños?», 25/02/2003.
- «Oprah va a casa de Elizabeth Smart», 27/10/2003.
- «Hacer frente a los secretos de familia», 12/11/2003.
- «En prisión por practicar el sexo con adolescentes», 26/02/2004.
- «Raptado y mantenido cautivo», 5/05/2004.
- «Atrocidades contra niños», 15/07/2004.
- «Este programa podría cambiarte la vida. Cómo disuadir a un violador», 28/09/2004.
- «Disparé contra el que abusaba de mí», 1/10/2004.
- «Mujeres sometidas a abusos sexuales se dan a conocer», 21/10/2004.
- «El día en que descubrí que mi marido abusaba de niños», 11/05/2005.
- «Un sacerdote abusó de mí», 13/06/2005.
- «Cuando una madre piensa en secreto en matar a sus hijos», 11/07/2005.
- «Cuando el hombre al que amas es un pedófilo», 2/08/2005.
- «Capturada por un pedófilo. La tragedia de Shasta Groene», 4/10/2005.
- «El programa de Oprah atrapa a pederastas acusados», 11/10/2005.
- «Oprah entrega otra recompensa de 100.000 dólares por la captura de un pederasta», 27/10/2005.

- «La última captura de Oprah: de director de una escuela de niños a ser el pedófilo más buscado», 17/01/2006.
- «La última captura de Oprah: oculto en México, entregado por un amigo», 7/03/2006.
- «Acabar con el ciclo de violencia», 19/04/2006.
- «La epidemia de violaciones infantiles: Oprah entrevista individualmente a las víctimas más jóvenes», 20/04/2006.
- «Maestras, chicos jóvenes, sexo secreto en la escuela», 27/04/2006.
- «El desesperado secreto de Teri Hatcher: La estrella de *Mujeres desesperadas* sufrió abusos sexuales de niña», 2/05/2006.
- «Ricky Martin habla de los niños vendidos como esclavos sexuales», 16/06/2006.
- «Lo que los pedófilos no quieren que sepamos», 28/09/2006.
- «Por qué Jessica Coleman, de quince años, mató a su bebé», 3/11/2006.
- «Papá mata a los mellizos. La verdad sobre la depresión», 14/11/2006.
- «Milagro en Misuri: Primera entrevista a la familia de Shawn Hornbeck», 18/01/2007.
- «El niño que Oprah no podía olvidar. Esclavitud infantil en Ghana», 9/02/2007.
- «Secuestrada de niña. Por qué no eché a correr», 21/02/2007.
- «Reina de belleza violada por su marido», 7/11/2007.
- «La pesadilla de una madre de las afueras captada en cinta», 8 y 23/05/2008.
- «Depredadores en Internet: ¿Cómo es de grave?», 11/09/2008.
- «Seducida con trece años. Mantenida cautiva como esclava sexual», 15/04/2009.
- «Liberada de prisión después de matar a su padre», 7/05/2009.
- «Las asombrosas revelaciones del antiguo niño-actor Mackenzie Phillips», 23/09/2009.
- «Mackenzie y Chynna Phillips», 25/09/2009.
- «Haciendo añicos el secreto del incesto: Mackenzie Phillips» (Continuación)», 16/10/2009

Algunos miembros de la familia de Oprah, que negaron su historia de abusos sexuales, la acusaron de presentar programas sensacionalistas para lograr altos índices de audiencia. Ella contraatacó diciendo que su negativa a aceptar su historia evidenciaba una actitud de negación, la incapacidad para enfrentarse a su propia complicidad en aquel asunto y cuán profunda es la vergüenza que todas las familias sufren a causa de los abusos sexuales.

En 1991, Oprah, como defensora de las víctimas de abusos sexuales, habló ante el Comité Judicial del Senado, para apoyar las condenas obligatorias para quienes abusan de niños. «Tenemos que demostrar que valoramos a nuestros niños lo suficiente para decir: "Cuando haces daño a un niño, esto es lo que te pasará. No es negociable".» Presentó *Scared Silent: Exposing and Ending Child Abuse,* un documental de 1992 emitido por PBS, NBC, CBS y ABC, que fue el documental más visto en la televisión nacional hasta aquel momento. En 1993, puso en marcha la Ley Nacional de Protección a la Infancia, que establecía una base de datos de pederastas convictos y que acabó conociéndose como Proyecto de Ley de Oprah. Por desgracia, la ley no fue eficaz. Se suponía que a las organizaciones que trabajaban con niños se les proporcionaría información de todos los estados sobre delincuentes sexuales. Sin embargo, la mayoría de estados no instauraron los sistemas necesarios para que las organizaciones pidieran la comprobación de los antecedentes y, según un informe de junio 2006 del fiscal general de los Estados Unidos, el proyecto de Ley de Oprah no tuvo el efecto deseado de ampliar la comprobación de antecedentes.

Años más tarde, Oprah creó su Lista de vigilancia de depredadores sexuales, en <www.ophra.com>, para ayudar a localizar a los delincuentes sexuales. En diciembre de 2005, había diez hombres en la lista y, a los quince meses, cinco de ellos habían sido capturados porque Oprah había llamado la atención sobre sus casos. Ofrecía una recompensa de 100.000 dólares por la información que llevara a la captura de cualquiera de los hombres de la lista y, a principios de septiembre de 2008, la compañía anunció que nueve de los hombres habían sido capturados. Por lo menos en tres casos, Oprah pagó los 100.000 dólares a quienes los entregaron.

A lo largo de los años, continuó haciendo programas sobre abusos sexuales. Algunos eran gratuitos («Quiero que mis hijos maltratados vuelvan», «Prostitutas y madamas», «Hombres que salen con amigas de sus hijas», «Mujeres que se pasan al lesbianismo»); otros eran pioneros («Abusos sexuales dentro de la familia», «Violación y víctimas de violación», «Cómo protegerte de que te rapte un violador»), pero cada uno de ellos la acercaba más a comprender lo que le había pasado a ella misma.

A pesar de todo, le llevó mucho tiempo comprender la auténtica destrucción causada por los abusos a los niños. Oprah averiguó que los abusos sexuales son un delito que sigue causando daños mucho después de que el depredador sexual haya desaparecido, y que hace que, a veces, los supervivientes sigan sufriendo de estrés postraumático muchos años después... pero no creía ser uno de ellos. Al principio, afirmó que había superado su experiencia de violación, totalmente indemne. Era fuerte, decidida y estaba segura de sí misma. «No fue algo horrible en mi vida —afirmó, hablando de sus años de abusos sexuales, y añadió que permitió que las caricias continuaran porque le gustaba la atención que recibía—. Y creo que gran parte de la confusión y la culpa que el niño sufre se debe a que se siente bien. De verdad.»

En 1993, siempre más abierta con las publicaciones negras, reconocía, en *Ebony*, incluso mientras testificaba ante el Congreso que ningún niño es responsable de los abusos que sufre, que creía que, en su caso, debió de hacer o decir algo provocativo para alentar a quienes abusaron de ella. «Sólo ahora me estoy librando de esa vergüenza», dijo.

En la época anterior a darse cuenta de su error, Oprah asimilaba la violación al sexo, no a la violencia. Durante la semana de su debut en Chicago, tuvo como invitado a Tony Geary, la estrella de las telenovelas. Una mujer de entre el público preguntó por el episodio de *Hospital General* en el que el personaje de Geary comete una violación. Oprah intervino: «Bueno, si te van a violar, mejor que sea Tony Geary».

Fueron necesarios muchos más programas para que viera la relación que había entre el delito que la había aterrado de niña y los estragos que siguieron: promiscuidad en la adolescencia, embarazos no deseados, relaciones desastrosas con los hombres, inclinación hacia las mujeres, abuso de drogas, necesidad obsesiva de control y esa manera compulsiva de comer que hacía subir y bajar su peso constantemente, durante décadas.

En lugar de acudir a la psicoterapia para sanar sus heridas, Oprah buscó el bálsamo de la confesión pública en televisión, pensando que sería la mejor solución para ella y para otras.

«Gran parte de lo que he dicho de mí misma ha sido catártico para mí, igual que lo ha sido para los invitados al programa. Comprendo que revelaran tanto porque una vez que lo has revelado ya no tiene poder sobre ti. Quiero decir, ir y decir que habían abusado de mí sexualmente hizo más por mí que por nadie en todo el mundo. No podría haberlo hecho de otro modo y seguir siendo yo.»

En aquel programa en concreto se identificó como víctima, lo cual la situó en una posición de autoridad para abordar la cuestión, pero se negó a que los abusos la derrotaran. Como resultado, se vio recompensada con unos altísimos índices de audiencia, la atención nacional y oleadas de simpatía que la inoculaban contra las críticas. Una vez que habló públicamente de su vergüenza privada, la exhibió como si fuera un sombrero nuevo, añadiendo incluso en su biografía oficial para la prensa que fue «una víctima infantil de los abusos sexuales».

Empezó a aceptar invitaciones para hablar en centros de víctimas de violación, dirigirse a las víctimas de incesto y recaudar dinero para niños que habían sufrido abusos sexuales. Testificó ante el Congreso e hizo que presentaran proyectos de ley, se aprobaran y el presidente de los Estados Unidos los firmara convirtiéndolos en ley. Al cabo de pocos meses, se sentía lo bastante a salvo como para hablar de su propia violación con más detalle.

«Aquel tipo era un primo por matrimonio. Yo tenía nueve años y él diecinueve. En aquel momento no había nadie más en casa. Yo no sabía qué pasaba. Nunca había visto un hombre. Quizá ni siquiera supiera que los chicos eran diferentes. Sin embargo, sí que sabía que estaba mal, porque él empezó a restregárseme y manosearme. Recuerdo que me hacía daño. Luego, me llevó al zoo como pago por no decírselo a nadie. Me seguía doliendo y me acuerdo de que sangraba mientras íbamos hacia allí. Aquel año me enteré de dónde venían los niños y vivía absolutamente aterrorizada pensando que, en cualquier momento, iba a tener un hijo. Durante todo el quinto curso tuve frecuentes dolores de vientre y me excusaba para ir al baño, y así tener al bebé allí y no decírselo a nadie».

Muchos años más tarde habló de lo que había pasado en casa de su madre. «El novio de la prima de mi madre [...] abusaba sexualmente de mí repetidamente. Y a mí me parecía que esto es algo que pasa. De alguna manera, me sentía como marcada. Pensaba que era culpa mía [...] Pensaba que era la única persona a la que le había pasado y me sentía muy sola y, en mi interior, sabía que no habría sido seguro que lo contara. Instintivamente, sabía que si lo contaba, me echarían la culpa, sabes, porque era la época en que la gente decía: "Bueno, de todos modos, eras una fresca, ¿sabes?". O también, como en la novela *El color púrpura*, de Alice Walker en la que Pa dice de Celie: "Siempre ha sido una embustera".

»El hombre que abusaba de mí se lo contaba prácticamente a todo el mundo. Decía: "Estoy enamorado de Oprah. Me voy a casar con ella; es más lista que todos vosotros juntos". Lo decía y nos íbamos a algún sitio juntos. Todos lo sabían. Y preferían mirar hacia otro lado. Se negaban a reconocerlo. Y luego había algo muy repugnante: mi prima, que vivía con nosotros, era también una mujer maltratada y yo hacía un trato con su novio; él podía tener sexo conmigo si no la pegaba. Me sentía protectora hacia ella y decía: "Bien, de acuerdo, iré contigo, si me prometes que no pegarás a Alice". Y así era..., era algo permanente, continuo, hasta el punto de que empecé a pensar, ya sabes: "Así es la vida"».

Oprah parecía tan franca en lo que revelaba por televisión sobre sus intimidades que nadie sospechó que pudiera estar ocultando otros secretos. Como los cómicos que disimulan sus tinieblas con humor, Oprah había aprendido a eliminar el dolor bromeando, y a mantener lo que más le dolía enterrado en lo más profundo de su ser. Sabía cómo dar la información justa para ser divertida y desviar cualquier indagación posterior, lo cual es una razón para que, cuando su programa se hizo nacional, insistiera en asumir el control de sus relaciones públicas. Mientras parecía que estaba contándolo todo sobre ella misma, en realidad conservaba bien encerrado en su interior más de lo que compartía en televisión. Sentía que necesitaba presentarse como una persona abierta, cálida y acogedora en el aire y ocultar esa parte de ella que era fría, cerrada y calculadora. Tenía miedo de no gustar si la gente veía una dimensión más compleja del personaje encantador que prefería presentar. «Lo que hago es gustar a la gente —decía—. Necesito gustar…, incluso a la gente que no me gusta.»

Su victimización personal influiría en sus programas durante los siguientes veinte años, incidiendo en su elección de temas e invitados, en los libros que seleccionaba para su Club del Libro, en sus obras benéficas e, incluso, en sus relaciones. Siempre se esforzaba por aceptar lo que había sucedido en casa de su madre. Utilizaba su triste infancia para intentar ayudar a otros mientras trataba de ayudarse a sí misma, pero sin terapia, su lucha no tenía fin, y eso era evidente en su constante batalla contra el peso; adelgazando y engordando, dándose atracones y ayunando. Su excesiva necesidad de control, añadida a la inmensa gratificación que sentía al ser el centro de atención, aplauso y aprobación, tenía sus raíces en los abusos sexuales sufridos en la adolescencia. La necesidad de salir de aquel sórdido agujero empujaría a Oprah a cosechar un éxito sin precedentes que le aportaría la rica recompensa de un modo de vida lujoso, un bálsamo sanador contra el hecho haber crecido en la pobreza.

2

La leyenda de que Oprah Winfrey era una niña negra, sin padre y más pobre que una rata, descuidada por una madre adolescente que, según Oprah, había llevado «con vergüenza» su embarazo, se extendió cuando Oprah empezó a conceder entrevistas en Chicago. Dijo a los periodistas: «Nunca tuve un vestido comprado en una tienda ni un par de zapatos hasta los seis años [...] El único juguete que tenía era una muñeca hecha con una mazorca de maíz seca y unos mondadientes». Recordaba que sus primeros años fueron solitarios, sin nadie con quien jugar salvo los cerdos sobre los que se montaba a pelo para dar vueltas por el patio de su abuela. «Sólo podía hablar con los animales de la granja. [...] Les leía historias de la Biblia». Los años que Oprah pasó con su madre de acogida en Milwaukee fueron todavía peores: «Éramos tan pobres que no podíamos permitirnos un perro o un gato, así que convertí a dos cucarachas en mis mascotas [...] Las metí en un tarro y las llamé *Melinda* y *Sandy*».

En esa época Oprah obsequiaba a su público con historias sobre su infancia y adolescencia, en las que tenía que acarrear agua del pozo, ordeñar las vacas y vaciar el orinal; una infancia gris y de penurias como la de los cuentos de hadas. Oprah se metamorfoseaba en «Oprahcienta» mientras tejía sus historias sobre la abuela de la vara en la mano y el abuelo que la golpeaba con el bastón que la criaron hasta los seis años.

«Ay, la de palizas que me llevé —decía—. La razón de que quisiera ser blanca era que nunca veía que a los niños blancos les pegaran —le contó a la escritora Lyn Tornabene—. Mi abuela me zurraba constantemente. Es algo normal en la tradición del Sur; es la manera en que se educa a los niños. Si derramas algo, te dan una paliza; si cuentas una mentira, te dan una paliza. [...] Mi abuela me pegaba con una vara. [...] Podía pegarme cada día, sin cansarse nunca».

Oprah jugaba con la raza como un gatito juega con un ovillo de hilo. «Sólo era un pobre pedazo de carne de color, con pelo pasa», dijo sobre su nacimiento, que tuvo lugar el 29 de enero de 1954, en Misisipí, el estado más racista de la nación. En lugar de repartir cartas de recriminación, Oprah extendía la baraja de los recuerdos como si fuera un abanico de plumas, bromeando y despertando la curiosidad, mientras recurría al dialecto para describir su infancia en Kosciusko (Misisipí). «Es un sitio tan pequeño que escupes y estás fuera del pueblo antes de que el escupitajo llegue al suelo», dijo de la pequeña comunidad (6.700 habitantes) donde nació, en la cabaña de madera de su abuela, fuera de los límites del condado.

«Por entonces éramos gente de color —hablo de antes de que todos nos convirtiéramos en negros— y la gente de color vivía fuera de los límites de la ciudad, sin agua corriente. Y todos sabéis qué significa eso —seguía, arrastrando las palabras—. Sí, señora —decía, poniendo en blanco sus enormes ojos castaños—. Un retrete con dos agujeros y un catálogo de Sears y Roebuck para limpiarte. —Rememoraba el retrete de su abuela con unos aspavientos exagerados—. Cielo santo. ¡Y cómo olía! Yo siempre tenía miedo de caerme dentro».

Oprah decía que rezaba cada noche para tener unos tirabuzones como Shirley Temple. «Quería llevar el pelo suelto como ella, en lugar de aceitado y peinado en trenzas sujetas con diecisiete pasadores.» Trató de cambiar la forma de su nariz, «intentaba que se inclinara hacia arriba», poniéndose una pinza de la ropa al irse a dormir cada noche. «Sí, lo reconozco —le dijo a Barbara Walters—. Quería ser blanca. Al crecer en Misisipí [pensaba que] a los niños blancos los querían más. Recibían más. Y sus padres eran más buenos con ellos. Así que yo quería esa clase de vida.»

Más tarde, la hermana de Oprah rechazó el mito de una pobreza absoluta: «Claro que no éramos ricos —le dijo Patricia Lloyd a una periodista—. Pero Oprah exageró lo mal que lo pasábamos…, supongo que para despertar la compasión de sus espectadores y ampliar su audiencia. Nunca tuvo cucharachas como mascotas. Siempre tuvo un perro. También tenía un gato blanco, una anguila en un acuario y un periquito llamado *Bo-Beep* al que trató de enseñar a hablar».

Durante una entrevista que concedió a la revista *Life* en 1997, Oprah, que entonces tenía 43, se vino abajo y se echó a llorar pensando en su desdichada infancia, lo cual hizo que el periodista escribiera: «Oprah era una niña sin ningún poder, nacida pobre e ilegítima en el segregado Sur, en una granja en Kosciusko (Misisipí). Pasó sus seis primeros años allí, abandonada en manos de su abuela materna».

Pero no todos en la familia estaban de acuerdo con el lacrimoso tono de esta afirmación. Así lo afirmó la madre de Oprah, Vernita Lee, cuando le preguntaron por la tendencia de su hija a la dramatización: «Oprah tiende a fantasear un poco». La historiadora de la familia, Katharine Carr Esters, la prima a la que Oprah llama Tía Katharine, no se mostró tan tolerante: «Bien mirado, aquellos seis años con Hattie Mae fueron lo mejor que podía pasarle a una niña nacida en una familia pobre —dijo—. Oprah creció como hija única con la atención total y absoluta de todos nosotros: sus abuelos, sus tías, sus tíos y primos, además de su madre, que Oprah nunca menciona que estuvo con ella cada día de los primeros cuatro años y medio de la vida de Oprah, hasta que se fue al norte, a Milwaukee, para buscar un trabajo mejor [...] No tengo ni idea de dónde ha sacado Oprah esas tonterías sobre crecer rodeada de suciedad y cucarachas. La tía Hat tenía una casa inmaculada [...] Era una casa de madera, con seis dormitorios, con un salón grande que tenía una chimenea y mecedoras. Había tres ventanas grandes, con cortinas de encaje al estilo Priscilla. El comedor estaba lleno de preciosos muebles Chippendale. Y en la cama del dormitorio de la tía Hat había un magnífico cobertor blando; todos los niños sabíamos que estaba prohibido jugar encima».

Durante el verano de 2007, a la edad de setenta y nueve años, Katharine Carr Esters se acomodaba en el «porche para señoras», de Seasonings Eatery, con su amiga Jewette Battles para compartir con ella sus recuerdos de los «años de crecimiento» de Oprah en Misisipí:

—Mira, tienes que entender que quiero a Oprah y me gustan mucho todas las buenas obras que hace para los demás, pero no comprendo las mentiras que cuenta. Ya lleva años haciéndolo —dijo la señora Esters.

—Bueno, lo que cuenta tiene algo de verdad —dijo la señora Battles—, pero supongo que Oprah lo adorna hasta que no se puede reconocer y lo convierte en historias que...

—No son historias —dijo la nada fantasiosa la señora Esters—. Son mentiras. Puras y simples. Mentiras... Oprah no para de decir a sus espectadores que ella y la hija de Elvis Presley, Lisa Marie, son primas y, por todos los santos, eso es una mentira absurda... Sí hay Presleys en la familia, pero no son parientes de Elvis, y Oprah lo sabe, pero le gusta fingir que es prima lejana de Elvis porque eso la convierte en más de lo que es.

La señora Esters es inexorable cuando se trata de aclarar la historia de la familia: «Oprah no creció en una granja de cerdos. Sólo había un cerdo. No ordeñaba a las vacas; sólo había una vaca... Sí, eran pobres, todos lo éramos-pero la tía Hat era dueña de su propia casa, más media hectárea de tierra y unas cuantas gallinas, lo cual hacía que su situación económica fuera mejor que la de la mayoría de gente en la comunidad de Buffalo. Hattie Mae no le pegaba a Oprah cada día y, ciertamente, a Oprah no le faltaban muñecas ni vestidos [...] He hablado con ella sobre esto varias veces. Me he enfrentado a ella y le he preguntado "¿Por qué cuentas esas mentiras?". Oprah me dijo: "Es lo que la gente quiere oír. La verdad es aburrida, tía Katharine. La gente no quiere que la aburran. Quiere historias dramáticas".

»Oprah hace que sus seis primeros años parezcan lo peor que nunca le ha ocurrido a una niña nacida en una familia que sólo intenta sobrevivir. Yo estuve allí gran parte de esos años y te puedo asegurar que estaba más consentida, mimada y malcriada que cualquier niña de los alrededores [...] Todos los padres saben que los seis primeros años de la vida de un niño sientan las bases para toda la vida, y esos seis primeros años, allí con Hattie Mae, le dieron a Oprah la base de su confianza en sí misma, su habilidad verbal y su deseo de triunfar. Lo que sucedió más tarde, en la adolescencia..., bueno, eso es harina de otro costal.»

Por su parte, la señora Esters se niega a aceptar las historias llenas de colorido de Oprah y las considera simples fantasías: «Se inventa historias para darse importancia y eso no está bien... No dice la verdad. Nunca lo ha hecho. Afirma que de niña no tenía nada, pero sí que tenía. Deberías haber visto la ropa, las muñecas, los juguetes y los libros que la tía Hat traía a casa para ella. Por aquel entonces Hattie Mae trabajaba para los Leonard —la familia blanca más rica de Kosciusko— y se aseguraban de que Oprah tuviera todo lo que tenían sus propias hijas. Bueno, es verdad que las cintas y los delantales con volantes y todo eso no eran nuevos; Oprah los heredaba de las Leonard, pero seguían siendo muy bonitos. Los Leonard eran los dueños de los grandes almacenes de la ciudad y sus cosas eran las mejores. Todos los domingos Hattie Mae vestía a Oprah como una muñeca y la llevaba a la iglesia baptista de Buffalo, donde empezó a recitar sus pequeñas obras.

La tía Katharine recordaba a Oprah como una niña precoz, que empezó a caminar y a hablar muy pronto: «Siempre fue el centro de atención porque era el único pequeño de la casa. Y siempre quería estar en primer plano. Si los adultos estaban hablando y no conseguía que le hicieran caso, iba hasta ellos y les pegaba para que le prestaran atención».

Vernita confirmó que todos, incluyendo a su abuela, mimaban mucho a su hija. «Ella [Hattie Mae] era estricta, pero Oprah se salía con la suya en cosas que yo nunca pude hacer, porque era la primera nieta. Era una niña encantadora, pero muy mandona. Siempre quería ser la que mandaba.»

Antes de cumplir los tres años, Oprah cautivaba a la congregación de su abuela recitando la historia de Daniel en la guarida de los leones. «Me ponía de pie delante de sus amigas y empezaba a recitar obras que me había aprendido de memoria —dijo Oprah en una ocasión—. Allí donde iba, preguntaba: "¿Quieren oírme recitar algo?"»

La abuela de Oprah, Hattie Mae Presley era nieta de esclavos. Crió a cinco hijos mientras trabajaba de cocinera para el *sheriff* de Kosciusko y llevaba la casa de los Leonard, de quien decía que eran «buena gente blanca». Su educación sólo llegaba a tercer curso, y su marido, Earlist Lee (llamado Earless por la familia), no sabía leer ni escribir su nombre. «Pero, sin duda, tía Hat conocía la Biblia y enseñaba las historias a Oprah. También le enseñó a reconocer las letras, y luego mi padre le enseñó a leer, así que cuando cumplió los seis años ya había aprendido lo suficiente como para saltarse el jardín de infancia y entrar directamente en primer curso —dijo Katherine Esters, la primera persona de la familia en conseguir un título universitario—. Me costó doce años de escuela nocturna lograr ese diploma, pero finalmente lo conseguí [...] Compré un diccionario de sinónimos y me lo leí como si fuera una novela.»

La madre de Katharine, Ida Presley Carr, puso a la hija de Vernita Lee el nombre de *Orpah*, como la cuñada de Ruth en el Antiguo Testamento, pero de camino al juzgado del condado para presentar la partida de nacimiento, la comadrona, Rebeccca Presley, escribió mal el nombre bíblico y *Orpah* se convirtió en Oprah y ya nadie la llamó de otra manera.

En la partida de nacimiento de Oprah Gail Lee había otro error, el que hacía constar a Vernon Winfrey como padre. «Años más tarde averiguamos que no podía ser verdad, pero en aquellos momentos Bunny —así es como la familia llama a Vernita— dijo que Vernon era el padre porque era el último de los tres hombres con los que dijo que se había acostado. Y él aceptó la responsabilidad [...] No se dio cuenta de la verdad hasta años más tarde, cuando comprobó su historial militar y vio, con total seguridad, que no podía haber dado la vida a una niña nacida en enero de 1954. Pero para cuando lo descubrió, Oprah ya lo llamaba Papá.»

Aunque Oprah llegó a apreciar la ética de trabajo de su abuela, recordaba sus años con Hattie Mae, a la que llamaba «Mama», como míseros y tristes. Sin embargo, antes de morir en 2007, la tía materna de Oprah, Susie Mae Peeler, que describió a Oprah como una joven dulce y lista, dijo: «Todos la adorábamos. La idolatrábamos de verdad. Mi madre, Hattie, le daba a Oprah todo lo que quería que tuviera y todo lo que Oprah quería. Y eso que éramos pobres. Pero lo conseguíamos para ella. La vestíamos con ropa bonita y todo eso. Fue y se convirtió en algo importante, además.

»Oprah afirma que nunca tuvo vestidos comprados en tiendas, ¡pero tenía más vestidos de esos que yo! Afirmaba que no tenía muñecas, pero las tenía a montones, de todo tipo».

Lo más cerca que Oprah estuvo de revisar su historia de «ninguna muñeca» fue en 2009, durante su entrevista con Barbra Streisand, que dijo que había crecido siendo tan pobre que transformó una botella de agua caliente en su única muñeca. «Guau —exclamó Oprah—. Eras más pobre que yo.»

La comunidad negra empezó a marcharse de Kosciusko en la década de 1950, cuando cerró la mayor empresa de la ciudad, la Apponaug Cotton Mill. «Los puestos de trabajo escaseaban, así que muchos de nosotros nos dirigimos al norte en busca de trabajo —explicó la señora Esters, describiendo el mayor desplazamiento de población de la historia de los Estados Unidos, conocido como la Gran Migración—. Durante aquellos años no se veía ni un coche vacío saliendo de la ciudad. Los llenábamos a tope y nos íbamos a Chicago, Detroit y Milwaukee con la esperanza de encontrar trabajo en las fábricas, con un sueldo mejor. Por todo el Sur, eran las abuelas negras las que criaban a sus nietos, porque las madres y los padres se marchaban al Norte, para conseguir un empleo y ganar dinero. No se podía conseguir nada quedándose en el Sur. No se recogía algodón y la gente quería algo más que servir en las casas donde habían trabajado sus familiares. La madre de Oprah, que nunca acabó la secundaria, trabajaba como criada, pero quería algo mejor para ella y para su hija, así que la llevé a Milwaukee en 1958, donde vivió conmigo hasta que levantó cabeza... Vive allí desde entonces, pero yo volví a Kosciusko en 1972.»

El abuelo de Oprah, Earlist Lee, murió en 1959, cuando ella tenía cinco años. Oprah lo recuerda sólo como una presencia oscura en su vida: «Le tenía miedo [...] Recuerdo que siempre me tiraba cosas o trataba de espantarme con el bastón». Hattie Mae, que tenía sesenta años y estaba mal de salud, ya no podía cuidar de Oprah, así que la enviaron a vivir con su madre, que tenía veinticinco años y había tenido otra hija, llamada Patricia Lee, nacida el 3 de junio de 1959. El padre de Patricia aparece, años más tarde, en el certificado de defunción de Patricia, con el nombre de Frank Stricklen, aunque Vernita y él nunca se casaron. Cuando Oprah llegó, Vernita y el bebé vivían en una pensión que llevaba la madrina del bebé.

«A la señora Miller (la casera) yo no le gustaba, por el color de mi piel —recordaba Oprah—. Ella era una negra de piel clara a la que no le gustaban los negros de piel más oscura. Y mi media hermana [tenía] la piel clara, y ella la adoraba. No fue algo que me dijeran nunca, pero todos sabían que era así porque tiene la piel clara y yo no.»

Más adelante, cuando se trasladó a Chicago, amplió sus opiniones sobre el color de la piel, hablando de Harold Washington, el primer alcalde afroamericano: «Somos galletas de chocolate —dijo clasificando su raza por el color y desvelando un *leitmotiv* que incluyó en su selección de amigos y amigas a lo largo de los años—. Hay galletas de chocolate, galletas de jengibre y las hay de crema de vainilla. Las galletas de jengibre son los que, aunque sabes que son negros, tienen todos los rasgos de los blancos [...] Los de crema de vainilla son los que podrían pasar [por blancos] si quisieran, y luego está la gente como yo y el alcalde. No se nos puede confundir con nada que no sea el chocolate».

La prima de Oprah, Jo Baldwin, recordaba que Oprah la llamó después de leer *Louvenia, Belle's Girl,* la novela de Baldwin.

«"Hola, soy Luvenia", dijo Oprah.

»Yo dije: "¿Oprah, eres tú?".

»"Soy Luvenia", insistió ella.

»Me eché a reír. "Oprah, no puedes ser Luvenia, porque su personaje se basa en mi aspecto. Pero puedes ser Belle. De todos modos, tiene las mejores frases".

En la novela de Baldwin, Belle es la madre, gruesa y de piel oscura de Luvenia, casada con el hijo de un predicador de piel clara, lo cual explica el color claro de la piel de su hija.

»Al oírme decir que no podía ser Luvenia, Oprah se quedó muy callada... y muy triste.»

Oprah sostenía que, debido a su piel negra, tenía que dormir en el porche, en la parte trasera de la pensión, mientras que su hermana de piel clara dormía con su madre en la habitación de Vernita. Decía que la discriminación la hacía sentir fea: «Los blancos nunca me hicieron sentir inferior —afirmó, años más tarde—. Pero los negros sí que me hicieron sentir inferior. Me sentía inferior en aquella casa con la señora Miller. Me sentía inferior porque era demasiado oscura y tenía el pelo demasiado ensortijado... Me sentía marginada».

Katharine Esters respondió duramente a los conmovedores recuerdos de Oprah: «Esto me molesta más que sus mentiras sobre la muñeca de maíz y sus cucarachas, porque le hace el juego a la dañosa discriminación practicada por nuestra propia gente —declaró—. Yo soy una mujer de piel oscura; Earless, el abuelo de Oprah, era tan negro que podían haberlo pintado; y Oprah es tan oscura como el libro de oraciones de un predicador. Pero cuando dice cosas así me recuerda a mi primo Frank, que no quería ser lo que era y discriminaba entre su propia familia, prefiriendo la gente de piel más clara a la de piel más oscura.

»Si Oprah dormía en el porche trasero de la pensión era porque Vernita tenía que cuidar del bebé y sólo había una habitación. Eso es todo. Punto. Si hubieran discriminado a Oprah por el color de su piel, te lo diría —afirmó la señora Esters, activista pro derechos civiles, que trabajaba para la Urban League de Milwaukee—. Yo creo que es importante decir la verdad (por muy desagradable que sea) porque estoy convencida de que siempre puede salir algo bueno de sacar a la luz secretos oscuros [...] Oprah le da demasiada importancia al color [...] Supongo que sus deseos de ser blanca la hacen ver las cosas de la manera que las ve, pero lo de dormir en el porche de atrás no tiene nada que ver con lo oscuro de su piel. La realidad es que Oprah ya no era la única hija cuando fue a Milwaukee, ya no era la princesa ni el centro de atención. Su madre y la casera mimaban a los bebés, no a Oprah, y eso resultó muy duro para ella.»

Con los años, lo que Oprah recordaba de su infancia se ha ido llenando de historias de indiferencia y discriminación. «En la única foto que tengo de mi abuela, tiene en brazos un niño blanco», dijo a los cincuenta y un años. Sin embargo, una foto publicada del escritorio de Oprah muestra una foto de su abuela rodeando a Oprah cariñosamente con el brazo, todavía una niña pequeña, sin que haya ningún niño blanco a la vista. Pese a todo, en una ocasión, Oprah recordaba: «Cada vez que hablaba de aquellos niños blancos veía esa especie de brillo en su interior […] Nunca nadie tuvo ese brillo cuando me veían a mí».

El 14 de diciembre de 1960, menos de un año después de que Oprah se trasladara a Milwaukee para vivir con su madre, Vernita tuvo un tercer hijo, Jeffrey Lee. Su padre aparecía, años más tarde, en el certificado de defunción, como Willie Wright, el hombre con el que Vernita tenía esperanzas de casarse, pero nunca lo hizo. Después del nacimiento de Jeffrey, se trasladó al pequeño piso de su prima, Alice Cooper, y durante un tiempo vivió de la asistencia social. Cuidar de tres niños llegó a ser tan difícil que Vernita envió a Oprah a vivir con Vernon Winfrey en Nashville. «Por aquel entonces el modo de vida de Vernita no era precisamente ideal —contaba Katharine Esters, que afirmó que Vernita se gastaba el dinero de la asistencia social en ropa y cosméticos—, de modo que para Oprah fue una bendición que la enviaran a otro sitio.»

«Así empezamos a mandarla de un lado para otro, de mi casa de Nashville a la de su madre en Milwaukee —dijo Vernon Winfrey, muchas años después—. Fue una equivocación. El rey Salomón nos enseñó hace mucho que no se puede dividir a un niño.»

Vernon, que se casó con Zelma Myers en 1958, vivía en una casita de ladrillo, en la calle Owens, en la parte este de Nashville, y trabajaba de conserje en la Universidad Vanderbilt. En aquella época, seguía creyendo que era el padre de Oprah.

«Así que recibimos a Oprah con los brazos abiertos y le dimos un hogar estructurado, como es debido; educación, visitas regulares a la biblioteca, un poco de televisión y tiempo para jugar y asistencia a la iglesia cada domingo. Yo las llevaba a la iglesia baptista en mi viejo Mercury de 1950 y cubría los asientos para que la pelusa de la tapicería no se nos pegara a la ropa.»

En la iglesia, Oprah siempre acaparaba la atención. «Nunca ha sido de las que se sientan en los bancos de atrás —dijo Vernon—. Siempre le ha encantado estar en primer plano. En una ocasión hacía más ruido de lo normal y le dije: "Cariño, la gente te ve cuando estás callada y también te ve cuando haces ruido. Pero nueve de cada diez veces piensan mejor de ti cuando estás callada". Hice que se moderara un poco.»

Durante la primavera de 2008, Vernon Winfrey, que entonces tenía setenta y cinco años y seguía trabajando en su barbería de Nashville, que había abierto en 1964, pensaba con nostalgia en su hija, cuando tenía siete años y jugaba en el patio trasero de su casa: «La miraba desde la ventana mientras ella y sus amigas Lilly y Betty Jean se dedicaban a juegos imaginarios. Las tres se divertían solas durante horas, sentadas en pequeñas sillas para niñas, que yo ponía a la sombra moteada de nuestro arce... Por cierto, todavía tengo aquellas sillas. Por lo que observé, Lilly y Betty Jean no se lo pasaban tan bien jugando a ser maestras como Oprah. Me parece que es porque ella siempre era la maestra y siempre reñía a sus compañeras de juegos mientras garabateaba unas lecciones invisibles en una pizarra imaginaria. Lilly y Betty Jean permanecían sentadas en sus pupitres imaginarios, atentas, esperando contra toda esperanza que Oprah no dijera su nombre durante el ejercicio de deletreado. No puedo decir que las culpara, porque si deletreaban mal una palabra, tenían problemas. Oprah sacaba su pequeña palmeta, que no tenía nada de imaginario, y les daba en las palmas de las manos».

Oprah había aprendido a pegar de su abuela.

«Un día me enfrenté a ella —dijo Vernon—. "¿Por qué no dejas que hagan de maestra alguna vez?".

»Me miró con una expresión muy dulce, encantadora y perpleja como si se preguntara cómo era posible que pudiera hacerle una pregunta tan tonta. "Pero, papá —me dijo Oprah—, Lilly y Betty Jean no pueden ser maestras hasta que aprendan a leer"».

Vernon relataba este incidente casi de modo literal a como aparecía en la propuesta de libro que, en el año 2007, presentó a las editoriales. Trabajando con el escritor Craig Marberry, Vernon había redactado varios capítulos de muestra de una autobiografía que titulaba *Things Unspoken*.

«Quería escribir un libro sobre mi vida; mis padres y sus nueve hijos y cómo nos criamos en el Sur. —Como negro nacido en Misisipí en 1933, Vernon se enfrentó a problemas que, como dijo, su hija nunca conocería—. Oprah habla de Martin Luther King y puede recitar todos sus discursos, pero no sabe nada de la lucha. Yo la viví. Oprah sólo llegó cuando ya despegábamos [...] Cosechó lo que el doctor King había sembrado [...] Yo puedo remontarme a setenta años atrás en esa lucha, y quiero escribir sobre ello [...] Sé que Oprah es parte de mi vida, claro, y me porté bien con ella, pero no es toda mi vida y no tengo por qué contarle todo lo que hago. No soy su hijo. Soy un hombre maduro y puedo hacer lo que quiera, mientras no me aparte del Señor. Así que no, no le hablé a Oprah de mi libro.»

Ese mismo año 2007, durante una aparición pública en Nueva York, Oprah se quedó estupefacta cuando un reportero le preguntó sobre los planes que tenía su padre de escribir un libro: «Es imposible —dijo—. Te aseguro que no es verdad [...] La última persona en el mundo que estaría escribiendo un libro es Vernon Winfrey. La última».

Vernon sonrió, irónicamente, ante la reacción de Oprah: «No entiende que mi libro no tratará sólo sobre ella, pero eso es lo que ella y esa amiga suya creen [...] Cuando Oprah me llamó al día siguiente estaba hecha un basilisco. Dijo: "Papá, ¿de verdad estás escribiendo un libro?". Le dije que sí. Se enfadó porque dijo que ahora quedaba como una embustera ante los periodistas. Dijo que la había hecho quedar en ridículo.

»Le dije: "Oprah, tengo derecho a contar mi vida, ¿no?".

"Sí, papá, pero habría estado bien que me lo hubieras dicho antes".

»Luego me llamó Gayle King: "Señor Winfrey —me dijo—, ¿cómo se atreve a escribir un libro? Usted no le importa a nadie. Nadie quiere leer sobre usted. La única razón de que alguien se interesara por lo que tiene que decir sería gracias a Oprah". Me llamó aquí, a la barbería. Yo estaba de pie justo ahí. —Señaló el teléfono gris de la pared—. Le dije a Gayle: "Llama a mi mujer. Ella sabe más de esto que yo", y le colgué.

»Gayle no es más que una buscona callejera. [...] Nadie me había hablado así nunca, con tan poco respeto, en toda mi vida. Más tarde, le dije a Oprah que la única razón de que no la enviara a la mierda en aquel mismo momento y la llamara con la palabra que empieza por la p... y suena como 'ruta' es que le estaba cortando el pelo a un predicador y no quería hablar mal delante de él. Pero le dije a Oprah que no quería saber nada más de Gayle King, nunca más.

»Oprah dijo: "Las personas que me quieren cuidan de mí y me protegen".

»Yo le respondí: "Cuando tú eras una adolescente y tuvimos nuestros problemas, dejé a todos los demás fuera, y así es como debería haber sido entre tú y yo ahora".»

Hombre orgulloso, a Vernon Winfrey le irritaba estar bajo el yugo del control de su hija, y a raíz de estos sucesos durante algún tiempo dejaron de hablarse: «Todo eso pasó en mayo de 2007 —precisó Vernon—. Me indigné [...]é mucho y unos meses después sufrí una apoplejía. Necesité tres meses de terapia física para recuperarme y, finalmente, me he calmado, pero sigo creyendo lo mismo de esa puerca de Gayle. Me volvió a llamar después de hablar con Oprah, pero ni siquiera entonces se disculpó. Dijo que no creía haberme faltado al respeto, pero sus palabras no se las dirigía a sí misma, sino a mí. Y con sus palabras me dijo que yo no valía nada y que mi vida no contaba para nada».

Vernon añadió que, después de que Oprah manifestara públicamente su desacuerdo con la propuesta del libro, varias editoriales que habían mostrado su interés por publicarlo dieron marcha atrás: «Ahora quieren que ella les dé permiso antes de seguir adelante [...] —Vernon meneó la cabeza ante el miedo que su hija infundía—. De momento he dejado el libro de lado porque el coautor está fuera del país, pero pretendo terminarlo... a pesar de lo que diga Oprah.

»Me decepciona que Oprah haya cambiado tanto con los años. Está demasiado unida a esa Gayle y ya no cree que Jesucristo sea su salvador. No es así como yo la eduqué.»

Si Oprah hubiera visto la propuesta de 62 páginas del libro de su padre, se habría dado cuenta de que, como él decía, trataba tanto tanto sobre su vida (era el sexto de los nueve hijos nacidos de Elmore y Ella Winfrey) como sobre la crianza de Oprah. No obstante, lo que la afectaría a Oprah era lo que escribía sobre sus «secretos, sus oscuros secretos. Algunos no los descubrí hasta que era una mujer madura, hasta que era demasiado tarde». También expresaba su pesar por haber tenido que ser severo y duro con ella durante su adolescencia y por no haberle expresado su cariño con tanta eficacia como le aplicaba su disciplina.

Con todo, seguía desaprobando los «oscuros secretos» que descubría sobre la niña que había criado. «Puede que el mundo la admire, pero yo sé la verdad. También la sabe Dios y la sabe Oprah. Dos de nosotros seguimos sintiendo vergüenza —Señaló el letrero que había detrás de la silla de barbero, como si le enviara un mensaje a su hija—. "Vive de manera que el pastor no tenga que decir mentiras en tu funeral".»

El televisor que hay en la barbería de Winfrey ya no sintoniza, como lo hacía antes, el programa de Oprah de las cuatro de la tarde, los días laborables, pero una de sus primeras fotos publicitarias, sin firmar, sigue pegada al espejo que hay detrás de la silla de Vernon, junto a una foto de su Yorkshire terrier, *Fluff*. Cuando alguien comentó que la foto de *Fluff* ocupa el lugar de honor, por encima de la de Oprah, Vernon sonrió, con picardía y afirmó: «Sí, es verdad. Adoro a ese perro».

El papel de Vernon como padre reverenciado de Oprah tocó a su fin en el verano de 1963, cuando la llevó a Milwauke a pasar unas semanas con su madre: «Nunca más volví a ver a aquella niña tan dulce —dijo—. La niña inocente que conocía en Nashville desapareció para siempre cuando la dejé con su madre. Aquel día derramé lágrimas porque sabía que la dejaba en un mal ambiente, que no era sitio para una niña, pero yo no podía hacer nada».

Al final del verano, Oprah aceptó quedarse con Vernita porque esta le dijo que iba a casarse y quería tener una familia de verdad. La vida de Oprah con

«Papá» y «Mamá Zelma» en Nashville había sido una vida demasiado reglamentada, con sólo una hora de televisión al día, y nunca los domingos. Vernita le prometió que en Milwaukee tendría toda la televisión que quisiera, y es irónico que fuera ese pequeño soborno lo que llevaría a cambiar la vida de su hija.

«Dejé de querer ser blanca a los diez años, cuando vi actuar a Diana Ross y las Supremes en *The Ed Sullivan Show* —dijo Oprah—. Estaba viendo la televisión tumbada en el suelo de linóleo del piso de mi madre [un domingo por la noche] [...] Nunca lo olvidaré. [...] Era la primera vez que veía a alguien de color con diamantes que sabía que eran de verdad. [...] Quería ser Diana Ross [...] Tenía que ser Diana Ross.»

Los teléfonos habían empezado a sonar en los barrios pobres de las ciudades de Detroit, Chicago, Cleveland, Filadelfia y Milwaukee unos días antes de la Navidad de 1964. Las Supremes iban a acudir al programa *The Ed Sullivan Show*, que entonces era el principal escaparate para el talento en los Estados Unidos.

Ver unas «chicas de color» en televisión, en horario de máxima audiencia, era como ver yanquis en Atlanta: suficiente para que a los sureños les diera un ataque de histeria y a los patrocinadores una apoplejía. Pero Ed Sullivan, que tenía una política de contratación integracionista, no iba a cambiar de parecer. Había presentado a Elvis Presley a los telespectadores en 1956, y lanzado a los Beatles en los Estados Unidos, a principios de 1964. Sullivan estaba decidido a presentar lo que llamaba «tres regalos de color» de Motown, que ese año había producido tres números 1. Su decisión llegaba cinco meses después de que el presidente Lyndon Johnson firmara le Ley de Derechos Civiles, que hacía que el gobierno federal respaldara decididamente la campaña por la igualdad racial del país. Ahora Ed Sullivan iba a cambiar la mentalidad nacional.

Hasta aquel momento, la televisión había presentado a los negros como pícaros intrigantes (*Amos and Andy*), bribones de pelo encrespado (Buckwheat, en *Little Rascals* y *Our Gang*), o criadas de «sí, señora» y chóferes de «no, señor». Pero ahora, verse presentados con belleza, gracia y elegancia sería revolucionario y ser aplaudidos por los blancos era algo casi inimaginable.

Las Supremes actuaron catorce veces en *The Ed Sullivan Show* entre 1964 y 1969, pero por mucho que se diga no es posible exagerar el impacto que tuvo su primera aparición, el 27 de diciembre de 1964. Fue un momento de aclaración para el país: los dos extremos del espectro racial se unieron para dejarse hechizar y divertir por tres jóvenes exquisitas que cantaban «Come See About Me».

«Aquella noche —recordaba Diahann Carroll, la primera mujer afroamericana en ser la estrella de su propia serie de televisión (*Julia*, 1968-1971)— muchos se sintieron orgullosos al ver a las Supremes. Los jóvenes tendrán que comprender que aquel tiempo de sueños y derechos civiles nos enseñó a cuantos trabajamos en el mundo del espectáculo a encontrar los peldaños que nos llevarían al éxito. Nos enseñó a tirar de otros de una manera que nos beneficiaba a todos».

Oprah, una de las que aquella noche empezaron a soñar, nunca olvidó cómo se sintió viendo a las Supremes: «En aquellos días, siempre que veías a un negro en televisión, era tan raro que llamabas a todo el mundo para decirle: "¡Eh, que sale alguien de color!". Te perdías la actuación porque, cuando los habías llamado a todos, el número se había acabado. Recuerdo que dije: "Pero ¿cómo? ¿Una mujer de color puede tener ese aspecto?". Otro momento electrizante fue ver a Sidney Poitier. Estaba viendo la entrega de los premios de la Academia (en 1964) y Sidney Poitier ganó el Óscar por *Los lirios del valle*. Era la primera vez que veía a un negro bajarse de una limusina, en lugar de conducirla. [...] Recuerdo que pensé: "Si un hombre de color puede hacer eso, me pregunto qué puedo hacer yo". Él me abrió la puerta».

En un sentido simbólico, aquel año, por todos los Estados Unidos negro entrechocaron los platillos, redoblaron los tambores y sonaron las trompetas. Para la gente de color fue un nuevo principio ver a los suyos presentados con estilo y sofisticación en televisión. Motown Music había invertido miles de dólares para preparar a las Supremes para el estrellato —escuela de señoritas, lecciones de maquillaje, pelucas espléndidas, vestidos con perlas y joyas relumbrantes— y la inversión recogió beneficios. Entre los miles de niños negros que aquella noche vieron *Ed Sullivan* había un niño de seis años y una niña de diez, ambos hipnotizados por el deslumbrante estilo de la esbelta cantante principal. Cada uno crecería hasta convertirse en un reflejo del *glamour* que vieron en ella aquella noche: Michael Jackson, en Gary (Indiana), y Oprah Winfrey, en Milwaukee (Wisconsin); ambos decidieron que querían ser como Diana Ross: la cantante se convirtió en su estrella polar.

El mismo año en el que que las Supremes electrizaban por televisión a los Estados Unidos, el Congreso aprobaba la Ley de Oportunidades Económicas, como parte de la «guerra contra la pobreza» de la nación. Más tarde, la ley sería criticada por su ineficiencia y despilfarro, pero muchos negros se beneficiaron, en especial a través del programa Head Start, para los niños en edad preescolar, y el programa Upward Bound, para los estudiantes de secundaria. Uno de los que se beneficiaron de la discriminación positiva de Upward Bound fue Oprah, que entonces estaba en la Lincoln Middle School, considerada el «crisol» de Milwaukee. El director del programa, Eugene H. Abrams, la vio en la cafetería, leyendo un libro, y la recomendó para que fuera uno de los seis estudiantes negros —tres chicas y tres chicos— que ingresarían en Nicolet High School, en el rico barrio de Glendale.

Años más tarde, Oprah diría que le habían concedido «una beca» para la privilegiada escuela y que fue la única de su clase seleccionada para ese honor: «Estaba en la situación de ser la única persona negra, y quiero decir la única, en una escuela con dos mil chicos judíos de clase media alta, de los barrios ricos. Yo cogía el autobús por la mañana para ir a la escuela, con las criadas que trabajaban en sus casas. Tenía que hacer tres transbordos».

Al ser una de «los chicos del autobús», como los llamaban los demás alumnos, Oprah llamaba la atención, «destacaba entre la multitud —dijo Irene Hoe, una de los cinco alumnos asiáticos de Nicolet, que estaba en último curso, cuando Oprah estaba en primero—. No vivía en los barrios de las afueras, predominantemente ricos y en su mayoría blancos de Milwaukee, que llevaban a sus hijos a nuestra escuela [...] En aquellos tiempos políticamente incorrectos [...] se podría haber dicho que no "pertenecía"».

Nadie era más consciente de aquel desplazamiento que Oprah, quien de repente veía lo pobre que era al lado de aquellas chicas ricas que llevaban un conjunto de jerseys diferente cada día y tenían la paga de sus padres para comprar pizzas, discos y batidos después de la escuela: «Por vez primera, comprendí que había otro lado —dijo—. De repente, el gueto no tenía tan buen aspecto.

»En 1968, era muy guay conocer a un negro, así que yo era muy popular. Las otras chicas me invitaban a su casa, sacaban sus álbumes de Pearl Bailey, hacían salir a su criada de la parte trasera y decían: "Oprah, ¿conoces a Mabel?". Se imaginaban que todos los negros nos conocíamos. Realmente era una situación muy rara y muy dura.»

Las madres animaban a sus hijas a invitar a «Opie» a casa después de la escuela. «Como si yo fuera un juguete —dijo Oprah—. Todas se sentaban y hablaban de Sammy Davis, Jr., como si yo lo conociera.»

Oprah quería tener dinero, como los demás, pero a su madre, que tenía dos empleos a la vez, no le sobraba nada. Así que Oprah empezó a robar a Vernita. «Empecé a tener problemas de verdad —reconocería más adelante—. Supongo que se me podría llamar conflictiva, por no decir algo peor.»

Su hermana, Patricia, recordaba que una vez Oprah le había robado 200 dólares a su madre, lo cual era la paga de toda la semana. Y en otra ocasión, le robó uno de sus anillos y lo empeñó. «Oprah dijo que había llevado el anillo a limpiar. Pero mamá encontró la papeleta de empeño dentro de una funda de almohada y obligó a Oprah a ir y recuperar el anillo.»

Sus parientes recuerdan a Oprah como una adolescente sin control dispuesta a hacer cualquier cosa por dinero. En un momento dado, quería deshacerse de sus «feas gafas bifocales, estilo mariposa». Le pidió a su madre que le comprara unas gafas nuevas, octogonales, como las que llevaban las chicas de Nicolet. Vernita dijo que no se podía permitir ese gasto. Oprah estaba decidida a conseguir las nuevas gafas.

«Escenifiqué un robo, rompí las gafas, fingí que me había desmayado y no me acordaba de nada. Dejé de ir a la escuela un día y pisoteé las gafas hasta hacerlas añicos. Bajé las persianas, tiré las lámparas y me corté la mejilla izquierda lo suficiente como para hacerme sangre. Llamé a la policía, me tumbé en el suelo y esperé a que llegaran».

A continuación, exactamente como había visto en un episodio de *Marcus Welby, M. D.,* fingió una amnesia. Les enseñó a los policías un chichón en la cabeza, pero dijo que no se acordaba de lo que había sucedido. La policía llamó a su madre, pero Oprah aparentó que no reconocía a Vernita, que estaba muy afectada hasta que un policía mencionó que lo único roto durante el robo era un par de gafas.

«Oprah siempre fue una gran actriz —afirmó su hermana—. Tenía una imaginación desbordante.»

Después de volverse sexualmente promiscua, Oprah ideó otro medio para hacer dinero: «Invitaba a hombres, durante el día, mientras mi madre estaba trabajando —dijo Patricia—. Sus amigos eran todos mucho mayores que ella, tenían diecinueve o veintipocos años. Siempre que llegaba un hombre a la puerta, Oprah nos daba polos a mí y a nuestro hermano pequeño Jeffrey y nos decía: "Salid al porche a jugar". Oprah se iba adentro con su amigo. [...] No me enteré de lo que hacía hasta que fui mayor y me enseñó cómo hacía "El Caballo", que era como llamaba ella al acto sexual».

A Patricia le costó muchos años comprender que Oprah vendía «El Caballo», es decir que intercambiaba favores sexuales por dinero. Que Patricia fuera consciente de esta información y estuviera dispuesta a contársela a los medios de comunicación produjo entre ambas hermanas un distanciamiento tal que nunca llegó a resolverse del todo y que, en 1993, llevaría a Oprah una de sus decisiones más trascendentales al enfrentarse a la publicación de su autobiografía.

Oprah ha reconocido su promiscuidad durante la adolescencia, diciendo que recorría las calles y se acostaba con cualquier hombre que la quisiera, porque deseaba atención. También ha dicho que, en casa de su madre, los hombres continuamente abusaban de ella. «En aquella época, a los trece años, mis medidas eran 91-58-91, lo cual creaba algunos problemas. No me permitían hablar con chicos, y ellos estaban por todas partes. [...] Esto pasa en muchas familias monoparentales, donde es la madre la que lleva la familia: hay hombres entrando y saliendo de la casa y las hijas en particular lo ven. Las madres dicen: "No dejes que ningún hombre te haga esto. No te levantes el vestido. ¡Haz lo que te digo!". En cambio lo que la niña ve es totalmente lo contrario de lo que la madre dice. Yo viví eso cuando era niña. "Haz lo que digo, no lo que hago". Pero no da resultado. No lo da.»

Su familia sólo veía a una adolescente promiscua que se echaba en brazos de los hombres, por lo que no la creyeron cuando, al final, les dijo que abusaban de ella sexualmente. No podían verla como víctima.

«No me creo nada de nada —dijo muchos años después su "tía" Katharine—. Oprah era una chica salvaje, que andaba por las calles de Milwaukee y que no aceptaba ninguna disciplina de su madre. Es una vergüenza para ella y para su familia que ahora diga exactamente lo contrario.» La señora Esters señaló lo oportuno de la revelación de abusos sexuales de Oprah e insinuó que lo único que quería Oprah era publicidad, pues era justo el momento en el que su programa iba a pasar a ser de ámbito nacional. «La historia ayudó a lanzar a Oprah y la convirtió en lo que es hoy —afirmó—. No soporto que se digan mentiras, pero en este caso perdono a Oprah porque ha hecho tanto por los demás. Quizás éste fuera el único medio de que una niña pobre tuviera éxito y se hiciera rica. Ahora hace sus buenas obras para reparar el daño hecho. [...] En la familia, nadie cree sus historias [de abusos sexuales], pero ahora que es tan rica y poderosa todos tienen miedo de contradecirla. Yo no lo tengo, porque no dependo económicamente de ella. [...] Puede que el público crea sus historias, pero su propia familia no las cree [...] Dejémoslo así.»

Para Oprah, como para otras víctimas de abusos sexuales, la carga de que no la crean es tan pesada como la vergüenza del abuso. La mayoría de familias no pueden enfrentarse a la profanación cometida por un ser querido o con su propia complicidad —intencionada o no— en la violación de una niña que no protestó. Es triste que, al igual que su familia, Oprah se culpara a sí misma, aunque aconsejaba a otros que no aceptaran la condena: «Durante todos esos años en que me convencí de que estaba curada, no lo estaba. Seguía cargando con la vergüenza y me culpaba, inconscientemente, de los actos de aquellos hombres. Algo en mi interior me decía que debí de ser una niña mala para que aquellos hombres abusaran de mí».

Cuando acabó la escuela, en el verano de 1968, Oprah fue a Nashville a visitar a Vernon y Zelma; la llevó hasta allí en coche su tío favorito, Trenton Winfrey, hermano de su padre, con el que estaba más unido. Durante el viaje, Trenton le preguntó si había salido con chicos.

«Le dije: "Sí, pero es muy difícil, porque lo único que quieren los chicos es un beso con lengua". Inmediatamente después de esto, me dijo que me apartara a un lado y que me quitara las bragas. [...] Todos aquellos años pensé que si yo no hubiera sacado el tema del beso con lengua, él no habría hecho aquello, porque era mi tío favorito.»

Oprah se quejó de su tío a su padre y a su madrastra, pero entonces no la creyeron y Trenton negó la historia. Años más tarde, parecía que Vernon seguía teniendo sentimientos encontrados: «Sé que ella piensa que no reaccioné bien —confesó—, [pero] Trent era el hermano con el que yo estaba más unido. Teníamos un dilema».

Cuando Oprah volvió a Milwaukee, se escapó de casa y estuvo durante una semana vagando por las calles. «Mamá estaba desesperada y llamó a todos los amigos buscándola —dijo su hermana—. No sabía si estaba viva o muerta.»

Años más tarde, Oprah bromeó sobre el incidente, cuando recordó como había asaltado a Aretha Franklin que actuaba en Milwaukee. Cuando vio a la cantante en una limusina, Oprah se lanzó de cabeza a otra actuación. «Me precipité sobre ella, rompí a llorar y le dije que era una niña abandonada que necesitaba dinero para volver a Ohio. Me gustaba como sonaba Ohio. Me dio cien dólares.» Oprah, que entonces tenía catorce años, afirma que fue a un hotel cercano, cogió una habitación ella sola y se gastó el dinero bebiendo vino y pidiendo comida al servicio de habitaciones. Luego llamó al pastor de la iglesia de su madre y le rogó que la ayudara a volver a casa.

«Cuando me quedé sin dinero, le conté al reverendo Tully, ya fallecido, todo lo que estaba pasando en casa y lo mal que me sentía. Así que me llevó a casa y sermoneó a mi madre, lo cual me gustó de verdad.»

Su hermana estaba eufórica de verla, pero Vernita estaba furiosa. Después de que el pastor se fuera, cogió una silla pequeña para pegar a Oprah, quien, según Patricia, «estaba llorando, acobardada. Yo gritaba y suplicaba: "¡Por favor, no mates a Oprah!". Finalmente, Vernita dejó la silla, pero insistió en que Oprah la acompañara al reformatorio juvenil.

»Recuerdo que pasé por las entrevistas, donde te tratan como si fueras un criminal convicto, pensando para mis adentros: "¿Cómo demonios me está pasando esto?". Tenía catorce años y sabía que era lista, sabía que no era mala persona, y recuerdo que pensaba: "¿Cómo ha pasado esto? ¿Cómo he llegado hasta aquí?"».

Le dijeron a Vernita que tendría que esperar dos semanas antes de que pudieran procesar a Oprah. «No puedo esperar dos semanas», dijo la madre.

«Me quería fuera de casa de inmediato», dijo Oprah.

De vuelta al piso, Vernita llamó a Vernon, en Nashville y le dijo que tendría que ser él quien se hiciera cargo de Oprah, pero para entonces Vernon ya sabía que no era el verdadero padre de Oprah: nueve meses antes de que Oprah naciera, él estaba en el ejército.

Sabiendo que Vernon y Zelma no podían tener hijos, Katharine Carr Esters los llamó y le rogó a Vernon que acogiera a Oprah. «Sabía que él no era el padre, pero le dije: "Reconócela como tuya. Zelma y tú queréis un hijo y Oprah necesita ayuda. Su madre no puede con ella. [...] Le conté todo lo que Oprah había hecho y, finalmente, aceptó hacerse cargo de ella, pero bajo unas condiciones de disciplina estrictas: ya no podía ir y venir a casa de Vernita y sería él quien mandara. Vernita aceptó. [...] Todos estábamos allí cuando Oprah se fue; su madre, su hermana, su hermano y todos sus primos».

Patricia recordaba que su hermana Oprah estaba llorando por tener que abandonar Milwaukee: «Oprah no quería marcharse. Lloraba y me abrazó antes de subir al coche de Vernon».

Vernon, reservado por temperamento, se había quedado escandalizado por el comportamiento de Oprah, que más tarde describiría como «Oprah ofreciéndose a los hombres». Una vez en su casa de la calle Arrington, hizo que Oprah se sentara en la cocina y fijó las normas. Le dijo que preferiría verla muerta, flotando en el río Cumberland a que trajera la desgracia y la vergüenza a la familia.

«Se acabaron los tops sin espalda, se acabaron los pantaloncitos tan cortos y se acabó el exceso de maquillaje en los ojos. [...] Empezarás a vestirte como una jovencita como es debido.»

«De acuerdo, *Pops* —dijo Oprah, que ahora se refería a Mamá Zelma como *"Peach"*».

Vernon estuvo a punto de estallar. Años más tarde, en la propuesta de su libro, Vernon escribió que la respuesta de Oprah le había parecido una falta de respeto: «Me sentía como si mi hija se limpiara los zapatos con mi pañuelo blanco y luego me lo volviera a meter en el bolsillo. Había algo malicioso detrás de los nuevos nombres [...] algo maleducado».

Vernon estableció más reglas que Oprah tenía que cumplir: toque de queda, tareas, deberes escolares. «No tenían que gustarle; sólo tenía que obedecerlas. "Si te escapas, no vuelvas." Eso es lo que le dije. Tienes que comportarte, comportarte como si quisieras hacer algo de ti. [...] Eso significa no mantener ninguna relación con chicos. [...] Y —añadió—, sigo siendo *Papá*. Siempre seré *Papá*. Mi esposa dice que puedes llamarla *cielito*. Es asunto suyo. ¡Pero a mí, no me llames *Papito*!

»"De acuerdo, Papá" —dijo Oprah que acabó viendo a su estricto padre como un tirano inflexible—. Me decía: "Mira, muchacha, si yo digo que un mosquito puede arrastrar un tren, no me hagas preguntas. ¡Limítate a engancharlo!"» Al recordar a su padre para el *Starweek*, de Toronto, Oprah dijo: «Mientras crecía, lo detestaba a él y a Zelma, mi madrastra».

Vernon y Zelma empezaron a transformar a Oprah en una «señorita como es debido», algo que ella también detestaba. «Cada mañana de mi vida, mi madrastra me examinaba para asegurarse de que me había puesto los calcetines adecuados y que todo conjuntaba —le contó a *TV Guide*—. Cuando pesaba 32 kilos, tenía que llevar faja y combinación cada día. ¡Dios no quiera que alguien pudiera ver a través de la falda. ¿Qué van a ver? ¡la silueta de la pierna, eso es todo!»

Vernon veía a su hija como un caballo desbocado y salvaje que había andado suelto durante los últimos cinco años. «Cuando se trataba de disciplina, la única que yo conocía era la disciplina dura», dijo. Y años más tarde, Vernon expresó que le hubiera gustado haber hecho de padre con un poco más de paciencia y más humor: «Mi propio padre podía hacer reír a un cortejo fúnebre —dijo Vernon—, [pero] Oprah conseguía que me hirviera la sangre. Si yo tiraba hacia el este, ella tiraba al oeste; si yo señalaba al norte, ella se empeñaba en el sur. No era una niña desagradable. De hecho, su compañía era una gran alegría para mí. Pero la verdad es que tenía un problema para obedecer».

Además de hacer las tareas de la casa, a Oprah la pusieron a trabajar en la pequeña tienda de comestibles que Vernon llevaba, al lado de la barbería, donde había colgado un letrero: «¡Atención, adolescentes! Si estáis cansados de que unos padres poco razonables os estén fastidiando constantemente, ahora es el momento de actuar: marchaos de casa y ganaos la vida mientras aún lo sabéis todo». Pero para Oprah, tener que vender cucherías después de la escuela a los niños pobres del vecindario estaba muy lejos de lo que ocurría en casa de las estudiantes de Nicolet, a saber, que unas criadas negras te sirvieran leche y galletas en bandejas de plata. «Detestaba trabajar en aquella tienda —dijo Oprah—, odiaba cada minuto.»

En otoño de 1968, empezó la escuela, en segundo año, en East Nashville High, en la primera clase en la que oficialmente se aplicaba la integración racial. «Hasta aquel momento habíamos sido blancos como una azucena —dijo Larry Carpenter, de la promoción de 1971—, pero aquel año tuvimos que obedecer las órdenes del tribunal y admitir alumnos negros, y fue lo mejor que le sucedió a la escuela, y al país.»

A diferencia de lo que ocurrió cuando Oprah llegó a Nicolet, ahora, como parte de la minoría negra —el 30 por ciento de negros frente al 70 por ciento de blancos—, Oprah pasó desapercibida durante la mayor parte de su primer año en East. Asistía a clase cada día, pero se sentaba en silencio al fondo, un cambio peculiar para alguien que siempre se había colocado en primera fila, provocando el hecho de destacar por encima de otros alumnos al saber todas las respuestas y levantar constantemente la mano para congraciarse con los maestros.

«Podía entrar en cualquier aula y siempre era la más lista de la clase. [...] Me criaron para creer que cuanto más clara es tu piel, mejor eres. Yo no tenía la piel clara, así que decidí ser la mejor y la más lista.»

Cuando llevó a casa las primeras notas de East, Vernon se puso furioso: «Adolescente, conflictiva o no, yo no iba a aceptarlo. Lo que yo esperaba de ella era tan alto como una montaña. Le dije: "Si fueras una estudiante de aprobado, podrías traerme aprobados. Pero... ¡no eres una alumna de aprobado! ¿Me oyes?".

»"Sí, papá."

»"Si me traes más aprobados, te la vas a cargar, en serio."»

Oprah era entonces una adolescente que en 1968, Vernon veía que iba a la deriva y que, además, había anunciado que quería ser *hippy*.

«Sólo tenía catorce años, pero me hubiera dado igual si hubiera tenido cuarenta: ninguna hija mía iba a ponerse flores silvestres en el pelo y encender ese incienso hindú [...] o cualquier otra tontería. Ah, no. ¡En mi casa no! Puede que fuera algo *hippy* en la ropa; puede que los *dashikis* que se teñían anudados y los pantalones acampanados le encantaran, o las sandalias y los collares; puede que la vida *hippy* pareciera divertida y fuera la moda. Pero yo estaba mejor enterado: una vida de drogas y libertad sexual arruinaría su prometedor futuro.»

La fase hippy pasó, pero Oprah continuó yendo a la deriva. «Le hablé de los estudios —dijo Vernon—. "¿Qué te ha pasado, Oprah? Antes te encantaba la escuela. Te encantaba ser la primera de la clase".»

Recordó la triste respuesta: «La escuela era divertida cuando yo era pequeña. Ahora las cosas son diferentes».

Aquel año, durante el invierno, Oprah empezó a llevar su chaqueta gruesa dentro de casa y a quejarse del frío. Cuando las piernas y los tobillos le desbordaban por encima de los zapatos y parecía tener el vientre distendido, su madrastra la llevó al médico, que le dijo a Oprah lo que ella ya sabía: estaba embarazada.

«Tener que volver a casa y decírselo a mi padre fue lo más duro que he hecho nunca —dijo Oprah más tarde—. Quería matarme». Reconoció que se había pasado la mitad del tiempo negando la realidad y la otra mitad tratando de herirse, para perder al bebé. Después del embarazo, le contó a su padre lo que el hermano de éste, Trenton, le había hecho, y le dijo que podía ser el padre del niño. «Fue como si todos los de la familia lo ocultaran debajo de una roca —le contó Oprah a Laura Randolph, de *Ebony*—. Como ya había sido sexualmente promiscua, pensaban que si pasaba algo, tenía que ser culpa mía y como yo no podía demostrar que él era el padre del niño, la pregunta pasó a ser "¿Es él el padre?", y ya no se habló más del abuso. [...] Yo no era la clase de chica que insiste e insiste en decirlo hasta que alguien la cree. No me valoraba lo suficiente para seguir diciéndolo.»

Para Vernon, que su hija tuviera un hijo fuera del matrimonio era considerado algo tan vergonzoso que él y su esposa consideraron la posibilidad de que Oprah abortara o enviarla a algún sitio para que tuviera el bebé y luego darlo en adopción. «Lo pensamos todo y luego decidí que, cuando viniera, yo tendría un nieto o una nieta.»

La tensión de tener que decirle a su padre y a su madrastra que estaba embarazada, hizo que Oprah se pusiera de parto al séptimo mes. El 8 de febrero de 1969, por la tarde, pocos días después de cumplir los quince años, dio a luz a un niño en el hospital Hubbard, que pertenecía al Meharry Medical College, sólo para negros. Su nombre aparece en la partida de nacimiento como Orpah Gail Lee, no Oprah Winfrey. Al niño le puso por nombre Vincent Miquelle Lee.

«Fue prematuro y nació muy enfermo —recordaba Vernon—. Lo pusieron en una incubadora porque estaba muy mal.» Oprah, que sólo se quedó dos días en el hospital, afirmó que psicológicamente se sentía desvinculada del niño y que nunca vio al pequeño. El bebé murió un mes y ocho días después de nacer y su cuerpo fue entregado al Meharry Medical College.

«No sé qué pasó después de morir el bebé —dijo Vernon—. No sé qué hicieron con el cuerpo [...] si lo usaron para hacer experimentos o qué. Tratamos de mantener en secreto lo del bebé, incluso dentro de la familia. No hubo ningún funeral ni ninguna necrológica.»

Lo que sí hizo Vernon fue llamar a Vernita, quien acudió a Nashville para estar con Oprah una semana, pero pocos más supieron lo que había pasado. «Oprah nunca hablaba del bebé perdido —dijo su hermana, Patricia—. Era un profundo secreto, que casi nunca se comentaba en la familia.» En 1990, Patricia, que necesitaba desesperadamente dinero para drogas, vendió el secreto a los periódicos por 19.000 dólares.

Cuando Vernon le comunicó a Oprah que su bebé había muerto, le dijo: «Esta es tu segunda oportunidad. Zelma y yo estábamos dispuestos a ocuparnos del bebé y dejar que continuaras tus estudios, pero Dios ha decidido llevárselo y creo que te está dando una segunda oportunidad; yo, en tu lugar, la aprovecharía». Nunca dijeron una palabra más sobre la tragedia. «No hablamos de ello entonces —confesó Vernon en 2008—. No hablamos de ello ahora.»

3

Lanzada adelante a toda velocidad, Oprah borró de su mente el embarazo, segura de que nadie lo averiguaría nunca. «Volví a la escuela y no lo supo ni un alma. Nadie —le aseguró al historiador Henry Louis Gates, Jr., en 2007—. De lo contrario, no habría logrado esta vida que tengo.»

Tanto si esa seguridad era acertada como si no, Oprah decidió que el secreto era su salvación, y cerró su pasado incluso a sus amigos más íntimos.

«Salí con Oprah un año y medio en la escuela secundaria —dijo Anthony Otey—. Por eso [más tarde] me quedé estupefacto al enterarme de que la chica a la que creía conocer tan bien en realidad había tenido un hijo antes incluso de que yo la conociera. ¿Cómo consiguió ocultarlo tan bien?

»Nunca nos acostamos, ni siquiera en la noche de la graduación. Cuando empezamos a salir, a los quince años, en nuestro viejo barrio de Nashville, acordamos que nunca llegaríamos al final. La razón era nuestra educación cristiana y nuestra determinación de hacer algo bueno como adultos.

»Durante el tiempo que salimos, nunca mencionó ni una sola palabra sobre nada de esto. Nunca hablaba del pasado. Nunca hablaba de su madre y nunca me dijo que tenía un hermano y una hermana.»

También sus maestros se quedaron atónitos: «Le daba clases cada día en la escuela y viajaba con ella por todo el estado y el país, para ir a los torneos de oratoria —dijo Andrea Haynes—, y no tenía ni idea de sus tribulaciones. Cuando supe que había tenido un hijo, sentí mucho que tuviera un pasado tan triste [...] Te aseguro que, cuando la conocí, Oprah no mostraba ningún síntoma de una chica con trastornos emocionales.»

No obstante, Luvenia Harrison Butler, su mejor amiga de aquella época, al saber lo del hijo de Oprah, no se sorprendió; recordaba que Oprah era muy divertida, pero muy reservada: «Tenía muchos secretos, secretos oscuros. Yo no sabía cuáles eran, pero [sabía] que eran la razón de que Vernon fuera tan estricto y, créeme, lo era. Incluso entre chicas, Oprah era cautelosa. [...] Sé que parece muy abierta con el público, pero eso es sólo porque es muy buena actriz. [...] No estoy diciendo que tenga que contárselo todo a todo el mundo, pero es ella la que dice que es franca y honrada y sincera respecto a su vida. La

verdad es que sólo comparte sus cosas personales cuando se ve obligada. […]
Por ejemplo, Oprah sólo admitió través de la radio que había consumido drogas, cuando alguien estaba a punto de contarlo todo en un artículo, y de su embarazo sólo habló cuando su hermana la dejó al descubierto.»

Oprah recordaba aquel embarazo como «lo más horrososo, penoso y vergonzoso» de su vida de joven. Ilustraba su desgracia con la historia de una chica de su último curso a la que prohibieron graduarse porque estaba embarazada: «Hubo un enorme revuelo sobre si le permitirían o no desfilar con las demás de la clase que se graduaban. Y la decisión fue que no, no podía desfilar con el resto de la clase. Así que mi vida entera habría sido diferente [si alguien hubiera sabido que había tenido un hijo]. Totalmente diferente».

Sus compañeras de clase no recuerdan la historia que cuenta Oprah: «Nunca supe de nadie que estuviera embarazada y a la que no le permitieran graduarse —dijo Larry Carpenter, representante de la promoción de 1971 de los antiguos alumnos de East—. Éramos una promoción numerosa, alrededor de trescientos, pero eso es algo de lo que me habría enterado».

Y en esa misma línea, Cynnthia Connor Selton afirmó: «No pasó nada de eso. Yo estaba en la clase de Oprah, en East, y tenía una amiga que estaba embarazada de siete meses en último curso y se graduó con nosotras. […] Claro que había un estigma social ante un embarazo no deseado, pero no suficiente como para negarle la graduación a nadie».

Independientemente de que fuera cierto o no el que a una estudiante embarazada le negaran que desfilara con su clase en East Nashville High, la historia de Oprah refleja sus propios temores con respecto a su situación y demuestra que era bien consciente de que, de haberse sabido lo de su hijo, habría alterado drásticamente su objetivo de lograr la vida que ella deseaba. Así que hizo del secreto una capa protectora con la que envolverse. Para una niña que iba a la iglesia, había diez mandamientos que obedecer, pero no había ninguna tabla de la ley con respecto a enterrar el pasado. Tanto si su embarazo era el resultado de abusos sexuales o de la promiscuidad, sentía que era algo que tenía que ocultar.

El poder de su negación a lo largo de los años se puso de manifiesto cuando en 1972 se presentó al concurso de Miss Nashville Negra y firmó una declaración jurada donde aseguraba que «nunca había concebido un hijo». Y años más tarde, en 1986, durante el programa de *Oprah* sobre el racismo un hombre blanco le dijo: «Vosotros [los negros] os apoderasteis de Chicago. […] En veinte años, Chicago se convirtió en una ciudad negra en un 80 por ciento […] así que seguro que estáis procreando». Ante lo cual Oprah respondió: «Yo no he procreado a nadie». Y, en 1994, cuando presentó un programa titulado «¿Hay vida después de la secundaria?», Oprah pidió a cinco antiguas compañeras de clase de East que relataran el momento más humillante de sus años de secundaria. Cada una dio un ejemplo de vergüenza adolescente, y todas hicieron reír a Oprah. «Yo no tuve ningún momento embarazoso en la secundaria —afirmó—. Nada humillante.»

Después del embarazo, Vernon había tirado de las riendas de su «caballo desbocado y salvaje» y la había devuelto al establo donde, un poco más domada, pero todavía con brío, Oprah empezó a ir a por todas: «Fui la campeona estatal de las escuelas secundarias en los concursos de oratoria y teatro, y me esforcé por demostrar que valía y que era una buena chica», explicó.

Una semana después de haber dado a luz y casi un mes antes de que muriera el bebé, Oprah se puso los calcetines, se recogió el pelo en dos coletas y volvió a East Nashville High, donde empezó a reinventarse. Había desaparecido la alumna hosca con los tobillos hinchados, vestida con un jersey holgado, encogida en la última fila. En su lugar, apareció una estudiante de segundo, de ojos brillantes y llena de energía, que pedía ser reconocida más allá de los confines de su escuela y su iglesia.

Andrea Haynes, que le enseñó oratoria, teatro y lengua en East, recordaba cuando la conoció en la primavera de 1969: «Todavía la recuerdo entrando decidida en mi aula y diciendo: "¿Es usted la señora Haynes? Bien, yo soy Oprah Gail Winfrey"». Y después Oprah anunció que iba a ser actriz, estrella de cine. No dijo que *quería* ser una estrella sino que declaró con firmeza que *iba* a ser una estrella. «Tengo que cambiar de nombre —le comunicó a la señora Haynes—. Nadie se llama Oprah. Podría cambiarlo por Gail. Ya le he dicho a mi familia que me llame Gail.»

La profesora vio inmediatamente a una alumna con grandes ambiciones. «Quédate con Oprah —le dijo—. Es un nombre único y tú tienes un talento único.»

Por su cuenta, Oprah empezó a hacerse un nombre en las iglesias negras de alrededor de Nashville, después de que la señora Haynes la hiciera leer *God's Trombones: Eight Negro Sermons in Verse* (Los trombones de Dios: Ocho sermones en verso para negros), de James Weldon Johnson. «Los recitaba para las iglesias de toda la ciudad —dijo Oprah—. Acabas siendo conocida».

Gary Holt, antiguo presidente de los alumnos de East, la recordaba actuando en la Iglesia Baptista de Eastland, en Gallatin Road: «Hizo una lectura de un espiritual negro, representando el papel del predicador; pronunció un sermón con esa fabulosa voz suya, y estuvo maravillosa».

Esas actuaciones hicieron que Oprah ganara un viaje a Los Ángeles para hablar a otras comunidades de la iglesia. En aquel tiempo, pasó por el Paseo de la Fama, frente el Teatro Chino de Grauman, lo cual enardeció todavía más sus fantasías. Así lo recordaba Vernon: «Cuando volvió, dijo: "Papá, me puse de rodillas y pasé la mano por todas aquellas estrellas que había en la calle y me dije: 'Un día, voy a poner mi propia estrella entre estas'"». Fue el anuncio de que un día sería famosa.

Oprah no ocultaba sus ambiciones. Recién empezado el instituto, en Milwaukee, cuando rellenó uno de esos formularios de «¿Dónde estaré dentro de veinte años?», marcó «Famosa». Dijo: «Siempre supe que haría cosas grandes en la vida. Pero no sabía qué».

«Supo muy pronto lo que quería —afirmó Anthony Otey—. Dijo que quería ser estrella de cine y estaba dispuesta a dejar de lado muchas otras cosas.»

«Estaba motivada, incluso entonces», dijo Gary Holt, que consideraba que Oprah, una hija única que siempre iba bien vestida, era una de las más privilegiadas de su clase. Es irónico que en East High tuviera el aspecto de las alumnas que envidiaba en Nicolet. «Tienes que entender que East era de clase media baja, baja, baja —añadió—. La mayoría de nosotros —blancos y negros— éramos chicos pobres cuyos padres, si es que trabajaban, lo hacían como obreros. Vernon Winfrey tenía su propio negocio —una barbería es un buen negocio en cuanto a dinero— y además era el propietario de la casa donde vivía. Así que, sin ninguna duda, para nosotros era de clase media.»

Después de una vida de «trabajos malos y mal pagados», Vernon hacía hincapié en la necesidad de que Oprah tuviera una buena educación. «A veces se quejaba de que otras chicas vestían mejor que ella —comentó—. Y yo le decía: "Tienes algo aquí dentro —se dio unos golpecitos en la frente— y ya podrás vestir como quieras en el futuro."»

En la escuela, Oprah se incorporó a la National Forensic League y trabajó en interpretación teatral, en estrecha unión con la señora Haynes, para prepararse para los concursos. La meta era ganar el Tennessee State Forensic Tournament y clasificarse para la competición nacional. En su tercer curso, era la mejor participante de la escuela.

El 21 de marzo de 1970, de nuevo en el papel del predicador que cuenta la historia del Apocalipsis, extraído de *God's Trombones*, Oprah ganó el primer premio del trofeo de arte dramático. «Es como ganar un premio de la Academia —dijo en el periódico de la escuela—. Antes de competir recé y dije: "Bueno, Dios, ayúdame a hablarles de esto [El Día del Juicio]. Tienen que saber qué es. Así que ayúdame a explicárselo."» Luego, igual que había visto hacer a los ganadores del Óscar por televisión, añadió: «Quiero darle las gracias a Dios, a la señora Haynes, a Lana [Lott] y también a Paula Stewart, que me dijo que no me hablaría nunca más si no ganaba». Después de ganar el concurso estatal, Oprah participó en el nacional que tuvo lugar en Overland (Kansas), pero fue eliminada antes de los cuartos de final.

Ese mismo año Oprah fue una de los doce finalistas patrocinados por el Black Elks Club de Nashville, una organización benéfica conocida oficialmente como Improved Benevolent Proyective Order of Elks of the World.

«No recuerdo lo que dije, pero el tema [para un discurso de dos minutos y medio] era "el *negro*, la Constitución y los Estados Unidos". Lo pronuncié en Filadelfia, ante diez mil personas y me sentí realmente cómoda. Siempre me preocupaba que se me viera la combinación cuando me levantaba para hablar, pero ante diez mil personas comprendes que nadie puede ver si te asoma por debajo de la falda o no. No te puedes asustar cuando, mires donde mires, verás un mar de personas».

Oprah ganó el concurso en la septuagésima primera Grand Lodge Convention, que homenajeaba al alcalde Charles Evers, de Fayette (Misisipí), con su premio más alto. El alcalde era el hermano mayor de Medgar Efers, el militante pro derechos civiles asesinado en 1963 por un defensor de la supremacía blanca.

Mientras los Black Elks se reunían en Filadelfia, los Elks blancos lo hacían en San Francisco para votar por el requisito de «sólo blancos» para sus miembros. Sostenían que Dios no hizo a ningún negro aceptable para su «hermandad». Por entonces, un portavoz de los Elks blancos dijo que su debate, prohibido a la prensa, había sido «amistoso» y «con espíritu de amor fraterno».

Al año siguiente, Oprah compitió en el Tennessee State Forensic Tournament, ganó de nuevo y en 1971 fue al concurso nacional que se celebró en la Universidad de Stanford, en Palo Alto (California). «No recuerdo que hubiera ningún otro estudiante negro aquel año —dijo Andrea Haynes— y, con toda seguridad, no había ninguno entre los finalistas. Oprah era la única. Actuó y ganó casi cada día de la semana, acabando entre los cinco primeros.»

Durante un descanso de cinco horas entre presentaciones, Oprah fue de compras a San Francisco y compró un pañuelo de seda para su profesora, que recordaba que «Oprah estaba muy impresionada por haber pagado 15 dólares por aquel pañuelo y muy impresionada por haberlo comprado en Saks Fifth Avenue». Comprar aquel pañuelo era todo un derroche para una chica de diecisiete años, procedente de Nashville (Tennessee) que, en 1971, gastaba 72 centavos por dos trozos de pollo frito de Minnie Pearl.

Perder el torneo nacional decepcionó a Oprah, que había presentado una conmovedora lectura de *Jubileo,* la novela de Margaret Walker, la versión negra de *Lo que el viento se llevó,* en la cual una esclava llamada Vyry es rociada con orina por la esposa del amo, que está celosa de su madre. Más tarde, Vyry es azotada con un látigo hasta convertirla en una masa sangrienta de carne, por haber tratado de huir.

«Ahora, cuando pienso en ello —dijo la señora Haynes—, me doy cuenta de que fue una elección atrevida, al poner la experiencia de los esclavos ante la cara de los blancos, pero Oprah, que no era en modo alguno una activista, captó la humanidad del personaje y lo presentó sin ira ni amargura.»

Vestida con una falda larga de algodón y un viejo pañolón y con su largo pelo negro recogido bajo una redecilla blanca, Oprah pronunció su alocución ante sus compañeros de clase antes del torneo estatal.

«Nunca olvidaré la fuerza de su energía cuando se dirigió hacia el frente de la sala, ya metida en el personaje, recorriendo la estancia con la mirada y haciendo contacto visual con tantos de sus compañeros como le fue posible —recordaba Sylvia Watts Blann, más de treinta años después—. Sin más preámbulos, se lanzó a una actuación llena de fuerza, relatando en primera persona la historia de una esclava mientras la examinaban [ofrecida, pero no vendida] en la plataforma, la ataban a un poste y la azotaban por tener demasiado temple y le frotaban las heridas con sal.

»Aquella mañana no fui la única que tuvo los ojos anegados en lágrimas, mientras nos transportaban ciento diez años en el pasado, a una época horrible, cuando los blancos se atrevían a ser dueños de los negros, aquí, en esta misma nación, en este mismo Estado. Siempre me ha asombrado la manera en que, en lugar de atacar, personalmente furiosa, decidió ponernos delante el espejo del legado de este crimen contra la humanidad. A lo largo de los años, mientras Oprah se dedicaba a construir su carrera en la vida pública, me acordé muchas veces de la desgarradora realidad que nos transmitió con su actuación. Incluso entonces supimos que era especial.»

Aunque en 1970 la Ley de Derechos Civiles imponía la integración en las escuelas públicas y en los servicios públicos, en Nashville, la división social que separaba a blancos y negros seguía firme. «Todos éramos amigos durante el día, pero en realidad, al salir de la escuela, no hacíamos nada con ellos [los negros] —explicó Larry Carpenter—. Oprah trató de relacionarse con los blancos y la reprobaron por ello. Los chicos negros pensaban que trataba demasiado con la otra raza.»

«Fue entonces cuando por primera vez me llamaron 'Oreo' [negra por fuera, blanca por dentro] —recordaba Oprah—. Crucé la raya y me senté con los blancos en las cafeterías. [...] En la escuela era la niña mimada de la profesora, lo cual creaba otros problemas. Nunca hablaba en dialecto —no estoy segura del porqué, puede que me avergonzara— y me atacaban por "hablar bien, como los blancos", por venderme.»

Cuando era adolescente, Oprah se sentía violenta ante las imágenes de africanos que veía en televisión y en el cine. «Me avergonzaba si en la escuela alguien preguntaba: "¿Eres africana?". No quería que nadie hablara de eso. Y si alguna vez en alguna clase en la que yo estuviera se hablaba, siempre era sobre los pigmeos y sobre [...] la conducta primitiva y bárbara de los africanos. [...] Recuerdo que quería acabar lo antes posible con aquella época. ¿Las fotos de pechos desnudos de *National Geographic*? Me daban mucha vergüenza.»

Al ser minoría, los alumnos negros de East reforzaban su número votando en bloque, en especial para los cargos y nombramientos del cuerpo estudiantil, las valoradas designaciones «superlativas» de más popular, más guapo, con más talento, con más probabilidades de triunfar, más tímido, etc. Se reunían, nombraban a un candidato y votaban sólo por esa persona, mientras que los alumnos blancos, con varios candidatos, inevitablemente dividían su voto, lo cual solía permitir que el candidato negro ganara. «Ésa es la razón de que mi elección como presidente de los estudiantes se considerara algo tan inesperado —recordaba Gary Holt—. Era uno de los dos blancos que se presentaban contra un negro y no podría haber ganado sin el apoyo negro.»

Al mismo tiempo, Oprah era la única alumna negra que se presentaba para vicepresidente. La foto de su campaña exhibía el eslogan «Pon un poco de color en tu vida. Vota por la genial Oprah». Celebró su fiesta de cumpleaños en el gimnasio de la escuela y prometió mejor comida en la cafetería y, en lugar de discos, prometió una banda de música (medio negra, medio blanca) para la fiesta de promoción. También la eligieron porque se hizo con votos negros y blancos. Además ganó uno de los codiciados «superlativos» porque, según Cynthia Connor Shelton, fue lo bastante atrevida para nominarse ella misma. «Esto muestra su confianza en sí misma y su determinación para que la reconocieran», dijo su compañera de clase.

Muchos años después, un miembro del grupo negro que seleccionaba a los candidatos confirmó que era verdad que Oprah se había propuesto en la categoría de chica más popular», y había ganado gracias al voto negro en bloque.

Pero su padre, Vernon Winfrey, no se sintió impresionado por su victoria. «Cualquier perro de la calle puede ser popular —afirmó—. ¿A quién votaron como "Con más probabilidades de triunfar"»?

Vernon no alentó a Oprah a presentarse para el título de Miss East Nashville High ni para Miss Wool y no se mostró comprensivo cuando perdió ambos concursos. No le importaba que no fuera la reina de la fiesta del inicio de curso, ni de la de los tulipanes ni la del baile de la promoción o que ni siquiera fuera animadora. Pero para Vernon sí fue una decepción que no estuviera en el National Achievement Scholarship Program for Outstanding Negro

Students, porque quería que fuera quien pronunciara el discurso de graduación, pero se conformó con las buenas notas que la situaban en la National Honor Society. Vernon le dio unas palmaditas en la cabeza y le dijo: «Tienes algo ahí dentro que nadie te puede quitar».

Desde el principio, Zelma y él insistieron en que fuera a la biblioteca una vez a la semana y les escribiera un informe sobre un libro, lo cual familiarizó a Oprah con la vida de Sojourner Truth, Harriet Tubman y Fannie Lou Hamer, y con la poesía de Langston Hughes y Maya Angelou. «No sólo tenía los deberes de la escuela, sino que además tenía los deberes de casa —contaba Oprah—. Por añadidura, sólo me permitían ver la televisión una hora, y esa hora era siempre antes de que hicieran *Leave It to Beaver*. Me repateaba.»

Se quejaba amarga y constantemente de lo estricto que era su padre. «Vernon era un viejo muy duro —decía Gary Holt—, y se aseguraba de saber dónde estaba Oprah en cualquier momento del día. [...] En aquella época no había muchas relaciones entre razas, pero si hubiera sido un hecho socialmente más aceptado, Oprah y yo podríamos haber acabado juntos. [...] Éramos muy amigos y compartíamos las mismas y fuertes creencias cristianas».

Oprah escribió en el anuario de Holt:

> Me has enseñado más por medio de tus actos, por la manera en que vives el día a día, que verdaderamente sólo hay un Único Camino, Jesucristo. Y que si Él no tiene el control, si no dirige toda la función, la vida es sólo una vorágine sin fin ni sentido.

«En realidad, cuando estábamos en la secundaria, no se toleraba que salieras con alguien de otra raza —explicaba Holt—, pero Oprah quería hacerle una jugarreta a Vernon. Así que me invitó a su casa y le hizo creer que salíamos. Vernon se quedó de piedra cuando abrió la puerta y me vio allí delante. Fue cordial, pero era evidente que le preocupaba que un chico blanco fuera a ver a su hija. Fue como *Adivina quién viene a cenar esta noche*, y yo era Sidney Poitier. Oprah lo hizo sudar un rato, y luego se echó a reír y le dijo que estábamos preparándolo todo para el baile de promoción.»

Oprah y sus amigos negros fastidiaban a su maestra de oratoria, que era blanca, y lo hacían con ese mismo sistema: «Si estábamos en unos grandes almacenes o en un restaurante, me llamaban a voz en grito desde el otro extremo: "Eh, Mama. Ven". Luego se partían de risa cuando todos los blancos se volvían y veían que yo era su "mama"». Con frecuencia, la señora Haynes llevaba a sus alumnos de oratoria a los concursos estatales en su pequeño Mustang rojo. En una ocasión, para ponerse en marcha temprano, le propuso a Oprah que pasara la noche en su casa y compartiera la habitación con su hermana pequeña, que había venido a verla. «Mi hermana salía de la ducha y Oprah estaba hablando por teléfono con una de sus amigas: "Sí, ahora mismo está en la ducha" —decía—. Ya sabes cuánto les gusta lavarse el pelo a estas chicas blancas. Constantemente están lavándose el pelo.»

En la década de 1960 la lucha por los derechos civiles había llegado con fuerza a Nashville mediante la celebración de boicots, sentadas, protestas, manifestaciones y marchas; se trataba de una parte de la turbulencia racial que en aquellos años se había ya extendido por todo el Sur. Cuando Oprah estaba en la escuela secundaria se imponía ya, poco a poco, la discriminación positiva para que los negros, durante tanto tiempo rechazados, pudieran alcanzar la igualdad de oportunidades.

Dado que era el primer alumno negro con un cargo en el cuerpo estudiantil y además era también conocida en todas las iglesias negras de Nashville, Oprah fue seleccionada como uno de los delegados de la Conferencia de la Casa Blanca para Niños y Jóvenes. El director, Stephen Hess, había prometido «una muestra representativa de la juventud de los Estados Unidos [...] no sólo [...] de los activistas estudiantiles de la clase media blanca». Dijo que el grupo de edad de entre catorce y veinticuatro años reflejaría la demografía del país. Al final, las minorías, que representaban el 30 por ciento de los delegados, estaban sobrerrepresentadas a propósito, para que no diera la impresión de que se trataba de algo meramente simbólico. Años más tarde, Oprah diría que fue «la única estudiante seleccionada en su estado», pero su ligera exageración no rebaja el honor.

Asistió a la conferencia en Estes Park (Colorado), con mil delegados, la mayoría de los cuales eran cristianos bien afeitados, con el pelo cortado al rape. Entre los asistentes estaba también James S. Kunen, autor de *The Strawberry Statement*. «No me imaginaba —afirmó Kunen— que se pudieran encontrar tantos chicos "buenos" en los Estados Unidos». No obstante, por muy tradicionales que parecieran aquellos los jóvenes delegados, sus recomendaciones eran cualquier cosa menos convencionales.

En una sesión, que duró cinco horas, algunos de los del pelo rapado estaban en las primeras filas fumando hierba abiertamente, mientras su grupo de trabajo informaba sobre la legalización de la marihuana. Los asistentes denunciaron la invasión de Camboya, se opusieron a la guerra de Vietnam, apoyaron la retirada de las fuerzas de los Estados Unidos para finales de año y pidieron que se pusiera fin al reclutamiento. Propusieron unos ingresos garantizados de 6.500 dólares para las familias de cuatro miembros, estipularon que una cuarta parte del presupuesto nacional se asignara a educación, condenaron la esclavitud y su funesto legado como «la mancha más negra del país», y pidieron al presidente Richard Nixon que proclamara que el racismo era «el cáncer de la sociedad estadounidense».

Pese a las resoluciones contra el *establishment* hechas por su delegación, Oprah no volvió a casa convertida en una activista política. Todo lo contrario. «La única marcha en la que tomó parte —dijo su novio Anthony Otey— fue la March of Dimes.»

Esta marcha llevó a Oprah a WVOL, la emisora de radio negra de Nashville, para buscar patrocinio. «[Oprah] me dijo que caminaba mucho y que tendría que pagarle por el número de kilómetros que caminara —explicó John Heidelberg, uno de los *disc-jockeys*, que más tarde sería presidente y propietario de la emisora—. Yo le respondí: "De acuerdo".»

Unas semanas más tarde, Oprah volvió a recoger el dinero. «Me admiró su voz —recordaba Heidelberg—. Se expresaba muy bien. Su gramática era buena. [...] Soy del quinto pino, fuera de los límites de Misisipí. A veces, la idea y la imagen que la gente tiene de los negros que viven en el Sur puede ser muy negativa. [...] Cuando oí a Oprah pensé: "Vaya, aquí tenemos a una jovencita que puede ir a cualquier sitio".»

Le preguntó si estaría dispuesta a grabar una cinta. La llevó a la sala de redacción, cogió un texto del teletipo y escuchó cómo Oprah leía con una voz clara, profunda y rica, sin sombra de acento ni dialecto. Le prometió que le daría la cinta al director de la emisora.

«[Durante muchos años] a las mujeres les fue difícil entrar en la radio —dijo—. Pero cuando el FCC (Comité Federal de Comunicaciones) exigió a las emisoras de radio que aplicaran la discriminación positiva, las cosas empezaron a cambiar. Los directores de las emisoras contrataban locutoras negras porque necesitaban una minoría. Era como si dijeran: "Bueno, tenemos que proteger nuestra licencia, así que contrataremos algunas mujeres". [...] Éramos un campo de entrenamiento para las jóvenes negras que, de otra manera, no habrían tenido ninguna oportunidad de entrar en la radio.»

Heidelberg no tardó en convencer a la dirección de WVOL para que se arriesgara con aquella joven de diecisiete años y le diera formación práctica. «Oprah sabía que tenía talento —continuó—. No se sentía intimidada ni amenazada por nada. Nada le preocupaba.»

«Era decidida —dijo Dana Davidson, que trabajó en WVOL, con Oprah—. Sabía adónde iba.»

Poco después de que Oprah empezara a trabajar a media jornada se produjo un incendio en la casa del director de la emisora, y los bomberos acudieron tan rápidamente que el director decidió que la emisora participaría en el siguiente concurso de Little Miss Spark Plug (Miss Prevención de Incendios). Cada año, varias empresas de Nashville seleccionaban una candidata, por lo general una adolescente blanca y pelirroja, para que los representara en el concurso. La emisora WVOL presentó a Oprah al concurso. «Fui la sorpresa negra del día», comentó ella.

«Miss Prevención de Incendios era un acontecimiento importante en esa época —explicó Nancy Solinski, que consiguió el título en 1970—. No era un concurso de belleza. El premio se basaba en tu capacidad para hablar, tu postura y tu presentación, porque tu principal responsabilidad era ir a las asambleas estudiantiles y hablar de la importancia de obedecer las normas de seguridad contra incendios. Hasta 1971, todas las ganadoras habían sido blancas. Pero ese año Oprah era una de las quince candidatas. Era la única negra, pero ni pestañeó porque lo tenía todo y lo sabía. Era absolutamente daltónica ante su propio color. Todos los jueces eran viejos blancos, y cuando salió a presentar su parte casi podías ver cómo pensaban: "¿Qué se cree que está haciendo aquí?"»

Los jueces preguntaban a las concursantes qué querían hacer con sus vidas. Oprah dijo: «Creo en la verdad y quiero perpetuar la verdad. Por eso quiero ser periodista, como Barbara Walters».

A continuación les preguntaron qué harían si les dieran un millón de dólares. La mayoría dijo que lo donarían a obras benéficas, que lo emplearían en ayudar a los pobres o que le comprarían una casa a sus padres. Oprah no, Oprah contestó: «Señor, míreme —dijo, elevando los ojos al cielo—. Si tuviera un millón de dólares, lo gastaría como una estúpida. No estoy segura de en qué lo gastaría, pero gastaría y gastaría y gastaría. Sería una tonta gastona».

«Todos se echaron a reír —contaba Nancy Solinski—, y me alegró, aunque, francamente, me sorprendió que ganara. Le puse la corona, muy agradecida de que los jueces hubieran superado por fin sus propios prejuicios. Ya era hora.»

John Heidelberg había acompañado a Oprah al acontecimiento. «La concurrencia estaba boquiabierta y estaba claro que Oprah disfrutaba de cada momento.» Heidelberg recordaba lo entusiasmada que estaba Oprah de que los fotógrafos de los distintos periódicos se precipitaran a hacerle fotos. «"Aquí estoy", gritaba. Oprah adoraba las cámaras. "¿Dónde está la cámara? Estoy aquí. Venid a verme". Le encantaba acaparar la atención. —Se rió al recordar las reacciones de Oprah—. [Pensaba] "Esto es genial. ¡Oye, me encanta! ¡Esto es sí que es ir a algún sitio!"».

Unas semanas después de desfilar en lo alto de una carroza como Miss Prevención de Incendios, Oprah desfiló con los de la promoción de 1971 para recibir su diploma de graduada. Quince años más tarde, la East Nashville High School entregó la graduación a su última promoción y se convirtió en East Literature Magnet School. Incluso con las puertas cerradas, muchos de la clase querían seguir el contacto con la escuela; Oprah, por el contrario, nunca miró atrás.

«Ni siquiera aportó un ladrillo», dijo Larry Carpenter, en la sede de antiguos alumnos de East mientras recorría el sendero pavimentado sufragado gracias a las donaciones de antiguos alumnos y con los nombres de éstos y el año de graduación correspondiente. Los ladrillos, que costaban 50 dólares, financian becas para los niños pobres de Nashville. Hasta el año 2008, no había ninguno con el nombre de la graduada más famosa de la escuela. «He escrito a Oprah muchas veces —comentó Larry Carpenter—, con la esperanza de que contribuya a nuestro fondo de becas, pero lo cierto es que nunca me ha contestado.»

La presidenta de la Asociación de antiguos alumnos de East Nashville, Patsy Rainey Cline, también ha intentado solicitar la ayuda de Oprah para el programa de becas de la escuela, pero sin resultado alguno: «No ha mostrado ningún interés en ninguna actividad de la escuela desde que dejó Nashville. [...] Parece muy interesada en los niños desfavorecidos y en niños negros de diferentes nacionalidades, y no hay ninguna duda de que esa situación prevalece en East High, pero...».

Considerando los millones de dólares que años más tarde Oprah donó a obras benéficas, no parece que se pueda culpar a Larry Carpenter y Patsy Rainey Cline cuando piensan que es deliberado que Oprah excluya la East High School de la lista de sus donaciones. Luvenia Harrison Butler opinaba que Oprah dejaba de lado a su instituto de Nashville debido a unos recuerdos dolorosos. «Todo es parte de los secretos de su pasado», afirmó.

Sin embargo, cuando en 1994, la promoción de Oprah, la de 1971 decidió reunirse, volvieron a contactar a ella y, esta vez, respondió diciendo que le gustaría celebrar la reunión en su programa de televisión. «Pasamos semanas consiguiendo los nombres y direcciones de todos, para sus productores —dijo Luvenia—. Fue un montón de trabajo, pero creímos que era una manera estupenda de reunirnos todos. Por desgracia, no fue así como sucedió».

La prometida reunión de la clase acabó siendo un programa más centrado en la presentadora que en sus compañeros de clase. Oprah sólo pidió que aparecieran unos cuantos, además de su profesora favorita, Andrea Haynes. «En realidad, cuando llegué a Chicago y comprendí que el programa no iba a ser la reunión prometida, sentí que se aprovechaban de mí, que me utilizaban», recordaba Gary Holt.

Cuando Oprah presentó al ex delegado de los estudiantes, diciendo que era profesor de informática, comentó: «Pensaba que serías presidente de una compañía o algo así».

Cuando él contó la anécdota de que se había ganado «unos palmetazos» en su último curso, por haber abandonado la escuela durante horas de clase, ella se quedó atónita. «¿Cómo pudieron darte palmetazos? Eras el delegado de los alumnos».

«Las normas son las normas, Oprah —respondió él—. Para todos.»

Antes de grabar el programa, la había visto en el vestíbulo, rodeada de su camarilla de estilistas, maquilladores y productores. «La abracé con fuerza y le pregunté: "Cariño, ¿por qué estás haciendo todo esto?". Me contestó: "Porque quiero llevar la verdad al mundo".» Gary Holt le dio su anuario de 1971, que ella había firmado cuando estaban en último curso. Junto a la anotación que decía, en parte: «Quiero que sepas que, de una manera muy especial [...] te quiero», ahora escribió: ¡«Gary, veintidós años más tarde, Dios sigue siendo Rey! ¡Gracias por lo que has hecho y continúas haciendo para vivir bien! Oprah.» Él no tenía ni idea de qué quería decir. «Posiblemente, sólo era una declaración inofensiva que ella o sus ayudantes acuñaron para el público en general».

Durante una parte del programa, Oprah presentó a un hombre que había escrito un libro sobre la dificultad de cumplir con las expectativas del instituto. El hombre dijo: «Ser un héroe en el instituto es lo más grande de la vida. Luego, pasados los años, es difícil igualar esa clase de estima».

Aparte de Andre Churchwell, un cirujano cardiaco que también se graduó en 1971 en East, parecía como si Oprah fuera la única sentada en escena que había materializado la promesa de su potencial en la escuela. Al final del programa, preguntó a sus compañeros cómo recordaban sus años del instituto. Todos respondieron con calidez y sentimiento, diciendo que aquellos años fueron un valioso campo de pruebas y un tiempo en el que sintieron que eran una familia.

Oprah pareció divertida. Iluminada por su propio foco, por fin delgada y glamurosa a la edad de cuarenta años, se sentía cualquier cosa menos nostálgica: «Vaya, yo no sentía que fuera una familia —declaró—. Sentía que era sólo una fase. La dejé atrás».

4

«En aquella época me encantaba cómo era Oprah —afirmó Luvenia Harrison Butler—. Ella era *Ope* u *Opie*, y yo era *Luv* o *Veenie*... Nos conocimos en el instituto y fuimos íntimas hasta que se marchó de la ciudad. Solíamos desternillarnos de risa haciendo de Geraldine.» Luvenia se echó a reír al recordar la imitación que Flip Wilson, travestido, hacía de una mujer descarada a la que llamaba Geraldine. Cada semana, en su programa de variedades recorría pavoneándose el escenario embutido en un ajustado vestido de Pucci, con tacones altos y una peluca de pelo largo y negro, representando a una mujer lo bastante chabacana como para asustar a un oso. Desde 1970 hasta 1974, a Geraldine la adoraban los telespectadores, tanto blancos como negros.

«Oprah y yo imitábamos a Geraldine constantemente», continuó recordando Luvenia mientras hojeaba su anuario del instituto, de 1971, treinta y siete años después de la graduación. Sonrió al ver lo que había escrito Oprah:

Mira, *Luv*, eres una de las sonadas más guapas que he conocido. Tu amistad significa y ha significado mucho para mí. Siempre recordaré [...] «Al pan, pan y al vino, vino»; ¿con quién crees que te la juegas, Geraldine? Llegarás muy lejos y tendrás un súper éxito. ¡Buena suerte! Acuérdate de mí.

En 2008, mientras almorzábamos, Luvenia cabeceó divertida: «¿Acordarme de ella? Dios santo, ¿quién puede olvidarla? Se anuncia al mundo entero en cuanto te das la vuelta».

Los efectos de la escuela para señoritas Sears Roebuck a la que Oprah asistió en Milwaukee se notan en las fotos del anuario: sentada con la sociedad honorífica, es la única que tiene los brazos cruzados sobre la falda, dibujando una X perfecta, la forma ideal para desviar del vientre el enfoque de la cámara. De pie, con el presidente de los estudiantes, tiene la cabeza inclinada hacia arriba, otro truco aprendido en la escuela para estirar el doble mentón. Con la National Forensic League, adoptó la pose clásica de las modelos, con un pie más adelantado que el otro.

«Mira la foto de la cabeza —indicó Luvenia, señalando la imagen de Oprah con unos pendientes largos con símbolos de la paz—. ¿Ves lo negra que era? Con la nariz ancha y todo. Ahora [más de tres décadas después] es diferente. Parece que se haya blanqueado la piel y que quizá se haya hecho algo de cirugía estética. [...] La verdadera Oprah es la Sofía de *El color púrpura*. Esa es la auténtica Oprah. No la diva guerrera pasada por Photoshop que aparece en las portadas de su revista y que parece tener la piel tan clara.»

Como afroamericana que es, Luvenia comprende la tiranía del color entre los negros. «Como Oprah tiene la piel tan oscura, sufrió la discriminación dentro de nuestra propia comunidad. Por eso, siempre se ha sentido atraída por hombres blancos que han logrado el éxito. Para sentirse segura necesita tener a su lado a un hombre triunfador de piel clara. En Nashville, era Bill, *Bubba* Taylor, el director de pompas fúnebres; cuando se marchó Oprah puso los ojos en Ed Bradley, el corresponsal de piel clara de *60 Minutes*, en Baltimore, perdió la cabeza por un disc-jockey de piel clara; luego fue Stedman, Obama... e incluso Gayle. Todos tienen la piel muy clara.»

La fijación de Oprah con la piel clara es confirmada por un famoso experimento psicológico citado en *Brown v. Board of Education*, en el cual las niñas negras, a las que se les ofrecían muñecas de diferentes tonos de piel, preferían, en un número abrumador, jugar con muñecas blancas. Cuando se les pedía que identificaran la muñeca «buena», elegían la blanca; cuando les pedían que eligieran la muñeca «mala», señalaban la negra. «Interpretamos que esto significaba que el niño negro acepta, a una edad tan temprana como los seis, siete u ocho años, los estereotipos negativos relativos a su propio grupo», afirmó Kenneth Clark, uno de los psicólogos a cargo del experimento.

Oprah reconocía que la discriminación por el color dominó su vida durante muchos años, hasta el punto de que este hecho determinó también la universidad que ella eligió. Dijo que se matriculó en la Universidad Estatal de Tennessee, una histórica universidad negra de Nashville, en lugar de la Fisk University, privada y más prestigiosa, porque no quería competir con las chicas de piel clara. En aquellos tiempos, la Fisk University era conocida por la llamada «prueba de la bolsa de papel»: parece ser que se pedía a los solicitantes que adjuntaran fotografías a sus formularios de ingreso, y cualquiera que tuviera la piel más oscura que las bolsas de papel era rechazado.

«En realidad, Oprah no quería ir a la universidad —comentó Andrea Haynes, su profesora de oratoria del instituto—. Tenía un trabajo remunerado en la emisora de radio negra y tenía la mira puesta en la televisión, pero Vernon insistió en que tuviera una educación universitaria. Así que conservó el trabajo en la radio y se matriculó en la TSU, la Universidad Estatal de Tennessee que, en mi opinión, era la institución educativa menor de Nashville». Pero la TSU, que costaba 318 dólares al año (muy poco comparados con los 1.750 dólares que costaba Fisk), era todo lo que Vernon Winfrey se podía permitir. Desde entonces, se ha escrito que Oprah consiguió una beca para estudiar oratoria y teatro en la TSU, pero en la universidad no hay constancia de ninguna beca, y Vernon descartó la idea, cuando declaró orgullosamente, de pie en su barbería: «Este sitio mandó a Oprah a la universidad».

En 1971, Fisk era considerada la Harvard negra, la universidad para las élites de color. Por el contrario, la Universidad Estatal de Tennessee era para los hijos de la clase obrera negra. Oprah tenía clara la diferencia, cuando le dijo a la revista *Interview*: «Fui a la TSU pero había otra universidad negra en la ciudad adonde iban todos los piel vainilla. Yo la consideraba una escuela mejor, pero no quería ir justamente porque no quería tener que competir con las de piel de vainilla, porque siempre se llevaban todos los hombres».

Más tarde le dijo en una entrevista publicada en *People* que «odiaba, odiaba y odiaba» su universidad. «Ahora me enfurezco cuando alguien viene y dice que estuvo en la Tennessee State conmigo. Todos estuvimos furiosos, durante cuatro años. Era una universidad sólo para negros, y lo que tocaba era estar furioso. Siempre que se hablaba de raza, yo estaba con el otro lado, quizá porque nunca sentí la clase de represión a la que están expuestos otros negros. Creo que me llamaron "negrata" una única vez, cuando estaba en quinto.» Explicó que su aversión por la TSU era consecuencia del activismo negro que se vivía en el campus y, como le dijo a Mike Wallace, en *60 Minutes*, ella no era «la clase de mujer que viste un *dashiki*».

Cuando comprendió que la clase dominante de los Estados Unidos procedía de las universidades de la Ivy League, se sintió todavía más avergonzada de la TSU. En una retransmisión por Internet realizada con Eckhart Tolle en 2008, Oprah afirmó que no le gustaba que la identificaran por la universidad a la que había ido: «Me irrita que la gente pregunte: "¿A qué universidad fue?". Lo preguntan para saber si perteneces a su clase». Es probable que le irritara la pregunta porque sentía que sus credenciales universitarias la rebajaban.

Es comprensible que Oprah despertara resentimientos entre algunos compañeros de la TSU, pues muchos de estos alumnos no estaban conformes con los comentarios que Oprah hacía sobre su universidad y consideraban que se trataba de absolutas invenciones de alguien que trata de congraciarse con los espectadores blancos: «La TSU no era como dice Oprah; tal vez lo fue a principios de los años sesenta, pero no cuando nosotras estábamos allí —dijo Barbara Wright que, al igual que Oprah, era de la promoción de 1975—. Vine del Norte, porque quería ir a una universidad históricamente negra. Todos llevábamos melenas afro en aquel entonces, como Angela Davis, pero no hacíamos marchas por las calles». Conocida por su puño alzado y su lucha por la liberación negra, Davis, que había sido profesora de UCLA, alcanzó la fama internacional en 1970, cuando se relacionó su pistola con el asesinato de un juez blanco en un alboroto que tuvo lugar en un juzgado, donde murieron cuatro personas. Davis huyó de la jurisdicción, pero fue arrestada, detenida y maltratada. Tras de esperar veintidós meses a que la juzgaran, al final un jurado formado sólo por blancos la absolvió de todos los cargos, en uno de los juicios más famosos de la historia de los Estados Unidos.

«Éramos chicos tradicionales, que queríamos tener la experiencia de estar lejos de casa, vivir en un campus y entrar en una hermandad —dice Barbara Wright—. Oprah no formaba parte de nuestra vida universitaria, en absoluto, probablemente porque era madura para su edad, como todos descubrimos más tarde. ¿Cómo puedes ser amiga de los que no han vivido tanto? Además, Oprah era una chica de ciudad, que no se alojaba en el campus y que no solicitó ingresar en una hermandad. Siempre que estaba por allí, andaba dando vueltas por Fisk.»

Oprah se sentía atraída por Fisk igual que un colibrí por el agua azucarada. «Iba allí siempre que podía —declaró Sheryl Harris Atkinson, otra compañera de clase en la TSU—. En el primer curso hicimos una asignatura de oratoria y comunicación. La oratoria era la principal asignatura de Oprah, la mía era educación, pero aquel curso era obligatorio para las dos. Éramos quince en la clase y Oprah se sentaba a mi lado. "Pareces un encanto, así que voy a ayudarte a ser una mejor comunicadora", me dijo. Me hizo de mentora en aquella asignatura. Éramos iguales, pero ella decidió que yo era su alumna, tal vez porque yo era justo lo contrario que ella ya que no soy verbalmente agresiva ni aseverativa. Me seguía a todas partes. "Estoy detrás de ti —decía a voz en grito en el vestíbulo o en las escaleras—. Te estoy siguiendo". Estaba decidida a ser mi amiga. En aquel entonces, me consideraban una chica negra guapa; por eso ella quería ser amiga mía. Sabía que American Airlines me había contratado, lo cual era algo importante en aquel tiempo. Iban a utilizar mi imagen para sus anuncios de publicidad. Así que Oprah decidió: "Me voy a pegar a ella". Era por lo de ser una chica guapa. No tenía nada que ver con ninguna habilidad mía ni tampoco era por mi personalidad. Sólo por mi aspecto.»

Pese a su arrasadora confianza en sí misma, Oprah reconoció más tarde que su propia imagen estaba un poco desdibujada: «Recuerdo que cada mes, el día que salía la revista *Seventeen*, esperaba junto al puesto de periódicos a que llegara la camioneta de reparto. Lanzaban un paquete de revistas y yo estaba allí, para comprar el primer ejemplar y leer todos los consejos de belleza.

Quiero decir, Dios mío, la idea de ser guapa. Pensaba que si podía ser guapa, mi vida sería perfecta. Así que miraba las modelos y leía cada truco de maquillaje y los probaba todos. Incluso me planchaba el pelo. Ahí estaba, una chica negra que no se preocupaba de planchar nada más que su blusa, pero que también se planchaba el pelo».

La prima hermana de Oprah, Jo Baldwin, vicepresidenta de Harpo Inc., entre 1986 y 1988, recordaba cuánto se indignó Oprah cuando Jo atrajo la atención de Bryant Gumbel, y Arthur Ashe detuvo su limusina en Madison Avenue para preguntarle cómo se llamaba. «Oprah dijo: "Estoy harta de que los hombres te miren siempre a ti. [...] Daría la mitad de todo lo que tengo por tener tu aspecto." Más de veinte años después, Jo Baldwin se echó a reír al recordar lo que le había contestado: «Le dije que era tonta».

Oprah reconoció ante la actriz Charlize Theron que había crecido «idolatrando a las chicas guapas». Dijo: «Pensaba: "¿Cómo sería tener este aspecto?"». Cuando conoció a Diane Sawyer, pareció enamorarse perdidamente de la guapa rubia copresentadora de *Good Morning America* que, al igual que Oprah, era una reina de belleza sureña, y que en 1963 había sido coronada Miss Júnior de América.

Algunos empleados de ABC-TV observaron la afectuosa relación entre las dos mujeres y se guiñaban el ojo, como diciendo: «¿Adivinas quién está loca por Diane?». Recordaban las llamadas por teléfono, bien entrada la noche, y las risitas, los entusiastas planes para hacer programas conjuntos en el futuro, los abrazos y los espléndidos regalos de Oprah; los gigantescos ramos de orquídeas que llegaban después de todas las grandes exclusivas de Diane, el caro bolso Kieselstein-Cord, el anillo con un diamante de un quilate para el dedo del pie.

«Corrían rumores por el trabajo», contó Bonnie Goldstein, ex productora de ABC News.

«Ni siquiera sé cómo nació nuestra amistad —dijo Oprah en declaraciones para la revista *InStyle* en 1998—. Nos sentábamos alrededor de la mesa y decíamos: "¿Sabes quién es la más guay? Esa Diane Sawye". Luego, cuando menos me lo esperaba, llamó Diane y me invitó a Martha's Vineyard. Nos lo pasamos de miedo. Fue más que genial.»

Otra mujer muy guapa de la que Oprah se hizo amiga, después de alcanzar la fama, fue Julia Roberts, la protagonista de *Pretty Woman*, que apareció en el programa diez veces y, en 2004, describió a Oprah como su «mejor amiga». Interesada por el seductor aspecto de la actriz, Oprah preguntó: «Eso de ser guapa, ¿llega a molestarte? Me gustaría saberlo. El otro día hablaba con mi amiga sobre esto y le dije: "En realidad es estupendo que tú y yo nunca fuéramos, bueno, mujeres guapas, porque ahora no tenemos que preocuparnos por dejar de serlo"». La actriz respondió: «No te puedes quejar de hacer una película llamada *Pretty Woman*, cuando tú eres esa mujer». Oprah asintió, mostrándose de acuerdo, y sonrió con adoración.

En la universidad Oprah parecía acumular gente guapa. «Le tenía echado el ojo a mi novio en Fisk y siempre me hacía preguntas sobre él —dijo Sheryl Atkinson—. Se parecía mucho a Stedman, que era lo que llamamos un chico guapo, de piel clara con rasgos europeos y una tez de color caramelo. Oprah estaba decidida a perseguirlo a todas partes. Recuerdo que un domingo por la noche estaba en la residencia, tumbada en la cama, escuchándo a Oprah en la WVOL. Oí cómo le dedicaba una canción a mi novio. No me lo podía creer. No me enfadé, porque sabía que él no estaba interesado en ella, pero me sorprendió lo atrevida que era. Pero es que también era así en clase: a los profesores no les caía bien, porque discutía con ellos y les decía que se equivocaban. Decían algo y Oprah replicaba y los corregía. Tomaba el control de la clase. Era muy mandona.»

Sin embargo, no todos los profesores de la TSU pensaban así. El doctor W. D. Cox, por ejemplo, recordaba a Oprah como una estudiante excepcional: «La conocí desde los dieciséis hasta los veintiún años. Era una estudiante muy agradable, trabajadora y que se tomaba muy en serio sus responsabilidades». Recordaba que llevó su clase a Chicago en 1972, para un proyecto de oratoria y que habían «disfrutado de una tontería» a expensas de Oprah.

«Durante nuestra estancia [en la ciudad] se informó de que habían violado a una chica en el segundo piso. Le dije una mentira a Oprah. Si Oprah se hubiera enterado de la violación, habría gritado: "¡Eh! ¡Estoy aquí!". Oprah no se tomaba a la ligera esa clase de bromas. Eran una provocación para ella.»

Cox lamentó haberse burlado de la agresividad de Oprah cuando conoció la historia de sus abusos sexuales: «Me quedé estupefacto —afirmó Cox—. Su padre y su madrastra eran la fuerza que la sostenía. La actitud de Vernon era estricta; fue lo mejor que le sucedió nunca».

En su segundo curso, Oprah entró en el Gremio de Actores de Tennessee para hacer el papel de Coretta Scott King en un drama titulado *The Tragedy of Martin Luther King, Jr.* El titular de la crítica de *The Meter*, el periódico de la TSU, era brutal: «Martin Luther King asesinado dos veces». El crítico fue implacable.

Oprah Winfrey, en el papel de Coretta King, me decepcionó un tanto. Oprah, que presenta las noticias de una emisora de radio local, se muestra versátil en sus emisiones de radio de la WVOL. No obstante, no consiguió hacerlo en escena y fluctuó muy poco durante la obra.

Años después, Oprah atribuyó su impopularidad en la universidad de Tennessee a la envidia: «Mis compañeros estaban celosos porque yo tenía un trabajo remunerado. Recuerdo que recibía mi pequeño cheque de 115 dólares y con él trataba de contentar a mis compañeros. Siempre que alguien necesitaba dinero, yo se lo ofrecía: "Ah, ¿necesitas diez dólares?", o los invitaba a pizza; encargaba pizzas para la clase. Hacía cosas así. Toda esa "enfermedad de querer gustar". Allí es donde me fue peor, creo, porque quería que cuantos tenía junto a mí me aceptaran y no pudo ser».

Sus compañeros no se percataban de que, en realidad, la conducta de Oprah se debía a la inseguridad: «Actuaba como si supiera con certeza que algún día iba a ser alguien y nos lo iba a restregar por la cara más adelante —dijo Sheryl Atkinson—. Recorría el pasillo con la cabeza muy alta y balanceándose como si dijera: "Soy lo que mejor que se ha visto nunca andando". Cuando la gente la veía venir, la evitaban. Tenía esa clase de seguridad que dice: "No me importa no caeros bien... Voy a ser alguien importante y lo lamentaréis". Sí que se convirtió en alguien importante, pero yo no lo lamento. La aplaudo y la elogio por todas las buenas obras que ha hecho. Sólo desearía que no se mostrara tan resentida con la universidad. Pero eso surge de algo profundamente enterrado en Oprah, unos secretos que son demasiado negros y profundos para mirarlos. La gente lucha contra esa clase de cosas toda la vida. Puede que su actitud tuviera alguna relación con el hecho de que su padre fuera tan estricto con ella. Sé que, por lo menos cuando estábamos en la escuela, lo detestaba profundamente».

Más adelante, Oprah dio las gracias públicamente a Vernon por salvarla: «Sin su dirección, habría acabado embarazada y convertida en otro dato estadístico». Pero esa gratitud tardó mucho en llegar. Cuando cumplió los dieciocho años, se libró de su estricto control y se fue de casa.

«Tuve que ayudarla, porque Vernon estaba tan furioso que no quiso mover un dedo —dijo Luvenia Harrison Butler—. La instalamos en un piso en Cane Ridge Road, en Hickory Hollow.» Años después, Oprah sostenía que había continuado viviendo bajo el techo de su padre, sometida al azote de sus toques de queda a medianoche, hasta que se marchó de Nashville, a los veintidós años. «No sé por qué decía eso; tal vez para presentar la imagen de una niñita buena [...] Cualquiera que fuera la razón, probablemente está relacionada con esos malditos secretos suyos [...] Por eso hace que todos los que trabajan para ella firmen esos acuerdos de confidencialidad que les prohíben soltar ni una palabra sobre sus experiencias personales o profesionales con ella. Supongo que es su manera de conservar el control sobre lo que alguien pueda averiguar sobre ella [...] Es un poco triste.»

Poco después de que Oprah se trasladara a su propio piso, fue a ver a Gordon El Greco Brown, un promotor local que había comprado la franquicia de Miss Nashville Negra y Miss Tennessee Negra, en 1972. «Su madrastra, la señora Zelma, la había traído para hablar de Miss Prevención de Incendios. Cuando empezó en la TSU se apuntó a mi escuela de modelos, cerca del campus. Un día, entró tan campante y anunció: "Hola. Algún día seré una gran estrella. ¿Dónde tengo que apuntarme, ricura?". Sólo tenía diecisiete años y no era guapa. Pero estaba claro que tenía algo. Tenía mucho aplomo y una voz fabulosa.»

El profundo timbre de voz de Oprah siempre impresionaba. En el instituto, comparaban su rico registro vocal con el de la contralto estadounidense Marian Anderson. Para una adolescente, la potente voz de Oprah siempre era una revelación.

«La celebración de Miss Nashville Negra fue la primera vez que se celebraba un concurso de belleza para chicas negras. En el pasado sólo los había para chicas blancas —dijo El Greco Brown—. Oprah veía el concurso como un peldaño para la gran carrera que deseaba con tanta desesperación. [...] Prácticamente, tuve que suplicar a todas las demás que participaran, porque no había ningún incentivo de dinero. Ni beca. Ni un acuerdo récord. Ni un contrato en Hollywood. Sólo un título, una banda y un ramo de flores.»

Oprah rellenó la solicitud para el concurso, haciendo constar su estatura: 1,69 m; peso: 61 kg; medidas: 91,5-63,5-94; número de pie: 40/41. Anotó sus aficiones: nadar y la gente; sus aptitudes: interpretación dramática; y sus padres: el señor y la señora Vernon Winfrey, sin mencionar a su madre Vernita Lee, de Milwaukee. A la pregunta «¿Por qué desea participar en el concurso de belleza de Miss América Negra?», Oprah escribió: «Me gustaría tratar de imbuir algo de orgullo [negro] individual en nuestro pueblo. Dignidad». Y en otro apartado escribió: «Nunca he estado casada, ni tengo una anulación, divorcio o separación», y añadió: «Nunca he concebido un hijo».

La noche del 10 de marzo de 1972 no había ni un asiento libre en la sede de Black Elks, en la calle Jefferson. «Me las había arreglado para reunir quince concursantes y se las juzgaba por su belleza en traje de noche y en traje de baño, además del talento —explicó El Greco Brown—. Oprah hizo una presentación normal en la competición de belleza, pero cuando llegó el momento del talento hizo una lectura dramatizada y cantó... y volvió loco al público. Era muy buena; se colocó entre las cinco primeras.»

«Sólo había una chica que superara a Oprah en talento. Se llamaba Maude Mobley y más tarde trabajó como cantante de refuerzo en el Gran Ole Opry. Maude no sólo tenía talento, sino que además tenía una figura estupenda y consiguió la máxima puntuación en las competiciones con traje de baño y traje de noche. Todos la eligieron como ganadora en cuanto pisó el escenario.»

Los seis jueces puntuaron y anunciaron a las ganadoras empezando por el final. «No me lo podía creer cuando el maestro de ceremonias leyó el nombre de la cuarta clasificada: Maude Mobley. Luego continuó leyendo las ganadoras, e hizo una breve pausa antes de proclamar: "La ganadora y primera Miss Nashville Negra, es... Oprah Gail Winfrey".»

Recordando la exclamación colectiva de asombro del público, el promotor añadió que se vio asediado por gente que afirmaba que el concurso estaba amañado. «Yo mismo estaba confundido. Así que reuní todas las tarjetas de puntuación de los jueces e hice el recuento de votos. No me podía creer lo que descubrí: se habían cambiado las puntuaciones de la cuarta clasificada y de la ganadora. Estoy convencido de que se trató de un error. Los jueces eran personas honradas.»

El promotor dijo que al día siguiente fue a casa de Winfrey para explicar la confusión. «Le pregunté a Oprah si consideraría la posibilidad de entregar la corona a la legítima ganadora. Oprah se puso en pie y dijo, furiosa: "No, ¡es mía! Dijeron mi nombre y soy Miss Nashville Negra".

»Intenté razonar con ella. "¿Cómo te sentirías si estuvieras en lugar de Maude?"

»"No me importa", afirmó.»

A la semana siguiente, el retrato de Oprah apareció, como ganadora, en los periódicos de Nashville. Su fotografía, con un comunicado de prensa donde se mencionaba a Patrice Patton como segunda, fue enviada a todos los periódicos negros del país. No había ninguna mención de Maude Mobley.

«En la TSU todo el mundo hablaba del concurso de Miss Nashville Negra —comentó Sheryl Atkinson—. Lo discutíamos entre nosotros, porque nos parecía que Oprah era la ganadora menos probable. Realmente, no era la más guapa, pero estoy segura de que era la que más se hacía oír.»

«Creo que lo consiguió porque era muy conocida por su programa de radio —dijo Barbara Wright—. No podría haberlo logrado de ninguna otra manera.»

La confusión de las puntuaciones no se hizo pública hasta que Oprah se hizo famosa. Entonces Gordon El Greco Brown quiso publicar un libro de fotografías. «Tenía cientos de fotos de Oprah de aquellos concursos y le escribí para decirle que me gustaría publicar algo. Su abogado, Jeff Jacobs, me contestó y me dijo que les gustaría ver todas las fotos. Cuando vi que era abogado, le dije que iría a Chicago, con mi abogado, para poder hacer un trato. Pero Jacobs dijo que no, que no podía llevar a mi abogado. Tenía que reunirme con Oprah y él, yo solo. Me llevaron en avión a Chicago, me alojaron en un hotel y enviaron una limusina para que me llevara a los estudios Harpo. Me recibió Oprah, que me abrazó y actuó como si fuera mi mejor amiga. Luego me pasó a su abogado, que me vapuleó a placer.

»"Sólo queremos ver qué tiene", dijo Jacobs, así que le enseñé todas las fotos. Le dije que había dedicado tres años a promocionar a Oprah (gratis) y que ahora me gustaría publicar un libro.

»Jacobs dijo: "Nada de libro. Nada de trabajo. Nada de nada. Pondremos un dinero encima de la mesa y las fotos se quedarán aquí. Lo toma o lo deja".

—Dije que quería conservar mis fotos. Jacobs contestó: "Pues márchese, pero no queremos ver esas fotos por todas partes". Cuando me marché de Harpo, cancelaron la limusina para llevarme al aeropuerto y tuve que coger un taxi».

Sintiéndose menospreciado, el promotor vendió la historia y algunas fotos al *National Enquirer*, que publicó el titular «Oprah robó la corona del concurso de belleza». Al publicarse el artículo, el publicista de Oprah negó la historia: «A Oprah nunca le hablaron de ningún supuesto problema en ningún concurso en el que estuviera en aquella época».

Maude Mobley, a quien se describía en el reportaje de 1992 como «la legítima ganadora del concurso», parecía asustada: «Oprah es rica y poderosa. Preferiría no hablar de esto. Podría enfadarse conmigo».

La madre de Maude no fue tan prudente: «Sabía que algo no iba bien cuando dijeron el nombre de Oprah como ganadora —afirmó veinte años después del concurso—. Después de hablar con Maude, estaba tan furiosa que escribí a todos los que se me ocurrió que podrían reparar aquella situación. Pero a nadie le interesaba. Es verdad que Oprah robó aquella corona».

Otra versión del cambio de votos salió a la superficie cuando Patrice Patton, que quedó segunda en el concurso de Miss Nashville Negra, vio el reportaje de Gordon El Greco Brown, cuando estaba haciendo la compra en el supermercado: «Ya sabía que se habían cambiado las puntuaciones y que Oprah no había ganado —dijo en 2008—, pero no me creo lo que dicen de Gordon [...] No creo ni por asomo que Oprah supiera lo del cambio ni que Gordon se enfrentara a ella. La coordinadora del concurso me dijo que fue Gordon quien cambió los votos del Miss Nashville Negra y que ella se había enfrentado a Gordon entonces y que cuando él no hizo nada para corregir la situación, dimitió. Unos años más tarde me encontré a la coordinadora y me contó la verdad: que era yo quien había ganado el concurso de Miss Nashville Negra y que Oprah había quedado en segundo lugar. Nunca he dicho nada, porque habían pasado cinco años desde que ocurrieron los hechos y habría parecido una mala perdedora. Además, Oprah me caía bien. Era una buena persona.»

«En aquel entonces, Oprah tenía muchos admiradores en Nashville, gracias a toda la publicidad que consiguió por haber sido la primera chica negra en ser Miss Prevención de Incendios, además de tener su propio programa de radio. Creo además que si no hubieran declarado a Oprah como Miss Nashville Negra, Gordon no habría vendido entradas para el concurso de Miss Tennessee Negra. Así que hizo que ganara...

»Cuando la coordinadora del concurso de belleza se marchó, Gordon me dio el trabajo a mí y viajamos por todo Tennessee tratando de conseguir chicas que participaran. Incluso entonces, sólo conseguimos unas pocas. Unos días antes del concurso, Gordon dejó su casa en Nashville y nosotras nos instalamos allí, para que yo pudiera prepararlas a todas para recorrer las emisoras de radio, las iglesias y los grandes almacenes. Oprah nos llevó a algunas de nosotras en la camioneta de reparto de su padre [...] Todavía recuerdo lo decidida que estaba a volver a ponerse en forma para la competición. Quería tener cierta talla, así que empezó a hacer dieta. Fue la primera persona que vi tomar yogur. En aquel entonces, no tomábamos yogures. Pero ella sí, y perdió un montón de peso.»

Oprah dijo que se sorprendió tanto como cualquiera de que la coronaran Miss Tennessee Negra: «No esperaba ganar, ni tampoco había nadie que esperara que ganase, porque había todas esas "vainillas" y yo era una chica chocolate. ¡Madre mía!, cómo se enfadaron, y yo me enfadé por ellas, de verdad que me enfadé. Dije: "No lo entiendo, chicas. Estoy tan sorprendida como vosotras. Yo tampoco sé cómo he ganado".»

En agosto de 1972 Oprah, en calidad de Miss Tennessee Negra, voló a California para competir por la corona de Miss América Negra. Para la parte del concurso dedicada a evaluar el talento, Oprah cantó «Sometimes I Feel Like a Motherless Child», un espiritual que se remontaba a la época de la esclavitud. Su acompañante, la doctora Janet Burch, una psicóloga de Nashville, rememoró para el escritor Robert Waldron lo empeñada que Oprah estaba en tener éxito: «Nunca he visto a nadie que quisiera triunfar tanto como Oprah. Solía hablar de cosas como que un día sería muy, muy, muy rica. La idea siempre precede a la realidad. Si de verdad crees que serás muy rica y muy popular, e importante, y lo crees sinceramente, sucederá. Mira, hay gente que lo dice, pero no lo cree realmente. Ella lo creía. La gente dice: "Me gustaría ser rico". Pero Oprah iba más allá y decía: "Voy a ser rica"».

En esa ocasión, en el concurso de Miss América Negra, Oprah no ganó ni se calificó ni tuvo ninguna presencia durante el concurso. «Como organizador del concurso de distrito, tenía acceso a los recuentos finales y vi que de de 36 candidatas, Oprah era la número 34; casi al final de la lista», recordaba El

Greco Brown. Oprah se negó a aceptar la derrota, y culpó a la ganadora: «La chica de California ganó porque se desnudó», dijo Oprah. No obstante, la reseña publicada en el *The New York Times* no menciona en ningún momento que la bella cantante californiana que ganó hiciera un estriptis.

Durante la semana, Oprah, a la que patrocinaba su emisora de radio, le dijo al doctor Burch que iba a «ser una gran personalidad de televisión». Después del concurso, volvió a Nashville dispuesta a subir de nivel.

«Nuestro director general recibió una llamada de WVOL diciendo que tenían una joven que quería entrar en la radio —contaba Chris Clark, antiguo locutor, productor y director de noticias de WLAC, que más tarde sería WTVF-TV—. Así que me dijeron que la entrevistara.»

La emisora ya había contratado a Bill Perkins, la primera cara negra de la televisión de Nashville y a Ruth Ann Leach, la primera mujer. Ruth Ann Leach dijo: «Fui el primer culo femenino que se sentó a la mesa de los informativos, junto al locutor, durante una emisión de noticias. Fue cuando NewsChannel 5 trataba desesperadamente de cumplir con sus obligaciones con el FCC para diversificar el talento en el aire. Así que allí estábamos, Bill Perkins y yo. Todos los demás eran hombres y eran blancos».

Oprah dijo que la afiliada de la CBS la había perseguido para que aceptara el puesto, pero Clark recuerda que fue WVOL la que insistió en que la contrataran, y Joseph Davis, un cámara, que estuvo con la VDCN-TV coincidió: «Había un grupito de jóvenes negros en Nashville a quienes la NAACP respaldaba para colocarlos en puestos por encima del nivel de entrada; como mandos intermedios y bajo las cámaras —dijo Davis—. Oprah formaba parte de ese grupo que salió de WVOL». En 2008, Davis aportó una foto del grupo tomada en el plató, antes de un debate sobre «Los negros y su papel en los medios». De las diez personas que aparecen retratadas en la foto, Oprah es la única que no se desvió ni un ápice, ya fuera por el matrimonio o por los hijos. Oprah nunca dejó que la vida afectara su ambición de llegar a la cima.

Chris Clark era sensible a las exigencias de diversidad de aquel tiempo. «Pensaba que necesitábamos tener el mismo aspecto que Nashville, que era blanca en un 80 por ciento y negra en un 20 por ciento. Teníamos un alcalde valiente (Clifton Beverly Briley) que dijo que la segregación se había acabado y que teníamos que ir hacia la integración. Yo era receptivo a esta idea porque cuando empecé en televisión, en los años sesenta, era un mundo totalmente de pan blanco; no había sitio para los negros ni para las mujeres, los judíos o los griegos como yo. Mi nombre real es Christopher Botsaris, pero tuve que cambiármelo para conseguir trabajo en la radio. Cuando yo llegué a WLAC, Nashville ya había pasado por las luchas, realmente duras, por los derechos civiles, pero todavía teníamos que demostrar que estábamos comprometidos con la integración.

»En lo que a mí respecta, Oprah no era un mero fichaje para cubrir las apariencias. Sí, era negra y necesitábamos una cara negra, y era una mujer, así que supongo que eso ayudó. Pero no tuve que pensarlo mucho —prosiguió—. Era guapa como para morirse, hablaba muy bien y era conocida en la ciudad por haber sido Miss Nashville Negra y Miss Prevención de Incendios o lo que fuera. Así que la convertí en reportera ya que no teníamos corresponsales. La envié a la calle con una cámara Bell and Howell para encargarse de la información del Ayuntamiento. No averigüé hasta más tarde que no tenía ni la más remota idea de lo que estaba haciendo.»

Años después, Oprah reconoció que había mentido sobre su experiencia tanto en la solicitud como durante la entrevista de trabajo, pero abordó su primera tarea con una gran determinación: «Les anuncié a todos los que estaban allí: "Es mi primer día en el trabajo y no sé nada. Por favor, ayudadme, porque le he dicho al director de noticias de Channel 5 que sé lo que estoy haciendo. Por favor, por favor, ayudadme". Y me ayudaron. Y a partir de aquel momento todos los concejales fueron amigos míos».

Chris Clark, que se retiró en 2007, no pide que le den una medalla por contratar a Oprah, pero sí admite que «La dirección me miró con mala cara. Téngase en cuenta que eran racialmente muy tensos en Nashville y ella era la primera mujer negra que salía en la televisión. —Reconoció que el equipo directivo no estaba entusiasmado—. Yo podía decidir porque, como presentador, era también director y productor de los noticiarios, pero me dejaron claro que si Oprah no funcionaba (si la audiencia no la aceptaba) yo sería el responsable».

Otros recuerdan que contratar a Oprah fue un acto de mucho valor. «No hay ninguna duda —afirmó Patty Outlaw, que se encargaba del tráfico—: Chris corrió un riesgo enorme».

«Se metió en una situación peligrosa cuando contrató a Oprah —dijo Jimmy Norton, que trabajaba en producción—; en especial cuando la promocionó para que fuera copresentadora de noticias. Hubo protestas al fondo de la sala de prensa. A algunos les molestó ver a Oprah en la radio, dando las noticias, pero hay que recordar cómo era Nashville en aquellos días. La palabra con N *(negrata)* todavía se utilizaba libremente».

Ruth Ann Leach recordaba la primera vez que tropezó con esa palabra, cuando Oprah empezó a dar las noticias: «Acompañé a un familiar a una bonita casa en las afueras. Estaba con su esposa. Me recibió calurosamente y me dijo que antes disfrutaba viendo la televisión.

»¿Qué quiere decir antes?, pregunté.

»"Bueno, ya no puedo ver su emisora, ahora que es una negrata la que lee las noticias"».

A la propia Oprah le arrojaron la odiosa palabra a la cara cuando la enviaron con una misión a una zona segregada de Nashville. Se presentó al propietario de una tienda y le tendió la mano.

—Aquí no estrechamos la mano de ningún *negrata* —le espetó el hombre.

Ella le replicó en el acto:

—Seguro que los *negratas* se alegran.

En la TSU los compañeros de Oprah pensaban que su trabajo en televisión no era más que un enorme beso del hada madrina de la discriminación positiva. La descartaban diciendo que era «dos por el precio de una», un mero símbolo, y ella estaba de acuerdo. «De ninguna manera me merecía el puesto —diría más tarde—. Era un símbolo clásico, pero te aseguro que era un símbolo feliz.»

«Estaba muy entusiasmada por estar en televisión —recordaba la experta en maquillaje Joyce Daniel Hill—. Yo trabajaba en Joe Colter Agency y la emisora me había contratado para enseñar al equipo de noticias a maquillarse y proveerlos cada mes del material apropiado. En aquellos días estábamos empezando a acostumbrarnos a las cámaras de color, y sólo disponíamos de unos cuantos tonos de maquillaje. [...] Yo hice una mezcla especial para Oprah. Ahora tiene la piel mucho más clara que hace treinta y cuatro años. No tengo ni idea del porqué. Puede que sea simplemente que hay mejores maquilladores o que haya algún tipo de blanqueador de la piel. Oprah me llevó con ella a cubrir la feria de moda de Ebony, porque a las dos nos encantaba la ropa. trabajar con ella era un placer.»

Contratada por 150 dólares a la semana, Oprah debutó en televisión en Nashville en enero de 1974. Al año siguiente, Oprah había recibido ya varios premios como el la primera mujer negra de la ciudad con un trabajo en la televisión. Fue nombrada mujer ejecutiva nacional del año por la Asociación nacional de mujeres ejecutivas. La Asociación Empresarial de Tennessee Medio la nombró su Mujer de negocios destacada del año, y ganó el premio del Club de Mujeres Negras Profesionales y de Negocios, como Mujer del Año 1975. «Era fantástica —afirmó Chris Clark—, aunque no era una gran reportera. No sabía escribir. Nunca supo.» De hecho, le costaba tanto escribir que, una mañana, la emisora tuvo que desconectar dos minutos, de un corte de cinco, porque Oprah no había acabado de teclear. «Aquel día, Chris debería haberme despedido», dijo Oprah.

Pero Chris, por el contrario, se concentró en sus otras cualidades: «Era maravillosa con la gente —recordaba—. Y ésa era su perdición como periodista, porque no podía ser objetiva. La enviábamos a cubrir un incendio, volvía a la emisora y cogía el teléfono para tratar de conseguir ayuda para la familia que se había quedado sin casa, en lugar de escribir el reportaje para las noticias de la noche».

Natural y sencilla en el trabajo, Oprah se quitaba los zapatos y caminaba por la sala de prensa descalza. «Era tan del campo como una mazorca de maíz», dijo un antiguo compañero.

«Me parece que la gente esperaba que fuera del tipo "sí, señor, no, señor", ya sabes…, muy agradecida, pero ella no era así en absoluto —comentó Jimmy Norton—. Estaba muy motivada. Lo vi muy poco después de que Oprah empezara a trabajar, cuando hacíamos un espacio de interés público para Black History Week. El productor no era muy bueno, así que Oprah intervino y se hizo cargo totalmente. Apartó al productor, le dijo al cámara qué tenía que hacer y dirigió el espacio ella misma. Aquello me abrió los ojos. Aquella chica sabía lo que quería y estaba dispuesta a hacer lo que fuera para lograr sus metas.»

Patty Outlaw coincide con estas apreciaciones: «Tenía una gran seguridad, para ser tan joven; era ambiciosa, sí, pero no te apuñalaba por la espalda. Me caía muy bien. Durante aquellos años, la veía cada día, porque trabajaba en el piso arriba, justo de encima de la sala de prensa. Trabajar en la emisora era una locura. Drogas, drogas y más drogas todo el tiempo… por todas partes. Incluso vendían "cristal" [LSD] en el vestíbulo». Las drogas, en efecto, eran algo tan corriente que, como regalo, el personal de noticias le dio a Vic Manson, el copresentador de Oprah, una cucharilla para coca. «Chris y yo mirábamos para otro lado», dijo Jimmy Norton, que confirmó que la dirección de la emisora retiró una máquina expendedora cuando descubrieron que había sido trucada para que vendiera marihuana. Años más tarde, Oprah confesó que empezó a consumir drogas (cocaína) en Nashville, y continuó durante sus años en Baltimore y luego en Chicago.

«Recuerdo que íbamos en el ascensor y yo no paraba de hablar y hablar, entusiasmada, de un chico con el que salía, y Oprah me escuchaba seguir y seguir durante dos pisos. Al salir, dijo: "Vaya, chica. Suena como si fuera el hermano de Jesús", dijo Patty Outlaw—. En aquellos días Oprah y yo hablábamos de chicos, dietas y maquillaje. Es lo único que nos importaba… Curioso, ¿no?, pero ella sigue hablando de las mismas cosas tres décadas después.»

«Entonces Oprah pesaba un poco de más, pero no tanto como ahora —afirmó Patty, en 2008—. Yo había empezado a hacer *ballet* y le mencioné mis clases a Jimmy Norton. "El *ballet* debe de ser genial —contestó—. Anoche Oprah hizo un pequeño reportaje durante las noticias. Lo hizo vestida con su tutú que, en su caso, parecía mas bien una carpa." Por entonces, Oprah solía alimentarse a base de comida basura y nadie se interponía entre ella y sus pastelitos de chocolate Ding Dong.»

Harry Chapman, que presentaba las noticias del fin de semana con Oprah, recordaba lo mucho que le gustaba el pollo de Chicken Shack: «Utilizaban pimienta de cayena y salsa de Tabasco; era el pollo más picante que he tomado jamás. Lo tomábamos los fines de semana, entre una emisión de noticias y otra».

Nashville, que ocupaba el trigésimo puesto entre los mercados de televisión, era un campo de formación para muchos jóvenes presentadores. «Era una época apasionante para trabajar en televisión —dijo Elaine Ganick, ex presentadora de noticias en WSMV, afiliada de NBC y que más tarde sería corresponsal de *Entertainment Tonight*—. Empecé más o menos al mismo tiempo que Oprah; Pat Sajak era el hombre del tiempo y John Tesh, el presentador del informativo, que alcanzó a vivir el gran momento en Nueva York, antes de sus diez años con *Entertainment Tonight*».

Tesh, el presentador de WSMV, alto, de casi dos metros, rubio y guapo, describió en una ocasión sus días y noches en Nashville, con Pat Sajak, Dan Miller y Oprah: «Todos estábamos solteros, íbamos siempre juntos y nos metíamos en un montón de líos, porque actuábamos como auténticos capullos». Poco después de convertirse en el presentador de las noticias de WCBS-TV en Nueva York, Tesh le dijo a una mujer con la que salía en serio que cuando estaba en Nashville vivió con Oprah durante un corto periodo de tiempo, en su piso de Hickory Hollow: «Dijo que una noche miró y vio su cuerpo blanco, junto al cuerpo negro de ella y ya no pudo soportarlo. Se marchó en plena noche... Me confesó que, después, se sintió muy culpable». En Nashville (Tennessee), la presión social de aquel entonces hacia una pareja interracial era extrema. En 2010 Tesh confirmó públicamente su aventura con Oprah.

En 1996, al hacer el brindis por el décimo aniversario de su programa de entrevistas, Oprah invitó a su antiguo amante a aparecer con Mary Hart, su copresentadora en *ET*, y le recordó lo que llamó su «única cita; estrictamente dos amigos cenando juntos». Más de tres décadas después, a algunas personas que trabajaron con ellos les resultaba difícil creer que hubieran tenido relaciones íntimas. «[Yo diría] que Oprah se lo pensaría muy bien antes de salir con un hombre blanco, pues las relaciones interraciales no eran nada aceptables en aquel tiempo —dijo Jimmy Norton—. Bien mirado, estábamos a menos de 150 kilómetros de Pulaski, el hogar del Ku Klux Klan.»

Patty Outlaw reconoció que una pareja formada por una mujer negra y un hombre blanco era considerada entonces como «muy escandalosa», pero recordó una noche de nieve, cuando la emisora alojó a muchas personas en un Ramada Inn, para pasar la noche: «Creo que si preguntaran a Oprah y a Vic Mason sobre aquella noche, es posible que tuvieran recuerdos muy agradables el uno del otro».

En 1975, Oprah, que copresentaba las noticias del fin de semana, fue reclutada por WSB, de Atlanta: «Era hora de tener una presentadora negra en televisión, también entre semana —dijo el ex director de noticias Kenneth Tiven—. Vino y fue espectacular. Recuerdo que la invité a cenar en casa. Ya entonces, tenía una extraordinaria confianza en sí misma, una misteriosa comprensión de lo que se esperaba de ella como mujer negra con posibilidades de ascender y estrella de televisión en ciernes. Sin embargo, de repente dejé Atlanta por la KYW, de Filadelfia, como director de los noticiarios, y ella dijo: "Si tú no estás, no iré"».

Chris Clark recordaba que Oprah fue a verlo con la oferta de la WSB. «La convencí de que no fuera, porque no estaba preparada y no queríamos perderla. Estábamos empezando a hacer reportajes sobre el terreno y pensaba que ella sería fantástica. Así que le di un aumento de 5.000 dólares y se quedó con nosotros durante un tiempo. Luego, más o menos un año después, recibió una oferta de WJZ-TV, de Baltimore. De nuevo, la dirección me pidió que la convenciera para que no se marchara. Así que la llamé. "Oprah, la dirección me ha pedido que te convenza para que no te marches. ¿He intentado convencerte? Bien. Ahora creo que debes aceptar el trabajo. Estás lista".»

Baltimore era un mercado televisivo mucho mayor, y le ofrecían 40.000 dólares al año, pero Oprah no brincó de entusiasmo ante la idea de copresentar las noticias en WJZ. «La primera vez que fui a Baltimore no me gustó nada —le dijo a Gail Choice, de la cadena WDCN, en su entrevista «Adiós a Nashville»—. Pero acepté el viaje gratis que me ofrecían y vi la emisora propiedad de Westinghouse, que me entusiasmó. Tenían otras cinco emisoras y dijeron: "Tenemos grandes planes para ti". Querían que firmara un contrato por cinco años, pero les dije que no. "Dentro de cinco años seré demasiado vieja para hacer lo que quiero hacer." Así que negocié hasta dejarlo en tres años». Oprah, que entonces tenía veintiún años, afirmó que se veía dejando de copresentar las noticias en Baltimore para pasar a la afiliada de ABC en San Francisco, más glamorosa, y llegar a ser, finalmente, "la Barbara Walters negra. Si ella puede ganar un millón de dólares al año, calculo que yo podré conseguir medio millón"», le dijo Oprah a su entrevistadora negra.

«Odio marcharme, pero es necesario para hacer lo que quiero hacer más adelante, ser presentadora en uno de los diez primeros mercados.» Explicó que no habría pensado en trasladarse a Baltimore si WJZ no hubiera sido la emisora número uno del mercado.

Gail Choice parecía maravillada y asombrada ante la visión estratégica de su colega y, desbordando admiración, felicitó a Oprah por su buena suerte, a lo que Oprah respondió: «Fui muy, pero que muy, muy afortunada... Estaba en el sitio adecuado, en el momento adecuado». Años más tarde, Oprah diría que todo era parte de los planes que Dios tenía para ella.

Cuando Oprah firmó el contrato por tres años con WJZ y se preparó para trasladarse a Baltimore, pidió un préstamo a su padre hasta que empezaran a pagarle en su nuevo trabajo. «Vernon era un buen cliente mío en el Third National Bank, de East Nashville —dijo Janet Wassom—. Obtuvo los papeles y firmó con Oprah un préstamo para pagar sus gastos para instalarse en Baltimore. Vernon era conocido en la comunidad negra como alguien a quien la gente acudía en busca de ayuda, y que ayudaba a los que se ayudaban. No creía en las dádivas. Hacía que todos le devolvieran el dinero, y estoy segura de que hizo lo mismo con Oprah.»

En los años siguientes, Oprah le devolvió, con creces, el dinero a su padre, regalándole coches de lujo, ropa elegante, relojes de oro, casas inmensas y vacaciones a lugares exóticos. Incluso le ofreció retirarlo de por vida. «Oprah dice que este sitio es un basurero asqueroso», dijo Vernon en 2008, en su destartalada barbería en la avenida Vernon Winfrey. Sin embargo, incluso con setenta y cinco años y después de una apoplejía, el hombre que siempre creía que era importante echar una mano a los demás, rechazó el regalo que le ofrecía su hija.

«No me gustaba nada que Oprah se fuera de Nashville, pero quería despedirla a lo grande —dijo Luvenia Harrison Butler—, así que preparé una enorme fiesta de despedida; organicé las invitaciones, la comida, las bebidas y la música. Celebramos la fiesta en los apartamentos Gazebo, junto a Thompson Lane y, por extraño que pueda parecer, ella ni siquiera me dio las gracias. Se marchó de la ciudad y puede decirse que ya no volvió, excepto cuando vino a promocionar *El color púrpura*. Fue la última vez que vi a Oprah antes de que todos aquellos tipos como Arnold Schwarzenegger se apoderaran de su vida y se entusiasmara con Maria Shriver. Se divorció de Nashville. Probablemente le resultaba demasiado doloroso volver, porque la conocimos en otros tiempos o porque ahora éramos demasiado provincianos para ella.»

La amiga de Oprah, que llegó a ser presidenta de la Liga de Mujeres Votantes, de Nashville, no trató de ocultar su decepción por la amistad perdida: «No creo que Oprah sepa lo mucho que admiramos todo lo que ha hecho, en especial por las niñas de Sudáfrica».

Es posible que el precio que tuvo que pagar Oprah para sobrevivir fuera olvidar, y el pago inicial para unos deseos tan altos como los suyos fuera cortar con el pasado. Sí que volvió a Nashville, en el año 2004, para el quincuagésimo aniversario de WTVF-TV, y apareció en televisión para felicitar a NewsChannel 5, pero no regresó, por ejemplo, cuando tres años después se celebró la fiesta de jubilación de Chris Clark. «Todos estábamos allí —comentó un ex compañero de Oprah—. Jimmy Norton regresó antes de lo previsto de su misión pastoral en Nueva Orleans para poder asistir a la celebración, y Ruth Ann Leach voló desde Nueva York. Incluso estaba el gobernador, pero Oprah no se presentó.»

Su ausencia sorprendió a muchos. «En la emisora, siempre hemos sido una familia y Chris llevaba cuarenta años en ella, probablemente un récord para cualquier presentador del país, lo cual explica que su fiesta de jubilación fuera algo tan importante —dijo Jimmy Norton—. Así que todos esperábamos que Oprah también estuviera. Bien mirado, fue Chris quien le había dado a Oprah su gran oportunidad. Pero habían pasado treinta años y…, bueno…, Oprah ha cambiado. No es la misma joven encantadora, de diecinueve años, que conocimos… Por otra parte, también es cierto que ese mismo año, unos meses antes, Oprah sí invitó a Chris a su propia y ostentosa fiesta por su quincuagésimo cumpleaños, y envió un avión a recogerlo, así que quizá pensara que ya había hecho bastante por él, no sé… No diré que no *quiso* venir a la fiesta de jubilación. Sólo digo que *no vino*.»

5

Countee Cullen, un importante poeta del renacimiento de Harlem, escribió *Incident*, su poema más famoso, sobre lo que le sucedió de niño:

> *Una vez, estando en Baltimore*
> *con el corazón y la cabeza henchidos de alegría*
> *vi a un chico de Baltimore*
> *que me miraba directamente a la cara.*
>
> *Tenía yo ocho años y era muy pequeño*
> *y él no era ni un ápice mayor,*
> *así que sonreí, pero él me sacó*
> *la lengua y me llamó negrata.*
>
> *Vi todo Baltimore*
> *de mayo a diciembre*
> *de todas las cosas que sucedieron*
> *sólo eso es lo que recuerdo.*

Baltimore había cambiado desde que se publicó el poema, en 1925, pero incluso con un 55 por ciento de población negra, los intentos de integración eran, con frecuencia, tímidos y vacilantes. Situada al norte de la Confederación, al sur de la Línea Mason-Dixon, a la sombra de Washington, D. C., la ciudad ha dado figuras de talla y renombre mundiales como Edgar Allan Poe, Emily Post, Upton Sinclair, H. L. Mencken, Babe Ruth, Cab Calloway, Billie Holiday y Thurgoog Marshall. Cuando en 1977 Oprah Winfrey llegó a Baltimore, en el verano del bicentenario, Baltimore era conocida como «Ciudad del Encanto» por una idea que surgió para atraer a los turistas. Se lanzó la campaña publicitaria cuando una huelga de basureros llevaba ya diez días en marcha, una huelga especialmente notoria pues pasaba una ola de calor, con temperaturas de 43 °C, que recocía la ciudad con una peste que daba náuseas y que desencadenó disturbios que exigieron el despliegue de tropas estatales con máscaras de gas.

«Me costó un año sentir el encanto de Baltimore —dijo Oprah, a la que no impresionaron las históricas hileras de casas de la ciudad—. No entendía por qué estaban todas pegadas, unas junto a otras. Y la primera vez que fui a la zona del centro me deprimí tanto que llamé a mi padre a Nashville y estallé a llorar. En Nashville tenías un patio, incluso si no tenías porche. Pero en Baltimore las casas de la avenida Pensilvania no tenían ninguna de las dos cosas. Elegí Columbia por las zonas verdes y los árboles.»

Columbia (Maryland), una zona residencial en las afueras, verde y muy bonita, fue diseñada en 1967, para que tuviera el aspecto de un pueblo espacioso (ocupaba unas 5.500 hectáreas de terreno) y para eliminar las subdivisiones, además de la segregación por motivos de raza, religión o posición económica. Los barrios tenían casas unifamiliares, casas en hilera, condominios y pisos como el que alquiló Oprah. Los nombres de las calles eran los de obras famosas de arte y literatura: Hobbit's Glen, de J. R. R. Tolkien; Running Brook, de la poesía de Robert Frost, y Clemens Crossing, de Mark Twain. Oprah vivía en Windstream Drive, cerca de Bryant Woods, donde los nombres de las calles eran los de poemas de William Cullen Bryant.

Después de llevarla a Baltimore y ayudarla a deshacer las maletas, su novio de Nashville, William *Bubba* Taylor, estaba listo para volver a casa: «Acordamos que ella tenía que trasladarse y yo tenía que quedarme —explicó muchos años después—. Para ella, el mercado de la televisión en Nashville era demasiado pequeño, y yo tenía muchas cosas que me retenían aquí, como la funeraria familiar».

La pareja llevaba saliendo medio en serio desde que Oprah le consiguió a Taylor un empleo en la WVOL. «Contraté a Billy sólo para que Oprah no perdiera la cordura —recordaba Clarence Kilcrease, director de la emisora—. No paraba de presionarme para que lo contratara. Estaba loca por él.» Se habían conocido en la iglesia baptista progresista cuando Taylor, de 27 años y veterano de Vietnam, asistía al John A. Gupton Mortuary College.

«Ella sólo tenía diecinueve años, pero ya entonces era muy ambiciosa —dijo Taylor—. Me decía: "¡Un día seré famosa!". Era fácil ver que hablaba en serio.» Así que, una década después, a Taylor no le sorprendió ver a Oprah en *60 Minutos*, pero sí se quedó de piedra al oír el melodramático recuerdo que Oprah tenía de su separación en Baltimore.

«Dios mío, cómo le quería —le contó Oprah a Mike Wallace—. Le tiré las llaves al váter, me puse delante de la puerta y lo amenacé con tirarme por el balcón si no se quedaba. Me puse de rodillas, suplicándole: "Por favor, no te vayas; por favor, no te vayas"».

Bubba Taylor soltó una risita, sabiendo que el hombre que había provocado aquel teatro no era él. «Cuando me acompañó al aeropuerto para mi regreso a Nashville, le brillaban los ojos y me apretó la mano antes de darme un beso de despedida. Prometimos que estaríamos en contacto, claro, pero me parece que los dos sabíamos que se había acabado.» Más tarde, Oprah se enamoró de un disc-jockey de Baltimore, casado, que la haría ponerse de rodillas, y fue su desesperación al perderlo lo que contó en *60 Minutes*, para ilustrar lo lejos que había llegado desde los días en que se dejaba pisotear. Algunos quizá consideren que ese recuerdo es un ejemplo de lo que la «tía» de Oprah, Katharine Esters llamaba «otra de las mentiras de Oprah», mientras que otros aceptarían su tendencia a acomodar la verdad para contar una buena historia, aunque no concuerde con la realidad. También es posible que la única manera que tiene Oprah de enfrentarse a una verdad dolorosa sea encenificándola en una situación donde no le duela (Bubba), en lugar de hacerlo en otra que sigue haciéndole daño (el disc-jockey de Baltimore).

En la década de 1970, las noticias locales se convirtieron en un negocio muy lucrativo para la televisión, en especial en Baltimore, donde Jerry Turner las presentaba en WJZ-TV, cada noche, tomándole constantemente la delantera a Walter Cronkite, quien entonces el brahmán de la televisión.

«No se puede exagerar la estatura de Jerry Turner en esta ciudad en aquel tiempo —afirmó Bob Turk, el hombre del tiempo de la WJZ—. Sencillamente no tenía igual.»

El ex director general de WJZ estaba de acuerdo: «Jerry Turner era el presentador más fantástico que podías encontrar en este negocio, o en cualquier sitio —declaró William F. Baker—. Era atractivo, fiable y, lo más importante, la comunidad de Baltimore lo adoraba. Lo adoraban sin reservas. Él fue la razón de que WJZ ocupara el puesto número uno del mercado durante años, y como sabes, las noticias son la joya de la corona de la televisión, y determinan cuál es el nivel de una emisora tanto desde el punto de vista económico como del de prestigio».

En 1976, la emisora decidió pasar a un formato de noticias de una hora, lo cual era excesivo para un solo presentador, así que anunciaron que iban a lanzar una «búsqueda intensiva» para encontrar una copresentadora que compartiera el trono de Turner. Fue como un toque a rebato en todo el reino; el príncipe de cuarenta y seis años buscaba una princesa para ponerle el zapato de cristal. (Se suponía que, dado que Turner era un hombre blanco, su copresentadora debía ser una mujer negra.) Siete meses después, el llamado equipo de búsqueda anunció que había encontrado a su princesa. Le pagaban 40.000 dólares al año (150.816,87 en dólares de 2009).

«Yo era el director de informativos en WJZ y contraté a Oprah después de ver una cinta que nos habían enviado —dijo Gary Elion, en 2007—. Era impresionante; su expresión oral era cautivadora; la contratamos basándonos en esa cinta.»

En la sala de redacción se quedaron pasmados. «No importaba que Oprah Winfrey fuera de Nashville (Tennessee), que no supiera nada de Baltimore, que tuviera veintidós años y que prácticamente no tuviera ninguna experiencia en informativos —recordaba Michael Olesker, ex periodista en letra impresa, que se convirtió en redactor en antena para WJZ—. Oprah era perfecta para las noticias en televisión. ¿Por qué? Porque en las noticias de televisión el periodismo siempre se ha considerado algo opcional.»

En aquel entonces, en Baltimore, pese a la numerosa población negra, sólo había un puñado de mujeres negras en televisión. Antes de que llegara Oprah, WJZ había contratado a Maria Broom, una bailarina con poca experiencia periodística, para ser la reportera de temas de consumo. «Era negra y tenía una bonita mata de pelo —explicó Broom, que alcanzó el reconocimiento nacional en *The Wire*, la serie de éxito de la HBO (2000-2008)—. Era el momento de los grandes afro. Yo era la imagen de la mujer negra moderna. Así que fue como una película. Dijeron: "Te vamos a convertir en una estrella", y eso hicieron [...] Yo era lo que le daban a los negros.»

Sue Simmons llegó en 1974 para trabajar en WBAL. Se quedó dos años, antes de trasladarse a Washington, D. C., y luego a Nueva York, donde presenta las noticias de WNBC desde hace más de dos décadas. Al dejar Baltimore, un periodista le preguntó cuáles eran sus puntos fuertes, a lo que Simmons respondió: «Soy guapa y sé leer».

En 1976, para cualquier mujer —negra, blanca, amarilla o morena— compartir el trono con Jerry Turner era como recibir una corona que nunca antes había sido otorgada a nadie.

«Conseguir ese trabajo como presentadora de informativos a los veintidós años era algo extraordinario —reconoció Oprah muchos años después—. En aquel momento, me sentía lo más importante del mundo.»

Cuando se anunció que habían ungido a una joven negra de Nashville, incluso el principal crítico de televisión de Baltimore se quedó desconcertado. «Es interesante que tengan tanta confianza en una cara nueva para Baltimore —escribió Bill Carter en *The Baltimore Sun*—. En cualquier caso, parece evidente que el hecho de que en Channel 12 las noticias las dé alguien que no sea Turner debe considerarse un riesgo.

»Pero si Wimfrey se puede afianzar como persona popular en las noticias, la emisora tendrá una gran ventaja cuando, finalmente, lo tenga todo preparado y lance al aire su informativo de una hora.»

WJZ empezó, inmediatamente, a trabajar con la oficina del alcalde William D. Shafer para crear una serie de documentales sobre los barrios de Baltimore, para que Oprah los presentara cada noche durante los cuarenta y cinco días de la Feria de la Ciudad, entre julio y septiembre.

«Son buenas relaciones públicas para mí —confesó Oprah a los periodistas, reconociendo que ella no intervenía en la investigación ni en los reportajes de la serie. Se limitaba a ir a un vecindario diferente cada día, con un equipo de cámaras para entrevistar a quienquiera que hubiera sido seleccionado por la asociación de la comunidad—. Era una manera genial de introducirme en la ciudad. Es probable que ahora conozca más sobre los barrios que nadie de la emisora.»

Su comentario irritó a algunos miembros de la sala de redacción, en particular a Al Sanders, un reportero negro que había presentado, eficazmente, las noticias en ausencia de Turner y que esperaba que lo consideraran su copresentador: «Durante tres años, antes de que pasáramos al formato de una hora, se hablaba de que si se presentaba algún puesto de copresentador me tendrían en cuenta —dijo—. Sin embargo, cuando se presentó la ocasión, no tomaron en consideración a nadie de la emisora. Trajeron a alguien de fuera».

Sin embargo, todo estaba en contra de Oprah. «Incluso antes de que llegara a la ciudad, WJZ emitió una serie infantil de anuncios promocionales, preguntando: "¿Sabes qué es una Oprah?", recordaba Michael Olesker.

»"¿Ofrey?", —inquiría la gente del anuncio.

»"¿Oprah? ¿Qué es una Oprah?"

»Pensándolo ahora, nadie se podía imaginar que, años antes, la CBS hubiera introducido a su presentador preguntando: "¿Sabe que es un Cronkite?" Aquellos anuncios degradaban a Oprah y a toda la idea de los presentadores de informativos, en tanto que figuras serias.»

Oprah pensó que la promoción no era positiva para ella: «Todo aquello tuvo un efecto contraproducente —afirmó—. La gente esperaba la Segunda Venida, y lo único que recibieron fue a mí».

Finalmente, el 16 de agosto de 1976 Oprah hizo su debut pero todos los hurras fueron para Jerry Turner: «Ha conseguido convertirse en copresentador sin perder nada de su impresionante clase y prestigio —escribió el crítico de televisión Bill Carter—. Cada vez más, Turner deja claro que está muy por encima de cualquier otro como hombre de los informativos locales, quizá por encima de la mayoría de presentadores de noticias de todo el país, lo cual plantea la pregunta sobre qué necesidad había de imponerle una copresentadora».

Felicitaron a Oprah por su lectura «impecable» de las noticias y concedieron que tenía «cierto estilo», pero no mucho. «Es un tipo de estilo contenido que sería fácil olvidar. No queremos rebajar sus cualidades ante la cámara, que son considerables. Pero la personalidad de Oprah no es tan fuerte como la de otros miembros de Channel 13 o, quizá, se trate de una personalidad que todavía no se ha manifestado. En cualquier caso, no es en ningún modo deslumbrante; por lo menos, todavía no.»

Al cabo de pocas semanas, estuvo claro que la química entre Oprah y su copresentador de cabellos plateados y lenguaje de plata era tóxica. Él se veía como la reencarnación de Edward R. Murrow y ella le parecía una impostora que no tenía ningún derecho a servir como sagrada presentadora de las noticias de televisión a la comunidad de Baltimore. Turner estaba estupefacto de que ella permitiera que otros le escribieran el guión y luego saliera al aire sin habérselo leído antes. Era incomprensible para un hombre que veneraba escribir y siempre llegaba a la oficina temprano para poder redactar sus informativos. Le horrorizaba el aire de superioridad que ella adoptaba ante las cámaras, y del que ella misma se burlaba después diciendo que era su tono de voz condescendiente, de señora nacida en la gran mansión, añadiendo que así es como, en su opinión, se suponía que sonaba una presentadora. Turner se quedó atónito cuando Oprah leyó la palabra 'Canada' en el teleprónter pronunciándola 'Ca-NÉY-da' tres veces en un informativo. Más tarde le tocó el turno a *Barbados*, que pronunció 'Barb-a-DÓZ'. Leyó un informe sobre el voto *in absentia*, en California como si «Inabsentia» fuera una ciudad cerca de San Francisco. Unas noches después caracterizó a alguien diciendo que tenía una actitud 'diferente' porque desconocía qué significaba la palabra *displicente*. Luego empezó a comentar las noticias, interrumpiéndose en un momento dado para decir: «Cielos, esto es horrible». Los índices de audiencia cayeron en picado.

Sin embargo, para Turner, el colmo fue cuando Oprah, veinticuatro años más joven que él, se volvió hacia él mientras emitían y le soltó: «Es lo bastante viejo como para ser mi padre». Aquella fue la gota que colmó el vaso y, sin que Oprah lo supiera, sus días estaban contados.

«Desde el principio, supe que no funcionaría —dijo Bob Turk—. Oprah era demasiado inexperta y limitada en su conocimiento de los asuntos del mundo, en especial de geografía, para ponerla en la tesitura de presentar con el decano de los informativos de Baltimore.»

Cuando el decano se molestó, a Oprah la tiraron por la borda, y ni todos los caballos del rey ni todos los caballeros del reino pudieron salvarla: el Día de los Santos Inocentes de 1977, después de ocho meses de reinado, Oprah perdió la corona. Derribada de la posición de máximo prestigio en la emisora, la de presentar las noticias, la relegaron al último rincón de la televisión, para dar los avances de titulares a primera hora de la mañana. Todos en la emisora estaban de acuerdo en que, aunque quizás en Nashville fuera una bateadora de primera, en Baltimore no conseguía sacar la bola del pentágono. Jugadora de las ligas menores, que nunca llegaría a estar en las mayores, Oprah se convirtió en cabeza de turco, rehuida por los fans y culpada del fracaso del equipo.

Años más tarde, ella y su mejor amiga, Gayle King, ayudante de producción de WJZ por aquel entonces, recordaban lo sucedido:

> OPRAH: Decidieron que no funcionaba porque al presentador...
> GAYLE: No le caías bien.
> OPRAH: Pero yo no lo sabía. Era muy ingenua. El día que decidieron que iban a quitarme de las noticias de las seis, le dije a Gayle...
> GAYLE: Yo estaba tecleando en mi mesa. Ella viene y dice: «Vete al baño, ahora».
> OPRAH: Siempre nos reuníamos en el baño. Era algo como: «Ay, Dios mío. ¿Crees que Jerry Turner lo sabe?». Por supuesto, Jerry Turner era el presentador principal, el que me daba la patada en el culo, pero nosotras no lo sabíamos. Jerry decía: «Nena, ni siquiera sé que ha pasado, nena». Ya sabes, «Lo siento, nena».
> GAYLE: Me quedé helada.
> OPRAH: Es como si tu vida se hubiera acabado para siempre.

De inmediato, Al Sanders fue promocionado para ser el nuevo copresentador y le dejaron bien claro que lo enviaban para que arreglara el desaguisado: «Llevo en este negocio diecisiete años —declaró, marcando un claro contraste con la falta de experiencia de Oprah—. Y sé perfectamente que hay mucha presión cuando sustituyes a alguien y la gente piensa que con la persona a la que sustituyes las cosas no iban del todo bien. Pero yo me siento cómodo».

Jerry Turner y Al Sanders reanimaron los índices de audiencia y, a continuación, durante la siguiente década, dominaron el panorama. «Eran el mejor equipo de informativos locales de los Estados Unidos», dijo William F. Baker. Hasta su muerte —Turner murió de cáncer de esófago en 1987, y Sanders de cáncer de pulmón en 1995— la emisora WJZ ocupó el trono y siguió siendo la número uno de Baltimore.

Cuando se produjo el derrocamiento de Oprah, la emisora trató de negar lo evidente. «No podemos responder de lo que vaya a pensar la gente —dijo el director general, Steve Kimatian—, pero creemos que esta es una buena oportunidad para que ella se desarrolle, para trabajar más ella sola. Cuando la gente vea cómo lo hace en los trabajos que se le asignen, se convencerán de que esperamos que Oprah tenga un papel destacado.»

Traducción: Oprah tenía los días contados.

Para alguien que se había propuesto lograr en tres años ser la Barbara Walters negra u ocupar el sitio de Joan Lunden como copresentadora de *Good Morning America,* Oprah había caído muy bajo. La confianza en sí misma que la había lanzado hacia la cima se desinfló como un globo de aire caliente cayendo del cielo. Ya no era una estrella. Aunque su contrato le garantizaba veinticinco meses más de salario, no tenía ninguna categoría en la emisora. Sin embargo, no se podía marchar, porque necesitaba el dinero. Conseguir una promoción para un mercado televisivo más importante estaba fuera de lugar, y pasar en un mercado más pequeño destruiría todos sus exaltados sueños. Era la primera vez en su vida en que Oprah no tenía ninguna opción de ascender para evitar el fracaso que se le echaba encima. Su padre y sus amigos le aconsejaron que no se moviera y aguantara. A fin de cuentas, seguía en televisión en un mercado grande y le seguían pagando. Así pues, Oprah cogió la única fregona y el único cubo disponibles: además de encargarse de los avances locales para *Good Morning America,* se convirtió en «reportera de documentales de fin de semana», que era, como ella decía, el puesto más bajo en la cadena alimenticia de la sala de redacción.

«Hice historias tontas, necias, estúpidas y odiaba cada minuto —confesó—, pero, incluso mientras las hacía, pensaba: "Bueno, no tiene ningún sentido marcharse porque todos los demás creen que este es un trabajo fabuloso"».

Como ya no era un caballo de exhibición, se arrastraba al trabajo a las seis, cada mañana, y se quedaba todo el día, haciendo todas las tareas aburridas que le echaban encima. Cubrió una fiesta de cumpleaños de una cacatúa del zoo, hizo reportajes en directo de los elefantes, cuando el circo vino a la ciudad y persiguió a los camiones de bomberos. También encajó burlas cuando entrevistó al organizador del concurso de Miss Baltimore.

«En la sala de redacción le preguntaron: "¿Te presentaste al título de Miss América Negra?" —recordaba Michael Olesker—. Si alardeaba de ello, no tenía sentido de los matices. Si bromeaba, comprendía que estaba en un negocio donde todos tenían su ego.»

Oprah, pese a todo, estuvo a la altura de las circunstancias y respondió rápidamente: «Sí, cariño —respondió, dándose unas palmaditas en el trasero—, pero tengo el trasero de las negras. Es un mal que Dios infligió a las mujeres negras de los Estados Unidos».

Abierta y alegre, estaba ansiosa por agradar y desesperada por gustar. «Soy la clase de persona que puede llevarse bien con cualquiera —decía—. Tengo miedo a no gustar, incluso cuando son personas que a mí no me gustan». Se hacía amiga de todos en la emisora y trataba bien a sus cámaras. «En aquellos tiempos en que usábamos película, el montador de una cinta podía decidir la suerte de un reportero que siempre tenía un tiempo límite muy apretado —dijo Gary Elion—. Todos se partían la espalda para ayudar a Oprah, porque era muy amable con ellos. Algunas personas trataban de conseguir lo que querían siendo agresivas y desagradables; Oprah era todo lo contrario: se empeñaba en llevarse bien con todos.»

Lo más importante fue que ocultó su resentimiento contra Jerry Turner y Al Sanders. Sólo le confiaba su amargura a sus íntimas amigas Gayle King y Maria Broom, que comprendían la dificultad de tratar con los divos. La animosidad de Oprah sólo salió a la luz después de que los dos locutores murieran. No se la vio entre los miles de personas que asistieron al funeral de Jerry Turner en 1987, ni tampoco entre los que fueron a Baltimore a despedir a Al Sanders, ocho años después.

Su relegación a los puestos inferiores, aunque fuera un infierno en su momento, demostró ser su crisol, obligándola a crear la fórmula que necesitaba para su futuro éxito. Aprendió que una ambición encendida, combinada con un trabajo duro y agotador, y sumada a un aguante perdurable acabaría cosechando una rica recompensa. «He llevado un diario desde que tenía quince años —dijo Oprah—, y recuerdo que escribí: "¡Me pregunto si alguna vez podré dominar eso que llaman éxito!" Siempre me sentía frustrada conmigo misma, pensaba que no hacía lo suficiente. Tenía que triunfar.»

Oprah, además de trabajar horas extra en WJZ, entró en la Association of Black Media Workers y pronunció discursos por toda la ciudad sobre las mujeres en la televisión. Trabajó activamente en su iglesia como miembro de la Iglesia Episcopal Metodista Africana Bethel y empezó a actuar de mentora de niñas, hablando en las escuelas de toda la ciudad. Abrazó los objetivos del reverendo Jesse Jackson, que la había impresionado la primera vez que lo oyó hablar, en 1969: «Encendió un fuego en mi interior que cambió mi modo de ver la vida […] Dijo: "La excelencia es la mejor arma disuasoria contra el racismo. Por lo tanto, sed excelentes". Y "Si podéis concebirlo y creer en ello, podéis lograrlo". Esos principios fueron los que guiaron mi vida». Cuando era adolescente, hizo un cartel con papel de modelar, escribió las palabras de Jackson y lo pegó en el espejo, donde permaneció hasta que se marchó de Nashville. En Baltimore ayudó a organizar una reunión para recaudar fondos para la Operación PUSH (People United to Serve Humanity), de Jackson, en el centro cívico.

Asistía al servicio dominical todas las semanas, y se sentaba siempre en el centro de la segunda fila de la iglesia, que tenía 1.600 asientos. Acabó convirtiéndose en una figura querida de la comunidad negra a través de sus charlas y por su apoyo a los políticos locales, como Kurt Schmoke y Kweisi Mfume.

«Oprah aprendió cuál era la estructura de poder de la ciudad, quiénes eran importantes y qué les daba poder —recordaba Gary Elion—. Aprendió los nombres y las caras, dónde estaban ocultos los secretos, lo averiguó todo sobre la estructura de poder y aprendió a usar esa información para su propio beneficio al buscar noticias. Muy pronto se convirtió en un poder dentro de la comunidad, porque sabía cómo funcionaba la ciudad. Era muy inteligente y yo supe que iba a llegar muy lejos. No era declaradamente partidista, o, por lo menos, nunca me habló de ello, pero era muy sagaz en términos políticos. Parecía tener un instinto natural y le sacaba partido.»

Oprah aumentó su notoriedad en Baltimore tanto a través de la Iglesia Episcopal Metodista Africana Bethel como por su trabajo en televisión. «La conocí a través de su iglesia —dijo la doctora Bernice Johnson Reagon, fundadora del grupo femenino de canto a capela Sweet Honey in the Rock—. Se pusieron en contacto conmigo para que trabajara en colaboración con ella en un proyecto que luego presentarían. Me entrevisté con Oprah y creé un guión a partir de la entrevista, más poemas y canciones de Sweet Honey. La pieza central era un pasaje de *Jubilee*, de Margaret [Walker] Alexander, que ella recitó. Estrenamos *(To Make a Poet Black and Beautiful and Bid Her Sing)* en el Morgan State, de Baltimore, y actuamos en Nashville y Nueva York.»

«Oprah quería ser actriz por encima de cualquier otra cosa», dijo Jane McClary, ex productora de WJZ.

«Solía montar aquel programa unipersonal con el que a través de la poesía y la lectura dramática, recreaba la historia negra —recordaba Richard Sher, de WJZ—. Y era fabulosa. Actuaba y la aplaudían calurosamente, puestos en pie.»

Bill Baker también se acordaba de los «pequeños recitales de Oprah [...] siempre me invitaba y yo siempre hacía todo lo posible por ir [...] Oprah se convirtió en alguien importante en la comunidad negra».

Años más tarde, el efecto de Oprah en las mujeres negras de Baltimore fue el tema de un libro escrito por Katrina Bell McDonald, profesora de sociología de la Universidad Johns Hopkins, titulado *Embracing Sisterhood*. «Estas mujeres se maravillan ante la capacidad de aguante de Oprah; su habilidad para sobrevivir a las batallas más difíciles a las que se enfrentan las mujeres negras y haberse ganado la envidia en un mundo en el que no se suele tener un gran concepto de las mujeres negras.»

Mucho después de marcharse de Baltimore, varias mujeres recordaban su traumática ruptura con Lloyd Kramer, un periodista judío que trabajaba para WBAL-TV. En Baltimore, incluso a finales de los años setenta, las relaciones interraciales eran raras. En la época en que Oprah salía con Kramer, una personalidad blanca) de la radio local bromeó maliciosamente diciendo «Omar Shariff sale con tía Jemima».

«Pero ellos no se inmutaron —afirmó Maria Broom—. Ella lo quería de verdad. Estaban muy unidos. Yo pensaba que quizá se casaran y tuvieran hijos. [...] Cuando la confianza de Oprah se vino abajo, entonces fue cuando Lloyd la ayudó de veras [...] Era una relación profunda y cariñosa.»

Uno de los mejores amigos de Kramer en aquel entonces recuerda cuando conoció a Oprah: «Lloyd me llamó desde Baltimore, me dijo que venía a Nueva York, con su novia y me preguntó si podían alojarse en mi casa —dijo el editor y escritor Peter Gethers—. Por supuesto le dije que sí y le pregunté sobre ella. Lloyd, siendo quien era, carraspeó y tartamudeó un poco, luego dijo que era negra y que sus padres estaban muy enfadados con el hecho de que saliera con una mujer negra. Me dijo que su nombre era Oprah —lo cual hizo que nos riéramos, porque no es un nombre normal para una novia blanca—, y que era periodista en antena de una emisora local de Baltimore. Así que un par de semanas después, Lloyd y Oprah vinieron a Nueva York y se instalaron conmigo en mi piso del West Willage, un quinto sin ascensor, y un tanto infestado de cucarachas. Yo no tenía una habitación extra y ni siquiera tenía una cama extra, así que los dos dormían en un sofá con cojines —que, en realidad, no era un sofá, sino un montón de cojines colocados de manera que parecía un sofá—, en el suelo de la sala. Se quedaron el fin de semana y nos reímos sin parar, saliendo por ahí con otros amigos a los que Lloyd no veía habitualmente, por haberse trasladado a Baltimore».

La relación se desmoronó cuando Kramer dejó Baltimore por un trabajo en la WCBS, en Nueva York, y conoció a la actriz Adrienne Meltzer, con quien se casó en 1982. «Oprah sufrió en silencio, aunque tenía el corazón destrozado —dijo Maria Broom—. Estaba muy herida, pero siguió adelante con su vida.» También siguió agradecida a Kramer y continuaron siendo buenos amigos; más tarde lo convirtió en director de televisión de renombre. Oprah le contó a la periodista Judy Markey, de Chicago: «Lloyd fue maravilloso. Estuvo a mi lado durante toda aquella experiencia tan desmoralizadora de Baltimore. Fue el romance más fantástico que he tenido nunca».

Cuando Oprah se unió a la Iglesia Episcopal Metodista Africana Bethel, en 1976, llegaba imbuida de los preceptos bíblicos de una joven de campo a quien sus compañeras de clase llamaban «la Predicadora». Cristiana y profundamente religiosa, citaba el Génesis y el Levítico y creía que la homosexualidad estaba mal. Se avergonzaba de Jeffrey, su hermano gay, y un año antes de que muriera de sida, le dijo que no iría al cielo porque era homosexual. En los siete años siguientes se alejaría mucho de los conceptos doctrinales de su infancia baptista: «Me criaron para no poner en duda a Dios. Es un pecado —explicó—. Pero empecé a pensar por mí misma y fue entonces, alrededor de los veinticinco años, cuando inicié realmente mi propio viaje hacia mi espiritualidad, mi yo espiritual».

El viaje empezó cuando su pastor, el reverendo John Richard Bryant, pronunció un sermón diciendo que Dios era un Dios celoso. «Estaba sentada allí, pensando por vez primera, después de que me educaran como baptista..., iglesia, iglesia, iglesia, domingo, domingo, domingo... Pensé: "Veamos, ¿por qué Dios, que es omnipotente, que lo tiene todo, que me creó a mí y que hace salir el sol cada mañana, por qué ese Dios tendría que estar celoso de cualquier cosa que yo tenga que decir? ¿O sentirse amenazado por una pregunta que yo tuviera que hacer?"».

Pero Oprah, incluso sintiéndose fortalecida por la religión, se percató de que su humillación pública tenía un precio, física y emocionalmente. «Los reporteros que salían del edificio, la encontraban sentada en el coche llorando, incapaz de reunir la energía suficiente para ponerlo en marcha», dijo Michael Olesker.

«El estrés era tan intenso que se le empezó a caer el pelo —recordaba Jane McClary—. Más tarde diría que había sido una mala permanente, pero era estrés, sin ninguna duda».

Oprah se consolaba con la comida, comía sin parar las veinticuatro horas del día. Años más tarde, la misma Oprah contaría: «Todavía conservo el cheque que le extendí a mi primer médico dietista, en Baltimore, en 1977. Tenía veintitrés años, pesaba 67 kilos, tenía una talla 38 y pensaba que estaba gorda. El médico me puso un régimen de 1.200 calorías y, en menos de dos semanas perdí cuatro kilos y medio. [...] Dos meses después había recuperado cinco y medio. Así empezó el ciclo del descontento, la batalla con mi cuerpo. Conmigo misma».

Las anécdotas que Oprah y otros cuentan sobre su lucha con la comida, son, a veces, cómicas, pero, por lo general, son más bien tristes. «La conocí en Comedores Compulsivos Anónimos —dijo Hilda Ford, ex secretaria de recursos humanos del estado de Maryland—. Nos hicimos muy amigas, pese a que nos llevábamos treinta años. [...] Las dos éramos mujeres negras y gordas y, en aquel entonces, ambas éramos forasteras en Baltimore. [...] Asistíamos a las reuniones de Comedores Compulsivos Anónimos, hacíamos ejercicio en el gimnasio juntas y luego íbamos a la charcutería favorita de Oprah, en Cross Keys, y —¿puede creérselo?— nos atracábamos de pollo frito.»

En WJZ se acuerdan de una fiesta que dio Pat Wheeler, una de las productoras de WBAL. «Al acabar la noche, Pat iba despidiendo a todo el mundo, pero no conseguía que Oprah se fuera, porque había una enorme fuente de salmón, todavía por empezar —contó un periodista—. Oprah, que comía vorazmente, no quería marcharse hasta haberlo devorado todo. Fue una exhibición asombrosa de glotonería.» Oprah reconocía abiertamente que comía de forma compulsiva. Decía que, con frecuencia, su adicción a las galletas de chocolate la hacía salir del apartamento a horas intempestivas de la noche para ir a la panadería, con botas y un abrigo encima del pijama. La mayoría de los que la conocían eran conscientes de que su comer no era sino un sustituto de alguna otra cosa. «Me llegaban historias de las comilonas que se daba cuando se sentía sola», dijo Bill Carter.

«Después de su cadena de éxitos, Oprah quedó destrozada por su destitución —escribió Gerri Kobren, en *The Baltimore Sun*—. Temía que su carrera estuviera llegando a un punto muerto, y durante un tiempo pensó en marcharse de la ciudad. Se le caía el pelo, dejando enormes rodales calvos; tenía que llevar la cabeza envuelta con un pañuelo mientras trabajaba».

Más tarde, durante la primera euforia de su éxito nacional, Oprah le dio un giro totalmente diferente a su pérdida de pelo. En lugar de reconocer que tenía los nervios destrozados, culpó al director adjunto de informativos de la WJZ, afirmando que la había enviado a Nueva York para un cambio de imagen después de decirle: «Tienes el pelo demasiado espeso, los ojos demasiado separados, la nariz demasiado ancha y la barbilla demasiado larga; tienes que hacer algo al respecto». Oprah afirmó que querían que se hiciera la cirugía estética. En sus historias, que contaba con entusiasmo a reporteros crédulos y espectadores que la adoraban, decía que el director adjunto de informativos fue a verla un día para anunciarle: «Tenemos problemas con tu aspecto. Te vamos a enviar a Nueva York. Allí hay gente que puede ayudarte». Aseguraba que la habían enviado a «un salón muy requetepijo, de esos donde te ofrecen vino para que cuando salgas no te importe qué aspecto tienes. Bueno, pues, dije: "¿Saben como tratar el pelo de un negro negro?". Y la respuesta fue: "*Oui, madame*, tratamos pelo negro, pelo rojo, pelo rubio, y también su pelo". Entonces, aquel francés me puso una permanente francesa en mi pelo negro. Y, en aquel tiempo —era 1977— yo era la clase de mujer que se quedaba allí, sentada, y dejaba que aquella permanente francesa le quemara hasta el córtex cerebral, antes que decirle a aquel hombre: "Me hace daño"... Me dejó la permanente puesta hasta el punto que, cuando me levanté de la silla, lo único que sujetaba mis folículos capilares eran costras».

Más divertido que exacto, su exagerada historia sobre cómo le «frieron» la cabeza hasta dejarla «más calva que una bola de billar» formaba parte de una representación exuberante que hacía pasar un rato feliz a su público, pero que su «tía» Katharine Esters quizás habría dicho que era otra de «las mentiras de

Oprah». Lo cierto de todo ello es que, en efecto, había ido a un salón de belleza de alto nivel en Manhattan, pero no la había enviado la emisora. «No teníamos presupuesto para esa clase de cosas», aseguró el productor de informativos Larry Singer.

«No recuerdo en absoluto que la enviáramos a Nueva York para que un peluquero francés se ocupara de su pelo —dijo Gary Elion, director de informativos—. No sé de dónde ha salido esa historia.»

Decidida a mejorar por medio de la cosmética, Oprah se fue a Nueva York, pero dentro de su mitología del cambio de imagen supuestamente ordenado por los zoquetes de una dirección masculina, gemía: «Querían convertirme en puertorriqueña, [...] blanquearme la piel y cambiarme la nariz». Llegado este punto de su discurso, Oprah solía asestarle una puñalada al director de informativos. Afirmaba que también quería cambiarle el nombre. A veces, decía que quería que se llamara Suzie. Apoyaba una mano en la cadera, sonreía y le preguntaba al público: «¿Creen que tengo pinta de Suzie?» En otras ocasiones decía que él quería que se llamara Cathy.

El único periodista que se atrevió a poner en duda sus fabulosas historias fue Bill Carter, crítico de televisión de *The Baltimore Sun,* que más tarde trabajó en *The New York Times.* Después de entrevistarla en 1986, cuando Oprah insistió en que Gary Elion quería que se cambiara de nombre, Carter llamó al ex director de informativos, por entonces abogado en ejercicio.

«Me halaga que Oprah se acuerde de mí —dijo Elion, diez años después de haber dejado la emisora—, pero nunca le he pedido a nadie que se cambiara el nombre, excepto a mi mujer cuando le pedí que se casara conmigo.» Sin perder la cortesía, mientras Oprah lo machacaba en entrevistas y discursos, Elion se limitó a repetir la observación de Winston Churchill, quien afirmó que una mentira ha dado ya media vuelta al mundo antes de que la verdad se haya puesto los pantalones.

En la primavera de 1977, William F. Baker ocupó el cargo de director general de WJZ y no tardó en ser ascendido a presidente de Westinghouse Television and Group W Satellite Communications. «Todos lo llamábamos doctor Baker, porque tenía un doctorado —recordaba Jane McClary, contratada por Baker en Cleveland—. Conseguí el trabajo recién salida de la universidad, porque mi cuñado era el secretario de prensa del senador John Glenn, de Ohio. Bill Baker era muy listo. Contrató a Arleen Weiner, cuyo marido era un abogado de mucho prestigio en Baltimore, y también contrató a Maria Shriver. Veía la ventaja de contratar a gente con esa clase de conexiones... Maria quería estar en antena, pero estaba demasiado gorda y era poco atractiva, así que el doctor Baker la puso como productora adjunta de *Evening Exchange.*»

Una vez creado *Morning Exchage* en Cleveland (Ohio), el programa matinal local más valorado del país que serviría de modelo para *Good Morning America*, de ABC, las órdenes de Baker eran hacer lo mismo en Baltimore.

«Por entonces, la televisión diurna era un sector de público todavía sin explotar, un sector compuesto de amas de casa y totalmente infravalorado —dijo Baker—. Lo único que tenían eran culebrones y concursos. Yo quería darles algo más y, después de que mi esposa y yo fuéramos a unas cuantas fiestas y conociéramos a la gente de la emisora, ella me propuso que pensara en Oprah. "Quieres hacer otro *Morning Exchange* aquí y necesitas una copresentadora. Creo que tendrías que ver a Oprah. Va con el corazón en la mano. Habla sin parar y se lleva bien con todo el mundo. Me parece que te iría bien".»

Para entonces, Oprah había conseguido volver a las noticias y los días laborables copresentaba los informativos del mediodía. No era un puesto permanente ni era el horario de máxima audiencia, pero Oprah volvía a estar en el juego. Lo último que quería era encargarse de de la sección denominada «Dialing for Dollars» ('La llamada del dinero') de un programa de entrevistas diurno.

«Por favor, no», le rogó a Baker cuando le dijo que iba a comprar la popular franquicia y que su nuevo trabajo como copresentadora de *People Are Talking* incluiría anunciar la contraseña de «Dialing for Dollars», al principio del programa; al final de la hora, elegiría un número de teléfono al azar de un cuenco de números enviados previamente por los telespectadores. Si el seleccionado estaba viendo el programa y contestaba con la contraseña acertada, él o ella ganaría dinero. Si no contestaban al teléfono, el dinero se sumaría al bote para la llamada del día siguiente. Era un ardid de cuarenta y cinco segundos que los productores usaban para que los telespectadores siguieran conectados.

De repente le parecía que incluso aquellos antiguos programas sobre cacatúas, elefantes del circo y camiones de bomberos eran incluso más importantes. «La verdad es que Oprah iba camino de marcharse —diría Baker muchos años después—. Se limitaba a cumplir su contrato hasta poder irse… Yo sabía que no leía bien un guión [informativo], pero eso no equivale a usar el medio en todo su potencial, y no es lo que yo tenía en mente para un programa matutino de entrevistas. Necesitaba a alguien bueno improvisando, alguien interesado en la gente, que pudiera manejar las llamadas de los telespectadores y a todo tipo de invitados. También creía que Oprah sería buena con los temas superficiales, así que se lo propuse al director del programa, Alan Frank, quien me recomendó que la emparejáramos con Richard Sher, un presentador de informativos serio, que llevaba en la emisora desde 1975.»

Frank dijo: «Para hacerlo bien, debemos tener un hombre blanco y una mujer negra. Así cubrimos todos los campos».

Baker estuvo de acuerdo. «Ahora venía lo difícil —confesó—. Tenía que convencer a Oprah».

Incluso contra las cuerdas, Oprah habría preferido que la despidieran antes que pasar a la televisión diurna. «En realidad, quería seguir en informativos —afirmó Baker—. Sabía que, por aquel entonces, las noticias eran lo único que importaba en televisión. Veía los programas diurnos como una humillación, un fracaso. Se echó a llorar. "Por favor, no me hagas esto —suplicó—. Es lo más bajo de lo más bajo." Yo le dije: "Si consigues tener éxito en el diurno, Oprah, te prometo que tendrás un efecto más profundo en Baltimore del que puedas tener como presentadora de informativos". Lo que le ofrecía era un trabajo real y, francamente, no tenía más remedio que aceptar.»

En lugar de jugar su carta de «lo tomas o lo dejas», Baker prometió ayudarla. «Le dije que abriría mi Rolodex para ella. "Me ocuparé de las reservas, si es necesario, haré las llamadas y supervisaré a los productores. Estaré allí en cada paso del camino, porque mi carrera depende de este programa matinal de entrevistas tanto como la tuya. Ya verás, juntos, lo convertiremos en un éxito.»

Lo que Bill Baker le dijo a Oprah se lo dijo también a los periodistas. «Esto será el refinamiento definitivo de los programas de tertulias matinales. [...] Las amas de casa son personas brillantes e inteligentes. Son personas con ideas profundas». Prometió darles programas con sustancia, que definió diciendo que tratarían del consumo abusivo de Valium, de las dietas especiales, de la sexualidad masculina, la moda y la cocina. «*People Are Talking* será el mejor programa matinal de estudio que esta ciudad o cualquier ciudad haya hecho nunca.» También quería crear un programa de entrevistas que compitiera con *The Phil Donahue Show*, que estaba consiguiendo unos índices de audiencia extraordinarios en todo el país, Baltimore incluido.

Baker le prometió a Oprah un elevado presupuesto para producción, un aumento de salario, un decorado nuevo y muy estudiado, un sistema de conexiones sofisticado, asesores de vestuario, especialistas en iluminación y maquillaje, más la oficina de reservas de Westinghouse, que, dijo, le garantizaría invitados mejores porque se les ofrecería la oportunidad de aparecer en las cinco emisoras de Westinghouse, en todo el país.

«Finalmente Oprah aceptó —recordaba Baker años después—, pero salió de mi despacho con lágrimas en los ojos».

6

Richard Sher se estremeció al recordar el 14 de agosto de 1978, debut de *People Are Talking*. «Todavía recuerdo el titular de *The Baltimore Sun* —dijo décadas más tarde—: "Una ráfaga de aire caliente y viciado".»

Los críticos de televisión hicieron trizas el nuevo programa de estrevistas matinal. Arremetieron contra Bill Baker por prometer un producto inteligente para las amas de casas y luego darles un programa «sin sentido» sobre culebrones. Arremetieron contra Richard Sher por acaparar el tiempo en antena con un ego que «devoraba a la copresentadora, a los invitados y a la mayor parte del mobiliario». Atacaban violentamente a los productores por el ritmo espasmódico y descontrolado: «*People Are Talking* nació ayer, con fuegos de artificio, como una especie de coche trucado, con un conductor bisoño que en su vida habría usado un embrague».

Sólo Oprah se libraba de las críticas condenatorias. Elogiaban su sonrisa «brillante» y su manejo de la sección «Dialing for Dollars», que Oprah llevó «con una gracia inusual, dándole a este ardid hortera toda la clase que era posible darle». Sin embargo, Bill Carter lanzaba una advertencia en *The Baltimore Sun*: «Si esto continúa mucho tiempo, la imagen de Oprah como periodista de informativos no se verá favorecida».

Oprah continuaba presentando las noticias del mediodía, pero ya no ambicionaba convertirse en «la Barbara Walter negra». El día antes de su debut en el programa de entrevistas estaba tan nerviosa que se comió tres barritas de Payday y cinco galletas con trozos de chocolate del tamaño de crepes. Pero después de entrevistar a dos actores de *All My Children,* su culebrón favorito, declaró que le parecía que había encontrado su lugar en televisión. Le encantaba el formato de los programas de entrevistas —«Solía ver *Donahue* para averiguar cómo hacerlo»— y se moría de ganas de que llegara el siguiente programa para entrevistar a unos hombres que se habían sometido a la cirugía estética para parecerse a Elvis Presley. Obsesionada con el concepto de la fama como reflejo de la grandeza y dado que adoraba a Diana Ross desde los diez años, Oprah veía *People Are Talking* como la puerta para llegar a los famosos, aunque fueran unos Elvis lunáticos, de quiero y no puedo.

«Entraba en la sala de maquillaje como si fuera una niña pequeña, se sentaba en un taburete mientras me maquillaban y preguntaba cosas sobre la gente en la que estaba interesada —contó Dick Maurice, el editor de espectáculos de *Las Vegas Sun* e invitado frecuente—. Estaba ansiosa de información sobre las estrellas.»

Después del estreno del programa, Oprah fue la única que salió del plató loca de alegría. «Estamos vivos —exclamó, cogiendo una copa de champán y abrazando a Richard Sher, que vacilaba, lleno de malos presentimientos. Los productores también estaban un tanto inseguros, pero Oprah tenía el ánimo por las nubes—. En cuanto salí en antena, supe que esto era lo que tenía que hacer. [...] Ya lo tengo. Nací para hacer esto. [...] Era como respirar. Era lo más natural del mundo para mí.»

Una semana después, *The Baltimore Sun* expresaba la misma opinión: «Oprah está demostrando rápidamente que fue una elección excelente que fuera ella la presentadora de un programa de entrevistas matinal —escribió Bill Carter—. Sencillamente se le da muy bien ese formato. Se muestra contenida, pero es brillante y atractiva y, para acompañarte mientras tomas el café de la mañana, esa combinación da muy buenos resultados».

«Tardamos dos o tres años en cuajar —afirmó Richard Sher, el elemento dominante de la pareja, en la que Oprah era la segunda de a bordo—. Mi peinado afro era tan enorme como el suyo». Rápido e ingenioso, habían seleccionado a Sher porque se parecía a Donahue y podía atraer al público femenino de Donahue, algo que Sher nunca discutió, ni siquiera cuando tuvo la oportunidad. «Él era el talento —dijo Oprah, bromeando—. Preguntádselo y ya veréis.» En tanto que mujer, negra y sureña, que evitaba los enfrentamientos y se describía como «alguien que quiere gustar», se adaptaba a su arrogante copresentador y evitaba chocar con su ego. Había aprendido de su doloroso descalabro frente a Jerry Turner y estaba decidida a que esta vez funcionara.

«Estábamos muy unidos —recordaba Sher—. Nunca volveré a trabajar con alguien como ella. Sabíamos lo que pensaba el otro [...] En una ocasión la llevé al hospital porque tenía dolores en el pecho y me anotó como familiar más cercano. Tenía su propio cajón con *pretzels* y patatas fritas en nuestra casa. Subía las escaleras, oíamos que se abría la puerta, luego el cajón y sabíamos que había llegado Oprah. Era muy amiga de mi esposa, Annabelle, y de los niños. Decía que yo era su mejor amigo.»

«Richard me enseñó a ser judía —declaró Oprah—. También me enseñó a soltar tacos.»

«Oprah y Richard tenían una relación muy estrecha —afirmó Barbara Hamm, productora adjunta de *People Are Talking*—. Eran como hermanos, aunque discrepaban creativamente sobre qué invitados debían estar en el programa y sobre las preguntas que había que hacerles.» Ella prefería estrellas de cine, de *rock* y de los culebrones; él quería cargos del gobierno y magnates del mundo de los negocios. Ella hacía preguntas que a él le ponían los pelos de punta.

«A Oprah le gustaba divertirse —dijo Hamm—, hacer que el público entrara en el programa. Richard no estaba tan seguro; no quería perder el control. Durante un programa, Oprah hizo que el público bailara, de verdad, por los pasillos. Fue demencial y funcionó.»

A diferencia de su copresentador, a Oprah no le preocupaba demasiado su imagen profesional. Tampoco tenía miedo de hacer preguntas ingenuas y parecer tonta, incluso poco digna, de vez en cuando. Hizo ejercicio con Richard Simmons, un gurú obsesionado por la forma física, bailó con danzarines étnicos y entrevistó a una prostituta que había matado a un cliente. Además, adornó pasteles, roció pavos con su jugo y trató de atrapar manzanas con los dientes. Cuando Richard Sher se metió en una dura y espesa discusión sobre el periodismo televisivo con Frank Reynolds, el presentador en cadena de ABC-TV, Oprah permaneció sentada en el sofá, escuchando.

«Su copresentador estaba haciendo todas esas preguntas, serias y aburridas —recordaba Kelly Craig, estudiante universitaria de diecinueve años, que más tarde sería reportera de WTVJ en Miami—. Cuando le llegó el turno a Oprah, preguntó: "Dígame, ¿qué toma Frank Reynolds para cenar?"» A la joven le impresionó la estrafalaria pregunta de Oprah porque tuvo la impresión de que esto era lo que el público quería saber realmente. Craig decidió que si alguna vez tenía la oportunidad de entrevistar a famosos, sus preguntas serían como las de Oprah.

«Fue preciso enseñar a Oprah a hacer esas preguntas —recordaba Jane McClary—, y hay que reconocerle el mérito a Sherry Burns por preparar a Oprah para ser Oprah. […] Recuerdo a Sherry chillando, vociferando y soltándole palabrotas a Oprah, día tras día. "Oprah, pero ¿en qué diablos estabas pensando? ¿Qué tenías en la cabeza? ¿Por qué no le hiciste la pregunta obvia? Siempre tienes que preguntar lo primero que se te ocurra. Sólo dilo. Dilo. Dilo. Sigue tu instinto. No tengas miedo. Sólo hazlo".»

Una mañana, *People Are Talking* tenía unas siamesas como invitadas; eran unas mujeres de treinta y dos años, unidas por la coronilla. Hablaban de pasar por la vida compartiéndolo todo. Oprah estaba intrigada: «Cuando una de las dos tiene que ir al baño por la noche, ¿la otra tiene que ir con ella?», preguntó. Sher estuvo a punto de perder la compostura.

Oprah se veía como la vecina cotilla del público y así lo explicó: «Aireaba los trapos sucios y me metía en las vidas de los demás, que es lo que mejor hago.

Mi práctica de interpretación me venía de perlas, ya que al actuar pierdes la personalidad en beneficio del personaje que estás interpretando, pero la usas para darle energía a ese personaje. Pasa lo mismo en un programa de entrevistas. Yo... la utilizaba para concentrarme en sacar el máximo partido de mis invitados».

Eso fue, sin ninguna duda, lo que hizo con el magnate del sector avícola Frank Perdue: «Era un invitado difícil, casi hosco —recordaba Barbara Hamm—. Hacia el final del programa, Oprah le preguntó si le molestaba que la gente dijera que tenía pinta de pollo. Él se ofendió y le preguntó si a ella le molestaba que la gente dijera que parecía un babuino. Oprah no podía creer [...] que se atreviera a hacer un comentario tan racista. Su comentario del pollo quizá fuera un poco grosero, pero replicar con aquello... Cortamos y pasamos a los anuncios. Oprah se lo tomó con elegancia y lo dejó correr. Fue un momento increíble».

Años más tarde, cuando estaba excesivamente preocupada por su imagen pública y no quería que la vieran como víctima del racismo, Oprah negó que aquel intercambio de palabras hubiera tenido lugar. «Frank Perdue no me llamó babuino», le dijo a la revista *Vibe*, en 1977, afirmando que la anécdota era una leyenda urbana. La gente de WJZ que vio el programa, por ejemplo Barbara Hamm y Marty Bass, no podían explicarse que lo negara. Bob Leffler, ejecutivo de relaciones públicas de Baltimore, afirmó: «Ahora no me acuerdo de si Frank Perdue la llamó gorila, mono o babuino. Pero era algún tipo de primate. [...] Vi el programa y no lo he olvidado nunca». El incidente no apareció en los periódicos de Baltimore y existen pocas cintas de *People Are Talking*. «Entonces usábamos cintas de 5 cm —explicó Bill Baker—. Eran muy caras, así que las reutilizábamos y grabábamos encima».

Mike Olesker, comentarista de WJZ, mencionó lo sucedido con Frank Perdue en su libro sobre las noticias de televisión. Pero lo que dejó una huella más indeleble fue el programa en el que Oprah y Richard entrevistaron a la famosa modelo Beverly Johnson.

—A mí me gustan los hombre guapos y sexys —afirmó la modelo.

—¿Cómo sería tu primera cita ideal? —preguntó Oprah.

—Que me lleven a un restaurante bonito, que me inviten a cenar, con vino incluido. Y luego que el hombre me lleve a casa...

—¿Y?

—Que me ponga un enema —dijo.

Richard Sher interrumpió la entrevista de inmediato para pasar a los anuncios. «Oprah y él estuvieron, años y años, partiéndose de risa por aquel comentario —dijo Olesker—. Pero en aquel momento fue otro toque de atención para Sher. ¿Podía hablar con modelos por la mañana, arriesgándose a recibir unas confesiones diarreicas, y conservar la credibilidad por la noche [retransmitiendo las noticias]?»

Incluso cuando ya estaba jubilado, Sher no se arrepentía de los programas, estilo revista, que Oprah y él hicieron en *People Are Talking:* «Cuando el sexo se puso de moda, hicimos programas con el hombre del micropene. Hicimos otro sobre el orgasmo de treinta minutos. Hicimos un montón de temas duros como el de la madre transexual que tenía la enfermedad de los huesos de cristal».

Uno de los programas más explosivos fue muy significativo para Oprah y cambió su manera de pensar. La invitada era un transexual tetrapléjico y el esperma de su novio había sido inseminado en su hermana. El transexual tetrapléjico se convirtió por lo tanto en la tía o el tío biológico y además adoptó al niño. Cuando se emitió, el programa fue objeto de criticas, pero después Oprah vio al niño con la tetrapléjica transexual.

«Fue muy conmovedor —confesó—. Pensé: "Este niño crecerá con más amor que la mayoría". Antes, yo era de esas que pensaban que todos los homosexuales o cualquier cosa parecida iban a arder en el infierno, porque lo decían las Escrituras».

Por aquel entonces, las sólidas creencias baptistas de Oprah estaban siendo puestas a prueba, entre otras cosas por la relación íntima que mantenía con Tim Watts, un hombre casado, con un hijo y sin ninguna intención de dejar a su mujer, Donna.

«Tim fue su primer amor de verdad», dijo la hermana de Oprah, Patricia Lee Lloyd.

«¡Oh, Dios mío!», exclamó Barbara Hamm, al recordar lo mucho que se deprimió Oprah cuando Tim Watts rompió con ella, tanto que se pasó tres días sin levantarse de la cama.

Arleen Weiner, productora de *People Are Talking*, se acordaba de «las muchas, muchísimas llamadas telefónicas a la una, las dos, las tres y las cuatro de la madrugada».

Las mujeres del equipo de producción compadecían a Oprah y hacían todo lo que podían por ayudarla. Oprah estaba tan obsesionada con el *disc-jockey* de 1,98 metros que en una ocasión corrió tras él en camisón y se tiró sobre el capó del coche para tratar de que se quedara con ella. Otra vez bloqueó la puerta del piso, gritando: «No te vayas, no te vayas», y luego tiró las llaves al váter. Esta fue la historia que luego le contaría a Mike Wallace en *60 Minutes*, atribuyéndola a su relación, menos dramática, con Bubba Taylor.

Después de que Watts la dejara a las tres de la madrugada, llamó a su mejor amiga Gayle King, de quien sabía que había pasado por una situación parecida.

«En su caso, no tiró las llaves, sino que lo que hacía era comprobar el cuentakilómetros —dijo Oprah sobre King—. Las dos hemos hechos cosas igualmente demenciales. Yo me tiré encima del capó; pero Gayle se subió al parachoques. O sea que, como ella ha pasado por lo mismo, ha vivido esa situación, nunca me ha juzgado. Pero siempre estaba allí para escucharme y apoyarme».

Los hombres del equipo no eran tan tolerantes con la histeria de Oprah. Más de dos décadas después de trabajar con Oprah, Dave Gosey, director de *People Are Talking*, no tuvo ni una palabra amable para ella: «Mi madre siempre me decía que si no puedes decir algo agradable de alguien, mejor no digas nada. Así que no tengo nada que decir de Oprah Winfrey».

La volcánica relación con Tim Watts empezó en 1979 y pasó por enormes altibajos durante cinco años, incluso después de que Oprah se fuera de Baltimore y se trasladara a Chicago. «Aquellos fueron los peores años de mi vida —confesó—. Tenía graves problemas con un hombre.» Estar enamorada de un hombre casado significaba horas robadas, fines de semana vacíos y vacaciones solitarias que la dejaban triste y desesperada.

«Pobrecilla. Un año [1980] tuvo que pasar el Día de Acción de Gracias con nosotros, porque no tenía adónde ir —dijo Michael Fox, cuyos padres, Jim y Roberta Fox, eran muy amigos de Richard y Annabelle Sher—. No la conocíamos hasta el día en que los Sher la trajeron a nuestra casa […] Yo me sentaba a su lado durante la cena. Comió tanto que no me lo podía creer. Nunca he visto a un ser humano comer tanto como Oprah […] Paul Yates [director general de WJZ] me habló de su aventura con Tim Watts y de lo desgraciada que se sentía.»

A Oprah no le importaba que la vieran en público con un hombre casado, pero cuando descubrió que, además, él tenía una aventura con una joven rubia y guapa, dijo que se sintió «destrozada» al saber que la «traicionaba».

«Mi relación con Tim empezó en 1980 (en mitad de la que él tenía con Oprah) —declaró Judy Lee Colteryahn, hija de Lloyd Colteryahn, ex estrella de fútbol de la Universidad de Maryland, que jugaba con los Baltimore Colts—. Tim siempre decía que Oprah no debía enterarse de lo nuestro porque arruinaría sus posibilidades profesionales [con ella] […] Me hizo creer que sólo la veía para conseguir un trabajo en Channel 13 […] Consiguió un programa semanal, los domingos, durante un tiempo. […] Así que, al principio, yo no presté mucha atención, pero luego mis amigos empezaron a ver a Tim y Oprah cenando en The Rusty Scupper, cuando se suponía que estaba conmigo... Jugaba a baloncesto en el equipo de la emisora los viernes por la noche, así que una noche entré en el gimnasio (sin avisar) justo cuando se acababa el partido. Vi que Tim iba a las gradas con sus botas de vaquero y se las daba a Oprah. Se inclinó hacia ella, le susurró algo al oído y ella empezó a dirigirse a la salida con sus botas. Entonces él me vio. "¿Qué estás haciendo aquí? Tienes que irte a casa ahora mismo. Ya pasaré más tarde." Fue entonces cuando empecé a sentir celos de Oprah... Luego encontré las tarjetas de crédito de ella en los bolsillos de Tim... La verdad es que lo cuidaba muy bien... Él siempre estaba sin blanca... Pero más tarde, le devolvió el favor manteniendo la boca cerrada.»

Cuando Oprah se hizo famosa, los medios de comunicación persiguieron a Watts y ofrecieron pagarle por la historia de su aventura amorosa con Oprah, incluyendo detalles sobre su consumo de drogas. Watts «llamó a Oprah, le dijo que no quería contar nada, pero que andaba mal de dinero —comentó Judy Colteryahn—. Le dijo: "Míralo desde mi punto de vista: no quiero hablar con esa gente, pero me vendría muy bien algo de dinero. Tengo hijos, tengo facturas, pero soy tu amigo... ¿Cómo podemos arreglarlo?". Esto es lo que él me contó.»

«Aquellas navidades [1989], en Baltimore, Gayle King le entregó a Tim una caja envuelta como un regalo, y él me llamó a la Costa Este, donde yo estaba con mis padres. Dijo: "Oprah se ha portado. Por todo lo alto. De verdad que se ha portado. Cincuenta mil dólares, en efectivo. Trae acá tu culo. Nos vamos por ahí a celebrar la Nochevieja"».

»Como es natural, cogí el coche y volví directamente a Baltimore. Al igual que Oprah, yo también estaba siempre disponible para Tim. Y al igual que ella, yo también estaba siempre asomada a la ventana esperando que apareciera en su Datsun azul. Pero [...] ella fue más lista que yo: sólo malgastó cinco años de su vida con él; yo malgasté más [...] No tenía intención de enamorarme de un negro [...] Tim tiene la piel muy clara, así que les decía a mis amigos que era mulato [...] Estuve a punto de desmayarme cundo vi una foto de Stedman Graham, porque era clavado a Tim: alto (1,96 o 1,98), guapo, con bigote y la piel muy clara. Pensé: "Vaya. Oprah ha encontrado una réplica de Tim en Stedman".»

Aquella Nochevieja, los 50.000 dólares en efectivo, regalo de Oprah, financiaron el viaje de su ex amante a Atlantic City, con Judy Colteryahn. «Tim contrató una limusina, nos alojamos en un gran hotel de lujo y nos hicimos con asientos de primera fila en Remo, un club de *jazz* negro... Entonces, pensé que Tim era un tipo estupendo por no vender a Oprah; sobre todo en lo de las drogas, pues en aquellos días consumíamos constantemente. [...] Ahora que tengo más años, me doy cuenta del poder que tenía Oprah y de lo que podía haber hecho. Así que, probablemente, los dos tenían una soga al cuello del otro.

«Le pregunté qué podía decir (a los medios de comunicación) para que Oprah le pagara cincuenta mil dólares para comprar su silencio... Era un montón de dinero entonces (50.000 dólares de 1989 equivalen a 86.506,85 dólares de 2009) [...] Sentía curiosidad por enterarme de qué sabía de ella... Dijo que ella no quería que hablara de que su hermano era gay [Jeffrey Lee murió de sida el 22 de diciembre de 1989]. No pasa nada por tener un hermano homosexual, pero al parecer a Oprah sí le importaba [...] Tim dijo también que sabía algo de unas aventuras lésbicas o lo que fuera [...] Pero es lo único que me dijo y nunca más hablamos de ello».

Oprah nunca reveló que Tim Watts fue el hombre que la había hundido en la miseria aquellos años. En las dos décadas siguientes, se refirió a él en televisión como un «capullo», hablando, con frecuencia, a los telespectadores de las degradaciones que había sufrido por su causa: «Estaba enamorada; era una obsesión —confesó—. Era una de esas mujeres enfermas que creen que la vida no vale nada sin un hombre [...] Cuanto más me rechazaba él, más lo quería yo. Me sentía exhausta, impotente [...] No hay nada peor que el rechazo. Es peor que la muerte. A veces, llegaba a desear que aquel hombre muriera, porque así, por lo menos, podría ir a su tumba a visitarla [...] Estaba en el suelo, de rodillas, llorando tanto que tenía los ojos hinchados [...] y, entonces, me di cuenta. Comprendí que no había ninguna diferencia entre una mujer maltratada, que tiene que ir a un refugio, y yo, sólo que yo podía quedarme en casa».

Las mujeres afroamericanas comprenden a la perfección la mentalidad de esclavas que lleva a hermanas como Oprah a entregarlo todo, con una total subordinación, a un hombre. Una amiga explicó la obsesión de Oprah por Tim Watts y el rechazo de éste, citando *Una bendición*, la novela de Toni Morrison, en la cual un hombre negro liberado rechaza a una mujer esclava por no ser dueña de sí misma y por ser esclava de su deseo por él. Oprah trataba de luchar contra su mentalidad de esclava, pero reconocía que, a lo largo de los años, le costaba mucho no rendirse: «Siempre hay un pequeño conflicto interno, mínimo, diminuto, que dice: "¿No te parece que ya tienes bastante? ¿Por qué sigues insistiendo? Ese conflicto proviene de la falta de autoestima, de lo que yo considero una mentalidad de esclavos. —Tres años después, seguía batallando contra esa mentalidad—. Cada año le pido algo a Dios. El año pasado fue amor. Este año será libertad..., verme libre de todo lo que me ha mantenido esclava».

Oprah seguía herida en lo más vivo por el rechazo de Watts cuando habló con la revista *Cosmopolitan*, en 1986: «Si empiezo a hablar sobre eso, me pondré a llorar. Pero le diré algo: nunca más pasaré por algo así. La próxima vez que alguien me diga que no es bueno para mí, lo creeré. No pensaré: «Bueno, quizá yo sea demasiado exigente o no hable bastante con él, quizá, quizá, quizá. No voy a volver corriendo a casa para estar con él, sólo para no saber nada de él hasta medianoche. Ah, no. Es demasiado doloroso"».

Incluso cuando era supuestamente feliz con su compromiso con Stedman Graham, continuaba hablando de sus años de humillación con Tim Watts. En 1994, le dijo a *Entertainment Weekly* que había estado repasando su diario de aquel tiempo y que había sentido mucha tristeza al leer sus patéticas reflexiones: «"Tal vez si fuera lo bastante rica o lo bastante famosa, o fuera ingeniosa, inteligente o sabia, entonces podría ser suficiente para ti. ¡Hablo de un hombre al que le quitaba las pepitas de la sandía para que no tuviera que escupirlas!».

Veinte años después de su aventura, seguía hablando de él, incapaz de dejar el pasado en paz. En el año 2005, le dijo a Tina Turner: «Acabo de tropezarme con una carta que escribí a los veintitantos, cuando vivía una relación de maltrato emocional. Escribí doce páginas a uno de los capullos más grandes de todos los tiempos. Tenía que quemar la carta. No quiero que quede constancia de lo digna de lástima que era». Y al año siguiente, en 2006, dijo en una entrevista publicada en el *The Daily Mail*, de Londres: «Nunca me pondré en una situación en la que ame a alguien más que a mí misma, en la que le entregue mi poder a otro. Nunca me pondré en una situación en la que me suba al coche y lo siga para ver si va adonde ha dicho que iba. Y nunca más me pondré en una situación en que mire en sus bolsillos o en su cartera o controle con quien habla por teléfono. Y nunca me pondré en una situación en la que, si me miente más de una vez, no ponga fin a la relación».

Durante su relación con Watts, Oprah vivía bien en Baltimore pues entonces ganaba 100.000 dólares al año. Se describió como joven, atractiva y todavía delgada. «Tenía muchas cosas a mi favor, pero seguía pensando que no era nada sin un hombre.» Se había trasladado a un bonito piso de dos habitaciones, en Cross Keys, y se había comprado un BMW. «Todavía recuerdo un día en el que habíamos salido y transfirió cinco mil dólares de su cuenta de ahorro a su cuenta corriente, sólo por el placer de hacerlo», contaba Barbara Hamm.

Profesionalmente, la estrella de Oprah relucía. Richard Sher y ella se habían convertido en los favoritos de Baltimore y en los índices de audiencia locales su programa sacaba una ventaja cada vez mayor al de Phil Donahue. Tenían tanto éxito que los productores decidieron pasar a una difusión amplia, lo cual para Oprah equivalía a dinero a lo grande y reconocimiento nacional. Fue la principal razón de que se quedara en WJZ, después de que sus amigas Maria Shriver y Gayle King se trasladaran a mercados más grandes.

Oprah y Richard tenían el mismo agente, Ron Shapiro («Se pronuncia *Sha-pai-rou*», instruía el abogado), y Oprah insistió en que él incluyera en su nuevo contrato que si no estaba trabajando en un programa sindicado podía marcharse de la emisora al cabo de dos años (1983), en lugar de tres. Tan seguros estaban todos del éxito de la sindicación que firmaron la cláusula sin poner ninguna objeción.

En marzo de 1981, el equipo de *People Are Talking* fue a Nueva York para participar en la convención anual de la NATPE (National Association of Television Program Executives), donde se cierran los tratos de sindicación. Alquilaron una *suite* en el Hilton, y la decoraron con carteles que decían: «El programa que vence a *Donahue*». Richard y Oprah recibían a los ejecutivos encargados de programación de todo el país y vendieron el programa a Rockford (Illinois), Minneapolis (Minnesota) y Sacramento (California), además de conseguir posibles acuerdos en Milwaukee (Wisconsin), Bangor (Maine), Santa Rosa (California) y Casper (Wyoming). Por desgracia, ninguno de los posibles compradores era una emisoria número uno, que les ofreciera un buen horario, pero los productores seguían animados.

Anticipando el paso a nacional, Arleen Weiner contrató a una consultora de imagen para ayudar a Oprah a conseguir un aspecto más sofisticado. Hasta aquel momento compraba en pequeñas tiendas como The Bead Experience. «Estábamos cerca de WJZ, teníamos esa clase de tienda de talla única y túnicas flotantes, como de gasa, y caftanes y pantalones *palazzo*—dijo Susan Rome, que tenía dieciséis años cuando atendía a Oprah—. Traté de convencerla para que no comprara siempre ropa de señora gorda, en colores oscuros, porque no estaba realmente gorda, sólo un poco maciza, llenita, pero se sentía muy incómoda con su talla.»

Cuando llegó la consultora de imagen contratada, fue al piso de Oprah y arremetió contra su guardarropa. «Me contrataron para darle unos modelos más fáciles y cómodos, y un aspecto más elegante, pero que siguiera encajando en Peoria —dijo Ellen Lightman—. Al principio, había cierto nerviosismo por su parte, lo cual es natural en alguien a quien le han dicho que debe poner al día su estilo y mejorar su imagen… Retiramos todos sus tonos *beige* y camello y la convencimos para que usara tonos joya y ropa que le sentara mejor y favoreciera más su figura llenita.»

Para aumentar sus índices de audiencia, el programa empezó a atraer a más famosos, lo cual le dio a Oprah la oportunidad de conocer y entrevistar a Muhammad Alí, Maya Angelou, Pearl Bailey, Dick Cavett, Uri Geller, Jesse Jackson, Erica Jong, Ted Koppel, Barry Levinson y Arnold Schwarzenegger. Fue así como *People Are Talking* se convirtió en parada obligatoria para los autores que hacían giras de promoción de sus libros. «Recuerdo que Oprah me entrevistó el día después de que Ronald Reagan fuera elegido presidente —declaró el escritor Paul Dickson—. Durante una pausa para los anuncios,

Oprah habló de lo desastroso que Reagan iba a ser para el país. Estaba muy enfadada. "Este hombre no será bueno para mi gente", afirmó.»

Pero no dijo nada en antena porque, por contrato, tenía prohibido expresar públicamente cualquier opinión política.

Al cabo de seis meses, los productores ya tenían claro que no se iba a producir una difusión nacional. En su momento culminante, sólo 17 estaciones emitían el programa. Pese a la gran calidez que Oprah tenía en antena, *People Are Talking* era demasiado localista para pasar a nacional.

«El director general, después de mí, era Art Kern, y vendió el programa a media docena de emisoras, pero tropezó con resistencias dentro de Westinghouse —dijo William F. Baker, por aquel entonces presidente del Grupo Westinghouse—. El hombre de Hollywood, que estaba por debajo de mí no creía que Oprah diera la talla como presentadora de un programa de entrevistas [...] Dije a los de Baltimore que no podíamos perder a Oprah, porque era un activo muy importante, pero Baltimore era nuestra emisora más pequeña, así que yo le prestaba menos atención que a las demás.»

El lunes 7 de septiembre de 1981 apareció el temido titular en la sección de radio y televisión de *The Baltimore Sun*: «*People Are Talking* fracasa como programa sindicado». Richard Sher sufrió una decepción, pero Oprah quedó destrozada; era su segundo gran fracaso público en Baltimore. Aquella noche tuvo otra pelea con Tim Watts y él se marchó, cerrándole la puerta con un portazo en las narices.

«Tu problema, muñeca, es que crees que eres especial», la acusó Watts. Oprah recordaba que estaba en el suelo, llorando y repitiendo: «"No lo soy, por favor. No creo ser especial. No lo creo, por favor, vuelve". Luego mientras trataba de levantarme, me vi en el espejo y lo que vi fue una imagen de mi madre, y me acordé de cómo lloraba a gritos una noche cuando su novio la dejó. Y me acordé de mi prima, Alice, que decía: "No pasa nada. Volverá". Esa misma prima vivía una relación con malos tratos. Su pareja la había tirado escaleras abajo y le había roto la pierna y los brazos y, a pesar de eso, lo había aceptado de nuevo. Me vi en el espejo, a través de sus ojos. Siempre decía que no sería una mujer maltratada. Que no lloraría por ningún hombre. Y cuando me oí diciendo: "Vuelve. No me creo especial", comprendí que era en eso en lo que me había convertido. Me levanté, me lavé la cara y me dije: "Se acabó".»

El 8 de septiembre de 1981, a las ocho y media de la tarde, escribió una nota a Gayle King diciendo que tanto personal como profesionalmente su vida no parecía valer la pena: «Estoy tan deprimida que quiero morirme», escribió. Le explicaba a Gayle dónde estaban su testamento y sus pólizas de seguro. «Incluso le pedí que regara las plantas —comentaría Oprah más adelante. Le contó a la escritora Barbara Grizzuti Harrison que no había pensado en los medios y maneras de causarse la muerte—. Ni siquiera tenía el valor para poner fin a la relación», le dijo. Años más tarde, Gayle le devolvió la nota a Oprah, que declaró: «Ahora lo veo como un grito de autocompasión. Nunca habría tenido el valor de hacerlo —le confesó al público—: Toda esa idea de que te vas a matar y todos van a estar allí llorándote; no es así como pasa en la realidad. Comprendí que, incluso si él acudía a mi funeral, continuaría con la otra chica y con su vida, y seguiría siendo feliz».

En aquel momento, el doble golpe de perder la difusión nacional y, además, al amor de su vida, parecía insoportable. Sus amigos estaban tan preocupados que la vigilaban en silencio temiendo que intentara suicidarse, uno de ellos le aconsejó, con tacto, que acudiera a psicoterapia, pero Oprah se negó. «Estaba tan absolutamente decidida a ser dueña de mí misma que no quise buscar terapia», dijo. Su único solaz era su estatus de estrella local en Baltimore. «La conocían y la querían en toda la ciudad —dijo Eileen Solomon, ex productora ejecutiva de WJZ—. En aquella época, Baltimore seguía siendo una población pequeña que se veía a la sombra de Washington y tenía una sensibilidad obrera.» Y Oprah era su reina.

«Era alguien muy importante aquí —afirmó Bob Leffler—, y somos una ciudad de deportes, donde las máximas celebridades son estrellas del béisbol y el fútbol. […] Recuerdo la fiesta de primavera de Oprah y Ron Shapiro, donde nadie hacía caso a miembros legendarios del equipo de los Orioles, como Eddie Murray y Jim Palmer. A quien rodeaban era a ella... Bueno, eso significa algo en Baltimore.»

Un hecho que muestra la popularidad que tenía Oprah es que las estudiantes de Goucher, una prestigiosa universidad femenina de Maryland, la eligieron para que pronunciara el discurso de la ceremonia de graduación de 1981, un gran honor para una mujer de veintisiete años, sólo cinco años mayor que casi todas las graduadas. Les habló de sus sueños, de cuando era niña en Misisipí y deseaba lo que ellas tenían: la oportunidad de ir a una buena escuela, graduarse y empezar la vida con la expectativa de que sus sueños se harían realidad: «Cuando tuve la edad o la sensatez suficiente para saber que no podía ser como vosotras, quise ser Diana Ross o, por lo menos, alguna Supreme». Oprah dijo que finalmente comprendió que eso tampoco iba a ser posible, así que aprendió a aceptar los factores que la diferenciaban: sexo, raza, educación, talento, dinero y familia. Añadió que incluso con todas las diferencias que la separaban de ellas, las graduadas de Groucher, eran más parecidas que diferentes en su lucha por ser buenas personas. Afirmó que esa lucha era más dura para ellas como mujeres, impotentes en un mundo de hombres.

Como si se estuviera aconsejando a sí misma, instó a las graduadas a cultivarse. «Porque, a diferencia de nuestras madres, sabemos que para cuando alcancemos la mediana edad hay más de un 50 por ciento de probabilidades de que no estemos casadas, divorciadas, viudas o separadas. Así que no podemos negar lo evidente. Tenemos que cuidar de nosotras mismas.»

Su experiencia como mujer maltratada emocionalmente parecía impregnar su discurso: «Creo que soy una mujer negra a la que han vuelto impotente. Alguien de quien otros se han aprovechado, otros que no sólo no eran razonables, sino que eran sencillamente injustos. Impotente porque seguía tratando de gustar a personas que ni siquieran se gustaban a sí mismas. ¡Impotente! Porque creía que el mundo era un gran concurso de popularidad que yo tenía que ganar como mujer… como ser humano».

Como había crecido viendo *The Donna Reed Show*, Oprah pinchó, con tacto, el globo de fantasía de chicas como ella misma, que se imaginaban creciendo, convirtiéndose en Donna Reed y viviendo feliz por siempre jamás, como esposas y madres. Les dijo que no creyeran que el Señor Perfecto era la respuesta a sus plegarias. Recitó un poema de Carolyn Rodgers sobre las mujeres solitarias e impotentes porque juzgan su propia valía por la clase de hombres a la que atraen. Habló de las desigualdades con las que tropiezan las mujeres en el mercado laboral, donde, por el mismo trabajo, ganan menos dinero que los hombres. Como habían vivido un embarazo secreto y no deseado, reprochó a los hombres el que elaboraran leyes que negaban a las mujeres el derecho a elegir lo que querían hacer con su propio cuerpo. No usó la palabra 'aborto', pero dijo que esos mismos hombres les negaban la igualdad, y ello las sumía en la impotencia. Su público, blanco y rico, la vitoreó cuando repitió las palabras de los esclavos: «Nadie es libre hasta que todos seamos libres». Recitó «Phenomenal Woman», el poema de Maya Angelou, y concluyó con las orgullosas palabras de Sojourner Truth: «Dondequiera que voy, quieren hablarme de los derechos de las mujeres. Les digo lo mismo que os digo a vosotros. Me parece que si una única mujer, Eva, pudo, ella sola, poner este mundo patas arriba, entonces todas nosotras, las mujeres que estamos aquí reunidas, tendríamos que poder enderezarlo. Y ahora que pedimos hacerlo, más vale que todos vosotros, los hombres, nos dejéis». La ovación fue larga, fuerte y merecida. Aunque Oprah pronunciaría muchos otros discursos de graduación a lo largo de los años, ninguno fue tan sincero como aquel primero en Goucher College.

Más o menos por la misma época, Oprah y Judy Colteryahn tuvieron que enfrentarse a la noticia de que su amante había dejado embarazada a Donna, su mujer, y que iba a tener un segundo hijo varón. Más adelante, Tim Watts tendría otro hijo con una mujer que no era su esposa. Los registros de los tribunales indican que tuvo dos hijos fuera del matrimonio, más dos hijos con Donna, que al final se divorció de él. «Cuando nació su hija, el día del cumpleaños de Oprah [29 de enero], Tim me dijo que Oprah se lo tomó como una señal de que Dios la había perdonado —contó Judy Colteryahn. Había tenido que poner fin a un embarazo y daba por sentado que a Oprah le había pasado lo mismo—. Se convirtió en la madrina honoraria de la niña y, cuando su perra tuvo cachorros, hizo ir a Tim y a la pequeña en avión a Nueva York para regalarles un cachorro. Tim me enseñó las fotos de todos ellos de pie delante del hotel Waldorf-Astoria.»

Pese a su anterior resolución, Oprah reanudó su inestable relación con Watts, en 1981, pero esta vez procuró protegerse con una carga de trabajo que le dejara menos tiempo para pensar en él. «Recuerdo que esperaba sus llamadas telefónicas y no quería abrir los grifos del baño por miedo a no oír el teléfono», dijo. A pesar de todo, se despertó en su vigésimo octavo cumpleaños y lloró durante horas porque no tenía a nadie con quien compartir su vida. Entre 1982 y 1983 Oprah aparecía en televisión tres veces al día: «Hacía las noticias de primera hora de la mañana, el programa de entrevistas de una hora y luego las noticias del mediodía —comentó Eileen Solomon—. Es una cantidad de trabajo increíble, todos los días, pero lo hacía, y ganaba a la competencia, en todas sus franjas horarias».

En 1983, Oprah tenía que decidir entre renovar el contrato con WJZ y seguir siendo una gran estrella pero en un cielo pequeño o bien intentar buscar otro trabajo. Estaba ante un dilema, sobre todo después de que Debra DiMaio, una de sus productoras favoritas, se marchara a Chicago. Cuando Oprah estaba a punto de firmar un nuevo contrato, DiMaio la llamó y le pidió que esperara. Dijo que se iba a presentar la posibilidad de un trabajo estupendo, porque Robb Weller dejaba *A. M. Chicago*: «Por el amor de Dios, no firmes todavía», le dijo DiMaio y la animó a enviar una cinta y un currículum a WLS. El Día del Trabajo, Oprah volaba a Chicago para una entrevista oficial.

Antes de la entrevista, estando Oprah en la habitación del hotel, vio el programa. «No lo había visto antes —dijo y añadió que no la impresionó—. Hacían galletas y te contaban lo último en técnicas de mascarillas.» Cuando fue a la entrevista, le dijo a la dirección de WLS que su programa no valía nada. «¡Demasiado frívolo! Mi mejor carta es la variedad: un sustituto sexual un día, Donny y Marie Osmond, al siguiente. Luego el Klan».

El director general, Dennis Swanson, ya estaba decidido a contratar a Oprah, pero sólo para asegurarse le hizo una prueba, organizando una entrevista con un grupo de hombres que padecían impotencia; luego le dijo que recordara ante las cámaras su infancia desventajosa y su época de adolescente fugitiva. «Su hábil fusión de salacidad y edificación moral era irresistible», escribió Peter Conrad, en *The Observer*. Le ofrecieron el puesto allí mismo y lo acepté al vuelo. «¡El tercer mercado del país! ¡Mi propio programa!»

Dennis Swanson estaba también loco de alegría. «Era como un niño en una tienda de golosinas —recordaba Wayne S. Kabak, entonces vicepresidente de la agencia de talentos ICM—. Yo había ido a Chicago para ver a Candace Hasey, una cliente a la que representaba, que presentaba el programa matinal de WLS. Pasé a ver a Swanson, su jefe, que me dijo que tenía malas noticias. Iba a despedir a Candy porque había encontrado una sustituta con un extraordinario talento, alguien que creía que llegaría a ser una grandísima estrella. Pese a que yo estaba allí, en su despacho, un poco decaído por la suerte de Candy, Dennis estaba tan entusiasmado con su descubrimiento que insistió en enseñarme la cinta de la mujer que iba a reemplazar a mi cliente. Puso en marcha la cinta, donde se veía a Oprah en Baltimore, y al instante supe que tenía razón. Si un ejecutivo debía haber cosechado los enormes beneficios de Oprah, cuando finalmente alcanzó la difusión nacional, ése era Dennis, pero por desgracia no fue así, ya que las leyes de aquel entonces no permitían que las empresas propietarias de cadenas sindicaran los programas. Dado que ABC era la propietaria de WLS, los derechos de sindicación pasaron a King World, que ganó cientos de millones, si no más, con Oprah.»

Después de hacer la prueba, Oprah volvió a Baltimore y fue a ver a Ron Shapiro para negociar su nuevo contrato. WJZ trató de retenerla, y le ofreció el aliciente de un salario mayor (WLS le ofrecía 200.000 dólares al año), más un coche de la empresa y un nuevo apartamento. «Nadie quería que se fuera —afirmó Eileen Solomon—, y algunos trataron de presionarla diciendo que nunca lo conseguiría ella sola en Chicago.»

Bill Baker, entonces presidente del Grupo W, la llamó: «Oprah, no puedes marcharte de WJZ —le dijo—. Baltimore es tu hogar. Eres la dueña y señora de la ciudad. Tienes que quedarte». Pero Oprah había tomado ya la decisión. Baker declaró que se había ocupado de que despidieran a Paul Yates, el director general, por dejarla escapar.

Bill Carter creía que Oprah triunfaría en Chicago, pero reconoció que no todos pensaban igual: «Había un sentimiento subyacente de que aquella mujer no era tan especial —explicó—. Supongo que es porque estamos acostumbrados a poner en marcha el televisor y no ver más que mujeres atractivas, *sexy* o lo que sea. No veían, realmente, esa sustancia en ella. Me parece que hay un componente de racismo. Oprah es una mujer negra con un aspecto muy de negra… Había expectativas de que fracasara en Chicago».

Al ver que la perdía, Paul Yates no quiso liberarla hasta que expirara su contrato a final de año. Luego aplicó juego duro: «Ni se te ocurra pensar que triunfarás en Chicago contra Donahue —dijo—. Chicago es su casa y tú te estás metiendo en un campo de minas y ni siquiera lo ves. Te estás suicidando profesionalmente. Vas a fracasar». Yates, afroamericano, afirmó que Chicago era una ciudad racista que no había recibido demasiado bien a su primer alcalde negro, Harold Washington, y que, podía estar segura, tampoco la recibiría bien a ella. Pero Oprah ya había incluido el factor raza en su decisión.

«Elegí con mucho cuidado adónde ir —declaró—. ¿Los Ángeles? Soy negra y mujer, y no trabajan en L.A. Sus minorías son los orientales y los hispanos. ¿Nueva York? No me gusta Nueva York. ¿Washington? Hay trece mujeres por cada hombre en el distrito de Columbia. Ya tengo suficientes problemas». Chicago, el tercer mercado de televisión del país en tamaño, parecía ideal. «Es una pequeña gran ciudad, una especie de país cosmopolita. La energía es diferente de la de Baltimore. Es más como Nueva York, pero no te sientes abrumada como en Nueva York.»

Una vez decidida a trasladarse, Oprah tenía que esperar cuatro meses para acabar su contrato en Baltimore, antes de empezar en su nuevo empleo. «Pensaba que el programa [de Chicago] quizá no sobreviviera sin presentador durante tanto tiempo. Empecé a comer. Primero comía para celebrar que había conseguido el puesto, luego por inseguridad. Si fracasaba en Chicago, podría decir que era porque estaba gorda.» Para cuando llegó a Chicago, había aumentado 18 kilos.

«Me contrataron para ocupar el sitio de Oprah como copresentadora de *People Are Talking* —dijo Beverly Burke, periodista de informativos de televisión, de Carolina del Norte—, y fue una adaptación enorme para mí. Pero Oprah se portó genial. Me llevó a almorzar en la *deli* de Cross Keys y me explicó cómo funcionaba el programa. Me habló francamente de Richard Sher, declaró que era Míster Televisión —siempre en marcha— y que dominaba totalmente el programa, pero que era muy bueno en lo que hacía y muy profesional... De no ser por Oprah, no habría conseguido el trabajo. De no ser por su éxito, habrían buscado una copresentadora blanca.

»Con todo, sustituir a Oprah fue un tremendo esfuerzo de adaptación. Pero no pensaba que yo tuviera que ser Oprah... Ella nunca había sido una reportera "en las trincheras", lo cual era más mi estilo. Oprah era ostentación. La criticaron porque se presentó a hacer un reportaje con un abrigo de pieles.»

Pocas semanas antes de que se fuera, Richard Sher tomaba el pelo a Oprah durante las emisiones. «Nos está dejando atrás y nos olvidará en un abrir y cerrar de ojos... No olvides dónde empezaste». Beverly Burke percibía una crítica en sus bromas. «Lo estaba dejando atrás a él y todos lo sabían». Pero a diferencia de otras personas de la emisora, Richard Sher alentaba a Oprah. Años más tarde, el mismo Sher diría: «Pensaba que [el traslado] sería bueno para ella. Sabía que llegaría a ser la gran estrella en que se ha convertido». Como regalo de despedida, Oprah le dio un reloj Rolex, de oro, con una inscripción en el dorso: "Ope, 1978-1983"».

La decisión de dejar Baltimore fue la más importante que tomó Oprah en su vida; nunca olvidó quién la había animado y quién había tratado de frenar su avance. Siguió estrechamente unida a Richard Sher, habló en su sinagoga e incluso asistió a la fiesta de su sexagésimo cumpleaños. En público decía que siempre estaría agradecida a Bill Baker por haberle dado su primera oportunidad, pero, inexplicablemente, nunca volvió a hablar con él, pese a su glorioso ascenso hasta convertirse en presidente de WNET, la televisión pública de Nueva York. Cuando Baker se jubiló, en 2007, lo celebraron con una revista de homenajes de las cadenas y de estimados colegas de televisión: Bill Moyers, Charlie Rose, Joan Ganz Cooney, Newton Minow y Bob Wright. Pero no había ningún reconocimiento de Oprah Winfrey. Tampoco volvió a hablar con Paul Yates, pero cuando Skip Ball, ingeniero de WJZ, se estaba muriendo, voló a Baltimore para estar junto a él en el hospital.

En diciembre de 1983, la emisora organizó una fiesta de despedida para Oprah en el Café des Artistes, en Baltimore, al que asistió su madre, Vernita Lee, con el hermano de Oprah, Jeffrey. Acudieron todas las estrellas de WJZ: Jerry Turner, Al Sanders, Bob Turk, Don Scott, Marty Bass y Richard Sher. Paul Yates le regaló un Cuisinart, un álbum de fotos de sus días en la emisora, un cesto lleno de sus bolígrafos favoritos y un televisor Sony Triniton de 25 pulgadas, pero el regalo que le llenó los ojos de lágrimas fue una muñeca Oprah, de tamaño natural, vestida con una copia de su vestido favorito, hecha por Jorge González, el maquillador y diseñador gráfico de la emisora.

En su discurso de despedida, Oprah les dio las gracias a todos y elogió Baltimore diciendo que era el lugar donde había madurado y se había convertido en mujer. Luego llamó al escenario a quien la sustituía, Beverly Burke, la presentó con gran calidez y amenazó con el dedo a todos los presentes, diciéndoles que se portaran bien con ella.

Unos días después metió en las maletas sus cinco abrigos de Mano Swartz Furs y se dirigió a Chicago, mientras Tim Watts dejaba la ciudad discretamente para ir a Los Ángeles y tratar de convertirse en cómico de micrófono. En los cinco meses siguientes planeaban verse los fines de semana; Oprah iría y vendría en avión a la Costa Oeste. Así que dejar Baltimore no fue tan desgarrador como ella había pensado. De hecho, el futuro parecía brillante. Arleen Weiner la llevó en coche al aeropuerto y le dio un beso de despedida, gritando por toda la terminal: «Ojalá lo consigas, cariño... Ojalá lo consigas».

7

Libre de trabas e inhibiciones, Oprah se comió a la competencia en los programas de entrevistas. Los telespectadores de Chicago nunca antes habían visto una presentadora negra, con exceso de peso y se quedaron sin aliento ante el tornado que irrumpía en su casa cada mañana, sacudiendo las vigas y zarandeando los muebles. Acostumbrados como estaban al estilo cerebral de Phil Donahue, las atrevidas bromas de Oprah Winfrey fueron una sacudida, en especial cuando entraba a la carga en la zona prohibida del sexo sensacionalista. «Alcanza unos índices de audiencia más altos con programas polémicos sobre la impotencia masculina, las mujeres que actúan como madres de sus hombres y los hombres que se dan media vuelta después de hacerlo —observaban en la columna INC, de *Chicago Tribune*—, mientras Donahue intenta luchar contra ella con portavoces de derechas y delitos informáticos.»

«No suelo prepararme —dijo Oprah—. He aprendido que para mí y mi estilo de entrevista, cuanta menos preparación hago, mejor, porque lo que todo el mundo llama "el éxito de Oprah" es que soy espontánea, y ya está.» Richard Roeper, del *Chicago Sun-Times,* discrepaba, diciendo que su éxito era debido «en gran medida, a una programación hortera, egocéntrica y con frecuencia de mala calidad».

Con su descaro, Oprah dejaba a su público (y, con el tiempo, también al de Donahue) boquiabierto y pidiendo más. «La diferencia entre Donahue y yo soy *yo* —afirmó Oprah—. Él tiene un planteamiento más intelectual; yo apelo al corazón y conecto personalmente con mi público. Me parece pretencioso pensar que puedes profundizar mucho en un tema en sólo una hora.» Nunca afligida por dudas autoinfligidas, Oprah parecía sumamente segura de sí misma, en especial después de que Donahue se trasladara de Chicago a Nueva York. Las únicas señales de su combustión interna eran que se mordía las uñas y comía sin parar. Por lo demás, no parecía intimidada por el rey de los programas de entrevistas. «Lo estamos zurrando en los índices, ya sabes, y de repente, se ha ido (ha abandonado la ciudad). Fue maravillooooso.»

En público, Oprah dedicaba a Donahue un mínimo de respeto («Él escucha»), pero, en privado, se quejaba de que durante los seis meses en los que ambos estuvieron en Chicago, Donahue nunca se puso en contacto con ella: «No nos llamó, en ningún momento, aunque sólo fuera para decir "Hola Ope, bienvenida a la ciudad"». Ella nunca olvidó el desaire.

Todos los demás llamaron, incluyendo a Eppie Lederer, alias Ann Landers, la residente más famosa de la ciudad. Oprah le envió un bolso enjoyado de Judith Leiber para darle las gracias e invitó a la columnista consejera a ser una invitada frecuente en su programa. Pero la llamada de bienvenida que recibió Oprah y que resultó ser oro puro fue la de Dori Wilson, una ex modelo que tenía su propia empresa de relaciones públicas: «Como mujer negra que soy, quería tender la mano a Oprah y ayudarla a sentirse bien en nuestra ciudad. Así que la invité a almorzar. [...] Era la persona más ambiciosa que he conocido nunca. Quería ir directamente a la cima. Eché mano de mi Rodolex y la ayudé con propaganda aquí y allí, haciendo llegar historias a varias publicaciones [...] Fuimos buenas amigas durante varios años. Luego, bueno, podríamos decir que me dejó de lado».

Durante su primer almuerzo, en 1984, Oprah pidió a Dori que le recomendara un abogado o agente, y Dori llamó a su amigo Jeffrey D. Jacobs. (La D significa «digno de confianza», le decía Jacobs a los clientes). «Por entonces, Jeff estaba con Foos, Meyers and Jacobs y representaba a muchas estrellas de Chicago, entre ellas Harry Caray (presentador de los Chicago Cubs) y el boxeador James *Quick* Tillis.»

En Jacobs, Oprah encontró a un Moisés que la llevaría a la tierra prometida. Fue como Sears al conocer a Roebuck. Durante los dieciocho años siguientes, Winfrey y Jacobs construyeron la House of Oprah, pero luego, del mismo modo que Sears abandonó a Roebuck, Winfrey se deshizo de Jacobs. Su amistad se agrietó debido a celos profesionales, y Oprah decidió reinar en su propio reino, con un único soberano, no dos. Ya no quería un socio, y menos aún un peso pesado como Jacobs, a quien describió en una ocasión como «una piraña, que es lo que yo necesito». En 2002 Oprah ya estaba preparada para ser una piraña ella misma. Después de su agria ruptura, el abogado se marchó de Harpo habiendo ganado alrededor de 100 millones de dólares, mientras que el valor neto de Oprah era de 988 millones: «Una de las razones de que ella tenga un éxito económico tan grande —dijo Jacobs antes de la ruptura— es que comprendemos que no es sólo cuánto ganas, sino cuánto guardas».

La revista *Fortune* describió a Jacobs diciendo que era «el poder poco conocido que hay detrás del trono de la reina de los medios»; otros lo llamaron «el cerebro de Oprah». Como consejero de Oprah durante casi dos décadas, Jacobs se encargó de todos los aspectos del negocio, convirtiéndose en su abogado, agente, administrador, asesor financiero, promotor, protector y confidente. Para que todo quedara aún más en familia, la esposa de Jacob, Jennifer Aubrey, era quien vestía a Oprah, hasta que *TV Guide* le dio el premio a La Peor Vestida. Entonces Oprah se deshizo de Aubrey.

A los pocos meses del encuentro entre Oprah y Jacobs, en 1984, Oprah se convirtió para Jeff Jacobs en un trabajo a jornada completa, y, en 1986 había dejado su bufete para ser su consejero interno. Negociaba sus contratos, supervisaba al personal y vigilaba la producción de su programa. También se ocupaba de sus oportunidades de promoción, de sus compromisos para pronunciar discursos y de sus aportaciones a obras benéficas. Previó el futuro mercado de las marcas y la empujó a fundar Harpo, Inc. (*Oprah* escrito al revés); ella se lo agradeció tanto que le dio un 10 por ciento de la compañía y lo nombró presidente. Después de negarse a contratar a un agente, un administrador o un abogado dijo: «No entiendo que alguien quiera pagar un 40 por ciento de sus ingresos en comisiones y honorarios anticipados» y opinó que Jeff Jacobs le ofrecía un valor total: «Si llegara a pasarle algo, no sé qué haría —dijo—. No lo sé».

La prima de Oprah, Jo Baldwin, recordaba a Jacobs como una máquina de negociar: «Era brillante haciendo tratos para ella; eso es lo que le disparaba la adrenalina. Una vez, hizo que Oprah pasara de ganar 11 millones de dólares en una semana a conseguir 33 millones; en una semana. […] Sin embargo, ella vino a decirme que iba a despedir a Jeff. "Stedman me ha dicho que lo eche porque ha puesto su nombre en la puerta sin pedirme permiso." Le dije a Oprah que, en el avión, había estado sentada al lado de Jeff, y oído las visiones que tenía para ella y el imperio que quería construir en su nombre. Le dije que si tenía cerebro, iría a ver a Jeff y le diría que el nombre de la puerta era demasiado pequeño. Que yo pondría unas letras más grandes. Todo lo que tenía era gracias Jeff y echarlo como de hecho hizo… Bueno, eso demostraba lo que ella era».

En Chicago, Oprah se convirtió, de inmediato, en algo sensacional, y por donde pasaba dejaba una estela de admiradores sin aliento. Los taxistas tocaban la bocina, los conductores de autobús la saludaban con la mano y los peatones la abrazaban: «Estos son los días de gloria, te lo digo yo —le confesó a la escritora Lyn Tornabene—. Camino por la calle y todos dicen: "Opry, ¿cómo te va?" o "Eh, Okra, ¿qué tal?". —Su éxito la sorprendía a ella misma—. Siempre me ha ido bien —decía—, pero no esperaba que sucediera tan deprisa. Incluso me fue bien en Nashville. Me llamaban y decían: "Lo haces bien para ser una chica negra". Los que lo decían lo hacían con buena intención».

Oprah disfrutaba jugando con el tema de la raza. «"Oye, Mabel, ¿esa chica es de color?". "Pues, mira, yo diría que sí", decía, imitando a una telespectadora imaginaria que sintonizara su programa por primera vez. Cuando pronuncio un discurso las viejecitas dicen: "¿Qué ha dicho?". "Ha dicho que antes era de color"». Dependiendo de la publicación con la que hablara, insistía o quitaba importancia a su lucha como mujer negra en la radiotelevisión. A las revistas afroamericanas les decía que era duro ver como los presentadores de noticias blancos ascendían antes que ella, aunque nadie lo había hecho nunca. «Había otro obstáculo —decía Oprah, expresando su inseguridad más profunda—. Yo tenía un aspecto demasiado negro. Muchos productores y directores buscaban una piel clara, narices diminutas y labios pequeños. Me dolía y también me enfurecía.» Pero a los periodistas blancos les aseguraba que nunca había sufrido discriminación. «Incluso mientras crecía en una granja en Misisipí creía que haría grandes cosas. Todos hablaban de racismo, pero yo siempre creí que era tan buena como cualquiera. Nunca se me ocurrió que era menos que los niños blancos.» A *Cosmopolitan* Oprah declaró: «La verdad es que nunca he sentido que me impidieran hacer algo por ser negra o mujer».

Oprah se identificaba primero como mujer y después como mujer negra, pero ciertamente no como portavoz de los negros: «Siempre que oigo las palabras 'organización comunal' o 'equipo de trabajo' sé que estoy metida en un lío. La gente cree que tienes que liderar un movimiento pro derechos civiles cada día de tu vida, que tienes que ser portavoz y representante de tu raza. Entiendo de qué hablan, pero no tengo por qué hacerlo, no tengo que hacer lo que otros quieren que haga. Negra es sólo algo que soy. Soy negra. Soy mujer. Calzo zapatos del número 43. Para mí, todo es lo mismo».

Sin embargo, comprendía la ventaja comercial de ser una mujer de color. «No hay muchas mujeres negras en los medios de Chicago —dijo—. Cuando salí al aire aquí, fue como si pudieras oír que se ponían en marcha los televisores de toda la ciudad». Entretenía a los telespectadores contándoles que era «un pedazo de carne de color, con pelo pasa», y les daba la suficiente marcha como para que se sintieran en la onda. Lo más importante era, sin embargo, que llevaba una presencia negra agradable a los hogares blancos de las afueras, en los que faltaba diversidad. Debra DiMaio dijo que el director de la emisora estaba encantado por haber encontrado a alguien que no era «una especie de Angela Davis que pondría piquetes a la puerta, con una pistola metida en el pelo».

Oprah fue la primera mujer negra que presentó, con éxito, su propio programa diurno de entrevistas, aunque Della Reese había presentado un programa diurno de variedades los años 1969 y 1970. Oprah llegó en un momento en que los afroamericanos triunfaban, por fin, en la televisión: Bryant Gumber reinaba en el programa matinal número uno, en cadena, *The Today Show*, y Bill Cosby dominaba la hora de máxima audiencia con *La hora de Bill*

Cosby, el programa de televisión más visto del país. En tanto que mujer negra, Oprah se benefició de la discriminación positiva, pero también aportó un inmenso talento a su lugar en la mesa.

Demasiado sagaz como para dejar el éxito en manos de la suerte, se convirtió en gran mariscal de su propio desfile. Cortejaba a los medios de Chicago, cultivaba la amistad de los columnistas y cotorreaba con los periodistas, a quienes concedía todas las entrevistas que le pedían. Incluso le dio pleno acceso a un camarero que quería escribir sobre ella. «Nunca había hecho una entrevista individual antes de conocer a Oprah —dijo Robert Waldron, el camarero convertido en escritor—. Primero la llamé para hacer un artículo para la revista *Us*, y me dieron cuatro días de entrevistas, pero luego Jann Wenner, el dueño, eliminó el artículo. Alice McGee, que por entonces se ocupaba del correo de los fans de Oprah, quería que lo colocara en algún otro sitio, así que me ayudó a que saliera en la primera plana de *The Star*. A Oprah le encantó. Luego volví y le propuse escribir su biografía. Casi me desmayo cuando dijo que sí.» El libro, titulado *Oprah!*, se publicó en 1987.

«Ah, eran buenos tiempos —dijo Robert Feder, ex crítico de televisión de *Chicago Sun-Times*—. Oprah era el sueño de cualquier reportero [...] abierta, accesible, genial y cooperadora en extremo [...] Siempre podía hablar con ella por teléfono [...] Me llamaba y me dejaba mensajes de voz [...] Almorzábamos una vez a la semana en su despacho, donde caminaba arriba y abajo descalza o apoyaba sus botas vaqueras encima de su caótica mesa.» Al principio de cada temporada de televisión, Oprah se reunía con Feder para una sesión de preguntas y respuestas sobre sus planes y proyectos. Durante años, él tuvo en la pared de su despacho una foto enmarcada de los dos, que ella había firmado: «¡Vaya equipo!, ¿eh? Oprah». Feder, su mayor animador durante una década, quitó la foto en 1994, el año que muchos periodistas llaman "El amanecer de la Diva"».

Cuando llegó a la ciudad, Oprah saturó los medios con tantas cosas sobre ella misma, sus muslos, sus comilonas y sus noches sin un hombre que, para finales de 1985, Clarence Petersen, del *Chicago Tribune*, declaró que era «la famosa más excesivamente celebrada de la ciudad». Incluso Feder escribió: «Enfriemos las historias sobre Oprah Winfrey... hasta que gane el Óscar». Pero los reporteros no se cansaban nunca de Oprah, que estaba tan encantada consigo misma como ellos. Durante una entrevista con *The Philadelphia Inquirer Magazine* borboteaba como un géiser:

Soy muy fuerte [...] muy fuerte. Sé que no hay nada que usted o cualquiera me pueda decir que yo no sepa ya. Tengo este espíritu interno que me guía y me dirige. [...] Le diré lo que las entrevistas han hecho por mí. Es la terapia que nunca he tenido [...] Siempre estoy creciendo. Ahora he aprendido a reconocer y aceptar el hecho de que soy una persona bondadosa. Me gusto, de verdad que me gusto. Si yo no fuera yo, me gustaría conocerme. Y saber esto es lo más importante.

El periodista acabó su semejanza diciendo: «Gracias, Oprah. Ahora, por favor, cállate».

Pero Oprah no se calló, no podía, no quería. Instintivamente, sabía que hablando, hablando y hablando impedía que la gente investigara, investigara e investigara. Cuanto más parecía revelar sobre sí misma, más podía ocultar, sin dejar de parecer abierta y comunicativa. Sus historias —las que ella elegía contar— tenían un encanto irresistible, parecían recién salidas del campo, lo cual siempre dejaba a su público alentando su éxito.

«Mi mayor don es mi habilidad para hablar —le dijo al periodista Bill Zehme—, y para ser yo misma en todo momento, sin importar lo que pase. Estoy tan cómoda delante de la cámara con un millón de personas viéndome como lo estoy aquí, hablando con usted. Tengo la habilidad de mostrarme siempre tal como soy.»

La mayoría de los medios aplaudían su autopromoción. Lo que quizás hubieran etiquetado de arrogante en otros, lo aceptaban como auténtico en Oprah. Le permitían estar en la misma categoría que el gran jugador de béisbol Dizzy Dean, que decía: «Si lo has hecho, no es fanfarronear». Iluminar su propia estrella le dio tan buenos resultados que cuando, en 1986, pasó a ser nacional, exigió controlar sus propias relaciones públicas para poder continuar dando forma a esa imagen.

En tanto que presentadora local de *The Oprah Winfrey Show*, recibió su primera publicidad nacional en *Newsweek*, cuando destronó a Phil Donahue en los índices de audiencia. Se emocionó al conseguir toda una página en una revista de noticias nacional, pero le dolió que la describieran como «casi noventa kilos de mujer negra, criada en Misisipí, descarada, poco sofisticada, espabilada y enternecedora».

«No me gustó —le confesó Oprah al escritor Robert Waldron—. No me gusta el término "espabilada". Creo que es una expresión que produce rechazo en muchos negros. En lugar de decir inteligente, es más fácil decir que somos espabilados y eso explica muchas cosas. "Bueno, mira, lo consiguió porque es muy espabilada". Pues yo soy la menos espabilada que hay. Nunca he vivido en la calle. No sé nada de eso. Nunca fui una chica de chanchullos. Quiero decir, tuve mis días de delincuencia pero nunca anduve en chanchullos ni por las calles. No habría durado ni diez minutos en la calle.»

Pese a su reacción a la defensiva, reconoció que el artículo de *Newsweeek* «me abrió muchas puertas», entre ellas la definitiva en la beatificación de los famosos: una invitación para aparecer en *The Tonight Show*.

«Dijeron que si aparecía con Joan Rivers (presentadora sustituta) podía volver y aparecer luego con Johnny Carson. Les dije: "No hay problema".»

El alcaide de la prisión del condado de Cook estaba tan entusiasmado con Oprah que permitió que esa noche los reclusos se quedaran levantados después del toque de queda para verla.

Jeff Jacobs, que acompañó a Oprah y a su equipo a Los Ángeles, le dijo que grabara un par de programas para promocionar *Hollywood Wives*, la miniserie de ABC. Esto la congraciaría con la cadena propietaria y administradora de WLS, llevaría un poco de *glamour* a su público local y promocionaría su aparición en el primer programa nocturno de televisión. Así que con las cámaras siguiéndola, almorzó en Ma Maison y recorrió las tiendas de Rodeo Drive con Angie Dickinson, Mary Crosby y Jackie Collins, autora y hermana de la estrella de cine Joan Collins.

La noche antes cenó con su amiga Maria Shriver y su entonces prometido Arnold Schwarzenegger. «Estábamos sentados en un reservado del restaurante y Arnold hacía de Joan Rivers. No paraba de tratar de sacarme información. "¿Por qué tienes éxito?", "¿Por qué has aumentado de peso?".»

Por entonces, Joan Rivers era famosa por freír a Elizabeth Taylor con chistes de gordos: «Tiene más papadas que el listín telefónico de Hong Kong», «Lleva una pegatina en el coche que dice: "Si llevas comida, toca la bocina"» o «Los tres tetones más grandes de Virginia son John Warner (marido número seis) y Elizabeth Taylor». Así pues, era inevitable que el peso de Oprah saliera a colación durante su aparición de siete minutos en *The Tonight Show*.

El 29 de enero de 1985, mientras esperaba entre bastidores, Oprah escuchaba la presentación de Joan Rivers: «Me muero de ganas de conocerla. Dicen de ella que es descarada, espabilada y enternecedora. Por favor, ayúdenme a dar la bienvenida a Oprah Winfrey».

Oprah se sintió rebajada. «Pensé: "Vaya, ha leído demasiado sobre lo de espabilada". [...] Mujer negra. Quiero decir que cuando oyes eso te imaginas que voy a aparecer cargada con una gallina y una sandía, y con un pañuelo de colores anudado a la cabeza.»

Oprah se presentó con un vestido de ante de color azul real, cargado de hileras de lentejuelas y abierto por la parte delantera para dejar al descubierto las medias blancas y un par de zapatos azules, también de ante, centelleando. Siguiendo la moda del momento, llevaba el pelo cardado y rociado con laca hasta dejarlo rígido. Llevaba los ojos maquillados en púrpura y rojo y sus rojos labios estaban delineados en púrpura para complementar el vestido, que, según dijo, le había hecho a medida en Chicago alguien llamado Towana. Los largos pendientes estaban llenos de estrás. Tenía aspecto de haber ido allí directamente desde un almuerzo distinguido, sin tiempo para cambiarse en un bar de carretera.

Joan le preguntó por su infancia y Oprah desgranó sus historias de «palizas» y «cucarachas mascota», antes de que la conversación llegara a las dietas:

—¿Cómo engordaste? —preguntó Joan.

—Comiendo —respondió Oprah.

—Eres guapa y estás soltera. Adelgaza.

Más tarde, Oprah diría que tuvo muchas ganas de darle una bofetada a la presentadora. «Pero... estaba en la televisión nacional por primera vez [...] Luego Joan Rivers, que es así de pequeña, hizo una apuesta conmigo para perder peso. Le dije que vale. Estaba en la televisión nacional. ¿Qué otra cosa iba a decir?.»

Rivers dijo que perdería dos kilos y cuarto si Oprah perdía seis y tres cuartos. Se estrecharon la mano y acordaron volver a reunirse en el programa al cabo de seis semanas, para ver quién había ganado.

Oprah volvió a Chicago al día siguiente y reservó mesa en Papa Milano, para su «último festín». Invitó a su equipo a acompañarla. «Son mi familia —dijo—. Tomamos casi todas las comidas juntos.» Alertó a los medios para que cubrieran la juerga, que, según Debbie DiMaio, empezó a las siete y media de la tarde con sándwiches de queso gratinado. Luego vino el desayuno en Pancake House. «Pedí auténticas crepes, crepes de patata y una tortilla —dijo Oprah—. Cuando las trajeron dijeron: "Las hemos hecho a regañadientes, porque queremos que ganes tu apuesta con Joan. No te las comas todas". Luego, para almorzar, me tomé mi última súper ración de patatas fritas. Así que tomé mi comida favorita —patatas—, dos veces.»

El menú de la cena consistía en pizza, *pasta e fagioli*, pan de ajo, pimientos dulces, ravioli, ensalada, *cannoli*, galletas y *spumoni*. Al día siguiente, en el *Chicago Tribune,* apareció una foto de Oprah metiéndole en la boca un trozo de pizza a Randy Cook, entonces su novio, un afroamericano alto y de piel clara, con bigote.

«Era Stedman antes de Stedman —dijo Cook, muchos años después—. Viví con Oprah en su piso desde enero hasta finales de mayo de 1985.»

Años más tarde su aventura de cinco meses se convirtió en un tormento para Oprah: Cook decidió hacer pública su relación y escribir un libro. Para entonces, Oprah vivía con Stedman Graham, que dirigía *Athletes Against*

Drugs (Atletas contra las drogas). La propuesta del libro de Cook se titulaba *El mago de O: La verdad detrás del telón: Mi vida con Oprah Winfrey*. Algunos de sus capítulos eran:

- «Oprah me inicia a fumar cocaína»
- «Oprah: drogas, sexo, fuera de control»
- «Oprah y Gayle»

Describía que Oprah lo había iniciado en el consumo de drogas y que convertía la cocaína en su propio *crack* en su piso de la planta 24. Escribía gráficamente que se convirtieron en «monstruos dominados por la carne» y se regodeaban en un «sexo animalizado». Decía que Oprah le daba regularmente su tarjeta de crédito para sacar dinero para comprar drogas para los dos. Ella era la capitalista; él, el proveedor. Afirmaba que se había hecho adicto por culpa de Oprah, y que su vida había entrado en una espiral de descontrol. Cuando tocó fondo, perdió su empleo, se declaró en bancarrota y, por último, entró en un programa de desintoxicación de doce pasos. «Uno de los pasos me exige que repare el daño hecho —escribía—. En mi caso, esto significa tenderle la mano a Oprah. Así que fui a su estudio para hablar, pero Oprah no quiso saber absolutamente nada de mí.»

Rechazado y furioso, Cook decidió escribir una revelación completa. Envió su propuesta a las editoriales, pero ninguna quiso publicar un libro sobre cómo un amado icono estadounidense cocinaba *crack* y fumaba hasta volar a las nubes. Así pues, Cook contactó con Diane Dimond, la periodista de investigación de *Hard Copy*, un programa tabloide de noticias en televisión, dedicaba a las revelaciones sobre famosos, que se emitía en sindicación, desde hacía diez años.

«Por mi experiencia en *Hard Copy*, que era propiedad de Paramount Pictures, no había nadie de quien no pudiéramos ocuparnos —afirmó Diane Dimond—. Hice reportajes sobre Michael Jackson y Heidi Fleiss (la madame de Hollywood, que fue a prisión), y ella tenía el nombre de todos mis jefes en su librito negro. Hice un programa sobre O. J. Simpson y destruí el caso de violación de William Kennedy Smith, así que no parecía que hubiera nadie sobre el cual estuviera prohibido investigar. Pero no tardé en descubrir que Oprah Winfrey era, definitivamente, la única intocable cuando Linda Bell Blue, mi productora [...] recibió una llamada nada menos que de Jonathan Dolgen, director de Paramount, que gritó y chilló hasta que Linda prometió que me obligaría a dejar el proyecto [...] Me dijo que no se nos podía ver atacando a una de las mujeres negras con más éxito de los Estados Unidos...

Yo había hablado con Cook y su abogado varias veces..., pero en aquel momento tuve de abandonar la historia.»

Cook dijo a *The Star* que Oprah usaba su influencia para impedirle contar su historia. Oprah negó la acusación y lo llamó «embustero» y «drogadicto», alguien en quien no se podía confiar y a quien no se podía creer. Además, según Cook, Oprah dijo que lo lamentaría si contaba su historia a alguien más. Él dio marcha atrás, más tarde volvió a caer en las drogas y finalmente volvió a entrar en desintoxicación.

Para entonces, Oprah se había enterado de que alguien más que afirmaba haber tomado drogas con ella en Baltimore también había vendido la historia a *The National Enquirer* y, aunque no la habían publicado, sentía la amenaza de que su pasado con las drogas apareciera pronto en primera plana de todos los tabloides. «Sí que teníamos un artículo titulado "Fui el camello de Oprah", pero lo eliminaron en el último momento —recordaba el redactor jefe de *The Enquirer*—. Según recuerdo, vino a vernos y le pagamos, después de que pasara la prueba del detector de mentiras.»

«Me entrevisté con el tipo de Baltimore que afirmaba que había sido el novio de Oprah, cuando ella trabajaba en la emisora local —dijo el periodista Jerry Oppenheimer—. Tomaba coca con ella y, por lo que recuerdo, también había vendido drogas para ganarse la vida, mientras estaba liado con ella. Tenía fotos de los dos juntos —esto era siempre una condición indispensable para *The National Enquirer*, eso y pasar la prueba del detector de mentiras— y me pareció que era creíble... Era un hombre de la calle, pero bastante coherente y agradable, muy simpático».

Al igual que la mayoría de celebridades, Oprah acabó despreciando los tabloides. Al principio de su carrera, había cooperado con ellos, ofreciéndoles historias de sí misma, dándoles incluso fotos personales, y había pagado a alguien para publicar historias de «sus buenas obras» sobre sus donaciones a obras benéficas. Pero cuando fue famosa, vilipendió a los semanarios de tienda de comestibles diciendo que eran «pornografía verbal» y clamó contra su interés por ella. Despidió a los empleados que les filtraban información e impuso una norma en la compañía, según la cual nadie podía pronunciar su nombre fuera de las oficinas. Se dieron instrucciones de que, en público, se refirieran a ella como «Mary», de forma que las conversaciones que alguien oyera en restaurantes o bares no se convirtieran en pasto de tabloides. También tenían prohibido tomar fotografías indiscretas de ella. Se obsesionó por la publicación, en los tabloides, de noticias sobre su peso, y sus poco halagüeñas fotos solían hacer que se pusiera a llorar.

«En una ocasión encargué a un reportero una cobertura completa, de veinticuatro horas, de las vacaciones de Oprah en Necker Island, con Stedman

—dijo un ex editor de *The National Enquirer*—. Cuando Stedman se fue a jugar al golf, Oprah llamó el servicio de habitaciones y pidió dos tartas de nueces pecanas. Nuestro reportero ayudó al camarero con la entrega. Oprah abrió la puerta. No había nadie más en la habitación con ella. Una hora más tarde, llamó al servicio de habitaciones para que recogieran las bandejas vacías, que había dejado a la puerta y que nuestro hombre fotografió... De todos los reportajes que hicimos sobre Oprah y su peso a lo largo de los años, ése tiene un lugar destacado en mi memoria por lo que me decía sobre la clase de comilonas que hacía en secreto, cuando no la veía nadie.»

Sus mejores amigos suplicaban a Oprah que hiciera caso omiso de esos periódicos y revistas sensacionalistas: «No eres tú —le dijo Maya Angelou—. Tú no estás en esas historias». Pero Oprah sabía que su público era un público de tabloides: compartía los mismos grupos demográficos con ellos. Las mujeres que veían su programa cada día hacían la compra cada semana y veían las historias sensacionalistas cada vez que se acercaban a la caja. Oprah daba por sentado que la mayoría de gente era como ella y se creía lo que leía.

Al igual que en el pasado, ahora, parientes y amigos ávidos de dinero la habían vendido a los periódicos y revistas sensacionalistas pero en esta ocasión Oprah decidió tomar el control de la situación: a finales de 1994, se reunió con su equipo y les habló de presentar un programa sobre el abuso de drogas para poder aludir (en general, sin especificar) a su propia experiencia con las drogas. El programa presentaría a madres, porque las mujeres tienen un aspecto más comprensivo que los hombres cuando hablan sobre cómo se enfrentan a sus adicciones. La hora se grabaría —no se emitiría en directo— para poder retocar el programa, si era necesario. Para entonces, los índices de audiencia de Oprah habían caído en un 13 por ciento, en las dos últimas temporadas, aunque seguía alta en la estima pública, y a algunos miembros de su equipo les preocupaba que ese reconocimiento tuviera un efecto contraproducente. Pero ella pensaba que no tenía alternativa.

El programa, grabado el 11 de enero de 1995, fue muy promocionado. Durante la grabación, Oprah se vino abajo y reconoció, entre lágrimas: «Yo consumí la misma droga —le dijo a una madre que hablaba de su adicción al *crack*—. Es el gran secreto de mi vida y siempre ha pendido sobre mi cabeza». Aparte de eso, no ofreció ningún detalle en absoluto sobre dónde, cuándo o con quién había tomado drogas, pero su reconocimiento público la protegía de cualquiera que se presentara, procedente de su pasado.

La revelación de Oprah alcanzó las noticias nacionales y su portavoz, Deborah Johns, dijo a los reporteros que Oprah había sido «totalmente espontánea». Tim Bennet, presidente de Harpo Productions, estuvo de acuerdo:

«Puramente espontánea —afirmó—. Directo del corazón, de Oprah». Pero los columnistas Bill Zwecker y Robert Feder, de Chicago, que tenían fuentes muy dentro de Harpo, sabían que no era así; informaron de que la «confesión» de Oprah no era más que una treta para estimular los índices de audiencia y se había producido porque otras personas no identificadas habían amenazado con revelar su secreto.

«En Oprah nada es espontáneo —dijo un ex empleado suyo, en 2007—. Puede parecer espontánea, pero todo ha sido tan cuidadosamente coreografiado como en una obra de teatro japonesa. Es fabulosa en televisión —no hay nadie mejor—, pero no deja nada al azar. [...] Es como Ronald Reagan: en Hollywood lo consideraban un actor de segunda pero de ningún modo uno de los grandes. Ni por asomo. Pero por televisión era un comunicador magnífico, con justo el suficiente teatro como parecer sincero. Pues bien, Oprah es igual: sabe cómo llorar cuando toca. En una ocasión me dijo que cada lágrima vale medio punto en los índices de audiencia, y ella puede llorar cuando le da la gana.» Ese ex empleado observó que las mayores revelaciones de Oprah se producían durante y justo después de la semana de los sondeos (febrero, mayo, julio y noviembre). «Los índices lo son todo para Oprah.»

Tanto si su confesión sobre el consumo de drogas estaba pensada para aumentar el índice de audiencia como si era un método para acallar a los periódicos sensacionalistas, lo cierto es que Oprah se las había arreglado para revelar su secreto en un ambiente amable y comprensivo, y sentía que se había librado de un gran peso. «Ya no tengo que preocuparme de eso —afirmó—. Comprendo la vergüenza. Comprendo la culpa. Comprendo el secreto.»

Después de que Oprah reconociera públicamente haber consumido drogas, Randy Cook presentó una demanda de veinte millones de dólares contra ella por injurias y angustia emocional, pero Oprah estaba armada y dispuesta: «Pelearé contra esta demanda hasta que me quede en la bancarrota, antes que darle ni un penique a ese embustero», dicen que afirmó Oprah. Más tarde, en los documentos de los tribunales, negó haber dicho lo de «embustero». Para entonces, Cook, ya sin empleo y sin medios, parecía un hombre desesperado que trataba de sacar provecho de una antigua relación con una mujer que ahora valía millones. Su demanda fue desestimada por el tribunal de distrito de Illinois, pero apeló y el Tribunal de apelaciones restableció varios puntos de su reclamación. Tras dos años de escaramuzas legales, Oprah se vio obligada a responder a sus interrogatorios. En sus respuestas, acabó admitiendo lo que había negado tanto tiempo: que ella y Cook habían tenido relaciones sexuales, y que ella y Cook habían consumido cocaína de forma regular y sistemática.

Cook ganó el derecho a un juicio con jurado, pero antes de que se fijara la fecha, retiró la demanda, «a petición de mi madre moribunda». Dijo que su familia y sus amigos le suplicaban que no fuera a juicio en contra de Oprah Winfrey, pero incluso en fechas tan recientes como 2007, todavía trataba de que le pagaran por la historia de la aventura de cinco meses que había tenido dos décadas antes y seguía intentando —sin éxito— vender su libro en el que lo contaba todo. Aseguraba que Oprah y él, cuando vivían juntos en 1985, eran adictos, pero que no sabía cómo ella había dejado la droga: «En algunas ocasiones, Oprah y yo nos quedábamos levantados toda la noche colocándonos. Gayle King venía al piso por la mañana. […] Limpiábamos todas las pruebas y actuábamos como si no pasara nada unos momentos antes de que Gayle entrara. No fue hasta que Oprah y yo rompimos cuando Gayle se enteró [de las drogas]. Pero cuando lo supo, intervino y bien podría ser que fuera ella quien sacó a Oprah de la droga para siempre —dijo Cook—. La última vez que vi a Oprah fue en 1985, antes de que se fuera para rodar *El color púrpura.*»

8

Existe un vínculo inmutable entre las mujeres negras nacidas en el Sur y acunadas en brazos de unas abuelas que se ponían sombrero para ir a la iglesia los domingos, se balanceaban al ritmo de los espirituales y les inculcaban la reverencia hacia «los ancestros». Cuando estas mujeres se encuentran como desconocidas, se abrazan como hermanas, porque están conectadas a la tierra de las carreteras rurales de Arkansas, a los pantanos de Luisiana, a los profundos bosques de Georgia y a las ciénagas de Misisipí. Se conocen antes de que las presenten.

«Fue esa conexión con la bondad y la fuerza de las mujeres sureñas lo que me unió a Oprah —recordaba Alice Walker, premio Pulitzer y autora de *El color púrpura*—. Escribí el papel de Sofia basándome en mi madre y le di a Quincy Jones [productor] y Steven Spielberg [director] una foto suya de cuando tenía la edad de Oprah. Así que cuando Quincy vio a Oprah en televisión, estaba viendo a mi madre. [...] Cuando conocí a Oprah, también yo vi a mi madre. He ahí el origen de mi afecto por ella y, pese a la distancia que, desde que rodamos la película en 1985, ella ha puesto entre las dos, le sigo estando agradecida. Apareció para transportar el espíritu de mi madre y lo hizo muy pero que muy bien.»

Oprah afirmó que el mérito de su confianza en sí misma lo tenían sus raíces sureñas: «Tengo mucha suerte porque me crié en el Sur, en Nashville y Misisipí —dijo—. Toda esa crianza sureña me hace sentir que puedo hacer cualquier cosa. No me hizo lo que le hace a mucha gente. Nunca, en toda mi vida, me sentí oprimida».

Casi todas las mujeres que trabajaron en *El color púrpura* tenían alguna conexión con el Sur, y ese sentimiento de hermandad contribuyó a lo que Alice Walker llamó la «experiencia sagrada» de hacer la película. Antes de vender los derechos, insistió en que el productor y director se comprometieran a tener un reparto y un equipo diversos. «Hice que constara por escrito que, por lo menos, el 50 por ciento de los contratados tenían que ser negros, mujeres o pertenecientes a alguna otra minoría —declaró—. Éramos un grupo afortunado porque encajamos maravillosamente bien para contar la historia.»

El director, Steven Spielberg, no quería un reparto de desconocidos para la que decía que era su primera película seria. Después de contratar a Whoopi Goldberg, entonces desconocida, para el papel de Celie, confiaba en poder conseguir a Tina Turner, para el papel de la cantante Shug Avery. Pensaba eliminar el lesbianismo de la novela y rodar sólo un dulce beso entre Celie y Shug, pero quería que Whoopi Goldberg se sintiera cómoda: «Si voy a besar a una mujer, por favor que sea Tina», dijo Whoopi.

Turner fue también la primera elección de la escritora, el productor y el director de reparto. Dando por supuesto que contaban con ella, Quincy Jones organizó una reunión con el director, pero, como diría más tarde, la estrella le tiró los trastos a la cabeza: «Ni aunque me estuviera muriendo haría una película de negros —declaró Turner—. Me costó veinte años salir de toda esa mierda negra y no voy a volver».

Jones confesó que se quedó tan escandalizado que no pudo ni abrir la boca. «Pero comprendía, claro, sus sentimientos al no querer hacer el papel de una mujer maltratada». Estaba enterado de los años de palizas que había sufrido a manos de su ex marido. Así pues, el papel recayó en Margaret Avery, que tuvo una actuación brillante y recibió una nominación a los premios de la Academia, como mejor actriz de reparto. Pero el rechazo de Tina dejó a la película sin ninguna estrella conocida y una pizca de enfado: «Rechaza *El color púrpura* y luego va y hace *Mad Max: Más allá de la cúpula del Trueno.* Y dice que busca la credibilidad como actriz —exclamó Whoopi Goldberg—. No me hagas reír».

En su autobiografía, Quincy Jones escribió que la reacción de Tina Turner reflejaba la actitud de Hollywood en aquel entonces: «Nadie quería hacer una película de negros», dijo, explicando las resistencias que tuvo que vencer, en 1985, para conseguir rodar la película. Las estadísticas lo respaldan: en las cintas para adolescentes estrenadas aquel verano no aparecía en pantalla ni una mujer negra. Por ello, Jones se decidió a ir en busca del popular director de *E.T, el extraterrestre,* cuya magia hizo que millones de personas creyeran en la humanidad de un alienígena de goma arrugada, que se parecía a Elmer Fudd. A continuación, el productor tuvo que convencer a Alice Walker de que Steven Spielberg era la persona perfecta para convertir su libro en una película importante. Al principio reacia, Walker acabó dejándose convencer: «Supongo que si puede hacer que creamos en marcianos, lo mismo podrá hacer con nuestra gente», declaró.

Décadas después de escribir la novela que le aportó sustanciosas ganancias, elogios y reconocimiento internacionales, Alice Walker sostenía que *El color púrpura* era un regalo que le habían dado para que se lo diera a otros. Su falta de ego por haber escrito la historia de una vida de maltrato físico y sexual de una pobre chica del campo, a manos de los hombres, elevó el nivel del rodaje para todos. «Todos queríamos que Alice estuviera orgullosa», afirmó Margaret Avery.

Oprah dijo que el día más feliz de su vida fue cuando la escogieron para el papel de Sofia y que rodar la película fue «la única vez que me he sentido parte de una familia, rodeada por un amor sin condiciones». Rememoraba la experiencia con un sobrecogimiento lleno casi de veneración. «Fue una evolución espiritual para mí —declaró—. Aprendí a amar a los demás haciendo esa película.»

Oprah forjó unas amistades fuertes, pero pocas sobrevivieron al paso del tiempo: se peleó con Whoopi Goldberg, quien más tarde la compararía a Lonesome Rhodes, el monstruo hambriendo de poder de *Un rostro en la multitud;* se metió con Akosua Busia, que también apareció con ella en *Sangre negra* y que escribió el primer guión de *Beloved,* la película que Oprah creía que la convertiría en una leyenda cinematográfica; se alejó de Alice Walker y ofendió a Steven Spielberg. Sin embargo Oprah se mantuvo unida a Quincy Jones. «Lo quiero más que a nadie en el mundo —dijo en una ocasión». Reverenciado por su genio musical, «Q», como lo llaman sus amigos, abrió a Oprah su influyente círculo de Hollywood e hizo que formara parte de su mundo de celebridades. Una vez, Oprah le envió una camiseta en la que ponía: «Oprah me ama incondicionalmente. No puedo cagarla»).

Más tarde, Oprah diría que el que consiguiera el papel de Sofia en *El color púrpura* fue un desígnio divino. «No me sorprendió, de verdad, de verdad —declaró—. Es exactamente lo que se suponía que tenía que suceder. Que me tenía que suceder a mí.»

Tanto si fue Dios como si fue la buena suerte, bien pudo ser que la contrataran gracias a su volumen. En la primavera de 1985, estaba en una clínica de adelgazamiento para perder peso y ganar la apuesta que había hecho con Joan Rivers en *The Tonight Show.* Mientras corría por la pista, recibió una llamada del director de reparto, Reuben Cannon, que le advirtió: «Si pierdes una sola libra, pierdes el papel». Sin malgastar un momento, hizo las maletas y se fue corriendo a la heladería más cercana.

En aquellos momentos, la presentadora de treinta y un años, cabalgaba en un cometa de fama local, cruzando Chicago. «Prácticamente no podía hacer nada mal», dijo. Sabía que un papel importante en una película de Spielberg podía lanzar su estrellato a la estratosfera. «Quería ese papel más de lo que había querido nada en mi vida», afirmó. Cuando se enteró de que estaba entre las candidatas y le pidió a su abogado que no se pusiera demasiado duro negociando. «Presionaba y presionaba y presionaba. Le dije: "Jeff, lo haría a cambio de nada; por favor, por favor, no pidas dinero, dinero". Él contestó: "No lo vas a hacer gratis".» Quincy Jones y Steven Spielberg ya habían aceptado sus honorarios (84.000 dólares cada uno), igual había hecho el resto del reparto (35.000 dólares cada uno). «Fue una labor de amor por parte de todos» —afirmó Oprah.

Oprah hizo la prueba el Día de los Santos Inocentes de 1985, con Willard Pugh, que hacía el papel de su marido, Harpo, en la película. «Cuando acabamos, Steven dijo que quería vernos arriba, en su despacho —explicó—. Allí nos dijo que nos quería a los dos para los papeles. Yo me volví loca. Salté encima del sofá de Steven, y al hacerlo, tiré al suelo su lanzadera espacial de la NASA a escala; pero eso no fue nada, Willard se cayó redondo.»

El director tuvo ocasión de recordar ese momento veinte años después, cuando su amigo Tom Cruise, que promocionaba *La guerra de los mundos*, se subió de un salto al sofá de Oprah para demostrar su amor por Katie Holmes, que pronto sería su esposa. En los periódicos y revistas del corazón corrían rumores de que Tom Cruise quizá fuera homosexual y Oprah pareció dar alas a la especulación diciéndoles a los periodistas que no estaba convencida del entusiasmo heterosexual del actor. «No me lo tragué —dijo—. Sencillamente no me lo tragué.» Después de la aparición del actor en su programa, la expresión 'saltar encima del sofá', con el significado de *conducta extraña o frenética*, entró en *A Historical Dictionary of American Slang*. Spielberg se indignó por las críticas que recibía su amigo Tom Cruise y lo defendió públicamente: «Trabajar con Tom es uno de los grandes regalos que me ha dado este negocio», afirmó. No mencionó la vez que Oprah exhibió una exuberancia parecida al subirse de un salto a su sofá en 1985, pero en 2005 su amistad de veinticinco años estaba un tanto ajada. Meses después de que Cruise saltara encima del sofá, Spielberg no asistió al estreno en Broadway de la producción de Oprah de *El color púrpura. El musical*, y ella ignoró la entrega del premio al trabajo de toda una vida concedido al director en el Festival de Cine de Chicago.

Al principio, Oprah sentía una gran admiración por Steven Spielberg. «Es la persona más maravillosa que conozco [dijo a los periodistas en 1985, añadiendo que todos los miembros del reparto y del equipo "alucinaban" por estar trabajando para él]. Oh, Dios Santo —decía exagerando el acento—, no me puedo creer que estemos trabajando para el señor Spielberg». Cuando vio el imperio Amblin Entertainment, de Spielberg, lo elevó al estatus de divinidad. Era el magnate cinematográfico que ella aspiraba ser. «Fue entonces cuando quise tener mi propia productora», afirmó. Hasta entonces, Harpo, Inc. era simplemente la entidad corporativa que necesitaba con fines fiscales (para contestar el correo de sus fans) pero después de ver la empresa de Spielberg, Oprah y Jeff Jacobs pusieron manos a la obra para convertir a Oprah en la primera mujer negra que tuviera su propio estudio.

Oprah afirmó que, dado que ella era la única del reparto que no era actriz, se pasó todo el rodaje presa del terror, pero sus compañeros se echaron a reír ante la idea de que se sintiera intimidada por nada ni nadie. Akosua Busia y Margaret Avery imitaron su voz ronca para burlarse de sus denominados 'miedos': «Estoy tan aterrorizada. Cuidado, todos vosotros, allá voy, y estoy muerta de miedo».

Más tarde, Oprah criticó la selección de personas con diferentes tonos de piel para la misma familia: «Era una de las cosas que me molestaban de *El color púrpura*». En el plató no vacilaba en decirle al director que estaba dando un aire de astracanada a algunas de sus escenas. Él le impedía ver los diarios. En una escena memorable en la que su personaje le da un tortazo al alcalde de la ciudad, Oprah reconoció que no estaba actuando. Su reacción había sido auténtica y visceral. «Steven les había dicho a los actores blancos que me llamaran 'negrata', pero a mí no me dijo lo que iba a hacer. "Tú, gorda perra 'negrata'", dijeron. [...] Nadie jamás me había llamado eso, ni nada parecido, y no tuve necesidad de ser una actriz para reaccionar [...] Estaba tan ofendida y furiosa que [...] de verdad tumbé al alcalde.» Su personaje paga con años de cárcel el haber atacado a un hombre blanco. Luego reaparece rota, vacía y tuerta y se convierte en la criada de la mujer del alcalde. «No soy una persona servil —afirmó Oprah—, así que hacer esa parte del papel de Sofia me costó mucho».

Spielberg estaba tan impresionado por el talento de Oprah para improvisar que amplió su papel durante el rodaje y sacó de ella una actuación magnífica, que, por desgracia, nunca igualó en películas posteriores. Pero en *El color púrpura* estaba soberbia. «Inolvidable», dijo *Los Angeles Times*. «Una fresca delicia», dijo *Newsweek*. «Extraordinaria», coincidió *The Washington Post*. Los críticos predijeron su nominación para un Globo de Oro y un Óscar a la mejor actriz de reparto. La única opinión poco entusiasta fue la de su padre: «Creo que pondría a Whoopi Goldberg primero, Margaret Avery segunda y quizá Oprah sería la tercera», declaró Vernon Winfrey.

En otoño de 1986, en mitad del rodaje, Oprah voló a Chicago para firmar contratos con King World para sindicar *The Oprah Winfrey Show*. En la conferencia de prensa posterior, les dijo a los periodistas: «Me entusiasma la perspectiva de derrotar a Phil [Donahue] en todo el país». Con más de cien emisoras comprometidas a emitir su programa, el día de la firma recibió una prima de un millón de dólares. Llamó a su padre, que entonces era concejal en Nasville. «¡Papá, soy millonaria! —exclamó— ¡Soy millonaria!» Volvió a Carolina del Norte y le dijo a Steven Spielberg que tendría que pensar en poner su nombre en los carteles de la película, algo que él no hizo.

«Me parece que eso le dolió profundamente a Oprah —dijo Alice Walker— y quizá fuera la razón de que se adueñara de la marquesina del teatro para el musical de *El color púrpura*, veinte años después». La verdad es que en la marquesina del teatro ponía: «Oprah Winfrey presenta *El color púrpura*.»

Su participación en la película cambió la vida de Oprah para siempre: la coincidencia en el tiempo de su nominación al Óscar y la sindicación de su programa de entrevistas produjo la tormenta perfecta para convertirla en una auténtica estrella, y Jeff Jacobs, junto con King World, montó lo que Quincy Jones describió como un «bombardeo promocional sin precedentes, que la puso en el camino para llegar donde está ahora». Oprah empezó una gira de entrevistas en la radio, la televisión, los periódicos y las revistas que duró meses, haciendo que su nombre fuera conocido desde los campos de maíz de Kansas hasta los lujosos áticos de Manhattan. Se publicaron artículos sobre ella en *Cosmopolitan, Woman's Day, Elle, Interview, Newsweek, Ebony, The Wall Street Journal* y *People*. Las televisiones también la entrevistaron: *The Merv Griffin Show, Good Morning America,* un programa *Barbara Walters Special, 60 Minutes,* con Mike Wallace, y *The Tonight Show*, con Johnny Carson. También apareció en *Late Night with David Letterman*, y presentó *Saturday Night Live*. «Raras veces, en la historia de la Academia de las Artes y las Ciencias Cinematográficas, alguien nominado al premio de la academia ha recibido tanta publicidad —escribió Lou Cedrone, en *Evening Sun*, de Baltimore—. Desde que ganó la nominación, ha sido casi imposible coger un periódico, una revista o una publicación del sector sin encontrarte cara a cara con la imagen de Winfrey y las consabidas anécdotas.»

El debut de Oprah en el cine la lanzó más allá del reino de la televisión diurna y no pudo resistirse a disfrutar de su elevada posición. Los críticos de televisión que habían dicho de ella que era una charlatana de revistas del corazón, grande y descarada, ahora la trataban con un nuevo respeto. Ya no la relegaban a las secciones de entretenimiento de sus periódicos; su foto aparecía ahora en primera plana, con encendidos homenajes. Se convirtió en un nombre conocido en todas partes, mientras recorría el país de arriba abajo promocionándose, promocionando su película y su programa de entrevistas. Reconocía sin problemas su nueva fama («¡A que soy algo grande!, ¿eh?»), pero se negaba a actuar como si la hubiera bendecido la buena suerte.

«Fui lo bastante sensata para darme cuenta de que la película era algo muy especial —le dijo a Luther Young, de *The Baltimore Sun*—, y esperaba que hiciera todo lo que ha hecho por mí.»

«Sí, estoy empezando a dar la medida de lo que valgo —declaró ante Ann Kolson, de *The Philadelphia Inquirer*—, y es una sensación maravillosa saber que todavía no he acabado.» Perpleja, la periodista escribió: «El mundo ha sido bueno con esta enorme, ruidosa y atractiva mujer negra, de caderas temblonas, que empezó su vida en la pobreza de una granja de Misisipí».

Cuando Jeff Strickler, del *StarTribune*, de Misisipí, insinuó que era una «sensación de la noche a la mañana», Oprah le devolvió el golpe: «Lo que ha dicho me molesta —dijo—. Me molesta que digan eso, porque nadie llega a ningún sitio de la noche a la mañana. Estoy donde estoy igual que tú estás donde estás, debido a todo lo que has trabajado hasta este momento».

A R. C. Smith, que escribía para *TV Guide*, le admiró su inmensa confianza en sí misma: «Afirma haber creído, desde siempre, que para ella todo era posible, simplemente porque era así de buena». Cuando le preguntaron si iba a dejar su programa de entrevistas, Oprah respondió: «Tengo la intención de hacerlo y tenerlo todo. Quiero hacer carrera en el cine, en la televisión y en los programas de entrevistas. Así que haré películas para la televisión y para la pantalla grande y tendré mi propio programa de entrevistas. Mi vida será maravillosa. Continuaré sintiéndome realizada haciendo todas estas cosas, porque nadie me puede decir cómo debo vivir mi vida. Creo en mis propias posibilidades, es decir, creo que puedo hacer cualquier cosa que me crea capaz de hacer, y siento que puedo hacerlo todo».

Lo que sonaba arrogante en letra impresa, sólo lo parecía un poco menos en persona, porque la sonora voz y el imponente tamaño de Oprah paralizaba a quienes la oían, mientras comunicaba la clase de seguridad en sí misma que sólo un tonto pondría en duda. Sin embargo, cuando aderezaba su autobombo con una excesiva modestia, era encantadora y maravillosa.

En los días anteriores a la noche de los Óscar, bromeaba con su audiencia sobre que tendría que perder peso y encontrar un traje para camuflar «un trasero más grande que un barco». En una aparición pública en Baltimore, se presentó con un abrigo largo de zorro, teñido de púrpura, de 10.000 dólares, y un vestido púrpura lleno de lentejuelas con un profundo escote. «Estoy haciendo dieta. ¿No lo veis? —bromeó—. Unos muslos más delgados para la noche del Óscar. Unos muslos más delgados para la noche del Óscar. Esto es lo que no paro de repetirme.»

Pese a obtener unas críticas desiguales, *El color púrpura* recibió 11 nominaciones a los Premios de la Academia, incluyendo una para Whoopi Goldberg como mejor actriz y dos para Oprah y Margaret Avery, como mejor actriz de reparto, pero nada para Spielberg como mejor director. Esto provocó muchos comentarios, porque nunca antes se había dejado de lado al director de una película con tantas nominaciones. Añadida a ese insulto estaba la furiosa reacción de la comunidad negra, que amenazaba con hundir el éxito comercial de la cinta. La Coalition Against Black Exploitation (Coalición contra la Explotación de los Negros) boicoteaba *El color púrpura* por cómo presentaba a los hombres negros, y el tumulto de un debate lleno de rencor hizo aparecer piquetes en el estreno en Nueva York, Los Ángeles y Chicago. Denunciaron a Steven Spielberg por convertir una novela compleja en una insignificancia pintoresca. Atacaron violentamente a Quincy Jones por elegir a un director blanco para contar una historia de negros, y arremetieron contra Alice Walker por retratar a los hombres negros como si fueran bestias, ante el público blanco.

Hasta aquel momento, pocas películas habían causado unas reacciones racistas tan virulentas. Los columnistas y los programas de entrevistas de la radio se centraban en la polémica, las universidades negras históricas patrocinaban foros y seminarios y las iglesias negras de todo el país se llenaban de apasionados debates. Los más indignados eran los hombres afroamericanos que se sentían ultrajados por la película.

«Es muy peligrosa —declaró Leroy Clark, profesor de derecho en la Catholic University—. Los hombres [de la película] violan, cometen incesto, gritan desaforadamente, separan a la gente de su familia… Esto refuerza la idea de que los hombres negros son bestias.»

Los actores, entre ellos Oprah, se apresuraron a salir en defensa de la película, cuya excelente actuación no fue alcanzada por el vitriolo del público. «Esta película no intenta representar la historia del pueblo negro en este país, como tampoco *El Padrino* trataba de presentar la historia de los italoamericanos», afirmó.

«*El color púrpura* no se identifica, en modo alguno, con la historia de todos los hombres negros —dijo Danny Glover, uno de los actores—. Es sólo la historia de una mujer.»

Después de recibir el Globo de Oro como mejor actriz, Whoopi Goldberg desechó las protestas por «ruines».

El respetado crítico de cine Roger Ebert declaró que *El color púrpura* era la mejor película del año 1985, pero cuando la volvió a ver, veinte años después, incluso él reconoció que «la película es muy explícita en su convicción de que las mujeres afroamericanas son fuertes, valientes, sinceras y resistirán, pero también lo es en afirmar que los hombres afroamericanos son débiles, crueles o caricaturas cómicas». Con todo, encontró humanidad en la historia de cómo Celie resiste y, finalmente, encuentra la esperanza.

Llegó la noche de los Óscar, pero los muslos de Oprah no habían adelgazado. De hecho, dijo que había sido necesario que cuatro personas la tumbaran en el suelo para embutirla en el vestido y que, al final de la noche, tuvieron que recurrir a las tijeras para poder quitárselo. «Fue la peor noche de mi vida. [...] Metida en aquel vestido toda la noche, sin poder respirar. Tenía miedo de que reventaran las costuras.» Cuando Lionel Richie apareció en su programa, le dijo que parecía nerviosa en los Óscar: «—Bueno, mira, no hay muchas caras negras en los Óscar —respondió Oprah—. Así que, en cuanto entras, todos se vuelven a mirar. "¿Ese es Lionel Richie? No. No es Brenda Richie. ¿Quién es? Es no sé qué chica negra con un vestido muy ajustado", eso es lo que dicen. Y por eso yo estaba tan incómoda. Pensaba: "¡Dios mío! ¡Lionel Richie me va a ver con este vestido!". Era el vestido más ajustado que ha conocido mujer alguna. Fue una noche horrible.»

Oprah perdió el premio a la mejor actriz de reparto que lo ganó Angelica Huston (por su papel en *El honor de los Prizzi* y, en una de las exclusiones más asombrosas de la historia de la Academia, *El color púrpura* no ganó ni una de sus once nominaciones, mientras que *Memorias de África* se llevaba siete premios, entre ellos el de mejor película. «No podía pasar la noche fingiendo que no pasaba nada porque *El color púrpura* no hubiera ganado ni un Óscar —confesó Oprah—. Estaba cabreada y pasmada.»

Whoopi Goldberg culpó a la NAACP (Asociación Nacional para el Progreso de las Personas de Color) de Hollywood: «Destruyeron las posibilidades que teníamos yo, Oprah, Margaret Avery, Quincy, todos... Estoy convencida. Y los negros de Hollywood pagaron el precio durante muchos años. Porque después de la que se armó, los estudios no quisieron hacer más películas de negros, por miedo a los piquetes y los boicots».

Con todo, el fracaso de la película no enfrió las intenciones de Oprah de convertirse en una gran estrella: «Cuando hablen de grandes estrellas, tendrán que decir mi nombre. "Meryl... Oprah". "Hepburn... Oprah". Eso es lo que quiero. Yo soy actriz, eso es lo que soy. No me pagan por actuar. Pero nací para actuar». Continuó con su campaña publicitaria mucho después del estreno de la película, y acumuló montones de artículos reverenciales para el lanzamiento de su programa de entrevistas en septiembre 1986. La cobertura laudatoria de los medios tuvo su primer tropezón cuando Tina Brown, editora de *Vanity Fair,* encargó al periodista Bill Zehme que hiciera la semblanza de Oprah. Zehme la acompañó en sus visitas a la *crème de la crème*, y describió a Oprah como una persona «con una sensualidad descarada» que manoseaba las posesiones de los ricos de Chicago y hurgaba en los armarios, contando sus zapatos.

«Era como una niña pequeña, corría arriba y abajo por mi piso, exclamando "¡Ooh" y "¡Aah!" —comentó Abra Prentice Anderson Wilkin, la heredera de los Rockefeller. Sugar Rautbord, una figura muy conocida en la alta sociedad de Chicago, que había hecho el perfil de Oprah para *Interview*, la revista mensual de Andy Warhol, afirmó: «Hay un hambre maravillosa en ella. Algunas personas anhelan ser libres. Oprah anhela ser rica».

Oprah no le ocultó su afán de posesiones a Zehme, que escribió que, ya en la primera hora de su encuentro, le dijo que era millonaria. «"Ya sabía que sería millonaria antes de cumplir los treinta y dos años", decía una y otra vez... A la segunda hora, ya había añadido, hinchándose con determinación: "Con toda seguridad, tengo la intención de ser la mujer negra más rica de los Estados Unidos. Tengo intención de ser una magnate".» Zehme captó la obsesión de Oprah por el dinero, pero le faltó la sensibilidad para observar que, para una descendiente de esclavos, el dinero significaba liberarse de la servidumbre para siempre.

Oprah le habló de sus muchos abrigos de pieles («¡Mira, los armiños nacieron para morir!») y de sus enormes ingresos («Desprendo dinero. ¡De verdad que desprendo dinero!»). Abrió las puertas de su condominio a la orilla del lago, valorado en 800.000 dólares, un palacio de mármol, con una grandiosa araña de cristal en el vestidor y barrocos cisnes dorados en los grifos del baño, y lo llevó al dormitorio, con su vista panorámica de la ciudad.

«En estos momentos está tumbada, desmadejada, a través de la cama y yo me siento a los pies —escribió, mientras Oprah continuaba con su monólogo de yo-yo-yo—. "Es que, mira, en realidad, yo trasciendo la raza. Creo que apunto más alto. Lo que hago supera el campo de los parámetros cotidianos. Soy profundamente efectiva. La respuesta que recibo en la calle [...] quiero decir que Joan Lunden [ex presentadora de *Good Morning America*] no lo tiene y lo sé. Sé que la gente me quiere, me quiere, me quiere. Se produce un vínculo del espíritu humano. Soy capaz de conseguir una conciencia completa... Eso es lo que hago.»

Zehme la describe como «una gata glamurosa de tamaño económico» y «una amalgama hipercinética de Mae West, el Reverendo Ike, Richard Simmons y Hulk Hogan», menciona su sello distintivo «los pendientes *big mama*» y la manera en que «deja caer nombres importantes sin ningún reparo; el más frecuente es "Steven", su director en *El color púrpura*».

Lo que le resultó más curioso al periodista fue su conquista del complejo Kennedy en Hyannisport, a través de su amistad con Maria Shriver, a quien conoció en Baltimore. En 1986, en la boda de Shriver con Arnold Schwarzenegger, pidieron a Oprah que recitara «How Do I Love Thee?», el poema de Elizabeth Barrett Browning, y le contó a Zehme que los otros únicos oradores en la ceremonia del mes de abril fueron los padres de la novia y su tío, el senador Ted Kennedy. Más tarde, Oprah dijo que jugó a las charadas en casa de Ethel Kennedy y que tuvo varias charlas íntimas con Jacqueline Kennedy Onassis.

«Hablamos de la vida, las permanentes y la espiritualidad —afirmó Oprah—. Me conmovió.» También mencionó que había enviado a Eunice Shriver y Ethel Kennedy réplicas de un chaquetón marinero, de cuero, valorado en 650 dólares, que había llevado aquel fin de semana, porque las dos lo habían admirado. «Adoro a esa familia», dijo.

Años más tarde, pocos invitados a la boda se acordaban del recitado de Oprah con tanta claridad como recordaban el apoyo prestado por Arnold Schwarzenegger a Kurt Waldheim, presidente de Austria, que había sido acusado de participar en crímenes de guerra nazis durante la Segunda Guerra Mundial. Durante la recepción de boda, Schwarzenegger recorrió toda la extensión del césped de Hyannisport, cargado con una gran figura, hecha de *papier-mâché*, de él mismo, vestido con *lederhosen*, y de su esposa que llevaba un *dirndl*. «Quiero que todos vean el regalo de boda que acabo de recibir de mi gran amigo Kurt Waldheim —informó Schwarzenegger a la multitud de jueces, sacerdotes y políticos—. Mis amigos no quieren que mencione el nombre de Kurt, por todo ese reciente asunto nazi..., pero yo lo quiero y Maria también, así que gracias, Kurt.» Waldheim no pudo asistir a la boda porque había sido declarado oficialmente persona non grata en los Estados Unidos.

Cuando Bill Zehme entregó a *Vanity Fair* su artículo sobre la «generosamente construida, negra y ruidosa Oprah Winfrey», con su «gran sonrisa, de gruesos labios», Tina Brown lo eliminó porque «no quería agitar tormentas raciales en un vaso de agua», dijo alguien que participó directamente en la decisión de la dirección. Le pagaron a Zehme todo lo acordado y lo alentaron a publicarlo en algún otro sitio. El artículo apareció en el número de la revista *Spy*, de diciembre de 1986.

Si el perfil no tenía un tono sexista, o ni siquiera racista, sí que era elitista: Zehme parecía hacer trizas a Oprah por estar gorda, ser famosa y tenérselo muy creído, algo que quizá Zehme habría aceptado de un hombre blanco gordo, famoso y muy creído. Dominada por sus propias declaraciones mesiánicas, Oprah reaccionó con buen humor y le envió una nota que decía: «Querido Bill, te perdono. Oprah». Zehme le envió unas flores para desagraviarla, pero ella nunca respondió. No debería haberle sorprendido, después de escribir sobre «anfitrionas críticas que se quejaban de que Oprah nunca contestaba a las invitaciones y que suponen que ella no tiene ni idea de la etiqueta que rige las notas de agradecimiento». Años después, cuando Oprah llegó a ser omnipotente, Zehme trató de distanciarse de la semblanza que escribió y no la incluyó en una colección de sus escritos publicados. Pero, con Oprah, no le sirvió de nada. No volvió a dirigirle la palabra.

Años más tarde, cuando Tina Brown dejó *Vanity Fair* para trabajar en *The New Yorker*, decidió, de nuevo, encargar un retrato a fondo de Oprah. Llamó a la escritora Erica Jong. «Tina sabía que yo conocía a Oprah; nos conocimos en la sauna del Rancho La Puerta, muchos años antes, y hablamos de lo difíciles que eran los hombres. Me invitó a su programa de Baltimore, y fui... Oprah era entonces muy cálida y dulce.»

Sin embargo, ahora, Oprah desconfiaba. Se sentía atacada por un artículo de primera plana, publicado en *The New York Times Megazine*, titulado «La importancia de ser Oprah» y escrito por Barbara Grizzuti Harrison. Si años atrás el dardo de Bill Zehme había rozado al sólido barco *Oprah*, el torpedo de Harrison había alcanzado de lleno el casco: la periodista no sólo declaraba que la franqueza de Oprah era más aparente que real, sino que, además, etiquetaba de 'disparatadas' las declaraciones *New Age* de Oprah, y de extremado, su egoísmo. Además, afirmaba que el mensaje de Oprah («puedes nacer pobre, negra y mujer y llegar a lo más alto»), era una manera fraudulenta de comprar a su público blanco:

> En una sociedad racista, la mayoría necesita y busca, de vez en cuando, la prueba de que es querida por la minoría a la que desde hace mucho tiempo oprime, teme exageradamente o desprecia. Necesita recibir ese amor, y necesita, a su vez, dar amor, a fin de creerse buena. Oprah Winfrey —una zona desmilitarizada formada por una única persona— ha servido a ese propósito.

Lo más condenatorio era la valoración que la periodista hacía de la peligrosa influencia de Oprah en los millones de sus espectadores «que, solitarios y sin información, se sustentan en ella, de esa vibrante presencia en su sala de estar a la que llaman 'amiga'». Era evidente que Barbara Grizzuti Harrison no creía que un falso consuelo fuera mejor que ninguno.

Acostumbrada a ser la niña mimada por los medios y a recibir elogios, Oprah se puso furiosa. No era sólo la mordacidad de la periodista ni su desdén hacia lo que llamaba la «superficialidad» de Oprah, sino también el prestigioso lugar donde había aparecido el artículo. Que te hagan trizas en una revista satírica como *Spy* es una cosa, pero que te diseccionen en la portada de la revista dominical más importante del país era intolerable.

«Oprah estaba furiosa por el artículo —declaró Erica Jong— y me dijo que no quería que nadie escribiera sobre ella, en especial una mujer blanca, en una publicación blanca. "No tengo ninguna necesidad de que una revista para blancos me canonice", afirmó. Le aseguré que yo no iba a escribir nada negativo sobre ella, pero no se fiaba de Tina Brown.»

«"¿Y si te dice que incluyas comentarios acerados? ¿Podrás resistirte?". Me dijo que se lo pensaría y que me volvería a llamar, y lo hizo, pero al final no pude garantizarle el control editorial que me exigía».

Más adelante, cuando Tina Brown dejó *The New Yorker* y puso en marcha la revista *Talk*, quiso de nuevo hacer un perfil de Oprah. Se reunió con varios directores artísticos para hablar de posibles portadas y dijo: «Oprah se lo tiene muy creído. [...] ¿Quién demonios se cree que es? Hagamos Oprah *Papa-rah*». Los artistas prepararon una falsa portada de la negra cara de Oprah, medio tapada con la blanca mitra ceremonial del Pontífice. «No pudimos poner toda la cara en la portada, porque teníamos que dejar espacio para un enorme y grueso halo», dijo uno de los artistas. Pero el retrato nunca llegó a escribirse porque, para entonces, Oprah ya había dejado de conceder entrevistas.

Después de que *Talk* se viniera abajo, Brown escribió un libro sobre Diana, princesa de Gales, pero no consiguió que la invitaran a *The Oprah Winfrey Show*. Cuando inició su página de noticias en la web, *The Daily Beast*, de nuevo atacó a Oprah diciendo que en 2008 se había dejado engañar por unas memorias del holocausto que recomendó en su programa, y que resultaron ser falsas: «Hay que preguntarse por qué el elevado presupuesto del programa no da para tener a alguien que, por lo menos, compruebe los datos», escribió Brown. En 2009 mostró su desdén hacia Oprah diciendo que era «una gigantesca franquicia empresarial», cuya «autenticidad no puede evitar convertirse en algo manufacturado». Escribió que Oprah se había convertido en una marca, que ya no era una persona. «Igual podría poner una R dentro de un círculo junto a su nombre.»

Más adelante, ese mismo año 2009, el *Daily Beast* de Brown dedicó toda una página a «La mala prensa de Oprah», con enlaces a artículos sobre la demanda por 1,2 billones de dólares, presentada por plagio por un poeta contra Oprah; la demanda de una azafata del avión privado de Oprah que afirmaba que ésta la había despedido injustamente; dos muertes en un retiro espiritual dirigido «por un autor aprobado por Oprah»; el escándalo sexual en la escuela de Oprah en Sudáfrica y los «desacertados consejos» de Oprah de la que dijo: «No es médico, pero hace ese papel en televisión...».

Al igual que el inspector Javert que persigue a Jean Valjean en *Los Miserables*, Tina Brown parecía algo más que obsesionada con Oprah, pero cuando le pidieron que hablara de ello, evitó cualquier polémica posterior y, a través de su secretaria, respondió diciendo: «Tina nunca ha sido una estudiosa de Oprah y no tiene tiempo para malgastar contestando preguntas sobre ella».

Para entonces, Oprah Winfrey controlaba por completo su imagen pública. Se había convertido exactamente en lo que quería ser: una magnate gigantesca. Tenía su propio imperio mediático: su propia cadena de televisión, su propio programa de radio, su propia página web, su propio programa diario de entrevistas y su propia revista, en cuyas portadas, en todas, aparecía... ella.

9

Después de los años de siembra, de 1984 a 1986, Oprah alcanzó el éxito pleno. Oprah se había convertido en un éxito nacional a la edad de treinta y dos años y el dinero le llovía a mares. *Variety* informó de que, en 1987, ganaría más de 31 millones de dólares, lo cual la convertía en la presentadora de programas de entrevistas mejor pagada, superando incluso a Johnny Carson, que ganaba 20 millones en *The Tonight Show.* Cuando se presentó al título de Miss Prevención de Incendios, Oprah juró que, si llegaba a ver un millón de dólares, se lo «gastaría como una tonta», y ahora se lanzó sobre la ocasión con entusiasmo: «Me he asignado personalmente sólo un millón de dólares para gastar este año —declaró—. Esa es la cantidad que me concedo para gastarla como quiera».

Empezó por comprarse un Mercedes y un Jaguar; luego regaló abrigos de armiño a todo el mundo: a su mentora Maya Angelou, a sus primas Jo Baldwin y Alice Cooper y a su personal femenino, que estaba acostumbrado a sus derroches. El año en que los jefes de la WLS les negaron la paga extra de Navidad, Oprah intervino y le dio a cada una 10.000 dólares metidos dentro de un rollo de papel higiénico. También le regaló a su productora Debbie DiMaio una chaqueta de pieles de zorro para «darle las gracias por conseguirme el programa de entrevistas». Ahora le dio un brazalete de diamantes de seis quilates. («La brillantez se merece brillantez», escribió en la tarjeta). Al único hombre de su personal, Billy Rizzo, le entregó las llaves de un Volkswagen Rabbit descapotable. Envió a dos de sus productoras a Suiza, de vacaciones, pagó la boda de otra y se las llevó a todas a una expedición de compras en Nueva York, donde las dejó sueltas en tres grandes almacenes —una hora en cada uno— con órdenes de que compraran todo lo que quisieran. «Lo que más me entusiasma es comprar regalos geniales —explicó, comentando su generosidad con los reporteros—. Por eso es fantástico tenerme por amiga. En una ocasión, le regalé a mi mejor amiga [Gayle King] y a su marido [William Bumpus], un viaje de dos semanas, a Europa, todo pagado, en hoteles de primera clase, más el dinero para gastos. Pero mi mejor obsequio hasta el momento fue cuando le ofrecí una niñera para que cuidara de sus dos hijos.» Gayle recordaba el día en que Oprah fue a verlos en Connecticut, en una limusina enorme. «Llevaba uno de sus cinco abrigos de pieles, probablemente uno de 25.000 dólares, zapatillas deportivas con estrás y una sudadera roja donde ponía "Los maridos pueden ser temporales, pero los amigos duran para siempre".» La historia de que le dio a Gayle un cheque de 1,25 millones de dólares en Navidad, para que las dos pudieran ser millonarias forma parte de la leyenda de Oprah. Años más tarde le compró una casa en Greenwich (Connecticut), por 3,6 millones de dólares.

Oprah se aseguró bien de que los medios de comunicación se enteraran de que Phil Donahue la felicitó cuando ganó los Emmy de 1987 por el mejor programa de entrevistas y la mejor presentadora de programas de entrevistas: «Me besó —dijo Oprah—. Sí. De verdad. Phil me besó». Se sintió tan agradecida por este reconocimiento público que le envió veinte botellas de Louis Roederer Cristal Champagne para celebrar el vigésimo aniversario de su programa de entrevistas, señalando a los periodistas que el Cristal se vendía a 80 dólares la botella.

Le compró a su padre un nuevo juego de neumáticos y un televisor grande para la barbería, para que pudiera ver su programa, porque él le dijo que eso era lo único que quería. Más adelante, les compró, a él y a su esposa Zelma, una casa nueva, de 12 habitaciones, en Brentwood (Tennessee): «Lo llamé y le dije: "¡Papá, soy millonaria! Quiero enviaros a ti y a tus amigos a cualquier lugar del mundo donde queráis ir". Él contestó: "Lo único que quiero son unos neumáticos nuevos para la camioneta". Me enfadé mucho». Su madre Vernita Lee era muy diferente.

«La retiré, le compré una casa, le compré un coche y le pagué el doble del salario que había ganado en toda su vida —contó Oprah a *Chicago Sun-Times*—, así que ahora no tiene cuentas que pagar ni nada que hacer en todo el día. ¿Y sabéis que me dijo? "Bueno, intentaré que me llegue". ¿Os lo podéis creer? Le dije: "¿Como que vas a *intentar* que te llegue? Bueno, pues a ver si puedes, *Mamá*". Luego, el otro día, me llama y me dice: "Necesito un abrigo nuevo". Así que le digo: "Ve a Marshall Field y cómprate uno". Y ella dice: "No necesito un abrigo de Marshall. Necesito un abrigo de pieles". Y yo le digo: "Nadie *necesita* un abrigo de pieles". Pero bueno, le compré un abrigo de armiño. O sea que ahora tiene un abrigo de pieles, un coche nuevo, una casa nueva, ninguna cuenta que pagar y el doble de su salario. Y dice que *intentará* que le llegue.»

Pero, al parecer, todo eso no era suficiente para Vernita. «Oprah me contó que su madre le robó el talonario de cheques, extendió cheques por valor de 20.000 dólares a su nombre y se quedó tan ancha —contaba la diseñadora

Nancy Stoddart, que fue amiga de Oprah en los años ochenta—. Conocí a Oprah y Stedman cuando yo estaba con Nile Rodgers (el músico, compositor y productor) en La Samanna, en St. Martin. Oprah y yo nos entendimos enseguida, una noche en que yo hablaba de la teoría de la relatividad porque tan pronto como uno se hace rico salen por doquier, de no se sabe dónde y a una velocidad superior a la de la luz, parientes codiciosos dispuestos a apropiarse de tu dinero. Fue entonces cuando Oprah me contó lo de su madre, lo codiciosa y avariciosa que era. [...] La verdad es que no le gustaba nada.

«Me dijo que su madre creía que tenía todo el derecho [...] Sentía afán de billetes verdes [...] Pero consiguió toda la pasta que quiso porque Oprah, seguramente, sabía que convertiría su vida en un infierno [vendiendo historias a periódicos y revistas] si no lo hacía así».

A pesar de lo generosa que Oprah era con su madre —un año en el Día de la Madre se presentó con una caja, envuelta para regalo, con 100.000 dólares en efectivo— seguía resentida con Vernita por haberla «vendido», y pasaba del resentimiento a la gratitud por aquellos años sin madre. Comprendía que no tener el amor incondicional de su madre la impulsó a desarrollar cualidades para conseguir el elogio de los demás, pero también veía que trataba de llenar con comida el vacío dejado por su madre, como sustituto del amor, el consuelo y la seguridad. Pasarían muchos años antes de que calibrara lo profundo del daño psicológico sufrido.

«Si [mi madre] no me hubiera abandonado, ahora tendría un problema muy serio —dijo—. Habría andado descalza y embarazada, habría tenido por lo menos tres hijos antes de los veinte años. Sin ninguna duda. Habría formado parte de esa mentalidad del gueto, que espera que alguien haga algo por ti».

Tenía muy claro lo que pensaba de Vernita: «No creo deberle nada a nadie, pero mi madre sí que lo cree [...] dice: "Hay deudas que pagar". Apenas la conocí [cuando era pequeña]. Por eso, ahora es tan difícil. Mi madre quiere tener una relación completa y maravillosa. Tiene otra hija y un hijo. Y ahora todos quieren una estrecha relación familiar... Quieren hacer como si nuestro pasado no existiera».

En ocasiones, Oprah criticaba a su madre en antena; una vez le dijo a los espectadores que Vernita había tomado prestado su BMW hacía dos años y que no se lo había devuelto. Le confesó a la revista *Life* que su madre se metía con ella de pequeña por ser un ratón de biblioteca, diciendo: «Te crees mejor que los demás niños». A Tina Turner le contó que su madre no la quería. «Dañó mi autoestima durante años —confesó Oprah—. No es natural que tu madre no te quiera. Cuesta superarlo.» Y a Ed Gordon, de BET, le dijo que dudaba en tener hijos debido a su mala experiencia con su madre («Tendría miedo de cometer muchas de las equivocaciones que cometieron conmigo»).

Sin embargo, Vernita se defendía como madre: «Soy una buena madre —dijo—. Sé que soy una buena madre. Cuando mis hijos eran pequeños, cuidé de ellos. Los vestía con ropa bonita y los llevaba a la escuela dominical; iban a la iglesia cada domingo. Y hacíamos cosas juntos, aunque eran tiempos muy difíciles para nosotros. Era duro. Pero conseguimos salir adelante».

La tensa relación entre Oprah y su madre fue evidente para todos los que las vieron en el programa de Oprah en el Día de la Madre de 1987. «No pude abrazarla —confesaría Oprah más tarde—. Oprah Winfrey, que abraza a todo el mundo, no pudo abrazar a su propia madre. Pero nunca nos hemos abrazado, nunca nos hemos dicho "Te quiero".» Para entonces Oprah había borrado emocionalmente a Vernita como madre y la había relegado a la horda de parientes codiciosos que, decía, siempre andaban poniendo la mano. «Creo que Maya Angelou fue mi madre en otra vida —afirmó—. La quiero profundamente. Hay algo entre nosotras. Así que las trompas de Falopio y los ovarios no hacen una madre.»

Con el tiempo, Oprah se creó una nueva familia, la familia que pensaba que se merecía y de la que podía estar orgullosa. En lugar de su madre, que vivía de la asistencia social, con tres hijos ilegítimos, eligió a la célebre poeta y escritora, una autodidacta sin educación oficial, más allá de la secundaria, que podía usar el título de doctora Angelou, gracias a los muchos títulos honorarios que había recibido. Oprah tenía el itinerario mensual de Maya en su bolso en todo momento, para poder ponerse en contacto con ella por la mañana, a mediodía y por la noche. Quincy Jones ocupaba el papel de muy querido tío. «Aprendí a querer de verdad gracias a este hombre —afirmó Oprah—. Es la primera vez que acepté "Sí, quiero a este hombre, y no tiene nada que ver con acostarme con él ni que tengamos una relación amorosa. Lo quiero de manera incondicional… Molería a palos a cualquiera que hablara mal de Quincy".» Gayle King era la amantísima hermana que sustituía a Patricia Lee, la adicta a las drogas, y al parecer, John Travolta reemplazaba a su hermano, Jeffrey Lee, que había muerto de sida. Incluso Vernon Winfrey había sido suplantado. Cuando Oprah conoció a Sidney Poitier lo vinculó a ella como padre bondadoso y cariñoso: «Llamo a Sidney cada domingo. […] Hablamos de la vida, hablamos de la reencarnación, hablamos del cosmos, hablamos de las estrellas, hablamos de los planetas, hablamos de la energía. Hablamos de todo».

En 2010, para celebrar el décimo aniversario de su revista, Oprah se reunió con sus fans para contestar a sus preguntas y volvió a hablar del amor que sentía que nunca había recibido de sus padres: «Me llenan de admiración las personas que sienten el amor de sus padres cada día de su vida —afirmó—. Inician su camino en el mundo con su taza colmada. Los demás pasamos por la vida tratando de llenar la nuestra».

Pese a todo ello, de vez en cuando, Oprah seguía viendo a su familia natural, les daba dinero cuando se lo pedían («Carretadas de dinero», decía) y luego echaba chispas en antena, diciendo que la trataban como si fuera un cajero automático. Su hermana Patricia pensaba que Oprah prefería dar dinero a su familia antes que dedicarles tiempo y atención.

«Hay veces en que Oprah actúa como si se avergonzara de su familia —afirmó Patricia—. Se comporta como si sintiera vergüenza de su propia madre, tal vez porque no siempre pronuncia las cosas correctamente y no tiene una buena educación —Patricia dijo que Oprah le regaló a su madre un Mercedes de 50.000 dólares, pero no quiso darle el número de teléfono de su casa—. Si mamá quiere ponerse en contacto con Oprah, tiene que llamar al estudio como cualquier fan y dejar un mensaje para que Oprah la llame. Si hubiera una emergencia de verdad, mamá tendría que llamar a la secretaria de Oprah.»

Un año, para el Día del Padre, Oprah le regaló a Vernon un Mercedes nuevo. «El Mercedes 600 —le detalló a un periodista para que lo publicara—. El Mercedes 600, de 130.000 dólares, negro por dentro y por fuera, con todos los accesorios. Hice que Roosevelt [su maquillador] se lo llevara. Pasaron un par de días, y no sabía nada de mi padre. Así que lo llamé y le pregunté: "¿Te llegó el coche?" Y él va y dice: "Sí, y de verdad que te lo agradezco". Y yo le digo: "¿No te parece que podrías haberme llamado para decir: "Me han traído el Mercedes 600, nuevo y reluciente. ¿No crees que podrías mostrar un poco de entusiasmo?"».

Sus familiares de sangre sabían que no tenían el corazón de Oprah, como sí lo tenía la familia de celebridades que Oprah se había reinventado, y les ofendía ocupar un lugar secundario en su afecto, pero sabían que su falta de brillantez no favorecía la imagen que ella quería presentar.

«Sólo somos gente del campo —afirmó su prima Katharine Carr Esters, de quien Oprah continuaba hablando como "Tía Katharine"—. Necesita más de lo que nosotros tenemos. […] Oprah no ve mucho a su auténtica familia. Harpo es su familia. Ella me lo dijo. […] A mí, Gayle no me gusta mucho, pero a Oprah sí, y no tengo nada que objetar. Sólo creo que Gayle está muy pagada de sí misma.»

Oprah dejó claro a todos sus parientes: «Gayle es la persona más importante del mundo para mí». Y, como dijo en *TV Guide*, cuando criticaban a Gayle, Oprah les daría una buena patada en el trasero a quienes la criticaran. Como le contó al periodista: «Era mi cumpleaños y todos esos parientes estaban reunidos en mi casa, y Gayle salió de la habitación. Y ese pariente lejano va y dice: "¿Qué está haciendo esa aquí? No es de la familia". Bueno, me sacó de mis casillas. Se me pusieron los pelos de punta. Me dio un ataque; me puse hecha un basilisco, chillando, enloquecida. Les dije a todos, y no me importaba quiénes fueran —mi familia, mi madre—, que podían largarse de mi casa en aquel mismo momento y no volver a poner el pie allí nunca más... Mis amigos *son* mi familia».

Oprah solía mencionar en su programa lo asqueada que estaba con todos los pedigüeños que había en su vida: «Son tantas las personas que se dirigen a mí porque quieren que les dé o les preste dinero... Les digo: "Os daré hasta la camisa, siempre que no me la pidáis"».

Inmediatamente después de sus muchos millones llegó Stedman Sartar Graham, de treinta y cinco años, el hombre del que Oprah había estado diciendo a sus telespectadores que venía («lenta, muy lentamente») desde África, para ser su hombre Perfecto. «Está viniendo, lo sé —afirmó— y, cuando al final aparezca, por favor, Señor, haz que sea alto».

Graham, guardia de prisiones durante el día y modelo a tiempo parcial por la noche, era apuesto y tenía la piel clara. «Es fabuloso —afirmó Oprah—. Casi dos fabulosos metros.» Un poco demasiado fabuloso, en opinión de sus protectores empleados que se preguntaban por qué un hombre tan atractivo se sentía atraído por su gorda jefa.

«Recuerdo que estaban muy preocupados por la razón de qué Stedman saliera con ella —confesó Nancy Stoddart—. Cuando íbamos a esquiar juntos, Oprah estaba tan gorda que tenía que comprarse la ropa de esquí en la sección de hombres.»

Oprah agradecía el interés de sus empleados. «Pensaban que con su aspecto tenía que ser un capullo o querer algo —declaró—. Era tan atractivo —¡oooh, qué cuerpo!—, así que yo también pensé lo mismo. Si me llama [...] hay algo malo en él que yo debería saber. —Lo rechazó las primeras veces que le pidió que salieran juntos—. Pensaba que debía de ser raro, porque todos decían que era un tipo encantador (y) yo estoy acostumbrada a que me traten mal. No estoy acostumbrada a un tipo agradable que me va a tratar bien».

Cuando, al final, aceptó salir con él, Stedman se presentó con un ramo de rosas y pagó la cena. Después de unas cuantas citas más, la gente dio por sentado que iba detrás del dinero de Oprah. «Dicen: "Ella es una chica gorda y él un hombre que está de muerte, ¿qué otra cosa puede ser?" Pero eso me invalida como persona —dijo Oprah—. Aunque lo entiendo, porque la primera vez que me pidió que saliéramos juntos, eso es exactamente lo que yo pensé. Pero el carácter de Stedman es justo lo contrario de alguien que quiere sacar algo material de la relación.»

En el *Ladies' Home Journal* Oprah declaró: «Los rumores son los clásicos celos. Una de las razones de que continúen es que Stedman es muy guapo y yo no soy la clase de mujer que esperarías que él quisiera. Estoy gorda, no tengo la piel clara y no soy blanca. O sea que pensarías que un hombre con su aspecto estaría con Diahann Carroll o Jayne Kennedy o alguna rubia delgada como un junco».

A pesar de todo, Stedman se convirtió en objeto de bromas en todo el país y fue blanco de chistes crueles. Durante un descanso en la grabación de los Premios de Imagen de la NAACP, el humorista Sinbad estaba entreteniendo al público, cuando vio a Oprah y Stedman que volvían a sus asientos. «Miren allí va Stedman, detrás del bolso de Oprah —señaló—. ¡Me sorprende que no lo lleve él en su lugar!»

Stedman no estaba a salvo ni entre sus amigos. Max Robinson, ex presentador de informativos de ABC-TV, le tomaba el pelo: «Te devorará hasta dejarte sin casa ni hogar, hermano. Por suerte, son suyos».

Años después, algunos veían a Stedman más como zángano que como depredador. Debra Pickett, que escribía la columna «Almuerzo con...» para el *Chicago Sun-Times*, declaró que era «la mayor decepción del año». Escribió: «Graham, que es extremadamente guapo, pero increíblemente aburrido, me rompió el corazón demostrándome que Oprah, su pareja, debe de ser por lo menos tan superficial como todos nosotros, dado que está claro que no se enamoró de sus cualidades como conversador». George Rush y Joanna Molloy, columnistas de *The Daily News*, de Nueva York, se sintieron igualmente desilusionados al no encontrar ningún sentido del humor detrás de la atractiva fachada. Informaron de que, cuando Stedman acompañó a Oprah a los Essence Awards, en Radio City Music Gall, él fue el único que no se rió de las bromas de Bill Cosby en el escenario.

«Stedman [...] ¿es un nombre de verdad? —preguntó Cosby, mirando a la pareja, que estaba sentada en primera fila—. Creía que era algo que él te diría en una fiesta: "Soy un hombre formal".»

Oprah y los demás se reían a carcajadas, pero Stedman miraba a Cosby, inexpresivo. Después, el cómico se llevó a Oprah aparte: «¿Qué le pasa? Por lo general, cuando la gente te toma el pelo, te ríes, ja, ja, ja —le dijo Cosby a Oprah—. Pero él se quedó mirando al vacío.»

A la noche siguiente, Joanna Molloy le preguntó a Stedman por qué se había molestado tanto. «Se puso a gruñir. Dijo: "Es mi nombre, no lo desgastes". Al instante pensé: "Oh, no. No eres lo bastante brillante para ser la pareja de la señora Oprah Winfrey".»

La actriz E. Faye Butler conocía a Stedman de sus días de modelo: «Lo llamábamos para anunciar los productos Johnson, porque era muy guapo, pero era un desastre como modelo, así que hacíamos que se quedara quieto y los demás se movieran a su alrededor [...] Era agradable, pero aburridísimo [...] Muy aburrido [...] Recuerdo que le gustaban las chicas menudas, de piel clara y pelo liso, así que me quedé muy sorprendida cuando se fue con Oprah».

«Es una persona muy sombría —afirmó Nancy Stoddart—, casi como si tuviera una herida de infancia. Recuerdo que una vez me dijo: "Fui un jugador de baloncesto muy, muy bueno, pero mi padre nunca vino a ninguno de mis partidos". Me parece que esa es la historia de un niño al que todavía le duele que un padre negligente nunca le prestara atención.»

Tanto si Stedman se sentía atraído por el dinero de Oprah como si no era así, de lo que no cabía duda era que le atraía su desbordante seguridad en sí misma y la facilidad con que actuaba para ocupar su lugar en el mundo. «Trasciende la raza, absolutamente», afirmó. En cambio, su propia visión del mundo se había visto aherrojada por el racismo, ya que había crecido en la ciudad de Whitesboro (Nueva Jersey), (de 600 habitantes, todos ellos negros), y había asistido a una escuela primaria con un alumnado exclusivamente negro. «Si eres afroamericano en este país, eres víctima de cómo te perciben —afirmó—. No vales tanto como los demás y, cuando entras en los Estados Unidos de las corporaciones, tu imagen se ve disminuida. Yo nunca imaginé que podría ser igual a los blancos.» Oprah, por el contrario, nunca imaginó que pudiera ser menos.

«Durante más de treinta años creí que estaba limitado por el color de mi piel —confesó Stedman—. [Al final] aprendí que no se trata de la raza, sino de los que tienen poder frente a los que no lo tienen. Lo que importa es el poder, el control y el dinero.» En esto, Oprah y él estaban totalmente de acuerdo: «Los dos tienen en común la misma filosofía de salir adelante sin ayuda de nadie», dijo Fran Johns, muy amigo de Stedman en Chicago.

Después de graduarse en la universidad en 1974, Stedman esperaba que le contrataran en la NBA, igual que a su compañero de habitación Harvey Catchings. Se casó con Glenda Ann Brown aquel mismo año, y su hija, Wendy, nació siete meses después. Stedman se incorporó al ejército durante tres años y medio, y estuvo en Alemania, donde dice que jugó al baloncesto en las fuerzas armadas. Volvió a los Estados Unidos y empezó a trabajar en el sistema penitenciario, en Englewood (Colorado). Su esposa y él se separaron en 1981 y, en 1983, se trasladó, con su novia Robin Robinson, a Chicago, cuando a ella la contrató la cadena WBBM-TV. Stedman fue trasladado al Centro correccional metropolitano y fundó Athletes Against Drugs, AAD (Atletas Contra las Drogas) en 1985. Fue por entonces cuando Stedman empezó a salir con Oprah y dejó el Departamento de Prisiones en 1987, cuando conoció a Robert J. Brown, fundador de B&C Associates de High Point (Carolina del Norte).

«Stedman siempre tenía algo que demostrar», afirmó Brown, que lo invitó a acompañarlo a un viaje a Costa de Marfil, donde estaba trabajando con el gobierno para atraer a inversores extranjeros. Más tarde, Brown contrató a Stedman como vicepresidente de desarrollo del negocio, algo que Stedman reconoció que era un título con pretensiones para decir "empleado en prácticas". Brown, afroamericano, se ganó la antipatía de muchos negros por su postura en contra de las sanciones económicas para obligar a Sudáfrica a abandonar el *apartheid*, pero el presidente Reagan lo eligió para ser el embajador de los Estados Unidos en Sudáfrica. No obstante, no tardó en retirar su nombre cuando los investigadores empezaron a examinar sus relaciones empresariales con el anterior gobierno de Nigeria y sus actividades para llevar los sindicados a la bancarrota. Ninguna de estas cosas inquietaba a Stedman.

«[Brown] trabaja en relaciones públicas y es multimillonario —afirmó—. Fue consejero especial del presidente Nixon. Básicamente, es mi mentor. Gracias a él, he viajado por todo el mundo y escolté a los hijos de Mandela hasta Sudáfrica cuando él salió de la cárcel y he almorzado con Nelson Mandela. Visité la Casa Blanca y conocí al presidente [George Herbert Walker Bush]. Todo esto me abrió los ojos... [a] lo que había estado buscando.»

El cortejo de los Mandela por parte de Brown desató la polémica en 1988, cuando anunció que había conseguido los derechos al nombre de la familia. Los partidarios de Mandela lo entendieron como una explotación, pero Brown afirmó que el contrato era para proteger el uso del nombre. Desde la prisión, Nelson Mandela renunció al derecho de Brown, pero Winnie Mandela parecía ansiosa de trabajar con él. Con Stedman a la zaga, Brown mencionó la relación de este con la estrella de televisión más rica de los Estados Unidos, y no pasó mucho tiempo antes de que Oprah empezara a financiar comidas calientes para los ancianos de Alexandra, una población negra y pobre a las afueras de Johanesburgo, donde la gente vivía en barracas de hojalata, sin agua ni electricidad ni alcantarillado. «Queríamos atraer la atención hacia las pésimas condiciones de Alexandra —dijo Brown a los periodistas—. Es una de las partes más pobres y abandonadas del país.» Los periódicos publicaron fotografías de los dos empleados de Brown, Stedman Graham y Armstrong Williams, repartiendo comidas calientes. Más tarde, llevaron un televisor a Alexandra y pasaron grabaciones del programa de Oprah, para que los doscientos ancianos en la miseria vieran a su benefactora; en la prensa aparecieron, también, fotos de este acontecimiento pregonando la generosidad de Oprah y la misión de buena voluntad de Brown.

Winnie Mandela le envió una nota a Oprah, que esta enmarcó y colgó en su piso de Chicago. «¡Oprah, debes seguir viva! ¡Tu misión es sagrada! Toda una nación te ama». Pronto Winnie y Oprah empezaron a hablar por teléfono y Oprah empezó a organizar las cosas para alguilar un reactor Gulfstream y llevar a esquiar a las hijas de Mandela. Conocida en un tiempo como «Madre de la Revolución», más tarde Winnie Mandela sería vilipendiaba por los líderes *anti-apartheid* cuando sus guardaespaldas fueron condenados por el secuestro de cuatro chicos adolescentes y por degollar a uno de ellos. También ella fue condenada, por secuestro, a una pena suspendida de prisión, de seis años de cárcel.

La misión de socorro en Alexandra enseñó a Stedman y Williams como actuaba Brown en el escenario internacional, asociándose al dinero de Oprah y acumulando prestigio para ella, así como para él mismo. Aprendieron que dar publicidad a las buenas obras rinde buenos resultados. Más tarde, los dos hombres se asociaron y formaron el Graham Williams Group (GWG), una empresa de relaciones públicas que Stedman utilizó para promocionar sus libros de autoayuda. Por su descripción parecía que Graham Williams Group era el no va más. «La firma ayuda a la gente a convertirse en todo lo que pueden ser —le dijo a un periodista—. Maximiza los recursos y ayuda a las pequeñas empresas para que lleguen a ser grandes corporaciones y a las grandes corporaciones para que lleguen a ser multicorporaciones.»

Cuando le preguntaron qué quería decir con esto, su socio en el negocio se encogió de hombros. «Stedman y yo somos muy amigos desde hace tiempo —afirmó Armstrong Williams, en 2008—. Pero con Oprah he tenido mis problemas a lo largo de los años, así que ahora sólo trato con él». Williams quitó de su casa las dos fotos que Oprah le había dedicado («Para Armstrong, mi compinche, Oprah» y «Para Armstrong. ¡Lo hiciste genial en el programa! Gracias. Oprah»), y las metió en un paquete junto con los papeles que donó a la Universidad de Carolina del Sur.

Oprah empezó a enfriar su amistad con Williams poco después de que el periodista David Brock escribiera en su libro *Blinded by the Right* que Williams se le había insinuado sexualmente. Más tarde, Williams fue denunciado por un compañero de trabajo por acoso sexual, pero llegó a un acuerdo fuera de los tribunales. Oprah se distanció de él por completo cuando se hizo público que a Williams, por entonces comentarista conservador, la administración de George W. Bush le había pagado 240.000 dólares, en secreto, para promocionar la polémica ley denominada Ningún Niño Rezagado. Los medios acusaron a Williams de conducta no ética y posible uso ilegal del dinero de los contribuyentes. El sindicato del periódico dejó de publicar su columna, perdió su programa de televisión y, tras una investigación que duró un año, tuvo que devolver 34.000 dólares al Departamento de Educación de los Estados Unidos por haber cobrado demasiado.

Lo que Oprah no sabía era que, para entonces, Armstrong Williams estaba en la nómina de algunos periódicos y revistas sensacionalistas, y enviaba regularmente información a *National Enquirer, The Star* y *Globe* para los artículos en exclusiva sobre Oprah. «Tenía línea directa en sus oficinas y sabíamos cada paso que daba, porque Stedman y ella intercambiaban su programa cada dos semanas y Armstrong nos hacía llegar copias —dijo el ex editor de uno de estos periódicos—. Así que sabíamos adónde iban y qué hacían; por eso nuestros fotógrafos conseguían las fotos íntimas que publicábamos, en especial durante sus vacaciones juntos».

Sin darse cuenta, Oprah había iniciado el doble juego al contratar a Armstrong para que fuera su enlace con esos medios con el objeto de hacerles llegar noticias sobre sus buenas obras. «Te aseguro que Oprah sabía, sin ninguna duda, que Armstrong trabajaba con nosotros para ella, pero lo que no sabía es que también trabajaba para nosotros, contra ella —dijo un redactor senior de una de estas publicaciones, involucrado en la relación—. Oprah se obsesionó tanto con nuestra cobertura que hizo que Jeff Jacobs nos llamara para negociar. No fuimos nosotros quienes nos pusimos en contacto con ella, sino ella quien nos buscó, para intentar lograr algún control sobre lo que estábamos publicando sobre ella. Hablamos con Jacobs y acordamos llamarlo cuarenta y ocho horas antes de la publicación de cualquier cosa relativa a Oprah. Nos dijo que había cuestiones delicadas, en especial sobre el peso, pero no estaba obsesionado por esa cuestión, como lo estaba ella. [...] Jacobs nunca traicionó a Oprah, pero Armstrong sí que lo hizo y para nosotros fue una fuente fantástica de información, y lo fue durante mucho, mucho tiempo. [...] En un momento dado, incluso me puso al teléfono con Stedman y pudimos iniciar una relación también con él.»

En 1988 Stedman se trasladó a Carolina del Norte para trabajar con Bob Brown, de B&C Associates, ex agente de policía al igual que él, y adoptó sin problemas el conservadurismo de Brown. «Te digo que Stedman es republicano hasta la médula —afirmó Armstrong Williams—. Oprah está influida por la política de Hollywood. No puede evitarlo. Ella es así; Stedman no. Es un individuo muy conservador.»

Oprah reconoció sus diferencias políticas con Stedman cuando le preguntaron si abortaría en caso de descubrir durante el embarazo que su hijo podía nacer sin brazos ni piernas. «Sí, claro que sí —contestó—. Sé que molestaría a muchas personas, pero en esto tengo las ideas muy claras. Quiero que mi hijo llegue al mundo con todas las oportunidades que la naturaleza pueda darle. Por supuesto, una vez que ha nacido, haces frente a lo que la naturaleza te ha dado, pero si yo supiera por adelantado que mi hijo sería un discapacitado, querría, definitivamente, abortar. No obstante, Stedman no está de acuerdo conmigo en absoluto. Entre nosostros sería una GRAN DISCUSIÓN. Cuando lo piensas, es terrible querer a alguien con quien discrepas en una cuestión tan fundamental».

Como pareja, Oprah y Stedman estaban unidos por su devoción al evangelio de la autoayuda. Ambos eran ambiciosos y leían cuanto se publicaba sobre la superación personal, desde *Creative Visualization* (Visualización creativa) y *Psycho-cybernetics* (Psicocibernética) hasta *The Nature of Personal Reality* (La naturaleza de la realidad personal) y *The Road Less Traveled* (El camino menos recorrido). Compartían creencias religiosas parecidas —Oprah afirmaba que cada noche se arrodillaban para decir sus oraciones antes de acostarse— y durante ocho años asistieron a la Trinity United Church, del Reverendo Jeremiah Wright, en Chicago. Ambos sufrieron a causa de las insidiosas divisiones de color dentro de su propia cultura: Oprah al sentirse demasiado oscura, y Stedman envidiado por su piel demasiado clara. El padre de Stedman, pintor de brocha gorda, y su madre, ama de casa, eran primos hermanos, según Carlton Jones, primo tercero de Stedman, quien dijo que los padres de Stedman se habían casado para conservar la piel clara, característica de la familia.

«Hay muchos matrimonios endogámicos en nuestra familia —afirmó Jones. Posteriormente vendió a un periódico una historia sensacionalista sobre Stedman, pero fue acusado de mentir por dinero—. Soy pariente de Stedman por parte de madre. Ella era una Spaulding. Los Spaulding, Graham, Mores y Boyds de por aquí eran todos gente de piel clara. Y llevan más de cien años casándose entre ellos.

»En nuestra familia han nacido personas que tienen un aspecto tan blanco como cualquier hombre blanco, algunos, incluso con rasgos caucásicos. Pero también hemos ha habido niños retrasados [...] que también se casan. Esa es la razón de que haya tantos retrasados en nuestro árbol genealógico. Primos en primer y segundo grado se casaban unos con otros, de ahí lo de la piel clara.»

Stedman dijo que ser llamado «blancucho» lo obligó a demostrar su valía dentro de su pequeña comunidad negra. Por añadidura, tuvo que vérselas con el estigma social con que cargaba la familia por los problemas de aprendizaje de sus dos hermanos menores, James y Darras. «Por aquel entonces, los llamaban 'retrasados', aunque ahora dicen que tienen 'discapacidad del desarrollo' —comentó—. Hoy hay muchos grupos de apoyo y programas para ayudar a las familias a hacer frente a esos problemas, pero nosotros, en esa época no teníamos acceso a ellos.» Refutó la afirmación de Carlton Jones de que sus padres eran primos hermanos, lo cual podía haber contribuido a la incapacidad mental de sus hermanos. Stedman dijo que se podía encontrar la prueba de lo que decía en una historia de la familia titulada *A Story of the Descendants of Benjamin Spaulding*.

Su primo Carlton afirmó que cuando Stedman era adolescente sus padres no le permitían llevar amigos negros a casa. «Su padre solía decirle: "¡No quiero que traigas a esos bastardos negros a mi casa!", y lo decía en serio. Stedman nunca llevó a su mujer o a su hija a casa por esa misma razón.» Tardó varios años en llevar a Oprah a Whitesboro, pero ella sí que lo llevó a Nashville, para que conociera a su padre, poco después de que empezaran a salir.

En aquel entonces, a Stedman todavía le costaba aceptar que la gente lo hiciera a un lado para conseguir un autógrafo de Oprah y que los interrumpieran, cuando cenaban en un restaurante, para abrazarla. No entendía que ella tolerara esas intromisiones ni que le gustaran las atenciones de unos desconocidos maleducados. En Nashville permanecía hundido en un sillón de la barbería de Vernon, mientras la gente del vecindario acudía en gran número a verla, tocarla, fotografiarla e incluso cantarle. Se preguntaba en voz alta si ella era capaz de diferenciar entre los que eran valiosos y los que sólo querían estar cerca de una celebridad. «¿Quién sigue aquí, cuando toda esta gente se ha ido? —preguntaba—. ¿A quién le importa ella de verdad? No creo que ella lo entienda, o quizá lo entiende y no deja que eso la afecte. Pero Oprah ha pasado por tanto, una infancia dura, una familia rota, que es difícil decir que no debería disfrutar de todo esto».

Oprah y Stedman acabaron convirtiéndose en pareja, pero aunque llevan dos décadas viviendo juntos, no se han casado. «Mira, yo siempre le digo: "Stedman, si nos hubiéramos casado, ya no estaríamos juntos" —le contó Oprah a Jann Carl, de *ET*—. Y él dice: "Seguro. Seguro que no estaríamos juntos". La nuestra no es una relación tradicional y el matrimonio es una institución tradicional, y hay ciertas expectativas que van aparejadas al matrimonio. La verdad es que él tiene su vida y su trabajo y yo tengo la mía, y no funcionaría.»

El padre de Oprah estaba de acuerdo: «Olvídate de la boda —dijo en 2008—. Nunca la habrá [...] No se casará nunca con Stedman porque [...] es muy independiente y no va a renunciar a nada por nadie [...] Está satisfecha con ser quién es. Con Oprah es "trabaja como un cerdo o muere pobre"». Vernon Winfrey, que entonces tenía setenta y cinco años y seguía trabajando en la barbería, le contó que los cerdos deben hozar para conseguir comida y no morirse de hambre, insinuando que Oprah necesitaba buscar la riqueza más que nutrir una relación. Parecía que Oprah refrendaba la valoración hecha por su padre cuando se declaró a favor de los acuerdos prenupciales. «Significa que no eres estúpida —afirmó—. Si alguien tratara siquiera de decirme que quería venir y coger la mitad de todo lo que tengo... ¡Ay, ay, ay... sólo de pensarlo...!». Y a *TV Guide* también declaró: «Para mí el matrimonio significa ofrecerte —sacrificarte— a la relación. Convertirte en uno con esa relación. En este momento, yo no soy capaz de hacerlo».

«Ni ahora, ni nunca —dijo Vernon, negando con la cabeza—. Mi mujer, Zelma, murió en 1996 y unos años después, cuando empecé a verme con la mujer (Barbara Williams) que se ha convertido en mi segunda esposa, Oprah me llamó y me preguntó: "¿Estás enamorado?".

»"¿Te puedes enamorar más de una vez?", le pregunté yo.

»"Sí", dijo ella.

»"No, no puedes", le repliqué. Pero mi padre solía decir: "Te puedes casar con alguien porque te gusta y luego el afecto crece. Es eso o puedes ir dando vueltas de aquí para allá, sin ir a ningún sitio". Así que yo estoy con alguien que me gusta.

»Oprah dijo: "Papá, me parece que soy como tú. Me gusta alguien, pero no estoy enamorada".

»"Entonces ¿qué te parece si hacemos una doble boda?"»

Oprah dijo que no.

Cuando Oprah empezó a salir con Stedman, no paraba de hablarle a los espectadores de su nuevo novio, «Steddie», de lo guapo que era, de lo romántico, de que quizás al final se casarían, que incluso quizá tendrían hijos. «Me parece que malcriaría a cualquier hijo que tuviéramos Stedman y yo —ponderaba—. Ya he malcriado a su hija, Wendy. Les digo a ella y a sus amigas: "Vale, os regalaré una expedición para ir de tiendas. Podéis pasar una hora en la tienda y comprar todo lo que deseéis".»

En una ocasión Oprah habló a los periodistas de que se le acababa el tiempo: «Algunos días deseo, de verdad, tener una niña, porque puedes vestirla y será tan mona [...] será como yo. Luego pienso que querría tener un chico, porque me gustaría llamarlo Canaan. Canaan Graham es un nombre con mucha fuerza».

Años más tarde, en una entrevista televisada para *A&E Biography* se acercó más a su propia verdad, al decir: «La verdad es que creo que lo que pasé a los catorce años fue la señal de que para mí el hecho de que los hijos formaran parte de la ecuación no era sino una mera suposición. He concebido; he dado a luz [...] y no me dio resultado. Estoy cómoda con la decisión de seguir adelante así».

Oprah confesó que su mejor amiga se sorprendió cuando reconoció que nunca había querido tener hijos: «Le dije: "No, nunca". Incluso cuando estábamos en séptimo, Gayle sabía que quería mellizos. Ella siempre dice: "Si no me hubiera casado, habría tenido un hijo. Me habría parecido que mi vida no estaba completa sin un hijo". Yo no siento eso, en absoluto».

Después de anunciar su compromiso en televisión, en 1992, y posar para *People*, Oprah lamentó haber hablado tanto de su relación con Stedman. «Alguien me dijo una vez: "Cada vez que mencionas su nombre, da la impresión de que lo haces porque ansías algo que no puedes tener". Nunca se me había ocurrido que era así como se percibía [...] Pero si no hubiera hablado de él, entonces todos se preguntarían: "¿Quién es el hombre misterioso?" o "¿Será Oprah lesbiana?".»

Años más tarde, la gente empezó a preguntárselo. Algunos clasificaron la relación de Oprah con Stedman como algo de conveniencia para los dos, chismorreando sobre su sexualidad e insinuando que cada uno ayudaba al otro a ocultar sus preferencias por el mismo sexo, en especial Oprah, a la que se veía en público con Gayle King con mucha más frecuencia que con Stedman. Los tres negaron que fueran homosexuales y lo mismo hicieron sus amigos más íntimos, pero los rumores continuaron, en particular en Hollywood, donde Oprah era amiga de unas cuantas estrellas glamurosas conocidas como «lesbianas chic».

Oprah, Gayle y Stedman no tardaron en convertirse en pasto para los humoristas. Kathy Griffin, que ganó un Emmy en 2008 por su *reality show*, divirtió a un público con un número importante de gays, en DAR Constitution Hall, en Washington, preguntando por qué Oprah había llevado a Gayle a los Emmy ese año. «¿Es que no puede bajar al sótano y desatar a Stedman? Sólo por una noche. —El público se partía de risa—. Oh, vamos —continuó Griffin—, Todos sabéis que apoyo a Oprah y a su novio, Gayle.»

En el programa de televisión de David Steinberg, Robin Williams imitó a la secretaria de Estado, Condoleezza Rice, hablando por teléfono con Oprah. Williams cruzó las piernas, ladeó elegantemente los pies y se llevó la mano a la oreja. «¡Oh, cielos! ¿Dices que Stedman ha vuelto a ponerse tu ropa? Eso no está bien. No está nada bien, en absoluto.» El público se rió de la parodia de la pareja de Oprah como travesti.

Por aquel entonces los dos estaban casi acostumbrados a las burlas públicas. Pensaban que ya se habían enfrentado a lo peor pero fue entonces cuando *News Extra*, un periódico canadiense, publicó un artículo titulado «¡Nuevo escándalo de Oprah! Su prometido Stedman tuvo sexo gay con un primo». «Ese fue el momento más difícil para mí —le confesó Oprah a Laura Randolph, de *Ebony*, sollozando mientras contaba la historia del primo gay de Stedman que decía que se había acostado con él en un motel de Whitesboro (Nueva Jersey).» Oprah dijo que los rumores sobre la sexualidad de Stedman «le hicieron daño, mucho daño» a éste, y se culpó a sí misma. «Si yo fuera delgada y guapa, a nadie se le ocurriría decir algo así. Lo que estaban diciendo era "¿Por qué iba un tipo guapo y heterosexual a estar con ella?".»

Oprah llevó un ejemplar del periódico a casa para enseñárselo a Stedman: «Fue muy valiente —dijo—; nunca lo he querido más. Me enseñó mucho durante aquel periodo. Cuando se lo di, lo miró y dijo: "Ésta no es mi vida. No tengo nada que ver con esto. Está claro que Dios quiere que aprenda algo". Entonces, ahí estoy yo, en medio de la habitación, llorando, histérica y ¿sabes que hizo entonces Stedman? Se puso a buscar en el armario mientras comentaba que debería poner suelas nuevas a los zapatos. Y yo me quedo atontada. ¡Poner suelas nuevas a los zapatos! Nunca he visto una hombría mayor en toda mi vida».

A los pocos días, Oprah y Stedman presentaron una demanda de 300 millones de dólares contra el periódico por difamación, invasión de privacidad e intención de infligir daños emocionales. Su abogado informó a los periodistas de que Carlton Jones había vendido la historia nueve meses antes a un periódico de los Estados Unidos, que no la había publicado porque los abogados de Oprah los convencieron de que era mentira. Ahora, añadió el abogado, Jones dijo que había mentido al periódico por dinero. *News Extra* decidió no responder a la demanda. «Creo que los editores decidieron que no iban a defenderse» dijo el director. Treinta y cinco días después, el juez Marvin E. Aspen del tribunal de distrito dictó un fallo por incomparecencia contra el periódico, con sede en Montreal, que había vaciado y cerrado sus locales. Oprah y Stedman se sintieron reivindicados por los titulares del día siguiente: «Oprah Winfrey gana el pleito por incomparecencia».

Pero Stedman todavía tenía que armarse de valor para aguantar la burla de que le llamaran «el señor Oprah», «el Señorito» o, como dijo el *National Review*, «el prometido, en última instancia, Stedman Graham, El señor Adelaide para el Nathan Detroit de Oprah». Al principio, Stedman se ponía furioso cuando se referían a él como «el novio de Oprah», pero después de una relación de siete años, Oprah le dijo que lo superara. «Es lo que más le molesta —declaró—. Pero yo le digo que, aunque se muera, aunque se marche, aunque acabe siendo el dueño de todo Chicago, la gente seguirá diciendo: "Ese es el novio de Oprah Winfrey".»

A Stedman continuaba irritándole la descripción. «No hay ningún respeto en ella —dijo—. Aunque ganas credibilidad al salir con una de las mujeres más poderosas del mundo, nadie te respeta por ello». El respeto es algo primordial para este hombre orgulloso, que trabajaba en una prisión cuando conoció a Oprah. Durante el día, vestía el almidonado uniforme de un guardia penitenciario, cuyo trabajo era cachear a los reclusos; por la noche se ponía unos mocasines con borlas, conducía un Mercedes y vivía lo que más tarde llamaría «una falsa vida».

A través de la bonita presentadora Robin Robinson, Stedman había conseguido entrar en la costa dorada de la sociedad negra de Chicago, que incluía a estrellas de los medios de comunicación como Oprah, atletas como Michael Jordan y la magnate del mundo editorial Linda Johnson Rice, cuya familia era propietaria de *Ebony* y *Jet*. Dentro de este círculo elitista había doctores de las universidades de la Ivy League, abogados, banqueros y profesores, que habían alcanzado la clase de éxito que Stedman nunca soñó que fuera posible para él. Aunque por su aspecto podía pertenecer al grupo de profesionales consumados —todos afables, listos y con estilo— él sabía que su título de la diminuta universidad baptista de Hardin-Simmons, en Abilene (Texas), le daba muy poco derecho a jactarse, y menos aún junto a los graduados de Harvard.

Volar tan alto tuvo un efecto transformador en Stedman, y pronto vio que el registro corporal de criminales no iba a darle la vida que quería. Los guardias de prisiones no se relacionan socialmente con Michael Jordan. Como estrella del baloncesto en el instituto y la universidad, el máximo deseo de Stedman era jugar para la NBA y que no lo seleccionaran fue la mayor decepción de su vida. Así que cuando Michael Jordan empezó a hacer anuncios y necesitó un sustituto, Stedman se lanzó sobre la ocasión, ansioso por ser parte —cualquier parte— del mundo de Jordan. Idolatraba al delantero de los Chicago Bulls, no sólo por sus asombrosas cualidades atléticas, sino por haber convertido su éxito en la cancha en un negocio lucrativo.

Deseoso de asociarse con los atletas profesionales, Stedman ideó un plan para crear la organización no lucrativa Atletas Contra las Drogas (ADD). Consiguió el respaldo de Michael Jordan para que otros atletas se unieran a él y firmaran vagas declaraciones diciendo que «estaban limpios de drogas y [...] eran modelos de conducta positivos para la juventud de hoy». Los términos de su primera declaración de misión eran igualmente vagos: «Educar a los niños para que tengan un modo de vida mejor». Luego lo refinó: «Educar a los jóvenes para que tomen decisiones sanas en su vida». Imaginaba la organización de apariciones públicas para atletas de renombre en acontecimientos y torneos deportivos, que serían avalados por patrocinadores corporativos, lo cual permitiría que pareciera que le iba bien haciendo el bien, mientras se asociaba con las estrellas del deporte. «No llaméis a Stedman *jock sniffer*[1] —advirtió Armstrong Williams—. Detesta esa imagen.»

1 Dícese del hombre que siempre anda dando vueltas alrededor de los atletas o deportistas en general, creyendo que esto lo situará en un nivel social más alto. *(N. de la T.)*

Para poner en marcha AAD, Stedman vendió su Mercedes, hizo efectivo su fondo de jubilación del sistema penitenciario y usó lo poco que había acumulado en su primer trabajo como policía en Fort Worth (Texas), seguido de los tres años en el ejército. Incluso sin ingresos o un plan de negocio, por fin sentía que tenía un propósito y un cierto estatus. Continuó trabajando de modelo para cubrir los gastos, después de dimitir del Departamento de Prisiones, donde, según afirmó, iba «camino de convertirse en director de prisión dentro del sistema federal».

La declaración de AAD hecha a Hacienda indica que la organización recauda una media de 275.000 dólares al año, la mayoría procedentes de un torneo de golf anual de famosos. Los donantes a AAD pagan por la cena de gala anual que permite que Stedman se siente a la mesa principal en compañía de atletas profesionales. No hay duda de que presidir Atletas Contra las Drogas le da un título importante, pero no un salario. En algún momento, antes de 2002, tuvo que prestarle a su organización más de 200.000 dólares para mantenerla a flote. No se especifica la manera en que AAD distribuye los fondos «para educar a los jóvenes para que tomen decisiones sanas en su vida».

Oprah, que no reconoció públicamente que consumiera drogas hasta 1995, se lo contó a Stedman al principio de su relación. «Me preocupaba cómo le afectaría, pero supo desde el principio que era uno de los secretos a los que me costaba enfrentarme y me animó para que no dejara que fuera un gran miedo —dijo—. Él nunca ha tomado drogas y no bebe alcohol.»

Stedman estaba decidido a mejorar su suerte, pero si necesitaba un acicate, no hay duda de que Oprah se lo proporcionó cuando le preguntaron si le importaba lo que un hombre hacía para ganarse la vida. Oprah no vaciló y dijo: «Me importa y mucho que cave zanjas. Sé que parece elitista. Pero aspiro a tanto en mi propia vida —quiero hacer realidad todo mi potencial humano— que no comprendo a la gente que no aspira a hacer ni ser nada».

Las ambiciones de Oprah eran gigantescas y su ansia de reconocimiento, casi insaciable. Sin botón de *Off*, su motor funcionaba constantemente, y atestaba sus días y sus noches con una actividad incesante. «Mi programa es caótico, pero es exactamente la clase de vida que siempre he querido —dijo—. Siempre he dicho que quería estar tan ocupada que no tuviera tiempo ni de respirar.»

Cada mañana, después del programa de entrevistas, por lo menos en los primeros años, pasaba tiempo con el público; estrechando manos, posando para fotos o firmando autógrafos. Se reunía con los productores para hablar del programa del día siguiente y analizaba los índices de audiencia del día anterior. Seguía adelante con sus planes para construir su estudio de diez millones de dólares («Tengo que pasar de millonaria a magnate»); buscaba papeles en el cine («Voy a ser una gran, gran estrella»); compraba derechos de libros para producir sus propias películas, la primera la biografía de Madame C. J. Walker, que creó cosméticos para mujeres negras, que se vendían de puerta en puerta, una actividad que la convirtió en la primera mujer millonaria *self-made* de los Estados Unidos. Oprah consideró la posibilidad de crear su propia línea de ropa para «la mujer más robusta», porque no conseguía encontrar trajes de diseño de su talla. Cuando encontraba algo que le gustaba, su ayudante de vestuario tenía que comprar dos trajes de la talla más grande disponible y hacer que de los dos confeccionaran uno, lo cual era costoso y llevaba tiempo. Se reunió con Lettuce Entertain You Enterprises, de Chicago, para hablar de abrir un restaurante. Estaba de acuerdo en ser socia, pero no en permitir que usaran su nombre, porque si fracasaban, no quería que le echaran la culpa. Quería poner en marcha un instituto para mujeres como una «extensión de lo que tratamos de hacer durante una hora en el programa. [...] No se me ocurre otro nombre que centro para la superación personal». Trabajó con Maya Angelou para escribir una obra, un monólogo para una mujer, y llevarlo a Broadway, y habló de escribir su autobiografía. Oprah sabía que 1987 era su momento, cuando los negros estaban en primera línea en la política (Jesse Jackson), el cine (Eddie Murphy), la música (Whitney Houston), las noticias en cadena (Bryant Gumbel) y la televisión en horario de máxima audiencia (Bill Cosby).

Decidida, costara lo que costara, a estar presente, también ella, en el horario de máxima audiencia, Oprah quería ser la estrella de su propia serie, como Bill Cosby. «La produciré y la venderé a la cadena —afirmó—, y será un éxito arrollador». Habiendo demostrado su genio en la televisión, consideraba que tenía un talento innato para una comedia sobre lo que pasa entre bastidores en un programa de entrevistas, basado en Chicago. Vendió la idea de *Chicago Grapevine*, y en 1987, pasó semanas yendo y viniendo en avión a Los Ángeles para trabajar en el episodio piloto, pero al final, a Brandon Stoddard, presidente de ABC Entertainment, no le convenció. Decidió que la idea estaba «mal orientada»; dijo que el personaje de Oprah no estaba bien retratado como «directo y realista», y canceló la serie de trece semanas. Oprah no vio la cancelación como un fracaso, ni siquiera como un contratiempo. Era simplemente otro paso en su evolución mística.

Después de llenar sus días, reservaba sus noches y fines de semana para sesiones fotográficas, entrevistas y apariciones públicas. «Ni siquiera hacer el programa de entrevistas número uno es suficiente, para mí es como respirar; necesito algo más», declaró. Quería que Stedman la acompañara a todas partes, como para exhibirlo y, quizá también, para demostrar que podía atraer a un hombre que estaba tan bueno.

Cuando llevaban un año de relación, sufrieron el ataque de la primera de las muchas «exclusivas» de los tabloides; en ésta afirmaban que Stedman había cancelado su boda. Oprah que no había aprendido a hacer oídos sordos a ese tipo de prensa, se puso hecha una furia y denunció el artículo en su programa y ante todos los periodistas a su alcance.

«Es indignante —dijo a Bill Carter, de *The Baltimore Sun*—. Íbamos a demandarlos hasta que la revista prometió retractarse. El artículo decía que me había dejado plantada, que yo no paraba de llorar y que pensaba pedir una excedencia del programa. Que estaba destrozada y resentida. Y hablaban del vestido de boda que no podría ponerme hasta perder peso. Ha sido lo peor que he leído nunca. No recuerdo haberme sentido tan mal. Porque la gente lo creía y por la clase de imagen que no sólo he creado, sino en la que creo: mujeres que son responsables de sí mismas. Por eso, el que te retraten hecha pedazos porque te ha dejado plantada un hombre... Eso fue demasiado. Fue incluso peor que lo del traje de boda».

Le dijo al periodista que había llamado a Jackie Onassis en busca de consuelo. «Ella me había llamado antes para hablar de la posibilidad de hacer un libro —contó Oprah—, y me dijo que no puedo controlar lo que otros escriben.»

La conversación con Jacqueline Onassis está debidamente recogida en el artículo de Carter. «Parece que hay un lado de Oprah que quiere que te enteres de toda la gente fabulosa con la que su fama la ha puesto en contacto —escribió—. Es una de las personas más impresionantes de los Estados Unidos en lo que respecta a su capacidad para mencionar a gente importante para darse aires: la llamada a Jackie O.; el programa con Eddie (Murphy); la cena en Nueva York, en una mesa junto a la de Cal [Klein]; el acuerdo para los derechos cinematográficos con Quince [Jones]».

Sin embargo, Oprah se apresuró a asegurarle al periodista que, pese a toda su nueva riqueza y fama, y sus amigos célebres, seguía siendo tan normal y corriente como los que veían su programa y la querían tanto. «De verdad, sigo pensando que soy como cualquier otra —afirmó—. Soy sólo yo misma.»

10

Cuando, el 12 de enero de 1987, Oprah apareció en la portada de la revista *People*, alcanzó la cima como centro de todas las miradas. Fue la primera de sus 12 portadas en *People*, en veinte años, un número que la situaba en la misma categoría que la princesa Diana (52 portadas), Julia Roberts (21 portadas), Michael Jackson (18 portadas) y Elizabeth Taylor (14 portadas). Que la crónica de las celebridades la coronara la convirtió, al instante, en un icono de la cultura popular, y no cabía en sí de alegría. Los que la rodeaban no estaban tan contentos.

Le amargó la vida a su familia al hablar en el artículo de los abusos sexuales que sufrió de adolescente, algo que ellos continuaron negando. Molestó a las víctimas de abusos en la infancia al decir que la atención recibida le había parecido agradable y que mucha de la confusión y culpa por los abusos sexuales es debida a que «te hace sentir bien». Insultó a sus hermanas con sobrepeso diciendo: «Hay mujeres, siempre mujeres negras, de 135 a 180 kilos, que se me acercan anadeando, bamboleándose calle abajo, y me dicen: "¿Sabes?, siempre me confunden contigo". Las veo venir. Me digo: "Aquí llega otra que cree que se me parece"». Se ganó la enemistad de su alma máter por su repetido «la odiaba, la odiaba, la odiaba», al referirse a la universidad estatal de Tennessee, y por sus referencias a lo incómoda que se sentía cuando la abordaba alguien de sus días universitarios.

En respuesta a sus hirientes comentarios, su familia guardó silencio; las víctimas de abusos en la infancia se callaron; las mujeres obesas se mordieron la lengua y la Universidad Estatal de Tennessee (TSU) se puso panza arriba y la invitó a pronunciar el discurso de la ceremonia de entrega de diplomas. Fue el primer vislumbre del nuevo traje de la emperadora. Como diría Oprah años más tarde: «En esta sociedad nadie te escucha, a menos que tengas joyas lujosas, dinero, poder e influencia». Habiendo adquirido todo eso y más, ahora ejercía una mareante clase de poder que obligaba a muchos a callar, incluso a doblar la rodilla, frente a los insultos.

La invitación de la TSU resultó una pesada carga para muchos. Renard A. Hirsch, sénior, abogado de Nashville, escribió una carta al director del periódico

The Tennessean, el medio escrito más importante de la ciudad, diciendo que había ido a la escuela con Oprah y no recordaba la ira que, según ella, imperaba allí. Otros estudiantes de la TSU se molestaron también. Greg Carr, presidente del organismo de gobierno estudiantil, dijo que Oprah «hablaba de la TSU como un perro». Roderick McDavis (de la promoción de 1986) escribió una carta al director de *The Meter*, el periódico de los estudiantes, diciendo: «Algunos trabajamos demasiado duro en la TSU como para que ahora venga alguien que no acabó los estudios y degrade y desacredite nuestra escuela». A falta de tres horas de créditos, Oprah no llegó a graduarse en la TSU.

El director de *The Meter*, Jerry Ingram, reconoció las reacciones negativas que Oprah había despertado: «Algunas personas se escandalizaron... Si dijo aquello en *People*, se preguntan qué dirá en la entrega de diplomas».

Unos cuantos estudiantes que pensaron que Oprah trataba de congraciarse con el público blanco con comentarios sobre negros «furiosos» pronosticaron que cuando Oprah llegara al campus recibiría un alud de silbidos y abucheos. El escándalo en la TSU surgió no sólo porque una mujer negra había denigrado a una universidad históricamente negra y puesto a los estudiantes a la defensiva, sino porque era la mujer negra más famosa del país y los había vilipendiado en una revista nacional que llegaba a veinte millones de personas. Las palabras de Oprah fueron particularmente hirientes porque la TSU, acuciada, en aquellos momentos, por unas instalaciones inadecuadas y unos programas malos, se estaba sometiendo, por orden judicial, a un plan para erradicar los perniciosos efectos de la segregación, que tardaría otros nueve años en completarse.

Es interesante constatar que la universidad no ofreció a Oprah ningún título honorífico, lo cual suele ser lo más habitual para los oradores del día de la graduación. En cambio, le ofrecieron una placa «en reconocimiento a la excelencia en la televisión y el cine». A su vez, Oprah les pidió el título universitario que le habían negado en 1975. La TSU aceptó entregarle un diploma y graduarla con la clase de 1987, si escribía un trabajo para cumplir con los requisitos. (Al parecer lo hizo, aunque la universidad no quiso confirmarlo ni Oprah tampoco.)

El 2 de mayo de 1987, día de la graduación, fue un sueño hecho realidad para Vernon Winfrey, que tenía, por fin, a alguien de la familia con un título universitario: «A pesar de que he hecho unas cuantas cosas en mi vida —bromeó Oprah en su discurso—, cada vez que llamaba a casa, mi padre decía: "¿Cuándo vas a conseguir ese título? No valdrás nada sin ese título...". Así que hoy es un día muy especial para mi padre». Agitó el diploma en dirección a Vernon, que sonreía de oreja a oreja en la primera fila.

Oprah llegó a Nashville como una estrella de cine. Dijo a los periodistas que había volado, con su séquito, en un reactor alquilado y que en el aeropuerto la estaban esperando dos limusinas grises. Entró en el campus, con unos zapatos de tacones altos, de un brillante charol amarillo, a conjunto con la banda también amarilla que llevaba sobre la toga negra de graduación. Encandiló al público con su discurso; una mezcla de intenso fervor religioso y divertido buen humor. Mitigó lo hiriente de sus comentarios en *People* con el anuncio de sus planes para financiar diez becas, con el nombre de su padre. Tres meses más tarde, cuando extendió el primer cheque (50.000 dólares), pidió a la universidad que enviara a alguien en avión a Chicago para recogerlo y fotografiarse con ella, unas fotos que pasó a Associated Press. «Esta donación es, sin duda, un hecho histórico para nosotros, porque no habíamos tenido un apoyo de esta clase en el pasado», dijo el doctor Calvin O. Atchison, director ejecutivo de la TSU Foundation, reconociendo que la donación de Oprah era la más elevada que la universidad había recibido nunca.

Durante los ocho años siguientes, Oprah se comprometió a dotar de fondos a las becas, que lo cubrían todo , comida, alojamiento, libros y enseñanza, más el dinero para gastos varios del becado. Eligió a los ganadores de la beca de una lista de estudiantes nuevos y se aseguró de que todos conocieran el requisito de mantener una media de B. Cuando un par de ellos bajaron de nota, les escribió: «Entiendo que el primer año es difícil de verdad y que hay que adaptarse a muchas cosas. Creo en ti. Todos acordamos que la media sería de 3, no de 2,483, y quiero que mantengas tu parte del acuerdo, porque yo tengo intención de mantener la mía».

Pero sus buenas intenciones fracasaron en 1995, cuando una de las estudiantes becadas acusó a Vernon Winfrey de acoso sexual, después de acudir a él en busca de ayuda para conseguir fondos adicionales. «Necesitaba el dinero para asistir a unas clases de verano de microbiología —contó Pamela D. Kennedy—. El señor Winfrey [era] amigo de la familia y me pidió que me reuniera con él en su barbería. Yo esperaba que fuera un encuentro breve.»

Al cabo de veinticinco minutos, según afirmó la estudiante, Vernon, que entonces tenía sesenta y dos años, se disculpó para ir al baño. Aseguró que al volver, se lo mostró todo e hizo un gesto obsceno antes de agarrarla, besarla y pedirle que lo tocara. «"Yo te estoy haciendo un favor —dijo Vernon—, y tú tienes que hacerme un favor a mí. Mañana es mi cumpleaños y podrías hacer feliz de verdad a un viejo. Vamos, bonita".»

»En aquel momento supe que me había tendido una trampa —declaró Pamela—: me había hecho ir a la tienda a propósito, cuando estuviera cerrada, de modo que pudiéramos estar solos. Otras chicas podrían aceptarlo, pero yo no iba a prostituirme. Le dije: "¡Cómo se atreve! No me importa si es el padre de Oprah y puede ayudarme. Me niego a hacerlo con usted".»

Pamela afirmó que en ese momento escapó corriendo de la barbería y que Vernon la persiguió por la calle, tratando de reparar el daño: «"Eh, cariño, espero que esto no eche a perder nuestra amistad"», decía.

El mismo día de los hechos, el 30 de enero de 1995, la estudiante, de veintiocho años, presentó una denuncia en la comisaría de policía de Nashville contra Vernon, ex miembro del Consejo Metropolitano. El delito de exhibicionismo acarreaba una multa de hasta 2.500 dólares y una pena de prisión de varios meses. Vernon negó los cargos. «Lamento el día en que dejé que esa chica pusiera los pies en mi barbería —declaró—. Está claro que lleva el símbolo del dólar en los ojos.»

Cuando el escándalo sexual llegó a la prensa, Oprah guardó silencio durante un par de días. Luego emitió una declaración, apoyando incondicionalmente a su padre: «Es uno de los hombres más honorables que conozco —afirmó—. En su vida, tanto personal como profesional, siempre ha tratado de hacer lo que correcto y ayudar a los demás».

Cuando la policía empezó a investigar a Vernon, Oprah envió abogados a Nashville para ayudarlo. La denunciante pasó la prueba del detector de mentiras, que se hizo pública, pero unas semanas más tarde, la fiscalía decidió que no había suficientes pruebas para demostrar la acusación más allá de toda duda razonable y desestimaron los cargos contra Vernon, en gran parte porque el abogado de la estudiante, Frank Thompson-McLeod, buscó el soborno de modo que retiraría los cargos si Vernon pagaba una cierta suma de dinero. El abogado fue detenido y perdió su licencia. Pamela D. Kennedy no fue acusada. «He llegado a la conclusión de que la codicia es la única razón de que haya hecho esto», dijo el juez, después de sentenciar al abogado a una pena de prisión de treinta días.

«Yo sabía, conociendo a Dios como lo conozco, que eso sería lo que pasaría —comentó Oprah—, pero no dejo de preguntarme: "¿Por qué ha pasado esto y qué se supone que tengo que aprender de ello?".» La respuesta, creía, era lo que le había estado diciendo a su padre; que su fortuna y su fama eran tan inmensas que la gente trataría de utilizarlo a él para llegar hasta ella. «Mi padre sigue sin saber quién soy —le contó a *Ebony*, diciendo que Vernon no comprendía lo enorme que era su celebridad—. Por eso creo que tenía que pasarle algo así para que viera que no puede ser el señor simpático-simpático. —Añadió que se sentía culpable—. Si yo no fuera su hija, no le habría pasado nada de eso. —Pero mayor que la culpa era su preocupación por cómo la acusación podía afectarle—. Durante un tiempo estuve muy preocupada por él, porque pensaba que aquello iba a quebrantarle el ánimo.»

El escándalo sexual supuso el final de la participación de Oprah en la TSU y las becas Vernon Winfrey. «Lo intentaron todo para restablecer la conexión, pero ella se negó a volver a Nashville —dijo Brooks Parker, ex asesor del gobernador Donald K. Sundquist—. Propuse que el alcalde y el gobernador le enviaran una invitación, diciendo que le iban a conceder un premio especial, votado por la asamblea legislativa estatal, por ser la más destacada hija predilecta de Tennessee, o algo parecido [...] Estaba pensado en algo como una celebración de toda la ciudad, que tendría lugar en el campus de la TSU [...] Le pedí a Chris Clark, su primer jefe, que le escribiera una carta, y lo hizo, una gran carta. Luego le escribí yo, diciendo: "El estado y la ciudad están decididos a rendirle un digno homenaje". Pero nunca contestó.»

Después de enviar su carta, Chris Clark, que sabe nadar y guardar la ropa, llamó a la secretaria de Oprah y le pidió que le dijera que no hiciera ningún caso de lo que le había escrito. «Le dije que había escrito la condenada carta porque tuve que hacerlo y que no le prestara ninguna atención. No tenía por qué volver a casa. Nadie más iba a recibir aquel premio. Era sólo un ardid publicitario para que fuera a Nashville y la asociaran con la TSU.» Así pues, Oprah rechazó el premio del gobernador.

Después de eso, Oprah volvió pocas veces a la ciudad excepto, en algunas ocasiones, para ver a su padre. «Cuando viene, envío a mi hijo adoptivo [Thomas Walker] a recogerla al aeropuerto, en su coche de la policía —dijo Vernon—. Trabaja en la comisaría del *sheriff* del condado de Davidson». Incluso en esas visitas imprevistas, cuando salen a almorzar, a Oprah le dan la lata pidiéndole dinero. «Fuimos a la cafetería —explica Barbara, la segunda esposa de Vernon—, y una mujer le pasó una nota pidiéndole 50.000 dólares». Oprah no hacía caso de la mayoría de peticiones de los líderes civiles de la ciudad para que colaborara en proyectos locales. «Nadie en Nashville puede llegar hasta ella —afirmó Paul Moore, de la William Morris Agency—. Ni siquiera Tipper Gore.»

La negativa actitud de Oprah hacia Nashville se hizo más evidente cuando, en mayo de 2010, las lluvias torrenciales inundaron la ciudad, causando diez muertos y unos daños materiales valorados en 1.500 millones de dólares. En ocasiones anteriores, Oprah había movilizado su organización benéfica Angel Network para donar un millón de dólares a Haití devastada por el terremoto de enero de 2010. Sin embargo ahora, cuatro meses más tarde de los hechos de Haití, Oprah no hizo prácticamente nada para ayudar a la gente de Nashville. Cierto es que invitó a Dolly Parton a su programa para solicitar fondos, pero no proporcionó una página en <www.oprah.com> con enlaces para hacer donaciones. Tampoco utilizó Twitter ni el blog de su página web para recuadar dinero y pedir ayuda. A algunos, ese desaire debió de sentarles como una bofetada.

Al mismo tiempo que Oprah dotaba de fondos las becas de la TSU, se convirtió en benefactora de Morehouse College, una escuela privada para hombres y alma máter de Martin Luther King, Jr., en Atlanta (Georgia). «Lo hice porque me importan los hombres negros, de verdad —afirmó—. Las dos últimas películas en las que he actuado (*El color púrpura* y *El paria*) no dejan muy bien a los hombres negros, pero en mi vida hay grandes hombres negros: mi padre y Stedman.»

Después de recibir un doctorado *honoris causa* de Morehouse, en 1988, Oprah creó el fondo para becas dotado por Oprah Winfrey, al cual donó 7 millones de dólares. «Cuando empecé a ganar dinero, mi sueño era pasarlo a otros, y quería enviar a cien hombres a Morehouse —dijo en 2004—. En este momento, estamos en 250 y quiero que lleguemos a mil.» Opinaba que cosechaba mucho más reconocimiento de los hombres de Morehouse de lo que nunca había recibido de la TSU.

Con los años, Oprah llegó a ser una oradora muy valorada en las entregas de diplomas de universidades, entre ellas Wesleyan, Stanford, Howard, Meharry, Wellesley y Duke. En cada discurso, citaba la relación especial que tenía con la universidad, a través de un amigo o pariente, y compartía su convicción de alcanzar la grandeza por medio del servicio. Siempre invocaba la gloria de Dios y la necesidad de alabarlo. Luego, en algún momento, descendía de lo elevado a lo terrenal.

Cuando su sobrina, Chrishaunda La'ttice Lee se graduó en Wesleyan, en 1998, Oprah se pasó una parte de su alocución de diez minutos hablando de «hacer pipí». «Lo único que recuerdo, al cabo de diez años, es a Oprah hablando de ella y el baño —dijo una alumna de la promoción de 1998—. Muy atípico en una entrega de diplomas.»

En el año 2008, en la graduación de la hija de Gayle King, Kirby Bumpus, en Stanford, Oprah citó a Martin Luther King, Jr., quien había dicho: «No todos pueden ser famosos». Luego añadió: «Hoy parece que todo el mundo quiere ser famoso. Pero la fama es un viaje. La gente te sigue hasta el baño; escuchan como haces pipí. Procuras hacer pipí sin hacer ruido. No importa. Van y dicen: "Oh, Dios mío, eres tú. Has hecho pipí". Ése es el viaje a la fama; no sé si es lo que queréis».

Chica de pueblo, con un humor de urinario, a Oprah le gustaba escandalizar a los mojigatos anunciando, cada dos por tres, que tenía que «hacer pipí» o «ir a hacer pis, pipí, pipisote». Con los años suavizó lo rústico de sus modales y aprendió a comportarse en sociedad. Dominó la etiqueta de las notas de agradecimiento y el arte del regalo a la anfitriona, y daba instrucciones al público para que no llegaran nunca a casa de alguien con las manos vacías. «Llevad jabones, jabones buenos de verdad», aconsejó en una ocasión. Vapuleaba a los que mascaban chicle y a los fumadores, y siempre daba la propina adecuada. Enviaba lujosos ramos de flores en las ocasiones especiales y no olvidaba nunca el cumpleaños de sus amigos. Una vez, se gastó cuatro millones de dólares en el alquiler del yate *Seabourn Pride* para un crucero de una semana con doscientos invitados, para celebrar el setenta cumpleaños de Maya Angelou. Pero, pese a todos sus finos detalles sociales, en algunas ocasiones, Oprah seguía empleando expresiones groseras, y, de esas ocasiones, muchas, eran en público.

Algunos pensaban que estas meadas fuera de tiesto eran divertidas y parte del atractivo básico, terrenal de Oprah, quizás atribuibles a los años del retrete en el exterior, en Kosciusko, y de tener que vaciar el orinal. Otros, simplemente, creían que eran salidas de tono groseras, malsonantes e inapropiadas.

Ante un público de pago, en el Kennedy Center for the Nation's Capital Distinguished Speakers Service, Oprah comentó sus momentos en un cubículo de los servicios del aeropuerto O'Hare. Una información parecida es la que Oprah ofreció ante las seis mil personas reunidas por la American Women's Economic Development Corporation, en Nueva York. Entre citas inspiradoras de Sojourner Truth y Edna St. Vincent Millay, contó a una multitud atronadora: «Ni siquiera puedo orinar tranquilamente, ¿saben?, porque en todos los sitios adonde voy la gente que hay en los servicios quiere que les firme el papel higiénico».

En una ocasión, su deseo compulsivo de hablar de las funciones corporales dejó sin palabras a su mejor amiga, cuando se enteró de que Oprah había compartido con la audiencia de su programa nacional los detalles gráficos del momento del parto del segundo hijo de Gayle. «Dijo que me había hecho caca por toda la mesa durante el parto —recordaba Gayle, durante una sesión de preguntas y respuestas con Oprah—. Después de eso, la gente me paraba, de verdad, por la calle.»

«¿Sabes?, ahora, pensándolo mejor creo que quizá debería haber reflexionado antes de decir aquello —dijo Oprah—. Pero estaba hablando del embarazo, de lo que pasa realmente, y esa es una de las cosas que nunca te dicen. Gayle dice: "Bueno, mira..."»

«[Le dije] "la próxima vez que hables de cagar encima de una mesa, por favor, no menciones mi nombre" —dijo Gayle—. Por entonces, yo era presentadora de informativos [WSBF-TV, en Hartford (Connecticut)]. "Soy Gayle King, la presentadora de *Eyewitness News.*" Y la gente decía: "Oye, te vi en las noticias. No sabía que te habías hecho caca por todas partes".»

Durante un discurso en un almuerzo para recaudar fondos para el Museo del Holocausto, Oprah pasó un fragmento de película de su visita a Auschwitz (24 de mayo de 2006), con Elie Wiesel. El programa había sido anunciado en una chocante valla publicitaria, en Sunset Boulevard, de Los Ángeles, donde aparecía Oprah con una sonrisa deslumbrante, junto a la frase: «OPRAH VA A AUSCHWITZ. Miércoles, a las 15.00 h». Esta frase provocó duros comentarios en Internet.

«En realidad es un episodio de una serie en la que Oprah se va de gira por lugares históricos donde se cometieron atrocidades:

»¡Jueves, Oprah en *Beach Blanket Bosnia*!»[1]

»¡Alerta Hiroshima! Oprah aprende la diferencia entre *sushi* y *sashimi*... ¡oh!, y alguna cosilla más sobre el envenenamiento por radiación, el viernes.»

Por desgracia, la entrevista que Oprah le hizo a Elie Wiesel en ese viaje fue, según la valoración que hizo la web <www.frontpagemag.com>, «insulsa». Oprah parecía tonta mientras recorría los terrenos helados del campo de exterminio. «Ah —decía—. Increíble... ah... ah... increíble...»

Es cierto que la visión de los hornos utilizados para eliminar a seres humanos deja sin palabras, pero al entrevistar a Wiesel, Oprah sonaba como Doña Eco:

WIESEL: Había tres en cada camastro.

OPRAH: Tres en cada camastro...

WIESEL: Paja.

OPRAH: Paja...

WIESEL: Había árboles.

OPRAH: Había árboles...

WIESEL: Pero no los mirábamos.

OPRAH: Pero no los miraban.

Con frecuencia Oprah repite lo que dicen sus invitados, como si fuera una intérprete de Berlitz.

Más tarde, Oprah vendió los DVD de su viaje con Wiesel en The Oprah Store, en la acera que hay frente a su estudio, por 30 dólares cada uno; fue lo que un crítico denominó *Holopasta*.

Durante su discurso en el Museo del Holocausto habló de la devastación de los campos de concentración y luego, inexplicablemente, pasó a lo difícil

---

1 Referencia a *Beach Blanket Babylon,* el musical que lleva más tiempo representándose en los Estados Unidos. (*N. de la T.*)

que era ser famosa e ir a los urinarios públicos. Dijo que había utilizado los lavabos hacía un rato y que la persona del cubículo de al lado dijo: «Orinas como un caballo». A continuación, informó al público, que había ido para donar dinero en recuerdo de los seis millones de judíos que habían perecido en los campos de exterminio, que había decidido que, a partir de aquel momento, pondría montones de papel en el váter para ahogar el ruido que hacía al orinar. Robert Feder escribió en el *Chicago Sun-Times* que fue «una de las declaraciones más escandalosas» del año.

«No sé qué se apodera de Oprah y la hace hablar así, en los momentos más inapropiados —dijo Jewette Battles, que ayudó a organizar la visita de Oprah a Kosciusko en 1988—. Hizo algo parecido cuando volvió para inaugurar oficialmente la Oprah Winfrey Road [...] Acudió toda la ciudad para agasajarla por el Día de Oprah Winfrey y el alcalde le entregó las llaves de la ciudad. Fue algo muy importante. [...] Oprah es lo más grande que ha salido de Misisipí desde Elvis Presley. Así que, cuando subió al escenario del Attala County Coliseum, todos la aclamaban, felices de que estuviera allí y orgullosos de ella. [...] Al principio, los hizo reír y [...] luego, de repente, empezó a interpretar una obra sobre una esclava y la dueña de la plantación que la obliga a beber orina. [...] No sé de dónde salió eso de la orina —si era algo del libro *Jubilee* o qué—, pero la gente estaba tan escandalizada que no se oía ni una mosca [...] La gente no entendía cuál era el propósito de Oprah, a menos que fuera decir: "Miradme. Ya estoy en la cima...". Y si era así, ¿quién puede culparla? Es difícil ser negra y pobre en los Estados Unidos, pero más tarde me pregunté si no hizo aquella representación para arrojarnos la esclavitud a la cara, como parte del abominable pasado de Misisipí [...] Aunque la separan cinco generaciones de la esclavitud y era demasiado pequeña para que la maltrataran cuando estaba aquí, de niña [...] Además, con los años las cosas han cambiado mucho en Misisipí [...] Hemos superado... No tiene sentido restregárnoslo por la cara ahora.»

En el aeropuerto de Jackson, a una hora y media al norte de Kosciusko, hay letreros que anuncian: «Nada de negros. Nada de blancos. Sólo blues». Y las camisetas que hay a la venta informan a los visitantes: «Sí, por aquí llevamos zapatos. A veces, incluso con tacos».

En su visita del 4 de junio de 1988, Oprah vestía un traje de seda de un intenso color turquesa, de la marca de tallas grandes The Forgotten Woman. La acompañaban su madre, su padre y su madrastra, Stedman, su secretaria personal, Beverly Coleman, su abogado Jeff Jacobs, su peluquero, Andre Walker, su maquillador, Roosevelt Cartwright, tres cámaras y una productora. Pensaba convertir su visita en un programa sobre las estrellas que vuelven a sus raíces.

«Es un auténtico regreso a casa —le dijo a las trescientas personas que esperaban en un pequeño tramo de carretera sin asfaltar a la que habían dado su nombre—. Es una experiencia aleccionadora volver al lugar donde empezó todo. Nadie llega muy lejos en la vida, si no recuerda de dónde viene.»

Hacía ya mucho tiempo que la pequeña cabaña de madera de su abuela había sido reducida a un montón de leña y el retrete había desaparecido bajo décadas de maleza. No quedaba ni rastro de las bonitas hortensias azules que Hattie Mae cultivaba ni de la vaca que tenía para tener leche para la familia. Sólo quedaba el pequeño solar, que habían heredado sus hijos. En alguna ocasión habían hablado de abrir una tienda de regalos para la gente que quisiera ver dónde había crecido Oprah Winfrey, pero estando como estaba a 5 kilómetros de los límites de Kosciusko, no había suficiente turismo como para llevar a cabo la idea. Lo que sí hicieron fue poner un cartel en la propiedad:

PRIMER HOGAR DE OPRAH WINFREY

Aquí nació el 29 de enero de 1954 Oprah Winfrey,
en una cabaña de madera. Aquí pasó su infancia hasta los seis años,
antes de trasladarse a Milwaukee. A corta distancia a pie de aquí
se encuentra la iglesia donde actuó por vez primera
en una ceremonia de Semana Santa.

Maduró en el sector de la información y el entretenimiento
hasta convertirse en la presentadora de televisión en programas
de entrevistas más importante del mundo, con una audiencia de millones de personas. No obstante, Oprah, nunca olvidó sus orígenes,
y ha sido siempre un apoyo para la gente de casa, así como un modelo
de conducta para gran parte de los Estados Unidos de América.

Con los fotógrafos siguiéndola a todas partes y cámaras a cada lado, Oprah fue hasta la iglesia donde su familia había colocado otro letrero: «Aquí se enfrentó Oprah Winfrey a su primer público».

«La iglesia era mi vida —recordó—. La Baptist Training Union (BTU). Todos los niños negros del mundo que crecieron dentro de la iglesia conocen BTU. Ibas a la escuela dominical, ibas al servicio de la mañana, que empezaba a las once y no acababa hasta las dos y media; comías en la explanada que hay frente a la iglesia y luego volvías para el servicio de las cuatro de la tarde. Duraba eternamente, ah, sí, eternamente. Así es como te pasabas la vida.»

Oprah cruzó la hierba agostada y entró en el humilde cementerio junto a la iglesia, donde estaban enterradas cinco generaciones de sus antepasados maternos. Con Vernon a un lado y Vernita al otro, era como si estuviera flanqueada por Jack Sprak, que no comía grasas, y su mujer, que no comía magros.[2] (Más tarde, Vernon diría: «En este aspecto, Oprah es, sin duda, hija de su madre. Las mujeres de su familia son todas gordas, muy gordas».) Todos inclinaron la cabeza unos momentos ante los dos bloques verticales, de piedra, del tamaño de una caja de zapatos en una delgada losa de granito:

HATTIE MAE . . . . EARLEST LEE
14 de abril de 1900 . . . . 16 de junio de 1883
27 de febrero de 1963 . . . . 29 de diciembre de 1959

Hay tumbas mucho más impresionantes que las de los abuelos de Oprah, pero, como explicó Katharine Carr Esters, eran lo que los hijos de Hattie Mae podían permitirse adquirir en Davidson Marble and Granite Works, en Kosciusko: «Los negros pobres ahorran toda la vida para comprar estas lápidas», afirmó. Obsérvese que el nombre del abuelo de Oprah, Earlist, está mal escrito en la lápida. «Suzie Mae [su hija y tía de Oprah] lo escribió como supo —dijo la señora Esters—. Él no sabía leer ni escribir, así que no habría sido de mucha ayuda».

En el cementerio, un pequeño campo con hierba raquítica, lleno de lápidas de granito del tamaño de los letreros de SE VENDE, hay esparcidas unas cuantas torres piramidales y un par de cruces grandes rodeadas de flores de plástico, pero la mayoría son modestas. Una es especialmente alegre: un féretro en miniatura con una tapa de aluminio donde pone: «Me he ido a pescar a unas aguas transparentes como el cristal».

En esa visita Oprah rindió homenaje a su abuela. «No eran las palabras que decía, sino la manera en que vivía. Me inculcó que era capaz de lograr cualquier cosa que quisiera, que podía ser cualquier cosa que quisiera ser y que podía ir a cualquier lugar al que quisiera ir». Esto lo decía para la gente de allí. Pero para otros públicos, Oprah contaba una historia bien diferente sobre cómo su abuela lavaba la ropa en calderos de agua hirviendo y le decía a Oprah

---

2 Referencia a una rima infantil: *Jack Sprat could eat no fat / His wife could eat no lean / And so, between them both, you see, / They licked the platter clean* (Jack Sprat no podía comer grasas / Su mujer no podía comer magros / Así que, entre los dos, ya ves / Lamían la fuente hasta dejarla limpia.) (*N. de la T.*)

que se fijara para que cuando creciera pudiera encontrar «alguna buena familia blanca para la que trabajar». Oprah siempre acababa la historia diciendo que a los cuatro años ella ya sabía que nunca sería una lavandera como su abuela. «Me gustaría que hubiera vivido lo suficiente para ver que crecí y que ahora tengo algunos blancos muy buenos trabajando para mí.»

Aquella tarde la familia y varios líderes de la comunidad se reunieron con Oprah, en casa de Katharine Esters, para hablar de lo que Oprah podía hacer para cumplir lo que decía aquel letrero según el cual ella siempre fue siempre «un apoyo para la gente de casa». Su secretaria tomó nota de las diversas propuestas y Oprah prometió volver a ponerse en contacto con ellos cuando hubiera tomado una decisión. Diez años después, volvió a Kosciusko para inaugurar una casa de Habitat for Humanity, de 30.000 dólares, que había financiado a través de Oprah's Angel Network. De ordinario, construía casas Habitat en poblaciones donde la televisión emitía su programa, pero hizo una excepción con Kosciusko, y la ciudad le demostró su agradecimiento: Los titulares de la portada de *The Star-Herald* (con una tirada de 5.200 ejemplares) pregonaron: «Kosciusko se prepara para la visita de Oprah». Un veterano observó: «No habíamos visto unos titulares así desde que los Aliados desembarcaron en Normandía».

El día antes que estaba previsto fotografiar a Oprah entregando las llaves de la casa a la afortunada familia, fue a verla y se encontró con que estaba totalmente vacía. Llamó a una tienda cercana de Eddie Bauer y les dijo que la amueblaran de inmediato, desde cortinas y sofás hasta toallas y vajilla. También se ocupó de llenar todos los armarios con ropa de la talla adecuada para cada miembro de la familia. Según algunos cálculos, costó más amueblar la casa que construirla. «No les podía dar una casa vacía», declaró.

La mayor parte de la ciudad cayó de rodillas, agradecida, pero Katharine Carr Esters, que se había pasado años insistiendo para que la ciudad llevara agua corriente a la cercana comunidad negra, presionó a Oprah para que hiciera más, en especial para los niños pobres de Kosciusko. «Fue entonces cuando se plantó la semilla del Club Oprah Winfrey para chicos y chicas, con un coste de cinco millones de dólares, que Oprah abrió en 2006 —explicó—. Costó ocho años completarlo pero ese club ha hecho más bien que cualquier otra cosa que la comunidad haya visto. Los embarazos adolescentes han disminuido, los delitos juveniles han decrecido y el vandalismo casi ha desaparecido, gracias a los programas que se han puesto en marcha. Además, el club ha proporcionado puestos de trabajo. Así que Oprah hizo algo maravilloso para la gente de aquí, y alabado sea el Señor por lo que hizo... Pero...»

La señora Esters no puede evitar añadir una lúcida salvedad respecto a la filantropía de su prima: «Hace muchas cosas buenas para los demás con su dinero, pero eso es fácil cuando tienes tanto y necesitas deducir de impuestos y todo eso. Y Oprah no da ni un martillazo a un clavo para Habitat a menos que las cámaras estén filmando. Sí, debe conseguir publicidad para sus buenas obras, y se asegura de que así sea, sin ninguna duda. Nunca pierde una oportunidad, en especial para hacer dinero. No viene a casa de visita. Sólo viene para hacer un programa. Ha estado aquí un total de tres veces en los últimos veinte años, y cada vez ha sido para hacer un programa. Con Oprah, todo es negocio. En 1988, filmó su visita a Oprah Winfrey Road para uno de sus programas. En 1998, inauguró una casa Habitat al mismo tiempo que se estrenaba su película *Beloved* en el cine de la localidad, de forma que promocionaba la película pronunciando un discurso antes de cada proyección. En 2006, llevó de nuevo sus cámaras, para rodar la inauguración del Club Oprah Winfrey para chicos y chicas. Esa chica no desperdicia nada».

Preocupada porque su amiga, la señora Esters, honrada a más no poder, hubiera sido demasiado certera, Jewette Battles intervino: «Oprah tiene sus defectos y debilidades, igual que los demás, pero hace un buen trabajo. Es sólo que presenta su generosidad como si fuera la totalidad de su carácter, y eso no es del todo así». A lo largo de los años, las dos mujeres tuvieron ocasiones de ver a Oprah encarnando personajes diferentes. El que más les gustaba era el de Oprah, la filántropa. El que menos, el de Oprah que se promocionaba a sí misma. «Oprah dará dinero, pero sólo si es en sus propios términos o de acuerdo a sus ideas —dijo la señora Battles—. Cada movimiento está calculado para promover su marca y su imagen, y por eso hace buenas obras.»

Durante una de sus visitas a Kosciusko, Oprah se quedó charlando hasta bien entrada la noche con su «tía» Katharine y estalló en llanto, rogándole que le dijera el nombre de su auténtico padre.

«Apoyó la cabeza en mi hombro, llorando y llorando —recordaba la señora Esters—. "Sé que no es Vernon —me dijo—. No hay nada de Vernon en mí. Lo sé y tú lo sabes... Tú conoces toda la historia; estabas allí. Por favor, tía Katharine, dime quién es mi verdadero padre".»

«No pude hacerlo —confesó la señora Esters, muchos años después—. Le dije que quien debería decírselo no era yo, sino su madre.

»Mi madre dice que es Vernon» —respondió Oprah.

Katharine Carr Esters levantó la mirada mientras contaba la historia, queriendo que Oprah conociera la verdad y, al mismo tiempo, desaprobando que su madre no se lo dijera.

«Supongo que *Bunny* —así es como la familia llama a Vernita— no quiere entrar en todo eso, a estas alturas, pero yo creo que si su hija quiere, tiene derecho a saberlo. Es sólo que yo no tengo derecho a decírselo».*

Poco después de que se publicara este libro, en abril de 2010, la señora Esters fue interrogada sobre sus revelaciones íntimas. Al verse sometida a presión, aseguró que la habían «engañado» para que divulgara sus auténticos sentimientos hacia Oprah y las mentiras que contaba sobre su infancia en la pobreza en Misisipí. La señora Esters negó también que hubiera revelado la auténtica identidad del padre biológico de Oprah, aunque había compartido la misma información con una de sus mejores amigas. Al oír esta negativa de su madre, su hija, Jo Baldwin, le pidió a su hijo, Conrad, que vive con la señora Esters, que llamara a Oprah para decirle que su abuela no había desvelado el nombre del padre de Oprah a la autora. «Conrad dijo que no podía hacer esa llamada a Oprah —confesó Jo Baldwin en una entrevista, tres meses después de la publicación—. Le pregunté por qué y él dijo: "Porque yo oí que lo decía".»

La cuestión del auténtico padre de Oprah, provocó publicidad, haciendo que por lo menos un hombre declarara públicamente su paternidad, lo cual, a su vez, provocó una respuesta de Oprah, que estaba en Nueva York para entregarle un premio a Gayle King.

«La semana pasada, cuando salió una denominada "biografía", ha sido difícil para Gayle —declaró Oprah ante los reunidos para un almuerzo en el Waldorf Astoria—. Cada día se pone más y más nerviosa por todos esos nuevos padres que me salen ahora. Unos "papis" que me dicen: "Hola, hija mía, llámame, necesito un tejado nuevo". Bueno, pues también esto, como todo, pasará.»

Vernita Lee esquivó la cuestión del auténtico padre de Oprah en una entrevista de 2010 con *N'Digo*, un semanario gratuito de Chicago: «Eso de que Vernon no es el padre de Oprah, lo oigo y no lo oigo —afirmó—. Pueden decir lo que quieran. Yo sé quién soy y no dejo que eso me preocupe. Se olvidarán o dejarán de hablar de ello».

En los tres días de entrevistas grabadas con la señora Esters, ésta dijo que comprendía por qué Vernita Lee no se sentía inclinada a crear complicaciones innecesarias, a estas alturas de su vida y ahora que todo iba bien, admitiendo que era otro y no Vernon Winfrey el verdadero padre de Oprah, ya que ésta

---

* El 30 de julio de 2007, la señora Esters le dijo a la autora el nombre y origen del verdadero padre de Oprah, con la condición de que no publicara dicha información hasta que Vernita Lee le cuente a su hija toda la historia. «Y cuando eso suceda lo sabrás, porque Oprah probablemente haga un programa sobre 'Encontrar a tu verdadero padre'. Como te he dicho, esa chica no desperdicia nada.» (*N. de la A.*)

nunca había pedido una prueba de ADN. Vernon había reconocido que no había engendrado a Oprah, pero se enorgullecía de haberle dado algo mejor que la sangre.

«Oprah ha cuidado muy bien de su madre, que ahora se compra sombreros de quinientos dólares y tiene chóferes y asistentas y cocineras y todo eso, pero la historia de Oprah y Vernita es triste y complicada —afirmó la señora Esters—. Oprah no quiere a su madre, en absoluto. [...] Le da mucho económicamente, pero no le da el respeto y el afecto que como hija debería darle, y eso me indigna. Vernita lo hizo lo mejor que pudo con Oprah, que era una niña terca, que se escapaba de casa... Su madre ha tenido que enterrar a dos de sus tres hijos y puedo decirte que perder a un hijo te hunde. Lo sé».

»Yo he tenido que enterrar a mi hijo. —Con un gesto señaló el retrato de un joven, colgado por encima de la cama—. Por eso, Oprah tendría que ser más indulgente con su madre... Incluso cuando lleva a Bunny a su programa, no la deja hablar, porque Bunny habla el dialecto de la gente de color... No tiene la educación que a Oprah le gustaría que tuviera.»

Oprah se había alejado tanto de la vida de la granja de su abuela que no le quedaba nada en Kosciusko. Después de una de sus visitas, les dijo a los congregados para un almuerzo: «Hace poco, volví a mi lugar natal... y algunas de las personas con las que crecí siguen sentadas en el mismo porche, haciendo lo mismo. Es como si el tiempo se hubiera detenido y continuara parado en algunas partes de Misisipí. No hay un solo día en que no me arrodille y dé gracias a Dios por haber sido una de las afortunadas que pudieron salir de aquel lugar y hacer algo útil en la vida».

Sin embargo, Oprah necesitaba algo del pasado y dijo haberlo encontrado, finalmente, en una mansión de un millón de dólares, en una extensa propiedad de 65 hetáreas, en Rolling Prairie (Indiana). Habiendo inventado una familia a la que pudiera querer, ahora decidió inventar su hogar ideal, con colinas onduladas, prados con flores púrpura, establos, una perrera con calefacción, doce habitaciones, un helipuerto, nueve caballos palomino, diez golden retriever, tres rebaños de ovejas de cara negra, una casa para invitados, con ocho habitaciones, una cabaña de madera, una piscina, pistas de tenis y bonitas hortensias azules.

«Nunca he amado ningún sitio como amo a mi granja —afirmó—. Crecí en el campo y, probablemente por eso, siento tanto apego por la tierra. La amo. Amo el canto de la tierra. Amo pasear por ella. Y amo saber que es mía. [...] Cuando cruzo la verja y mi perro viene corriendo a recibirme porque reconoce mi coche, soy más feliz de lo que he sido nunca. Paseo por el bosque. Hago Tai Chi Chuan junto a la piscina. Cultivo mis propias coles.»

«Sólo el paisajismo para esa finca fue un trabajo de cuatro años y costó nueve millones de dólares —dijo el arquitecto paisajista James van Sweden, de Oehme, Van Sweden and Associates—. Me reunía con Oprah cada tres semanas, durante cuatro años, para discutir el diseño. Nos lo pasamos de maravilla enladrillando la zona de aparcamiento, levantando muros de piedra caliza, colocando senderos de losas, rodeando de césped el estanque, cambiando de sitio la pista de tenis y el estanque. Le construí una piscina de 30 metros de largo, pero la pobrecilla no podía usarla porque era cuando estaba más gorda —estaba enormemente gorda— y los *paparazzi* no paraban de sobrevolar la finca en helicóptero, y se ocultaban al otro lado del camino, con cámaras que podían tomar una foto perfecta desde un kilómetro de distancia. No había manera de que se metiera en la piscina, sin que sus 140 kilos aparecieran en todos los periódicos. También construimos una casa junto a la piscina para que pudiera celebrar reuniones. Ella estaba totalmente metida en el proyecto, desde principio a fin, y pasaba tres o cuatro horas conmigo en cada reunión. Luego yo pasaba semanas en la finca...

»Recuerdo la primera vez que entré en su salón de Indiana y vi aquellos sofás demasiado mullidos y los sillones almohadillados y lo que parecía un millón de cojines esparcidos por todas partes. Es la idea que tiene Anthony Browne, su decorador, del estilo "campiña inglesa", que Oprah se tragaba por completo. Le gustaban las cosas hinchadas. Cosas grandes hinchadas. [...] Browne ponía flecos y frunces y ribetes y volantes y cordones por todas partes —Van Sweden, aclamado internacionalmente, es conocido por sus diseños elegantes y poco recargados—. Todos los sirvientes de Oprah son blancos, pero sus paredes son negras. Tiene cuadros de pastores negros y granjeros negros y ángeles negros; todo muy hortera, pero también eso puede ser culpa de Anthony Browne por orientarla hacia el arte basura. No obstante, fue Oprah quien insistió en el color. Dijo: "No voy a poner condes y condesas en las paredes. Sólo gente negra".

»Después de nuestro primer almuerzo en la finca, salimos afuera y me dijo que tenía que transformar sus prados en *El color púrpura*. Insistió en poder ver flores púrpura desde todos los ángulos de su habitación. No entendía por qué yo no podía plantar aquel prado (16 hectáreas) con tanta rapidez como lo había hecho Spielberg para la película. "A él sólo le llevó tres semanas", decía. Intenté explicarle que se trataba de Hollywood y que lo había hecho con espejos y lentes. Pasé días en su dormitorio, dibujando planos desde cada ventana, así que para cuando acabé, conocía cada centímetro de la habitación, dentro y fuera de los armarios, y por eso puedo decirle que no había ropa de hombre en ninguno de los armarios de Oprah y tampoco había rastro de Stedman en ningún sitio. A lo mejor se alojaba en la cabaña de madera que había construido, y que llamaba "Nido de Amor", pero puedo asegurarle que Oprah duerme sola en su habitación y tiene una Biblia junto a la cama y montones de libros.

»Proyecté un círculo en el aparcamiento, para su boda, porque la había oído decir, en su programa, que en algún momento querría casarse. No se lo dije en aquel momento, pero lo tenía en mente. Luego conocí a Stedman y supe que no habría boda. Él no es más que un mueble en su vida. Fachada. Un modo de que una mujer soltera y sin hijos parezca normal a ojos de su público de mujeres casadas, con maridos e hijos. Stedman es un hombre agradable. Recuerdo sus bellos dedos, largos y elegantes. Además, era guapo, pero no es más que un acompañante atractivo. Nunca vi calidez ni afecto entre ellos; en ningún momento durante los cuatro años que trabajé para Oprah. Nunca los vi tocándose o abrazándose o besándose; nunca. Ni siquiera se cogían de la mano. Pero Oprah quiere parecer normal ante su público, así que necesita tener a Stedman, para poder referirse a él... Hablaba mucho más de Gayle que de Stedman, pero no creo que Gayle y ella sean una pareja lesbiana. Son, simplemente, muy buenas amigas. [...] Oprah conserva a Stedman junto a ella porque quiere que el público acepte que es una mujer normal, con un hombre en su vida, pero por lo que vi en aquellos cuatro años, puedo decirle que no hay nada con Stedman. Nada de nada.»

Meses después de que van Sweden plantara la última flor púrpura en la finca Rolling Prairie, de Oprah, ella, Stedman y Gayle estaban pasando un fin de semana de otoño juntos. Gayle había llegado de Connecticut y estaba en la cocina cuando Oprah salió fuera para dar la bienvenida a Stedman, que venía de Chicago. Más tarde, relató su breve conversación.

—Quiero que te cases conmigo —dijo él.
—¿Es una proposición? —preguntó Oprah.
—Me parece que ya es hora.
—Oh, es estupendo, de verdad.

Entró en la cocina, casi sin aliento. «No te lo vas a creer —le susurró a Gayle—. Stedman acaba de pedirme que me case con él.» Planeaban casarse el 8 de septiembre del año siguiente, porque era la fecha de la boda de Vernon con Zelma. Oprah llamó a Oscar de la Renta para que diseñara su vestido de boda. Steadman y ella anunciaron su compromiso en una entrevista con Gayle en televisión; mejor dicho, Oprah hizo el anuncio, lo cual, según confesó, había enfadado a Stedman. Unos días después, el 23 de noviembre de 1992, en el momento de la oleada de audiencia, aparecieron en la portada de *People*, con un llamativo titular: «¡¡OPRAH PROMETIDA!!»

Meses antes, en lo que se anunció como su primera entrevista conjunta, Oprah y Stedman aparecieron en *Inside Edition* y se quejaron a Nancy Glass de que el exceso de publicidad ponía en peligro su relación: «Hemos pasado por mucho estrés —afirmó Stedman—. No teníamos ninguna intimidad cuando salíamos». Al parecer, ninguno de los dos veía la ironía de salir por la televisión nacional para lamentarse de la atención que atraían.

Al cabo de seis años, Stedman había hecho oficial su ascenso de novio a prometido. Una década más tarde, sería descrito cortésmente como «la pareja de Oprah», que es lo que ha seguido siendo durante años y años; un acompañante perpetuo, compañero de habitación y ocasional compañero de viaje.

11

El reinado de Oprah como presentadora del programa de entrevistas número uno del país, durante más de dos décadas seguidas, se divide entre los primeros años, de 1984 a 1994, y los posteriores. Para los telespectadores, los diez primeros años señalaron la sordidez de Oprah; los diez segundos, su espiritualidad, o lo que Ann Landers le dijo a Oprah que era su «basura sensiblera». Dentro del mundo de la televisión, lo que separa los dos periodos es el auge y caída de Debra DiMaio, la productora ejecutiva de Oprah.

«Es la madre de todos nosotros —dijo Oprah en 1986, cuando presentó a la enérgica productora ejecutiva al público nacional—. Se lo debo todo.»

DiMaio sonrió y asintió, mostrándose de acuerdo. «Todo», afirmó, sabiendo que fue su cinta de prueba lo que le propició a Oprah el puesto en Chicago que es el que acabaría llevándola al ámbito nacional. «Siento que fue el destino lo que me hizo conocerla —afirmaría DiMaio más tarde—. Le tengo un cariño incondicional.»

DiMaio era la persona a quien Oprah confiaba su miedo a que la asesinaran. También era quien recibía sus llamadas a altas horas de la madrugada para ir a Wendy's a buscar patatas en salsa agridulce. Aunque la llamada fuera a medianoche, DiMaio se echaba una chaqueta por encima, paraba un taxi agitando un billete de 20 dólares y corría a recoger a su jefa para una comilona nocturna.

Las dos jóvenes desarrollaron una relación simbiótica que les permitía complementarse: DiMaio, dura y controlada, no temía los enfrentamientos; Oprah, más necesitada emocionalmente, quería complacer y gustar a todo el mundo. Juntas, eran una pareja perfecta. En años posteriores, el personal acusaría a Oprah de hacer de poli bueno frente al poli malo de Debra, una caracterización que a Oprah no le gustaba. Pero no podía negar que permitía que DiMaio hiciera todo el trabajo sucio (contratar, despedir, corregir y criticar) para que ella pudiera reinar como amada soberana. Según los recuerdos de antiguos empleados, la mayoría de los cuales sentían pánico ante DiMaio, Debra volaba como si fuera un caza F22 y trataba a los demás como si fueran un viejo caza biplano británico de la Primera Guerra Mundial. DiMaio, hija de un coronel de los marines, asumía el mando y toleraba pocas tonterías de cualquiera, incluyendo, en ocasiones, a la misma Oprah. Si durante el programa no parecía que la presentadora estuviera totalmente entregada, Debra cortaba para pasar un anuncio y darle una colleja para que reaccionara. En un programa, le dijo a Oprah que dejara de mostrar su aburrimiento: «Eres una actriz nominada a un Óscar —le espetó—. Sal ahí fuera y actúa como presentadora de un programa de entrevistas.» Nunca chocaron de verdad, porque a las dos las movían los índices de audiencia y el deseo de destronar a Phil Donahue.

En los primeros tiempos, Oprah se refería a su reducido personal —seis mujeres y un hombre— como «mis chicas». Sonaba como la actriz Maggie Smith, en *Los mejores años de Miss Brodie,* que describía a sus pupilas de ojos admirados como *my gels.* Oprah decía de su personal: «Son mis amigos más íntimos».

«Entre nosotros, somos una familia», afirmó el productor adjunto Bill Rizzo, que solía pedir a los periodistas que en sus artículos fueran amables con Oprah.

«Salíamos a cenar y jurábamos que al cabo de un mes justo, volveríamos con hombres —contó Christine Tardio—. Luego llegaba el mes siguiente y seguíamos juntas».

«Estamos unidas, como una familia, porque no tenemos a nadie más —dijo Ellen Rakieten—. Cada noche hablo con Oprah por teléfono. Dice que soy su alma gemela.»

Todas solteras y veinteañeras, las «chicas» trabajaban catorce horas al día, tomaban todas sus comidas juntas, iban de compras juntas, y pasaban los fines de semana juntas. Todas adoraban a Oprah. «Me dejaría matar por ella» afirmó Mary Kat Clinton.

«La parte más dura de mi trabajo, además de la jornada tan terriblemente larga, son las lecturas que tengo que hacer continuamente —confesó Dianne Hudson, la que por entonces era la única afroamericana del personal de Oprah—. Todas leemos los periódicos, como *The Star,* el *Globe* y el *Enquirer.*»

A Alice McGee, que empezó como empleada en prácticas en WLS y llegó a ser publicista en Harpo y luego productora, le preocupaba que la gente besara a Oprah, en lugar de limitarse a abrazarla: «Debemos tener cuidado con eso», insistía.

En aquella época, las «chicas» querían con tanta devoción a Oprah que tenían miedo de parecer seguidoras de la secta Moon cuando hablaban de ella. Había quien se refería a ellas como las *Oprahettes.*

«Me contrataron para escribir los discursos de Oprah —dijo su prima Jo Baldwin—. También para aconsejarle lo que no debía decir, pero en esas ocasiones nunca se lo dije delante de nadie. Siempre me la llevaba a un lado. Como cuando, en su programa, se metió con las madres dependientes de la asistencia pública y les soltó: "¿Por qué tenéis todos esos hijos?". Le dije: "No digas eso, Oprah. Piensa en tu propia madre". Oprah me contrató para ser sincera con ella y lo fui, pero nunca la critiqué delante de nadie, nunca.» Pero, incluso en privado, a Oprah no le gustaban las valoraciones de su prima y, después de dos años, de un contrato de tres, la despidió sin previo aviso.

Cuando, en 1988, Oprah asumió la propiedad y la producción de su programa sindicado a escala nacional, se convirtió en consejera delegada de Harpo Productions y empezó a firmar sus cheques. «Todo el mundo me dice "Oprah, no puedes tener una auténtica amistad con las personas cuyo salario controlas", afirmó. Pero no creo que eso deba aplicarse en mi caso porque ya eran amigos míos antes de que firmara sus cheques salariales. Crecimos juntos con este programa.»

Al cabo de seis años, aquella cariñosa familia de mejores amigos se rompió debido a la discordia y la muerte: en 1990, enterraron a Bill Rizzo, que murió de sida y, cuatro años más tarde, Debra DiMaio, «la madre de todas nosotras», se vio obligada a dimitir después de un golpe de estado del personal, que la tachaba de tiránica. «O se va ella o nos vamos nosotras», le dijeron las productoras a Oprah. Así que Oprah pagó a DiMaio 3,8 millones de dólares (5,5 millones en dólares de 2009) para que dimitiera, a cambio de firmar un acuerdo de confidencialidad, según el cual «nunca hablaría ni publicaría ni, bajo ninguna forma, revelaría» detalles de su relación personal o profesional con Oprah. Siguieron luego más dimisiones: una empleada demandó a Oprah por 200.000 dólares en concepto de indemnización por despido, y otra dijo que «trabajar para ella era como trabajar en un nido de víboras». Oprah solucionó la demanda fuera de los tribunales [...] rápida y discretamente. Con la dimisión forzada de Debra DiMaio, en 1994, Oprah tomó la decisión de apartarse de la telebasura.

«Fue entonces cuando empezó a relacionarse con celebridades y gurús New Age —dijo Andy Behrman, publicista que había tenido una estrecha colaboración en el programa—. Antes de eso, era el paraíso para mí, porque a Oprah podía llevarle a cualquiera, absolutamente a cualquiera.»

La afirmación del publicista parece absurda, dados los numerosos libros, artículos y páginas web (28.100 hasta el 2009) dedicados a cómo aparecer en The Oprah Winfrey Show, pero incluso Oprah reconocía que, en los primeros tiempos, había tenido que hacer promociones en antena para conseguir invitados y reunir público, casi a rastras, en las calles. «Ahora conseguir una entrada para el programa es como que te toque la lotería», dijo un empleado en 2005.

Para entonces la productora de Oprah recibía miles de llamadas telefónicas cada semana solicitando entradas para el programa.

«En los primeros años, era fácil ir a su programa, porque ella y su club de niñitas no sabían qué demonios estaban haciendo —dijo Berhman—. Todas eran jóvenes y aún conservaban el pelo de la dehesa. [...] Eran unas chicas ingenuas, de poca monta, de ciudades de poca monta, que sólo trataban de conseguir marido. [...] No olvidemos que el primer programa de ámbito nacional de Oprah (9 de septiembre de 1986) se titulaba "Cómo casarte con el hombre que elijas", lo cual debería decirnos algo.»

Cuando se le recordó que las «chicas» estaban produciendo un programa televisivo de entrevistas, sindicado, clasificado como el número uno, el publicista sostuvo que «la hermandad de Oprah», sólo apañaban, juntándolos de cualquier manera, los programas locales para un consumo nacional, como cosa habitual. «En su mayor parte, los primeros años estuvieron dedicados a basura sexual propia de periodiquillos, que conseguía unos índices de audiencia enormes —aseguró—, y programas sobre cómo hacerse con un hombre y conservarlo y, claro, perder peso, porque eso es lo único que les importaba a ella y su pequeño culto. A diferencia de Phil Donahue, no sabían nada de los asuntos de actualidad, de política o del mundo más amplio que las rodeaba, y no les importaba».

Un estudio realizado por la Harvard Business School sobre los temas cubiertos por los programas de Oprah en los seis primeros años en que tuvo difusión nacional mostró que se había centrado en las víctimas: víctimas de violación, familias de víctimas de un secuestro, víctimas de abusos físicos y emocionales, víctimas adolescentes del alcoholismo, mujeres víctimas de adicción al trabajo, amores obsesivos y heridas de la infancia. También se ocupó de la terapia para maridos, esposas y amantes; de la infidelidad entre los viajantes profesionales y del mundo de los ovnis, de las cartas del tarot, los médiums y otros fenómenos psíquicos.

«En aquella época, e incluso ahora, los programas de Oprah —afirmó Andy Berhman en 2009— tratan todos sobre Oprah y sus problemas... Por aquel entonces, eran las víctimas, constantemente, sumado a los chicos, la ropa y las dietas. Ahora que Oprah está en la menopausia, su programa se ha convertido en una estación en el camino para las mujeres de mediana edad que sufren de SPM. Todo tiene que ver con la salud y las hormonas. Cuando yo estaba en mi mejor momento con Oprah, trabajaba con Ellen Rakieten, con la que hablaba casi a diario. Me convertí en el hombre al que acudir en Nueva York, que era otro planeta para esas chicas. ¿Y Los Ángeles? Olvídalo. Era un universo alternativo. La mayoría de ellas ni siquiera había estado en Europa.

Pensaban que habían triunfado cuando se trasladaban a Chicago y empezaban a comprar en Marshall Field. Les encantaba ir de compras, pero eran como unas bolas de masa grises y aburridas, sin la más remota idea de estilo. Su idea de lo *chic* era un vestido de Ann Taylor, con un pañuelo Echo, zapatos de charol, de tacón alto y unos pendientes de plástico. Patético. No eran capaces de seguir una dieta, así que empezaron a ir a spas [...] Oh, las historias de Oprah y las chicas en las clínicas de adelgazamiento [...] Así es como conseguí llevar a toda esa gente de los libros de dietas al programa. Les di a Suzy Prudden y Blair Sabol. [...] ¡Madre mía!, a Oprah le encantaba Blair porque era muy lista y divertida. Me parece que la hizo ir tres o cuatro veces. Incluso conseguí que fuera al programa el doctor Stuart Berger, para hablar de las dietas y —que Dios nos ampare— en aquel entonces pesaba 160 kilos. No importa quien fuera mi cliente, sencillamente me ajustaba a las obsesiones de Oprah por conseguir un hombre o comprar ropa o perder peso. A veces no era fácil, pero siempre daba resultado. [...] La mayoría de mis clientes aparecieron una, dos o incluso tres veces, en especial los cirujanos plásticos, los médicos dietistas y los psicólogos, algunos de los cuales eran un absoluto fraude. Una vez que los había metido en el programa de Oprah, siempre podía llevarlos luego a *Sally Jessy Raphael*, que recogía todas las migajas de Oprah.»

Alto, apuesto y endemoniadamente listo, el publicista afirmó que fue proveedor habitual de invitados para el programa de Oprah durante varios años. «Con la excepción de Debbie DiMaio, que era más lista que el hambre, aquellas chicas no sabían qué era bueno y qué era malo, y eso me facilitaba las cosas. Incluso contraté a mi mejor amiga para el programa, para que hablara de las frases que usan los tíos para ligar. Lo hice para demostrarle que podía meter a cualquiera en *Oprah*. Teníamos una relación tan estrecha en aquellos tiempos que me invitaron a la boda de Ellen Rakieten, donde estuve con Oprah, Stedman y Rosie, la chef. ¡Vaya, pues no hace tiempo de eso ni nada! [...]

»Al principio, Ellen le dijo que la hermandad estaba preocupada porque había un tío que salía con Oprah por su dinero, así que, de inmediato, propuse hacer un programa sobre los cazafortunas.

»"¡Genial! —dijo Ellen—. Pero ¿cómo lo hacemos?"

»"Cogemos a un hombre como mi cliente que ha escrito un libro sobre programación neurolingüística, y él te dirá quién va detrás del dinero y quién no, basándose en una investigación científica. [...] Os daré las preguntas que Oprah le puede hacer y luego puede utilizar algunas preguntas del público, seleccionadas previamente, que yo te enviaré. Luego formáis un panel y bla, bla, bla.

El padre de Oprah, Vernon Winfrey, hablando al oído a la autora, Kitty Kelley, durante su entrevista en la barbería de Vernon, en Nashville (Tennessee), el 22 de abril de 2008.

Katharine Carr Esters, prima de Oprah, que la llama «Tía Katharine», con la autora frente al Seasonings Eatery, en Kosciusko (Misisipí), el 30 de julio de 2007.

Hattie Mae Presley Lee
(15/4/1900 – 27/2/1963),
abuela materna de Oprah, que
la crió en Kosciusko hasta que Oprah
tuvo 6 años y se trasladó a Milwaukee,
a vivir con su madre, Vernita Lee.

Oprah a los 12 años, junto a su hermana
Patricia de 7 (3/6/1959 – 19/2/2003)
y su hermano Jeffrey de 6 (14/12/1960 –
22/12/1989), ante la casa de su «Tía
Katharine», en West Center Street
(Milwaukee).

Oprah, en abril
de 1970, en su
tercer año en la
East Nashville
High School,
después de ganar
el primer puesto
en el State
Forensic
Tournament.
«Es como ganar
un Óscar» le
dijo Oprah al

Oprah Heads For Forensic Nationals

As knots mounted in the stomachs and the hands were wringing with wet anticipation Oprah Winfrey's name was called and through tears approached her destination to receive her first place Dramatics trophy in the State Forensic Tournament on March 21, 1970.

"It's like winning an Academy Award", exclaimed Oprah upon winning the opportunity to represent Tennessee in Dramatic competition in the National Tournament to be held in Kansas in June of this year.

"I prayed before I competed

and said, Now God, You just help me tell them about this (The Judgment Day). They need to know about the Judgment. So help me tell them," added Oprah.

"I want to thank God, Mrs. Haynes and Lana. Also, Paula Stewart for telling me she wouldn't speak to me anymore if I didn't win."

And the East Forensic team would like to thank Oprah for taking the time to represent them and winning the honor. Good-luck in the nationals Oprah!

OPRAH WINFREY is keeping her fingers crossed for luck in the upcoming Forensic Nationals.

periódico estudiantil. Oprah representó a Tennessee en la categoría de competición dramática en el National Tournament, con una recitación de God's Trombones, de James Weldon Johnson.

Oprah como vicepresidenta de la asociación
de alumnos de la East Nashville High School.
A la izquierda Gary Holt, presidente de
dicha asociación, con Oprah a su derecha.

Oprah con unos pendientes con el
símbolo de la paz en su foto de
graduación, promoción de 1971,
East Nashville High School.

Las candidatas a Miss Nashville Negra, en junio de 1972. De izquierda a
derecha: Maude Mobley, una persona desconocida, Patrice Patton-Price y Oprah
Winfrey, la ganadora que se convirtió en Miss Tennessee Negra y que compitió
por el título de Miss América Negra. «La chica de California —dijo Oprah—
ganó porque se desnudó.» No obstante, The New York Times no hizo mención
alguna de que la bella cantante californiana ganara por haber hecho estriptis.

En su solicitud para Miss Nashville Negra, firmó como Oprah Gail Winfrey e indicó que «nunca había concebido», aunque lo cierto era que había dado a luz a un hijo, el 8 de febrero de 1969, al que llamó Vincent Miquelle Lee. El niño murió el 16 de marzo de ese mismo año.

APPLICATION FOR "MISS BLACK __NASHVILLE__ OF THE MISS BLACK AMERICA BEAUTY PAGEANT, INC.

(indicate CITY or STATE pageant)

Sponsored By _____ Address _____ Date _____

(Fill out in duplicate)
THE FOLLOWING MUST ACCOMPANY THIS APPLICATION:
1. Recent photograph of yourself
2. Photostat of your Birth Certificate
3. Photostat of your High School Diploma

NAME __WINFREY__ __OPRAH__ __GAIL__ DATE OF BIRTH _1_ _29_ _54_
(Please Print) Last First Middle

ADDRESS (Current) ____332 ARRINGTON STREET____

CITY __NASHVILLE__ STATE __TENNESSEE__ ZIP CODE _37207_ PHONE _228-0540_

HOME ADDRESS _332 Arrington Street Nashville Tenn. 37207_
City State Zip Code

HOME PHONE _228-0540_ PARENTS' NAMES _Mr. and Mrs. Vernon Winfrey_

MEASUREMENTS: HEIGHT _5'6½_ WEIGHT _135_ BUST _36_ WAIST _25_ HIPS _37_ DRESS _11-12_
SHOES _8-8½_ GLOVES _7_

EDUCATION: HIGH SCHOOL _____ YR. OF GRAD. _June 1971_

COLLEGE _Tennessee State University_ NO. OF YRS. ATTENDED _____

OTHER SCHOOLING _____

OCCUPATION AT PRESENT (work, school, etc.) _Student (freshman) WVOL Newscaster_

TYPE OF TALENT YOU WILL PERFORM (Specify nature of your 3 minute routine) _Dramatic Interpretation_

Are you contracted to any personal manager or agent? Yes _____ No _X_ If so, what are the terms of such contract? _____

MUSIC OR PROPS REQUIRED FOR ROUTINE _NONE_

OTHER TALENTS _____ HOBBIES OR INTERESTS _Swimming + People_

WRITE A BRIEF STATEMENT ON WHY YOU ARE ENTERING THE MISS BLACK AMERICA BEAUTY PAGEANT: _I would like to try to instill a sense of individual (Black) pride within our people. Self-dignity_

I am a High School graduate; I am between the ages of 18 and 25 or I will become 18 prior to the final MBA Pageant; I am SINGLE and have NEVER BEEN MARRIED, ANNULLED, DIVORCED or SEPARATED and HAVE NEVER CONCEIVED A CHILD.

I understand that when I attach my signature to the foot hereof (or if I am under the legal age of 21, and my parents or legal guardians attach their signatures with mine to the foot hereof), I am contracted and committed to abide by the rules of the Miss Black America Beauty Pageant, Inc., and I have made all true statements on this application blank. In the event I am adjudged Miss Black America in the final competition, I will make myself available for one (1) year to The Miss Black America Beauty Pageant for personal appearances, speaking engagements, etc., and any and all commitments made on my behalf by the Miss Black America Beauty Pageant. If I am a student, I will forego my education for one (1) year. I understand that I will fall under the exclusive personal management of the Miss Black America Beauty Pageant.

If the foregoing represents your understanding, and/or your parents' or guardians' understanding, please indicate by signing in the space designated below, whereupon this will become a binding application and agreement between you and MBA Beauty Pageant, Inc.

Parents' or Guardians' Signature if applicant under 21 _____ _Oprah Gail Winfrey_
Applicant's Signature

Date _____

*El padre de Oprah, Vernon
Winfrey, de 75 años, delante de su
barbería, en Nashville (Tennessee),
el 22 de abril de 2008.*

*Oprah vuelve a Kosciusko el 4 de junio
de 1988 para el Oprah Winfrey Day.
«Es una auténtica vuelta a casa»,
les dijo a las 300 personas reunidas
en un pequeño tramo de la calle sin
asfaltar a la que habían dado su
nombre. «Es una profunda lección
de humildad volver al lugar donde
todo empezó.»*

La madre de Oprah, Vernita Lee, que entonces tenía 53 años, en la celebración del Oprah Winfrey Day en Kosciusko (Misisipí), donde nacieron tanto ella como Oprah, en casa de los padres de Vernita, fuera de los límites del condado. Vernita, que en 1958 se trasladó a Milwaukee, durante la Gran Migración Negra, tuvo tres hijos, pero nunca se casó.

Oprah en la cima del monte Cuchama, en 1980, en Rancho La Puerta, en Tecate (México). Para controlar el peso, Oprah empezó a acudir a spas en momentos cruciales de su vida. Fue en 1985 cuando, encontrándose en el Heartland Health and Fitness de Gilman (Illinois), Oprah recibió una llamada comunicándole que había sido elegida para el papel de Sophia en la película El color púrpura.
«Si pierdes un solo kilo —le dijo el director de reparto—, pierdes el papel», y Oprah se marchó en el acto del spa.

El disc jockey radiofónico Tim Watts y Oprah,
en Baltimore en el año 2007, treinta años después
de su tumultuosa aventura amorosa. Años más
tarde, en 1990, Patricia, la hermana de Oprah,
diría que ése «fue su primer amor verdadero».

Fotocopia de una fotografía
de Stedman S. Graham Jr., del
Departamento de Policía de Fort
Worth (Texas). Stedman empezó
como recluta en la academia de
policía el 6 enero 1975 y se graduó
como agente al cabo de tres meses.
Años después pasó a trabajar en
el Departamento de Prisiones.

*Stedman S. Graham con el presidente George H. W. Bush,
en un acto para recaudar fondos para el Partido
Republicano en Chicago el 26 de septiembre de 1990.
En la foto, Bush sostiene una pelota de fútbol americano
que ha firmado para Athletes Against Drugs,
la organización benéfica fundada por Graham:
«A.A.D. Gracias y mis mejores deseos».*

*Oprah y su
mejor amiga,
Gayle King.
Se conocieron
en Baltimore, en
la WJZ-TV, en
los años setenta.
Oprah es la
madrina de los
dos hijos de King.*

»Al final de la conversación, le había dado todo el programa masticado.

»Bueno, está claro que no hay un método científico para determinar si alguien es o no es un cazafortunas, pero yo quería meter a mi cliente en un programa nacional, porque no quería arrastrarlo por 14 ciudades, en una gira de promoción de su libro. ¿Para qué quieres *Good Morning Cincinnati* y *Hello Peoria* cuando puedes estar en *The Oprah Winfrey Show*?»

Aquel programa sobre los cazafortunas no fue un éxito rotundo para el autor, que recordaba la experiencia como «de terror, no de fábula».

«Había escrito un libro, titulado *Instant Rapport*, sobre la programación neurolingüística, que tenía que ver con la manera en que puedes influir verbalmente en los demás —recordaba Michael Brooks—. Me concedieron todo el programa —una hora sólo Oprah y yo— para hablar de los "admiradores secretos", que es como presentan el tema para hacerlo más digerible para el público. Yo no estaba en posición de poner objeciones, ya que era mi primer programa nacional.

»La Oprah a la que conocí en los años ochenta era muy diferente de la que ves hoy en televisión. Por entonces, tenía la piel muy oscura —oscura como la de Sidney Poitier— y ahora la tiene muy clara. Sé que el maquillaje y la iluminación pueden hacer mucho, pero creo que quizá se ha hecho algo para blanquearse la piel [...] como Michael Jackson.

»A los espectadores les interesaba el tema, hasta cierto punto, pero cuando los perdí, perdí a Oprah. Se ponía de su parte y me denigraba si decía alguna tontería. Si decía algo interesante y el público aplaudía, ella volvía a mi lado. Me ponía de los nervios.»

Incluso después de toda una hora con Oprah, su libro no se convirtió en un éxito de ventas. «Se vendió bien, pero no salí en las listas», comentó.

«Para que fuera un *best-seller*, tenías que hacer que tu libro subiera hasta los pechos de Oprah —afirmó la escritora Blair Sabol—. La regla de nuestro publicista era que si lo sostenía encima de la falda, en dos semanas tu libro se colocaba en las listas de los más vendidos. Si lo sujetaba a la altura de la cintura, en una semana. Si lo apretaba contra su seno, ibas directo al número uno. Así que, claro, todos apuntábamos a las tetas de Oprah.»

En la primera época, se permitía que los invitados se sentaran y charlaran con Oprah mientras la preparaban para el programa. «Yo estaba fascinada por la gente que se ocupaba de su pelo y de su maquillaje —dijo Sabol—. Hacían milagros, porque Oprah, sin pelo ni maquillaje, es un espanto. Pero cuando esa gente obra su magia, se convierte en súper glamurosa. [...] Le afinan la nariz y le adelgazan los labios con tres delineadores diferentes. Le sombrean las mejillas, que son grandes y redondas, le moldean la barbilla con una especie de producto brillante y le aplican pestañas postizas dobles que cuestan quinientos dólares cada juego. Y el pelo... Bueno no puedo ni empezar a describir las maravillas que hacen con su pelo.

«Esa gente —Reggie, Roosevelt y Andre— están con ella desde el principio, y se los lleva a cualquier sitio que vaya. Yo también lo haría. De hecho, plantaría a Stedman y Gayle antes que permitir que ellos se fueran.»

Tal vez por la necesidad que Oprah tenía de los arreglos diarios, era sensible a las invitadas atractivas y naturales. Con su fascinante aspecto y su conversación ingeniosa, era fácil que Blair Sabol participara en el programa. «No era como Marianne Williamson, que siempre quería acaparar el programa, dejando a Oprah en segundo plano —dijo Behrman—. Blair era lo bastante animada para mantenerlo en marcha y entretener a Oprah... Le conseguí un programa sobre "Cómo ser una bruja", en el cual apareció con Queen Latifah, y estuvo muy divertida. Cuando en 1987 apareció para hablar de su libro *The Body of America*, a Richard Simmons casi le da un infarto porque Blair escribió que Simmons había descubierto «un medio para reducir la forma física a un número del club de la comedia de las Vegas». Echó por tierra la obsesión nacional por la dieta y el ejercicio y siempre iba por delante de los demás en esto.

Después de varias sentadas con Oprah, antes, durante y después de sus programas, Blair Sabol acabó viendo la diferencia entre el personaje ante la cámara y la presencia fuera de la cámara: «Oprah se lo da todo a la cámara, así que lo que queda es muy poco. En persona es reservada, distante y un poco estirada. Le gusta reír, pero no es realmente divertida. Me gustaba porque era un chica entre chicas. Sin embargo, al verla en televisión, crees que es cálida y afectuosa, pero ése es el personaje. Hay una capa de hielo entre la persona y el personaje». La autora Paxton Quigley también creía que Oprah era fría cuando no estaba ante las cámaras: «Fui a su programa con mi libro a favor de las armas, *Not an Easy Target*, pero sus productoras me dijeron que no podía mencionar las armas porque Oprah estaba en contra. Sólo me permitían hablar de la autodefensa para las mujeres, así que eso fue lo que hice. [...] Me sorprendió que no me gustara Oprah. Sólo se animaba cuando las cámaras estaban en marcha; de lo contrario, no me hacía ni caso. Esta clase de trato hace que te sientas despreciada. Te das cuenta de que te está utilizando, pero esa es la razón de que estés allí [...] es una utilización mutua, aunque me parece que los invitados esperan que sea la cálida y acogedora Oprah que ven en la pantalla. Pero no lo es..., para nada».

La productora ejecutiva de Oprah, de sus años en *People Are Talking*, en Baltimore, explicaba la diferencia entre Oprah delante y la Oprah fuera de las cámaras, como un elemento de la actuación. «Diría lo mismo sobre todas las estrellas de la televisión —afirmó Eileen Solomon, ahora profesora de periodismo de radiodifusión en la Webster University, en San Luis—. Se guardan su mejor material para la cámara y lo mismo hacía Oprah. Fuera de cámara era mucho más callada. Agradable y buena compañera, pero en modo alguno efusiva.»

En ocasiones, el público ve por un momento a las dos Oprah diferentes, algo que puede resultar desconcertante para los que dan por sentado una presencia cálida y afectuosa fuera de las cámaras. «Asistí a un programa de maquillaje hace varios años, y durante el pase de anuncios, la encantadora Oprah perdió todo su encanto —recordaba Peggy Furth, ex ejecutiva de Kellog y ahora copropietaria de Chalk Hill Vineyards, de California—. A Oprah no le gustaba nadie del público, hasta que la cámara volvió a ponerse en marcha. Entonces fue genial. Encantadora y divertida, *pero* sólo ante la cámara.»

La mayoría de telespectadores creen que la química entre Oprah y sus invitados es mejor con las mujeres que con los hombres, en especial si comparte algún problema con ellas. «Como estaba obsesionada con perder peso, hice venir a Suzy Prudden, con su libro *MetaFitness*, que era una especie de superchería sobre cómo utilizar tu mente para cambiar tu cuerpo, por medio de la previsualización y la hipnosis guiadas —contaba Behrman—. Oprah se lo tragó todo, sin reservas… Suzy ya había estado con Oprah algunas veces, en Baltimore, en *People Are Talking* y luego *A. M. Chicago,* así que no era difícil venderla para el programa nacional.»

La aparición de Suzy Prudden en el programa de Oprah tuvo tanto éxito que uno de los periódicos sensacionalistas le ofreció una columna semanal, en la cual la promocionaban como «la gurú de la dieta de Oprah».

«Después de eso, me convertí en persona non grata —confesó Prudden, años más tarde—. Oprah estaba furiosa conmigo, y estaba justificado, aunque yo no era responsable de que me anunciaran de aquella manera… Me disculpé y volví a disculparme, pero no sirvió de nada. Nunca más me volvió a hablar. […] Fue una experiencia horrible. […] Al principio Oprah tenía un alto concepto de mí, y luego era basura. […] No era que dijera nada ni me gritara o me insultara […] Era que la puerta que una vez estuvo abierta para mí, se cerró y no volvió a abrirse nunca más. […] Fue una de las peores experiencias de mi vida».

También el publicista perdió el favor de Oprah, y él lo atribuyó a «mis problemas con la ley» (una condena por delito grave por estafar a un marchante de arte). Después de seis meses en prisión y cinco de arresto domiciliario, Behrman volvió a las relaciones públicas pero ya no consiguió que ninguno de sus clientes fuera aceptado en el programa de Oprah. «Ni siquiera puedo hablar con la secretaria de la secretaria de la secretaria —confesó, riendo—. Pero estuvo bien mientras duró.»

Que Oprah les cerrara la puerta hirió también a otros que, de repente, se vieron excluidos, sin ninguna explicación. Mark Mathabane, que escribió *Kaffir Boy*, apareció en su programa en 1987, para hablar de sus recuerdos de infancia en Sudáfrica, bajo el brutal sistema del *apartheid*. Oprah contó a los periodistas que había encontrado una edición barata del libro encuadernada en rústica: El libro «Pasó de la mesa de los libros con descuento al número 5 de la lista de éxitos de ventas de *The New York Times*, y sé que fue porque salió en mi programa por lo que el libro consiguió aparecer en la lista», afirmó. Conmovida por su historia, Oprah se hizo amiga del joven; al año siguiente pagó el viaje en avión a su familia de Sudáfrica, para celebrar una reunión en su programa; incluso lo acompañó al aeropuerto, con un equipo de filmación, para recogerlos. Como dijo, su apoyo hizo que el libro de Mathabane fuera un éxito de ventas durante trece semanas, llegando a ocupar el tercer puesto en las listas. Invitó al autor y a su esposa a fiestas, presentó una opción para adquirir los derechos cinematográficos del libro y anunció que *Kaffir Boy* sería una de las primeras producciones de cine de Harpo. «Es la persona más compasiva que he conocido nunca», declaró Mathabane. Pero luego la puerta se cerró de repente, sin ninguna explicación ni ningún medio para disculparse. Oprah no renovó su opción sobre *Kaffir Boy*, y nunca más volvió a hablar al escritor.

«Recuerdo con mucha claridad el dolor y la confusión de su esposa —dijo un editor de Nueva York después de conocer a Mark Mathabane y a su esposa, Gail Ernsberger—. Ella entendía que habían hecho algo que había ofendido a Oprah, pero era relativamente menor. No recuerdo si fue pedir un anuncio del libro o hablar con una revista. Lo que parecía doler a Gail era que alguien que los había ayudado tanto, que se había dedicado tanto a su marido, pudiera ahora de modo súbito cortar toda relación con él, sin mediar la más mínima explicación.»

Oprah no da el portazo en un momento de rabia, sino con una resolución glacial. Incluso los que han tratado de ayudarla han sido excluidos. Cuando Eppie Lederer, la renombrada titular de una columna de consejos, conocida como Ann Landers, oyó algunos relatos penosos sobre las preferencias sexuales de Stedman, la llamó en confianza. Eppie había sido amiga de Oprah cuando ésta llegó a Chicago, y había aparecido en su programa muchas veces, en ocasiones en el último momento para sustituir a alquien que no se había presentado. Oprah la mimaba con regalos lujosos, pero en cuanto Eppie le habló de las historias de su novio, Oprah le cerró la puerta. «Ahí se acabaron los albornoces de cachemira y los bolsos de Judith Leiber por Navidad», dijo Margo Howard, la hija de Lederer. Décadas más tarde, cuando Lederer murió, su hija publicó un libro de cartas de su famosa madre, pero Oprah se negó a que

Margo fuera al programa a promocionarlo. «No podía entenderlo, porque mi madre era una figura muy querida, en especial en Chicago, y su público era el mismo que el de Oprah, pero Oprah sencillamente no estaba dispuesta a hacerlo, porque, al parecer, seguía estando furiosa. Un rencor que ha llevado hasta la siguiente generación.»

Orlando Patterson, el renombrado profesor de sociología de la cátedra John Cowles de Harvard, también se enemistó con Oprah después de escribir un artículo de opinión en *The New York Times* criticando su producción de *There Are No Children Here*, para la ABC, por ser «una adaptación tendenciosa y deshonesta del libro de Alex Kotlowitz». El profesor Patterson criticó a Oprah por distorsionar el relato de la vida real en un gueto de Chicago y perpetuar «el dogma de victimización impuesto por el *establishment* negro». Oprah dejó de hablarle.

El fotógrafo Victor Skrebneski sufrió una expulsión parecida y dijo a sus amigos que no tenía ni idea del porqué. Después de ver a Oprah por la ciudad, en varias fiestas, finalmente le preguntó: «¿Por qué se ha terminado nuestra relación profesional?». Oprah le lanzó una mirada asesina y dijo: «Lápiz de labios negro. Tú eres el que me dijo que me pintara los labios de negro».

El fotógrafo había sido presentado a Oprah por Sugar Rautbord, parte del círculo social de Chicago, que estaba haciendo un «Preguntas y Respuestas» con ella, para la revista *Interview*, de Andy Warhol. «Andy —contó Sugar Rautbord— no paraba de preguntarme: "¿Por qué está tan enorme? ¿Por qué no es guapa?". Así que decidí que tenía que fotografiarla como una estrella y eso es lo que hizo Victor. [...] Oprah posó para la foto, pero luego me dijo que no le gustaba: "No soy una diva —dijo—. Soy una mujer corriente. No debo parecer más grandiosa que los demás". Siempre se sintió agraviada por aquella foto. [...]

»He ido al programa de Oprah once veces —dijo Sugar Rautbord—. La conocí antes de que se convirtiera en Oprah y ascendiera en el mundo. [...] Tiene la gran cualidad de seguir adelante y ascender [...] Incluso cuando trabajaba en la emisora local en Chicago, vi su gran ambición y quedé impresionado. [...] Muy temprano, decidió que la única manera de tener una carrera de éxito y ganar dinero —dinero a lo grande— era borrar a maridos, hijos y viajes compartidos de la agenda de su vida. Ninguno de esos problemas alcanzan a Oprah en la esfera dorada donde vive. Sin embargo, aborda nuestros problemas de marido, hijos y viajes compartidos como si fueran también sus problemas, como si ella fuera, realmente una mujer vulgar y corriente. [...] Es desconcertante».

Oprah prefería presentarse a los espectadores como uno de ellos y adoptó el éxito de Whitney Houston, «*I'm Every Woman*», como sintonía para su programa. Comprendía la importancia de mantener una imagen pública atractiva, razón por la cual insistía en controlar sus propias relaciones públicas, incluyendo todas sus fotografías. «'Controlar' es la palabra operativa para Oprah —dijo Myrna Blyth, ex redactora-jefe de *Ladies Home Journal*—. Me parece que fuimos la primera revista femenina tradicional en tenerla en portada, y la hemos puesto muchas veces. En una ocasión, insistió en elegir a su propio fotógrafo, lo cual no es inusual. Muchos famosos lo hacen, pero después de la sesión, a Oprah no le gustó la foto, así que pidió otra sesión, con otro fotógrafo, a quien también eligió ella. Esto ya es más inusual, pero aceptamos, aunque fue muy caro con el segundo fotógrafo, pero queríamos complacerla. [...] Compró todos los negativos del primer fotógrafo, para que no pudiera publicarlas en ningún otro sitio. Lo hace con todas sus fotos; por eso se ven tan pocas fotografías de Oprah que ella no quiera que se vean, excepto en los periódicos sensacionalistas».

Oprah le dijo a *Ladies' Home Journal* que insistía en tener el control absoluto de todos los aspectos de su vida profesional: «Es difícil tener una relación con alguien como yo —reconoció—. Y cuanto mayor me hago, más dura me vuelvo [...] Como controlo tantas cosas en mi vida, tengo que esforzarme por no ser controladora cuando estoy con Stedman». Confesó que siempre que van en coche a algún sitio, ella impone la ruta, segura de que conoce el camino mejor. Una vez, insistió tanto en que Stedman tomara un atajo que, al final, él cedió, a sabiendas de que la calle estaba cortada. «Cuando me di cuenta de que había sido una auténtica estúpida y que él me había dejado que lo fuera, le pregunté: "Pero ¿por qué no me has dicho, sencillamente, que la calle estaba cortada?". Y él me contestó: "Me resulta más fácil llegar hasta el final de la calle y dar la vuelta que tratar de explicártelo, porque tú seguirías convencida de que no estaba cortada". Fue entonces cuando comprendí: "Dios mío, estoy mal de verdad"».

La necesidad de control de Oprah se extendía a su padre, que solía irritarse bajo el yugo de su hija: «Oprah es el control absoluto —comentó el escritor *freelance* Roger Hitts—. Yo hablaba mucho con Zelma, su madrastra, pero Oprah impidió que siguiera haciéndolo. Les dijo a todos sus parientes: "No sois importantes. Sólo quieren hablar con vosotros porque quieren llegar a mí". Asistí al funeral de Zelma [7 de noviembre de 1996], y Oprah pronunció el panegírico y se hizo cargo de todo. [...] Lo mismo hizo cuando Vernon volvió a casarse, cuatro años después [16 de junio de 2000]. En la boda, pagada por Oprah, Vernon se mostraba hablador y accesible [...] hasta que llegó ella. Entonces fue ella quien asumió el mando y empezó a decirle lo que tenía y lo que no tenía que hacer. No le dejaba hablar con nadie. Se hizo con el control absoluto de la situación. La boda se celebró según su horario. Llegó tarde, pero no se pudo empezar nada hasta que ella estuvo allí. En ese momento, sus guardaespaldas se hicieron cargo de todo, incluyendo sus familiares. [...]

»Más tarde, charlé con Vernon. Seguía comunicativo, pero adusto, algo que tenía que ver con Oprah. Es un hombre bastante orgulloso, pero ha tenido que ceder mucho con ella. Le dice lo que puede y lo que no puede hacer, continuamente. Ella dicta su vida. Esa es su relación y a él le irrita».

Pero cuando aceptó presentar a las ganadoras del concurso de dobles de celebridades del *Ladies' Home Journal,* Oprah no pudo controlar lo que iba a suceder. «Nunca se nos ocurrió especificar el sexo de los candidatos —dijo Myrna Blyth— y tampoco esperábamos que se presentara una doble de Oprah, pero vino alguien que era clavado a ella. Sólo después de anunciar a la ganadora (Jecquin Stitt), que había derrotado a las otras cuatro mil concursantes, descubrimos que el doble de Oprah era un hombre. [...] Tuvimos que darle el premio porque era lo políticamente correcto.»

En la época del concurso, Stitt, que más tarde se sometería a una operación de cambio de sexo para convertirse en mujer, era un travesti conocido en Flint (Michigan), donde trabajaba como empleado de contabilidad para el Departamento de Aguas. «Era una reinona llameante —confesó Stitt—, pero aminoraba la luz de la antorcha en el trabajo.»

El premio para las ganadoras del concurso (Oprah, Madonna, Barbara Bush, Whoopi Goldberg, Carol Burnett, Janet Jackson, Cher, Liza Minnelli y Joan Collins) era un viaje a Nueva York, sesión de imagen por John Frieda y de maquillaje por Alfonso Noe, sesión fotográfica con el fotógrafo de celebridades Francesco Scavullo y una aparición en *The Oprah Winfrey Show.*

«Debo decir que Oprah lo llevó muy bien, porque no le dio demasiada importancia —afirmó Blyth—. Cuando Stitt salió para reunirse con ella en el programa, ella dijo: "Si llevara peluca, me la quitaría ante ti". Si hubiera reaccionado de otra manera, aquello se habría convertido en una gran historia, pero lo manejó de tal manera que se desvaneció, silenciosamente, después del programa. Tanto ella como su gente son muy hábiles, muy listos. La protegen y hacen un gran trabajo.»

El Oprah travestido opinó que, al proteger a la auténtica Oprah, sus empleados lo habían pisoteado. Dijo que le habían negado la prometida sesión de vestuario y la foto en *Ladies'Home Journal.* Mientras atendían a los otros dobles en la sala de preparación de Harpo, a él no le hicieron ningún caso, aunque le habían prometido que Andre Walter, el peluquero de Oprah, se aseguraría de que tuviera el mismo aspecto que la presentadora. También le habían prometido que estaría presente en medio programa pero, mientras las otras dobles disfrutaron, cada una, de tres minutos en pantalla, a él no lo hicieron salir hasta el mismo final, cuando Oprah se despedía. Mientras se emitía el programa, durante la oleada, los créditos pasaban por encima de él. Demandó a *Ladies'Home Journal* por incumplimiento de contrato y la revista le pagó una indemnización. Más tarde dijo que el trato recibido en Harpo fue «feo», pero se vengó unos días después cuando Joan Rivers decidió hacer una parodia de la fiesta de despedida de soltera de Oprah, en su nuevo programa de entrevistas e invitó al travesti para que apareciera con un vestido de novia de Vera Wang, flanqueado por los dobles de Madonna y Cher. Después de eso, Oprah cerró la puerta a Joan Rivers y nunca más volvió a hablarle, a pesar de que, al principio de su carrera, había aparecido tres veces con ella en *The Tonight Show*.

Durante la oleada de audiencia, Oprah y sus productoras se entregaban en cuerpo y alma en los programas, porque los índices determinaban las cuotas y las tarifas de publicidad. Unos índices más altos significaban más dinero, así que los programas de barrido solían ser muy polémicos, para aumentar la audiencia, y Oprah concedía primas de 10.100 dólares a sus productores si esos programas alcanzaban, por lo menos, un índice del 10,1, según la medición de Nielsen. Para la oleada de febrero de 1987, presentó un programa que lanzó sus índices a la estratosfera: llevó las cámaras a la ciudad de Cumming, en el condado totalmente blanco de Forsyth (Georgia), que había sido objeto de publicidad negativa cuando miembros del Ku Klux Klan tiraron ladrillos contra los trabajadores por los derechos civiles que celebraban el cumpleaños de Martin Luther King, Jr. Una semana después de ese incidente, el reverendo Hosea Williams organizó una marcha a Forsyth, con veinte mil personas, una de las mayores manifestaciones a favor de los derechos civiles desde la década de 1960. También ellos fueron atacados con piedras y gritos de «negrata, vete a casa».

Con la atención del mundo fija en ella, Oprah se aventuró a entrar en aquella comunidad totalmente blanca y excluyó la participación en el programa de los representantes pro derechos civiles. «Estamos aquí simplemente para preguntar por qué, desde 1912, esta comunidad no permite que vivan negros en ella —declaró—, y creemos que es el pueblo de Cumming el que mejor puede responder a esta pregunta».

El reverendo Hosea Williams protestó por la exclusión de los representantes del movimiento pro derechos civiles. Dijo que los productores de Oprah los habían llevado a engaño haciéndoles creer que los negros tendrían la oportunidad de expresar sus puntos de vista. En consecuencia, dijo que él y sus manifestantes marcharían con pancartas donde se leía: «Igual que Forsyth, *The Oprah Winfrey Show* se vuelve completamente blanco». Los manifestantes fueron detenidos en el restaurante desde el que Oprah emitía, acusados de reunión ilegal y encarcelados. Las cámaras de Oprah mostraron a la policía esposándolos. Después, Oprah diría que «sentía mucho, muchísimo» el arresto. «Siento un absoluto respeto por el reverendo Hosea Williams.»

Sus productores habían seleccionado a cien de los 38.000 ciudadanos del condado para aparecer en pantalla, representando opiniones diversas; algunos pensaban que los negros se merecían la igualdad, otros, no.

«Dígame —preguntó Oprah—, ¿de dónde procedían los que gritaban "negrata, vete a casa"?»

Frank Shirley, director del Comité para mantener Forsyth blanco declaró: «Fue la mayor protesta de los blancos contra el comunismo y la mezcla de razas de los treinta últimos años. [...] Muchos de [aquellos manifestantes] eran comunistas y homosexuales declarados...»

«Usted no sólo es anti negros —dijo Oprah—, sino que también es anti gay.

»Me opongo al comunismo, a la mezcla de razas y a la baja moralidad, y los homosexuales tienen una moralidad baja, en mi opinión».

Oprah le preguntó a otro residente de la ciudad: «Para usted, ¿qué diferencia hay entre un *negrata* y una "persona negra"?». La contestación fue: «Los negros se quedaron en casa durante la marcha de los derechos civiles. Fueron los *negratas* quienes se manifestaron [...] Un negrata es alguien como Hosea Williams. Quiere venir aquí a crear problemas!»

Oprah oyó a una mujer de negocios liberal hablando de «nosotros» y «ellos».

«Me gusta la manera en que habla de "ellos" —dijo Oprah—. Es como si los negros fueran de Marte o algo así —Exasperada, preguntó-: ¿Es que nadie de esta ciudad ha llegado nunca a estar en contacto con personas negras? ¿Es que ni siquiera ven *La Hora de Bill Cosby?*»

El programa de Oprah desde el condado de Forsyth recibió cobertura en la prensa nacional, unos índices extraordinarios, y unos elogios extra por parte de los críticos de televisión. «Por la absoluta audacia y el bombazo de la oleada —escribió Howard Rosenberg, de *Los Angeles Times*— nada ha superado la aventura de la negra Oprah Winfrey en una zona donde la violencia del poder blanco ha atraído recientemente la atención de todos los medios.» El *Chicago Sun-Times* la aplaudía por mantener su dignidad y compostura mientras permanecía entre algunos de los racistas más notorios de la nación. «Así pues, parece que Winfrey ha logrado precisamente lo que se había propuesto —escribía Robert Feder—. Nos sirvió una hora de televisión sensacional sobre un asunto explosivo mientras generaba toneladas de publicidad.»

Después de hacer el programa en el condado de Forsyth, un lunes, Oprah regresó a Chicago y dedicó el resto de la semana a las *drag queens,* los asesinos de mujeres, los fundamentalistas religiosos y la ropa *sexy.* Cada semana, los críticos de televisión recibían información sobre los próximos programas. «Estos son mis diez favoritos de las últimas semanas», escribió Jeff Jarvis, de *People,* que nunca fue un gran fan de Oprah:

1. «Historias de horror en la peluquería»
2. «Amas de casa prostitutas»
3. «Hombres que no pueden tener relaciones íntimas»
4. «Hombres que se pelean por las mujeres»
5. «Parientes que roban hombres»
6. «Poligamia»
7. «Actos imperdonables entre parejas»
8. «Ropa *sexy*»
9. «Hazte rico y deja de trabajar»
10. «Mujeres que son alérgicas a sus maridos»

Durante la oleada de audiencia de noviembre de 1987, Oprah se dirigió a Williamson (Virginia Ocidental), una población en la frontera de Kentucky, que estaba dominada por la histeria del sida. Un joven enfermo había vuelto a casa para morir. Fue a nadar a la piscina pública y el alcalde ordenó cerrarla para «fregarla» bien durante una semana, después de oír rumores de que el joven víctima de sida se había cortado a propósito para infectar a otros. La ciudad se lanzó a una caza de brujas. El joven, que murió nueve años más tarde, apareció en el programa de Oprah y se enfrentó a sus acusadores, que escupían miedo, ignorancia y homofobia.

«Dios hizo que cogiera el sida por alguna razón —dijo uno—. Es su manera de decir: "Lo que haces no está bien".»

Otro dijo: «Queréis que lo abracemos, que le dejemos hacer de canguro de nuestros hijos. No podemos. No le tengo miedo a este hombre. Siento repulsión por su modo de vida. Siento repulsión por su enfermedad. Siento repulsión por él».

Oprah dejó que todos hablaran, antes de hacer su propia observación. «Me han dicho que esta es una comunidad temerosa de Dios. ¿Es cierto? —preguntó Oprah a lo que los presentes aplaudieron y gritaron de entusiasmo para indicar que así era.

»Entonces, ¿dónde están vuestro amor y vuestra comprensión?»

De nuevo, recibió críticas entusiastas y unos índices por las nubes. Varios meses más tarde, el *National Enquirer* informó de que su hermano, Jeffrey Lee, se estaba muriendo de sida y había concedido una entrevista diciendo que se sentía abandonado por Oprah: «Prácticamente ha renegado de mí —afirmaba Jeffrey Lee—. Ha dejado claro que, con sida o sin sida, estoy solo. [...] Su actitud es: "Es culpa tuya. Te está bien empleado". Oprah cree que todos los gays acabarán contrayendo el sida [...] No creo que la homosexualidad como tal la ofenda. Lo que realmente le saca de quicio es mi modo de vida; ir de fiesta, salir por ahí o no tener trabajo. Oprah me dijo: "Tienes que poner a Dios en tu vida. Necesitas a Jesús, de verdad"». Pese a esto, es posible que este fuera un paso adelante de Oprah, considerando que tiempo atrás le había dicho a su hermano que, por ser homosexual, nunca iría al cielo.

Tres días antes de la Navidad de 1989, Jeffrey Lee moría en Milwaukee, con la única compañía de su madre y su compañero. Dos semanas después, Oprah emitía un comunicado: «Durante los dos últimos años, mi hermano ha estado viviendo con sida. Mi familia, como miles de otras en todo el mundo, llora no sólo por la muerte de un hombre joven, sino por los muchos sueños y logros incumplidos, que se le han negado a la sociedad, debido al sida».

Con la esperanza de generar más índices explosivos para la oleada de febrero de 1988, Oprah preparó su primera entrevista con una gran celebridad, la mujer de la que se había dicho que era la más bella del mundo, Elizabeth Taylor. Ésta tenía entonces cincuenta y seis años, había perdido casi veinte kilos, se había divorciado de su sexto marido y había escrito un libro titulado *Elizabeth cambia de rumbo*. Lanzó la publicación con Oprah, que llevó a su equipo a Los Ángeles para grabar el programa en el hotel Bel-Air, sin público presente.

«Era una situación muy tensa —recordaba Paul Natkin, ex fotógrafo de Harpo—. Antes de dejar Chicago, me dijeron que estaba autorizado a hacer diez fotografías y que tendría aproximadamente dos minutos para hacerlo... En cuando apreté el disparador la décima vez [la publicista de Taylor] alargó el brazo, puso la mano delante de la cámara y dijo: "Lo siento. Ya está. Hemos acabado".»

Las fotos muestran a la esbelta y encantadora estrella derramando *glamour*. En cambio, la presentadora parece un diente de león eléctrico, con un peinado cardado de rizos en revoltillo, que salen disparados de su cabeza, igual que si hubiera metido el dedo en un enchufe. La entrevista fue igualmente desastrosa. Oprah no consiguió sacarle nada a la diva de Hollywood y, cuando el «diente de león» electrificado le preguntó sobre sus relaciones con Malcolm

Forbes y George Hamilton, *La Liz* se la sacó de encima diciendo que era «una impertinente». «No es asunto suyo», le espetó Taylor. Era tan lacónica e indiferente que Oprah probó con un poco de humor: «Es usted tan reveladora; ¡si es que lo cuenta todo! ¡Creo que tiene que dejar de hablar tanto, señora Taylor!»

En absoluto divertida, la estrella miró a Oprah con una altivez glacial.

«Fue la peor entrevista de mi vida —diría Oprah años más tarde—. Todavía hoy da pena verla».

En su momento, Oprah tenía todo el aspecto de una chica de pueblo, alimentada en exceso, arreglada en exceso e intimidada en exceso por una leyenda de Hollywood, que no podía haber actuado de una manera más altiva ni aunque hubiera estado siguiendo un guión. Cuando tan solo dos semanas después Elizabeth Taylor apareció en el programa de Donahue, la actriz se abrió como una flor al sol, y los críticos coincidieron en afirmar que Oprah todavía no estaba preparada para hacer entrevistas a famosos, algo que su productora ejecutiva ya había reconocido: «Preferimos mantenernos apartadas de los programas orientados a los famosos —dijo Debra DiMaio—. A Oprah le va mejor con programas polémicos, con unos invitados que tienen algún tipo de pasión y emoción, y una historia que contar. […] Las llamamos historias de la vida real. […] Siempre le tomamos el pelo, pero Oprah ha tenido una vida tan increíble que, sin importar cuál sea el tema, suele ser algo que, de una manera u otra, le ha pasado a ella».

Todavía a la busca de fuegos de artificio para la oleada de audiencia de febrero, Oprah regresó a Chicago y se metió en un enfrentamiento con unos cabezas rapadas de la supremacía blanca, que hicieron que su pésima experiencia con Elizabeth Taylor pareciera una escaramuza de nada. En la emisora habían aumentado la seguridad con vistas al programa y exigían que todo el mundo pasara por un detector de metales para garantizar que no entraran armas en el estudio. Se vomitaban con el mayor desparpajo comentarios racistas y amenazas irreverentes. En un momento dado, Oprah puso la mano en el brazo de uno de los cabezas rapadas, y éste vociferó: «No me toques». Otro la llamó «mono».

—¿Crees que porque soy negra soy un mono?

—Es un hecho demostrado —afirmó el cabeza rapada.

Después de la pausa, Oprah le dijo al público que le habían pedido al «Señor Comentario del Mono» que se fuera. Más tarde, reconoció que hacia la mitad del programa lamentaba estar haciéndolo. «En términos de odio racista es lo peor que he hecho nunca. Nunca en toda mi vida me he sentido tan consumida por la maldad. Cualquiera de esos chicos se habría sentido

204

muy orgulloso de rajarme la garganta. Y lo sé. [...] No tienen ni idea de qué es la vida, así que no les importa ir a la cárcel por matar a un negro o a un judío».

El crítico del *Chicago Sun-Times* escribió: «Entonces, todo este examen de conciencia ¿significa que Oprah, que sólo se mueve por los índices, dejará de someterse a indignidades como esa? No apuesten por ello».

Presentar a fanáticos, autoproclamados adictos al porno y brujas como invitados le dio a Oprah, que tenía treinta y cuatro años, unos índices en alza por encima de Phil Donahue, de cincuenta y dos años, cuyo programa de entrevistas el escritor David Halberstam describió una vez como «la escuela de posgrado más importante de los Estados Unidos», que informa a millones de personas sobre los cambios en la sociedad y las costumbres modernas. Durante más de veinte años, Donahue había tratado a su público femenino como mujeres inteligentes y había reinado como presentador número uno de programas de entrevistas del país. Después de allanar el camino para una competidora que ahora lo estaba pisoteando, ahora también él empezó a sumergirse en la sordidez de los tabloides. «No quiero morir como un héroe», dijo, explicando por qué se vistió de mujer para hacer un programa sobre travestidos. Más tarde reconoció que, como hombre blanco, carecía de la habilidad de Oprah para estar cómodo con un público femenino hablando de cómo encontrar un buen hombre, una dieta infalible o un sujetador que siente bien. Aunque Oprah superaba a Donahue en cada momento, *The Wall Street Journal* informaba de que había críticos que llamaban a su programa «Chiflados y putas» y «Bicho raro de la semana». Su productora ejecutiva defendía los programas de tipo tabloide, diciendo que cuando los espectadores se quejaban de un programa sobre sexo, siempre lo hacían después de haber visto hasta el último minuto. Cuando le preguntaron por un programa sobre asesinos de niños, Debra DiMaio pidió que se lo aclararan: «¿Se refiere a niños que matan a otros niños o a niños que matan a sus padres?». Oprah había hecho los dos.

Dijo que nunca volvería a hacer otro programa con supremacistas blancos, pero le molestaba que la criticaran por hacer televisión tipo tabloide. «Alucino cuando escribís como si yo hiciera programas sobre cómo vestir a vuestro periquito —le dijo Oprah a un crítico—. Me sentí incómoda haciendo "Mujeres que tienen maridos repugnantes", pero rechacé a (los telepredicadores) Jim y Tammy Faye Bakker. No hablaré con ellos. Y no haré "¿Vive Elvis?"»

Durante la oleada de mayo de 1988, Oprah dejó estupefacto a todo el mundo cuando decidió emitir un programa sobre los adolescentes que habían muerto de asfixia autoerótica, una práctica sexual que, a veces, entraña atarse una soga al cuello durante la masturbación. Para entonces, no sólo competía con Phil Donahue, sino que también luchaba contra los programas de Sally Jessy Raphael, Geraldo Rivera, Morton Downey, Jr., Regis Philbin y Kathie Lee Gifford; con Joan Rivers, Jenny Jones, Jerry Springer, Maury Povich, Ricki Lake y Montel Williams esperando entre bastidores. La presión para superar los índices de barrido anteriores y derrotar a la competencia llevó a Oprah a presentar un programa polémico con los padres de dos adolescentes que se habían estrangulado por accidente, como resultado de una práctica sexual extrema.

En el programa también apareció el doctor Harvey Resnik, psicólogo clínico (director del National Institute of Mental Health's Center for Studies of Suicide Prevention) y autor de un trabajo sobre repetidos ahorcamientos sexuales erotizados, en los cuales los hombres se rodean el cuello con una soga o se tapan la cabeza con una bolsa de plástico apretada con un cordel y alcanzan un intenso orgasmo por medio de la masturbación mientras reducen el suministro de oxígeno al cerebro. «Cuando merma el oxígeno, se retiene más dióxido de carbono, lo cual causa un estado de consciencia alterado. El resultado es un aturdimiento, un mareo, como si se te subiera la sangre a la cabeza, algo de lo que también informan los submarinistas y los pilotos que pierden oxígeno. Este estado alterado puede afectar el centro del placer sexual en el cerebro. El riesgo es que, con un flujo sanguíneo reducido, la persona se desmaye, se caiga hacia delante y obstruya por completo las vías respiratorias, lo cual acarrea la muerte por asfixia. Es una conducta muy conocida por los médicos.»

Como especialista en los supervivientes de la asfixia autoerótica, el doctor Resnik comprendía la vergüenza que iba ligada a esa clase particular de muerte. «Como con otros problemas que tenemos en la salud mental, sabemos que los grupos de autoayuda y la capacidad de compartir el dolor y la información son muy útiles», afirmó.

El día antes de emitir el programa, Debra DiMaio, productora ejecutiva de Oprah, llamó al doctor Park Dietz, psiquiatra forense, criminólogo y profesor de ciencias de la conducta en la Facultad de Medicina de UCLA. El doctor Dietz advirtió a DiMaio en contra de emitir un tema tan gráfico: «Tuve una acalorada discusión con la productora. Le dije que la televisión no es un medio adecuado para hablar de este tema, debido a que el riesgo de que haya imitadores es muy alto. Le dije que si el programa se emitía, previsiblemente tendría como resultado una o más muertes». El doctor Dietz añadió que, si alguien demandaba a Oprah por conducta negligente, testificaría ante un jurado que había advertido a la productora en contra de emitir el programa. Más tarde, Oprah dijo que había «meditado» sobre aquel asunto y había llegado a la conclusión de que el programa debía seguir adelante. Meses después, DiMaio lamentaba esa decisión. «Fue algo peligroso —declaró—. No creo que sea intencón de nadie dar a algún chico la idea de probar algo así.»

Por entonces, el doctor Resnik dijo que la productora estuvo de acuerdo en que antes de emitir el programa se hiciera una advertencia para los padres, a fin de que restringieran el acceso de los jóvenes a la televisión. «Con todo, no creo que ni Oprah ni ella estuvieran preparadas para un tema tan fuerte —añadió—, pero las aplaudo por tener el valor de plantear la cuestión ante el público.»

Aquella tarde del 11 de mayo de 1988, después de ver el programa, John Holm, de treinta y ocho años, se fue al garaje de casa de su padre en Thousand Oaks (California). Cuando su padre volvió a casa, horas más tarde, de una reunión de los Elks, no encontró a su hijo. «La televisión seguía conectada a Channel 7 [...] el canal en el que había visto *Oprah* —explicó Robert Holm—. Las luces del garaje estaban encendidas, pero la puerta estaba cerrada por dentro. Golpeé la puerta, pero no hubo ninguna respuesta. Tuve que descerrajarla. Fue entonces cuando encontré el cuerpo. Fue horrible. Pensé que John se había suicidado. Pero cuando vino la brigada de rescate, uno de los hombres dijo que sabía cómo había muerto mi hijo porque había visto el programa de *Oprah* aquella tarde. Le echo la culpa a *Oprah* de la muerte de mi hijo. Perdí a mi hijo y mi mejor amigo en el mundo.»

El señor Holm contrató a un abogado para que investigara la posibilidad de demandar a Oprah. «Su programa provocó la muerte de John, y nunca se lo perdonaré», dijo. Al final, decidió no hacer pasar a su esposa por el dolor de un juicio. «Era nuestro único hijo y una bella persona. No podemos hacer que vuelva».

Públicamente, Oprah defendió el programa. «Lo que recibí después fueron reacciones de unos padres acongojados: "Gracias por explicarnos qué le pasó a mi hijo". Me dijeron que se sentían mejor sabiéndolo. Antes se habían estado torturando, pensando que eran los culpables». Pero en realidad, en privado, los padres manifestaron que les preocupaba tener que defenderse en un pleito de homicidio por imprudencia.

Sobre esos sucesos el doctor Resnik recordaba: «Después del programa, recibí una llamada de la productora para decirme que los padres quizá presentarían una demanda y querían preguntarme si actuaría como testigo a favor de Oprah. Le dije que sí, porque creo que disponer de información sobre una conducta tan arriesgada es mejor que no tenerla en absoluto».

Oprah fue acusada de provocar otra muerte cuando presentó un programa llamado «Amigos que son mala influencia», con una terapeuta matrimonial, una pareja prometida que tenía dificultades en su relación y un técnico electrónico de veintiocho años acusado por la mujer de ser la causa de los problemas de la pareja. La mujer dijo que «Mike», el mejor amigo de su prometido, era un ex drogadicto, que bebía mucho y que coqueteaba con otras mujeres, aunque estaba casado. La cámara hizo zoom sobre Mike con las palabras mala influencia bajo su cara. Oprah informó al público: «Mike está casado, pero eso no le impide ser una mala influencia para Tom, haciendo que se vaya a dormir tarde, bebiendo, bailando y flirteando un poco, algo que Mike cree que es una diversión inofensiva». Mike decía que disfrutaba saliendo con sus amigos, sin su esposa. Oprah miraba a su público, predominantemente femenino, que silbaba y abucheaba. Una mujer furiosa lo llamó «una gran pesadilla» y el público aplaudió. Estalló un enfrentamiento a gritos, cuando Oprah le preguntó a Mike por qué se había casado él respondió:

—Porque me gusta la seguridad. Me gusta volver a casa. Me gusta que haya alguien allí.

Absolutamente furiosa, una mujer gritó:

—No puedes tener las dos cosas, Mike.

—Sí que puedo, replicó él.

—No, no puedes.

Menos de dos semanas después, el padre de Mike se lo encontró colgado de un ventilador de techo en su casa de Northlake (Illinois). «En lo más profundo de mi corazón, sé que el programa de Oprah mató a mi hijo —afirmó Michael LaCalamita, sénior—. Estoy convencido de que se suicidó porque no pudo soportar la humillación [de la imagen que dieron de él] y la presión [de los comentarios de amigos y desconocidos después del programa]. Oprah no le dio ninguna oportunidad de defenderse. No paró de azuzarlo y azuzarlo. Cuando el público dejaba de meterse con él, ella desataba otra ronda de ataques. No fue justo. Oprah es una estrella de televisión y él sólo un muchacho. No sabía dónde se estaba metiendo.»

La terapeuta matrimonial presente en el programa, la doctora Donna Rankin, confesó a un periodista que le sorprendió que Oprah llegara a emitir el programa. «Por lo que Mike decía, estaba claro que tenía graves problemas emocionales —afirmó—. Era evidente que necesitaba ayuda.»

La única declaración pública que hizo Oprah sobre el suicidio fue a través de su publicista, Colleen Raleigh: «Sólo Mike LaCalamita o, quizás, un psicólogo, sabría por qué se quitó la vida. Nuestro más profundo pésame a su familia y a sus amigos».

Pese a las críticas por su programación sensacionalista, Oprah insistió en que sus programas «se limitan a dar a la gente una visión de *voyeur* en la vida de otras personas. No está pensado para escandalizar». Con todo, continuó pidiendo lo que llamaba «programas *bang, bang,* mátalos», especialmente durante las épocas de las oleadas, pero cuando hizo un programa sobre el culto al diablo, estuvo a punto de que le saliera el tiro por la culata.

El programa, emitido el 1 de mayo de 1989, se titulaba «Asesinatos del culto satánico mexicano» y durante una parte, Oprah presentó a una mujer con el seudónimo de «Rachel» que estaba sometida a tratamiento psiquiátrico de larga duración por trastorno de personalidad múltiple.

«De niña, mi siguiente invitada también fue utilizada en el culto al diablo y participó en rituales de sacrificios humanos y canibalismo —informó Oprah al público—. Actualmente está sometida a terapia intensiva, sufre trastorno de personalidad múltiple, lo cual significa que ha bloqueado muchos de los aterradores y dolorosos recuerdos de su infancia. Conozcan a «Rachel» que viene de incógnito para proteger su identidad».

«Rachel» dijo que había presenciado el sacrificio ritual de niños y que había sido víctima de abusos rituales.

—Nací en una familia que cree en esto.

—Y esto es [...] ¿todos los demás creen que se trata de una agradable familia judía? —preguntó Oprah, introduciendo la religión de «Rachel»—. Desde fuera, parece ser una agradable joven judía [...] Y en casa, ¿todos adoran al diablo?

—Exacto —dijo la perturbada «Rachel»— Hay otras familias judías por todo el país. No es sólo la mía.

—¿De verdad? ¿Y quién lo sabe? Bueno, ahora mucha gente.

—Hablé con un policía de Chicago [...]

—Entonces, cuando la educaron en esta clase de maldad, ¿creyó que era algo normal?

«Rachel» dijo que había bloqueado muchos recuerdos, pero se acordaba de lo suficiente para decir:

—Había rituales en los que se sacrificaba a bebés. —Más adelante añadió—: No todos los judíos sacrifican niños. No es algo típico.

—Creo que eso es algo que todos sabemos —dijo Oprah.

—Sólo quiero señalarlo.

—Esta es la primera vez que oigo que algún judío haya sacrificado niños pequeños, pero de todos modos [...] Así que ¿presenció el sacrificio? —preguntó Oprah.

—Exacto. Cuando era muy pequeña me obligaron a participar y [...] tuve que sacrificar a un bebé».

Los teléfonos de Harpo empezaron a sonar con cientos de llamadas airadas protestando porque Oprah aceptara ciegamente las afirmaciones de «Rachel» sobre los judíos y las supuestas prácticas de culto al diablo. Las emisoras de televisión de todo el país —Nueva York, Los Ángeles, Houston, Cleveland y Washington— se vieron inundadas de llamadas furiosas. En pocas horas, los grupos judíos se alzaron en señal de repulsa, y el programa de Oprah se convirtió en noticia nacional. «Sentimos una grave preocupación tanto por la falta de criterio y la insensible manipulación de esta mujer, que está claramente enferma mentalmente, de una manera que sólo puede enardecer los prejuicios más viles de personas ignorantes», declaró a *The New York Times* el rabino David Saperstein, del Centro de Acción Religiosa del Judaísmo Reformado.

Arthur J. Kropp, presidente de People for the American Way, una de las principales organizaciones pro derechos civiles, se reunió con su consejo de directores en Washington: «Ha habido mucha preocupación por la llamada "telebasura" —dijo después de revisar la transcripción del programa de Oprah—. Fue ella la que introdujo la religión. No creo que la introdujera para transmitir cualquier correlación entre el judaísmo de la mujer y lo que vio, pero, a pesar de todo, Oprah lo hizo y eso fue irresponsable».

No fue la primera publicidad desfavorable que Oprah recibía, pero fue brutal porque la criticaban por ofender sensibilidades de raza y religión, algo que siempre había parecido defender. Era una posición especialmente lamentable para una mujer que se había presentado como un «pobre pedazo de carne de color, con pelo pasa», procedente del estado linchador de Misisipí, como recordatorio, no demasiado sutil, de la perversidad del dogmatismo. Ahora se sentía malinterpretada por sus acusadores, pero reconocía que su carrera corría peligro.

«Somos conscientes de que el programa a tocado carne viva», dijo Jeff Jacobs, entonces director general de Harpo Productions. Señaló a la prensa que Oprah había dicho en pantalla que «Rachel» era una persona particular hablando de su situación particular. «Y en la parte más importante del programa, Rachel fue presentada como una mujer mentalmente perturbada», añadió, sin comentar por qué se permitía que una persona así apareciera en el programa. Reconociendo el peligro de que el programa *The Oprah Winfrey Show* tuviera que enfrentarse a un boicot nacional y sufrir la posible pérdida de patrocinadores, lo cual significaría la ruina económica para todos, Jacobs se apresuró a proponer una reunión con los líderes judíos de Chicago, pero ni él ni Oprah ofrecieron una disculpa pública. Cuando llamaban los periodistas, Jacobs decía que Oprah estaba «viajando» y «no deseaba hacer ningún comentario».

La noche después de presentar su programa sobre el culto al diablo, Oprah apareció en *The David Letterman Show*, en Chicago, y se quedó desconcertada por la extraña actitud del humorista. La entrevista fue incómoda de principio a fin, en especial cuando alguien de entre el público gritó: «Hazla pedazos, Dave». Letterman sonrió, con su alegre sonrisa, que dejaba al descubierto que le faltaban algunos dientes, y no respondió. Años más tarde, dijo: «Me parece que a ella le molestó que yo no estuviera a la altura de la ocasión y, ya sabes, que le diera una buena paliza a aquel tipo. Algo que tal vez debería haber hecho, pero había perdido totalmente el control y no sabía qué estaba haciendo». Un par de noches después, Letterman, que presentaba su espectáculo en el Chicago Theather, le dijo al público que se encontraba mal porque había comido cuatro almejas en The Eccentric, el restaurante de Oprah. Aquello fue la puntilla: Oprah cerró la puerta a David Letterman y no volvió a hablarle durante dieciséis años.

Maltrecha por la paliza que estaba recibiendo en la prensa nacional a raíz de su programa sobre el culto al diablo, cuando Oprah no estaba trabajando no se alejaba mucho de su piso en el Water Tower Place. Por una afortunada casualidad, se tropezó con Harriet Brady (Bookey, de soltera), otra residente, en el vestíbulo. La señora Brady, que tenía setenta y dos años, era muy conocida en la comunidad judía de Chicago por su filantropía. Se acercó a Oprah para presentarse y luego le dijo bondadosamente: «Me parece que puedo ayudarla».

A las pocas horas, hablaba por teléfono con su amigo Abraham Lincoln Marovitz, un juez federal que tenía contactos en todos los segmentos de la sociedad. Él estuvo de acuerdo en ayudar y, durante la siguiente semana, el juez Marovitz y la señora Brady trabajaron, en nombre de Oprah, para que un grupo de representantes de la comunidad judía de la zona se reunieran en casa de Harriet Brady para tratar de acabar con la virulenta polémica.

El 9 de mayo de 1989, Oprah llegó a la reunión, acompañada de Debra DiMaio y dos miembros judíos de su personal sénior, Jeffrey Jacobs y Ellen Rakieten. Se reunieron con Michael Kotzin, director del Jewish Community Relations Council of Metropolitan Chicago; Jonathan Levine, director para el Medio Oeste del American Jewish Committee; Barry Morrison, director de la Greater Chicago/Wisconsin Regional Office of the Anti-Defamation League of B'nai B'rith; el rabino Herman Schaalman, presidente del Chicago Board of Rabbis; Maynard Wishner, presidente de la Jewish Federation of Metropolitan Chicago; el juez Marovitz y los señores Brady.

Oprah se mostró lo suficientemente contrita y prometió no volver a emitir nunca un programa sobre el culto al diablo. Aceptó acudir a B'nai B'rith, que lucha contra el antisemitismo y el racismo, siempre que su programa se centrara en estos temas, y prometió hacer uso de un juicio mejor al seleccionar a sus invitados. Los dos lados celebraron reuniones durante los tres días siguientes para elaborar dos declaraciones que entregarían a la prensa, que prácticamente cada día publicaba algo sobre el asunto. Oprah y su productora ejecutiva dijeron:

211

«Reconocemos que *The Oprah Winfrey Show* del 1 de mayo podría haber contribuido a que las falsas ideas y los bulos históricos sobre los judíos se perpetuaran y lamentamos cualquier daño que se haya podido causar. Somos conscientes de la sensibilidad de las comunidades y grupos y nos esforzaremos para garantizar que nuestro programa refleje esa preocupación».

Hablando en nombre de los líderes de la comunidad judía, Barry Morrison, representante de ADL, declaró: «Todos nos damos por satisfechos al ser conocedores de que Oprah Winfrey y su personal no tenían intención alguna de ofender a nadie y que Oprah lamenta de verdad cualquier ofensa o malentendido. Durante la reunión, se han hecho recomendaciones constructivas y ha habido un amplio intercambio de información que ha llevado a una mejor comprensión del punto de vista judío por parte de Oprah y sus empleados».

Sin embargo, el resultado no complació a todos. Así, por ejemplo, Phil Baum, director ejecutivo adjunto del American Jewish Congress, dijo: «Es una respuesta inadecuada al daño que se puede haber hecho en esa emisión. No es nuestra sensibilidad lo que debería preocuparla. Se trata de la integridad de su programa. No es posible que esta disculpa llegue a las personas (7.680.000 hogares, según la A. C. Nielsen Company) que se vieron expuestas a aquellas afirmaciones».

Oprah se negó a disculparse en su programa o a hacer ningún comentario público sobre el mismo o sobre las declaraciones hechas, pero, en privado, abrazó a sus dos principales defensores y mantuvo una estrecha relación con la señora Brady y el juez Marovitz durante el resto de su vida. Ambos eran invitados a todas sus fiestas, y gracias a ellos, Oprah se implicó más en las causas judías.

Cuando el juez Marovitz murió en el año 2001, a los noventa y nueve años, la élite de Chicago se reunió en la sala del tribunal, en la vigésima quinta planta del Dirksen Federal Building para recordarlo, en palabras del alcalde Richard Daley, como «un verdadero amigo y un maravilloso ser humano». Neil Steinberg , encargado de informar sobre el homenaje para el *Chicago Sun-Times,* se sorprendió al ver a Oprah entre la multitud: «A todos los hombres les gustaría tener a una mujer misteriosa en su homenaje —escribió—, y era justo que Winfrey cumpliera ese papel en el funeral de Marovitz».

«Lo quiero mucho —dijo Oprah—. Era más que maravilloso. Ha sido una de mis inspiraciones. Fue un amigo muy querido para mí cuando más lo necesitaba.»

«¿Qué hizo Marovitz exactamente por ti?» —preguntó Steinberg. Winfrey sonrió, como una esfinge: «No lo voy a decir».

Dos años después, cuando la señora Harriet Brady, que entonces tenía ochenta y seis años, se estaba muriendo en el hospital, Oprah la visitaba con frecuencia, y luego asistió a su funeral. También ellas se habían hecho íntimas con los años; era una relación que Oprah valoraba porque Harriet Brady, rica por derecho propio y bien establecida socialmente, no necesitaba nada de ella. «Oprah se siente tan estafada por todos que valora a los que, como ella dice, "no me sangran"», dijo Bill Zwecker, columnista de prensa y comentarista de televisión, que había cubierto el programa de entrevistas desde que Oprah se trasladó a Chicago.

Poco después de haber hecho las paces con la comunidad judía de los Estados Unidos, Oprah recibió el ataque de un artículo insidioso de Ann Gerber, en el *Chicago Sun-Times* (14 de mayo de 1989):

> ¿Puede ser cierto que el amante de una de nuestras mujeres más ricas haya sido encontrado en la cama con su peluquero, cuando ella volvió antes de lo previsto de un viaje al extranjero? La pelea que tuvo lugar a continuación la hizo salir, gritando a voz en cuello, al Lake Shore Drive, escandalizando a sus serios vecinos.

Aunque Oprah no vivía en Lake Shore Drive, supo que era el blanco de la columnista de chismorreos y se puso furiosa. «Estaba más enfadada de lo que yo la he visto nunca», recordaba Patricia Lee Lloyd.

Tres días más tarde, el 17 de mayo de 1989, Ann Gerber respondió a las llamadas recibidas del personal de Oprah con otra noticia, esta vez citando nombres:

> Los rumores de que la estrella de los programas de entrevistas en televisión Oprah Winfrey y el hombretón Stedman Graham tuvieron una pelea importante (según una de las versiones, Oprah le disparó), sencillamente no son verdad, insisten sus amigos.

Los medios se volvieron locos y llamaron a la policía de Chicago y a los hospitales de la zona para tratar de confirmar la historia, sin ningún éxito. Oprah emitió una emotiva negativa en su programa (19 de mayo de 1989):

> He decidido hablar porque este rumor se ha extendido tanto y es tan vulgar que quería dejar constancia de que no es verdad. No hay absolutamente nada de verdad en ninguna parte del rumor.

Oprah no dijo cuál era el vulgar rumor, lo cual hizo que la mayoría del público estuviera confuso y no comprendiera por qué estaba tan disgustada. Esto despertó todavía más curiosidad, demostrando que, como escribió

Shakespeare: «Los rumores son como una flauta / que el rudo monstruo de incontables cabezas / puede tocar a placer».

Oprah acababa de contratar a un nuevo publicista que se había trasladado aquella misma semana, a fin de trabajar para ella, pero furiosa por los rumores, lo despidió mientras todavía estaba buscando un piso para incorporarse a su nuevo empleo. Más tarde, el publicista dijo confidencialmente que dejó Chicago agradecido de poner distancia entre él y Oprah, quien «parecía estar completamente rodeada de maldad».

Bill Zwecker recordaba la época como turbulenta. «Oprah reconoció que había cometido un enorme error al salir en su programa nacional para denunciar el rumor —dijo—. Al hacerlo, abrió la caja de Pandora y permitió que los medios sensacionalistas y de cotilleos invadieran su intimidad. Me dijo que había sido una equivocación monumental por su parte, pero que no podía dar marcha atrás, y consiguió que despidieran a Ann por el incidente. [...] El día en que se publicó ese insidioso artículo, vi a Oprah en una reunión femenina de beneficencia, y la buena sociedad se volcaba en ella. Una semana más tarde, cuando despidieron a Ann, la misma buena sociedad la culpaba por hacer que despidieran a la pobrecita Annie Gerber. Escribí una columna sobre la hipocresía de todo aquello. Besitos, besitos, una semana; desprecio, desprecio, a la siguiente.» Después, Zwecker recibió una nota de Oprah:

> Bill, nunca olvidaré que cuando otras personas me daban en toda la cara con aquel rumor, tú hiciste algo muy bondadoso. Me animaste. Verte la otra noche con tu padre me recordó lo amable que fuiste. De nuevo te doy las gracias.

El furioso desmentido del rumor por parte de Oprah no recibió mucha cobertura hasta el 22 de mayo de 1989, cuando Mike Royko, el reverenciado columnista del *Chicago Tribune*, defendió su derecho a sentirse ofendida y citó que la irresponsable columnista de cotilleos había dicho: «Es un rumor malicioso, pero quería publicarlo aunque no había modo alguno de poder verificarlo». Cuando, al día siguiente, la despidieron, Ann Gerber celebró una conferencia de prensa «para limpiar mi nombre». Afirmó: «Creo que me despidieron porque el *Sun-Times* tenía miedo de Oprah». Considerando la inmensa influencia de Oprah en la ciudad, la mayoría de los presentes aceptó esta afirmación como algo obvio, aunque Kenneth Towers, director del *Chicago Sun-Times,* negó haber recibido ningún presión de Oprah o de su abogado, Jeff Jacobs.

Tiempo después, al recordar el trauma, Oprah dijo: «Me he sentido herida y decepcionada por cosas que la gente ha dicho y ha tratado de hacerme, pero siempre, incluso en los momentos de mayor dolor —y este rumor ha sido el mayor de todos— tenía la bendita seguridad de que soy hija de Dios. [...] Y de nadie más. Ése es realmente el origen de mi fuerza, de mi poder. Es el origen de todo mi éxito.

»Lo que me hizo superar ese rumor fue un versículo de la Biblia (Isaías 54,17) en el que siempre he creído. Dice: "Toda arma forjada contra ti será inútil, y cualquiera que sea la lengua que contra ti se querelle, triunfarás tú". Y esto lo sé; por difíciles que puedan llegar a ponerse las cosas, esto lo sé.»

12

Una vez convertida en millonaria, Oprah anunció que iba a ser la «mujer negra más rica del mundo». Por entonces, se limitaba públicamente a su propia raza, como si una mujer negra no pudiera soñar con convertirse en la mujer más rica del mundo, pero es posible que eso fuera debido a sus esfuerzos para que la vieran como «una mujer corriente», para que no pareciera que se daba «aires de superioridad», o de ser «mejor que todos los demás». Como le dijo, en 1987, a Fred Griffith, presentador de *Morning Exchange*, de Cleveland, siempre había sabido que triunfaría, pero trataba de parecer modesta. «Porque [si no] la gente dice: "Mira a esa negra engreída"».

Por el contrario, la gente parecía auténticamente encantada por el éxito de Oprah e inspirada por su evangelio: «Si yo puedo hacerlo, tú también puedes». Despertaba la imaginación, en especial en las mujeres de entre veinticinco y cincuenta y cuatro años, el grupo demográfico más preciado de la televisión. Proclamaban que personificaba el Sueño Americano, con su dulce promesa de igualdad de oportunidades. Sin embargo, como le dijo a la periodista Barbara Grizzuti Harrison, le dolía la «negatividad de las mujeres negras», obviamente olvidando que, en 1988, le había dicho Barbara Walters, en la televisión nacional, que de niña siempre quería ser blanca. «Es la clase de cosas que siempre dudo en decir, porque cuando las dices, todos los grupos negros me llaman y dicen: "¿Cómo te atreves a decir eso?". Pero, sí, la verdad es que quería ser blanca.»

Es comprensible que algunas mujeres negras se sintieran heridas, pero Oprah no veía por qué. Le preguntó a la ex corresponsal de televisión Janet Langhart Cohen si ella también tenía el mismo problema.

—¿Te llamaban mujeres negras para decirte que no eras lo bastante negra y preguntarte por qué no llevabas más negros al programa?

—Vaya, no me digas que tú tienes ese problema.

—Ya lo creo que sí —contestó Oprah—. En Chicago, llevo así dos años. Es un segmento pequeño. Sin embargo, una vez que corre la voz, se convierte en un problema. Quiero decir que, como en las emisoras de radio negras, se parece a una discusión para antes de dormir. Llaman y preguntan: «¿Oprah es lo bastante negra?»

—Son sólo celos —afirmó Janet Langhart Cohen.

—Sí, eso es lo que son —dijo Oprah—. Lo más difícil de aceptar han sido los celos.

A la mayoría de los adoradores públicos de Oprah (fundamentalmente mujeres blancas) les gustaba el entusiasmo que Oprah mostraba por su nueva riqueza y disfrutaba con sus reportajes sobre ir de compras y comprar y gastar, aunque, en antena, Oprah se limitaba a unas confesiones de adolescente en las que decía que ahora ya no tenía que seguir comprando las medias en Walgreens, en lugar de hablar de sus compras más excesivas, como los 470.000 dólares que se gastó en una subasta de muebles. «Pagó 240.000 por una pequeña cómoda Shaker, que ahora tiene en la cocina —dijo su decorador Anthony Browne—. ¿Por qué la compró? Porque su ídolo es Bill Cosby (que colecciona muebles Shaker). Todo lo que él hace, ella tiene que hacerlo.»

Lo que mucha gente pasaba por alto en la historia de su paso de la miseria a la riqueza era la enorme ambición que la movía. Su afán era insaciable. Propulsada por largos días de duro trabajo, nunca dejaba de ir lanzada hacia delante, siempre alargando el brazo, extendiendo, ampliando. Era un torbellino de diligencia autopropulsada; dormía sólo cuatro o cinco horas cada noche y rara vez se relajaba. En una sola semana de 1988, voló a Mobile (Alabama) para pronunciar un discurso, luego a Nashville, para otro discurso; volvió a Chicago para grabar varios programas seguidos, voló a Cleveland para otro discurso, y luego voló a a Greensboro (Carolina del Norte) para cenar con Stedman. A la mañana siguiente fue a Nueva York, a aceptar un premio, regresó a Nashville para presenciar un partido de béisbol, con fines benéficos, acompañada de Stedman, y volvió a Chicago al día siguiente. Oprah se exigía más y más, constantemente, y se lo exigía a todos los que la rodeaban, lo cual probablemente era necesario para alcanzar su estratosférico éxito.

Después de rodar *El color púrpura*, anunció sus planes para seguir una carrera cinematográfica, además de continuar con su programa de entrevistas. «Lo quiero todo. [...] Pienso convertirme en una gran actriz —confesó a *Ladies' Home Journal*—. Una gran actriz.»

Después de unas tortuosas negociaciones con WLS para contar con tiempo libre y poder rodar su primera película, Jeff Jacobs propuso hacerse con la propiedad de su programa para que fuera ella, y no WLS, quien fijara su programa para futuras películas. La emisora se había negado a darle doce semanas de permiso y ella había amenazado con marcharse si no se las daban. Así que Jacobs cedió el derecho a vacaciones pagadas y permisos por enfermedad para conseguirle el tiempo que necesitaba, y la emisora aceptó contratar a presentadores invitados y emitir programas anteriores, hasta que ella volviera. En aquel momento Jacobs le dijo que tenía que pensar en producir su propio programa y construir su propio estudio para tener el control absoluto de su vida profesional. «Me permitió ver que ni siquiera el cielo es el límite», declaró Oprah.

Cuando, en 1986, recibió la nominación para el Globo de Oro como mejor actriz de reparto, seguida de la nominación para los premios de la Academia, no había quien la parara. «Tengo que actuar —dijo en *Good Housekeeping*—. En gran medida soy buena entrevistando porque me enseñé a entrevistar. Pero *nací* para actuar.» En la CNN, Oprah le dijo a Larry King que estaba «loca de felicidad» cuando actuaba: «Oigo que la gente dice esto cuando habla de tener hijos. Cuando el bebé acaba de salir de la madre y todo eso, pero yo vivo esos momentos cuando estoy actuando».

Dijo que pensaba hacer por lo menos una película al año. En marzo de 1988, empezó su segunda película, *El paria,* con Geraldine Page, Elizabeth McGovern y Matt Dillon, basada en la novela de Richard Wright sobre la furia asesina de un hombre negro. Oprah hacía el papel de la madre que pide piedad a los padres de la chica blanca a la que su hijo ha asesinado. Su actuación dejó fríos a los críticos. «Interviene con una sobrecarga de sentimentalismo», escribió Julie Salamon, en *The Wall Street Journal.* Hal Erickson, en la base de datos *online* AMG (All-Movie Guide) estuvo de acuerdo: «El histrionismo excesivo de Oprah resulta deslucido en comparación con su brillante y bien modulada actuación en *El color púrpura*». Vincent Canby escribió en *The New York Times:* «La película sólo parece pasada de moda cuando los intérpretes, en especial Oprah Winfrey, apuestan por el sentimentalismo».

El paria fue un fracaso de taquilla y la retiraron dos semanas después del estreno, pero Oprah se elevó por encima de las duras críticas. «Tendría que hacer una comedia», le dijo al *Chicago Tribune.* Cuando le ofrecieron el papel de la limpiadora de Manhattan, en la versión cinematográfica del relato «Un día de trabajo», de Truman Capote, decidió que la estaban encasillando en el papel de mujer gorda y angustiada con un moño gris y medias elásticas caídas. Le dijo al escritor Robert Waldron que se sentía ofendida por los que la acusaban de hacer sólo papeles de Tía Jemima. «Al principio, era muy amable —afirmó—. ¡Ahora lo que me gustaría es darles una buena bofetada!» En *AdWeek* declaró: «Me gustaría hacer un personaje que tuviera algo de sexualidad. Como Dinah Washington, que era una cantante negra fabulosa, que tuvo siete maridos y agotaba sexualmente a sus hombres». Oprah no quería interpretar sólo a mujeres negras con problemas. «Para mí es importante contar nuestras historias, pero me niego a limitarme sólo a eso.»

Al oír sus declaraciones sobre sus deseos de convertirse en estrella de cine, muchos dieron por sentado que King World perdería *The Oprah Winfrey Show,* el programa que ocupaba el tercer lugar en cuanto a ingresos, después de *Wheel of Fortune* y *Jeopardy!*, pero el distribuidor no estaba preocupado. «Oprah es muy ambiciosa —afirmó el director financiero, Jeffrey Epstein—. Quiere actuar en el cine y en la televisión, pero no hay muchos papeles importantes para mujeres negras. Así que tiene que producir programas ella misma, que cuestan un montón, y la mejor manera de financiar todo eso es seguir con su trabajo de cada día.» Oprah acababa de pagar un millón de dólares a Toni Morrison por los derechos cinematográficos de *Beloved*, la novela con la que había ganado un premio Pulitzer. «Ni siquiera intenté negociar. [...] Le pedí: "Dime cuánto", y lo pagué». Estaba convencida de que había invertido un millón de dólares para que su nombre apareciera en letras de neón.

Excepto las estrellas de *rock*, las de cine, los atletas profesionales y los maleantes de Wall Street, pocas personas ganaban más dinero que una presentadora de televisión, con un programa nacional clasificado en el número uno, que se emitía en 200 ciudades de los Estados Unidos y en 64 mercados internacionales. En su primer año de sindicación, Oprah ganó 31 millones; en el segundo, 37 millones; tres años más tarde, ganó 50 y luego 55 millones y apareció en *Forbes* como la novena persona mejor pagada del mundo del espectáculo. El programa de entrevistas era su mayor fuente de ingresos y no tenía ninguna intención de dejarlo. «Es mi seno, mis raíces y mis fundamentos —dijo—. Sin él, nada más podría pasar.» Tampoco consideraba la posibilidad de abandonar Chicago para dedicarse al cine. Aunque la mayoría de los papeles como intérprete estaban en Nueva York y Los Ángeles, Oprah sabía que su programa no triunfaría en ninguna de las dos ciudades.

«Creo que en el Medio Oeste hay gente que se sorprende por algunas de las experiencias que mostramos en nuestro programa —le dijo a Fred Griffith—. Si en mi programa hay alguien que dice: "Mi padre salió con un pato durante muchos años", en el Medio Oeste dicen: "¡Dios mío, su padre salía con un pato!", en Nueva York dicen: "Ah, pues mi primo también salía con un pato".» Refiriéndose al impresionable público del estudio que podía recoger en una zona que, en una ocasión, el escritor Calvin Trillin describió como un entorno en el que «la cultura no pesa en el aire», Oprah dijo a *Electronic Media*: «Aquí todavía es posible escandalizar a alguien».

Su productora ejecutiva añadió: «Definitivamente, nuestro público adopta la personalidad de la ciudad —dijo Debra DiMaio—. Reflejan valores del Medio Oeste. Son abiertos. Y no tengo nada en contra de Los Ángeles o Nueva York; su modo de vida es más humano».

«Es verdad que Oprah no podría hacer su programa en ningún otro sitio —afirmó Cheryl L. Reed, ex redactora del editorial del *Chicago Sun-Times*—.

En Nueva York y Los Ángeles la gente es más sofisticada y escéptica, pero Chicago es perfecto para su tipo de televisión».

La ciudad le estaba agradecida a Oprah por quedarse, porque atraía elogios internacionales y hordas de turistas, y los hoteles y restaurantes se llenaban con los que asistían a sus programas cada año. Son tantos que la Oficina de Turismo de Chicago añadió una lista de «Información sobre las entradas para el programa de entrevistas» al folleto que envía a posibles visitantes. Además, Oprah aporta todos los años cientos de miles de dólares a las organizaciones locales, entre ellas un hospital infantil, programas educativos, escuelas, albergues y programas de alfabetización. Por añadidura, ha dado dinero, generosamente, a varios museos y organizaciones artísticas de toda la ciudad incluyendo, entre otras, el Shedd Aquarium, la Academia de las Artes de Chicago, el Museo de los Niños, en Oak Lawn, y el Museo DuSable de Historia Afroamericana.

La revisión de las declaraciones a Hacienda de Oprah por todas sus obras benéficas, más las declaraciones que ha hecho a la prensa, indican que, desde 1987 hasta finales de 2009, ha contribuido con más de 30 millones de dólares a diversas organizaciones de Chicago. Parte de estos fondos proceden de las donaciones de los espectadores a su organización Angel Network de Oprah; un dinero que la presentadora recogió de otros y donó en su propio nombre.

Para agosto de 1988, Jeff Jacobs había completado las negociaciones del acuerdo con Capital Cities/ABC que le daría a Oprah el control total de su programa semanal. Además, después de mucho tira y afloja, consiguió un nuevo acuerdo con King World para renovar el contrato con Oprah para otros cinco años, hasta finales de 1993, y las siete emisoras de Capital Cities/ABC aceptaron conservarla hasta ese momento. Por añadidura, ABC le dio tres especiales de la cadena. Los analistas del sector calcularon que los acuerdos valían más de 500 millones de dólares para Oprah y King World. Veinte años después, calcularon que *The Oprah Winfrey Show* generaba 150 millones de dólares al año, de los cuales Oprah se quedaba con 100 millones. En cambio, Ellen DeGeneres, otra popular presentadora de programas de entrevistas, con unos índices de audiencia también altos, ganaba 25 millones al año, una cifra impresionante, pero que sólo era una cuarta parte de lo que ganaba Oprah. La considerable diferencia es debida a que Oprah es la propietaria y productora de su programa, aunque también se beneficia de tener una franja horaria más rentable, cuando el número de telespectadores es mayor. El programa de Oprah se emite a las cuatro de la tarde en todas las ciudades (excepto Chicago, donde lo hace a las nueve de la mañana), justo antes de las noticias, lo cual hace que sea más valioso para una emisora que el programa de Ellen, que sale en antena por la mañana.

Cuando, en 1988, se anunciaron las noticias del cambio de propietario, Oprah se reunió con Robert Feder, del *Chicago Sun-Times:*

«Estuve mirando fotos de Rosa Parks y Leontyne Price —le dijo—, y creo que soy la resurrección de muchos de mis antepasados. Soy vida resucitada para ellos. Vivo su sueño. Por favor, por favor, cítame bien, porque no quiero que la gente piense que soy Jesús. [...]

»Toda mi vida, he interpretado a mujeres negras. Harriet Trubman, Sojourner Truth, Fannie Lou Hamer, todas son una parte de mí. Siempre he sentido que mi vida es la suya realizada, que son puentes que yo he cruzado. Ellas nunca soñaron que pudiera ser tan bueno. Todavía siento que todas están conmigo diciendo: "Adelante, chica. A por ello".»

Una semana más tarde, Daniel Ruth, columnista del *Sun-Times*, seguía boquiabierto. Después de declarar que el ego de Oprah se había lanzado a «una borrachera de glotonería falstafiana», escribió: «No te preocupes, Oprah. Sólo porque puedas convertir estupideces en dinero no tienes que inquietarte demasiado por las comparaciones con Cristo. [...] Me cuesta mucho creer que Sojourner Truth pasara mucho tiempo bregando con temas como "Víctimas de los gorrones" (programa de Oprah, del 5 de julio de 1988), "Estrellas de los culebrones y sus fans" (29 de junio de 1988) o "Vestirse *sexy*", (28 de julio de 1988)». Para ser justos, Ruth reconoció el mérito de Oprah por ocuparse de temas como «Relaciones raciales» (4 de agosto de 1988), la polémica sobre la película *La última tentación de Cristo* (16 de agosto de 1988) y un debate sobre el sida (15 de julio de 1988). Pero a continuación, arremetió contra ella: «Por favor, querídisima Oprah, no supongas que puedes estar en la misma clase que los auténticos intelectuales, líderes y mujeres negras pioneras como Sojourner Truth, Fannie Lou Hamer, Leontyne Price y, en especial Rosa Parks, que se ganaron unos justos elogios con su compromiso, cualidades y valentía».

Una vez que Oprah fue dueña de su propio programa, Jeff Jacobs empezó a buscar un estudio de producción y, al cabo de pocos meses, encontró una propiedad de 4 millones de dólares (9.300 metros cuadrados) en el Near West Side de la ciudad, que entonces era una zona deteriorada de fachadas desconchadas y solares vacíos. Jacobs comprendió que Chicago sólo se podía expandir en esa dirección y aconsejó a Oprah que hiciera la inversión. Le dijo que sería su «campo de sueños». Si construía, los sueños llegarían. Podía producir su programa de entrevistas allí y, además, hacer películas para ella y para otros. «Es la seguridad —afirmó—. Es el control de nuestro destino.» A los periodistas les dijo: «Harpo será el estudio entre costas y permitirá que Oprah haga cualquier cosa que quiera, de forma económica y bajo su propio control».

Jacobs y King World aportaron el 20 por ciento del precio de compra, dando a Oprah el 80 por ciento de la propiedad. Oprah se convirtió, así, en presidenta del Consejo de Harpo Productions, Inc., y Jacobs, en presidente ejecutivo y director general.

La adquisición hizo que fuera la primera mujer afroamericana en tener su propio estudio cinematográfico en propiedad, y sólo la tercera mujer en la historia en lograrlo (las dos primeras fueron Mary Pickford y Lucille Ball). No obstante, Oprah fue la única en hacerlo completamente sola, sin marido, si bien contaba con los sagaces consejos de su abogado y agente, que la animaba a apostar por ella misma: «No seas un talento en alquiler —le dijo Jacobs—. Sé tu propia dueña. No aceptes un salario. Hazte con una parte de la acción». En aquellos momentos de su vida, Oprah describió a Jeff Jacobs como «un regalo», y tenía su foto en un marco de plata encima de su mesa, junto a otras de Bill Cosby, Quincy Jones, Stedman y Gayle. «Jeff me liberó de la mentalidad de esclava —afirmó—. Me ayudó a ver que, realmente, podía tener el control».

El control era vital para Oprah, quizá debido a su infancia, tremendamente vulnerable en Milwaukee, pero Jacobs seguía teniendo que empujarla para que aceptara la idea de propiedad. Le aseguró que no había ninguna necesidad de que las empresas cotizaran en Bolsa, así que no tendría que vérselas con unas inspecciones rigurosas, algo que detestaba. Tampoco tendría que responder ante un consejo de directores ni fideicomisarios ni comités de supervisión. «Mi visión del control [entonces] era que nadie me dijera qué hacer —declaró Oprah—. [Hasta entonces] había pensado como esclava. Pensaba como alguien con talento. Tienes que pasar a otro nivel de cosas para decir: "Quiero ser dueña de esto".» Por suerte para Jacobs, los deseos de Oprah pesaban más que sus reservas.

Jacobs describía así su trabajo como asesor de Oprah: «Le presento investigaciones, opciones y opiniones. Las discutimos y luego ella decide. Trabajo para ella y con ella, y por esta razón, hemos construido una organización en la que ella sabe exactamente qué está pasando en todo momento. Es ella quien firma los cheques y quien toma las decisiones. Yo la protejo y miro las cosas desde un punto de vista legal, además de empresarial, pero ella entiende esta organización de arriba abajo».

Antes de su agria ruptura en 2002, Jeff Jacobs ayudó a Oprah a construir su imperio mediático, que incluía:

Harpo Productions, Inc.

SUBSIDIARIAS: Harpo Interactive, Harpo Music Publishing, Harpo Sounds Music Publishing, Oprah Music Publishing, Harpo Sounds.

SUS CRÉDITOS INCLUYEN: *No One Dies Alone* (1988); *The Oprah Winfrey Show* (1988-presente); *Just Between Friends* (1989); *The Women of Brewster Place* (1989); *Brewster Place* (1990); *In the Name of Self-Esteem* (1990); ABC. Especiales para Adolescentes (1992-1993): *Girlfriend, I Hate the Way I Look, Shades of a Single Protein* y *Surviving a Break Up; Nine* (1992); *Oprah Behind the Scenes* (1992); *Overexposed* (1992); *Michael Jackson Talks... to Oprah* (1993); *There Are No Children Here* (1993); *David and Lisa* (1998); *Tuesdays with Morrie* (1999); *Oprah Goes Online* (2000), *Use Your Life* (2001); *Oprah After the Show* (2002); *Dr. Phil* (2002-2005); *Oprah Winfrey Legends Ball* (2006); *Rachael Ray* (2006-presente); *Building a Dream* (2007); *Oprah Winfrey Oscar Special* (2007); *Oprah's Big Give* (2008); *Dr. Oz* (2009-presente).

Harpo Inc.

Se ocupa de las tareas administrativas y algo de publicidad y es propietaria de las marcas OPRAH, *The Oprah Winfrey Show, Make the Connection,* Oprah's Book Club, Use Your Life, Oprah's Favorite Things, Wildest Dreams with Oprah, Oprah Boutique, The Oprah Store, <www.oprah.com>, Oprah's Big Give, The Big Five, Give Big or Go Home, Expert Minutes, Oprah & Friends, Oprah Radio y Live Your Best Life, así como de la firma de Oprah y del diseño «O».

En enero de 2008, Harpo Inc., se asoció con Discovery para crear Oprah Winfrey Network, un canal por cable que se espera que esté en el aire en 2011.

Harpo Entertainment Group

Paraguas administrativo que engloba Harpo productions, Inc., Harpo Studios Inc. y Harpo Films, Inc.

Harpo Studios, Inc.

Estudios de producción de *The Oprah Winfrey Show*, en el número 1058 de West Washington Street. Hay otras instalaciones de producción y oficinas de la empresa en el 110 de N. Carpenter Street.

Harpo Films, Inc.

SUS CRÉDITOS INCLUYEN: *Alas cortadas* (1997); *Beloved* (1998); *La boda* (1998); *Amy & Isabelle* (2001); *Their Eyes Were Watching God* (2005); *For One More Day* (2007) y *The Great Debaters* (2007).

En 2008, Harpo Films firmó un acuerdo de tres años para proporcionar programación a HBO.

En enero de 2009, Harpo Films anunció un acuerdo para rodar *The Story of Edgar Sawtelle*, en asociación con Playtone, de Tom Hanks.

En febrero de 2009, Oprah anunció que apoyaría la distribución de *Push: Based on the Novel by Sapphire*, ganadora del premio del Festival Cinematográfico de Sundance, más tarde llamada *Precious*, estrenándola a través de Harpo Films.

Harpo Print LLC
CRÉDITOS: *O, The Oprah Magazine*, y la ahora difunta *O at Home*, en asociación con Hearst.
Es propietaria de la marca *O, The Oprah Magazine*.

Harpo Radio Inc.
CRÉDITOS: Programación para la Oprah Radio Network para Sirius XM.

Harpo Video Inc.
CRÉDITO: *Make the Connection*.

OW Licensing Co.
Tenedor de los derechos de publicidad de Oprah Winfrey.

Oprah's Studio Merchandise Inc.
Dirige Oprah Store y el gimnasio Harpo y es propietaria de un condominio valorado en 780.000 dólares, en Acorn Loftominiums, adquirido en 2006.

Además de adquirir la propiedad de Harpo Studios, Oprah y sus socios invirtieron otros 16 millones de dólares en renovar, ampliar y equipar el estudio de producción. Trabajaron con arquitectos, ingenieros y diseñadores durante dieciocho meses. «Nunca jamás en la vida imaginé que sería tanto trabajo —dijo Oprah más tarde—. Lo habría aceptado igual. La realidad es que es trabajo y *dinero*. La verdad es que no me siento tan abrumada como algunas personas por la responsabilidad económica. [...] Me metí en esto sabiendo que costaría un montón de dinero.»

Oprah invirtió a fondo —emocional y económicamente— en crear un estudio que reflejara la imagen que quería presentarle al mundo. Ha hecho lo mismo con todos los hogares que ha construido. Después de comprar 40 hectáreas en Telluride (Colorado), contrató a la renombrada firma de Robert A. M. Stern, decano de la Escuela de Arquitectura de Yale.

«En la primera reunión, le enseñamos algo natural dentro del entorno: vigas y troncos alpinos —dijo uno de los arquitectos—. Lo descartó por completo. "Quiero algo que cuando alguien pase, exclame 'UAU!'. Así que volvimos a las mesas de dibujo y le dimos Tara en una pista de esquí, con mármol y columnas blancas y amplias verandas. Cuando volvió y vio los planos, exclamó: "Quería una casa que hiciera exclamar '¡UAU!' a la gente. No que dijera "Pero ¡qué hostias es esto?"»». La casa no llegó a construirse.

Oprah quería que su Harpo Studios se convirtiera en el principal centro de producción del Medio Oeste, con lo último en instalaciones para televisión, anuncios y producción de películas. «Con unos costes más bajos aquí que en Hollywood, esperamos mantener la producción existente y atraer otra nueva a Chicago, lo cual creará puestos de trabajo y beneficios económicos —declaró—. Para mí es una alegría invertir en una ciudad cuyos habitantes me han apoyado tanto en mi trabajo».

Las opulentas instalaciones de Harpo ocupan toda una manzana y contienen tres estudios; oficinas, salas de reuniones, salas de control, salas de producción y montaje, una sala de proyección con una máquina para hacer palomitas, un comedor privado con un chef de la casa, un gimnasio dotado de bicicletas Nautilus, cintas rodantes y elípticas, un salón de belleza con peluqueros, maquilladores y manicuras, más una cafetería para el personal. Oprah decía que quería «crear un ambiente tan estimulante y cómodo que a la gente le encante venir a trabajar». No obstante, como observó una mujer, Oprah no construyó una guardería para los hijos de los empleados «porque en Harpo es adelante a toda máquina para Oprah y sólo para Oprah y, claro, para sus perros».

Según ella, consideraba que sus cocker spaniels, *Sophie* y *Solomon,* eran sus hijos y les permitía deambular libremente por los pasillos de Harpo. «Se les permite merodear por las oficinas —dijo una antigua empleada—. *Solomon* llevaba una campana en la cabeza. El pobre chocaba contra las paredes, dándose golpes sin parar.» De vez en cuando, Oprah incluía los perros en su programa. Una vez introdujo bromeando una sección (mayo de 2005) que anunciaba: «Stedman y yo tenemos una hija. Tiene problemas y creo que es culpa mía». La «hija» era su perra *Sophie.*

Como reflejo del miedo que tiene Oprah de que la asesinen, su estudio es una fortaleza. Además de la falange de guardias de seguridad que, en la entrada, pasan por el detector manual de metales a todos los espectadores de los programas y comprueban todos los bolsos y paquetes, hay un código privado que los empleados de Harpo deben introducir en un ordenador en cada puerta de acero para ser admitidos. Todos los invitados deben estar programados y presentar su identificación. No hay ningún acceso para visitantes.

Harpo tiene tres salas verdes diferentes, dos para los invitados corrientes («Necesitamos dos porque, a veces, tenemos que mantener separados a los invitados antes de salir al aire», dijo un empleado) a los que se les sirve fruta, bollos y agua; y la sala verde VIP (para famosos como John Travolta, Tom Cruise y Julia Roberts), que tiene su propia puerta lateral que lleva a una lujosa zona de sillones de piel, comida fabulosa y un baño privado provisto de productos Molton Brown. «La diferencia entre las salas verdes normales y la VIP es la misma que hay entre el Marriott y el Ritz», dijo una mujer que ha estado en ambas.

Además, Harpo tiene también un almacén del tamaño de cinco campos de fútbol, atestado con obras de los fans de Oprah, hechas y enviadas por los telespectadores: Oprah en tapetes de ganchillo, Oprah pintada al óleo, en forma de ángel o Madonna, Oprah en figuritas de cerámica, réplicas en estrás de Oprah como reina del mundo, Oprah en acuarela, comiendo puré de patatas (su comida favorita), óleos de Stedman y Oprah en un pastel de boda. «Era divertido, interesante, estrafalario —dijo un director artístico que visitó el espacio con Oprah—. Le dije: "La verdad es que es conmovedor". Ella respondió: "Bueno, sí y no. La mayoría llegaron con la factura".»

Al final, Harpo constaba de seis edificios y la firma de bienes inmuebles de Oprah compró otro edificio cercano para abrir Oprah Store, un emporio de 510 metros cuadrados, que se inauguró en 2008, para vender los productos de Oprah. Toda la recaudación va a Oprah's Angel Network y Oprah Winfrey Leadership Academy Foundation. Casi todo lo que hay en la tienda está marcado, bordado, estampado en relieve o grabado con una O. Durante las fiestas de Navidad, la tienda vende un globo de nieve de *The Oprah Winfrey Show* que contiene ochenta y ocho *oes*, incluyendo muñecos de nieve hechos de *oes*. Todo el año, hay pijamas O, velas O, bolsos metálicos O, bolsas de lona O, gorras O, tazas O, manteles individuales O, incluso bolsas para la compra con la palabra «cOmestibles». En un rincón de la tienda, está el «armario de Oprah», que contiene prendas usadas de Oprah, que van desde la talla 40 a la 48. Cada artículo, incluyendo su falda de Prada (400 dólares), botas Ferré (300 dólares), tiene una etiqueta que dice: «Harpo Inc. certifica que el artículo que lleva esta etiqueta es una prenda auténtica del armario de Oprah Winfrey». La Oprah Store también vende cajitas con pequeñas tarjetas para notas, con frases inspiradoras de Oprah.

- *El trabajo de tu vida es descubrir tu propósito y poner manos a la obra para vivirlo.*

- *Cada día trae una oportunidad para respirar hondo, quitarte los zapatos y ponerte a bailar.*

- *Lo que haces hoy crea todos los mañanas.*

- *Todo lo que haces y dices le muestra al mundo quién eres de verdad. Vive tu verdad.*

- *Vive tus propios sueños.*

- *La alegría de vivir bien es la máxima recompensa.*

- *El único valor que necesitas es el valor de seguir tu pasión.*

- *El amor que das = el amor que recibes.*

Después de que se construyera Harpo, el Near West Side de Chicago se aburguesó. Los promotores se trasladaron a la zona para construir pisos y condominios, gracias en gran parte a la importante inversión hecha por Oprah en su estudio de producción.

Mientras se construía Harpo, Oprah volaba a Los Ángeles para rodar *The Women of Brewster Place,* basada en la novela de Gloria Naylor sobre siete mujeres negras que se unen para superar los reveses que sufren por la vida en el gueto: «Será la mejor miniserie que cualquier cadena de televisión haya hecho hasta ahora —dijo Oprah a los periodistas—. ¿Me oís? La mejor. Podéis decir que lo he dicho yo».

Fue su primer papel protagonista y su primera película como productora ejecutiva. «Después de *El color púrpura,* quería demostrar que mi actuación no había sido una casualidad», afirmó. Eligió el libro de Naylor, lleno de sueños rotos, traiciones y amargura, porque pensaba que hacía una declaración sobre cómo sobrevivir con dignidad en un mundo que trata de despojarte de ella. Pero tres cadenas rechazaron el proyecto. «Dijeron que era demasiado de mujeres», contaba Oprah, que finalmente ejerció la influencia que tenía en ABC, volando a Los Ángeles para reunirse directamente con Brandon Stoddard, presidente de espectáculos en cadena. «Básicamente, conseguí que saliera en antena —afirmaría Oprah más tarde—. Que yo participara en la película convenció a ABC.»

A continuación, ayudó a reunir el reparto, que incluía a Cicely Tyson, Robin Givens, Jackée Harry, Lynn Whitfield, Lonette McKee, Olivia Cole y Paula Kelly. «Es la primera vez (que yo recuerde) que la televisión presenta un drama que describe la vida de las mujeres negras», dijo Reuben Cannon, el director de reparto y gran amigo de Oprah.

La novela de Gloria Naylor, igual que *El color púrpura*, de Alice Walker, había sido criticada por la manera de tratar a los hombres negros, así que Oprah suavizó algunos de los personajes masculinos para que fueran menos amenazadores, pero se negó a la petición de la NAACP de revisar el guión. «Sencillamente, no creo que puedas permitir que te controlen —declaró—. [Además], me siento insultada. Soy tan consciente de mi legado de persona negra como cualquiera. Comprendo que no llegué aquí yo sola, que he caminado sobre la espalda de los negros cuyo nombre está en los libros de historia y de muchos otros que no lo lograron. Tengo la responsabilidad de hacer un buen trabajo, no sólo como mujer negra, sino como ser humano. Me preocupa la imagen de los hombres negros tanto como a cualquiera, pero hay hombres negros que abusan de su familia y hay hombres blancos que también lo hacen, y hombres morenos. Es una realidad de la vida, me enfrento a ella cada día. Por eso, me niego a dejarme controlar por las ideas e ideales que otros tienen sobre lo que yo debería hacer».

Aunque cambió algunos de los personajes masculinos del libro, dejó intacta la relación lesbiana, honrando el propósito de la novelista de representar la diversidad de las mujeres negras, desde el color de su piel hasta sus preferencias religiosas, políticas y sexuales.

Oprah trabajó dieciocho horas al día durante seis semanas para completar la película. Como productora ejecutiva, era la primera en llegar al plató cada mañana. «Me aseguré de saber el nombre de todos, para que nadie pensara que yo era la "Señorita Más Poderosa Que Tú"».

The Women of Brewster Place estaba programada para el domingo y el lunes por la noche, 19 y 20 de marzo de 1989, y Oprah estuvo de acuerdo en hacer la promoción nacional para ABC antes del estreno, incluyendo una conferencia de prensa para los críticos de televisión. Jeff Jacobs hizó hincapié ante los reporteros de lo importante que era el buen trabajo de Oprah, tanto si resultaba ser comercial como si no. «*The Women of Brewster Place* todavía no se ha estrenado —dijo—. Cuando lo haga, averiguaremos si la gente responde y le da una buena calificación. Pero tanto si se la dan como si no, es una película importante. Era preciso hacerla. Si ganamos dinero, genial. Y si no, bueno, hay otras razones para ir al trabajo, aparte del dinero.»

Oprah se volvió hacia los periodistas. «¿Queréis saber dónde estaré el domingo por la noche? Me encontraréis de rodillas delante de la tele, rezando para que los Nielsen sean altos». Mientras que Jacobs señalaba el compromiso con el valor del proyecto, el compromiso de Oprah era con los índices, y no se vio defraudada: *The Women of Brewster Place* fue la serie en dos partes más vista desde *Fatal Vision*, de la NBC, en 1984. El triunfo de Oprah se concretó en un índice medio de 24 y un *share* de 37, según las cifras de A. C. Nielsen Co, donde un punto en los índices representaba a 904.000 hogares. El domingo, su miniserie superó tanto a *El Mago de Oz*, en la CBS, como a la emisión de *El retorno del Jedi*, en la NBC.

En las críticas había de todo, pero ninguna sorprendió tanto a Oprah como la del *Chicago Sun-Times*, de Daniel Ruth, que la había criticado en el pasado, pero que ahora la elogiaba como «una mujer de considerable talento; en especial como actriz dramática. De forma ininterrumpida [...] emplea una energía que sostiene esta producción de principio a fin. Es una caracterización de primera clase».

Oprah le escribió una nota diciéndole que nunca pensó que recibiría una crítica favorable de él. Él le contestó que nunca pensó que haría algo que se la mereciera. «Así pues —diría muchos años más tarde—, estábamos en paz.»

Ahora, con su poder estelar muy aumentado, Oprah convenció a ABC para que le dieran una serie semanal, en horario de máxima audiencia, basada en la película. Su única condición fue que no podía emitirse los jueves por la noche. «No quiero estar en una situación de competencia con Cosby», dijo, refiriéndose a *La Hora de Bill Cosby*, entonces uno de los programas más populares de la televisión. Para aplacar a los críticos que opinaban que *The Women of Brewster Place* dejaban a los hombres negros por los suelos, Oprah aceptó añadir algunos personajes masculinos comprensivos y llamar a la serie simplemente *Brewster Place*. La cadena le prestó todo su apoyo, a ella y al nuevo programa. «Estamos encantados de que Oprah Winfrey se una a nuestra programación en el horario de máxima audiencia con esta serie —afirmó Robert Iger, el nuevo presidente de espectáculos en cadena—. El éxito de la miniserie la temporada pasada y la continuada popularidad de su programa diario dan testimonio del atractivo universal de Oprah.»

Brewster Place empezó a emitirse en mayo de 1990, pero consiguió unos índices tan bajos que ABC la canceló después de 11 episodios. El fracaso de su aventura le costó a Oprah diez millones de dólares e hizo que las instalaciones de Harpo quedaran, en gran medida, sin usar y no resultaran rentables. Habiendo perdido, una vez más, en su intento de estar en el horario de máxima audiencia en televisión, Oprah se retiró a su finca de Indiana. Más adelante, confesaría a la revista *Essence* que había fracasado porque el ruido de su ambición había ahogado «la voz de Dios».

«Pensaba que podía hacerla bien [la serie], porque quería que estuviera bien... Pero no estaba preparada. Mi error fue que no escuché la voz. ¡Yo, la que siempre predica 'Escucha la voz', 'Déjate guiar por la voz', 'Obedece lo que dice la voz'! Y por voz quiero decir la voz de Dios dentro de mí... La voz hablaba alto y claro, pero no hice caso».

Oprah no comprendía que, quizás, el fracaso de *Brewster Place* estribara en su concepción o en el guión o puede que incluso en la interpretación. Lo había dicho, una y otra vez: «Dios está conmigo. Por eso siempre triunfaré [...] Estoy centrada en Dios».

No creía que a las buenas personas pudieran pasarles cosas malas. Tampoco aceptaba lo anárquico del destino o el malvado caos, ni siquiera de la mala suerte. Descartaba por completo que la suerte tuviera algo que ver en su éxito. «La suerte es cuestión de preparación —afirmaba—. Estoy muy en armonía con mi yo divino». Creía que todo lo dictaba el propósito sagrado, incluyendo los 157 milagros que le dijo a los espectadores que había vivido. Al premio Nobel de la Paz, Elie Wiesel, le dijo que el hecho de que él hubiera sobrevivido al Holocausto era un milagro, pero él no estuvo de acuerdo. «¿Por qué Dios hizo un milagro para salvarme? Había personas mucho mejores que yo. [...] No, fue una casualidad», afirmó. Oprah se lo quedó mirando, incrédula.

Habiendo asignado el mérito de su «triunfal» vida a los planes de Dios para su éxito, ahora aceptaba su revés en *Brewster Place* como otro mensaje desde lo alto. «De verdad que comprendo que hay una lección en todo lo que nos sucede —afirmó—. Así que trato de no perder tiempo preguntando: "¿Por qué me ha pasado esto?", sino tratando de averiguar por qué había decidido hacerla (la serie). Esa es la respuesta que necesito. Se trata de aceptar, siempre, la responsabilidad de tus decisiones. Cuando miras fuera de ti, en busca de respuesta, buscas en el lugar equivocado».

Al analizar las opiniones de Oprah para *The New York Times Magazine*, Barbara Grizzuti Harrison, escribió que, con frecuencia, sus «complicadas contradicciones» y simplistas verdades chocaban entre ellas, pero eran perfectas como fragmentos de entrevista para la televisión. «Compensan en sustancia lo que les falta en profundidad». Más tarde, la periodista reconocería que no soportaba el programa de Oprah. «Ya me perdonará, pero es un montón de basura. Degrada el lenguaje y degrada las emociones. Proporciona fáciles fórmulas psicológicas. [Estas personas] van por ahí hablando como si fueran galletitas de la suerte. Y creo que ella es, en gran medida, responsable de esto». La periodista Gretchen Reynolds estaba de acuerdo, aunque no lo expresara con tanta dureza. «Es una auténtica adepta [...] al tipo más difuso del dogma de la autoayuda. Cree que puedes "llegar a conocerte enfrentándote a tus miedos"».

Sin embargo, las homilías de Oprah conmovían a su público y reflejaban su propia búsqueda espiritual. Conforme evolucionaba desde que era un producto de los predicadores del Viejo Testamento hasta convertirse en la teórica de la *New Age*, que definía a Dios, vagamente, como una fuerza del universo, daba a sus espectadores lo que ella llamaba «un nuevo despertar espiritual», para que todos pudieran, según sus palabras, «*live your best life*» (Vive tu mejor vida). La frase llegó a ser un mantra tan de Oprah que hizo que Harpo Inc. registrara las cuatro palabras, como suyas propias. Dirigía seminarios de Vive tu mejor vida por todo el país, cobrando 185 dólares por persona, y atrayendo a miles de mujeres. Entregaba diarios de Vive tu mejor vida y alentaba a todo el mundo a escribir sus aspiraciones para que se hicieran realidad. Distribuía bolsas de regalo de Vive tu mejor vida llenas de velas perfumadas y bolsitas de té. Predicaba igual que un ministro baptista anticuado, pero sus sermones de Vive tu mejor vida no contenían fuego y azufre. Antes al contrario, ofrecía mensajes cariñosos, para sentirse bien, sobre «vivir el momento presente» y «perseguir tus sueños» y «escuchar la voz», que, prometía, les conduciría a «vivir vuestra mejor vida». Y para el gran número de participantes de pago que, en sus cuadernos de notas, de Vive tu mejor vida, anotaban cada palabra que decía, no había mejor prueba de esto que la propia Oprah.

13

En el verano de 1988, Oprah oyó una voz que la condujo al mayor cambio de su vida y le proporcionó los índices de audiencia más altos de su carrera. Fue la voz de Stedman Graham, de quien Oprah dijo que le había sido enviado por Dios después de pedírselo de rodillas.

Una noche, durante la cena, Oprah le preguntó si alguna vez le molestaba su volumen, el de ella. Él hizo una pausa [...] un poco demasiado larga. Luego contestó: «Bueno, me ha costado acostumbrarme. Oprah lo miró, sin poder creérselo.

«Al principio, me dije: "Pues, genial. Resulta que soy la experiencia de crecimiento personal de alguien". Pero luego empecé a darme cuenta de que, Dios mío, había sentido esto todo el tiempo [dos años] y ha tardado todo ese tiempo en llegar a decírmelo».

El 7 de julio de 1988, poco después de esta conversación, Oprah empezó una dieta sin proteínas; ingería una bebida medicinal hecha con unos polvos y agua cinco veces al día, más dos litros de líquidos no calóricos y tomaba vitaminas, pero no comía absolutamente ningún alimento sólido. Cuando llevaba seis semanas con esa extenuante dieta, Stedman y ella fueron de vacaciones a Hawái y Oprah empezó a comer. «Me sentí fatal, porque hasta aquel momento me había controlado muy bien. Así que Stedman dijo: "¿Por qué no decides que durante las vacaciones vas a comer, y así no te volverás loca? Cuando vuelvas a casa, puedes empezar la dieta de nuevo".

»"¿Y si me tomara sólo una hamburguesa con queso y me olvidara?"

»"¿Estás loca?"

Oprah se obsesionó con esa única hamburguesa con queso. Esperaba a que Stedman se fuera a su clase de golf y abría todas las ventanas de la habitación del hotel. Luego llamaba al servicio de habitaciones y pedía la hamburguesa con queso, más beicon y aguacate. Minutos después, llamaba a Gayle King para contarle lo que había hecho. Gayle comprendía la comilona porque su marido, William Bumpus, había seguido la misma dieta y había perdido 34 kilos en 12 semanas. Oprah volvió a su ayuno y salió a correr cada día con Stedman. Cuando volvió a Chicago, en otoño, había eliminado 18 kilos.

La transformación de su cuerpo de casi 1,70 metros era asombrosa. Los espectadores no podían creerse lo que veían. Prometió que revelaría su secreto en cuanto perdiera más peso. Los telespectadores sintonizaban el programa cada día, sólo para ver qué aspecto tenía. Para octubre había eliminado otros 7 kilos. Sin embargo, no quería explicar cómo se iba reduciendo cada semana. Finalmente, anunció que revelaría su secreto durante la oleada de noviembre, en un programa titulado «Sueños dietéticos hechos realidad».

La propaganda de este programa pareció galvanizar al país. Todo el mundo quería saber cómo Oprah, que en una ocasión dijo que no tenía pistola porque se llevaría los muslos por delante, había conseguido, por fin, perder peso, sin unirse a la NRA. Associated Press envió un fotógrafo a Chicago y los directores de periódicos de todo el país enviaron reporteros para informar del programa «Sueños dietéticos». Aunque reconociendo que la asombrosa pérdida de peso de Oprah había captado la atención de la nación, el corresponsal de la empresa de comunicación Knight Ridder se quejó de que sólo era «el acontecimiento social más importante desde lo último que Michael Jackson se había hecho en la nariz». Incómodo por tener que cubrir la revelación de la dieta de Oprah, añadió: «¿Es que ha descubierto la cura para el cáncer? ¿Ha eliminado el espectro del sida? ¿Ha reducido el déficit nacional?»

El día del muy pregonado programa, 15 de noviembre de 1988, Oprah entró pavoneándose en el estudio con un gran abrigo de un rojo intenso. «Este es un programa muy, muy personal —dijo. A continuación, igual que una estríper exuberante, se despojó del abrigo rojo para desvelar la mitad de su antiguo yo—. Hasta esta mañana, he perdido treinta kilos», dijo, justificadamente orgullosa de su nueva figura, embutida en unos vaqueros de Calvin Klein, talla 40, que llevaban colgados en su armario desde 1981. Dio unas vueltas por el escenario para exhibir su nuevo cuerpo, con un cinturón muy apretado, con una hebilla de plata, un ajustado suéter negro de cuello alto y unas botas con tacones de aguja. El público la aplaudió enloquecido, agitando los pequeños pompones amarillos que les habían dado con ese fin.

Oprah levantó en alto un paquete de polvos Optifast, que dijo que mezclaba con agua en una taza de Optifast y bebía cinco veces al día. Esto le proporcionaba 400 calorías de nutrición sin alimentos sólidos, en un régimen que se suponía que compensaba la pérdida de proteínas del cuerpo. Antes de que acabara el primer tramo del programa, las centralitas de Optifast recibieron un bombardeo de llamadas. Un portavoz de la empresa informó de que, después de que Oprah mencionara el nombre de la marca siete veces, habían recibido un millón de llamadas a su número gratuito. «Estoy segura de que mucha gente cree que Optifast es de mi propiedad —declaró Oprah—. Sin embargo, no es así.»

Después de una pausa para anuncios, volvió tirando de un carrito rojo cargado con 30 kilos de grasa animal blanca. Se inclinó y trató de levantar la bolsa de sebo. «¿No es un asco? No me creo que no pueda levantarlo, cuando antes lo llevaba a cuestas todo el día.»

Luego se puso seria. «Ha sido lo más difícil que he hecho en mi vida. [...] Es mi máximo logro». A continuación le reveló al público su diario personal, leyendo lo que había anotado después de hablar con un terapeuta de Optifast sobre por qué quería perder peso. «¿Qué es lo más importante aquí? La autoestima. Para mí, es hacerme con el control de mi vida. Comprendo que esta grasa es solo un bloqueador. Es como tener barro en las alas. Me impide volar. Es una barrera que no me deja llegar a cosas mejores. Ha sido una manera de seguir estando cómoda con otras personas. Mi gordura las tranquiliza. Hace que se sientan menos amenazadas. Me hace sentir insegura. Así que sueño con que un día entraré en una habitación donde esta grasa no sea un problema. Y esto sucederá este año, porque lo más importante para mí es llegar a ser lo mejor que puedo ser».

El siguiente tramo del programa era una llamada de enhorabuena de Stedman, desde High Point (Carolina del Norte), para decir lo orgulloso que estaba de ella. En aquel entonces, estaba trabajando con su mentor, Bob Brown, y sólo veía a Oprah los fines de semana. «Lo odio —le confesó Oprah a los periodistas—. Va a durar todavía un año más. Luego dice que volverá a trasladarse a Chicago.» Su público habitual sabía quién era Stedman, aunque no lo habían visto nunca. Oprah se guardaba la presentación para un programa durante la oleada de febrero, titulado «Cómo afecta la fama a una relación». La llamada telefónica de felicitación de Stedman fue seguida de un videoclip de Shirley McLaine, que el público sabía que era la estrella de cine, guía de Oprah en todo lo paranormal.

El programa del «carrito de la grasa» se convirtió en el más visto de la carrera de Oprah, con el índice más alto en 16 de los principales mercados de Nielsen, lo cual significaba que un 44 por ciento de los telespectadores diurnos lo habían visto. «Son unas cifras increíbles —declaró Stephen W. Palley, director general de King World—. Los que no vieron el programa, oyeron hablar de él.» La asombrosa pérdida de peso de Oprah centró la atención de los medios de comunicación de todo el país durante días, después del programa, mientras nutricionistas, médicos y comentaristas debatían los méritos de los regímenes sin proteínas, y todo el mundo apostaba sobre cuánto tiempo mantendría Oprah la pérdida de peso.

Perdido en el tumulto de titulares de costa a costa, llegó, en un momento inoportuno, el homenaje de la revista *Ms* (noviembre 1988) a Oprah por ser una de las seis mujeres que iban a recibir su premio a la Mujer del Año 1988.

«En una sociedad donde la gordura es tabú, ella ha triunfado en un medio que rinde culto a la delgadez y celebra una guapura insípida e insulsa de cuerpo y personalidad. [...] Pero Winfrey ha hecho que la gordura sea *sexy* y elegante —casi deslumbrante— con un guardarropa como para caerse muerto, un lenguaje corporal relajado y una alegre sensualidad».

Oprah no quería ninguna parte del homenaje a su peso. «Nunca fui feliz cuando estaba gorda —afirmó—. Y nunca volveré a estar gorda. Jamás.» Le irritaban los que le preguntaban si conservaría su nueva talla. «Preguntarme si mantendré la pérdida de peso es como preguntarme: "¿Volverás a tener una relación donde permitas que te maltraten emocionalmente?" —dijo—. Ya he pasado por eso, y no tengo ninguna intención de repetirlo». Afirmó que su idilio con Stedman haría que siguiera muy motivada. «Me siento mucho más *sexy*... Ahora somos *sexy, sexy, sexy*. Mi pérdida de peso ha cambiado totalmente nuestra relación».

En un número cómico, Rosie O'Donnell dijo que estaba más que harta de oír hablar de Stedman. «Ahora que Oprah está delgada, no para de hablar de Stedman. Cada cinco minutos es Stedman esto, Stedman aquello. Si vuelve a mencionar a Stedman una vez más, voy a volar a Chicago y alimentarla a la fuerza con Twinkies, por vía intravenosa».

Oprah prometió no volver a ponerse como un globo, nunca más, porque temía a la prensa de supermercado. «Me dan miedo los tabloides, por las historias que publicarían». Pero la presión se intensificó y la prensa empezó a apretar cada vez más. Durante el año siguiente se vio sometida a una Alerta Naranja sobre su ingesta de comida, no sólo por parte de los tabloides, sino de los medios en general, que también la acosaban. A las pocas semanas de desvelar su nueva talla, Liz Smith, columnista de cotilleos sindicada, la atrapó en un festín de glotonería y escribió en *Daily News*, de Nueva York:

¿Es que nuestra querida Oprah se está convirtiendo en «el Fantasma de la Oprah» que conocíamos; es decir en el esqueleto de su antiguo yo? Bien, no se preocupen... El sábado pasado cenó en Le Cirque, de Nueva York, consumiendo no sólo fetuccini con setas silvestres, sino también un pargo asado. Luego, el domingo, estaba con un grupo de seis personas en el Sign of the Dove, de Nueva York y pidió huevos escalfados sobre un brioche con salsa holandesa. A continuación, decidió que los almuerzos de sus compañeros eran inadecuados y pidió un pollo para la mesa, del cual consumió, ella sola, casi la mitad. Luego se fue a Serendipity, para tomar una copa de chocolate helado de medio litro, con nata montada.

A la semana siguiente, *People* informaba de que Oprah estaba comiendo pizza con queso de cabra en Spago, en Hollywood. Luego entró en juego *Vanity Fair*: «Parece que Oprah Winfrey está rellenando un par de vaqueros de una talla mayor que la 38 —y añadía—: Olvida el Optifast. [...] Nosotros preferimos a la Oprah espléndida». En su columna, «Conventional Wisdom Watch», *Newsweek* publicó: «Oprah Winfrey [...] ha construido un estudio fabuloso, pero está haciendo horas extras en la mesa de nuevo». El golpe más cruel llegó en agosto 1989, cuando *TV Guide* decidió que el cuerpo de Oprah no era lo bastante bueno para ilustrar su artículo de portada sobre ella: «¡Oprah! ¿La mujer más rica de la televisión? Cómo amasó su fortuna de 250 millones de dólares». Así que pusieron su cara a la seductora figura de Ann-Margret, sentada encima de un montón de dinero. El director dijo que la política de *TV Guide* no era falsear nada, pero que no entendía por qué alguien podría quejarse: «Bien mirado, Oprah tiene un aspecto fantástico, Bob Mackie tiene su vestido en la primera plana de la revista con más circulación de la nación y Ann-Margret ha conseguido salir en portada [...] bueno una gran parte».

Oprah no necesitaba que los medios ejercieran una vigilancia constante sobre su dieta. Sabía que tenía problemas sólo pocos días después de haber arrastrado su carrito rojo por el escenario. En su diario escribió:

19 de noviembre de 1988: «He estado comiendo sin control. Tengo que ponerle fin. No me puedo acostumbrar a estar delgada».

13 de diciembre de 1988: «He vuelto a casa y he comido tantos cereales como me han cabido. Como basura todo el día».

26 de diciembre de 1988: «Hay una fiesta en Aspen. No quiero ir. He aumentado más de dos kilos».

7 de enero de 1989: «Estoy fuera de control. Empecé el día tratando de ayunar. A mediodía me sentía irritada y hambrienta sólo de pensar en el tormento que es todo esto. Me comí tres cuencos de salvado con pasas. Salí y compré maíz con queso y caramelo; volví a las tres y me puse a mirar la comida de los armarios. Y ahora quiero patatas fritas con mucha sal. Estoy descontrolada».

Durante unas semanas después del programa de los «sueños dietéticos», saboreó la deliciosa sensación de comprar ropa bonita en las tiendas de diseño, sin tener que acudir a The Forgotten Woman ni comprar las dos tallas mayores de un vestido en Marshall Field y hacer que las unieran para que fuera de su medida. Disfrutaba comprando las colecciones de alta costura de Christian Dior, Chanel e Yves Saint Laurent. Posó para Richard Avedon con un traje ajustado, de seda negra, para un anuncio nacional, como una de las mujeres más inolvidables de Revlon. «Me encantó hacer el anuncio de Revlon —dijo—. Cambió la manera en que me sentía conmigo misma. Nunca pensé que fuera guapa. Pero ese anuncio me hizo sentir guapa. Por esa razón valió la pena hacerlo, sólo por sentirme así.» Se sentía tan bien con su nuevo yo delgado que regaló toda la ropa de cuando estaba gorda, donándola para los sin techo. «No ha solucionado los problemas que tienen —reconoció—, pero seguro que tienen buen aspecto.» Le parecía que después de cuatro meses de pasar hambre, por fin había vencido su problema de peso. Dejó la terapia de grupo de Optifast y suspendió el programa de mantenimiento supervisado.

En un año recuperó 8 de los 30 kilos que había perdido. «Es una batalla que sigo librando cada minuto de mi vida», le confesó a los espectadores, la mayoría de los cuales asintieron comprensivos. En aquellos momentos, según el National Center for Health Statistics, se consideraba que, en Estados Unidos, el 27 por ciento de las mujeres y el 24 por ciento de los hombres tenían sobrepeso, bordeando casi la obesidad. Oprah pasó un vídeo donde se la veía subir, resoplando, una montaña en un *spa* muy caro, esforzándose por quemar calorías. Parecía derrotada, cuando le rogó a los espectadores que, por favor, la dejaran en paz si la veían engullendo puré de patatas. «He decidido que no voy a pasar por la vida privándome de cosas que me hacen sentir bien.»

Un año después escribió en su diario una de sus anotaciones más tristes:

He llorado en mi despacho con Debra (DiMaio) [...] He llorado porque mi pobre y mísero yo haya llegado a este estado. Esta mañana, la báscula decía 92 kilos. Me controla, sencillamente me controla. [...] Al final del día [...] me siento disminuida, menos persona, culpable, fea. [...] Vuelvo a estar gorda de verdad.

Durante las oleadas de noviembre de 1990, Oprah reconoció la pesadilla de sus «sueños dietéticos» en un programa titulado «El dolor de recuperar»: había recuperado los treinta kilos y más. No quiso decir cuánto pesaba, pero luego confesó que más que Mike Tyson, campeón de boxeo de los pesos pesados. «Nunca volveré a hacer dieta —afirmó—. Nunca más ayunaré, jamás». Por el correo de sus fans, Oprah sabía que su público la adoraba, así que se sorprendió cuando la mayoría dijeron que preferían la Oprah gorda original que la versión *light*. Decían que cuando estaba gorda era más accesible; se reía con facilidad y abrazaba a todo el mundo. La Oprah delgada parecía más amargada y tensa, como si el esfuerzo de hacer dieta hubiera minado su alegría. Los telespectadores le hacían saber que estában mucho más cómodos con la voluminosa Oprah que con la Oprah sílfide que, les parecía, actuaba de una manera un poco petulante y pagada de sí misma. Su volumen los tranquilizaba, diciéndoles que el aspecto era algo superficial, que no iba más allá de la piel. Ahora se daban cuenta de que, en realidad, ella nunca lo había creído. Años más tarde Oprah lo reconoció: «Sé cómo es vivir dentro de un cuerpo que es el doble de tu tamaño. [...] Sé que cualquiera que esté ahí querría que fuera diferente. Incluso los que dicen que lo han aceptado. Llega un momento en que luchas contra eso, y luchas y luchas, y luego dices que ya no quieres seguir luchando. [...]»

«Les diré algo, incluso siendo famosa, la gente te trata de una manera muy diferente cuando estás gorda que cuando estás delgada. Es una discriminación de la que nadie habla nunca».

Por mucho que a Oprah le desagradara su gordura, también ella parecía más cómoda con su corpulencia que sin ella. «Siempre me sentí más a salvo, más protegida, cuando estaba gorda —confesó—, aunque en realidad no supiera qué trataba de proteger, como tampoco sabía de qué tenía miedo». Parecía que la misma ambición sin límites que la había propulsado a la cima de su profesión había fijado su «centro de control» del apetito: mientras que aumentar de peso la favorecía profesionalmente, convirtiéndola en lo que *Essence* describía como «la quintaesencia de la figura de la niñera negra», su enorme tamaño la hundía en la más absoluta tristeza como persona. *Ebony* insinuaba que su actitud «sentimentaloide» hacia su público, predominantemente blanco, «recuerda el estereotipo de la niñera sureña». *People* la describía como una «figura materna poderosa», algo que Oprah no aceptaba. «Una mujer me dijo hace poco: "Pensaba que eras más compasiva cuando estabas gorda porque eras como una madre para mí. Y ahora eres esta cosa sexual", recordaba Oprah. Le dije: "¿Es algo que dije, o algo que hice?". Porque yo nunca me sentí como si fuera tu madre».

Algunos cómicos negros fueron mezquinos, en particular Keenan y Damon Wayans, en *In Living Color*, el programa de comedia que crearon para Fox Network. En un episodio titulado «Oprah habla de comida», la hermana de los cómicos, Kim Wayans, imitaba a Oprah haciendo una entrevista; se ponía a comer con voracidad hasta que estallaba como un globo y esparcía patatas fritas por encima del público. Abiola Sinclair, en el *New York Amsterdam News*, declaró que la parodia era «despiadada»: «A los negros auténticos y sensatos nunca les preocupó demasiado el peso de Oprah. Lo que más nos preocupaba a muchos de nosotros era que sintiera la necesidad de llevar lentillas de colores raros [verdes], lo cual parecía indicar algún tipo de descontento racial. Incluso cuando estaba más gorda, Oprah nunca fue una dejada y siempre tenía buen aspecto. En nuestra opinión [...] un poco de peso le sienta mejor que ese cuerpo nada natural de piel y huesos, con esa gran cabeza redonda encima. Podría tener una talla 48 y seguir estando en forma. La palabra clave es "en forma"».

Es probable que Oprah se sintiera más discriminada por estar gorda que por ser negra. La comunidad afroamericana aceptaba mucho mejor a las mujeres de gran envergadura que el mundo blanco de cuerpos palillo, que premiaba a las anoréxicas tan flacas como una escoba.

Como mujer negra, que había roto la cinta de la meta en su carrera al éxito, Oprah era aplaudida y recompensada, universalmente, por su triunfo profesional, pero como mujer gorda, se sentía excluida del mundo de los flacos, y esa exclusión era dolorosa. «La gente te toma más en serio [cuando estás delgada] —afirmó—. Tienes más validez como ser humano... Me odio cuando estoy gorda... Me ha hecho sentir horriblemente incómoda con los hombres. [...] No creo a los gordos que dicen que son felices. No lo son. Y no importa lo que digan.»

A lo largo de su carrera, ganaría siete Emmy como mejor programa diurno de entrevistas; siete premios Image de la NAACP; el de presentadora del año, concedido por la International Radio and Television Society; el George Foster Peabody Individual Achievement Award; el Lifetime Achievement Award, de la Academy of Television Arts and Sciences, y el Golden Laurel Award, del Producers Guild of America. Sin embargo, por desgracia, pensaba que su máximo logro en la vida era perder treinta kilos, y su máximo fracaso, recuperarlos.

«Recuerdo que [antes de esa dieta] yo estaba en el programa de Oprah, en Washington, cuando era directora de investigación de WUSA-TV —declaró Candy Miles-Crocker, una bella mujer negra—. Oprah llevaba un traje de punto de color amarillo vivo y, por entonces, debía de pesar cerca de 125 kilos. Estaba enorme y aquella falda de punto se le pegaba al cuerpo como la piel de una salchicha. Además, tenía un corte en la parte de delante, de forma que, cuando se sentaba el corte se abría, igual que sus gordos [...] y [...] Dios mío [...] era horrible. Me sentía fatal por ella. Ella se dio cuenta de lo que pasaba, así que durante la pausa se apartó a un lado para darle la vuelta a la falda y que el corte no estuviera delante. Ver cómo se esforzaba por hacer girar aquella falda sobre sus muslos escandalosamente gordos era como contemplar un buque intentando atracar en el amarre de una barca de remos.»

El peso de Oprah era como un arnés que llevara alrededor del cuello, pero por atribulada que se sintiera, nunca se rindió por completo. Continuó yendo a los balnearios y centros especializados de adelgazamiento en uno de los cuales conoció a Rosie Daley, que se convirtió en su chef, y a Bob Greene, que acabó siendo su preparador. Juntos lograron cambiar su modo de vida y su tamaño a tiempo para su cuadragésimo cumpleaños, pero incluso entonces no fue fácil.

«Antes de que Rosie llegara, la señora Eddins [la madrina honoraria de Oprah, de Nashville] se ocupaba de la cocina y todos los almuerzos eran pollo frito, ensalada de patatas, enormes platos de macarrones con queso y tartas recién hechas como postre [...] y Oprah se lo comía absolutamente todo —recordaba su arquitecto paisajista James van Sweden—. Rosie la introdujo a la fruta y las verduras frescas, pero a Oprah le costó un tiempo llegar a aceptar unos alimentos que no estaban fritos ni llevaban salsas.» La propia Oprah dijo que Rosie trabajó con ella durante dos años antes de lograr que perdiera ni medio kilo.

Durante el periodo en que estaba recuperando peso, en 1990, sufrió un brutal ataque de su hermana, que les reveló a los tabloides el secreto familiar, largamente guardado, del embarazo de Oprah a los catorce años y del niño al que dio a luz. Esta revelación se produjo después de que Oprah interrumpiera la asignación de 1.200 dólares al mes que le daba a su hermana, porque ésta la utilizaba para comprar drogas, así que Patricia Lee Lloyd fue al *National Enquirer*, que le pagó 19.000 dólares por revelar detalles sobre los llamados «primeros años promiscuos y salvajes» de Oprah, cuando llevaba a hombres mayores de tapadillo a su casa y los «montaba» mientras su madre estaba en el trabajo.

«Ella decía que eso es lo que hacía —dijo Patricia Lee Lloyd al tabloide—, y comprendí que todas aquellas tardes se lo estaba haciendo con sus hombres.»

Oprah se sintió tan humillada por las revelaciones de su hermana que tuvo que quedarse en cama tres días. «Pensaba que mi vida se había acabado —confesó más tarde—. El mundo va a odiarme. Todos van a decir: "Qué mujer tan desvergonzada y malvada. Qué puta". Pero Stedman [...] me hizo superarlo. Me ayudó a ser valiente. [...] Yo lloraba y lloraba. Recuerdo que, aquel domingo por la tarde, entró en la habitación que estaba a oscuras, con las cortinas corridas. De pie delante de mí, con aspecto de haber llorado también él, me tendió el tabloide y me dijo: "Lo siento mucho. No te mereces esto." Stedman la ayudó a ver que lo que le había pasado a ella le pasaba a muchos, pero dijo que como una de las hijas especiales de Dios, sobreviviría y prosperaría y podría ayudar a otros a hacer lo mismo. «Stedman cree que soy una de las elegidas —afirmó Oprah—. Ya sabes, elegida por el universo para hacer grandes cosas.»

Una semana después, le cayó encima la segunda entrega de su «pasado vergonzoso y secreto», en la cual su hermana hacía estallar todas las burbujas que Oprah había creado sobre su infancia en la indigencia. Patricia también revelaba las «mentiras que Oprah contaba y que hacían llorar a mamá», y las historias que Oprah nunca había contado sobre como «empeñó el anillo de mamá, le robó el dinero y se escapó de casa».

De repente, la mitología que Oprah se había creado empezó a resquebrajarse. «Le contó a cien periodistas lo de *Sandy*, la cucaracha que era su mascota —recordaba la novelista Jacquelyn Mitchard, por entonces columnista de *Milwaukee Journal*—. A mí también me contó la historia de *Sandy* [...] en la época en que sólo era una joven presentadora de televisión novata que le daba dolores de cabeza a Phil Donahue... Incluso entonces había un impulso en ella que su enorme ambición no explicaba del todo. Era un enigma, una aviadora solitaria muy prometedora, llena de frases ensayadas, pero incómoda con demasiada introspección. Y como os dirá cualquier terapeuta, es habitual que los que más corren, estén tratando de dejar algo atrás, casi siempre algo que no fue culpa suya, casi siempre algo del pasado». En una compasiva columna titulada "Tal vez, ahora sabemos qué es lo que hace correr a Oprah", Mitchard escribió que si Oprah lograba aceptar la verdad de su vida, podría «advertir a las jóvenes de lugares difíciles para que evitaran un embarazo temprano». Curiosamente, la novela de Mitchard *En lo profundo del océano* fue la primera elegida para el Club del Libro que Oprah inició seis años más tarde, pero, "por fortuna" Oprah no relacionó a la columnista con la novelista.

Presionada por las revelaciones de su hermana al tabloide, Oprah emitió una declaración pública. «Es verdad que cuando tenía catorce años quedé embarazada. El niño nació prematuro y murió poco después del parto. Confiaba que este asunto siguiera siendo algo privado, hasta que yo fuera totalmente capaz de enfrentarme a mis propias y profundas emociones y sentimientos. Me entristece profundamente que una publicación pague una enorme suma de dinero a una drogadicta, profundamente perturbada y luego publique sus comentarios. Siento una auténtica compasión por mi hermanastra.» Posteriormente, Oprah diría a los periodistas que le había pagado el tratamiento contra la adicción a las drogas, en la clínica Hazelden. «[Le dije]: "Gastaré lo que sea necesario. Pero si la fastidias, puedes morirte en la calle, convertida en una yonqui. Y lo digo con todo mi corazón".» Oprah no habló con Patricia durante dos años después de sus revelaciones a los tabloides, pero pagó generosamente la educación de sus dos hijas, Alisha y Chrishaunda.

«[Aquel artículo] fue lo más doloroso que me ha pasado nunca. El dolor, el sentimiento de haber sido traicionada no podía ser peor —afirmó Oprah—. Pero insistí en recordarme que tenía que buscar la lección [...] y de repente, algo encajó por vez primera. Relacioné mi propia promiscuidad sexual de adolescente con los abusos sexuales que había sufrido de niña. Por extraño que parezca, hasta aquel momento, no había visto la conexión entre las dos cosas. Entendí que aquel horrible artículo de los tabloides era para que comprendiera que seguía cargando con aquella culpa, dondequiera que fuera. Sé que hay otras lecciones que tengo que aprender, pero la primera era que no fui responsable de los abusos y que tenía que librarme de la vergüenza que llevaba conmigo».

Al final, Oprah invitó a su hermana a su finca de Indiana para intentar arreglar las cosas. «Nos pasamos todo el fin de semana hablando —dijo Patricia más tarde—. Oprah me dio un buen repaso. Me dijo que era una desilusión, que la había decepcionado, que no había resultado como ella esperaba. Que no tenía ni título ni profesión ni nada.»

Unos años después, Oprah volvió a cortar toda comunicación con su hermana. «En la última conversación que tuvimos le dije que no compartíamos el mismo código moral, así que no hay ninguna razón para fingir "amor de hermanas" —declaró—. Le compré una casa y le di cientos de miles de dólares para establecerse, pero dijo que no necesitaba trabajar. —Oprah estaba en desacuerdo, totalmente—. Creo que la gente tiene que trabajar.»

Patricia continuó entrando y saliendo de rehabilitación hasta 2003 cuando, a la edad de cuarenta y dos años, murió de una sobredosis accidental. «Acababa de hacerla pasar por rehabilitación [una vez más] —dijo Oprah a los periodistas—, y lo que pasa es que, si estás acostumbrada a tomar cierta cantidad de droga y luego, después de haberlo dejado un tiempo, vuelves a tomar la misma cantidad, es demasiado.»

Oprah pensaba que, después de la revelación de su hermana en los tabloides, la gente la evitaría. «Imaginaba que, en la calle, todos me señalarían con el dedo y exclamarían: "Embarazada a los catorce años, criatura malvada [...]". Sin embargo, nadie dijo nada, ni los extraños ni los conocidos. Me quedé estupefacta. Nadie me trató de una manera diferente.»

Es imposible calcular a cuántas mujeres ayudó Oprah con la historia de su embarazo fuera del matrimonio, pero debió de ser un modelo para las que habían sufrido una tristeza y vergüenza parecidas. Debido a su alcance y visibilidad, sus palabras tenían peso entre su público, que la veían como una mujer llena de valor y determinación. Al negarse a dejarse derrotar por su dolorosa infancia, inspiraba esperanza y las mujeres de todas partes podían mirar el éxito en que había convertido su vida y creían en una salvación parecida para ellas. Al compartir su propia vergüenza con los demás, era inevitable que Oprah llegara a miles de mujeres y las ayudara a liberarse de su culpa, mostrándoles que no estaban solas. En ese sentido, su programa se convirtió en el ministerio sanador que siempre había afirmado que era.

La humillación pública que soportó durante este periodo pareció conducir a una Oprah más empática, que mostraba una nueva sensibilidad hacia la explotación de algunos de sus programas «de conflictos». «El día en que, sin duda, me sentí peor en televisión fue en 1989, cuando todavía emitíamos en directo y teníamos a la esposa, la amante y el marido y, estando en antena, el marido [inesperadamente] le anunció a su esposa que la joven estaba embarazada. La expresión de su cara. […] La miré y me sentí muy mal por mí misma y me sentí muy mal por ella. Así que me volví hacia ella y le dije: "De verdad que siento mucho que la hayan puesto en esta situación y que haya tenido que enterarse de esto en televisión. Es algo que no debería haber pasado nunca".» Sin embargo, Oprah continuó con su programación «de conflictos» durante otros cinco años, con los índices por las nubes.

Unos meses antes, Tom Shales, crítico de televisión y ganador del premio Pulitzer, había presagiado el final de la «podredumbre de los programas de entrevistas» que infectaban la pequeña pantalla y contaminaban el ambiente. «Se desperdician horas y horas en escándalos, basura y estupideces», escribió en *The Washington Post*. Ralph Nader, el defensor del consumidor, eligió *The Oprah Winfrey Show* como contaminante número uno. «Sacan todas sus ideas del *National Enquirer*», dijo Nader. Como ejemplo de los programas que, según Shales, Oprah daba ya mascados a «los tontos de la caja tonta», citaba unas cuantas semanas de sus temas: mujeres serviles, peleas por la paternidad, infidelidad, caza del hombre, tríos, hombres que pegan a su esposa y adictas a las compras.

Hasta Erma Bombeck le propinó un palmetazo a Oprah en su columna. «Cada día cojo la guía para ver qué vendrá a continuación —escribió—. Recientemente, Oprah presentó un grupo de hombres que creían que sus tías era sus madres. ¿Dónde encuentran a esos hombres? ¿Es que los individuos en circunstancias inusuales escriben a los productores del programa y les dicen: "¡Oigan, si alguna vez hacen algo sobre los bebés de las naves espaciales que tratan de encontrar a su madre, yo vivo en Chicago y me encantaría hablar de eso!" ¿O emiten una llamada para "Mujeres que crían a su marido como si fuera hijo único", animándolas a enviar su currículum?» Es posible que la querida humorista creyera que era una broma amable, pero los productores de Oprah mantienen un enorme sistema informatizado de recuperación de las solicitudes, aparte de las entre 2.000 y 4.000 cartas que reciben cada semana, muchas de las cuales contienen varias páginas de revelaciones íntimas. También hay bases de datos independientes para posibles entrevistados, invitados y expertos sobre cualquier tema imaginable. Erma Bombeck no vivió lo suficiente para ver el programa de Oprah del 2 de abril de 2008 en el cual Oprah entrevistó a un transexual que se quedó embarazada para que él y su esposa pudieran tener un hijo. Explicó que había tomado hormonas masculinas, se había extirpado los pechos y había cambiado legalmente su sexo al masculino, pero había decidido no extirparse los órganos reproductores femeninos. Posteriormente dio a luz a una niña. Ese programa proporcionó a Oprah un aumento de un 45 por ciento en los índices de audiencia con respecto a la semana anterior.

Normalmente, le negaba importancia a los críticos citando sus altísimos índices; sólo de vez en cuando reconocía que le «irritaban» sus críticas. «Mi respuesta a los que dicen que mi programa es explotador, sensacionalista, extraño, lleno de basura y de cosas raras es que la vida es todo eso. Es en la televisión donde se debe hablar de estos temas. —Añadió que, al fin y al cabo, ya no presentaba fanáticos, racistas ni sadomasoquistas—. Y nunca más haré nada que tenga que ver con el culto al diablo», afirmó. Sería necesario que pasaran unos cuantos años más para que reconociera sus embarazosas aportaciones a la telebasura. Por entonces, todavía sostenía que sus programas tabloide eran educativos.

Pero no todo era sórdido en *The Oprah Winfrey Show*. Aunque nunca fue tan importante como el *show* de Donahue, a finales de los años ochenta y principios de los noventa Oprah también presentó algunos temas serios, entre ellos la crisis cada vez mayor de la educación en los Estados Unidos y la cada vez menor capacidad de leer y escribir entre los jóvenes. (Promovió ese programa mirando directamente a la cámara y preguntando «¿Hasta qué punto somos tontos?») Analizó la conducción en estado de embriaguez en un programa con culpables y víctimas que habían resultado heridas de mucha gravedad por conductores borrachos. Más tarde, dijo que si tuviera un hijo de veinte años que se emborrachara, subiera a un coche y matara a un peatón, testificaría en su contra en los tribunales. «Metería su culo en la cárcel. Le diría: "Te quiero, pero tu culo se va a prisión". Ni siquiera he perdido a nadie por esta causa, pero las blandas leyes que hay sobre esto, me ponen enferma. Creo que cuando alguien conduce borracho, deberían colgarlo. Y como no creo en la pena capital, esto significa que lo cuelgas hasta que se pone azul, luego lo resucitas durante un rato y lo vuelves a colgar otra vez. Y luego haces un nudo alrededor de sus partes privadas. [...] En esta cuestión, mi tolerancia es cero».

Fue una de los primeros en examinar el abuso sexual de niños por parte del clero y contó la historia del sida en varios programas diferentes, entre ellos uno sobre si las cadenas deberían emitir anuncios de cierta marca de condones como protección contra el sida. Pese a que los miembros del público se oponían con vehemencia a esa publicidad, Oprah anunció que entregaría muestras gratis de «botiquines para sexo seguro», que incluían condones. Incluso se aventuró en los servicios públicos con programas tales como «Qué hacer en una emergencia», donde hizo una demostración de la respiración artificial y de la maniobra Heimlich. Recaudó más de un millón de dólares en donaciones de tarjetas de crédito para las víctimas del huracán *Hugo*, durante un programa realizado en Charleston (Carolina del Sur). «Es la respuesta personal más rápida que he visto nunca en una campaña para recaudar fondos», dijo James Krueger, de la Cruz Roja.

«Los temas de discusión cambian con los años —declaró Oprah en 1989—. Antes era un sexo mejor y el orgasmo perfecto. Luego fue la dieta. La tendencia de los años noventa es la familia y la crianza.» A esos fines, presentó programas como «Cómo tener una "familiastra" feliz», «El experimento de la cena familiar», «En busca de niños desaparecidos» y «Cómo encontrar a los seres queridos», en los cuales explicaba a los telespectadores cómo seguir la pista a los familiares desaparecidos desde hacía mucho.

Sus programas más eficaces continuaban siendo los que afectaban a su propia vida y exploraban los problemas personales a los que ella se enfrentaba, incluyendo su continuada lucha con el peso, el daño que causaban los abusos sexuales y los estragos del racismo. Hizo entrar al público en la vida de una persona obesa presentando a Stacey Halprin, de veinticinco años, que pesaba 250 kilos la primera vez que participó en el programa. Volvió después de haber perdido 136 kilos, después de una intervención quirúrgica de *bypass* gástrico, y regresó una vez más después de perder otros 27 kilos, para disfrutar de una renovación Oprah, una renovación que se convirtió en uno de los elementos básicos más populares del programa.

En su programa «Violación en una cita», emitido el 7 de diciembre de 1989, Oprah dijo: «Sé que habrá liberado a muchas mujeres que han sido violadas y que nunca le han dado ese nombre. Una amplia encuesta ha demostrado que un 87 por ciento de alumnos de instituto creen que, si han gastado dinero en la cita, tienen derecho a obligar a una mujer a tener relaciones sexuales con ellos [...] y un 47 por ciento de chicas está de acuerdo. Es asombroso que las mujeres acepten esa actitud».

En día del cumpleaños de Martin Luther King, Jr., en 1992, anunció que, a lo largo del año, presentaría programas dedicados al racismo en los Estados Unidos.

- «Racismo en el barrio»
- «Odio tu relación interracial»
- «Japoamericanos: El nuevo racismo»
- «¿Somos todos racistas?»
- «El veredicto del caso Rodney King I y II»
- «Mi padre/madre es racista»
- «Experimento sobre el racismo»
- «Demasiado poco y tarde: los americanos nativos hablan claro»
- «Me niego a salir con alguien de mi raza»
- «Crímenes de odio sin resolver»
- «Blancos que temen a los negros»

Llevó las cámaras al barrio de South Central en Los Ángeles, después de los disturbios que siguieron a la absolución de los policías blancos que apalearon a Rodney King, afroamericano. Un sangriento caos estalló después del veredicto de 1992, con las muertes violentas de 54 personas en uno de los alborotos más mortales de la historia de los Estados Unidos. La zona sur de Los Ángeles se encendió en un infierno de 4.000 incendios que dañaron 1.100 edificios, causando 2.382 heridos y 13.212 detenciones. Aquella noche, los telespectadores presenciaron, horrorizados, como Reginald Denny, un hombre blanco, era arrancado de su camioneta y golpeado por una turba negra. Finalmente, el presidente George H. W. Bush envió tropas federales para restablecer el orden.

Con la mejor de las intenciones, Oprah reunió a un público multirracial, formado por blancos, asiáticos, negros e hispanos para su primera grabación en Los Ángeles, pero acabó con un programa de militantes estridentes, que impulsaron a Howard Rosenberg a escribir en *Los Angeles Times* que Oprah se había visto «desbordada por este violento y demoledor ataque de rabia y violencia, contemplando impotente como en su estudio, lleno de invitados multiculturales en guerra, se gritaban e insultaban unos a otros». Una mujer negra justificó los disturbios diciendo: «Teníamos que hacer algo para que Oprah viniera a Los Ángeles y que la gente hablara». Rosenberg estuvo a punto de desesperarse: «Si esto es lo que se entiende por hablar —escribió—, que vuelvan los gritos».

Pese a las críticas, Oprah mantuvo su posición en el número uno como presentadora de programas de entrevistas, en medio de un número de competidores cada vez mayor. La popularidad de su espacio y la fuerte lealtad de las espectadoras la convirtió en la voz más influyente de la televisión diurna, además, sus películas y programas especiales para la televisión habían ampliado su público, pero seguía queriendo dejar huella en el horario de máxima audiencia. Por ello, en su siguiente especial para la cadena, ella y su productora ejecutiva, Debra DiMaio, lanzaron sus redes para capturar una presa valiosa y lograron pescar a Michael Jackson, el autoproclamado «Rey del Pop, el Rock y el Soul», que por entonces era el centro de la curiosidad internacional. No había concedido ni una sola entrevista en directo desde hacía catorce años, pero como se trataba de Oprah, que ofrecía noventa minutos de televisión en el horario de máxima audiencia y, posiblemente, porque sus ventas de discos habían caído, junto con su popularidad, aceptó reunirse con ella en su rancho de Neverland, en Santa Ynez (California). Oprah le prometió no preguntarle si era gay, pero le dijo que quería darle la oportunidad de hacer frente a los extraños rumores que decían que se había blanqueado la piel, que dormía en una cámara hiperbárica y que se había hecho una serie de operaciones de cirugía plástica.

Además, le preguntó lo siguiente:

- «¿Tus hermanos estaban celosos cuando toda la atención empezó a concentrarse en ti?»
- «¿Tu padre te pegaba?»
- «¿Eres virgen?»
- «¿Por qué siempre te agarras los genitales?»
- «¿Sales?, ¿tienes citas?»
- «¿Con quién sales?»
- «¿Has estado enamorado alguna vez? Nos gustaría saber si hay alguna posibilidad de que te cases, algún día, y tengas hijos»

Dieciséis años más tarde, después de la muerte de Michael Jackson, en 2009, Oprah emitió parte de la entrevista. Dijo que no lo creyó cuando él le dijo que sólo se había hecho dos operaciones de cirugía plástica. También parecía dudar de su afirmación de que sufría de vitíligo, la enfermedad que, según él, hacía que se le blanqueara la piel.

Durante la entrevista, los detectores de humo se dispararon en Neverland y el chirriante ruido obligó a Oprah a hacer una pausa para pasar unos anuncios no programados. Más tarde, Diane Dimond, una de las biógrafas de Jackson, se preguntó si éste no habría planeado la interrupción para trastocar las preguntas personales de Oprah. Bob Jones, publicista de Jackson desde 1987 hasta 2002, que acuñó la expresión «Rey del Pop», recordaba la interrupción como un medio para que Jackson hiciera aparecer a Elizabeth Taylor por sorpresa.

«Tenía allí a Liz para poder más que las preguntas de Oprah y también porque sabía que Liz haría subir la audiencia. [...] Liz debía estar allí, considerando todas las joyas que Michael le había regalado a lo largo de los años. Fue una amistad muy cara, se lo digo yo.»

Taylor dijo a Oprah —que irritaba a la estrella al seguir llamándola Liz, en lugar de Elizabeth— que Michael era «el hombre menos extraño que he conocido nunca», además de ser «muy inteligente, sagaz, intuitivo, comprensivo, compasivo y generoso». Años después Oprah diría que no pensó que la amistad de Elizabeth Taylor y Michael Jackson fuera extraña, porque ambos compartían la misma experiencia de haber sido estrellas infantiles y habían tenido padres que los maltrataban.

Durante su entrevista en 1993, Michael Jackson estaba «estrafalario» como siempre, Oprah no fue «mala» y nunca llegó a ser «peligrosa», pero para los 90 millones de telespectadores de los Estados Unidos, y los 100 millones de todo el mundo, la entrevista fue un *Thriller* de la cultura popular. Jackson defendió su preocupación por los niños como compensación por su infancia perdida y la necesidad de rodearse de un amor incondicional. «A través de ellos encuentro algo que nunca tuve», dijo. Diez años después, Michael Jackson concedió una entrevista a la cadena British TV que llevó a que lo juzgaran por abusos a menores, pero, finalmente, lo declararon inocente de todos los cargos. Ante Oprah reconoció que toda la vida había estado loco por Diana Ross, con la que tenía cierto parecido, y afirmó estar enamorado de Brooke Shields.

«Michael mintió a Oprah al decirle que no era homosexual —afirmó Bob Jones, que estaba en el plató durante la entrevista—. En aquella época, Michael era una estrella mucho más importante que Oprah —en una época fue el artista negro más importante del mundo— pero la entrevista les dio buen resultado a los dos. La única persona con la que Michael quería relacionarse no era Oprah, sino la princesa Diana, pero la princesa no contestaba a sus llamadas. [...] Al final, organizamos el Prince's Trust (un espectáculo con fines benéficos) y Michael se encontró con la princesa Diana en el estadio de Wembley, en Londres, pero ella no le dijo casi nada, aparte de hola».

El especial de Oprah sobre Michael Jackson fue el acontecimiento que alcanzó una calificación más alta, aparte de la Super Bowl, superando las expectativas generales, incluyendo las de los patrocinadores. ABC informó de que fue uno de los programas de entretenimiento más vistos de la historia de la televisión y el cuarto con unos índices de audiencia más altos desde 1960, sólo por detrás del episodio final de *M*A*S*H* (febrero de 1983), del episodio «¿Quién mató a J.R.?», de la serie *Dallas* (noviembre de 1980) y la película *El día después* (noviembre de 1983). *Time* dijo: «En parte un Oprah grandioso, en parte un culebrón de Oprah, el programa Winfrey fue, como mínimo, una televisión fenomenal: vivo, temerario, desnudo emocionalmente». *Life* estuvo de acuerdo: «Oprah cumplió lo prometido y logró algo casi imposible: bajó de las nubes a Peter Pan». Por fin, Oprah se había ganado un lugar en el horario de máxima audiencia. «Mi mejor hora en televisión», afirmó.

14

Durante muchos años, la American Booksellers Association celebró su convención anual, en el fin de semana del Memorial Day, y en 1993, ABA como se llamaba entonces, fue un auténtico desenfreno. Más de veinticinco mil librerías, editoriales, agentes y autores volaron a Miami para pasar cuatro días, con sus noches, comprando, vendiendo y celebrando ostentosas fiestas con autores famosos como William Styron, Maya Angelou y Ken Follet, además de famosos como Ann-Margret, Rush Limbaugh y la doctora Ruth. Pero nadie atrajo más atención o aplausos que Oprah Winfrey que, a sus 39 años, estaba preparada para publicar su autobiografía, que se esperaba que sería el libro más vendido de la historia editorial.

El sábado por la noche su editorial la trató como a una famosa, en una de las fiestas más exquisitas y caras que Alfred A. Knopf, la empresa editorial más prestigiosa del sector del libro, organizaba para un autor. El exterior del International Palace, de Miami, estaba iluminado de color púrpura, en homenaje al color favorito de Oprah y a su primera película. Dentro del rascacielos, las mesas gemían bajo las bandejas de gambas del tamaño de iPods, dispuestas para los 1.800 invitados que pululaban alrededor de los hornillos que mantenían calientes los platos desbordantes de pasta, chuletones y tiras de solomillo chisporroteantes. Los camareros, de esmoquin, corrían arriba y abajo con fuentes llenas de un champán burbujeante, para unos libreros más acostumbrados a beber vino barato en vasos de papel.

Con un traje de color aqua, una Oprah de nuevo delgada llegó del brazo de Stedman y fue presentada por el presidente del consejo de Random House. Sedujo a todo el mundo diciendo que estaba tan entusiasmada con su libro que le gustaría poder salir en *The Oprah Winfrey* para promocionarlo. Aunque todavía no había puesto en marcha el Club del Libro de Oprah, todos sabían lo que podía hacer por los libros que le gustaban. Sólo dos semanas antes, había llevado las cámaras a Iowa para rodar un espacio sobre *Los Puentes de Madison County*. La obra era ya un éxito de ventas, pero el programa de Oprah disparó una demanda adicional de 350.000 ejemplares.

Por lo tanto, era comprensible que, como oradora anunciada para el desayuno de la mañana siguiente, Oprah fuera recibida como Cleopatra en su nave para que todo Roma le rindiera homenaje. La multitud llenaba la sala de bote en bote y los aplausos eran ensordecedores mientras ella se acercaba al micrófono. Empezó diciendo que creía que todos debían sentarse y ponerse a escribir un libro sobre ellos mismos. «Se pueden ahorrar una factura enorme en terapia —afirmó—. Para mí, trabajar en este libro el pasado año y medio ha sido igual que diez años de terapia. He aprendido muchísimo sobre mí misma —Colmó de elogios a su colaboradora, Joan Barthel, y se apresuró a tranquilizar a todos diciendo que no había escrito un libro de cotilleos—. De todos modos, yo no he hecho mucho y, además, las personas con las que lo hice, ustedes no las conocen, así que [...] no tienen de que preocuparse», dijo, provocando las carcajadas.

Poniendo en marcha todo su encanto telegénico, Oprah deslumbró a los libreros con sus anécdotas, contadas con frecuencia, pero que, para los que nunca habían visto su programa, parecían frescas y espontáneas. Habló de que había crecido como «un pobre pedazo de carne de color, con pelo pasa», que quería ser Diana Ross, o «alguien supremo»; contó cómo tenía que esconderse en el lavabo, con una linterna, para leer, porque su familia se burlaba de ella por ser «un ratón de biblioteca» y la acusaba de «intentar ser más que los demás», porque adoraba los libros. Habló de su peso, de cómo sus jefes de Baltimore trataron de hacer que cambiara de imagen y de cómo había acabado calva. «Ya sabemos que, en los Estados Unidos, te espera una lucha brutal cuando eres negra, gorda y calva, y *además* eres una mujer que trabaja en televisión», afirmó. Desternillándose de risa, los espectadores la aplaudieron hasta que les dolieron las manos.

«No importa lo que nos hayan victimizado, todos somos responsables de nuestra vida —declaró luego—. Este libro habla de que tienes que hacerte responsable de las victorias de tu propia vida. La mía ha sido una vida maravillosa y asombrosa. Crecí pensando que no me querían y, por esa razón, siento que es una bendición tan grande hablar a 20 millones de telespectadores cada día, que me escriben [...] para decirme que me quieren.» Dijo que iba a atraer a las librerías a personas que nunca antes habían estado en ellas, unas palabras que cayeron como maná del cielo sobre los libreros reunidos allí. La idea de un público que adoraba a Oprah, formado por 20 millones de posibles compradores de libros, hacía que la cabeza les diera vueltas anticipadamente. Oprah terminó añadiendo un elevado propósito al beneficio potencial: «Mi meta es elevar, alentar y dar poder a la gente —afirmó—. No oculto que quiero marcar una diferencia en el mundo, y espero que *Oprah: An Autobiography* haga exactamente eso».

Aturdidos de felicidad, los libreros se pusieron en pie para ofrecerle una estruendosa ovación, que hizo que las tazas de café tintitearan debido a la reverberación de los aplausos. Aquí estaba una autora que iba a levantar a todas las librerías del país y rociar con polvo de oro a todo un sector. La publicación estaba fijada para el 20 de septiembre de 1993; Knopf había anunciado una mareante primera edición de 750.000 ejemplares; el Doubleday Book Club y el Literary Guild planeaban un envío directo por correo a 5 millones de hogares y, lo mejor de todo, Oprah había prometido visitar una ciudad diferente cada semana, en una gira promocional por 30 ciudades, a partir del otoño de 1993 y durante toda la primavera de 1994. Robert Wietrak, director de *merchandising* de Barnes & Noble, estaba fuera de sí de entusiasmo: «Será el libro más importante que nunca hemos vendido», afirmó.

Al oír el tsunami de elogios que brotaban de ABA, donde Oprah había generado oleadas de entusiasmo, los periodistas empezaron a llamar a Knopf, queriendo saber algo más del libro. El 9 de junio de 1993, quince semanas antes de la publicación, Erroll McDonald, el editor de Oprah, le dijo a *The New York Times*: «Dado que los medios se alimentan de Oprah, en gran medida, no queremos que canibalicen el libro antes de que salga». No tenía que haberse preocupado.

Seis días más tarde, Oprah llamó a la editorial. «Es la llamada más difícil que he tenido que hacer nunca […] pero […] tengo que retirar el libro […] No podemos publicarlo ahora […]. Tengo que posponerlo».

Después de intercambiar varias llamadas angustiadas con la editorial suplicando a Oprah que cambiara de opinión y Oprah deshaciéndose en disculpas, y llegando, en un momento dado, a ofrecerse a pagar a Knopf la fiesta de ABA en su honor, canceló oficialmente la publicación con una declaración que destrozó a los libreros. «Estoy en mitad de la curva de aprendizaje. Siento que todavía hay importantes descubrimientos que tengo que hacer».

Los titulares del día siguiente reflejaban la envergadura de aquella historia que se convirtió en noticia nacional:

- «El retraso del libro de Oprah deja a todos en suspenso» (*USA Today*)
- «Sigue el torbellino de rumores, mientras Oprah permanece en silencio» (*Los Angeles Sentinel*)
- «Más lecciones que aprender antes de que Oprah lo cuente todo» (*New York Times*)
- «Oprah deja que su autobiografía se vaya por el desagüe» (*Newsday*)
- «Oprah quería que el libro fuera más que un recitado» (*Chicago Sun-Times*)

Como era de esperar, el tabloide *Star* fue el más explícito: «¿Por qué Oprah prohíbe su libro sexy donde lo cuenta todo?»

Legalmente, Oprah podía echarse atrás de su compromiso con Knopf porque no había firmado un contrato estándar, sino simplemente una carta de acuerdo donde se decía que renunciaba a un adelanto sobre los *royalties*, pero que ella y la editorial dividirían los beneficios a partes iguales. Lo habitual es que los autores reciban un adelanto y, cuando las ventas del libro superan ese adelanto, reciban un porcentaje del precio de cada libro vendido, en concepto de derechos de autor. El acuerdo de copublicación de Oprah con Knopf era extraordinario y, considerando los primeros pedidos, estaba garantizado que sería fenomenalmente rentable tanto para la autora como para la editorial. La gente de Knopf, donde ahora llamaban *Noprah* al libro, trataron de poner buena cara ante lo que los analistas del sector calculaban que era una pérdida de veinte millones de dólares.

«Oprah ha pensado que necesitaba dedicarle más trabajo —le dijo Erroll McDonald a los periodistas—. Creo que el libro, tal como está, tiene mucha fuerza y es muy revelador, pero yo no soy el autor.»

El director del departamento de relaciones públicas y publicidad, William T. Loverd, trató de quitarle importancia a aquel golpe demoledor. «Oprah sentía que podía hacer un trabajo mejor —declaró—. No había bastante de ella en la obra. El libro sólo se ha pospuesto.»

Arlene Friedman, redactora jefe de Doubleday Book Club, dijo: «Pensábamos que era el libro que cualquier mujer querría leer».

«El libro es fuerte y sincero en extremo —afirmó Sonny Mehta, presidente y redactor en jefe de Knopf—. (Pero) es su libro y, por supuesto, nos atendremos a sus deseos. Esperamos con ilusión reanudar el trabajo en el proyecto, cuando ella esté dispuesta.» Y eso, como dicen los humoristas judíos, será un año después de *Shavuos*, la fiesta judía que nunca llega.

La publicista de Oprah se vio asediada por las llamadas de los periodistas que querían información sobre la súbita cancelación, e hizo todo lo que pudo para interpretar para ellos qué era, «la mitad de la curva de aprendizaje».

«Oprah creyó que era prematuro (publicarlo), porque hay muchas cosas positivas en su vida, en estos momentos, que le gustaría incluir en el libro, como su boda con Stedman y su reciente pérdida de peso por medio del ejercicio», informó Colleen Raleigh. Explicó que, desde su compromiso, Oprah estaba trabajando con su chef y su preparador para perder 38 kilos antes de su 40 cumpleaños, y estaba haciendo unos progresos excelentes, pero todo eso no convenció a los periodistas que siguieron presionando para averiguar la auténtica razón de que Oprah hubiera cancelado el libro, y preguntaron si era a causa de Stedman.

«No, no [...] Su relación no tiene nada que ver —aseguró Raleigh—. No podría ser más sólida.»

Pese a todos los esfuerzos de la publicista, en todas las noticias sobre la cancelación del libro se insinuaba que el prometido de Oprah estaba horrorizado por lo que ésta había escrito sobre su pasada vida sexual, y señalaban que la pareja llevaba siete meses prometida oficialmente, pero que todavía no había fijado una fecha para la boda. Erroll McDonald trató de descartar la idea de que Oprah hubiera hecho descarrilar el libro debido a las objeciones de Stedman. «Esto querría decir que Oprah está a merced de lo que dicen otros —afirmó—, que no es capaz de tomar sus propias decisiones.» Pero ni siquiera él sabía qué había pasado en realidad.

Más confusas todavía eran las contradictorias historias que Oprah contaba sobre si Stedman y ella habían llegado a fijar, en algún momento, una fecha para la boda. En octubre de 1993, le dijo a *Ebony*:

Habíamos decidido que sería este otoño. Yo había acordado una cita con Oscar de la Renta. Iba a consultar el calendario para ver en qué semana las hojas de los árboles tendrían el mejor color y todo eso. Y entonces estalló todo eso del libro. Así que supongo que tendremos que empezar a hablarlo de nuevo.

Al mes siguiente (noviembre de 1993), informó a la revista *Chicago*:

Nos vamos a casar, claro. Pero no hemos fijado fecha. Nunca. Dejadme que lo repita: No... hemos... fijado... fecha. Así que, ¿cómo podríamos posponer la boda? Es una idea sacada de la nada por la prensa. No tiene nada que ver con la verdad de Stedman y yo [...] Pero lo haremos (nos casaremos). ¿Contesta esto a su pregunta? Esa impresión de que hemos roto y hemos vuelto y hemos roto otra vez no es, absolutamente, categóricamente, verdad. No es verdad. Es una historia creada por los medios. Dejadme que lo repita; no es verdad [...] nunca hemos roto. Ni una sola vez.

El mismo mes (noviembre de 1993), un periodista de *McCall's* la entrevistó y vio los libros que había encima de su mesa: *Weddings*, de Martha Stewart, *Wedding Readings*, de Eleanor Munro, y un libro titulado *Wedding Planner*. Sin embargo Oprah afirmó: «Nunca he fijado una fecha para la boda. Es debido a los periódicos sensacionalistas y de chismorreos que la gente tiene la idea de que la boda se ha fijado y se ha pospuesto, varias veces. No tengo ninguna prisa en casarme. Me desagrada esa imagen de una mujer desesperada que quiere casarse».

Cuatro meses más tarde (febrero de 1994), le confió a *Ladies' Home Journal*:

Hubo un momento en mi vida en que necesitaba el matrimonio para sentirme realizada. Pero ahora estoy muy satisfecha con mi relación [...] Siento mucho haber mencionado el nombre de Stedman a la prensa. Es posible que todo esto de la boda no fuera una cuestión tan importante, si yo no lo hubiera mencionado.

Luego en *Vogue* (octubre de 1998), dijo:

Se suponía que íbamos a casarnos el 8 de septiembre de 1993, porque era el aniversario de boda de mi padre. Se suponía que mi libro, ese de la autobiografía, saldría el 12 de septiembre y Stedman dijo: «Va a confundirse todo. No puedes hacer las dos cosas al mismo tiempo. Deberíamos posponer la boda». Y yo dije: «Bien, de acuerdo. La pospondremos.» Y, se lo aseguro, nunca hemos vuelto a hablar de ello. No es un problema. La relación funciona.

Quizá su comentario más revelador fuera el que hizo para el *Daily Mail* (febrero de 2006):

Me propuso en matrimonio hace unos diez años, así que reuní a unos cuantos amigos, y estaba temblando. Gayle dijo: «Es que estás un poco nerviosa.» Yo le dije: «No es que esté un poco nerviosa; es que estoy hecha un manojo de nervios; estoy temblando como un flan». Por entonces, llevábamos juntos casi una década. Ya habíamos elegido la fecha y se suponía que mi autobiografía saldría dos días después de la boda. Stedman dijo que no aprobaba el libro, porque contar la verdad sobre mi vida avergonzaría a mi familia y ¿por qué querría yo hacer una cosa así?

Aunque Stedman estaba enterado de la traumática infancia de Oprah y de los abusos sexuales que había sufrido, de su embarazo cuando era adolescente, de su promiscuidad, de su desastrosa aventura con un hombre casado en Baltimore, incluso del consumo de drogas en el pasado, no estaba preparado para la impresión de verlo todo allí de una forma tan cruda, en letra impresa. Tenía objeciones a que Oprah diera los nombres de los hombres de su familia que habían abusado sexualmente de ella y le trastornaba especialmente la dureza de lo que había escrito sobre su madre.

Durante años, Oprah le había estado diciendo a los telespectadores y a los entrevistadores que su madre la había abandonado poco después de que naciera. «No me quería —había dicho—. Nací en la vergüenza.» Fue sólo después de que su colaboradora, Joan Barthel, hiciera unas investigaciones preliminares cuando Oprah comprendió que su madre había estado con ella, en Kosciusko, los primeros cuatro años y medio de su vida, antes de dejarla al cuidado de su propia madre, Hattie Mae Lee, para irse «al norte» a buscar un trabajo mejor remunerado. Sin embargo, en su autobiografía Oprah culpaba a su madre de los abusos sexuales que sufrió después de trasladarse a Milwaukee, y Stedman protestó. «Tu madre no tiene ninguna necesidad de leer que no estuvo allí cuando la necesitabas», dijo.

Oprah también mencionaba a todos los que habían abusado de ella sexualmente, incluyendo a su tío favorito, Trenton Winfrey, que todavía vivía. Por añadidura, creía que su padre le había fallado cuando intentó contarle lo que su hermano le había hecho durante el verano de 1968. «Estaba furiosa con los que habían abusado de mí —confesó—. Y describí la escena de la violación con todo lujo de detalles. La soledad que sientes cuando tienes diez años y eres el juguete de alguien [...] Yo no fui responsable. Ningún niño lo es. Aquellos hombres abusaron de mí, una niña pequeña. Y no hay nada más despreciable.»

También escribió sobre su embarazo a la edad de catorce años. «Pasé la mitad del tiempo negándolo y la otra mitad tratando de hacerme daño para perder al niño.»

Stedman creía que de unos asuntos tan privados había que hablar dentro de la familia y no en las páginas de un libro que todos podían leer. Más tarde, fue a Nashville para hablar con Vernon Winfrey, que llamó a su hija y luego fue a verla a su finca de Indiana para decirle que sentía como había reaccionado cuando ella le contó lo de la violación.

«Sé que ella piensa que no lo hice bien (cuando nos lo contó) —dijo Vernon—. Pero Trent (que murió en 1997) era mi hermano favorito. Estábamos desgarrados.» Más tarde, Vernon admitió que, probablemente, Trent era el padre del hijo de Oprah.

Oprah recordaba que la conversación con su padre en la finca había sido insatisfactoria. Él preguntó: «'¿Te violaron? ¿Él te violó?'. Lo que estaba diciendo era: '¿Te forzaron en contra de tu voluntad? ¿Participaste activamente?'. Fue entonces cuando yo le dije: 'No lo entiendes. Cuando tienes trece años (sic) y estás en el coche y está pasando, es una violación».

Oprah también había escrito sobre su consumo de drogas y sobre fumar *crack* con su amante casado, en Baltimore. «Me parecía que era más abierto y más cariñoso conmigo (cuando tomábamos drogas). Había oído hablar de que Richard Pryor tomaba *freebase*, pero cuando me la ofrecieron a mí, no sabía que eso es lo que era.» Fue un reconocimiento valiente por parte de Oprah. Más tarde habló públicamente de su consumo de drogas, porque, como dijo: «Hay algunas personas que sabían que estaba en el libro y amenazaban con ir a la prensa. Es decir que, como soy una persona pública, cada vez se le añadía más vergüenza al secreto.»

Admitió que había fumado *crack* en el cómodo ambiente de su propio programa, en 1995, mientras empatizaba, llorosa, con dos adictas que se estaban recuperando. «Yo tomé su droga», le dijo a una mujer adicta al *crack*, y estas cuatro palabras se convirtieron en titulares. La periodista británica Ginny Dougary encontró que la confesión de Oprah era un poco como decir «Bueno, y qué?». «Las revelaciones sensacionalistas, incluyendo las de la propia presentadora, son la especialidad del programa —escribió—. (Pero esta vez) no escandalizó a nadie, después de todo el jaleo de la prensa, porque Oprah nunca especifió la naturaleza precisa de su consumo de drogas.» Dougary le preguntó si era adicta a la cocaína: «No, no era adicta», contestó Oprah. Años más tarde Randy Cook, el que fue su compañero de piso y drogas durante cinco meses, en 1985, contradijo esta afirmación.

Oprah reconoció que, comprensiblemente, a su prometido no le entusiasmó lo que había escrito. «No dijo nada que fuera demasiado explícito ni que no debiera decirse. Dijo que no tenía la fuerza suficiente.» Oprah creía que a su libro le faltaba «claridad» e «introspección» y Stedman, devoto de los libros prácticos y de autoayuda y decía que le faltaba «inspiración». Quería que el libro fuera más que una autobiografía. «Mis experiencias tenían que dar fuerza a los demás —dijo Oprah— y sentido a la vida.»

Sin embargo, las objeciones de Stedman al tono y al contenido del libro no fueron la única justificación para la cancelación. En una conversación privada con un hombre que recibió una llamada telefónica de Oprah, esta dijo: «La razón de que retirara el libro fue que Maya Angelou vino a verme después del gran anuncio de la ABA y me preguntó: "¿Hay algo en el libro que esté exagerado? ¿Hay algo en el libro que no sea verdad?". Le contesté: "Bueno, sí, hay escritas algunas cosas para que suenen bien. Tú ya lo sabes. Algunas cosas son, ya sabes [...]"».

«No, cariño, no lo sé —dijo Maya—. Sólo sé que no puede haber ni una sola historia exagerada, ni una sola mentira, ni un solo recuerdo adornado. No puede ser. Y si lo hay, entonces retira el libro. No lo publiques.»

Angelou comprendía la tendencia de su amiga a adornar las cosas, en busca de efecto, quizás hinchar una anécdota para conseguir unas risas o un poco de comprensión. Angelou, que quería a Oprah como si fuera su hija, no quería verla humillada por los medios, que, como dijo, la atacarían con saña si descubrían historias fabricadas.

Curiosamente, a una de las editoriales que leyeron el manuscrito, pero no lo adquirieron, les preocupaban más las duras verdades de Oprah que sus leves mentiras; en particular, lo que escribió sobre prostituirse; era la primera vez que usaba esa palabra para describir su promiscuidad de adolescente.

«En aquel momento, le dije que no tenía ninguna necesidad de contarle eso a la gente —declaró el editor—. No era necesario que todo el mundo supiera que había sido prostituta. Además, sabía que lo vería en letra impresa y se echaría atrás, que es exactamente lo que hizo. He publicado las suficientes memorias de famosos como para saber lo que puede pasar entre el entusiasmo inicial de vender su historia y publicarla realmente. Una vez que ven en la página el sórdido material que dejaron atrás al trepar hacia la cumbre, se echan atrás. O simplemente lo borran o bien lo escriben de nuevo [...] Se llama historia revisionista.»

La historia de los días de Oprah como prostituta adolescente ya habían sido revelados parcialmente por su hermana, en 1990, en el *National Enquirer*, pero entonces los principales medios de comunicación no prestaron atención a lo desvelado por ese periódico, así que los que no leían la prensa de supermercado no tenían ni idea del sórdido pasado de Oprah, excepto lo que ella misma decidía desvelar en su programa. Estaba garantizado que el hecho de admitir en su autobiografía que había sido prostituta —esa era la dura verdad, la versión sin maquillar de lo que su hermana había descrito al decir que Oprah ganaba dinero metiendo hombres a escondidas en su casa y «montándolos»— iba a salir en los titulares. Y reconocer un hecho como este iba a ser especialmente difícil para su padre, que seguía sin poder usar la palabra «prostituta» para describir a su hija adolescente. Hasta el día de hoy, su padre, no puede enfrentarse a esa verdad y sigue calificando aquel turbulento periodo de la vida de su hija Oprah diciendo que era uno de sus «oscuros secretos».

A Oprah le preocupaba tanto la advertencia de Angelou que la convocó a ella y a otros seis amigos, igualmente íntimos, a su finca de Indiana, para pasar el fin de semana de después del de ABA. Les dio a los siete, incluyendo a Stedman y Gayle, copias del manuscrito y les pidió su sincera opinión sobre si debía seguir adelante con la publicación. Como un solo hombre, todos le recomendaron que la cancelara. Durante ese fin de semana, hicieron que se diera cuenta de que algunas personas podían mostrarse poco comprensivas al descubrir que lo que ella siempre llamaba su «promiscuidad sexual de adolescente» era en realidad prostitución. Por haber sido sometida a abusos sexuales de niña, había cosechado una gran compasión entre el público, que la veía como víctima de unos depredadores despiadados y como alguien que había seguido adelante para hacer grandes cosas y ayudar a otras víctimas. ¿Por qué estropearlo ahora? ¿Por qué presentar algo que podía borrar toda la buena imagen que había acumulado? Los telespectadores quizá no estuvieran preparados para aceptar que su heroína era una antigua puta ni pasar por alto el abismo que hay entre la promiscuidad adolescente y venderse por dinero. Nadie quería que Oprah socavara el pedestal en el que estaba. «¿Para qué darles algo con que golpearte?», fue la reacción general de los que querían protegerla. Había construido una imagen pública reverenciada como alguien que había triunfado sobre el racismo, la pobreza y los abusos sexuales, y ahora, reconocer algo de este cariz podría hacer que todo eso se tambaleara. Sus enemigos irían a por ella, sus fans podrían sentirse traicionados y sus patrocinadores quizá se retiraran. Sencillamente, era un riesgo demasiado grande.

En el pasado, Oprah controlaba la publicación de información sobre sí misma, excepto las revelaciones relativas a su embarazo adolescente y que su hermana hacía a los tabloides. Su hermana había hecho alusión a su prostitución, pero incluso en ese caso, Oprah había emitido un comunicado cuidadosamente redactado sobre su embarazo y le habían permitido que se refugiara en el silencio, sin verse sometida a las incisivas preguntas de los periodistas. Sin embargo, ahora, con la publicación del libro no le concederían el lujo de esa clase de control en una gira promocional por treinta ciudades, durante la cual le podrían hacer la clase de preguntas que, con frecuencia, ella hacía a otros, en especial a las mujeres jóvenes que se habían vendido por dinero.

Si leemos el título de unos cuantos de los programas anteriores de Oprah, veremos cómo intentaba explorar el tema de la profesión más vieja del mundo, la prostitución:

- «Semblanza de las prostitutas» (6/11/1986)
- «Prostitutas y madadamas» (29/10/1987)
- «Amas de casa prostitutas» (5/9/1988)
- «Adolescentes de las zonas residenciales: Las nuevas prostitutas» (25/9/1988)
- «¿Quién acude, realmente, a las prostitutas?» (31/10/1996)
- «Vivir una vida secreta» (21/9/2004)
- «Niños vendidos como esclavos sexuales» (2/11/2005)
- «Dentro de la vida de jóvenes prostitutas» (8/5/2006)
- «Dentro del famoso Bunny Ranch Hotel» (29/4/2009)

Después de oír la verdadera historia de Gloria Steinem sobre una mujer a la que encarcelaban por prostitución y se preguntaba por qué sus chulos y sus clientes no estaban en prisión con ella, Oprah quería interpretar a una prostituta en la pantalla. La mujer fue a la biblioteca de la cárcel en busca de libros de leyes y, cuando la soltaron, continuó estudiando hasta completar la enseñanza secundaria, asistió a la universidad nocturna y, finalmente, llegó a ser abogada. «Voy a hacer, seguro, un papel intensamente romántico —afirmó Oprah— basado en esa historia verdadera [...] Llegaré a ser una puta y a tener un chulo. Me muero de ganas por hacerlo.»

Después de leer el guión autobiográfico de Endesha Ida Mae Holland sobre su infancia como prostituta y su posterior participación en el movimiento de los derechos civiles, en 1991, Oprah se unió a otras cuatro mujeres para financiar la producción de *From the Mississippi Delta*, en el New York's Circle, en el Square Theatre.

Años más tarde, volvió al tema de la prostitución en uno de sus espacios de *After the Show* (Después del programa), que grabó para la cadena Oxygen. Entrevistó a la escritora Jeannette Angell, que había conseguido un título de máster por la Yale Divinity School y luego había escrito un libro titulado *Callgirl*, haciendo la crónica de sus tres años como prostituta. El libro no se anda con ambages ni disculpas sobre lo que hizo para pagarse los estudios. «La verdad es que es el trabajo universitario ideal —afirmó Angelle en *Yale Daily News*—. Detesto decirlo, pero es la verdad. Es el medio perfecto para acabar los estudios, porque tienes un compromiso de tiempo mínimo a cambio de un dinero máximo.»

Oprah no fue en absoluto hospitalaria con Angell y, por su expresión facial y su tono de voz, parecía menospreciarla. «Vaya, seguro que su escuela se escandalizó —afirmó—. ¿Se sentía mal [...] o se sentía genial al hacerlo? ¿Es como una cita a ciegas? Siento curiosidad por saber cómo se hace. ¿Recibe más (dinero) por [...] esto [...] otras cosas? ¿Hay por lo menos un cierto disimulo? [...] ¿Se da primero un poco de conversación?»

La escritora aguantó impertérrita toda la entrevista e intentó tomarse a broma lo que fue un examen minucioso por parte de la más amada de las presentadoras de programas de entrevistas de los Estados Unidos. Cuando le pregunté cómo se sentía mientras Oprah Winfrey la hacía picadillo en la televisión nacional, después de que le hubieran prometido un entorno favorable para contar su historia, Jeannette Angell respondió por correo electrónico: «Por desgracia, tengo prohibido por contrato hablar o escribir sobre mi experiencia con nadie de Harpo. La compañía tiene muchos más abogados y mucho mejores de lo que yo me puedo permitir. Quizás averigüen que este es el caso de muchas personas; incluso algunas que estaban conmigo, aunque no aparecieran en el programa, fueron obligadas a firmar contratos. Pensándolo ahora, aquello debería haber encendido una luz de alarma, en aquel mismo momento. Ojalá me hubiera dado cuenta entonces».

Oprah reconsideró la idea de hacer pública su clandestina incursión juvenil en la prostitución y, tras escuchar las reflexiones de sus mejores amigos, decidió cancelar la publicación de sus memorias. Tiempo después, diría que había sido lo más inteligente que había hecho nunca y, desde su punto de vista, tenía toda la razón, aunque la periodista Gretchen Reynolds dijo que «atrajo sobre ella la peor publicidad de su carrera». Esta descripción parece un poco exagerada teniendo en cuenta que ante el anuncio de Oprah de que cancelaba la publicación la reacción de la prensa fue relativamente débil. A pesar de todo, la prensa captó, sin duda, las exageradas descripciones de la propia Oprah al hablar de sus experiencias personales, que siempre eran «de lo más devastadoras», «de lo más difíciles», «de lo más dolorosas», «de lo más horribles».

Ahora bien, Oprah siempre parecía buscar el superlativo para describir sus sentimientos como víctima, no obstante sentía que a su libro le faltaba la calidad emocional necesaria para encontrar eco en sus lectores. El libro no transmitía las seductoras contradicciones que la hacían tan fascinante, en particular la intrigante composición de una mujer profundamente reservada cuyo atractivo universal surgía de su franqueza y su supuesta espontaneidad. Tener dos *yoes* en la misma psique es parte de la condición humana, pero Oprah sentía que no se podía arriesgar a exponer su yo oscuro y, posiblemente, disminuir la luminosidad de su yo brillante.

También le preocupaba que, al cancelar el libro, «en Knopf todos me odiarán», así que al año siguiente, le entregó a la editorial el libro de recetas bajas en grasa de su chef y escribió el prefacio para *In the Kitchen with Rosie*. El cuerpo nuevamente adelgazado de Oprah era la mejor publicidad para el libro, pero además invitó a Rosie a su programa, el día en que se puso a la venta. El resultado fue que se vendió más de 1 millón de ejemplares sólo en las tres primeras semanas. Un año más tarde, el libro de recetas estaba ya en su trigésima sexta edición, con 5 millones novecientos mil ejemplares vendidos.

«Le dije a Knopf, "Me parece que esto va a ser algo grande". Sólo iban a imprimir 400.000 ejemplares —explicó Oprah—. Llamé a Sonny Mehta y le dije "No creo que sea suficiente". Él dijo: "Oprah, no lo entiendes. Hemos publicado a Julia Child y todos los grandes libros de cocina y, te lo digo yo, 400.000 es un número extraordinario para un libro de cocina. Es algo inaudito". Y yo respondí: "Vale. No sabes a lo que te enfrentas". Yo llevaba diez años haciendo dieta, en directo, en televisión. La gente veía este libro como la respuesta […] Fue el libro que se vendió más rápido en la historia de las editoriales. No me puedo resistir a un "Ya te lo dije yo". Es un fallo de mi carácter. No puedo resistirme. Es como que vivo para ese momento en que tengo que soltar un "Ya te lo dije yo". Así que cuando no se podía encontrar el libro en las tiendas y había listas de espera en todas partes, no me pude resistir a llamar a Sonny Mehta, que está haciendo funcionar las imprentas veinticuatro horas al día, y decirle: "Sonny, recuerdo que te dije…". Y él respondió [...] "Nunca en la historia de la edición habíamos visto algo así. Nunca. Es un fenómeno. Nadie podría haberlo pronosticado". A lo cual yo le dije: "Yo intenté decírtelo".»

Con su propio libro cancelado y su boda puesta en espera, Oprah dijo que necesitaba una gran fiesta al estilo hollywood para celebrar su 40 cumpleaños el 29 de enero de 1994. Dejó los planes en manos de Debra DiMaio, que era una obsesa de los detalles, con una única petición: el fin de semana tenía que incluir una fiesta pijama. Este ritual infantil había sido un regalo sorpresa para su cumpleaños el año anterior. «Incluso teníamos su pelele favorito del Dr. Denton esperándola —recordaba Gayle King—. De niña, nunca tuvo fiestas pijama. Tampoco tuvo nunca una bicicleta.»

Gayle, en cambio, creció con todas las comodidades de una familia de clase media alta, entre ellas una sirvienta y una piscina. La mayor de cuatro hermanas, vivía con sus padres en California, antes de trasladarse a Chevy Chase (Maryland). Conoció a Oprah en Baltimore, después de graduarse en la Universidad de Maryland. Siguiendo su carrera en televisión, Gayle se marchó a Kansas City (Missouri), donde se convirtió en la presentadora de informativos local. Allí conoció a William G. Bumpus, que era policía. Se mudaron a Hartford (Connecticut), y se casaron en 1982. Oprah fue dama de honor a regañadientes.

Años más tarde, Oprah reconoció que estaba triste en la boda de su mejor amiga: «Sencillamente, no creía que ese enlace fuera a funcionar bien —le dijo a Gayle en una entrevista conjunta, en el 2006—. Ya sabes, vas a bodas donde desborda la alegría [...] Pero yo no sentí eso en la tuya [...] Me daba la impresión de que era como lastimosa. Nunca te lo había dicho, porque yo no era quién para hacerlo [...] Puede que no pudiera sentir la alegría porque me parecía que nuestra amistad iba a cambiar. Pero no cambió».

Fue una mala suerte para Billy, el marido de Gayle: «Yo los conocía bien de los viejos tiempos (1985-1990) —dijo Nancy Stoddart, la amiga de Oprah—. Nile y yo íbamos a esquiar los fines de semana con Oprah y Stedman, y pasábamos fines de semana en el campo con Gayle y Billy. Por aquel entonces él era policía [...] y de ninguna manera podía (darle tanto a Gayle como sí podía hacerlo Oprah). Billy se sentía bastante molesto por el efecto que la fama de Oprah tenía en su relación [...] Más tarde, Billy fue a la Yale Law School, se convirtió en abogado y ahora es fiscal general adjunto para el estado de Connecticut [...] Lo ha hecho muy bien [...] En aquella época Billy quería ofrecerle una nueva casa a su familia, pero fue Oprah y le regaló a Gayle una casa de un millón de dólares, lo cual en aquellos días era una suma enorme [...] sencillamente enorme».

Gayle se divorció de Bill Bumpus en 1992 porque, según dijo ella, «la engañaba», y Oprah la alentó a que lo dejara, en lugar de perdonar su aventura extramarital: «He ido a cinco terapeutas —confesó Gayle—, y ninguno ha sido mejor que Oprah en cuanto a aconsejarme sobre mi matrimonio y mi vida». En 1992, Bill Bumpus le dijo a un periodista que culpaba a Oprah de la ruptura: «No tenía intención de hacernos daño, no era algo hecho con malicia, pero destruyó nuestro matrimonio con su generosidad y su insistencia en absorber una parte tan grande del tiempo de Gayle. Seguramente hay muchísimos maridos que se quejan de que sus esposas vean *Oprah*, pero ellos, por lo menos, pueden apagar el televisor. No tienen a Oprah ahí, llamando a cualquier hora del día o de la noche; no la tienen ahí comprándole regalos caros a su esposa; no la tienen ahí dando a su familia cosas que el mismo marido o padre no se puede permitir [...]». En el divorcio, Bumpus pagó un dólar y cedió a Gayle la propiedad de la casa de un millón de dólares que Oprah había comprado.

Cuando llegó el 40 cumpleaños de Oprah, hacía ya dos años que Gayle se había divorciado. Continuaba viviendo y trabajando como presentadora de informativos en Connecticut, para compartir con su ex marido la custodia de sus dos hijos. Oprah la llevaba y la traía en avión a Chicago para que pudieran pasar más tiempo juntas. Gayle describió esos viajes diciendo que eran como episodios de *Lifestyles of the Rich and the Famous*. «La *limu* te recoge y se cuidan de todo. Puedes ir [a ver a Oprah] literalmente con 5 dólares en el bolsillo y volver con 4,99, y eso porque te has gastado un penique en un chicle.»

Para la celebración de sus 40 años, Oprah envió a su personal, que siempre festejaba sus cumpleaños, un correo electrónico diciendo que no esperaba ningún regalo y que tampoco aceptaría ninguno. Pero para la fiesta especial en California, «40 para los 40 de Oprah», como decía la invitación grabada, se ablandó y dijo que los invitados podían traer un ejemplar de su libro favorito para su biblioteca.

«Todo el año, Oprah ha estado esperando con mucha ilusión cumplir los cuarenta —afirmó Debra DiMaio—. Para ella es parte de un hito muy positivo.»

Con un coste de 130.000 dólares, llevó a todo el mundo, incluyendo a Stedman, Gayle, Maya Angelou, miembros selectos de su personal, su fotógrafo privado y sus cinco guardaespaldas, a Los Ángeles, en un jet privado y les pagó suites en el Hotel Bel-Air, a 1.000 dólares la noche. La celebración empezó con una cena, el viernes por la noche, en L'Orangerie, que, según los informes de la prensa, costó más de 15.000 dólares. Vestida con un vestido blanco, largo, Oprah, escoltada por Stedman, recibía a los invitados, entre los que estaban Steven Spielberg, Tina Turner, Julius, *Dr. J.*, Quincy Jones y Nastassja Kinski, Maria Shriver y Arnold Schwarzenegger, y Sidney Poitier y su esposa, Joanna. El fotógrafo tomó instantáneas de todos los invitados con Oprah, las reveló, las puso en marcos de plata, y las envolvió para regalo antes del final de la noche, para poder darle a cada invitado un recuerdo de la cena, igual que hace la reina Isabel II con sus invitados en las cenas de gala.

Al día siguiente, Debra organizó una flota de enormes limusinas negras para que llevaran a todos a almorzar a The Ivy y después los llevaran a Montana Avenue, en Santa Mónica, para que compraran cuanto les apeteciera, y luego a casa de Maria Shriver y Arnold Schwarzenegger para un té. Aquella noche, abandonando a cónyuges y parejas, las mujeres se dirigieron al bungalow de Oprah para una fiesta pijama.

Esa noche aportaron una lluvia de ideas para ver qué podían hacer para ampliar el alcance espiritual de Oprah. Todas creían que Oprah era una discípula bienaventurada, una mensajera especial enviada por Dios para hacer el bien. Más tarde Maya Angelou expresó ese sentimiento con palabras: «De un modo extraño [...] tiene una posición espiritual que no es diferente de la que tuvo en una época Norman Vincent Peale. Cada cultura y cada tiempo tiene sus [...] modelos morales a los que respetamos [...] Además, son personas que, en mayor o menor grado, son verdaderamente las luces, los pináculos que dictan está bien y es bondadoso, verdadero, bueno y moral. Bueno [...] Oprah es algo así».

Mientras bebían champán Cristal (el favorito de Oprah) y dirigidas por su gurú espiritual, Marianne Williamson, que se describía a sí misma como «bruja por Dios», las mujeres decidieron que Oprah debía ponerse en contacto con el Papa para que, los dos juntos, dirigieran al mundo entero en un fin de semana de oración. A nadie pareció preocuparle lo más mínimo que una presentadora estadounidense de un programa de entrevistas pudiera parecer un poco atrevida al llamar al Vaticano para organizar un rezo mundial con Su Santidad. El fin de semana papal nunca tuvo lugar, pero el poder de Oprah era tan grande en aquel momento que líderes nacionales —senadores, candidatos presidenciales, primeras damas de los Estados Unidos— pedían a gritos aparecer en su programa. Al estar en la posición de elegir y seleccionar a sus invitados, Oprah ya no concedía el acceso a cualquier personaje importante. Cuando se le propuso que entrevistara a la Madre Teresa, la religiosa que cuidaba a los pobres en Calcuta, Oprah vetó la idea: «No creo que sea muy buena hablando —dictaminó—. Sería una hora muy larga en televisión».

La fiesta del pijama, sólo para mujeres, acabó con una oración en grupo dirigida por Marianne Williamson, y Oprah se marchó decidida a hacer que, en adelante sus programas fueran más espirituales y menos sensacionalistas: «Soy culpable de haber hecho telebasura sin siquiera pensar que era basura», le confesó a *Entertainment Weekly*. Más tarde entonó un *mea culpa* ante *TV Guide* y decidió elevar el nivel de sus programas. El momento elegido era perfecto. Antes de que pasara un año, William Bennett, que había escrito el éxito de ventas *The Book of Virtues*, unió fuerzas con el senador Joseph Lieberman (demócrata por Connecticut) para denunciar los programas de entrevistas diurnos de televisión y a las compañías que los producían. Bennett, que se planteaba presentarse a las elecciones presidenciales de 1996, eximía a Oprah y Phil Donahue, porque había estado en ambos programas para promocionar sus libros, pero fustigaba sin piedad a los presentadores, propietarios, invitados, anunciantes y espectadores de Jerry Springer, Sally Jessy Raphael, Ricki Lake, Jenny Jones, Montel Williams y Geraldo Rivera, diciendo que todos debían compartir la culpa de la «podredumbre» televisada, que «degrada la personalidad humana». Unos años más tarde, Bennett, satirizado como «El zar de las virtudes», fue expuesto públicamente como jugador compulsivo, y se disculpó por haberse pulido 8 millones de dólares en Las Vegas. Pero su ataque contra la podredumbre había sido eficaz: Procter & Gamble, el mayor anunciante del país en la televisión diurna, hizo pública su decisión de retirar entre 15 y 20 millones de dólares de publicidad de cuatro programas diurnos de entrevistas, y Sears, Roebuck and Co., hicieron otro tanto, alegando que dichos programas tenían «un contenido ofensivo».

Mientras volaba a Chicago después de la celebración de su 40 cumpleaños, Oprah pensaba que había iniciado su año 41 con gran estilo. Finalmente y como un modo de agradecimiento a Bob Greene y sus ejercicios que realizaba dos veces al día, Oprah anunció que iba a prepararse para el maratón del Marine Corps en octubre. Una vez reducida a una esbelta talla 42, decidió, una vez más, que nunca necesitaría su guardarropa «de gorda», así que organizó una venta con fines benéficos de 900 vestidos, más cientos de pantalones, blusas y chaquetas, en el Hyatt Regency, de Chicago, para 2.000 de los 50.000 telespectadores que enviaron tarjetas para conseguir entradas. Se reservó quince trajes especiales para venderlos en una subasta en silencio, entre ellos el vestido púrpura con lentejuelas que había llevado en 1985 para el estreno de *El color púrpura*. Recaudó 150.000 dólares, que donó a Hull House, de Chicago y a Families-First, de Sacramento (California).

En 1994, el día antes de que *The Oprah Winfrey Show* empezara su paréntesis veraniego, sus productores sénior le presentaron un ultimátum: o se iba la «dictatorial» Debra DiMaio o se iban ellos. Después de perder a una docena de productores adjuntos en los dos últimos años, Oprah no se podía permitir más conflictos con su personal. Así que llamó a Debra DiMaio, su productora ejecutiva, vicepresidenta de Harpo y una de sus amigas más antiguas y su colega profesional más íntima, y le permitió que dimitiera. DiMaio firmó un acuerdo de confidencialidad para toda la vida por el que se comprometía a no hablar ni escribir nada sobre su relación con Oprah, y se marchó de Harpo con un cheque de 3,8 millones de dólares. Ahora Oprah ya no dispondría de la fina nariz y el blando hombro de DiMaio, la mujer que durante los 10 últimos años había actuado como su álter ego. Dentro del sector, la marcha inexplicada de DiMaio, que había lanzado a Oprah al ámbito nacional y la había mantenido en el número uno, retumbó como un trueno. Su sucesora, Dianne Hudson, se comprometió a mantener el programa «fuera de las alcantarillas de los programas de entrevistas». Oprah cerró, inmediatamente, el estudio, despachó a sus empleados y desapareció, de vacaciones, a algún lugar donde «no estaba disponible» para las llamadas de los medios, que, una vez más, recayeron en Colleen Raleigh, su publicista.

Al perder a DiMaio, Oprah había perdido a su productora ejecutiva, la jefe de personal, la organizadora de fiestas, su confidente, niñera y parachoques frente a Jeff Jacobs. Como consecuencia, Oprah se volvió más dependiente de su secretaria personal, Beverly Coleman, que no tardó en hundirse bajo la presión y dimitió, dos meses más tarde, diciendo que «estaba absolutamente quemada». Oprah le ofreció un millón de dólares para que se quedara, pero Beverly dijo que no podía seguir con las jornadas de trabajo de 24 horas.

Luego, en septiembre, Colleen Raleigh comunicó que dimitía, y unas semanas después, presentó una demanda contra Oprah por incumplimiento de contrato, afirmando que le habían prometido 200.000 dólares como indemnización por cese, 17.500 dólares por salarios atrasados y 6.000 dólares por vacaciones: «Como profesional de las relaciones públicas con fama de ser una fuente honrada y fiable, ya no podía, en conciencia, promover la imagen de Oprah Winfrey, el programa *The Oprah Winfrey Show* y la productora Harpo como si fuera una empresa feliz, armoniosa y humana —declaró el abogado de Raleigh—. Continuamente se veía obligada a tener que ocultar la verdad sobre la desorganizada administración de Harpo», y sobre la «tumultuosa relación» de Oprah con el director general de su compañía, Jeffrey Jacobs. «Colleen ha dedicado ocho años de su vida a la señora Winfrey, pero ya no puede seguir trabajando en un ambiente caótico y carente de honradez».

Furiosa por verse avergonzada públicamente, Oprah informó a los periodistas de que lucharía contra la demanda de Raleigh hasta el final. «No habrá ningún acuerdo», afirmó. Los abogados trataron de que se desestimara la demanda, pero sólo consiguieron que el abogado de Raleigh presentara una enmienda a la reclamación. Esto se prolongó durante meses, hasta que Oprah se vio obligada a someterse a los interrogatorios que le exigían responder bajo juramento a preguntas sobre su turbulenta relación con Jeffrey Jacobs y sobre el trabajo que había obligado a hacer a Colleen Raleigh para Stedman Graham, a fin de promocionarlo y proporcionar a su firma con el Graham Williams Group of Athletes Against Drugs, y para ayudarlo a promocionar a sus clientes, la American Double-Dutch League World Invitarional Championship y el Volvo Tennis Tournament. Después de 4 meses de alegatos, Oprah comprendió que le convenía (a ella y a Stedman) pagar a su antigua empleada y atarla de por vida con un acuerdo de confidencialidad que le impidiera hablar o escribir, de forma permanente, sobre ella o sobre Harpo. Por lo tanto, el 29 de marzo de 1960, Oprah llegó a un acuerdo en el pleito con Raleigh y estipuló unos acuerdos de confidencialidad para toda la vida, más vinculantes incluso que antes, para que sus empleados —pasados, presentes y futuros— no pudieran, nunca, hablar o escribir sobre ella. Ahora se les prohibía que en el trabajo tomaran fotos indiscretas y no podían usar cámaras de ningún tipo ni grabadoras. Estas condiciones no eran sólo para los empleados de Harpo, sino para cualquiera que estuviera dentro de sus dominios: invitados a su programa, empleados domésticos o del servicio de *catering*, guardias de seguridad, pilotos, paseaperros, chóferes, tapiceros, el hombrecillo de Washington que le depilaba las cejas a la cera, el médico de Maryland que le ponía inyecciones de Botox y el director de Oprah Winfrey Leadership Academy en Sudáfrica. Cuando le preguntaron sobre la mordaza que imponía en su universo, Oprah respondió: «Todo tiene que ver con la confianza», sin comprender que todo tenía que ver con la desconfianza.

Esperaba que sus amigos obedecieran sus órdenes de no fotografiarla sin su permiso, y la mayoría así lo hicieron, a excepción de Henry Louis Gates, Jr., conocido como *Skip*, que no podía resistirse a la tentación de tomar instantáneas de Oprah con su móvil. «Le gusta entrar en la sala de profesores y enseñarnos las fotos que ha tomado de Oprah, sin que ella se diera cuenta», dijo un profesor de la Universidad de Harvard.

Profesionalmente, 1994 fue el peor año de la vida de Oprah: había empujado a su personal hasta el agotamiento y, cuando sus productores séniors amenazaron con marcharse porque ya no podían soportar las exigencias de Debra DiMaio para conseguir índices más altos y mejores, tuvo que permitir que su amiga dimitiera. En aquel momento, Oprah creía que había evolucionado más allá de lo que Debra podría darle, y había entrado en una esfera más elevada que la de mera presentadora de televisión. Se veía como una misionera, inspirada por Dios, con un mensaje divino que tenía que transmitir. Ya no quería encabezar el grupo de la telebasura. Lo que buscaba era la clase de respeto que no surge de la programación tipo tabloide. Con el éxodo de DiMaio, Oprah decidió sacar a su programa de la cloaca. Había leído un artículo en *The Journal of Popular Culture*, escrito por Vicki Abt, profesora de sociología de la universidad estatal de Pensilvania, titulado «El desvergonzado mundo de Phil, Sally y Oprah». Alentada por sus productores sénior, decidió buscar la gloria con un enfoque más suave.

La profesora Abt se sorprendió del súbito giro de Oprah, pero no se mostró llena de admiración. «Me alegro de que haya cambiado, pero lo hace diez años y 350 millones de dólares tarde. Creo que mucho de lo que esa gente hace es únicamente en su beneficio propio. Hacen algo sucio y luego gritan mea culpa.»

El año 1944 acabó con un golpe a traición cuando el número de *Redbook* de diciembre llegó a los quioscos: el artículo titulado «Navidad con Ophra», del ex productor de Harpo, Dan Santow, parecía un banal recuerdo de cómo los empleados de Harpo homenajeaban a su jefa en Navidad y de cómo ella les correspondía generosamente. Entre líneas, había una virulenta radiografía de unos excesos lamentables y un despilfarro inimaginable en el trabajo. Lo más condenatorio era la aduladora obediencia a la jefe multimillonaria y el tiempo y la atención serviles dedicados a comprar y entregarle regalos. Más adelante, el ritual de las oficinas evolucionó hasta convertirse en el programa anual de las fiestas llamado *Las cosas favoritas de Oprah*, en el cual los patrocinadores donaban productos por valor de miles de dólares que Oprah seleccionaba a lo largo del año, como sus cosas favoritas (por ejemplo, frigoríficos HDTV, collares de diamantes, BlackBerrys, cámaras digitales de vídeo, televisores de pantalla plana) y luego entregaba al público, junto con una lista de precios al detalle.

Antes de su marcha, Debra DiMaio organizaba el almuerzo anual de Navidad, que duraba once horas para que Oprah y el personal de alto nivel intercambiaran regalos. «La entrega misma del regalo en este almuerzo era extremadamente importante», recordaba Santow, que era nuevo entre los empleados y no se podía creer que a Oprah le importara de verdad la manera en que iba envuelto un regalo.

«Se da cuenta de todo», le dijeron al nuevo empleado y le contaron que el año anterior, Debra le había regalado a Oprah un juego de té de porcelana, antiguo, y había estampado a mano el papel de envolver con tazas y pequeños platos.

—Apuesto a que ni siquiera se ha dado cuenta —dijo alguien.

—Apuesto a que sí —afirmó DiMaio, cogiendo el teléfono—. Oprah, estoy aquí en mi despacho con todos los productores [...] Es sólo curiosidad, pero ¿te acuerdas del servicio de té que te regalé el año pasado?

—¿El que iba envuelto con un papel de seda estampado a mano? —Santow empezó a sentir un sudor frío.

Un mes antes del almuerzo de Navidad de 1993, los productores recibieron un mensaje electrónico de DiMaio, pidiéndoles que respondieran a una encuesta para Oprah:

1. Anota qué talla tienes de sombrero, suéter, zapatos, vestido, guantes y camiseta.
2. Escribe cinco artículos de regalo, caros de verdad, que me encantarían si me los dieran.
3. Aquí tienes dónde los puedes comprar: anota las tiendas, las direcciones exactas y 800 artículos.
4. Apunta cinco cosas que me haría muy feliz recibir como regalo.
5. Piensa y escribe cinco posibles regalos que podrías comprar, por los que yo no sentiría ningún resentimiento hacia ti a lo largo del año.
6. Aquí tienes cinco regalos que odiaría.
7. Aquí tienes cinco tiendas que debes evitar al comprarme cualquier cosa.

El día del almuerzo, Oprah inició la entrega de regalos dándole a Beverly Coleman, su secretaria personal, una cajita que contenía un folleto de un Jeep Cherokee, y en el exterior sonaba una bocina a todo volumen. Entonces todos oyeron la sintonía de Oprah, *I'm Every Woman*. Corrieron a la ventana y vieron un Jeep Grand Cherokee, negro brillante, esperando a Beverly, regalo de la jefe que se veía como «Una mujer corriente». Entre otros regalos estupendos había un sistema estéreo de Bang & Olufsen, un juego de maletas con bonos de viaje regalo, por valor de 10.000 dólares, pendientes de diamantes, y un montón de muebles antiguos. A su productora ejecutiva le dio un bono por un año para cenar una vez al mes, con amigos, en diferentes ciudades de todo el mundo —Montreal, París, Londres...— con todos los gastos pagados.

«Cuando trabajas para una de las presentadoras de televisión más ricas y famosas de los Estados Unidos —decía el subtítulo de *Redbook*— hay dos preguntas que dominan la temporada de Navidades: ¿Qué le regalarás? ¿Qué te regalará?» El artículo golpeó Harpo como una bola de demolición. Sin embargo, como dijo un ex empleado: «No fue una humillación completa [...] Recuerdo que en la lista de preguntas de Santow la que pedía "Cinco cosas que me haría muy feliz recibir como regalo", escribió "Cualquier cosa de Modigliani". Unos días después vio a Oprah y esta le preguntó si Modigliani era un pintor local. Sé que él se sintió muy violento porque ella no supiera quién era Modigliani; si hubiera puesto esto en el artículo la habría hecho quedar realmente en ridículo».

Dan Santow conservaba la distinción de ser uno de los últimos empleados en saltar la valla sin firmar un acuerdo de confidencialidad permanente, y el único que se arriesgó a escribir sobre cómo era trabajar con Oprah. Su artículo fue la sentencia definitiva para Harpo, y obligaría a todos y cada uno de los futuros empleados a una vida de silencio respecto a su jefa. El artículo también puso fin al rito anual del almuerzo de Navidad de los productores.

15

Justo cuando Oprah había decidido rescatar su programa del agujero de la telebasura, perdió un millón de telespectadores. Lo mismo les sucedió a todos los demás presentadores de programas de entrevistas. Ninguno de ellos —Donahue, Geraldo, Jenny Jones, Ricki Lake, Sally Jessy Raphael, Jerry Springer— podían competir con Orenthal James Simpson y el asesinato más famoso de la historia de los Estados Unidos: el 17 de junio de 1994, todos se vieron arrollados por un Bronco blanco que llevó a la policía a una persecución de 100 kilómetros por las autovías de Los Ángeles con las cámaras rodando desde lo alto, mientras los helicópteros seguían al todoterreno, hasta que, finalmente, se detuvo en la mansión Tudor de Simpson, en Brentwood; allí fue arrestado de inmediato, acusado y encarcelado por los asesinatos a puñaladas de su ex esposa Nicole Brown Simpson y el amigo de esta Ron Goldman.

Durante los 16 meses siguientes, la televisión difundió y debatió cada espeluznante detalle del sanguinario crimen, mientras el país se obsesionaba por todo lo que tenía que ver con O. J. Simpson. En la televisión aparecieron nuevos programas judiciales para analizar el crimen, al sospechoso, a las víctimas y sus familias, a los fiscales, al equipo de la defensa y al juez, que permitió encantado la entrada de las cámaras en la sala del tribunal, desde donde el juicio se televisó en directo. Reporteros como Terry Moran, de ABC, Dan Abrams, de MSNBC y Greta Van Susteren, de Fox News, se hicieron célebres simplemente por cubrir el juicio de O. J. Simpson, y los estadounidenses del siglo XX permanecían sentados ante sus televisores, igual que los romanos se reunían en el Coliseo para ver cómo los leones devoraban a los cristianos y los gladiadores luchaban por su vida.

Personas que no conocían ni al vecino de al lado llegaron a saber todo lo relacionado con O. J. Simpson, su engreído invitado, Kato Kaelin, la telefonista del 911 que atendió la llamada de Nicole en 1989 diciendo que O. J. le pegaba, el abogado criminalista Johnnie Cochran («Si no encaja, deben absolverlo»), los fiscales, Marcia Clark y Christopher Darden, el juez amigo de la fama, Lance Ito, y el desacreditado policía de Los Ángeles, Mark Fuhrman, cuyos epítetos racistas y sus continuas evasiones apoyándose en la Quinta

Enmienda influyeron en el jurado. Como escribió Eric Zorn en el *Chicago Tribune*: «El juicio contra O. J. Simpson se ha convertido en la historia más fantástica para los tabloides desde que Elvis murió en el baño».

Hasta aquella noche de junio de 1994, O. J. Simpson había reinado como el chico de oro del deporte estadounidense, alguien que, después de retirarse del fútbol, nunca había dejado de oír los aplausos. El antiguo ganador del Heisman Trophy, que durante la mayor parte de su carrera jugó con los Buffalo Bills, amplió su fama como estrella de altos vuelos que galopaba por los aeropuertos en una serie de anuncios de Hertz Rent-a-car, para la televisión. Apareció en películas como *El coloso en llamas* y *Agárralo como puedas*, y trabajó con Paul Newman, Fred Astaire, Faye Dunaway y Sophia Loren. Jugaba al golf en los clubes de campo más exclusivos y recibía unos abultados honorarios sólo por aparecer en las galas benéficas de Hollywood para sonreír y estrechar manos. Negro, adorado por los blancos de los Estados Unidos, O. J. Simpson lo tenía todo —dinero, posición, reconocimiento nacional y respeto universal— hasta la noche en que encontraron a su ex esposa salvajemente asesinada junto al camarero que había ido a su casa a devolverle las gafas de sol que se había olvidado en el Mezzaluna Trattoria aquella misma noche.

Cuando empezó el juicio, en enero de 1995, Oprah vio como sus índices de audiencia caían por los suelos: «Puedo mirar las cifras y decir: "¿Estaba Kato en el estrado? ¿Quién estaba en el estrado?". Como ayer, cuando las cifras subieron un punto y medio respecto a la media de las dos últimas semanas, porque no había sesión en el tribunal». Tim Bennett, el nuevo presidente de Harpo Productions, defendía la caída en los índices de audiencia: «Aunque no son las mejores cifras de nuestra historia, todavía vamos por delante de nuestro competidor más cercano en cerca de un 100 %. ¿Qué otro género en toda la televisión —comedias en horario de máxima audiencia, informativos en cadena, entrevistas por la noche— pueden alardear de lo mismo? —Admitió el impacto que tenía la cobertura del juicio—. Alrededor del 15 % casi diariamente».

Durante el primer día de descanso del tribunal, en abril de 1995, Oprah dio un salto y recuperó parte del porcentaje perdido de audiencia, presentando a cuatro comentaristas del juicio para las cadenas, más el escritor Dominick Dunne, al que habían dado un asiento privilegiado en la sala del juez, porque cubría el proceso para *Vanity Fair*. En cuanto el público de Oprah tuvo ocasión de hablar, se declararon rápidamente apasionados partidarios de O. J. Simpson, y durante los seis meses siguientes, ellos y el resto del país, discutieron sobre si Simpson podía ser, debía ser o sería condenado. El debate también proseguía entre bastidores en Harpo, y Oprah decidió hacer un programa el 3 de octubre de 1995, después de conocerse el veredicto. Cuando se anunció que O. J. Simpson había sido declarado inocente, se la vio visiblemente escandalizada. La mayoría de los miembros negros del público gritaron, aplaudieron y bailaron, mientras algunos de los blancos presentes se quedaban sentados, atónitos, en un silencio incrédulo. El juicio había dividido al país por motivos de raza. Las encuestas mostraron que un 72 % de los estadounidenses blancos creían que O. J. era culpable, mientras que el 71 % de los negros creían que era inocente. Aunque, en privado, Oprah había pronosticado el resultado, públicamente se puso del lado de los blancos. Las encuestas hechas diez años más tarde registraban un cambio, sólo un 40 % de negros creían que O. J. era inocente, lo cual acercaba la opinión negra a la de los blancos.

«Durante mucho tiempo después de aquello, me escribían preguntando qué pensaba, de verdad, cuando leyeron el veredicto de no culpabilidad —dijo Oprah—. Bien, pues aquí está: me quedé estupefacta. No podía creerme aquel veredicto. Como periodista, trataba de mantener un cierto equilibrio dentro de mis opiniones, que eran muy firmes, pero aquel día me fue difícil hacerlo.» Era sorprendente oír que Oprah se identificaba como periodista que trataba de mantener a raya sus opiniones «que eran muy firmes». En realidad, era una sagaz presentadora de televisión que no quería ganarse la antipatía de los miembros de su audiencia que creían que O. J. Simpson debía ser declarado no culpable.

Un antiguo empleado de Harpo recuerda que, antes del veredicto, los que estaban en la sala de control pronosticaron que O. J. sería condenado, pero Oprah disintió. «No conocéis a mi gente», afirmó, refiriéndose al jurado, predominantemente negro; comprendía que los comentarios racistas de Mark Fuhrman le privarían de toda credibilidad entre los jurados afroamericanos. Públicamente, dijo que la percepción entre los negros era que casi todos los blancos pensaban lo mismo que Fuhrman. En una columna para el *Nashville Banner*, la amiga y ex compañera de Oprah en WTVF-TV, Ruth Ann Leach, se centró en la opinión de Oprah sobre que «la mayoría de los blancos sienten un profundo odio hacia los negros». Después de señalar que «toda la carrera de Oprah ha sido alimentada, apoyada y hecha posible principalmente por blancos», Leach escribió: «Esta mujer sabe muy bien que es adorada por millones de estadounidenses blancos. Si sigue pensando que la mayoría de blancos odia a la mayoría de negros, ¿qué deben sentir personas de color menos privilegiadas? Los blancos afirman sentirse desconcertados por las encuestas que dicen que los afroamericanos creen que O. J. Simpson no cometió los crímenes. ¿Cómo puede nadie descartar todas las gotas de sangre, todas las hebras de fibra? Es fácil: los negros —y no sólo las señoras y los señores el jurado—

273

sencillamente no creían nada de lo que los policías racistas y sus equipos de apoyo racistas presentaban como prueba».

Durante dos días después del veredicto, Oprah dedicó el tema en su programa titulado «O. J. Simpson, el día después». Los tabloides informaron de que le habían prometido a Oprah la primera entrevista televisada de O. J., algo que ella se apresuró a negar. «Nunca entrevistaré a O. J. Simpson», declaró. Días más tarde, recibió a Loni Anderson, estrella de televisión y ex esposa de Burt Reynolds, a quien acusó de haberla tirado contra los muebles y golpeado la cabeza contra la pared de su casa de Hollywood. Oprah estaba escandalizada.

«Ya he tenido bastante de hombres que pegan a sus mujeres», afirmó y, volviéndose hacia el público, anunció que proscribiría de su programa a todos los que maltrataban a sus esposas. De nuevo, contó la humillación a la que la había sometido su amante casado cuando la abandonó en Baltimore pillándole la mano con la puerta al cerrarla de un portazo: «Recuerdo que me caí al suelo, llorando. Recuerdo que estaba en el suelo y me dije: "¿Quién soy yo en realidad?" Y desde aquel momento, tomé la decisión de que iba a hacerme cargo de mí misma».

Desde el principio de su carrera, Oprah era algo así como la novia de América; era la querida hermana que conocía los secretos de la hermandad, algunos de los cuales descubría en libros de del tipo «cómo hacer...», como, por ejemplo el título *El encanto de la vida simple*, de Sarah Ban Breathnach, un libro de consejos para mujeres. Para sus espectadores, Oprah era la vecina que preparaba café para las esposas, después de que sus maridos se marcharan a trabajar, con la fiambrera del almuerzo. Era la señora compasiva que calmaba y consolaba y, de vez en cuando, regañaba. Era la pregonera del pueblo que advertía en contra de los pedófilos, de los que pegaban a sus esposas y de todo tipo de maltratadores y que, como tal, se erigía en defensora de las mujeres, en especial de las mujeres oprimidas a las que los hombres trataban mal.

«Si pudiera conseguir que las mujeres negras conectaran con todo este problema de los abusos —le dijo a Laura Randolph, de *Ebony*—. Constantemente oigo a mujeres negras que dicen: "Bueno, me dio unas cuantas bofetadas, unas cuantas veces, pero en realidad no me pega". Estamos tan acostumbradas a que nos traten mal que ni siquiera sabemos que se supone que el amor es una sensación realmente buena.» Oprah utilizaba su propia vida como ejemplo de cómo sus espectadoras podían liberarse de esos perdedores que había en su vida y recuperar su propia estima: «Si yo puedo hacerlo —predicaba la primera multimillonaria negra de los Estados Unidos—, tú también puedes».

Aunque se negó a entrevistar a O. J. Simpson, sí que entrevistó a los que le rodeaban, incluyendo el profesor de Harvard, Alan Dershowitz, que había sido contratado como abogado defensor de O. J. en el tribunal de apelación. Había escrito una novela, *The Advocate's Devil*, que giraba en torno a un abogado de Harvard que cree que su cliente, deportista profesional, podría ser culpable de un delito grave y al dilema al que se enfrenta el abogado al representarlo. Cuando Warner Books no consiguió que Dershowitz apareciera en el programa de Oprah, llamó él mismo a los productores e insistió en que hicieran un programa titulado «Cómo defender a un criminal».

«En realidad, forzó su entrada en el programa, como si fuera un bulldozer —reveló un ex publicista de Warner Books— pero luego se vio neutralizado porque también habían invitado a la familia de Ron Goldman. Dershowitz se enfadó y se dedicó a mencionar su libro una y otra vez. Lo hizo hasta tal punto que Oprah se volvió hacia el público y se burló de él diciendo: "A ver, ¿cuál es el título del libro?" Todos corearon el título a la vez. Es que, sin ninguna duda, se estaba pasando [...] Y si tú y tu libro no recibís un trato de cariño en su programa, perdéis.» El libro de Dershowitz de hundió, desapareció sin dejar rastro.

Los programas más polémicos sobre O. J. que hizo Oprah fueron los del 20 y 24 de febrero de 1997, unas entrevistas con Mark Fuhrman, que había jurado ante el tribunal que nunca había usado la palabra *negrata*. Las grabaciones y los testigos demostraban que mentía, y Oprah lo presionó.

«¿Qué quiere decir que no hay respuestas acertadas o equivocadas? ¿Qué hay de la verdad? —le preguntó—. ¿Cree que es usted racista?»

Fuhrman dijo que no.

«¿Por qué no? Si pudo usar aquellas palabras, ¿por qué no? ¿Cree que puede usar la palabra con *N* y no ser racista?»

Incluso dejando claro lo mucho que le repugnaba el detective, los periódicos negros criticaron a Oprah por haberlo llevado al programa, en especial durante el Mes de la Historia Negra. *The Chicago Defender* citó a Eugene Pincham, ex juez del tribunal de apelación de Illinois, que había dicho que dejar que apareciera en el programa era «una bofetada» a la comunidad afroamericana del país. Oprah reconoció que su entrevista a Fuhrman había provocado más reacciones que cualquier otro tema en la historia del programa. Más adelante, Oprah entrevistó a los fiscales, Marcia Clark y Christopher Darden, cuando estos publicaron sus libros sobre cómo habían perdido el caso, y empatizó especialmente con Darden. «Pensaba que el juicio —133 días— había sido un desperdicio total de su vida y de su tiempo», dijo Oprah.

Al empezar la nueva temporada, en septiembre 1997, los productores de Oprah le propusieron que entrevistara a Paula Barbieri, la modelo de *Playboy* que había escrito un libro sobre su relación con O. J. Simpson: «Cuando me vinieron con aquello, dije: "Dejadme que os diga algo: O. J. se ha acabado. No voy a entrar en otra temporada hablando de algo que debería haberse terminado hace dos años"». —explicó Oprah para el *Chicago Sun-Times*—. «Paula Barbieri no va a dirigir mi vida. ¿Me oís? No va a haber ninguna Paula Barbieri —afirmé—. No me he pasado doce años haciendo este programa para empezar una nueva temporada con Paula Barbieri.»

Alguien insinuó que la indignación de Oprah podía ser debida a que había perdido la exclusividad en beneficio de Larry King, Diana Sawyer y Matt Lauer, todos los cuales se habían apresurado a entrevistar a Barbieri. Richard Roeper, que lo había hecho dos días antes, acusó a Oprah de ser una completa hipócrita.

«Barbieri ha aceptado a Jesucristo como su salvador y ha abandonado Hollywood por una vida de trabajo con la iglesia —publicó el *Chicago Sun-Times*—. ¿No debería Oprah estar abrazándola delante de las cámaras y susurrándole: "¡Adelante, chica!", mientras las lágrimas les bañan las mejillas?»

Semanas después del revuelo Barbieri, Oprah decidió hacer un programa titulado «¿Qué es lo bastante negro?» El 30 de septiembre de 1997, durante las dos horas y media de grabación, miembros del público la criticaron por mimar a los espectadores blancos y por haber invitado a Mark Fuhrman durante el Mes de la Historia Negra. Había programado la emisión del programa para el 8 de octubre de 1997, pero lo canceló, posiblemente porque no quería ser vilipendiaba en público y vista como centro de tanta disensión racial.

El juicio contra O. J. Simpson continuó resonando durante años. Después de su absolución en los juzgados, fue declarado responsable en un juicio civil por homicidio y se le condenó a pagar 33,5 millones de dólares por daños a las familias de Nicole Brown Simpson y Ron Goldman, una cantidad que los Goldman se esforzaron por cobrar en todo momento. Una década más tarde, Simpson firmó un contrato de 3,5 millones de dólares con ReganBooks para escribir *If I Did It* (Si lo hice yo), supuestamente una novela sobre cómo podría haber cometido los asesinatos. Las familias de las víctimas protestaron y el escándalo público hizo que Rupert Murdoch cancelara el contrato y convirtiera el libro (400.000 ejemplares) en pulpa de papel. Fred Goldman, que inicialmente se había opuesto a la publicación, se hizo con los derechos del libro, según la sentencia del tribunal de lo civil contra Simpson y organizó su publicación con una cubierta donde el *If* quedaba reducido al tamaño de un insecto, de forma que el título parecía ser *I Did It: Confessions of a Killer* (Lo hice yo: Confesiones de un asesino), por O. J. Simpson. Goldman encargó una nueva introducción y añadió un epílogo de Dominick Dunne. El libro se publicó en 2007, y una vez más, Oprah se metió en el fango.

Durante la emisión inaugural de la temporada del 2007, anunció otro programa más sobre O. J. Simpson, diciendo que había invitado a los Goldman y a Denise Brown, hermana de Nicole, para hablar de la novela con Marcia Clark y Christopher Darden, los antiguos fiscales del caso. Pero Denise Brown estaba tan furiosa con los Goldman por no oponerse al libro que se negó a aparecer con ellos y canceló su presencia. Finalmente, aceptó grabar una sección separada, en la cual podría instar al público a boicotear el libro.

Oprah abrió el programa del 13 de septiembre de 2007 con Fred Goldman y su hija, Kim, en escena: «Este es un dilema moral y ético para mí —afirmó—. En este programa vendemos libros. Promocionamos libros, pero yo creo que este libro es despreciable [...] Estoy a favor de que se publique, porque no creo en la censura, pero, personalmente, no me gustaría estar en la situación de alentar a que se compre».

De inmediato a la defensiva, Kim Goldman respondió: «Se trata de nosotros o él». Oprah atacó a los Goldman por el dinero que ganarían con la publicación.

«¿Diecisiete centavos por libro? ¿Sólo eso? ¿Qué clase de acuerdo editorial es ese? ¿Diecisiete centavos? —insistió Oprah—. ¿Eso alivia su dolor? —Oprah volvía al dinero una y otra vez.

»¿Consideran que la recaudación del libro es dinero manchado de sangre?»

El padre de la víctima, que tenía unos 66 años, dijo que no se trataba de tanto dinero.

«Si ustedes sólo van a recibir diecisiete centavos por ejemplar, ¿quién se queda el resto?», preguntó una Oprah escéptica.

«Tenemos una sentencia —dijo Fred Goldman—, la única forma de justicia que conseguimos por medio del tribunal de lo civil. Y ese pedazo de papel no vale nada, a menos que llevemos adelante esa sentencia. Le quitamos (a Simpson) la posibilidad de ganar un dinero adicional, y ese dinero es la única forma de justicia.»

Oprah parecía asqueada y desaprobadora: «Nosotros, como país, hemos sido capaces de avanzar —afirmó—. Me gustaría tener la esperanza de que ustedes pudieran (seguir adelante y) alcanzar la paz».

Muy irritada, Kim Goldman soltó: «Es insultante suponer que alguna vez consigamos la paz».

«No quería ser insultante —respondió Oprah—. Gracias por hacer honor a su compromiso de estar aquí.» Rápidamente pasó a los anuncios y luego presentó a Denise Brown.

«No voy a leer este libro —le dijo—. Mis productores lo han leído y me han dicho que pinta a Nicole como drogadicta y fulana y que se merece la descripción.» Denise Brown afirmó que el libro era «malvado» y que su publicación estaba «moralmente mal». Al final de la hora, Oprah parecía tener las manos limpias; había dicho que no leería el libro y que no lo recomendaría. Sin embargo, permitió que los principales personajes aparecieran en su programa y le consiguieran unos índices de audiencia muy altos, al tiempo que impulsaba la novela de O. J. Simpson al número dos de la lista de *bestsellers* del *The New York Times*.

En mayo del 2010, para celebrar el 10.º aniversario de la revista *O*, Oprah hizo que la fotografiaran con diez fans para un artículo de Internet titulado «La entrevista *O* definitiva: Oprah contesta a todas sus preguntas». Una admiradora preguntó: «Después de entrevistar a tantas personas, ¿hay alguna [...] con la que [...] siga queriendo hablar?» Oprah respondió que seguía queriendo entrevistar a Sydney Simpson, la hija de O. J. Simpson.

Cuando en 1996 Oprah puso en marcha su Club del Libro, daba a todos sus autores un «trato amoroso» y su aprobación entusiasta enviaba los libros, a toda máquina, a la lista de *bestsellers* de *The New York Times*, una experiencia alucinante para cualquier escritor. El Club del Libro de Oprah se convirtió en una sensación nacional que la entronizó como icono cultural, mientras daba energía a las editoriales, enriquecía a los autores e instruía a los telespectadores. Sin embargo, cuando Alice McGee le sugirió, en una nota, que hiciera un club de lectura en antena, Oprah creyó que no funcionaría. Le preocupaban los índices. «Tendremos unos números horribles —dijo—. Fracasaremos [...] Durante todos estos años, siempre que hemos intentado hacer literatura ha sido la muerte en los índices.» Pero después de recibir una medalla de oro de la National Book Foundation y una condecoración de la Association of American Publishers, fue nombrada Persona del año, por el Literary Market Place, designada por *Newsweek* la persona más importante del mundo de los libros y los medios, y alabada como «*Library Lion*» (León de la Biblioteca) por la Biblioteca Pública de Nueva York, enmarcó la nota de McGee y la colgó en la pared de su despacho.

Por entonces, aparecían por todo el país clubes de lectura y muchos libreros organizaban lecturas de autor y grupos de estudio en sus establecimientos. Oprah reaccionó a la popularidad ya existente de esos grupos y se apoderó del espíritu de su tiempo. «No tiene ningún mérito por su inventiva —bromeó Jeff Jarvis, crítico de *TVGuide*—, pero no hay ninguna duda de que sabe robar sabiamente.»

Así, pues, Oprah puso en marcha su Club del Libro y, al igual que hacía con muchos de sus programas, empezó por ella misma. Habiendo pasado de llevar sudaderas de la talla XXXL a vestir ajustadas prendas de lycra, después de perder casi 40 kilos en 1993, sentía que le había dado un giro a su vida. Había acabado aceptando que el ejercicio diario era su salvador metabólico, y ahora quería convertir a sus sedentarios telespectadores. Así pues, decidió que el periodo de la oleada de mayo sería todo un mes de «Ponte en marcha con Oprah: Entrenamiento de Primavera 1995». Esto preparó el escenario para el libro de *fitness* que quería escribir con su preparador y que precedió a su Club del Libro.

«Tuvimos una gran discusión sobre qué funcionaría (aquel mes de entrenamiento primaveral) con las cifras y qué pasaba con la gente que, de verdad, no quería perder peso —dijo Oprah—. Y luego decidimos que O.J. iba a salir de todos modos, así que podíamos hacer lo que quisiéramos». Para entonces, Oprah podía hacer casi cualquier cosa que quisiera y seguir siendo la número uno. No tardaría en ganar el Emmy para programas diurnos, por quinto año consecutivo, como mejor presentadora de programas de entrevistas, y haría su primera aparición en la lista anual *Forbes* de los 400 americanos más ricos, con un valor neto de 340 millones de dólares. La revista *Life* dijo que Oprah era la «mujer más poderosa de los Estados Unidos» y *Time* la nombró una de «las personas más influyentes del siglo». Como dijo una vez el dramaturgo Jean Anouilh, «Todos creen que Dios está de su parte. Los ricos y poderosos saben que lo está».

Prestando atención a sus ejercicios de un mes de duración, *The Onion*, un periódico muy dado a la parodia, publicó unos titulares en primera página que anunciaban: «Oprah se independiza de los Estados Unidos. Forma una nación independiente de amas de casa comedoras de queso». La burlona historia informaba de que la recién formada república de «Ugogirl» sería reconocida por las Naciones Unidas como una nación soberana con carácter y frescura.

Desde que en 1993, empezó a perder peso con Bob Greene, Oprah hablaba de escribir un libro con él y Bob empezó a tomar notas. Cuando ella decidió que había llegado el momento, buscaron un escritor y firmaron un acuerdo con Hyperion para ser coautores de *Make the Connection: Ten Steps to a Better Body and a Better Life*. Oprah escribió la introducción y la entrada de cada capítulo, con fotos suyas en el momento en que estaba más gorda y cuando estaba más en forma, así como conmovedoras anotaciones sacadas de sus diarios sobre cómo su peso le había consumido la vida.

Despertó un entusiasmo delirante hacia el libro cuando Hyperion patrocinó un desayuno con ella y su preparador en el estadio de Soldier Field, durante la convención de ABA de 1996, en Chicago, que fue seguido por una marcha de una milla hasta McCormick Place, el centro de convenciones. «No os puedo decir lo que comí aquella mañana ni con quien compartí mesa ni qué llevaba puesto aquel día —escribió Renee A. James, en el *Morning Call*, de

Allentown—. Pero recuerdo esto con toda claridad: Oprah Winfrey estuvo increíble. Tenía un aspecto fabuloso y parecía muy accesible. Cuando habló a los reunidos, daba la impresión de ser tu mejor amiga. Cada mujer del público sentía como si Oprah conectara específicamente con ella. Compartíamos los mismos esfuerzos, incluyendo la interminable batalla perdida contra el peso, pese al hecho de que Oprah era (por entonces) millonaria y tenía un programa de televisión de éxito y más dinero del que el resto de nosotras juntas vería en varias vidas. No nos cohibía que fuera una famosa internacional. Era como nosotras. Sonaba exactamente igual que cada una de nosotras cuando hablábamos con nuestras amigas. Oprah encajaría a la perfección si entrara en una de nuestras reuniones para almorzar. Toda la experiencia estuvo llena de fuerza. La conexión que hizo aquel día con unas 2.000 mujeres tenía que ver con mucho más que con el simple hecho de perder peso.»

Lamentablemente, James cambió su opinión sobre Oprah 12 años más tarde. «¿Podría tener algo que ver con la diferencia entre la *superstar* multimillonaria que vemos ahora, en 2008, y la amiga que yo vi yendo de un lado para otro y hablando con la gente en Soldier Field en 1996? De alguna manera, Oprah está empezando a sentirse un poco demasiado "llena de poder", una pizca demasiado "iluminada" para el resto de nosotras. A mí, esto me hace pensar en esa amiga que ha llegado a estar un poco demasiado impresionada consigo misma y se ha vuelto un poco demasiado buena para el resto. Te da rabia, pero sigues echándola de menos.»

Contemplar a Oprah y a su preparador, en el verano de 1996, encabezando a todas aquellas mujeres que avanzaban resoplando y jadeando por los aparcamientos, por los pasos elevados sobre la autopista y a lo largo del lago, convenció a los libreros para hacer fuertes pedidos de *Make the Connection*, del que se hizo una primera tirada de 2 millones de ejemplares. El día de la publicación, Oprah dedicó el programa a su libro con Bob Green y, además, posó para un artículo de primera plana en *People*: «El hechizo de Oprah: después de cuatro años con una nueva filosofía del estar en forma, por fin Oprah es feliz». En menos de un mes, *Make the Connection* estaba en el número uno de todas las listas de *bestsellers* del país.

Oprah estaba tan convencida de que nunca volvería a aumentar de peso que dedicó los siguientes meses a hacer un vídeo motivacional casero titulado *Oprah: Make the Connection*, en el cual hablaba de que había vencido su problema de peso. Sobre dicho vídeo el *Chicago Sun-Times* dijo: «El vídeo de sesenta minutos más que una guía de instrucciones sobre cómo ponerse en forma, es un festival Oprah. Vemos a Oprah boxeando en la playa con Greene. Oprah en un campo de flores con un cachorro. Oprah en su camerino. Oprah bailando. Oprah sentada a la mesa, cenando con sus amigos. Oprah acabando el maratón. Vemos a Oprah gorda. Vemos a Oprah en forma».

También vemos a la Oprah generosa, que anunció que todo lo recaudado con el vídeo iría al programa A Better Chance, un programa radicado en Boston que ofrece a los estudiantes de los barrios deprimidos que tienen buenas notas la oportunidad de asistir a las mejores escuelas preparatorias para la universidad, de todo el país.

Unos días después de lanzar su propio libro, Oprah lanzó su Club de Lectura para presentar obras de literatura adulta contemporánea. Hizo unas cuantas excepciones con sus amigos, por ejemplo, cuando eligió el libro de no ficción de Maya Angelou, *The Heart of a Woman*, o los cuentos para niños, *Little Bill*, de Bill Cosby. Pero cuando empezó a presentar libros de no ficción en 2005, rechazó las memorias de su 'tía' Katharine Esters, *Jay Bird Creek*, diciendo (según la señora Esters), que «el libro era demasiado trillado y mediocre. No había dramatismo ni pasión».

«Me publiqué el libro yo misma —comentó años más tarde la señora Esters—, y Oprah dijo que no podía tomarlo en consideración para su programa, a menos que lo publicara una editorial como Random House. También dijo que a sus espectadores no les gustaría —la señora Esters había escrito sobre cómo era crecer en el sur de Jim Crow y sobre su lucha por los derechos civiles—. Mi libro era demasiado poco para que Oprah se tomara la molestia de considerarlo.»

De forma inexplicable, Oprah no prestó atención a las dos mujeres cuyas obras le habían abierto la puerta de la interpretación: Alice Walker, que escribió *El color púrpura*, y Gloria Naylor, autora de *The Women of Brewster Place*, y ninguna de ellas fue nunca seleccionada para el Club del Libro de Oprah ni por estas ni por ninguna de sus obras posteriores. Especialmente desconcertante fue la distancia que Oprah puso entre ella y Alice Walker, si se tiene en cuenta que *El color púrpura* había tenido un papel muy significativo en el éxito de Oprah, ampliando y, en muchos sentidos, forjando su carrera. Su homenaje a la película se podía ver en el prado 'color púrpura' que creó en su finca de Indiana. Sin embargo, nunca invitó a Alice Parker a ver el himno de alabanza paisajística a su novela.

«Quiero a Oprah, la admiró y creo que es un regalo para el planeta —dijo Walker en 2008—, pero ha puesto una enorme distancia entre nosotras, algo que no comprendo [...] Es posible que mis opiniones sean demasiado extremas para ella.»

Igualmente inexplicable era lo que parecía una completa usurpación de la novela por parte de Oprah, cuando *El color púrpura* se convirtió en musical y se estrenó en Broadway en 2005. La marquesina anunciaba de forma clara y llamativa: «Oprah Winfrey presenta *El color púrpura*». Sólo en la letra más diminuta de los programas y de los anuncios a toda página de los periódicos estaban las palabras «Basado en la novela escrita por Alice Walker».

«Puede que al reclamar de esta manera *El color púrpura* —sugirió Walker— Oprah estuviera curándose la herida que tuvo cuando Steven (Spielberg) se negó a poner su nombre en la marquesina del cine. Sé que aquello le dolió profundamente a Oprah, y me parece que trataba de desquitarse de él y ganar un terreno que creía haber perdido. Así que se apoderó de todo, de toda la marquesina, sin pensar realmente en mí, ni en si era justo [...] No fue especialmente agradecido por su parte ni por la de Scott (Scott Sanders, el productor). No sé como pudieron hacerlo, pero dado que lo hicieron, espero que vivan con ello.»

Ni Alice Walker ni Gloria Naylor podían explicarse que Oprah las hubiera omitido del Club del Libro, que desde 1996 hasta que lo interrumpió en 2002, se concentró en autores vivos, sobre todo mujeres. Generalmente Oprah anunciaba el libro elegido y luego daba a los espectadores un mes para leerlo. Entretando, sus productores filmaban al autor en su casa, cenando con Oprah y a algunas fans hablando del libro, unas escenas que luego se incluían en el programa hecho sobre el libro. Su primera elección fue *En lo profundo del océano*, de Jacquelyn Mitchard, la historia de una mujer cuyo hijo es raptado. La directora de publicidad de Mitchard, en Viking Penguin, recordaba que Oprah la llamó para decirle: «Vamos a crear el club del libro más importante del mundo», lo cual no era ninguna exageración dado que entonces *The Oprah Winfrey Show* se emitía ya en 130 países. Oprah sabía lo suficiente por anteriores promociones de libros para advertirle a la publicista de que imprimiera miles de ejemplares extra y que luego se apartara de la estampida. El libro de Mitchard, que había tenido una primera edición de 68.000 ejemplares, vendió más de 4 millones después de ser seleccionado por el Club del Libro de Oprah.

«Quiero que el país se ponga a leer», dijo Oprah, que era consciente de su poder como fuerza cultural. Durante los seis años siguientes, eligió libros que reflejaban sus propios intereses, que algunos críticos definían como «de nivel intelectual medio», «sentimentales» y «comerciales». En su mayoría, eran historias tristes, escritas por mujeres, sobre mujeres que sobrevivían a la miseria y el dolor y encontraban la redención; mujeres como ella, que triunfaban sobre los abusos sexuales, sobre unas madres descuidadas, libros que trataban sobre el racismo, la pobreza, un amor no correspondido, unos hombres débiles, unos embarazos no deseados, las drogas e incluso la obesidad.

«Leer es como todo lo demás —declaró Oprah—. Te sientes atraído por personas que son como tú.»

Es posible que Oprah se viera retratada en la primera novela de Wally Lamb, *She's Come Undone*, sobre una adolescente obesa que supera la violación y el odio hacia sí misma, que fue una una de las obras elegidas en 1997 para el Club del Libro. Doce años más tarde, sumó fuerzas con Tyler Perry para coproducir *Precious*, una película sobre una madre de Harlem, adolescente, obesa y embarazada que supera la violación, el analfabetismo y una madre malvada y se forja una nueva vida para sí misma. La película se basaba en la novela *Push*, de Sapphire. En su mayoría, las obras elegidas por el Club del Libro de Oprah presentaban mujeres que habían sido violadas, acosadas o asesinadas por hombres que cometían adulterio o maltrataban a su familia. En varias de las novelas, los hombres eran amenazadores y las mujeres entregadas a la familia. Tom Shone, crítico literario de *The New York Times*, afirmó: «La lista de Oprah nos ofrece eso tan amenazador: no un mundo sin piedad, sino un mundo compuesto sólo de piedad».

1996-2002
1. *El lado profundo del mar*, de Jacquelyn Mitchard.
2. *La canción de Salomón*, de Toni Morrison.
3. *El libro de Ruth*, de Jane Hamilton.
4. *She's Come Undone*, de Wally Lamb.
5. *Las piedras del río*, de Ursula Hegi.
6. *The Rapture of Canaan*, de Sheri Reynolds.
7. *The Heart of a Woman*, de Maya Angelou.
8. *Songs in Ordinary Time*, de Mary McGarry Morris.
9. *A Lesson Before Dying*, de Ernest J. Gaines.
10. *Ellen Foster*, de Kaye Gibbons.
11. *Mujer virtuosa*, de Kaye Gibbons.
12. *The Meanest Thing to Say*, de Bill Cosby.
13. *The Treasure Hunt*, de Bill Cosby.
14. *The Best Way to Play*, de Bill Cosby.
15. *Paraíso*, de Toni Morrison.
16. *Here on Earth*, de Alice Hoffman.
17. *Black and Blue*, de Anna Quindlen.
18. *Breath, Eyes, Memory*, de Edwidge Danticat.
19. *I Know This Much Is True*, de Wally Lamb.
20. *What Looks Like Crazy on an Ordinary Day*, de Pearl Cleage.
21. *Midwives*, de Chris Bohjalian.

22. *Donde está el corazón*, de Billie Letts.
23. *Jewel*, de Bret Lott.
24. *El lector*, de Bernhard Schlink.
25. *La mujer del piloto*, de Anita Shreve.
26. *La flor del mal*, de Janet Fitch.
27. *Madreperla*, de Melinda Haynes.
28. *Tara road, una casa en Irlanda*, de Maeve Binchy.
29. *River, Cross My Heart*, de Breena Clarke.
30. *Vinegar Hill*, de A. Manette Ansay.
31. *A Map of the World*, de Jane Hamilton.
32. *Gap Greek*, de Robert Morgan.
33. *Hija de la fortuna*, de Isabel Allende.
34. *Back Roads*, de Tawni O'Dell.
35. *Ojos azules*, de Toni Morrison.
36. *While I Was Gone*, de Sue Miller.
37. *La Biblia envenenada*, de Barbara Kingsolver.
38. *Open House*, de Elizabeth Berg.
39. *Drowning Ruth*, de Christina Schwarz.
40. *House of Sand and Fog*, de Andre Dubus III
41. *We Were the Mulvaneys*, de Joyce Carol Oates.
42. *Icy Sparks*, de Gwyn Hyman Rubio.
43. *Stolen Lives: Twenty Years in a Desert Jail*, de Malika Oufkir.
44. *Cane River*, de Lalita Tademy.
45. *Las correcciones*, de Jonathan Franzen.
46. *A Fine Balance*, de Rohinton Mistry.
47. *Fall on Your Knees*, de Ann-Marie MacDonald.
48. *Sula*, de Toni Morrison.

En el primer año, el Club del Libro de Oprah vendió casi 12 millones de ejemplares de literatura contemporánea, un género que no solía vender más de unos cuantos miles de ejemplares por título y año y, según *Publishing Trends*, un boletín del sector, las ventas de libros logradas gracias a Oprah ascendían a 130 millones de dólares. En consecuencia, acabó siendo conocida como «La Midas de las Listas Medias», por su habilidad para convertir novelas con un éxito modesto en tremendos *bestsellers*. «Es una revolución», afirmó Toni Morrison, el primer escritor negro al que le concedían el premio Nobel de Literatura. Oprah presentó a Morrison al público en 1996 diciendo que «de todos los escritores estadounidenses, ya fueran blancos o negros, él era más grande escritor vivo». A lo largo de los siguientes cuatro años, seleccionó a

Morrison para el Club de Lectura cuatro veces, organizando incluso una clase magistral para que la erudita escritora pudiera instruir al público de Oprah sobre cómo leer una novela. Oprah empezó el programa asegurando a los espectadores que también ella tenía dificultades para leer a Toni Morrison, y reveló su conversación con la autora.

«¿La gente te dice que, a veces, tienen que volver atrás y revisar lo que pone»? —preguntó Oprah.

«Eso, querida —respondió Toni Robinson— se llama leer».

Hacia el final del primer año del Club del Libro de Oprah, las editoriales estaban aturdidas: «Es como despertarte una mañana y encontrarte con que tu marido se ha convertido en Kevin Costner», dijo una editora. Los editores hacían lo imposible para acomodarse a Oprah, firmando acuerdos de confidencialidad para mantener el libro seleccionado en secreto hasta que ella lo anunciara en el programa. Aceptaron entregarle 500 ejemplares gratis para que los repartiera entre el público, y donar 10.000 ejemplares a las bibliotecas. Enviaban a sus representantes de ventas a vender a ciegas: «Habrá una obra del Club del Libro de Oprah seleccionada dentro de dos meses. No sé cuál es. ¿Cuántos ejemplares quiere encargar?» A su vez, los libreros tenían que firmar acuerdos de confidencialidad comprometiéndose a no abrir las cajas enviadas con el sello de Oprah hasta el momento en que ella desvelara su elección en antena. Los autores ungidos también firmaban declaraciones juradas que los comprometían a no revelar su buena fortuna hasta que Oprah anunciara su libro. Se les permitía decírselo a su cónyuge, pero a nadie más, ni siquiera a sus padres, hermanos o hijos. Por añadidura, las editoriales tenían que ceder a Oprah la aprobación de la colocación del logo del Club del Libro en la cubierta (una enorme O amarilla con el centro blanco) y comprometerse a dejar de estampar el logo en los libros, una vez se hubiera acabado el mes. Después de ese periodo, ni siquiera podían mencionar su Club de Lectura en los anuncios.

Resulta difícil de creer que la cruzada de Oprah a favor de la alfabetización disparara alguna crítica, pero a los pocos meses había levantado ampollas entre las élites literarias. «Sí, su Club del Libro es una gran ayuda social —declaró *The New Republic*— pero su gusto por la edificación del tipo culebrón operístico no lo es.» Alfred Kazin, crítico literario de Nueva York, menospreció su club de lectura diciendo que era «un bombardeo de saturación de la mente estadounidense.» Pero la crítica de cultura Camille Paglia defendió a Oprah: «Creo que la reacción contra ella es puro esnobismo intelectual. La idea de que una mujer negra, con una audiencia devota, pueda tener esta clase de impacto pone en peligro el papel (de sus críticos) como formadores del gusto». Las críticas alcanzaron un punto culminante en

2001, cuando Oprah eligió *Las correcciones*, de Jonathan Franzen, para la beatificación de su club. Franzen, cuyas dos primeras obras habían vendido entre las dos un total de 50.000 ejemplares, parecía en situación de alcanzar un éxito comercial gigantesco en tanto que elegido por Oprah, pero no se apresuró a aceptar la oferta.

«El primer fin de semana después de enterarme, consideré la posibilidad de rechazarlo —dijo más adelante—. Sí, lo pensé muy en serio. Yo lo veo como mi libro, mi creación y no quería que llevara aquel logo de propiedad empresarial [...] No es sólo una pegatina. Es parte de la cubierta. Rehacen toda la cubierta. No lo puedes quitar. Ya sé que pone Club del Libro de Oprah, pero es un refrendo implícito, tanto para mí como para ella. La razón de que entrara en este negocio es que soy un escritor independiente y no quería aquel logo corporativo en mi libro.»

A continuación dijo que ser seleccionado para el Club del Libro de Oprah beneficiaba tanto a él como a Oprah: «(Mi libro con 300.000 ejemplares en prensa) ya estaba en la lista de *bestsellers* y casi todas las críticas ya habían llegado. Lo que esto significa para nosotros es que ha impulsado las ventas a otro nivel y ha hecho entrar el libro en Walmart y Costco y sitios así. Significa mucho más dinero para mí y para mi editor, (y) hace que el libro llegue a las manos de personas a las que podría gustar».

Franzen definió su libro —«esta clase de libro»— como perteneciente a la «tradición literaria de arte superior», mientras que, según dijo, la mayoría de los libros de Oprah eran mero «entretenimiento». Añadió: «Ha seleccionado algunos libros buenos, pero también bastantes sensibleros, unidimensionales, que me dan escalofríos, a pesar de que creo que Oprah es muy lista y está luchando por una buena causa».

Parecía que Franzen había despreciado públicamente a Oprah, como si fuera una pregonera de feria, y ella reaccionó rescindiendo su invitación. Anunció a sus telespectadores: «Jonathan Franzen no estará en *The Oprah Winfrey Show*, porque, al parecer, se siente incómodo y en conflicto por haber sido elegido el Club del Libro. No es, mi intención, nunca lo es, que nadie se sienta incómodo ni causarle a nadie ningún conflicto [...] Vamos a pasar al siguiente libro».

Franzen le dijo a *USA Today* que se sentía «fatal» por lo que había hecho. «Encontrarme en la posición de ofender a alguien que es una heroína... —no mía per se, sino en general—; me siento mal como ciudadano».

Atónito, Jonathan Yardley, crítico literario de *The Washington Post*, dijo que las palabras de Franzen eran «tan estúpidas que es imposible comprenderlas. Ha hecho todo lo que ha podido para coger el dinero de Oprah Winfrey y luego huir lo más lejos posible de ella». Chris Bohjalian, cuya novela *Midwives* era el libro número veintiuno elegido por Oprah, dijo: «Estaba furioso por el club de lectura y horrorizado como lector que aprecia lo muchísimo que Oprah Winfrey ha hecho por los libros». Añadió que las ventas de *Midwives* habían saltado de los 100.000 ejemplares a 1,6 millones, después de que el libro fuera elegido por Oprah.

Franzen fue vilipendiado de costa a costa. *Newsweek* dijo que era un «capullo engreído». *The Boston Globe* lo llamó «mocoso quejicón y malcriado». Interviniendo para defenderlo, David Remnick, redactor jefe de *The New Yorker*, dijo: «Tengo una gran opinión de Jonathan. Creo que lo siente por Oprah, pero no es un problema monumental. Todos ofendemos a alguien alguna vez». E. Annie Proulx, escritora ganadora de un premio Pulitzer, salió también en defensa de Franzen: «Jon tenía toda la razón —dijo—. Puso objeciones porque no le gustaban muchas de las obras elegidas por Oprah. Y puedo decirlo porque sé que ninguno de mis libros estará nunca en las listas de Oprah. Algunos de los libros que escoge son un poco sensibleros. Entiendo de dónde viene y ha hecho cosas maravillosas por los libros y los lectores. Pero es comprensible que haya quien piense que no representa ningún prestigio ser aceptado en una lista de libros sensibleros».

En noviembre de 2001, un mes después de que le retiraran la invitación para el programa de Oprah, Jonathan Franzen ganó el Premio Nacional del Libro por *Las correcciones* y unos meses más tarde, Oprah decidió interrumpir su Club del Libro. 'Nuestra Señora de la Alfabetización' ya había tenido bastante: «Se ha vuelto cada vez más difícil encontrar, cada mes, libros que yo me sienta absolutamente obligada a compartir —afirmó—. Continuaré presentando libros en *The Oprah Winfrey Show* cuando crea que se merecen que los recomiende sinceramente».

Si parecía excesivamente susceptible a las críticas públicas era porque se había acostumbrado a que la prensa la elogiara constantemente; semblanzas laudatorias, entrevistas llenas de admiración, noticias de primera plana desbordantes de adoración. Con la excepción de los periódicos y revistas sensacionalistas y de chismorreos, el programa de Oprah navegaba casi siempre por mares tranquilos. Ahora se había encontrado con una pequeña turbulencia por su falta de gusto literario y ser ridiculizada como 'Nuestra Señora de las Personas Poco Cultas' la había herido en un punto vulnerable. Nunca había estado particularmente orgullosa de su histórica facultad negra, la Tennessee State University y se sentía inferior junto a sus contemporáneas de la Ivy League. Sabía que su éxito y fama la elevaban, haciéndola entrar en la mayoría de círculos sociales, porque, como solía decir, «en los Estados Unidos el dinero abre todas las puertas». Pero parecía que le habían cerrado de un portazo en la cara la que llevaba el letrero de «Literatura de arte mayor».

Oprah le dio diez meses al sector editorial para que echaran de menos su Club del Libro, antes de anunciar que volvía a ponerlo en marcha. Esta vez, sin embargo, se inmunizó contra los ataques de los literatos concentrándose únicamente en los clásicos. Durante los dos años siguientes reunió a sus telespectadores en torno a algunos de los mejores escritores literarios:

2003-2005

49. *Al Este del Edén*, de John Steinbeck.
50. *Llora, oh mi querido país*, de Alan Paton.
51. *Cien años de soledad*, de Gabriel García Márquez.
52. *El corazón es un cazador solitario*, de Carson McCullers.
53. *Ana Karenina*, de Leon Tolstoi.
54. *La buena tierra*, de Pearl S. Buck.
55. *Mientras agonizo*, de William Faulkner.
56. *El ruido y la furia*, de William Faulkner.
57. *Luz de agosto*, de William Faulkner.

Al llegar el año 2005, la comunidad literaria de los Estados Unidos se moría de hambre. Más de 150 escritores, en su mayoría mujeres novelistas como Amy Tan, Louise Erdrich y Jane Smiley, firmaron una petición a Oprah diciendo: «el panorama de la ficción literaria es ahora un lugar tenebroso». Le rogaban que volviera y ella aceptó porque dijo que echaba de menos entrevistar a los autores para hablar de sus libros. Curiosamente, en esta nueva etapa todos los libros que Oprah seleccionó estaban escritos por hombres.

2005-2008

58. *En mil pedazos*, de James Frey.
59. *La noche*, de Elie Wiesel.
60. *The Measure of a Man: A Spiritual Autobiography*, de Sidney Poitier.
61. *La carretera*, de Cormac McCarthy.
62. *Middlesex*, de Jeffrey Eugenides.
63. *El amor en los tiempos del cólera*, de Gabriel García Márquez.
64. *Los pilares de la tierra*, de Ken Follet.
65. *Una nueva tierra*, de Eckhart Tolle.
66. *La historia de Edgar Sawtelle*, de David Wroblewski.

Cuando inauguró la temporada de 2005 con su elección de *En mil pedazos*, de James Frey, no tenía ni idea de que iba a verse envuelta en una polémica que provocaría trece demandas judiciales colectivas, un enfrentamiento doloroso con una editorial prestigiosa y con un editor reverenciado, más una diatriba de *The New York Times*, que hizo que el altercado con Franzen pareciera cosa de niños. Como Jonathan Franzen comentó unos años después, «Oprah debería mantenerse alejada de los hombres blancos con las iniciales J. F.».

Al principio, Oprah se sintió seducida por las angustiosas memorias de adicción y superación. «El libro [...] me tuvo despierta dos noches seguidas», le dijo al público el 22 de septiembre de 2005, cuando anunció que *En mil pedazos* era la siguiente obra elegida para el club. «Es un recorrido enloquecido por la adicción y la rehabilitación, electrizante, intenso, fascinante, incluso horripilante.»

El 26 de octubre de 2005, presentó al barbudo escritor de treinta y seis años diciendo: «Es el niño que rezas para no tener que criar nunca. A los diez años, bebía, a los doce, se drogaba y a partir de entonces, pasa casi cada día igual: borracho y drogado con *crack*... Toma de todo: cocaína, se mete ácido, come setas, toma alcohol de quemar, fuma PCP, esnifa pegamento e inhala óxido nitroso».

Frey también escribió que había subido a un avión borracho y ensangrentado después de una pelea, que le hicieron dos endodoncias sin anestesia y que había encontrado a su novia muerta, colgada de una soga. Escribía gráficamente sobre la violencia que había presenciado, sufrido y perpetuado en Hazelden durante su rehabilitación, y sobre un enfrentamiento, alimentado por el crack, con la policía de Ohio, que tuvo como resultado 7 acusaciones de delito grave y 87 días en la cárcel. «Era un mal tipo», le dijo a Oprah.

Varios críticos de libros pusieron en duda su relato diciendo que «carecía de credibilidad», pero le dieron notas altas por su vívida imaginación. Otros no fueron tan tolerantes: «Absolutamente falso», le aseguró el doctor Scott Lingle, presidente de la Minnesota Dental Association, a Deborah Caulfield Rybak, del *StarTribune*, de Minneapolis. Afirmó que ningún dentista del Estado realizaría una operación quirúrgica sin Novocaina. Y sobre la afirmación de Frey de que había subido a un avión herido y ebrio, un ex portavoz de Northwest Airlines dijo: «De ninguna manera. En ninguna circunstancia. En ningún sitio». Los abogados de Hazelden negaron sus acusaciones de violencia y la policía de Ohio se rió de su llamado 'historial delictivo', que consistía únicamente en un delito de conducción bajo los efectos del alcohol cuando tenía 23 años. Por ese delito sólo había pagado una fianza de 733 dólares, sin ningún día de cárcel. Sus 'delitos' consistían en conducir sin permiso y con una lata de cerveza abierta, y no en ser el principal objetivo de una investigación de narcóticos del FBI, como él afirmaba. «Se cree que es una especie de *desperado*», afirmó David Baer, un ex policía, divertido por el retrato de hombre malo que Frey pintaba de sí mismo.

Cuando Oprah estaba considerando si invitar o no a Frey, los editores de Frey (Doubleday para la edición en tapa y Anchor para la de rústica) le dieron a los productores de Oprah una copia del condenatorio artículo de Rybak en el *Star Tribune* de Minneapolis, pero según la periodista, nadie de Harpo se puso en contacto con ella. «Me quedé muy sorprendida por la falta de investigación por parte de Harpo», recordaba Rybak unos años después. Por entonces, a Oprah no pareció importarle. Dijo que le gustaba el libro y que quería que fuera su siguiente libro elegido.

En el vídeo en el que Oprah presentaba a Frey al público, siete de sus empleados ensalzaron el libro, haciendo que Oprah rompiera a llorar. «Lloro porque estas personas son mi familia de Harpo y a todos nos gusta muchísimo el libro». El libro vendió 2 millones de ejemplares en los tres meses siguientes, sorprendiendo incluso a Oprah. «A las pocas horas de nuestro anuncio en el Club del Libro, los lectores de todo el país se apresuraron a comprarlo —dijo—. *En mil pedazos* ha alcanzado el puesto número uno en *USA Today, The New York Times* y *Publishers Weekly*, la triple corona de los libros.»

Entonces se produjo el bombazo de la web The Smoking Gun que colgó la historia el 8 de enero de 2006: «Un Millón de Mentiras: El hombre que engañó a Oprah». Citando una investigación de seis semanas del llamado 'historial delictivo' de Frey y de su incapacidad para explicar las disparidades entre lo que había escrito y lo que mostraban los documentos oficiales, la página de Internet afirmaba: «Es demostrable que ha inventado partes clave del libro, que podrían —y probablemente deberían— hacer que los lectores con criterio [...] se pregunten qué es verdad». Al día siguiente, la editorial de Frey respondió con una declaración de apoyo, que impulsó a Edward Wyatt a titular su artículo en *The New York Times:* «Y al segundo día, Doubleday dijo que no tenía importancia».

Durante los siguientes 17 días, la historia de James Frey dominó las noticias nacionales, en especial en *The New York Times,* que sólo en un mes publicó 31 artículos poniendo en tela de juicio la honradez de Frey, la credibilidad de su editorial y la complicidad de Oprah. En la editorial, muchos pensaban que aquella cobertura negativa era una manera de que los medios se metieran con Oprah, sin hacerlo directamente. «Fue el ataque velado contra ella lo que hizo que la historia continuara», dijo un vicepresidente de Random House, Inc., la compañía paraguas de Doubleday y Anchor.

Los productores de Oprah, en especial Ellen Rakietan, Sheri Salata y Jill Adams, siguieron en estrecho contacto con Frey, llamándole cada día y enviándole correos electrónicos: «Nos entusiasma tu libro, James. No nos importa lo que dicen. Es irrelevante. De verdad». Pero el constante vapuleo alteró tanto a Oprah que, finalmente, insistió en que Frey fuera a *Larry King Live* para defenderse. La misma Oprah organizó su presencia allí y prometió llamar al final del programa con una declaración. Tenía preparadas dos declaraciones, una a favor de Frey y otra en contra, y su decisión sobre cual leería al acabar el programa dependía de cómo le fuera al autor. «Que te acompañe tu madre —le dijo—. Tendrás un aspecto más simpático».

Así que, el 11 de enero de 2006, acompañado de su madre y de dos publicistas de Anchor, James Frey se presentó en la CNN para hablar de la polémica que rodeaba a su libro, descrito ahora como «un fraude» y «un escándalo». Cortés y humilde, Frey dijo que era una persona imperfecta, con un pasado turbulento. Alegó que tenía «una memoria muy subjetiva», debido a su adicción a las drogas y reconoció que en el libro había «cambiado algunas cosas» pero que en él exponía «la verdad esencial de su vida». Sin embargo Frey no admitió que hubiera mentiras ni distorsiones. King señaló que aunque Frey tenía el apoyo de su editor, todavía no sabía nada de Oprah. Uno de los oyentes que llamaron al programa le preguntó: «¿Crees que [ella] te apoyará?»

Transcurrida ya una hora de programa, seguía sin haber una llamada de Oprah, y Frey parecía un perro apaleado, mientras que su madre estaba a punto de echarse a llorar. Justo cuando Larry estaba a punto de pasar la siguiente hora a Anderson Cooper, anunció: «Voy a prolongar el programa un poco más, porque me dicen que tenemos a Oprah al teléfono. Veamos qué tiene que decir. ¿Estás ahí, amiga mía?» El presentador se inclinó hacia delante, tensando los tirantes, para saber si Frey viviría otro día más.

«Quería decir [...] porque todos me han estado pidiendo que haga un comunicado público —dijo Oprah—. Primero quería saber qué tenía que decir James [...] Ha sostenido muchas conversaciones con mis productores, que lo apoyan sin reservas y, evidentemente, apoyamos el libro porque reconocemos que hay miles y cientos de miles de personas cuya vida ha cambiado gracias a este libro [...] Lo que siento respecto a *En mil pedazos* es que, aunque algunos de los hechos han sido puestos en duda [...], el mensaje de redención que preside las memorias de James Frey sigue encontrando eco en mí [...] Que golpeara al policía o no lo golpeara carece de importancia para mí [...] —Añadió—: A mí, todo esto me parece mucho jaleo por nada [...] ¿sabes?, discutir lo que pasó o no pasó con la policía es irrelevante.»

«Entonces, entiendo que sigue siendo una recomendación de Oprah, ¿es así?» —preguntó Larry King.

»Bueno, sin ninguna duda, se lo recomiendo a todo el mundo».

El libro siguió ocupando el puesto número uno de la lista de *bestsellers* de *The New York Times*, aunque no de la sala de redacción del periódico, que todavía sufría las consecuencias del fraude periodístico de Jayson Blair, cuyas generalizadas invenciones y plagios representaban un profundo abuso de confianza de los lectores del periódico más prestigioso de la nación. Maureen Dowd atacó primero, con una columna titulada: «¡Oprah! ¿Cómo has podido?», en la cual comparaba a la presentadora con Scott McClellan, el secretario de prensa de George W. Bush, que había mentido en nombre del presidente sobre las armas de destrucción masiva de Irak: «Debería haber dicho: "De haber sabido que muchas partes eran falsas, no habría recomendado el libro a millones de telespectadores leales. No habría hecho que este embustero ganara un montón de dinero"».

Tres días después, llegó la dura crítica de *The Washington Post,* en una columna de Richard Cohen, con el título «El gran error de Oprah» en el que se decía: «La fama y la riqueza la han llevado a creer que posee algo parecido a la infalibilidad papal. Es incapaz de ver que ha sido engañada dos veces; una vez por Frey y la otra por ella misma».

El golpe mortal llegó de la columna *Truthiness,* de Frank Rich, en *The New York Times,* en la cual relacionaba las mentiras de Frey y la defensa de Oprah con la clase de propaganda que puede hacer descarriar moralmente a un país: «El despreocupado y repetido respaldo de la señora Winfrey al libro es menos risible una vez que empiezas a imaginar a alguno de los que niegan el Holocausto utilizando el visto bueno de la presentadora para descartar la encarcelación de Elie Wiesel en Auschwitz, en la siguiente selección de su Club del Libro, *Night*».

Esto era ya demasiado para la mujer que se veía como parangón de la verdad y la honradez. Sus productores dejaron de comunicarse con Frey y exigieron a la editorial que defendiera el libro en litigio. Anchor y Doubleday se apresuraron a ofrecerle a *The New York Times* entrevistas con dos hombres de Hazelden en apoyo de los relatos de Frey, lo cual hicieron, pero seguía sin haber respaldo editorial para Frey en ningún lugar del país y Oprah, según sus productores, se sentía atrapada. «Se estaban acercando demasiado —dijo uno de ellos—. Empezaron a investigarnos y Oprah dijo que había que poner fin a todo aquello».

Los productores convocaron a Frey, a su editor y a algunos de los columnistas que habían condenado la defensa del libro hecha por Oprah, al programa del 26 de enero de 2006, que dijeron tendría como título «La verdad en los Estados Unidos».

Nan Talese, editora de la edición en tapa del libro de Frey y dos de los publicistas de Doubleday acompañaron a Frey a Chicago. Segundos después de que entraran en Harpo, los separaron; a Frey lo enviaron a una sala y a los representantes de la editorial a otra. Justo antes del programa, Ellen Rakieten entró corriendo en la sala de Frey y, delante de alguien presente, le dijo: «Mira, hemos cambiado el título del programa a «James Frey y la polémica de *En mil pedazos*». Vas a estar en antena la hora completa. Va a ser muy duro, pero aguanta. Te lo prometo, al final quedarás redimido», Rakieten tenía razón en una cosa: sería duro.

Durante la siguiente hora, Oprah ofreció a los telespectadores una asombrosa interpretación de viva indignación. Emitió una declaración de William Bastone, de The Smoking Gun, diciendo: «Resulta que es un chico bien, miembro de una fraternidad [...] que no es ese *desperado* que le gustaría que creyéramos que fue [...] Ha estado promocionando el libro durante dos años y medio y, básicamente, ha mentido durante dos años y medio». Luego, Oprah pasó el fragmento del programa de *Larry King Live* en el que Frey aparece diciendo que había escrito «la verdad esencial» de su vida. También pasó una parte de la llamada telefónica que la misma Oprah hizo al programa de Larry King, defendiendo a Frey y su libro. Entonces dejó caer la bomba:

«Lamento aquella llamada telefónica —dijo—. Cometí un error y di la impresión de que la verdad no importa. Y lo siento profundamente, porque no es eso lo que creo. Llamé porque me gusta mucho el mensaje del libro [...] —Oprah se volvió para mirar a Frey—. Me resulta difícil hablar contigo, porque me siento realmente engañada. Me siento estafada. Pero lo más importante es que creo que has traicionado a millones de lectores.»

Dedicó el resto del programa a reprender a Frey y luego a su editor.

«¿Por qué mentiste? —le preguntó—. ¿Por qué tienes que mentir sobre el tiempo que pasaste en la cárcel? ¿Por qué tienes que hacer una cosa así?»

Oprah quería saber qué pasó con el suicidio de su novia.

«¿Cómo lo hizo?»

«Se cortó las venas», contestó Frey.

«Entonces, ¿es que ahorcarse es más dramático que cortarse las venas? ¿Por eso elegiste el ahorcamiento? ¿Por qué tienes que mentir sobre eso? ¿Por qué no te limitaste a escribir una novela?»

Perdiendo terreno por segundos, Frey tartamudeó: «Creo [...] Sigo creyendo que es una autobiografía».

Con una cólera apenas controlada, Oprah continuó: «Todo esto me ha avergonzado de verdad y, lo más importante, me ha hecho sentir que actué en tu defensa y, ¿sabes?, como ya he dicho, mi buen juicio estaba nublado porque tantas personas [...] parecían haber sacado tanto de este libro [...] pero ahora siento que nos has timado a todos. ¿Es así?»

Siguiendo el ejemplo de Oprah, el público empezó a abuchearlo. «Vale. Dejadle que hable. Por favor. Dejadle que hable» —pidió.

Frey intentó defender lo que había hecho. «Lo cierto es que me he debatido con la idea, y...».

Oprah lo interrumpió: «No, con la mentira. Es una mentira. No es una idea, James. Es una mentira».

Antes de la siguiente pausa, Oprah pasó una cinta de tres periodistas, que le sirvieron de picadores:

«Está mal y es inmoral hacer creer que una obra de ficción es una autobiografía —dijo Joel Stein, de *Los Angeles Times*—. Yo no lo haría».

«Oprah Winfrey es la número uno, la reina de la buena voluntad en los Estados Unidos —afirmó Stanley Crouch, de *Daily News*, de Nueva York—. Y la han engañado. Es así de sencillo».

«Está muy claro que James Frey mintió para promocionar su libro —dijo Maureen Dowd, de *The New York Times*— y no creo que eso deba llevar el sello de aprobación de Oprah».

En la siguiente sección, Oprah puso como un trapo sucio a Nan Talese, en tanto que editora del libro:

«¿Qué responsabilidad asumes? ¿Qué hiciste, como editora del libro, para asegurarte de que lo que publicabas era verdad?»

Talese dijo que había leído el manuscrito y se lo había pasado a sus compañeros y que, cuando no plantearon ningún problema, se lo dio al editor, Sean McDonald, que ya no estaba en Doubleday y que se convirtió en el cabeza de turco.

«Que el libro sea tan fantástico —replicó Oprah—, eso [...] eso no me va a engañar [...] ¿Qué hiciste legalmente para asegurarte?»

Talese dijo que el libro había sido examinado por los abogados, pero que nadie lo había cuestionado porque «eran los recuerdos de James del infierno por el que había pasado, y yo lo creí». Trató de explicar la mentalidad subjetiva que actúa cuando escribes tus memorias, pero Oprah no quiso aceptarlo, ni tampoco lo aceptó el público que seguía abucheando.

«Creo que toda esta experiencia es muy triste —dijo Talese—. Es muy triste para ti y es muy triste para nosotros».

«No, no es triste para mí —le espetó Oprah—. Para mí, es embarazoso y decepcionante».

Talese dijo que, en las futuras ediciones del libro, Frey escribiría una nota del autor para corregir sus recuerdos inventados, pero esto provocó más abucheos de los espectadores, unos espectadores que Talese calificó posteriormente de «hienas».

Durante el descanso, James Frey dijo que si hubiera una pistola entre bastidores, lo mejor que podría hacer sería pegarse un tiro. Cuando Ophra volvió a estar en el aire, dijo que apreciaba que hubiera venido al programa. «Creo, sinceramente, que decir la verdad puede hacerte libre. Sabes que no hablabas en serio, espero [...] sobre eso de que si hubiera una pistola, lo que sea... pero sé que ha sido difícil y te lo he dicho: no vale la pena. No vale la pena. Lo único que tienes que hacer es decir la verdad.»

Con una modestia que no aparecía en su obra, Frey dijo: «No ha sido un gran día para mí [...] pero creo que he salido siendo un hombre mejor».

«Exacto», afirmó Oprah.

«Quiero decir —añadió Frey—, que siento que he venido aquí y he sido sincero contigo. He admitido, fundamentalmente, ya sabes, que he [...]».

«Mentido —intervino Oprah—. Que has mentido».

Después de haber sido flagelado en público, Frey volvió a la sala verde, como si estuviera en coma. «Dudé, Oprah acaba de hacerme pedazos ante 20 millones de espectadores —le dijo a una de las publicistas. Todos se sentaron a ver como Oprah grababa *After the Show*, una sección para la cadena Oxygen. Un adicto a la metanfetamina se puso en pie.

«Oprah, no me importan las exageraciones del libro. Soy adicto y esta es mi historia».

«Me alegro de que te haya ayudado —dijo Oprah—. Por esa razón tenemos el Club del Libro. James ha pedido disculpas, así que me parece bien». Este comentario fue luego eliminado de la cinta y borrado de la transcripción que publicó Harpo.

En cuanto Oprah acabó la sección, ella y Ellen Rakieten fueron corriendo a la sala verde, donde estaban Frey y sus publicistas, todavía traumatizados.

«¿Estás bien? —preguntó Oprah— ¿Estás bien?»

«Esto es una mierda», masculló Frey.

«Oh, James. Lo siento mucho. Cometí un error terrible [...] Si no hubiera dicho lo que dije en el programa de Larry King, nada de esto habría sucedido. Teníamos dos declaraciones preparadas para que yo las leyera, dependiendo de cómo te fuera en el programa. Si lo hubiera dicho correctamente, nada de esto habría sucedido. Pero después del programa, *The New York Times* y *The Washington Post* no querían soltar presa. Teníamos que ponerle fin. Lo siento, pero estaban investigándonos. Y no podíamos pasar por eso. Si hubiera dicho correctamente lo que estaba en la declaración, esto no habría sucedido».

Sheri Salata y Jill Adams, las productoras que habían trabajado con Frey, se sentían muy mal: «No puedo creerme que haya pasado esto —dijo una—. Has pasado de ser el mejor elegido Club del Libro que nunca haya existido al peor. No me lo puedo creer».

En la limusina que los llevaba de vuelta al aeropuerto, sonó el móvil de Frey, pero no contestó a la llamada. El mensaje era de Larry King, que le pedía que lo llamara lo antes posible.

«Siento mucho lo que te ha pasado, James —decía King—. Ha sido horrible. Oprah no debió de hacerte eso. Nunca».

Al día siguiente, Liz Smith escribió en su columna que le sorprendía que «Oprah, simplemente, no le haya dado una pistola al señor Frey y le haya hecho pegarse un tiro, allí mismo, en el programa, para compensarla por haberla 'engañado'». Años después, en un correo electrónico, dijo que le gustaba Oprah y que la admiraba pero: «Mi única salvedad es que "el poder absoluto corrompe" y, en algo como el asunto [...] con James Frey [...] se trataba de esa clase de poder. Crispaba los nervios. La verdad es que no creí que se tratara de defender a la nación, tanto si lo que él dijo en sus llamadas 'memorias' se ajustaba totalmente a la verdad como si no era así. Era un libro maravilloso y no creo que fuera necesario humillarlo públicamente. En un principio, Oprah recomendó el libro de buena fe, y nadie la culpaba por eso».

Dos años más tarde, cuando Jessica Seinfeld apareció en *Oprah* con su libro de cocina de verduras para niños y fue demandada por plagio, Liz Smith escribió otra columna: «Si Jessica pierde el juicio [...] ¿significa esto que Oprah la sentará un día en su estudio y la dejará como un trapo sucio, igual que hizo con el escritor James Frey, por no decir la verdad, toda la verdad y nada más que la verdad en sus 'memorias'? Es posible que Jessica Seinfeld gane el pleito (lo hizo) y esto hará que todo esté bien para Oprah. Y en estos días, hacer que todo esté bien para Oprah es, prácticamente, el undécimo Mandamiento del mundo editorial».

Harold Evans, que fue presidente de Random House de 1990 a 1997 y que, por cierto, estaba casado con la nemesis de Oprah, Tina Brown, la culpó tanto como cualquier otro: «Creo que dañó el concepto del libro en tanto que objeto valioso —afirmó—. Fue irresponsable por su parte que, antes de dar su bendición a toda esta tontería, no hiciera algunas comprobaciones».

Después del segundo programa con James Frey llegaron centenares de mensajes electrónicos al sitio web <oprah.com> y la mayoría eran contra Oprah por haber sido tan dura. Muchos reconocían que, aunque Frey había mentido, ella lo había atacado de aquella manera sólo porque los medios la habían avergonzado. Al día siguiente, Oprah llamó a Frey a su casa y, según alguien que estaba allí en ese momento, le dijo: «Sólo quería asegurarme de que estuvieras bien, James. No vas a hacerte daño, ¿verdad? Me preocupa mucho que vayas a hacerte algo —Luego le contó su propia historia personal con las drogas—. Mira, James, yo también fumé crack cuando estaba en Baltimore y tomé cocaína en Chicago. También yo tuve un problema con las drogas, pero finalmente conseguí estar en paz con mi pasado con las drogas y confío en que tu harás lo mismo».

La llamada de Oprah no sirvió de mucho consuelo a Frey, que fue despedido por su agente en Brillstein-Grey y perdió su acuerdo para una película con Warner Bros. Fox TV dio marcha atrás al proyecto de adaptar la obra para la televisión que habían firmado, y Viking Penguin canceló su contrato de publicación de dos libros. Por añadidura, un juez aprobó un acuerdo por el cual la editorial aceptaba devolver el dinero a los lectores de *En mil pedazos*, pero de los millones de ejemplares vendidos, Random House sólo recibió 1.729 peticiones de reeembolso. Al final de la debacle, la única persona que quedaba en pie en el rincón de James Frey era su querida editora, Nan Talese, que dijo que Oprah había sido «mezquina e interesada» y que debería ser ella la que se disculpara por su actitud de «más santa que tú» y sus «rabiosamente malos modales».

Habiendo sido acusada en el pasado por carecer de modales, Oprah demostró que, por lo menos, dominaba la etiqueta de las notas de agradecimiento. El día después del programa, Nan Talese recibió una carta en una página:

Querida Nan:
Gracias por haber estado en el programa.
                    Cordialmente,
                    Oprah

«Fue Bill Clinton quien me dio esta idea —dijo Oprah más adelante—. Ya sabes, Bill Clinton, el ex presidente de los Estados Unidos, y la idea es escribir una nota en una única página, para que se pueda enmarcar. Y eso es lo que hago ahora».

16

Phil Donahue colgó el micrófono el 2 de mayo de 1996 y, cuando toda la
televisión se reunió para honrar al grande de los grandes de los programas de
entrevistas, en la vigésima tercera concesión anual de los galardones Daytime
Emmy, fue Oprah quien le entregó el Lifetime Achievement Award (Premio a
la trayectoria profesional de toda una vida). Seguramente, le debía más que
cualquiera de sus otros imitadores, porque su programa era la competencia
que la había espoleado para entrar en el círculo ganador. «Quiero darte las
gracias por haber abierto las puertas de par en par, lo suficiente para que yo
entrara —dijo—. Confío en poder llevar adelante el legado que tú empezaste.»
Donahue le lanzó un beso. Más tarde, su amiga Gloria Steinem recordaba: «Él
decía siempre que si hacía su trabajo bien de verdad, el siguiente gran presentador de programas de entrevistas sería una mujer negra».

Durante 29 años, Donahue se había metido entre el público con su
micrófono, pidiéndoles su opinión («Ayúdeme con esto») y contestando a
preguntas de sus telespectadores («¿El que llama está ahí?»). Fue el rey de los
programas de entrevistas en televisión hasta que, en 1986, Oprah hizo su aparición en la escena nacional y, de forma inmediata, empezó a derrotarlo en los
índices de audiencia. «(Ella) lo cambió todo —declaró Vicki Abt, profesora de
la Universidad Estatal de Pensilvania—. Inició los programas que explotaban
los escándalos, la basura blanca, el sucio paradigma de la disfunción [...] Él
trató de competir, pero no sabía hacerlo tan bien o tan mal. Era demasiado
inteligente.»

Desde el principio, Donahue fue polémico y, a veces, indignante. Sus
programas provocaban reflexión y discusión, desde su primera invitada,
Madalyn Murray O'Hair, fundadora de los American Atheists. Presentar en
1967 a alguien que negaba absolutamente a Dios en un país como los Estados
Unidos que es temeroso de Dios, era audaz y Donahue lanzó una nueva clase
de programas de entrevistas que todos sus sucesores, incluyendo Oprah, imi-
tarían (o tratarían de imitar). Ralph Nader, defensor de los consumidores,
apareció en *Donahue* treinta y seis veces, y personificaba al invitado interesado
por los problemas que más le gustaba entrevistar. Sin miedo a hacer participar

a los políticos, en 1992, Donahue presionó al candidato a la presidencia Bill Clinton sobre sus aventuras extramaritales. El público lo abucheó y Clinton lo censuró, diciendo: «Es usted responsable del escepticismo de este país», pero Donahue ni se inmutó.

En cambio, Oprah se negó, durante muchos años, a llevar políticos al programa porque temía perder espectadores. Cuando, durante la campaña presidencial, el senador Bob Dole (republicano por Kansas), solicitó aparecer, lo rechazó. «No presento políticos —respondió—, (porque sus entrevistas) no tendrían autenticidad ni serían un auténtico diálogo». Después de rechazar a Dole, Oprah sondeó a su audiencia. «Aquellos de vosotros que habéis seguido *The Oprah Winfrey Show* durante la última década sabéis que no entrevisto a políticos mientras están en campaña. La cuestión que ha provocado tanto revuelo es si debería o no romper mis normas de tanto tiempo e invitar al presidente Bill Clinton y al senador Bob Dole al programa. Los periódicos han hablado mucho de este asunto […] Me parece que uno de ellos […] ha llegado a decir "Oprah planta a Bob". No es así […] se trata sólo de una decisión tomada hace mucho tiempo.» La audiencia indicó que no querían que se metiera en política.

«Puede que se diera cuenta de que soy muy ingenioso y podría robarle el programa», bromeó Dole años más tarde. Dole, que era famoso por su afilado ingenio, en una ocasión señaló una foto de los presidentes Carter, Ford y Nixon, de pie, uno al lado de otro, en una ceremonia en la Casa Blanca y dijo: «Ahí están; el que no ve mal alguno, el que no oye mal alguno y el mal». Después de perder contra Clinton, en 1996, Dole fue invitado a *The Late Show with David Letterman*, donde el presentador observó que Clinton estaba «gordo» y probablemente pesaba «140 kilos». Dole ni se inmutó: «Nunca he intentado levantarlo. Sólo intenté derrotarlo».

En el año 2005, el senador Dole publicó sus memorias *One Soldier's Story* y pidió de nuevo ir al programa de Oprah: «No era un libro político, sino el relato de mi infancia en Russell, Kansas, y de mi tiempo de servicio en la Segunda Guerra Mundial. Habla de mis heridas de guerra y de superar la adversidad, algo que creí que podía atraer a su público. El libro ya era un *bestseller*, pero lo habría sido más todavía si hubiera podido participar en su programa. Pero ella no quiso aceptarme porque soy republicano».

En cambio, en una ocasión, Donahue le dedicó al senador Dole una hora completa, y ofreció una plataforma a los políticos de ambos partidos, entrando en animados debates con Gerry Ford, Jimmy Carter, Ronald Reagan, Ross Perot y Bill Clinton. Cuando cancelaron su programa en Nueva York, debido a lo bajos que eran los índices, los programas de entrevistas en televisión habían cambiado y eran menos reflexivos; el terreno se había visto invadido por hombres como

Geraldo Rivera, Jerry Springer, Morton Downey, Jr., Montel Williams y Maury Povich, que en sus programas traían a personajes que chillaban y tiraban sillas. El objetivo ya no era combinar la educación con el entretenimiento, sino halagar el gusto más bajo para conseguir los índices más altos. Sobre estos programas, sucesores de Donahue, él mismo dijo: «Todos son mis hijos ilegítimos, y los quiero a todos por igual». Nunca criticó a sus competidores, incluída Oprah, aunque reconoció que había embarrado el campo: «Después de su llegada [...] los programas de entrevistas dieron un giro importante hacia lo sensacionalista y estrafalario», afirmó Donahue. Ralph Nader, su invitado más frecuente, fue más directo y culpó a Oprah de hundir los programas de entrevistas en las cloacas, pero Donahue dijo que la televisión diurna estaba más cerca de la calle y era más irreverente que cualquier otro punto del dial. «¿Significa esto que todo lo de la televisión diurna es maravilloso y se merece un premio Nobel? No —declaró—, hay errores. Pero yo digo: dejad crecer las flores silvestres».

Con Oprah en aquel incontrolable jardín estaban Rosie O'Donnell, Ricki Lake, Sally Jessy Raphael, Jenny Jones, Joan Rivers y Rolonda Watts. Todos se esforzaban por hacer la clase de televisión memorable que mejor hacía Donahue. En una ocasión, Donahue apareció echado dentro de un ataúd para entrevistar al director de una funeraria; en otra ocasión, él y sus cámaras siguieron a una pareja mientras daban a luz y mostraron a la madre de parto, empujando con todas sus fuerzas, mientras su marido la ayudaba y su otro hijo de tres años deambulaba por la sala de partos. Justo después de nacer el bebé, el pequeño apareció y gritó: «¡Mami, es un perrito!»

Por entonces, Oprah estaba consiguiendo unos índices altos con unos excitantes programas sobre homosexualidad, hasta entonces un tema tabú para los programas de entrevistas en televisión. Reflejando su interés en el tema, continuó explorando el tópico de los gays y las lesbianas a lo largo de las dos décadas siguientes. A continuación, ofrecemos una lista parcial de los programas:

13/11/1986   «Homofobia».
1988   «Mujeres que se pasan al lesbianismo».
02/1988   «Separatistas lesbianas».
1990   «Adopción gay».
1991   «Toda la familia es gay».
24/02/1992   «Cónyuges heterosexuales y ex maridos gay».
1993   «El *baby boom* de lesbianas y gays».
04/05/1994   «La escuela para los adolescentes gays».
27/02/1995   «Greg Louganis, saltador olímpico de trampolín, cuando reveló su homosexualidad y sida».

11/07/1996	«Por qué me casé con un hombre gay».
30/04/1997	«Episodio de Ellen DeGenere cuando salió del armario».
05/05/1997	«¿Se nace gay?».
1998	«Cher y Chastity Bono sobre la revelación pública del lesbianismo de Chastity».
16/04/2004	«El mundo del sexo secreto: Vivirlo en privado».
27/10/2004	«Mi marido es gay».
20/10/2005	«Gay por 30 días».
09/11/2005	«La autora superventas Terry McMillan se enfrenta a su ex marido gay».
17/11/2005	«Cuando supe que era gay».
07/07/2006	«Las estrellas de *Brokeback Mountain* y la última gran idea de Tyler Perry».
19/09/2006	«Ex gobernador Jim McGreevey y su escándalo sexual gay».
02/10/2006	«Esposas lesbianas confiesan».
29/01/2007	*Fascinating Families* (incluyendo una pareja de hombres gay de California, que son padres de acogida).
01/05/2007	«Dana McGreevey, la esposa separada del gobernador gay».
06/06/2007	«Dejado por muerto: el gay que se hizo amigo de su atacante».
24/10/2007	«Gay por todo el mundo».
01/02/2008	«La casamentera más dura de los Estados Unidos, más Katherine Heigl», incluyendo un vídeo de T. R. Knight después de que Isaiah Washington se refiriera a él como «maricón» en el plató de *Anatomía de Grey*.
14/11/2008	«Los viernes de Oprah en directo». Con Melissa Etheridge sobre la propuesta de ley 8, la enmienda en contra del matrimonio gay.
28/01/2009	«El evangélico Ted Haggard, su esposa y el escándalo sexual gay».
06/03/2009	«Mujeres que dejan a los hombres por otras mujeres».
25/03/2009	Nueva emisión de «Mujeres que dejan a los hombres por otras mujeres».

En 1997, mucho antes de que Ellen DeGeneres saliera a la palestra de los programas de entrevistas, decidió que iba a hacer historia en la televisión, en su serie de ABC, interpretando el papel de lesbiana. Llamó a Oprah y le pidió que apareciera en el programa interpretando a la terapeuta a la que Ellen confía sus sentimientos sexuales hacia las mujeres. Oprah aceptó, pero Ellen estaba nerviosa porque había visto uno de los programas de Oprah sobre lesbianas y le había parecido que la presentadora se había mostrado muy crítica. «Tenía mucho miedo de que descubrieras que era lesbiana y que no te cayera bien», dijo Ellen.

La suya fue la primera serie en horario de máxima audiencia que presentó un personaje protagonista abiertamente homosexual y, durante ocho semanas, la publicidad previa al programa saturó los medios. Antes de que el personaje se emitiera por televisión, la propia Ellen salió del armario en la portada de *Time* bajo el titular: *Yep. I'm Gay* («¡Ajá! Sí, soy gay»). General Motors, Chrysler y Johnson & Johnson, que habían emitido anuncios en episodios anteriores de *Ellen*, no quisieron comprar espacios para la nueva entrega y, más tarde, Oprah le contó a DeGeneres que había recibido más correo lleno de insultos y amenazas por hacer aquel programa que por cualquier otra cosa que hubiera hecho hasta aquel momento. Pero esto era algo que afirmaba frecuentemente de sus programas más polémicos.

«Me han dado más palos que nunca», dijo Oprah.

«¿Y pensabas que sería así?» —preguntó Ellen.

«No, la verdad es que no, pero no pasa nada, porque lo hice por ti y porque creo que debía hacerlo [...] así que en realidad no me importa [...] pero, en aquel momento, me sorprendió mucho que alguien escribiera todos aquellos insultos y amenazas por una cosa así».

El 30 de abril de 1997, dos días antes del episodio en que Ellen salía del armario, Liz Smith publicó una noticia, sin dar nombres, en su columna de cotilleos.

Se dice que una de las estrellas de televisión más grandes y que lleva más tiempo en activo está pensando seriamente en dar el mismo paso que llevó a Ellen DeGeneres a aparecer en la portada de todas las revistas del país y en los periódicos nacionales.

' Durante años la orientación sexual de Oprah, la estrella televisiva por excelencia ha estado oculta por el trabajo de sus publicistas. Pero si este anuncio se produce, hará que los temblores sísmicos provocados por la declaración de Ellen (¡«Ajá!, Sí, soy gay») parezcan cosa de niños. Será el furor que acabará con todos los furores. (Esta famosa presentadora es un icono y un modelo de conducta para millones de estadounidenses). Recuerden, lo oyeron aquí primero, aunque no queramos decir el nombre. Se debería permitir a todos que "salieran del armario" cuando ellos quisieran.

El mismo día en que Oprah aparecía en *Ellen* en el papel de la terapeuta, y decía: «Bien hecho; eres lesbiana». Ellen aparecía en *The Oprah Winfrey Show*, donde Oprah le dijo: «Mucha gente me ha dicho que, al invitarte al programa, estaba promocionando el lesbianismo. Lo único que yo quería era apoyarte, para que fueras lo que crees que es tu verdad».

«Todos creen que soy un monstruo», confesó Ellen, con aire atribulado.

La audiencia de Oprah la castigó por aparecer como estrella invitada en el episodio de salida del armario y también criticó a Ellen por ser lesbiana y hacerlo público. Sin embargo, aquella noche, cuando el personaje *Ellen* salió del armario, llenó las salas de estar de todo Estados Unidos con 36 millones de telespectadores, y el programa de Oprah, el mismo día, un poco más temprano, presentando a Ellen y a la que entonces era su novia, Anne Heche, también alcanzó unos índices muy altos. Pero el cameo de Oprah, más la noticia sin confirmar, incendiaron Internet durante semanas con rumores sobre su orientación sexual; el rumor más extravagante de todos fue que iba a confesar que era lesbiana en *Newsweek*, de la misma manera que Ellen lo había hecho en *Time*. Finalmente, Oprah emitió una declaración oficial negando que fuera lesbiana, haciendo así que su orientación sexual fuera un asunto público durante muchos años. Antes de su negación pública, ya había desmentido los rumores de lesbianismo después de grabar un programa con Rosie O'Donnell, y volvió a abordar el tema en un discurso inaugural ante una convención de 7.000 ejecutivos de televisión. Sus palabras aparecieron bajo insinuantes titulares en todo el país:

«Oprah niega el rampante rumor de lesbianismo», *Variety*.
«Fragor detrás del rumor sobre Oprah», *New York Post*.
«Oprah dice que juega limpio», *Intelligencer Journal*.

La semana anterior al discurso ante los ejecutivos, sus índices de audiencia habían bajado un 9 %. «Desde que aparecí en el programa de *Ellen*, han estado circulando rumores de que soy lesbiana —dijo Oprah en su comunicado de prensa—. He hecho frente a esto en mi programa, pero la fábrica de rumores sigue activa. Hace unas semanas, la columnista sindicada Liz Smith escribió que "una de las estrellas de televisión más grandes y que lleva más tiempo en activo está pensando en salir del armario [...]". Al parecer, todos dan por sentado que soy yo. No es así.

»Como he dicho, aparecí en el programa de *Ellen* porque quería apoyarla en su deseo de ser ella misma; y pensé que realmente era un buen guión. No estoy en el armario. No voy a salir del armario. No soy lesbiana».

Con intención o sin ella, Oprah emitió su declaración durante la Semana del Orgullo Gay, un acontecimiento que la tienda de Barney en el centro de Nueva York celebró con un escaparate donde unos maniquíes de Ellen DeGeneres y Anne Heche salían de un volcán. El maniquí de Ellen está leyendo la primera plana de un ejemplar del *New York Post*, donde se informa de que la Walt Disney Company, propiedad de ABC, está siendo atacada por los baptistas, debido a su política «favorable a los gays». Volando por encima de la escena está Oprah Winfrey, en un avión que arrastra una pancarta donde se lee: «No soy lesbiana». En ciertos círculos homosexuales, esas palabras llegaron a ser tan infamatorias como las de Richard Nixon, cuando dijo «No soy un criminal».

Años después, Rosie O'Donnell, que se había declarado lesbiana, especulaba sobre la relación de Oprah con su mejor amiga: «No sé a ciencia cierta si ella y Gayle se lo hacen, pero creo que son el equivalente emocional de (una pareja gay) [...] Cuando hicieron aquel viaje por carretera juntas («La gran aventura de Oprah y Gayle» emitida en cinco episodios en *The Oprah Winfrey Show*, en 2006), aquello fue tan propio de lesbianas como puede serlo, y no lo digo como insulto. Lo que digo es, mira, si me lo preguntan, esa es una pareja (gay)».

Doce años más tarde, cuando Ellen DeGeneres se casó con Portia de Rossi, Oprah presentó el vídeo de la boda en lo que *The New York Times* llamó «la capilla secular» de su programa diurno. Decidió hacer su declaración pro homosexual ya sea entre hombres o entre mujeres y celebrar la unión lesbiana de Ellen menos de una semana después de que los votantes de Maine, al igual que los de otros treinta estados, rechazaran el matrimonio entre personas del mismo sexo.

Cuando le preguntaron a Liz Smith sobre las reacciones a su noticia sin confirmar, dijo: «Siento que Oprah haya sufrido lo que ella considera un profundo pesar debido a esto». Años después, la columnista dijo que Mary Tyler Moore la había llamado el día en que se publicó la noticia y dijo, bromeando-: «"Liz, yo no voy a salir del armario". Por eso, siempre me ha sorprendido que Oprah decidiera dar por sentado que hablaba de ella (cuando escribí que una de las estrellas de televisión más grandes y que lleva más tiempo en activo iba a salir del armario) [...] Acabé lamentando sinceramente aquella estúpida noticia, y nunca he vuelto a publicar ninguna del mismo tipo. [Pero] como resultado, Oprah convocó una conferencia de prensa para decir que no era lesbiana y que no iba a salir del armario. Lo cierto es que ni siquiera pensaba en ella cuando escribí el artículo. Pero siempre he pensado que alimentaba un rencor que no era mi intención provocar. Así que esta reacción refleja [de ella] era peculiar, a mi modo de ver. No debería haber hecho ningún caso. Pero desató una enorme especulación y quizás eso es lo que la hace ser siempre el centro de toda la atención. Oprah parece coger siempre el toro por los cuernos».

La insinuación de que Oprah atizaba, a propósito, los rumores sobre su sexualidad parece plausible, a la vista de ciertos comentarios que ha hecho en entrevistas, en discursos y en su programa. Dos meses antes de aparecer en el programa de Ellen, Oprah presentó una sección dedicada al Día de San Valentín, titulada «Amigas», en la cual mencionaba los apodos afectuosos con que se llamaban ella y su mejor amiga, Gayle King. Oprah era *Negro*; Gayle era *Blackie*. Oprah bromeó en antena sobre los rumores que decían que Gayle era el motivo por el que Oprah no se casara con Stedman, y Gayle respondió diciendo que Oprah era la razón de que se divorciara. Sus bromas llevaron a escabrosos titulares en los tabloides:

«Oprah y Gayle se van a vivir juntas», *Globe*.
«La vida secreta de Oprah: La verdad sobre los rumores», *National Enquirer*.
«Oprah y Gayle como amantes», *Globe*.
«Quién es gay y quién no lo es en Hollywood», *National Examiner*.

No era sólo la prensa amarilla la que especulaba sobre la sexualidad de Oprah, sino también los medios de comunicación dominantes y no necesariamente de prensa amarilla o sensacionalista. Al escribir sobre su poder como «entrevistadora en jefe» de los Estados Unidos, el *National Review* decía: «puede que sea lesbiana o puede que no lo sea». En un artículo sobre «el extraño genio de Oprah», *The New Republic* brindaba su análisis: «Aunque afirma tener una relación romántica, desde hace años, con un hombre llamado Stedman Graham [...] de hecho no se han casado. Naturalmente, durante años, han corrido rumores de que su relación es una farsa, y que, en realidad, Oprah es lesbiana. Resulta cuando menos provocador que Oprah se refiera muy raramente a Stedman en su programa. Por el contrario, sus referencias más frecuentes son a Gayle King [...] Así pues, en lugar de refutar los rumores de que es lesbiana, Oprah parece alentarlos sutilmente [...] Sus detractores la llaman hipócrita. Pero no hay nada de hipócrita en tener una vida privada. Si Oprah mantiene un idilio falso y si es lesbiana, ninguna de las dos realidades contradiría su defensa pública del valor, la fortaleza y el crecimiento a través del sufrimiento».

Se escribía sobre Oprah y Gayle como si fueran Gertrude Stein y Alice B. Toklas, aunque no vivían juntas y ambas negaban categóricamente que fueran amantes. No había ningún fundamento para los rumores de una relación lesbiana, excepto que siempre estaban juntas y que Oprah hacía extrañas bromas sobre el tema.

Su prima, Jo Baldwin, que durante un tiempo trabajó para Oprah, se quitó de encima el asunto de que a Oprah la atrajeran las mujeres en un correo electrónico: «Todo es posible, pero yo no me atrevería a decirlo».

Una destacada columnista de cotilleos del *Daily News*, de Nueva York, que ha seguido a Oprah durante años, está convencida: «Mi radar gay se disparó cuando cubría un evento en el Radio City Music Hall (14 de abril de 2000) y vi como Oprah y Gayle recorrían la alfombra roja, con los meñiques entrelazados y Stedman siguiéndolas más atrás. Luego vino el enorme lanzamiento, sin reparar en gastos, de la revista *O*, un par de noche después, cuando Oprah instaló a Gayle como directora absoluta. Si os hacéis con el texto de los comentarios de Oprah, veréis que suena como un marido que le da todo a su esposa trofeo [...] Todo en broma, pero...».

En el escenario del Metropolitan Pavilion, de Manhattan, la noche del 17 de abril del 2000, Oprah presentó a Gayle a una enorme multitud de mujeres alfa (Barbara Walters, Diana Sawyer, Martha Stewart, Rosie O'Donnell, Maria Shriver, Diana Ross, Tina Turner) diciendo: «Se me conoce por ser buena haciendo regalos. Habéis oído rumores. Es verdad [...] A lo largo de los años, le he dado a Gayle un montón de grandes regalos —A continuación, obsequió a la muchedumbre con una cantarina voz sureña—. Le di a Gayle una niñera cuando tuvo su primer hijo, y luego su segundo hijo; así tuvimos ayuda extra. Construí la piscina para sus hijos —El público era un clamor—. Pagué la escuela privada de los niños. Le compré un BMW por su cumpleaños —El público se reía, mientras Oprah desgranaba el catálogo de su generosidad y lo mucho que su amiga le debía. Adoptando una vocecita sumisa para imitar a Gayle y luego, continuó—: Oh, de verdad que no sé, no sé qué puedo hacer para corresponderte. Los niños, nunca podremos pagártelo. No hay nada que podamos hacer para pagártelo». El remate llegó después de que Gayle dejara su trabajo en Hartford, empezara a viajar hasta las oficinas Hearst, en Nueva York, para ayudar a lanzar la revista de Oprah y se pusiera a trabajar tan duro que al final dice: "¡Bruja, no te debo nada!"». El público se partía de risa.

Aunque Oprah tenía una pareja masculina, que vivía con ella, parecía pasar más tiempo con Gayle y hablaba de su amiga a cada momento, manteniéndola a ella y a sus hijos de una manera que pocos hombres podrían hacer. Oprah trasladó a Gayle a Nueva York, para encargarse de la revista *O*, le compró un piso de 7,5 millones de dólares, en Manhattan, además de la casa de 3,6 millones en Greenwich (Connecticut), y recorrió todo el mundo con ella, a veces con el añadido de Stedman y otras, sin él.

Una parte de la sólida base de fans de Oprah estaba en las iglesias negras, donde se honra el matrimonio tradicional entre un hombre y una mujer. Oprah, como una de los suyos, era un brillante ejemplo para el mundo de los logros afroamericanos y pocos se atreverían a criticarla en público, pero algunos ministros negros murmuraban que, pese a su gran éxito, Oprah no era el mejor ejemplo para las jóvenes afroamericanas. Por las razones que fueran, no estaba preparada para asumir el compromiso del matrimonio: «Puedo decidir no casarme, si quiero», decía Oprah, optando por la comodidad y aprobación de ser una pareja en una sociedad de parejas. Sin embargo, su situación con Stedman, su estrecha amistad con Gayle y su alejamiento de la iglesia dentro de la que creció hacían que, también en el seno de la comunidad negra, hubiera quien tuviera dudas sobre su definición sexual. Aunque Oprah negaba ser lesbiana, parecía provocar deliberadamente las habladurías sobre su sexualidad emitiendo extraños desmentidos a cuestiones que nadie planteaba, como si quisiera conseguir publicidad.

Este hecho fue especialmente patente en el año 2006, cuando *O, The Oprah Magazine*, dedicó un número a la amistad y publicó un P&R titulado «Oprah y Gayle sin censura», que disparó otro río de rumores:

PREGUNTA: Bueno, ¡vayamos directo a la cuestión! Cada vez que le digo a alguien, «Voy a entrevistar a Oprah y Gayle», la reacción siempre es la misma: «Oh (pausa larga), ¿están... ya sabes... juntas?»

OPRAH: Bromeas. ¿Todavía dicen eso?

PREGUNTA: Absolutamente todos...

OPRAH: Entiendo por qué la gente cree que somos lesbianas. En nuestra cultura no hay una definición para esta clase de vínculo entre mujeres. Así que comprendo por qué tienen que etiquetarlo... ¿cómo se puede estar tan unidas, sin que sea algo sexual? ¿De qué otra manera se puede explicar un nivel de intimidad en el que alguien *siempre* te quiere, *siempre* te respeta, te admira?

GAYLE: Quiere lo mejor para ti.

OPRAH: Quiere lo mejor para ti, en cada situación de tu vida.

GAYLE: La verdad es que, si fuéramos lesbianas, lo diríamos, porque no hay nada malo en serlo.

OPRAH: Exacto. Pero que la gente siga haciendo la misma pregunta, cuando ya lo he dicho y lo he repetido, significa que creen que miento. Y eso me molesta [...] He dicho *casi* todo lo que hay que decir.

Fue ese *casi* de la respuesta de Oprah lo que se destacó, atrayendo la atención de los medios y regalando a los humoristas un auténtico festín. En su monólogo nocturno, David Letterman mencionó que Oprah había negado ser lesbiana. «Oigo eso y me digo 'hummmm'...» En el homenaje a Will Smith, en el American Museum of the Moving Image, Jamie Foxx dijo: «Hablaba de ti el otro día. Estaba en la cama con Oprah y me vuelvo hacia Gayle y le digo: "¿Sabes qué?"». Cuando Kathy Griffin fue a *Larry King Live*, él le preguntó: «¿Crees que estamos preparados para un presidenta lesbiana?» Ella contestó: «Me encantaría —respondió ella—. Supongo que te refieres a Oprah. Es broma, Larry. Sé que todos le tenemos mucho miedo. Oprah, primera lesbiana presidente. Gayle, vicepresidente lesbiana. Es sólo una idea. No estoy sacando a nadie del armario».

Seguramente, los rumores que perseguían a Oprah decían más sobre la necesidad social de definir la sexualidad de los demás y la incomodidad que muchos sienten hacia los que no encajan en una definición prescrita de heterosexual y homosexual. La categoría de bisexual es demasiado complicada para la mayoría, aunque Oprah presentó el tema con un programa sobre «fluidez sexual», con mujeres de más de 40 años que dejaban a sus hombres para irse con otras mujeres, pero sin que por ello se definieran necesariamente como lesbianas. Dijo que comprendía la resistencia a usar esa etiqueta. Después de entrevistar al pastor evangélico Ted Haggard sobre el escándalo de sexo gay que lo obligó a dimitir de la New Life Church, le dijo al público: «Entendí que no quisiera que lo etiquetaran, que no quisiera que lo encasillaran». Sin embargo, durante toda la entrevista, dejó muy claro que no estaba de acuerdo con él en que la sexualidad es compleja y complicada. «Yo soy heterosexual —afirmó—. No sé cómo sería sentir esa inclinación (hacia el mismo sexo), pero tengo muchos amigos que son gay». Incluso admitir que tenía amigos homosexuales era un enorme paso adelante para la mujer que, en un tiempo, pensaba que la homosexualidad era pecado y que le dijo a su hermano, que murió de sida, que no iría al cielo porque era gay. A pesar de todo, Oprah era tan susceptible a los rumores de lesbianismo que la rodeaban que no permitió que dos mujeres, empleadas suyas en Harpo, declararan abiertamente su relación, aunque llevaban varios años viviendo juntas. En otras palabras, parecía decir: «No pasa nada por ser gay o lesbiana, siempre y cuando yo no me vea manchada por ello».

Es posible que el entusiasmo de Oprah por sus amigas fuera malinterpretado por los que suponían cosas porque lo veían todo a través de un prisma de rumores de lesbianismo y le daban a los comentarios de Oprah un peso mayor del que tenían. Por ejemplo, poco después de la noticia sin dar nombres de Liz Smith y del cameo de Oprah como terapeuta que empujaba suavemente a Ellen a salir del armario, Oprah y su cámara fueron de gira con Tina Turner, en 1997, a Houston, Las Vegas y Los Angeles: «La seguimos por todo el país, porque yo quería ser Tina», dijo Oprah. Lo que hizo, en cambio, fue convertirse en la *groupie* más famosa de la cantante. Seducida por la historia personal de supervivencia de la roquera, en antena se deshacía en elogios hacia ella, igual que lo hacía con Stedman cuando empezaron a salir. «Tina es nuestra diosa del *rock'n'roll* [...] Es la más sensacional [...] Siento por Tina lo que los hombres sienten por el fútbol», afirmó Oprah, provocando una oleada de comentarios sobre un «enamoramiento de chicas». Oprah afirmó a la revista *Vibe* que ella cuando mejor se lo pasaba era «cuando yo y Stedman y los perros vamos en el Bentley con la capota bajada. Y yo llevo mi peluca de Tina Turner, sujetándola para que no salga volando. Es genial, toda la idea es genial». Al final Stedman le dijo que perdiera la peluca: «Nadie te dice que no eres Tina Turner, así que me toca a mí decírtelo. Quítate esa peluca y deja de fingir que eres Tina Turner». Oprah le regaló la peluca a una prima.

Poco después de la gira, Oprah se entrevistó con Jamie Foster Brown, de *Sister 2 Sister*, una revista negra de entretenimiento. El artículo se titulaba «Todo lo que los negros siempre han querido preguntarle a Oprah». Durante la entrevista, Stedman respondía por teléfono y Brown repitió lo que Oprah decía. «Ahora Oprah empieza a hablar de la columna de Liz Smith donde dijo que un destacado personaje (de televisión), que es un icono, era gay», escribió Brown, antes de citar lo que Oprah le decía a Stedman: «No. Bien. De acuerdo, cariño. ¿Así que vas a decirles que no? Lo que quieras. Ya he enviado un comunicado de prensa. Sólo diles: "Me parece que ella ya lo ha dicho todo". ¿Por qué no puedes decir eso? Puedes decir: "Estoy harto de esto. Estamos más que hartos de todo este asunto". ¿Por qué querrán todos pensar que eres lesbiana? De acuerdo. Adiós».

«Dime Oprah —preguntó Jamie Foster Brown—. ¿Eres lesbiana?»

Oprah se echó a reír. «Creo que si eres lesbiana, pues está bien; es asunto tuyo y está bien. Pero lo que me ofende de que alguien insinúe que yo soy lesbiana o que Stedman es gay es que significa que todo lo que he hecho o dicho es un fraude [...] Significa que es mentira. Todo es mentira. Significaría que todo lo que has hecho o dicho, todo, es una gran, enorme mentira, una farsa».

Pese a estas negativas, las especulaciones sobre las preferencias sexuales de Oprah persistieron. Continuaba viviendo con Stedman, pero llevaban vidas separadas, lo cual decían que era necesario debido a sus carreras. Se reunían para pasar ocasionales fines de semana, fiestas y vacaciones. «Nuestra vida es así —le explicó Oprah a un periodista—. Yo digo que somos como dos barcos que se cruzan —Imitó el sonido de una sirena—. Sólo lo hablamos al principio de cada semana:

»"¿Dónde vas a estar? —pregunto yo—. Mira, yo voy a ir a casa de Maya este fin de semana".

»Él dice: "Bueno, yo voy a estar en Colorado Springs".

»"¿Cuándo crees que estarás en casa? ¿El domingo? De acuerdo. ¿Podrías coger un vuelo temprano y estar aquí el domingo a primera hora de la tarde? A lo mejor, podemos cenar juntos". Así es nuestra vida.

»"¿Dónde vas a estar?" "Estaré fuera en verano... Miraré de hacerme con una casa para los fines de semana, para que puedas venir... a verme a mí y a los perros"».

Para algunos, Stedman parecía ser la tapadera de Oprah; la presentable pareja masculina que necesitaba para ser aceptada por la sociedad heterosexual, nada más que un camuflaje. Sus amigos íntimos no estaban de acuerdo; decían que él era la fuerza que daba firmeza a su vida. A otros no les importaba ni en un sentido ni en otro. «No me sorprendería que Oprah fuera lesbiana —dijo su amiga Erica Jong—. Si lo es, lo es. La verdad es que encaja. Stedman probablemente es gay o neutral, pero tienen un vínculo, debido al lugar de donde vienen. Que ella fuera lesbiana sería la reacción normal a los abusos sexuales que dice que sufrió y a la desconfianza que siempre ha sentido hacia los hombres. Recuerda que hay muchas personas que no quieren que los hagan salir del armario y yo no creo que todo el mundo tenga que declararse públicamente. Además, la gente, sobre todo las mujeres, pueden pasar fácilmente de una preferencia sexual a otra. Si Oprah es lesbiana, entiendo que no quiera que eso se sepa en una sociedad homofóbica que podría juzgarla negativamente. Como mujer de negocios, declararse públicamente como lesbiana podría resultar perjudicial».

Durante su entrevista, Jamie Foster Brown le preguntó a Oprah: « Para ti ¿Cómo es de importante el sexo?»

Oprah dijo: «Es una parte natural del proceso. Quiero decir, no soy una de esas mujeres que siente que tiene que hacerlo todo el tiempo [...] No me consideraría alguien muy sexual».

Personas que la conocieron bien durante sus años en Baltimore estuvieron de acuerdo con sus palabras, conjeturando que la atormentada aventura amorosa de cuatro años con Tim Watts, que por entonces estaba casado y además tenía una relación seria con otra mujer a la vez que salía con Oprah, le había hecho tanto daño que estaba vacía, emocional y sexualmente, y no era capaz de abrirse a ningún otro hombre, nunca más. En cambio, volcaba todas sus energías sexuales en su carrera. Su conflicto respecto a la sumisión y el control se resolvía en su trabajo y, pronto, la inversión de tiempo y energía en ella misma se convirtió en su propia recompensa y en su propia supervivencia.

Con la retirada de Phil Donahue y el creciente prestigio de su Club del Libro, el programa de Oprah se convirtió en la primera parada para los famosos que querían promocionar sus películas, sus álbumes, sus giras y a sí mismos. En 1996, aumentó sus programas con estrellas, pero tuvo un principio incierto cuando cubrió la alfombra roja para los 68.º premios anuales de la Academia.

«El momento en que nos dimos cuenta de que el programa se iba a hacer muy largo (fue) cuando una Oprah Winfrey encandilada por las estrellas empezó a actuar como si nunca en la vida hubiera manejado un micrófono ni hecho una pregunta en público —escribió el crítico de televisión del *Hartford Courant*—. "¡Eh, Brad [Pitt]! Oh, Dios. Me alegro mucho de verte", "¡Nicholas [Cage], hola! ¡Me alegro de verte!", "¡Ron [Howard]! Hola, Ron. ¿Cómo estás? ¿Cómo estás? Ha pasado mucho tiempo desde Mayberry".

«Hola, Jimmy [Smits]. Queríamos decirte, en nombre de todos mis amigos, que eres un encanto. ¿No es una monada? ¡Oh!»

El crítico de *The Buffalo News* escribió que el primer patinazo de la noche fue «la decisión de hacer que Oprah Winfrey babeara ante los famosos conforme entraban en el Dorothy Chandler Pavilion. "Oh, Dios mío, Elizabeth [Shue]. Vaya año". "Para morirse [Nicole Kidman], este es tu aspecto". Oh Dios mío, de verdad. No había habido nada tan embarazoso desde, bueno, desde que Letterman inició la entrega de premios del año pasado con su 'Uma, Oprah, esto...'».

Un crítico británico incluso criticó la ropa que llevaba Oprah: «La mujer peor vestida de la noche (fue) Oprah Winfrey —escribió Stuart Jeffries, de *The Guardian*— [...] con un vestido muy escotado, sin espalda que, sin embargo, se las arreglaba para llevar mangas y hombros». Después de presenciar su actuación como presentadora oficial de los Óscar, Howard Rosenberg, crítico de televisión de *Los Angeles Times,* recomendó: «Hum, tal vez debería seguir con su trabajo habitual».

Oprah estaba más cómoda y dominaba más la situación en su propio ambiente, con productores que la preparaban, estilistas que la vestían, luces suaves para enmarcarla y, lo más importante, un público para aplaudirla. Lo que los críticos no valoraron fue que no era periodista, era vendedora e, igual que su público de 20 millones de personas, también ella se moría de curiosidad por los famosos y sus vidas de ensueño. Los llevaba a todos a su escenario, con unas presentaciones efusivas, transmitidas con aplausos y vivas, antes de hacer que se sentaran en las butacas del plató para sonsacarles hasta los detalles más íntimos o escabrosos de su vida personal.

«Queremos creer que le preparas el baño a Annette, de forma habitual y que dejas caer pétalos de rosa dentro para que pueda [...] ya sabes, lo que sea», le dijo a Warren Beatty.

«Tenemos nuestros momentos» —respondió él.

Oprah insistió: «Tenéis vuestros momentos».

Beatty sonrió.

«Sí, tenemos nuestros momentos».

George Clooney le dijo: «Nunca me casaré»; Eddie Murphy comentó que prefería las mujeres negras a las blancas; Kate Winslet afirmó que nunca se haría la cirugía plástica: «¿Para qué querría parecer un testículo enrollado?» Britney Spears confesó que «iba a intentar» seguir siendo virgen hasta el matrimonio; y Diane Keaton dijo que los zapatos eran su accesorio favorito porque «son sustitutos del pene»; paseando en bicicleta con Lance Armstrong por su finca de Montecito, Oprah le preguntó: «¿Cómo es que no te duele el culo?»; en otra ocasión a Jim Carrey le espetó: «¿Por qué crees que eres bueno en el sexo?» y a Janet Jackson le preguntó por sus pezones con *piercings*. «En cualquier momento dado del día —contestó la cantante—, una gran parte (del *piercing* corporal) puede ser muy sexual».

Oprah le dijo a Cybill Shepherd: «Puedes decir *pene* y *vagina* en este programa». Así que Shepherd procedió a hacerlo al hablar de su aventura amorosa con Elvis Presley: «Hubo que enseñarle unas cuantas cosas; le gustaba prepararse un plato enorme de filetes de pollo frito, pero había una cosa que no quería comer».

El público soltó una exclamación. «¿Y le enseñaste?», preguntó Oprah.

«Puedes estar segura».

Cuando Lisa Marie Presley fue al programa, Oprah le preguntó por qué se había casado con Michael Jackson: «¿Fue un matrimonio consumado?» De nuevo el público soltó una exclamación, pero Oprah los reprendió: «Sé que todos queréis saberlo».

«Sí —dijo Lisa Marie—, lo fue».

Oprah invitó a Patrick Swayze y Wesley Snipes a hablar de su película sobre las *drag queens* (*A Wong Foo, gracias por todo, Julie Newmar*). Oprah les dijo: «Quiero que me lo contéis todo sobre los travestis —declaró—, porque, ¿cómo metíais el pene para dentro? ¿Cómo lo manteníais abajo... el pene? Quiero decir —oh, Dios— ¿es igual que un suspensorio? ¿Es... como lo mismo?

«Más o menos —contestó Swayze—, pero tira hacia el otro lado».

«Sí —añadió Snipes—, es como un calcetín».

Pese a su predilección por lo arriesgado, Oprah no invitó al programa a Dennis Rodman, el chico malo del baloncesto, porque, según dijo, su libro

Walk on the Wild Side, era demasiado escabroso: «Después de leer el libro, no creí que fuera apropiado para mis espectadores», declaró.

Con los años, *The Oprah Winfrey Show* se convirtió en la meca de los famosos: Ben Affleck, Kirstie Alley, Jennifer Aniston, Drew Barrymore, Beyoncé, Mary J.Blige, Bono, Lynda Carter, Cher, Bill Cosby, Kevin Costner, Billy Crystal, Matt Damon, Johnny Depp, Cameron Diaz, P.Diddy, Robert Downey,Jr., Clint Eastwood, Michael J. Fox, Richard Gere, Robin Givens, Hugh Grant, Tom Hanks, Florence Henderson, Julio Iglesias, Michael Jordan, Ashton Kutcher, Jay Leno, David Letterman, Jennifer Lopez, Susan Lucci, Paul McCartney, Matthew McConaughey, George Michael, Bette Midler, Demi Moore, Mike Myers, Paul Newman, Gwybeth Paltrow, Brad Pitt, Sidney Poitier, Lionel y Nicole Richie, Chris Rock, Diana Ross, Meg Ryan, Brooke Shields, Jessica Simpson, Will Smith y Jada Pinkett Smith, Steven Spielberg, Jon Stewart, Barbra Streisand, Luther Vandross, Denzel Washington, Robin Williams, Stevie Wonder, Tiger Woods y Renée Zellwegger. Todos comprendían que al aparecer con Oprah estarían a salvo, seguros y protegidos, y podrían vender sus espectáculos, películas, discos, productos y, lo más importante, a ellos mismos.

Wynonna Judd fue a hablar de su peso; Julia Roberts anunció que estaba embarazada de gemelos; Madonna negó que haubiera adoptado un niño de Malawi con fines publicitarios. Más adelante, al pasar revista a todos los famosos que conocía, Oprah le dijo al público: «Céline Dion, Halle Berry y John Travolta acabaron siendo muy buenos amigos míos». Entrevistó a Tom Cruise nueve veces a lo largo de los años y dedicó una hora completa a reunir de nuevo el reparto de *The Mary Tyler Moore Show* porque, como confesó, «Yo quería ser Mary Tyler Moore».

«Mi esposa (la actriz Shirley Jones, ganadora de un Óscar) y yo estuvimos en el programa *Oprah* un par de veces —recordaba Marty Ingels, desde su casa en Beverly Hills—. Una de las veces fue al programa titulado "Parejas que tienen algo que ocultar". Estábamos con Jayne Meadows y Steve Allen. Ella lo había encontrado en la cama con otra mujer. Nos dejó de piedra... Cometí una enorme equivocación al tratar de jugar con Oprah. Le dije: "Venga Oprah. No te caen bien los judíos. No me vas a dejar hablar". Vaya error. Al parecer, la habían acusado de ser antijudía. En cualquier caso, nunca volvimos al programa y esta es la razón: Oprah no nos pagó».

Ingels explicó que, según la American Federation of Television and Radio Artists (AFTRA), todos los artistas tienen que recibir unos honorarios mínimos (537$ en 1997) por aparecer en un programa, tanto si actúan como si no, pero Oprah afirmaba que tenía un acuerdo especial con el sindicato local y no pagaba a nadie. Ingels pidió que la AFTRA lo investigara: «No está bien que esta señora multimillonaria haga que sus reglas sean diferentes de las de cualquier otro programa de entrevistas... ¿Por qué tiene que pasar por encima de sus compañeros? Para ella es una minucia, pero algunos actores dependen del cheque que reciben de vez en cuando. No está bien que los estafe [...] ¿Es un pecado mortal? No. Pero es mezquino y ruin y me reveló algo mezquino y ruin de ella. Recuerdo que una vez dijo que el control es la propiedad [...] Pese a su fama de ser 'Santa Oprah', en realidad lo único que le importa es el dinero [...] Sí. Al final, Shirley recibió su cheque, igual que todos los demás a los que no habían pagado, porque llamé a *The Hollywood Reporter* y hubo publicidad sobre el asunto. Y eso es lo que Oprah no quería. Publicidad. Es un enorme desinfectante».

Una de las principales «adquisiciones» de famosos para *The Oprah Winfrey Show*, no era miembro de AFTRA, pero le habría venido muy bien el cheque de 537 dólares, después de que la Casa de Windsor la tratara injustamente en su divorcio. Sarah, duquesa de York, era más conocida como *Fergie*, un nombre inextricablemente ligado a la frase «chupa dedos», debido a las fotos tomadas de ella con su amante, que llevaron a la disolución de su matrimonio con Andrés, duque de York e hijo favorito de la reina de Inglaterra.

«Oprah estuvo a punto de perder aquella entrevista, porque sus productoras insistían en que Sarah apareciera en el programa llevando una tiara», dijo un ejecutivo de ABC que participó en las negociaciones. «Los productores de Oprah hablan la lengua de Oprah: "Oprah quiere...", "Oprah dice...", "Oprah insiste en que ..."». En esta cuestión, Oprah se mostró, realmente inflexible.

«"Oprah cree que sería muy de la realeza"».

«"Ni hablar", —contestó la publicista de Sarah.

«"Si no hay tiara, no hay entrevista"» —zanjaron los productores de Oprah.

«El tema creció hasta convertirse en una auténtica crisis —explicó el ejecutivo de la cadena—. Los productores de Oprah hablaban muy en serio sobre la tiara y presionaron hasta que los publicistas de Sarah estuvieron a punto de romper la negociación. Hubo dos días de ataques, con sus noches... Finalmente, el bando de Oprah cedió, y Sarah apareció en el programa para promocionar su libro, sin tiara».

La duquesa que entonces estaba en desgracia fue lo más cerca que Oprah estuvo de entrevistar a la realeza británica. Conoció a Diana, princesa de Gales, en abril de 1994, cuando almorzó con ella en el palacio de Kensington. «Tuvimos una conversación sincera y divertida cuando fui a recoger el BAFTA», dijo Oprah. (La British Academy of Film and Television Awards había nombrado a *The Oprah Winfrey Show* el «Mejor programa de televisión extranjero»). «Pensé que era encantadora, pero no le interesaba hacer una entrevista, así que no insistí». Después del almuerzo, la princesa, todavía casada con el Príncipe de Gales, le envió a Oprah una foto suya en blanco y negro, firmada simplemente *Diana x,* con un marco de plata de ley, con el monograma de la inicial *D.* Un tiempo después le concedió una entrevista, donde lo contaba todo, al presentador de televisión británico Martin Bashir.

«La princesa lo eligió a él y no a Oprah porque creyó que tendría más repercusión en Gran Bretaña con un programa insignia como *Panorama* y porque se trataba de la BBC», declaró Paul Burrell, ex mayordomo de Diana, en un correo electrónico. «Martin Bashir también le prometió el control total de la entrevista. No tenía nada que ver con Oprah sino con la concentración (de Diana) en el mercado británico y con enviar un mensaje deliberado al pueblo británico. Fue un acontecimiento cuidadosamente organizado y el lugar y el contexto eran lo más importante en su pensamiento».

La primera vez que Sarah Ferguson apareció en *The Oprah Winfrey Show,* estaba promocionando su libro *My Story,* que trataba de su convicción de que el palacio de Buckingham había conspirado para destruirla. Un año después, apareció como portavoz de Weight Watchers y mencionó que había vuelto con el príncipe Andrés. Provocó exclamaciones audibles del público cuando describió que ella y su ex marido compartían la misma casa con sus dos hijas y cada uno se adaptaba a las relaciones del otro, una revelación excitante que a Oprah le ponía en bandeja el tipo de información que ella y sus productores deseaban.

Los productores de Oprah eran conocidos por hacer peticiones escandalosas a sus invitados: «Si te quiere en su programa, sus productores se apoderan de tu vida semanas antes, y tú, tu familia y tus amigos debéis estar disponibles veinticuatro horas al día, cada día que ellos te necesiten —dijo un ejecutivo de una editorial, que ha concertado a muchos autores para *The Oprah Winfrey Show*—. Si son tres semanas, debes estar disponible mañana, tarde y noche durante veintiún días, pero suele ser bastante más de un mes de tu tiempo. Sus productores quieren una visión de tu vida lo más íntima imaginable, y a veces se meten en sitios que se pueden considerar explotadores, invasivos y muy dolorosos. Por ejemplo, los productores de Oprah querían que Elizabeth Edwards (ex esposa del senador John Edwards) los llevara al lugar de la carretera donde su hijo había muerto. Sus publicistas pusieron reparos: "No creemos que eso dé resultado", dijeron, sin consultar siquiera con Elizabeth [...] Los productores de Harpo, hurgan en todo, pero el resultado final no es una televisión de 'te pillé'. A Oprah no le interesa eso. Lo que quiere es ofrecer a sus espectadores una experiencia personal que no pueden conseguir en ningún otro sitio, y por supuesto, la mayoría de personas aceptan sus exigencias porque quieren estar en su programa».

Hubo un invitado al que no se le pidió nada, salvo su atractiva presencia. «Estaba sencillamente entusiasmada con John F. Kennedy Jr. —confesó Oprah—. Le habíamos pedido repetidamente que viniera, muchas veces, y esta vez, nos llamó él. Creo que aceptó hacerlo porque le resultaba conveniente». Oprah interrumpió sus vacaciones para regresar a Chicago, en agosto de 1996, y grabar la entrevista cuando Kennedy estuviera en la ciudad para la Convención Nacional Demócrata. Incluso encargó dos sillones nuevos para el plató, pero después de que la tapicería blanca dejara pelusa en todo el traje de Kennedy, hizo que las retapizaran en piel. Cuatro años después de que se matara pilotando su avión, Oprah vendió «los sillones donde se sentó John F. Kennedy» en una subasta benéfica, en eBay por 64.000 dólares.

En la época de la entrevista, Kennedy era considerado el soltero de oro de todo el país, sin embargo Oprah, que hacía las preguntas más íntimas a todo el mundo, a Kennedy no le preguntó nada sobre su vida privada. «No le pregunté cuándo se casaría porque esa es la primera pregunta que todos me hacen a mí, y no es asunto de nadie más que de él». Lo que sí hizo fue enseñarle el provocativo vídeo de Marilyn Monroe, con un vestido de lentejuelas, muy escotado, de color carne, que parecía que le habían rociado encima, cantándole *Cumpleaños feliz, señor Presidente*, a su padre, en Madison Square Garden. El joven Kennedy sonrió, pero no mordió el anzuelo. «Sí —dijo—. Lo he visto muchas veces».

Aunque Oprah no consiguió sonsacarle nada al deslumbrador joven, su mera presencia le dio unos índices de audiencia que fueron todo un récord y que no se vieron superados hasta que apareció Barbra Streisand, dos meses después. Años más tarde la misma Streisand volvió al programa en el año 2003 y superó sus índices anteriores cantando en la televisión diurna por vez primera en 40 años. Pese a ello, Oprah estaba de lo más entusiasmada por la entrevista con Kennedy. «Creía que lo amaba —dijo, después de la grabación—. Ahora sé que lo amo».

En 1996, Oprah estaba en la cumbre de su profesión: ganaba más de 97 millones de dólares al año y amontonaba Emmys como si fueran leña; dominaba en los programas de entrevistas por televisión porque les daba a sus telespectadores una programación que no se podía dejar de ver. Los invitados no siempre eran famosos, sino una combinación de cultura pop y historias dramáticas de abusos y supervivencia, en primera persona, mezcladas con libros, películas, vídeos musicales, tratamientos de belleza, dietas para adelgazar y videntes, más las cuestiones apremiantes del día.

Poco después de que el brote de la enfermedad de las vacas locas (encefalopatía espongiforme bovina) en Gran Bretaña fuera asociada a una enfermedad neurológica que afectaba a los humanos, Oprah presentó un programa, el 16 de abril de 1996, titulado «Alimentos peligrosos», en el cual preguntaba si aquella enfermedad mortal e incurable que ataca el cerebro y provoca una muerte lenta y atroz podría propagarse por los Estados Unidos. El primer invitado era una mujer británica que dijo que su nieta de dieciocho años, que estaba moribunda, había caído en coma después de comer una hamburguesa contaminada por una vaca loca. Secuencias de película mostraban ganado enfermo, tambaleándose, en Gran Bretaña. El segundo invitado era una mujer cuya suegra había muerto a causa de la debilitadora enfermedad que, según creía ella, había contraído comiendo buey en Inglaterra. Los dos siguientes invitados eran Gary Weber (de la Asociación nacional de criadores de ganado vacuno), quien dijo que las regulaciones del gobierno garantizan que el buey de los Estados Unidos no suponían peligro alguno, y Howard Lyman (de la Sociedad Humana de los Estados Unidos), quien, por el contrario afirmó que la forma humana de la enfermedad podría hacer que el sida pareciera un resfriado común dado que cada año, en los Estados Unidos, se sacrifican 100.000 vacas enfermas, su carne se pica y se utiliza como pienso.

«Howard, ¿cómo sabes con tanta seguridad que trituran a las vacas y se las dan como alimento a otras vacas?», preguntó Oprah.

«Lo he visto —respondió Lyman—. Son estadísticas del USDA» (Ministerio de Agricultura de los Estados Unidos).

Con aire de asco, Oprah se volvió hacia el público. «Bueno, ¿no les preocupa a todos ustedes estar aquí, oyendo esto? Me ha quitado todas las ganas de comer otra hamburguesa. No sé que pensar [...] El doctor Gary Weber dice que no hay ninguna razón para que nos preocupemos. Pero esto, en sí mismo, me resulta inquietante. Las vacas no deberían comer otras vacas [...] Deberían comer hierba». El público le mostró su aprobación, estruendosamente.

Al día siguiente, en el Chicago Mercantile Exchange, los precios del ganado cayeron por los suelos, y los criadores culparon a Oprah, aunque un analista de ganado de Alaron Trading Corporation dijo: «El programa simplemente fue un detonante de lo que ya era una situación negativa en el mercado». Oprah se defendió diciendo: «Hablo como una consumidora preocupada en nombre de millones de consumidores. Que las vacas coman vacas es alarmante. Los estadounidenses necesitaban y querían saberlo. Sin ninguna duda, yo quería que lo supieran. Creemos que el programa fue justo. Hice preguntas que creo que el pueblo de los Estados Unidos merece que se respondan a la luz de lo que está sucediendo en Gran Bretaña».

La National Cattlemen's Beef Association protestó por la edición «tendenciosa» del programa, retiró 600.000 dólares de publicidad de la cadena, y amenazó con presentar una demanda contra Oprah, bajo un estatuto de Texas que considera fuera de la ley hacer declaraciones perjudiciales y falsas sobre productos alimenticios perecederos. Acobardada, Oprah emitió a la semana siguiente (23 de abril de 1996) un segundo programa de «Alimentos peligrosos» y, deliberadamente, no incluyó a Howard Lyman, que había dicho que el sector ganadero de los Estados Unidos alimentaba al ganado a base de «animales muertos en la carretera». Un ranchero furioso dijo, después, que el segundo programa era «demasiado poco, demasiado tarde», porque Oprah «no apareció en el programa comiendo una hamburguesa delante de todo el mundo».

En seis semanas, varios grupos ganaderos se habían unido para demandarla a ella, a King World Productions, a Harpo y Howard Lyman y pedir 12 millones de dólares por daños. Durante el año siguiente, Oprah se preparó para defenderse, gastando cientos de miles de dólares en abogados y asesores para la selección de jurados, además de los gastos de trasladar el programa a Amarillo (Texas), para someterse a un juicio de seis semanas en un tribunal federal. En el pasado, cuando había rozado la línea entre comentarios responsables e irresponsables, no le habían pedido cuentas, excepto por el programa sobre el culto al diablo, durante el cual dejó pasar la insinuación de que los judíos sacrificaban a sus hijos y en ese caso, tras reunirse con líderes judíos y pedir disculpas, se le permitió seguir adelante. Pero esta vez era diferente: los ganaderos, buscando venganza, querían acudir a los tribunales, pese a los esfuerzos hechos en nombre de Oprah para llegar a un acuerdo extrajudicial.

Phil McGraw (conocido más tarde como Dr. Phil cuando se convirtió en presentador de programas de entrevistas) trabajaba como asesor jurídico y había sido contratado por los abogados de Oprah para que les ayudara a planear su estrategia en el tribunal y preparar a los acusados para el juicio. Recordaba que se reunió con Oprah y sus abogados para hablar sobre la posibilidad de llegar a un acuerdo extrajudicial, en lugar de ir a juicio. Cuando Oprah le preguntó qué opinaba, McGraw dijo: «Si peleas por esto hasta el final, la cola en la ventanilla de "Demandas contra Oprah" va a hacerse mucho más corta».

En realidad, esa cola no fue nunca larga, porque la riqueza de Oprah la protegía de litigios graves: pocas personas querían enfrentarse a su bolsillo sin fondo y a sus demoledores equipos de abogados. Salvo por unas pocas demandas molestas, aquí y allí, incluyendo una de los ex fotógrafos de Harpo, Paul Natkin y Stephen Green, que la demandaron (y llegaron a un acuerdo) por un incumplimiento del copyright, Oprah había tenido bastante suerte. En una declaración durante el caso de los fotógrafos, dijo: «Mi propósito siempre es ser dueña de mí misma y de todas las partes de mí misma que pueda, incluyendo las fotografías, un edificio y todo lo que hay dentro del edificio. ¿Saben?, he creado una cultura [...] de propiedad, en Harpo». Los abogados que representaban a los fotógrafos recordaban que Tim Bennett testificó que Oprah no sabía qué diferencia había entre un formulario W2 y un 1099, algo que, en su opinión, era «totalmente increíble».

Poco aficionada a los litigios, Oprah sólo había presentado una demanda en una ocasión anterior, en 1992, cuando Stedman y ella denunciaron a un periódico amarillo canadiense que había publicado una entrevista con alguien que afirmaba ser el primo de Stedman, con el titular «Tuve una aventura gay con el prometido de Oprah». Ganaron el pleito por incomparecencia cuando la editorial dejó el negocio antes que defender sus afirmaciones. Oprah instigó otro juicio en 1995, al inducir a su ex decorador Bruce Gregga a demandar al *National Enquirer*, después de que el periódico publicara fotos en color de su condominio de Chicago, mostrando unos sillones brillantes, con ribetes dorados, sofás de damasco satinado, sembrados de cojines de terciopelo, un revestimiento de paredes de seda roja y una bañera de mármol con grifos chapados en oro. «Aquel sitio era horrible, recargado y rococó; ¡debería haber demandado al decorador por mal gusto!», dijo uno de los abogados del *Enquirer*, de la firma Williams and Connolly, de Washington. Gregga estaba representado por los abogados de Oprah, de Winston and Strawn, y Shearman and Sterling.

«Me acuerdo de verla unos minutos después de que ella viera las fotos —dijo Bill Zwecker, de *Chicago Sun-Times*—. Acababa de volver en avión desde Rancho La Puerta, para asistir a la fiesta de presentación del libro de Stedman, en el último piso del restaurante de Michael Jordan, y estaba lívida. "Estoy furiosísima —dijo—. Acababa de bajar del avión y vi una foto de mi cuarto de baño en el *National Enquirer*". Despidió a Bruce, aunque sabía que él no tenía nada que ver con la publicación de las fotos. Tenía a un tipo trabajando para él, que era quien había vendido las fotos por 25.000 dólares a los periódicos... pero Oprah dijo que deberían haber estado guardadas en la caja fuerte [...] Se sentía totalmente violada». Al final, Oprah y Gregga optaron por no ir a juicio y llegaron a un acuerdo con el periódico que publicó las fotos.

Más adelante, Oprah dijo que nunca consideró la posibilidad de llegar a un acuerdo extrajudicial en la demanda por el programa sobre «Alimentos peligrosos», pero el otro acusado, Howard Lyman, afirmó lo contrario: «Si hubieran encontrado la manera de alimentar conmigo a los ganaderos y sacarla a ella del pleito, yo habría caído en un abrir y cerrar de ojos —afirmó—. Tengo muy buen concepto de Oprah, pero no puedo decir lo mismo de la gente de Harpo [...] Cuando acabó el juicio, se pusieron en contacto con mi abogado y le dijeron que querían que yo pagara las costas legales de Oprah (aproximadamente, 5 millones de dólares)». Lyman dijo también que estaba muy asustado a causa del juicio: «Lo más duro para mí fue cuando mi esposa me miró a los ojos y me preguntó: "Si perdemos, ¿perdemos todo lo que tenemos?" Tuve que decirle que sí».

También Oprah tenía miedo. Le dijo al *Amarillo Globe-News* que antes del juicio, envió a un equipo de seguridad a la ciudad para asegurarse de que estaría a salvo de la bala de un lunático y que sus perros no corrían el peligro de ser envenenados. Más tarde, le dijo a Diane Sawyer: «Estaba asustada, físicamente asustada por mí misma. Antes de que fuera a Amarillo, había... pegatinas en los coches y distintivos con "Fuera Oprah"». Dijo que no tenía miedo de toda la gente de Amarillo, sino sólo de un fanático suelto que podría excitarse con toda la polémica. Más allá de sus preocupaciones por sufrir algún daño físico, Oprah comprendía que si perdía el caso, perdería algo más que dinero; perdería la credibilidad que era la piedra angular de su carrera. En consecuencia, no reparó en gastos para defenderse.

Una lectura atenta de las declaraciones tomadas en el juicio indican que había bastante rencor y disensión entre el personal de Harpo, destacando lo que uno de los ex publicistas de Oprah describió como un «pozo de víboras». Los empleados testificaron que, en el trabajo, había problemas de drogas, adicción sexual y mucha ira. Una carta anónima enviada a los abogados de los demandantes con papel de Harpo fue presentada como documento en la deposición de un ex empleado. La carta aconsejaba al abogado de los querellantes que examinara los problemas con la bebida de uno de los productores de alto nivel de Oprah, y la discriminación por motivos de raza y sexo que había en todo Harpo. La carta estaba firmada «Un gran aficionado al buey».

Cuando declaraba uno de los ex productores sénior de Oprah, el abogado Charles (*Chip*) Babcock lo desacreditó revelando sus antecedentes delictivos, más una orden de prisión pendiente, lo cual puede ser la razón de que, a partir de entonces, todos los futuros empleados de Harpo empezaran con un periodo de prueba de treinta días, mientras eran investigados por Kroll Associates, la agencia internacional de detectives, antes de ser contratados a jornada completa.

Oprah hizo su primera declaración el 14 de junio de 1997, y dos días después, escribió que todavía «estaba aturdida» por lo que pensaba que era una indignidad. «Corte de pelo militar, sureño, un abogado joven, escupetabaco, me preguntaba si sólo usaba mi 'sentido común'. Humillante. Les encantaba [...] Es la primera vez que me he sentido acorralada, con la espalda contra la pared. Al mirar a los ojos a aquellos abogados, me sentía igual que cuando aquellos chicos de dientes verdosos tenían a Sethe (de *Beloved*) inmovilizada en el granero [...] No me puedo sacar de encima esa declaración degradante y desgarradora».

P. ¿Qué base científica razonable tiene para decir que las vacas no deberían comer otras vacas?

R. Ninguna base científica. Sentido común. Nunca he visto a una vaca comiendo carne.

P. ¿Es esa toda la base de la afirmación?

R. ¿Mi sentido común?

P. Sí.

R. Y los conocimientos que he adquirido con los años.

P. ¿Qué conocimientos son esos? Eso es lo que intento saber [...] ¿Cuál es la base de la afirmación de que no deberían comer otras vacas?

R. Porque así las creó Dios, para comer hierba y heno.

A continuación, el abogado le preguntó por sus credenciales profesionales.

R. Soy la consejera delegada de Harpo.

P. ¿También es la presentadora de *The Oprah Winfrey Show*?

R. Ajá.

P. ¿Es animadora o periodista?

R. Soy comunicadora.

P. ¿Podría mencionarme los premios que ha ganado?

R. Bueno, el premio que más significa para mí es que me nombraran una de las diez mujeres más admiradas del mundo, la número tres, detrás de la Madre Teresa.

El abogado la presionó sobre el número de espectadores que tenía, insinuando que hacía programas sensacionalistas como «Alimentos peligrosos» para atraer a más público, conseguir unos índices de audiencia más altos y aumentar más aún sus oportunidades de negocio. Ella disintió.

P. Entonces, no le importa cuantos espectadores tiene...

R. No es eso lo que he dicho.

P. ¿Le importan?

R. Me gustaría tener tantos espectadores como fuera posible, pero no hago programas sólo para conseguir espectadores. No lo hago. No es con Jerry Springer con quien está hablando [...] ¿vale?

Oprah dijo que había grabado algunos programas que luego había decidido no emitir:

R. Uno era sobre un asesino en serie, de Mercer (Ohio), que supuestamente había matado a ochenta personas y hablaba de cómo lo había hecho. Otro era sobre los secuestros. Otro más, sobre un acosador.

P. ¿Cómo era el programa sobre secuestros? ¿Qué había de malo en él?

R. Bueno, pensé que tal como estaba presentado el programa, alentaría o daría la idea del secuestro a alguien que no la tenía antes. Y dado que yo soy un objetivo importante para un secuestro, pensé que no era una buena idea.

Seis meses después, el 19 de diciembre de 1997, hizo la segunda parte de su declaración y se irritó cuando el abogado de los demandantes insinuó que hacía un «tipo de trabajo sensacionalista».

R. Protesto por la palabra sensacionalista. Protesto por la palabra sensacionalista. Yo no hago programas sensacionalistas. Desde el principio no he hecho programas sensacionalistas. Mi opinión es que la vida es sensacionalista y si algo existe en la vida y puedes informar de ello, hablar de ello, informar y hacer que la gente sea más consciente, entonces que así sea, pero protesto por el término sensacionalista.

El día antes de que empezara el juicio (20 de enero de 1998), Oprah llegó a Amarillo, en su jet Gulfstream, acompañada por sus dos cocker spaniel, su preparador, sus guardaespaldas, su peluquero, su chef y su maquillador. Antes de su llegada, la Cámara de Comercio de Amarillo había emitido una nota para el personal diciendo que no habría «ningún despliegue de alfombra roja, ni llave de la ciudad (o) flores» para ella. Por el contrario, fue recibida en la ciudad (164.000 habitantes) con pegatinas en los coches que decían: «La única vaca loca de los Estados Unidos es Oprah». Oprah se dirigió a la Adaberry Inn, una posada de diez suites que había reservado para ella y su séquito personal y que acabó siendo conocida como el 'Campamento Oprah'. El resto del personal y el equipo de producción de Harpo se instalaron en el Hotel Ambassador, de cinco estrellas. También alquiló el Amarillo Little Theatre para grabar sus programas por la noche, después de asistir al juicio durante el día. Oprah le dijo a los periodistas que habían acudido de todo el país que estaba en Amarillo para defender su «derecho a hacer preguntas y sostener un debate público sobre asuntos que afectan al público en general y a mi audiencia». Posteriormente, diría que el juicio fue la peor experiencia de su vida.

La juez, Mary Lou Robinson, dictó el secreto de sumario, que prohibía a ambas partes, la demandante y la demandada, hablar del caso. «¿Te puedes imaginar lo difícil que era para mí NO hablar del juicio? —dijo Oprah—. ¿Te puedes imaginar lo que es una orden de silencio para una presentadora de programas de entrevistas? Fue horrible». Sin embargo, estuvo cerca, cuando se presentó hábilmente como alguien a favor del buey, en Amarillo, donde el cebadero/matadero es la empresa que más puestos de trabajo proporciona. En su primer programa grabado, había bistecs chisporroteando al fondo, mientras ella decía: «Pues claro, estáis en Amarillo, así que hay buey, buey y más buey —Al entrevistar a Patrick Swayze, le dijo—: Has comido buey, ¿verdad? Me parece muy bien». Swayze le regaló un sombrero de cowboy y un par de botas Lucchese. Luego le enseñó a bailar el paso texano a dos. Oprah adoptó un acento texano rural y, en algún momento de cada programa (grabó veintinueve) mencionaba a la agradable gente de Amarillo. En pocos días, la ciudad bailaba al son que ella tocaba. Las colas para conseguir entradas para ver cómo grababan los programas empezaban a formarse a las cuatro de la mañana, cada día, y aparecieron nuevas pegatinas en los coches que decían: «Amarillo quiere a Oprah».

La juez se negó a permitir que las mujeres llevaran pantalones en su sala, así que Oprah vestía falda cada día. «Me gustó mucho que no dejaran entrar cámaras en la sala —dijo—. Los bosquejos de los dibujantes me hacen parecer muy delgada». Incluso con la presencia de su chef y su preparador, seguía luchando con el peso, por lo menos los primeros días. Luego dijo que se había entregado a «Jesús y al consuelo de las tartas». Engordó 10 kilos durante las seis semanas del juicio. «Mi preparador, Bob Greene, estaba muy disgustado conmigo. Me dijo: "Es como si te sintieras muy orgullosa de haber engordado". Yo respondí: "¡Sí! ¡He comido tarta! ¡Y tomamos macarrones con queso, con siete quesos diferentes"».

El otro acusado, Howard Lyman, ranchero convertido en vegetariano, tenía prohibido mencionarle el peso o la comida. «Sus abogados me dijeron que no se podía hablar de su dieta durante el juicio [...] Les parecía que ya estaba sometida a suficiente presión». Como director de la campaña «Comer con Conciencia», de la Humane Society, Lyman estaba cubierto por un seguro legal, que también pagaba la mitad de los honorarios de Phil McGraw.

Después de que lo contrataran, McGraw voló a Chicago para reunirse con Oprah, pero una de las ayudantes de ésta le dijo que sólo podía concederle una hora de su tiempo. «Perdone —respondió él— no es a mi culo al que han demandado. Si ese es todo el tiempo que tiene, entonces no quiero tomar parte en esto». Antes de que se fuera, furioso, Oprah aceptó darle todo el tiempo que necesitara para ayudarla a eliminar su postura a la defensiva. «Se encontraba mal —dijo McGraw más tarde—, no se podía creer que la estuvieran juzgando». A mitad del juicio, McGraw le dijo que reaccionara o iba a perder. Oprah llamó a su puerta a las dos y media de la madrugada, llorando histéricamente, incapaz de soportar la frustración de verse acusada «injustamente». «Mi advertencia fue: "Oprah, justa o injustamente, está sucediendo. Ellos están bien financiados, van muy en serio y están seriamente decididos" [...] Fue una llamada de alerta que decía algo así como, "enfréntate más adelante a lo de que sea, justo o no, pero ahora, en este momento, estás en medio de un tiroteo así que será mejor que te metas en el juego y te concentres" [...] A partir de entonces, se convirtió en una litigante muy diferente».

Alto, algo calvo y ancho de espaldas, McGraw caminaba detrás de ella cuando entraba y salía del juzgado cada día y nunca dirigió ni una palabra a los medios de comunicación. Ni siquiera les hacía un gesto de saludo. Tim Jones, del *Chicago Tribune*, dijo: «Creí que era uno de sus guardaespaldas».

«Phil McGraw se reunía con nosotros y con todos los abogados cada día, en el juzgado —comentó Lyman—, y valía cada centavo que cobraba. Sus honorarios eran 250.000 dólares; lo sé porque tuve que pagar la mitad, pero no creo que hubiéramos ganado el pleito sin los consejos que nos daba [...] Phil dijo que podíamos defender el caso con los hechos y llevar allí a todos nuestros científicos para que juraran del derecho y del revés que todo lo que decíamos era verdad, y la otra parte haría lo mismo. Pero el jurado necesitaba saber que, si votaban para eliminar nuestro derecho a la libertad de palabra, podría presentarse alguien que les privara del suyo. Eso es lo que se le ocurrió a Phil y por eso ganamos».

A mitad de la tercera semana del juicio, Oprah fue llamada al estrado a testificar. Subió las escaleras de los juzgados aferrada a la mano de Maya Angelou, que le susurró algo al oído cuando se puso en pie para dirigirse al estrado. Stedman llegó unos días después para relevar a Maya, que regresó a su casa y envió un grupo de predicadores a la iglesia para rezar las veinticuatro horas del día por Oprah.

Durante tres días, interrogaron a Oprah sobre su negligencia por no verificar a fondo las afirmaciones de Lyman y por no hacer algo respecto al descuidado montaje de sus productores. En un momento dado, perdió la paciencia, soltó un fuerte suspiro y, con un gesto, se echó el pelo hacia atrás. Cuando le preguntaron por el gran número de sus telespectadores, dijo: «Mi programa está construido en torno a personas que son simplemente personas normales con una historia que contar —Luego añadió—. He hablado con todos los que he querido hablar, excepto el Papa». Después de un interrogatorio repetitivo, se inclinó hacia el micrófono y con voz imperiosa afirmó: «Ofrezco un foro para que la gente exprese sus opiniones [...] Esto son los Estados Unidos de América [...] Vengo de un pueblo que ha luchado y ha muerto para tener voz en este país, y me niego a que se me amordace». Añadió que, si los invitados a su programa creen lo que dicen y firman una declaración a ese efecto, entonces para ella la verdad ha quedado establecida y la responsabilidad es, ampliamente, de los invitados. «No es el informativo de la noche —afirmó—. Soy un programa de entrevistas, donde se alienta la libre expresión [...] Estamos en los Estados Unidos y, en los Estados Unidos, está permitido hacerlo». Cuando la interrogaron sobre su integridad, respondió: «Soy una mujer negra, de los Estados Unidos, que ha llegado hasta aquí creyendo en un poder mayor que yo misma. No me pueden comprar. Respondo ante el espíritu de Dios que vive dentro de todos nosotros». Dijo que su influencia no era suficiente para que los estadounidenses se apartaran de la carne de buey. «Si tuviera esa clase de poder, saldría en antena y sanaría a la gente».

En su alegato final, su abogado instó al jurado: «Tienen la oportunidad de silenciar a una de las voces del bien más poderosas de este país. Está aquí para validar nuestro derecho a la libertad de expresión». Describiendo a Oprah como «una luz brillante» para millones de estadounidenses, afirmó: «Su programa refleja el derecho del pueblo de este país a la libertad de palabra [...] y a un enérgico debate».

Después de cinco horas y media de deliberaciones durante dos días, el jurado formado por ocho mujeres y cuatro hombres, todos blancos, absolvió a Oprah, a su compañía de producción y a Howard Lyman de hacer, a sabiendas, declaraciones falsas y despectivas sobre la carne de buey. «No nos gustó lo que tuvimos que hacer —declaró la portavoz del jurado—, pero teníamos que decidirnos a favor de la Primera Enmienda». Al oír el veredicto, Oprah bajó la cabeza y se puso a llorar. Unos momentos más tarde, apareció en las escaleras de los juzgados, con gafas de sol, y alzó los puños al aire: «La libertad de expresión no sólo está viva —gritó—. Además, está que se sale».

17

Oprah nunca abandonó su sueño de llegar a ser una estrella de cine de primera magnitud y, al llegar 1997, pensó que, por fin, tenía el vehículo para poner su nombre en letras de neón. Durante nueve años, había tratado de adaptar *Beloved*, la novela de Toni Morrison sobre los efectos de la esclavitud. Pero incluso con un guión terminado, y teniendo su propia financiación y a Disney como distribuidor, la habían rechazado diez directores, incluyendo Jodie Foster (*El pequeño Tate*), quien dijo que el libro era demasiado difícil para filmarlo; Jane Campion (*El piano*), que dijo que no sabía lo suficiente sobre la experiencia negra, y Peter Weir (*Witness, El club de los poetas muertos*), que dijo que no quería que Oprah interpretara el papel de Sethe, la madre que mata a su hija antes que enviarla a la esclavitud.

«(Él) no me veía en el papel —le dijo, sarcástica, Oprah al periodista Jonathan Van Meter. Imitando el acento australiano de Weir, afirmó—: Y que, por favor, me limitara a confiar en él y si él creía que podía hacerlo, ciertamente haría todos los esfuerzos posibles».

Aunque sólo había actuado en dos largometrajes y tres películas para la televisión, Oprah insistía en que había nacido para interpretar el papel de Sethe. Así que descartó a Peter Weir, sin pensárselo más. «¿Quieres que *yo* te dé *mi* guión y *tú* decidas si *yo* puedo actuar en él? Vale, pues adiós.»

En 1997, conoció al director Jonathan Demme, ganador de un Óscar por *El silencio de los corderos*. Demme le dijo que tenía muchas ganas de verla en el papel de Sethe, fue contratado de inmediato y Oprah se convirtió en productora y estrella.

«Esta es mi *Lista de Schindler*», afirmó, refiriéndose a la obra maestra de Steven Spielberg. Creía que podría hacer por los descendientes de los esclavos lo que Spielberg había hecho por los supervivientes del Holocausto: llevar a la pantalla una historia de heroísmo, rodeada de una maldad atroz. Iba a ser su primera producción en largometraje, aunque ya había producido películas para la televisión en ABC, bajo la bandera de «*Oprah Winfrey Presents...*», y la mayoría habían ganado su espacio en el programa con unos índices altos, si no críticas entusiastas.

«¿Crees que alguien ha tenido alguna vez el valor de decirle a Oprah Winfrey que se fuera a freír espárragos?», escribió Tom Shales, crítico de televisión de *The Washington Post*, sobre su producción de *David and Lisa*, dirigida por Lloyd Kramer, el primer novio de Oprah en Baltimore. «Sus tendencias evangelistas están empezando a desmadrarse por completo [...] Nos mejorará y nos nutrirá y nos inspirará, aunque eso nos mate». Shales protestaba por la introducción de Oprah ante las cámaras: «Nos dice de qué va la película, cuál es el mensaje moral y cómo deberíamos reaccionar ante él [...] También describe con todo detalle parte del argumento, tal vez para los que mueven los labios cuando ven la tele [...] Winfrey en el papel de 'niñera nacional' empieza a ser una lata. "Es una historia que le quería contar a toda una nueva generación", dice pomposamente mirando a la cámara. ¡Venga! Oprah. Déjalo ya».

Oprah llevó el mismo elevado fervor moral a *Beloved*: «Es mi historia. Es mi legado. Es, en mayúsculas, el QUIEN de quién yo soy», dijo de la película de tres horas, cuya producción costó 53 millones de dólares, más otros 30 millones de promoción. «Es maravilloso estar en situación de financiar la película tú misma —afirmó—. No me importa si van a verla dos personas o dos millones. Esta película se hará y será increíble, uno de los grandes testimonios de mi vida».

Para prepararse para el papel, Oprah empezó a coleccionar objetos del tiempo de la esclavitud, comprando en subasta documentos de propiedad de diversas plantaciones, documentos en los que estaban anotados los nombres y los precios de compra de seres humanos junto a los precios de mulas y cerdos, bajo la denominación de «propiedades». Enmarcó aquellos documentos desgarradores y los colgó en su casa y en la caravana durante la filmación. A cinco generaciones de distancia de la esclavitud, encendía velas a «los espíritus de los ancestros», decía que oía las voces de los esclavos y les rezaba en voz alta cada día. Adquirió, «en Sotheby's como su primera compra muy importante de arte», un cuadro de Harry Roseland, titulado *To the Highest Bidder* (Al mejor postor), que colgó sobre la chimenea de su finca de Indiana. La tela muestra a una esclava negra y a su hija pequeña, temblando de miedo en la plataforma de subastas.

Oprah se inscribió también en *The Underground Railroad Immersion Experience* (Experiencia de inmersión en el ferrocarril subterráneo), para recrear las emociones de un esclavo fugitivo al que le han negado el libre albedrío y el pensamiento independiente. Durante dos días vivió como una fugitiva, con los ojos vendados, perseguida por los perros, recibiendo los escupitajos de los dueños de esclavos, montados a caballo y empapados en whisky. «Sabía que seguía siendo Oprah Winfrey y que podía quitarme la venda de los ojos en el momento que quisiera, pero la reacción a que me llamaran "negrata" era algo visceral en mí. Quería abandonar. Pero no lo hice. Quería sentirlo todo.

Llegué a un lugar de desesperanza, oscuro y vacío, que nunca olvidaré. Fue una experiencia transformadora para mí. Salí de allí sin miedo a nada, porque aprendí de verdad de dónde venía».

Oprah estaba decidida a presentar una historia que dejara al descubierto cómo los esclavos absorbían el abuso de sus amos, y se lo hacían pagar a los suyos; físicamente, sexualmente y emocionalmente. El tema tabú del abuso sexual, que con tanta frecuencia se dejaba fuera de las narraciones de esclavos, la atraía especialmente dada su propia experiencia y decidió mostrar el horror del acoso sexual en pantalla. Quería que el público experimentara la esclavitud como nunca lo había hecho antes; que viera cómo linchaban a una mujer, atada con cuerdas de cuero muy apretadas, con una hoja de cuchillo incrustada en la boca; que oyera como la cuerda le partía el cuello; que oliera su cadáver, abandonado en la horca para que se pudriera. Oprah quería que la gente oyera el golpe del látigo cortando a través de una espalda ensangrentada, dejando la huella de un árbol de verdugones. Quería producir algo más memorable que la miniserie *Raíces*, la dramática épica de la esclavitud que, en 1997, dejó petrificados a 130 millones de telespectadores. «Aunque *Raíces* era magnífica y necesaria para su tiempo, la serie mostraba el aspecto que tenía la esclavitud pero no cómo te hacía sentir —dijo Oprah—. No sabéis lo que aquellos golpes de látigo nos hicieron».

Con *Beloved*, pensaba refundir la historia de la esclavitud en América, con todo su infierno y su heroísmo que reportan: «Lo hemos interpretado todo mal —afirmó refiriéndose a la historia que reportan los libros—. Durante años, hemos hablado de la parte física de la esclavitud, quién hizo qué y quién lo inventó. Pero el auténtico legado reside en la fuerza y el valor para sobrevivir».

No quería ni más ni menos que cambiar la conciencia de los Estados Unidos con su película y cerrar las heridas racistas. «Entiendo bien de qué va este conflicto —afirmó—. Tiene que ver con unas personas que, realmente, no se comprenden unas a otras. Una vez que comprendes, que llegas a conocer a la gente y sabes cómo son sus corazones, el color de la piel no significa nada para ti.»

Durante su segundo mandato, el presidente Bill Clinton había pedido una «debate nacional sobre cuestiones raciales», y Oprah pensaba que el Presidente habría hecho bien eligiéndola para dirigir ese debate. «Debería haberlo hecho —le dijo a *USA Weekend*—. Sé cómo hablar con la gente [...] Todo tiene que ver con las imágenes. Somos personas que reaccionamos a las imágenes. Es preciso ver algo diferente para poder sentir algo diferente.»

Opinaba que su producción de *Beloved* proporcionaría el necesario diferencial. «Quiero que esta película sea recibida de la manera que yo creo, sinceramente, que debería serlo —declaró—. Quiero que todos se sientan conmovidos y trastornados por la fuerza de Sethe. Si esto sucede, me sentiré satisfecha durante mucho tiempo».

Cuando se estrenó la película, los críticos reaccionaron pero, para preocupación de Oprah, en la dirección contraria: la mayoría de críticos eran del parecer que la películaa era demasiado larga, confusa y recargada, y que la actuación de Oprah no iba a llevarla al estrellato. Janet Maslin, del *The New York Times*, dijo que no era «una actriz intuitiva»; Stanley Kaufmann, del *The New Republic*, afirmó que era meramente «competente» y Richard Alleva, de *Commonweal*, la etiquetó de «sorprendentemente apagada». Pero, por el contrario, su amigo Roger Ebert, el crítico de cine, dijo que había hecho «una interpretación valiente y profunda», y Richard Corliss, de *Time*, estuvo de acuerdo. «No es una actuación con truco; es auténtica interpretación». Incluso Toni Morrison, a la que preocupaba la capacidad de Oprah para contener sus desbordantes emociones, estaba impresionada: «En cuanto la vi, sonreí para mis adentros, porque no pensé en el nombre de marca —dijo Morrison—. Era Sethe. Vivía el papel». Pero el público no quería ver a Oprah, como Sethe, rompiendo aguas ni ver cómo unos hombres blancos, de «dientes musgosos» le robaban la leche del pecho ni como degollaba a su hija, todavía bebé. En una perceptiva columna para el *Chicago Sun-Times*, Mary A. Mitchell, afroamericana también ella, resumía por qué:

> Bien mirado, ¿a quién se supone que apelan esta clase de películas? ¿Se supone que los negros tienen que disfrutar de que les recuerden que, en un tiempo, fueron cosas y los trataron como animales? ¿Se supone que los blancos empatizarán con ese destino y saldrán del cine más sensibles a su legado? ¿Cuántos de nosotros, cuando nos vemos arrastrados a un mar de culpa, humillación y rabia, lo llamamos 'pasarlo bien'? Una cosa es un documental que nos guíe; y otra, un reparto plagado de estrellas. A menos que seas masoquista, el dolor no es divertido. Si estas películas favorecieran un entendimiento más profundo entre razas, la angustia valdría la pena. Pero no puede decirse que este sea el caso.

Beloved se estrenó el 16 de octubre de 1998, con una de las campañas de publicidad más caras (30 millones de dólares), saturando los medios, que nunca se dedicaron a una película; quizá parte del problema fuera eso: para algunas personas, parecía que Oprah se promocionaba a ella misma más que a su película, o al importante mensaje que había detrás de ella, en especial cuando apareció en la portada de *Vogue*, la biblia de las élites de la moda. La directora de la revista, Anna Wintour, que apenas pesaba 45 kilos, había volado a

Chicago para decirle a Oprah que tenía que perder peso antes de que pudieran plantearse la posibilidasd de sacarla en la portada. «Fue una sugerencia muy discreta —recordaba Wintour, que llenaba sus páginas con mujeres que eran como galgos de pasarela—. Ella sabía que tenía que adelgazar [...] Le insinué que podría ser una idea [...] Sólo le dije: "Quizá te sentirías más cómoda". —Luego añadió—: Oprah prometió que perdería 9 kilos antes de la fecha límite».

Un tiempo después, André Leon Talley, redactor general de *Vogue* y, también él, de proporciones considerables, le dijo a Oprah: «La mayoría de las chicas *Vogue* son muy delgadas, tremendamente delgadas, porque a Miss Anna no le gustan los gordos».

Igual que una esclava de la moda que oye la voz de su ama, Oprah fue a toda prisa a un centro para perder peso y empezó a tomar caldo, subir montañas y correr 13 kilometros al día para bajar a 68 kilos. Sólo entonces la señora Wintour le permitió que posara para el famoso fotógrafo Steven Meisel, favorito de Diana, princesa de Gales. La portada de *Vogue,* en octubre de 1998, vendió 900.000 ejemplares y fue la que tuvo unas ventas más altas en los 110 años de historia de la revista. Posteriormente, Oprah le dijo a Sheila McLennan, de *Woman's Hour,* de Radio 4 de la BBC, que la idea de estar en la portada de *Vogue* ni siquiera estaba entre las fantasías de una niña que afirmaba que la llamaban «de color», «fea» y «trigo negro». Oprah dedicó uno de sus programas a la imagen de *Vogue* y voló a Nueva York cuando Wintour organizó un cóctel en el restaurante Balthazar durante la Semana de la Moda, para descubrir la portada.

«Es increíble —dijo Stedman Graham, cuando vio la foto de Oprah, reclinada seductoramente, con un vestido negro, sin tirantes, de Ralph Lauren—. Es la culminación de todo aquello por lo que ha trabajado [...] Llegar desde estar demasiado gorda hasta este punto es una de las mayores victorias que alguien puede alcanzar.»

Quizá fuera este tipo de ideas —poner el *glamour* de un cambio de imagen gracias a la pérdida de peso al mismo nivel que vencer la esclavitud— lo que hizo que la publicidad y la promoción que rodearon *Beloved* fueran contraproducentes.

Además de *Vogue*, Oprah promocionó su película posando para las portadas de *TVGuide, USA Weekend, InStyle, Good Housekeeping* y *Time,* que la anunciaron con cuatro artículos y once páginas como «La amada Oprah». Unos días después del estreno de la película, Oprah organizó un pase especial para la Church of Today, de Marianne Williamson, la gurú *New Age,* en Detroit y le dijo a la congregación, entre la que estaba Rosa Parks, sentada en la primera fila: «*Beloved* es mi regalo para vosotros». El día del estreno, *The Oprah Winfrey Show* presentó al reparto de *Beloved* y explicó cómo se había hecho la película. «Estoy dando a luz a mi hija», le dijo al público. El mismo día se lanzó la publicación de *Journey to Beloved*, de Oprah Winfrey, con fotografías de Ken Regan, un libro de gran formato, con un precio de 40 dólares, que recogía el diario que Oprah escribió durante los tres meses de filmación, en el cual también había anotado su conmoción por el asesinato del diseñador Gianni Versace, en Miami, y la atroz muerte de la princesa de Gales en un túnel de París. Pero la mayoría de anotaciones tenían que ver con el rodaje de *Beloved*, que, según dijo Oprah, fue el único momento de su vida, excepto durante la filmación de *El color púrpura*, en que había sido feliz de verdad. Recogemos unos pasajes:

Martes, 17 de junio de 1997. El árbol (heridas prostéticas) de mi espalda. Me eché a llorar. Intenté parar, pero no pude. No pude. Hay un árbol en mi espalda. Lo notaba. Rezo por ser capaz de confiar e ir hasta el final. Sentir la profundidad, el poder de lo que significa todo esto.

Martes, 1 de julio de 1997. Por la mañana todo el mundo hablaba de tener una reunión en mi caravana. Se decía que necesitábamos una conferencia para hablar de que yo parecía «demasiado guapa». ¡Era la primera vez! En toda mi vida, nunca me han dicho que fuera demasiado guapa ni nunca pensé que esto pudiera llegar a ser un tema de discusión. Mis dientes son demasiado blancos. Soy demasiado «luminiscente». Necesito más sudor [...] Señor, es un nuevo día.

Viernes, 12 de septiembre de 1997. Es un momento agridulce: último día de rodaje, en el verano de mis sueños. Un sueño mayor de lo que pudiera haber en mi corazón. Pasará mucho tiempo antes de que pueda asimilarlo todo. Puedo decir sinceramente que abracé cada momento, lo hice a mi manera. No me arrepiento de nada.

Oprah promocionó su película diciendo que era como un medicamento que es bueno para ti, tanto si te gusta como si no, y dedicaba horas a conceder entrevistas para la prensa y la televisión. «Lo que pasa con esta película es que [...] tienes que prestar atención de verdad —le dijo a un periodista—. Y esta es la razón de que esta sea, probablemente, mi entrevista 135 [...] Porque quiero que todos sepan que no ha habido una película como esta antes, y hay que estar preparado [...] Todos tienen que saber que es una película que requiere toda tu atención, tal como sucede con todo arte. Estimula, es profunda, llega dentro, dentro, dentro y luego resurge de nuevo».

Hacía estas entrevistas bajo unas condiciones estrictas: podían citarla, pero no fotografiarla, a menos que el fotógrafo aceptara venderle los derechos de las imágenes, una petición casi inaudita. En caso contrario, todas las fotos de Oprah —peinada y maquillada— las tenía que proporcionar Harpo. Cada artículo tenía que aparecer en el periódico local y no se podía poner en los teletipos, donde otros periódicos pudieran hacerse con él. Fijó limitaciones parecidas para *The Today Show* y *Good Morning America*, estipulando el uso para una única vez de sus palabras e imágenes.

Durante una sección de *20/20* con Diane Sawyer, en ABC, Oprah soltó una perorata sobre el tema de la raza, diciendo que en los Estados Unidos todavía persisten las heridas de la esclavitud: «Todo irá bien siempre que estemos dispuestos a tener el valor de abrir la herida y mirarla. Es la única manera de que se cure».

SAWYER: ¿Qué ve en los blancos de hoy que viven con la esclavitud?
WINFREY: Negación. Una absoluta negación.
SAWYER: Pero que todos retrocedan y lo vean, probablemente la América blanca dirá: "¿Otra vez? ¿Volver otra vez?"
WINFREY: Eso es ridículo.
SAWYER: ¿Qué ganamos con volver atrás hasta aquello, de nuevo?
WINFREY: Ni siquiera hemos ido allí. ¿Volver atrás, de nuevo? Ni siquiera hemos empezado a arrancar esas capas. Ni siquiera hemos ido nunca allí. Esta es la primera vez.

El público, ya fuera de raza negra o blanca, no quería «arrancar aquellas capas» y sumergirse en los asesinatos, violaciones y caos racista. Pese a los esfuerzos de Oprah y Disney Studios para vender la película como una historia de amor materno, nadie se dejaba convencer, ni siquiera el público de mujeres de mediana edad, el público básico de Oprah. A las seis semanas de su estreno, *Beloved* fue declarada un fracaso de taquilla, con una recaudación muy por debajo de *La novia de Chucky*, que todos dejaban por los suelos. Al final, tuvo unos ingresos nacionales brutos de 22.843.047 dólares, después de que hubiera costado 83.000.000 hacerla y ponerla en el mercado.

La gente estaba asombrada de que 'la reina Midas de la comunicación' hubiera producido y promocionado algo que no se había convertido en oro. También Oprah estaba estupefacta, aunque ante la prensa siguiera desafiante y orgullosa y cuando promocionaba la película en otros países, culpara de su fracaso al público de los Estados Unidos. Al periódico *The Times*, Oprah dijo: «Creo que la razón de que la película no haya sido bien recibida en los Estados

Unidos tan bien como yo esperaba es que allí la gente tiene miedo de la raza y de cualquier debate sobre la raza. No creo que tenga nada que ver con que sea yo quien haya hecho ese papel. Creo que, para muchos estadounidenses, la cuestión de la raza es algo tan volátil que sacarlo a un primer plano hace que la gente se sienta incómoda».

Al *Sunday Express* le dijo que el público de los Estados Unidos no fue a ver la película porque se sentía culpable por los tiempos de la esclavitud. «Todo el país tenía una actitud de negación», afirmó. Años después, el humorista Jackie Mason criticó duramente a Oprah por decir que los Estados Unidos era racista: «¡Por favor! —le dijo a Keith Olbermann, en MSNBC—. Queda muy poca intolerancia contra los judíos en este país o racismo contra los negros. Y Oprah Winfrey va y dice: "Esta es una sociedad racista". Ella tiene miles de millones. Tú tienes un dólar y cuarto, pero esta es una sociedad racista. Es una asquerosa arpía».

Al día siguiente, Liz Smith escribió en su columna que no estaba de acuerdo con la afirmación de que no había antisemitismo o racismo en los Estados Unidos, pero «hay que reconocerle el mérito a Jackie Mason: no hay muchas personas en el mundo del espectáculo que tengan el valor de llamar a Oprah "asquerosa arpía"».

Cuando *Beloved* se iba muriendo en las taquillas, a los amigos de Oprah les dolía por ella. «La película significaba muchísimo para ella —afirmó Gayle King—. Sentía más pasión por ella que por cualquier otra cosa que yo la haya visto hacer». Reconociendo la angustia de Oprah, Maya Angelou dijo: «No sé si *Beloved* es un fracaso comercial. No es el éxito comercial que Oprah y otros habían deseado, pero es una película majestuosa y una gran película. Tendrá su propia vida». El director, Jonathan Demme, declaró: «Me encantaría hacer otra película con Oprah... Me gustaría encontrar una comedia para ella. Y no la promocionaríamos a bombo y platillo como hicimos con *Beloved*».

Cuando Whoopi Goldberg fue a Harvard para un evento en el campus, pocas semanas después de que se estrenara la película, le preguntaron si Oprah representaba a la totalidad de las mujeres negras. Goldberg soltó una risita, arrugó la cara y bromeó diciendo que algo se le había «metido por la nariz». La multitud del Sanders Theatre se echó a reír.

«Es estupendo que alguien pueda provocar el delirio, como ha hecho Oprah —dijo Whoopi—, pero es una lástima que haya tenido un efecto contraproducente para la película.»

Sentado en primera fila, Henry Louis *Skip* Gates, Jr., le preguntó a Goldberg por qué, en su opinión, *Beloved* había fracasado en las taquillas a lo que Whoopi Goldberg respondió: «No creo que la gente esté preparada todavía.

Me parece que tienes que tener mucho cuidado cuando eres tan grande como Oprah de que tu público no se pierda». Luego añadió: «Sé que si te contesto sinceramente, tendré que responder por ello y no quiero meterme en algo así con ella».

Por desgracia, los comentarios de Whoopi fueron publicados en 1998 y, siete años después, Oprah seguía tan furiosa que no quiso invitar a Whoopi al *Legends Weekend* (Fin de semana de las leyendas) que presentó en 2005 para celebrar los logros de las mujeres afroamericanas. El desaire fue de escándalo, considerando que pocas mujeres afroamericanas habían ganado más premios artísticos que Whoopi Goldberg. Es una de las diez artistas que han recibido los cinco premios más importantes del mundo del espectáculo: un Premio de la Academia *(Ghost)*, dos Globos de Oro *(El color púrpura* y *Ghost)*, un Emmy *(Beyond Tara: The Extraordinary Life of Hattie McDaniel)*, un Tony, como productora *(Thoroughly Modern Millie)* y un Grammy *(Whoopi Goldberg Direct from Broadway)*. Además, ha ganado un premio BAFTA y cuatro premios People's Choice, y ha sido homenajeada con una estrella en el Paseo de la Fama, en Hollywood. Su exclusión del Fin de Semana de las Leyendas, de Oprah, pareció algo mezquino.

Después de la debacle de *Beloved* y del derrumbe de sus sueños de convertirse en una gran estrella de cine, Oprah cayó en una profunda depresión. «Estaba más que herida. Estaba estupefacta. Estaba devastada por la reacción […] He estado muy en sintonía con lo que la gente piensa y nunca me he equivocado. Ha sido la primera vez. La primera vez en mi vida […] Me sentía rechazada y era un rechazo público…». Prometió: «Nunca volveré a hacer una película sobre la esclavitud. No intentaré, nunca más, hablar de la raza de esta manera». Confesó que había recurrido a la comida en busca de consuelo: «Igual que una adicta a la heroína recurre a la heroína, yo fui a los hidratos de carbono —dijo, explicando sus atracones de macarrones con queso—. Intenté rezar y me fijé un límite de treinta días: si no estaba mejor, iría directa a un psicólogo. Le preguntaba a Dios qué se suponía que esta experiencia iba a enseñarme. Al final, comprendí que me permitía sentirme mal debido a que me apegaba a la expectativa de que 60 millones de personas verían la película. Cuando dejé ese apego, me curé».

Para empeorar las cosas, Oprah estaba perdiendo su posición como presentadora del programa de entrevistas número uno del país. Durante veinticinco semanas seguidas, Jerry Springer la había vencido en los índices de audiencia y Oprah se tambaleaba. El verano anterior había empezado a insinuar que quizá dejaría de hacer el programa; decía que estaba cansada, pero siempre hacía estos amagos justo antes de las negociaciones del contrato.

«No es tanto que me entristece como van (mis índices), sino que estoy aturdida —dijo por entonces—. A menos que mates a alguien en antena y no sólo que le des en la cabeza con una silla y a menos que tengas relaciones sexuales allí mismo y no sólo que, como vi el otro día (en Jerry Springer), un tipo se baje los pantalones y exhiba el pene, llega un momento en que te has sobresaturado.» Para entonces, lo que ella llamaba el «circo de la vulgaridad» de Springer la había derrotado en los índices, 46 de las 47 semanas. «Entiendo que me puedan derrotar en los índices —dijo Oprah—. Yo presento libros y ellos, penes.»

Oprah había recorrido un largo camino desde que también a ella le encantaba escandalizar al público. Pero ya no quería que la vieran como alguien vulgar, presentando programas para nudistas y exclamando «pene, pene, pene». Creía que *Beloved* la había transportado a un nivel más alto. «Cambió mi vida», afirmó. Le contó a los productores que sentía que ahora tenía la obligación moral de cambiar la vida de otros. «Quiero llevar sentido a la vida de la gente». Enmarcó una enorme foto suya en el papel de Sethe, con «el árbol» grabado a latigazos en la espalda y la colgó fuera de su despacho en Harpo, junto a un enorme látigo de cuero, para recordarle a sus empleados su nueva visión de sí misma y de su programa. Cuando Rachel Ray, la protegida de Oprah, vio la fotografía y el látigo, se dice que le dijo a sus amigos: «¿Por qué va vestida de esclava? Es evidente que tiene problemas por ser negra». La publicista de Ray negó, más tarde, que la chef de televisión hubiera hecho ese comentario.

Oprah anunció que renovaría su contrato con King World para las temporadas de 1999/2000 y 2000/2001 y empezaría una nueva clase de televisión. Recibió 130 millones de dólares de adelantos, en efectivo, y 450.000 en opciones de compra de acciones de King World, que se añadían a las 1.395.000 opciones que ya tenía por los acuerdos hechos en 1991, 1994 y 1995. Para cuando CBS absorbió King World, en 1999, Oprah, cuya fortuna era entonces de 725 millones de dólares, tenía opciones sobre 4.400.000 acciones, con un valor de 100 millones de dólares.

Nuevamente enriquecida e iluminada, lanzó lo que llamó televisión de 'Cambia tu vida'. Inició la temporada 1998/1999 con una sintonía, basada en un antiguo espiritual, que cantó ella misma: «Creo que seguiré adelante y veré cuál será el final [...] Ven, avanza conmigo. ¡O-O-O-Oprah!» Presentó a guías New Age, como John Gray (autor de *Los hombres son de Marte, las mujeres son de Venus*), para enseñar a su público a «decidir por ti mismo cuál es el verdadero deseo de tu alma y a alcanzar la armonía con el propósito de tu vida». Gray enseñaba a los espectadores a meditar diciendo: «Oh, glorioso futuro. Mi corazón está abierto a ti. Entra en mi vida». Utilizaba accesorios pintorescos en sus presentaciones, y le dio un enorme bastón a una mujer, que cerró los ojos y se puso a llorar cuando él dijo: «Querría que volvieras a tu niña interior. Quiero que imagines que tus padres vienen a ti, y quiero que les expreses tus sentimientos».

Oprah creía en el poder espiritual y presentó a Iyanla Vanzant, sacerdotisa Yoruba y autora de libros inspiradores (*Actos de Fe*, por ejemplo) para que asesorara a las mujeres sobre cómo encontrar el amor y el propósito en su vida. Vanzant aconsejó a las espectadoras que debían «rendirse al dios de su entendimiento». Un miembro del público preguntó: «Quiero saber cómo encuentras la paz total y completa».

«Desnúdate ante ti misma», respondió Iyanla Vanzant.

Oprah presentó también a Suze Orman, la escritora sobre temas de finanzas, *(Nueve pasos hacia la libertad financiera)*, que predicaba que el «dinero es una entidad viva y responde a la energía, incluyendo la tuya». Orman le dijo al público de Oprah: «Vuestra autovalía es igual a vuestro patrimonio neto». Afirmó que, para llegar a ser ricas, tenían que librarse de sus malas emociones y empezar a creer que estaban destinadas a la riqueza.

Otro «preparador para la vida» habitual era Gary Zukav, autor de *El asiento del alma*, que Oprah dijo que era su segundo libro favorito, después de la Biblia. Lo presentó diciendo que había sido un Boina Verde y ex adicto al sexo, que ahora vivía en la montaña, sin televisión. Su propósito era ayudar a Oprah y a su audiencia a «ahondar en vuestra alma» y resolver sus temores. «Vuestros sentimientos son el campo de fuerza de vuestra alma», afirmó, haciendo hincapié en que el miedo es la causa de todo, desde la violencia a la mezquindad.

—Entonces —preguntó Oprah—, ¿el miedo es lo opuesto al amor?

—Sí, el miedo es lo opuesto al amor —respondió él.

—¿Y todo lo que no es amor es miedo?

—Exacto. Cuando miras de verdad tus miedos y los sanas, puedes mirarte a ti mismo y serás hermoso.

Oprah y él dedicaron un programa entero al karma. «La energía es la energía —afirmó Zukav—, y no puedes escapar de ella.»

Oprah también abrazó las tesis de Sarah Ban Breathnach, autora de *Simple abundancia*, un libro de autoayuda espiritual, en el que aconsejaba a sus espectadores llevar diarios de gratitud. «Cada noche, escribo en mi diario cinco cosas por las que estoy agradecida —dijo Oprah—. Si te concentras en lo que tienes, acabarás teniendo más. Si te centras constantemente en lo que no tienes, acabarás teniendo menos».

Uno de sus «expertos en la estrategia de la vida» más pintorescos era el Dr. Phil, que la había guiado en su pleito con los ganaderos. Lo presentó como «el pozo más profundo de sentido común que nunca he encontrado». Al principio, el grande, calvo y directo practicante de la terapia de «dilo tal como es» sobresaltó al público afirmando que estaban «muy equivocados», «llenos de estupideces» y que eran «unos cobardes». No se libró ni Oprah. En un sección sobre el peso, le dijo: «No usamos la comida, abusamos de la comida. No es lo que comes, sino por qué comes lo que te ha metido en el problema que tienes».

—Bueno, hay algunas personas que están predispuestas genéticamente a ser más delgadas —replicó Oprah.

—Pero lo cierto es que tú no eres una de ellas.

A un miembro del público, le soltó: «Has hablado de flores y pastel y boda y vestido. Te estás preparando para la boda, pero no para el matrimonio».

«¡Dios mío! —dijo Oprah—. Qué afirmación tan buena. ¡Es buenísima!»

El Dr. Phil afirmó: «La gente dice: "El tiempo lo cura todo". Déjenme que les diga algo; el tiempo no cura nada. Puedes hacer algo equivocado durante diez años y no es igual a hacer lo justo un solo día. Y lo cierto es que...».

«¡Uaau! —chilló Oprah—. ¡Eso es muy bueno, Phil! ¡Uaau! Eso es Philismo del bueno».

El Dr. Phil no tardó en adueñarse de *The Oprah Winfrey Show*, en el que apareció durante tres años, antes de entrar en negociaciones con Harpo para tener su propio programa de entrevistas, que empezó en 2002.

Oprah concluyó sus programas de *Cambia tu vida*, con un episodio titulado «Recordando tu espíritu», que introdujo con luces tenues y música New Age, diciendo: «El mundo me define como presentadora de programas de entrevistas, pero yo sé que soy mucho más. Soy espíritu conectado con el espíritu superior». Acabó una sección metida en un baño de burbujas, rodeada de velas. «El cuarto de baño es mi habitación favorita de la casa», le dijo a *Newsweek*, que informó de que su bañera era como un pequeño estanque, con agua brotando de las rocas que la rodeaban. «Hice que añadieran esta estructura —explicó Oprah—, y esculpieran la bañera para que se adaptara a mi cuerpo. Mi actividad favorita es tomar un baño.» En la emisión, permaneció en su bañera de mármol, llena de burbujas y recitó un mantra a los espíritus; luego se dirigió a la cámara e instó a los telespectadores a meterse en la bañera quince minutos cada día: «Vuestro día estará, sin ninguna duda, más concentrado, más centrado —afirmó—. Las cosas tienden a ponerse en su sitio». En las entrevistas, hablaba de su espíritu diciendo: «Creo que me estoy convirtiendo más en mí misma, algo mejor de lo que nadie puede imaginar. Me muero de ganas por verme cómo seré cuando tenga cincuenta o cincuenta y dos años».

El episodio de la bañera desató un torrente de críticas, llamándola «Deepak Oprah», comparándola con la gurú *New Age*, Deepak Chopra. Hubo fuertes reacciones contrarias en los medios, en especial en Chicago. «En el centro de este último huracán de (auto)adoración, me gustaría señalar algo —escribió Richard Roeper, del *Chicago Sun-Times*—. Se está poniendo realmente ridícula con toda esa búsqueda espiritual.» Oprah le había dicho a *TV Guide* que era tan feliz que estaba «esplendorosa», pero Roeper disentía: «Me parece que estamos viendo cómo una mujer lleva a cabo una búsqueda casi frenética de gozo espiritual y conciencia más elevada».

El *Sun-Times* informó de que una mujer de 73 años que siguió el consejo de Oprah y encendió velas perfumadas para «que le recordaran las cualidades esenciales de su luz», había provocado, sin querer, un incendio en el edificio de pisos donde estaba retirada, y había provocado que 12 personas tuvieran que ser hospitalizadas.

Steve Johnson, crítico de televisión del *Chicago Tribune*, aconsejó a los *Oprahólicos* que dibujaran un baño de burbujas para su gurú. «Su espíritu —castigado últimamente por la indiferencia, las críticas y el desconcierto en la cara de todos esos devotos que ni siquiera saben qué quiere decir cuando predica 'recordad vuestro espíritu' en su programa cada día— podría necesitarla.» Afirmó que el programa *Cambia tu vida*, de Oprah era «algo que te pone la piel de gallina».

«Winfrey, al ponerle una etiqueta, no se limitaba a decir "Quiero ayudarte a cambiar tu vida", sino que hacía una sugerencia más agresiva: "Debes que cambiar tu vida". Y esto, viniendo de una mujer que puede conseguir todo lo que quiera con tan sólo chasquear los dedos y que acaba de firmar un contrato de 150 millones de dólares para hacer su programa hasta finales de 2002 y cuya fortuna personal se calcula en cerca de 100.000 millones de dólares, esto parece un poco condescendiente.»

Oprah fue también blanco de sus críticas por ofrecer un descarado curanderismo al respaldar a una mujer que se describía a sí misma como «intuitiva médica», de la que Oprah dijo que era auténtica porque había intuido que a Oprah le preocupaba el dolor que sentía en las articulaciones. Como si fuera una médium médica, la mujer diagnosticó a varios miembros del público de Oprah, sencillamente haciendo que se pusieran de pie y dijeran su nombre y su edad. A un hombre que tenía migrañas crónicas, le dijo: «La vida me debe una explicación. Ese pensamiento está en su hígado y por eso arde. Y lo que pasa en el hígado es que hay un circuito energético que va directo hasta el canal cerebral. Y prende el fuego neurológicamente y por eso tiene migrañas».

En poco tiempo, Oprah se convirtió en el blanco móvil de los medios. *Psychology Today* arremetió contra ella por contribuir a la locura. «Es pura arrogancia pensar que los psicólogos, los físicos, los científicos evolutivos y los epidemiólogos podrían saber más de su campo especializado que, digamos, Oprah», escribió el filósofo Gad Saad en un artículo dedicado a los famosos narcisistas que juegan a ser médicos.

Una década después, *Newsweek* puso a Oprah en la portada de su revista del 8 de junio de 2009 número que llevaba, además, un artículo de once páginas que censuraba a Oprah por su «discurso demencial» y sus «curas descabelladas». Igual que el monje de *Los cuentos de Canterbury* que vendía falsas reliquias e indulgencias espurias, Oprah fue acusada de ser una irresponsable por no conocer la diferencia entre la información médica útil y las tonterías New Age. Era un giro de 180 grados para la revista que, ocho años antes, la había alabado con un artículo de primera plana proclamando «La Era de Oprah» y diciendo que «Está cambiando más vidas que nunca». Durante la fase de *Cambia tu vida*, la revista la castigó con un *Periscope* titulado *Oprah-Di, Oprah-Da*, que recogía cinco interpretaciones diferentes de *The Big O:*

1. Adiós y buen viaje. ¡Es la hora de Springer! La charlatanería de Oprah para que nos sintamos bien está pasado de moda. Lo que necesitamos ahora son peleas y fulanas. ¡Jerry! ¡Jerry!
2. Es una mártir de los índices. Sabía que perdería fans con su enfoque de autoayuda y sabía que *Beloved* era algo difícil de vender. ¡Pero necesita hacer que seamos mejores!
3. «O» quiere decir «Supérate». Cada año que pasa, Oprah se vuelve más sermoneadora. Es una líder de culto, una gurú autoproclamada. Y además [...]
4. ¿Nos está diciendo cómo vivir? ¿No puedes perder la grasa para siempre? ¿No puedes pasar por la vicaría? Chica, tu vida es un desastre.
5. ¡No digas eso de Oprah! ¡Ha sobrevivido a la pobreza y a los abusos, ha salvado el negocio de los libros, utiliza la tele para el bien, le importan sus fans y su aspecto personal desaparecen volando! Adelante, Oprah.

No fueron sólo los críticos de Chicago los que cargaron contra Oprah por suponer que sus telespectadores necesitaban que su vida cambiara. Encajó un buen golpe de Hal Boedeker, de *Orlando Sentinel,* quien dijo que su espacio del baño de burbujas pedía a gritos una parodia en *Saturday Night Live*. Proponía que un tema apropiado para su próximo programa sería «Celebridad enajenada» con una nueva sintonía, «Eres tan vanidosa» que, dijo, Oprah podría cantarse a sí misma. «Su estilo lleno de confianza ha cedido el paso a la arrogancia».

Tal vez, el golpe más cruel llegó cuando Wiley A. Hall III comparó a Louis Farrakhan con Oprah en el *Afro-American Red Star*. Hall escribió que con su Marcha de un Millón de Hombres a Washington en 2000, el líder de la Nación del Islam «trata de posicionarse como otro Oprah Winfrey [...] y (al igual que Oprah), se ha convertido en maestro de lo obvio, declarado con total seriedad, expresado con pasión [...] Con Oprah Winfrey y su nuevo clon, Louis Farrakhan, tengo una fuerte sensación de que nos están manipulando. No sé si es para bien o para mal». El remate llegó a la semana siguiente, cuando Hall informó de que algunos seguidores de Farrakhan, conocidos por provocar actitudes racistas y por un virulento antisemitismo, pensaban que él se sentía insultado al ser comparado con Oprah.

En *The New York Times*, el periódico que más le importaba a Oprah, Jeff McGregor dijo que *Cambia tu vida*, de Oprah, era un «culto a la presentadora», que estaba lleno de «clichés de perfeccionamiento personal que entontecen la mente». Decía que «igual que muchos gurús y predicadores metodistas antes que ella, Oprah ha encontrado la manera de comercializar desvergonzadamente la historia de su propia desdicha y confusión como forma de culto».

Sin embargo, lo que a los críticos les parecía descabellado, encontraba eco en muchos de los espectadores de Oprah, que compartían su anhelo de encontrar un mayor sentido a su vida. «Yo era cartera rural en Stem (Carolina del Norte) —dijo Susan Karns, que dirige el salón de belleza del Hillcrest Convalescent Center, en Durham—, y de no haber sido por Oprah y su programa *Cambia tu vida* nunca habría ido a la escuela de estética por la noche y no habría conseguido este estupendo trabajo [...] Me daba miedo cambiar mi vida pero me alegro mucho de haberlo hecho. Me encanta lo que hago ahora porque hago que la gente se sienta bien cada día y lo agradecen mucho.»

Ahora bien, aunque algunos ponían en duda el sentido común de Oprah, no obstante, nadie dudaba de su sinceridad. «Quiero que la gente vea cosas en el programa que les hagan pensar en su vida de forma diferente —afirmaba—. Ser una luz para los demás. Marcar la diferencia [...] abrir sus mentes y ver las cosas de un modo diferente [...] para que entren en contacto con la parte espiritual de su vida.» Sin embargo, le molestaba que dijeran que era *New Age*. A una mujer del público le dijo: «No soy para nada *New Age* y me molesta que me digan que lo soy. Sólo trato de abrir una puerta para que todos puedan verse con más claridad y, quizá, ser la luz que los lleve a Dios, sin importar cómo lo llamen. No veo espíritus en los árboles y no me siento en una habitación con cristales».

«Ah, pero sí que invoca a los espíritus» —insistió Peter A. Colasante, propietario de L'Enfant Gallery, de Washington y a continuación añadió, guasón—: «Probablemente, también habla lenguas desconocidas [...] Sé seguro que agita las manos por encima de la cabeza, como si fuera una pentecostal, cuando dice que siente vibraciones. Por lo menos, esa ha sido mi experiencia personal con ella.»

Después de adquirir algunos óleos, por medio de su decorador Anthony Browne, Oprah quería comprar más del mismo pintor (John Kirthian Court), así que se puso directamente en contacto con L'Enfant Gallery. «Su gente de Harpo llamaban sin parar para concertar una cita para el mismo día en que ella iba a la tienda de Deborah Gore Dean, al otro lado de la calle, enfrente de la mía, en Georgetown. A los dos nos pidieron que enviáramos fotos de lo que Oprah quería ver, y las fotos estaban esperando su llegada en el Hotel Four Season la noche antes. Nos dijeron que tuviéramos las galerías preparadas para su llegada y visita porque no tenía mucho tiempo [...] Nos dijeron que Oprah está sometida a una estricta 'microgestión' de cada minuto, como el presidente de los Estados Unidos. Recibimos un programa parcial:

14.17 h   La limusina de Oprah llega a L'Enfant Gallery.
14.20 h   Oprah entra en la galería.
14.30 h   Oprah ve las pinturas.
15.00 h   Oprah sale de L'Enfant Gallery

«Bueno, no encargas en depósito unos cuantos cuadros de John Kirthian Court para una visita. Es el sobrino nieto, de segundo grado, de James McNeill Whistler, y está considerado un gran pintor y retratista por derecho propio. Vive en San Miguel. Primero tienes que comprar sus cuadros (entre 60.000 y 80.000 dólares) y luego venderlos, después de traerlos por avión desde Portugal y asegurado su transporte por cientos de miles de dólares. Eso es lo que yo hice: compré tres cuadros para que Oprah los viera a las 14,30 h». El propietario de la galería reconoció que sentía dudas respecto a la inversión, porque le había «costado cobrar los tres primeros cuadros» que le vendió a Oprah hacía más o menos un año. «Pero seguí adelante y lo hice», concluyó.

«Como sus secretarias me dijeron que sólo tenía unos minutos y que a las tres se habría marchado, acordé una cita con otro cliente a las tres y media. Llegó el día y esperamos y esperamos y esperamos a Oprah. Finalmente, vimos que sus dos limusinas se paraban delante de la tienda de Deborah, a las dos y treinta y cinco. El tiempo iba pasando, así que, alrededor de las dos y cincuenta y cinco crucé la calle, hasta donde Oprah le estaba gritando a Deborah por no haber llevado las fotos al hotel la noche antes. Al parecer, cuando entró en la tienda, le dijo a Deborah: "¿Eres la chica de Anthony?" Como es natural, Deborah que es dueña de su propio negocio, se molestó un poco. "No, no soy la chica de Anthony. No soy la chica de nadie". Oprah la riñó por no tenerlo todo preparado y siguió chillando porque su tiempo era precioso. Fue entonces cuando yo la interrumpí.

»"Oiga, ya llevó media hora esperándola" —sus guardaespaldas se acercaron y Deborah se echó a reír —"Vamos —le dije a Oprah—, tengo que enseñarle los cuadros para poder llegar a tiempo a mi propia cita". Diciendo esto, empecé a llevármela de la tienda.

»"Oprah no camina" —dijo ella.

»"Oh, vamos. Son sólo unos metros" —dije, con la mano en su hombro, empezando a cruzar la calle. Ella empezó a chillarle a su secretaria.

»"¿Quién es este hombre? No conozco a este hombre. ¿Quién es? Dime qué está pasando aquí".

»Yo le dije: "Su gente ha concertado citas para usted, insistiendo en una hora fija y diciendo que todos teníamos que estar listos para su llegada, sin dejar que nada interfiriera, así que yo estoy haciendo exactamente lo que su gente me dijo".

»La secretaria estaba tan asustada que no podía hablar y empezó a temblar con tanta fuerza que el cuaderno de notas saltaba arriba y abajo. Esto sólo hizo que Oprah se pusiera más furiosa todavía. Pensé que iba a abofetear a la secretaria y luego decapitarme a mí. Justo mientras pasaba esto, un autobús lleno de niños pasó por delante. Reconocieron a Oprah de inmediato y empezaron a chillar. Entonces sucedió algo absolutamente asombroso: Oprah dejó de estar hecha un basilisco, su mirada de serpiente se suavizó, mientras saludaba con una gran sonrisa. "¡Hola a todos!" De verdad, en un abrir y cerrar de ojos pasó de ser una arpía vociferante a una diosa encantadora. Juro que creía que estaba en mitad de un ataque alienígena [...] Entonces, la acompañé hasta mi galería, seguidos por su piloto, su secretaria, su peluquero, su maquillador y dos enormes guardaespaldas. Cruzó la puerta y empezó a agitar las manos por encima de la cabeza, como si estuviera haciendo un baile de San Vito muy lento.

»"No lo siento —dijo, negando con la cabeza—. Es que no lo siento. Las vibraciones no están bien [...] no me hablan [...]"

»"Las sentirá cuando vea los cuadros que hemos reunido para usted" —dije, señalando hacia el piso de arriba, donde habíamos colgado los óleos de Court.

»"Oprah no sube escaleras' —declaró. Antes de que yo pudiera responder a esto, mi ayudante le soltó cuatro verdades.»

«Sí, me temo que eso es lo que hice —recordaba Maureen Taylor—. Había sido tan imposible de tratar incluso antes de llegar y luego, después de todas las molestias que le había causado a Peter para aquella cita, llega y se pone a agitar las manos como una especie de farsa mística, diciendo: "No lo siento [...] es que no lo siento". Cuando dijo "¿Escaleras? ¿Escaleras? Oprah no sube escaleras", perdí los nervios y le dije: "Pues mira, hermana, a lo mejor tendrías que probarlo. Seguro que te vendría bien el ejercicio".»

«Aquello fue el remate —dijo Colasante—. Oprah salió a toda prisa de la galería y yo la seguí por la calle hasta sus limusinas. Ella le chillaba al piloto: "Trae el avión [...] Trae el avión. Nos vamos". Y ahí se acabó Oprah Winfrey y sus espíritus y sus vibraciones.»

Ante los periodistas, Oprah trató de quitarle importancia a la avalancha de críticas por sus programas de *Cambia tu vida,* insinuando que podría ser una cuestión de sobreexposición. «¿Fue el exceso de publicidad para *Beloved*? ¿Fueron las llamadas reacciones en contra debidas a que hice la canción el mismo año que salí en la portada de *Vogue*?» La mayor parte de las «llamadas reacciones en contra» procedían de críticos blancos, a quienes les costaba comprender la creciente *'Oprahficación'* de las mujeres de los Estados Unidos. Como dijo bromeando el humorista Jimmy Kimmel cuando presentó el *The Man Show*, en Comedy Central: «Estamos aquí porque tenemos un grave problema en este país, y su nombre es Oprah. Millones y millones de mujeres han caído bajo el embrujo de Oprah. Esta mujer le ha hecho un lavado de cerebro a la mitad de los Estados Unidos».

Varios críticos, incluso dentro de su propia familia, llamaron a capítulo a Oprah cuando, en el año 2007, promocionó *El secreto,* un libro de Rhonda Byrne, diciendo que era la respuesta para vivir una buena vida. «Saqué a Dios de la caja», le dijo Oprah a los espectadores, antes de promocionar el libro, que describe a Jesucristo no como un ser divino ni como el hijo de Dios, sino meramente como uno de los «maestros de la prosperidad» de la Biblia.

«No es así como eduqué a Oprah Gail —declaró Vernon Winfrey, que estaba tan disgustado por que su hija abrazara las creencias de la *New Age* que ya no veía su programa—. Necesito su programa igual que un cerdo necesita vacaciones —afirmó—. Además, el programa ya no es tan bueno.»

Katharine, la «tía» de Oprah, que tiene una Biblia en la mesita de noche, estaba horrorizada por la defensa que hacía Oprah de «esas tonterías de la *New Age*»; lo mismo le sucedía a Jo Baldwin, la hija de Katharine y prima de Oprah, que fue vicepresidenta de Harpo. Ahora da clases de inglés en la Misisipí Valley State University y los domingos predica en la iglesia de Centobia (Misisipí). «Le llevé a Katharine un ejemplar de *El secreto* y Jo no quiso ni acercarse, ni tocarlo», dijo Jewette Battles.

Cuando Oprah presentó la filosofía de autoayuda de *El secreto* a los telespectadores, les prometió que aprenderían 'el secreto' para ganar más dinero, perder peso, encontrar el amor de su vida y alcanzar el éxito profesional, simplemente mediante la visualización. Podrían tenerlo todo, igual que ella lo tenía todo. Luego presentó a la autora, que explicó que *El secreto* expone «la ley de la atracción» según la cual si piensas de forma positiva, atraes cosas positivas mientras que si piensas de forma negativa, atraes cosas negativas. Más adelante citó, como ejemplo atroz, la matanza de Ruanda y dijo que los sentimientos de miedo e impotencia de las víctimas habían conducido a la carnicería.

«El mensaje de *El secreto* es el mensaje que he estado tratando de compartir con el mundo en mi programa en los últimos veintiún años», le dijo Oprah a Larry King, en la CNN. Presentó dos programas sobre *El secreto*, que enviaron el libro al primer puesto de la lista de *bestsellers*, donde vendió más de 3 millones de ejemplares e hizo que surgieran clubes 'Secreto' por todo el mundo. No tardaron en ridiculizarla por vender como una buhonera lo que Peter Birkenhead describió, en <salon.com>, como «aceite de serpiente recién exprimida». Bill Maher, humorista y presentador de un programa de entrevistas, declaró que el libro era «demencial», y *The Washington Post* lo calificó de «viscoso». *Saturday Night Life* se burló de la obsesión de Oprah por *El secreto* en una parodia en la que ella aparece entrevistando a un pobre que se moría de hambre en Darfur. Con una profunda voz del Viejo Testamento, Oprah, interpretada por Maya Rudolph, preguntaba: «¿Por qué crees que todo va tan mal?» Cuando el pobre hombre no respondió, Oprah lo regañó, diciendo que las atrocidades eran el resultado de su actitud negativa. «¡Volveremos con John Travolta!»

Poco después, Oprah 'clarificó' sus opiniones sobre la ley de la atracción. No se disculpó por promocionar *El secreto*, pero sí que dijo que no era la respuesta para todo: «No es la respuesta para las atrocidades ni para todas las tragedias. Es sólo una ley. No la única ley. Y, sin duda, sin ninguna duda, no es un plan para hacerse rico rápidamente». Curiosamente, en 2009, Oprah declaró en documentos judiciales: «Mi reputación depende, en parte, de la calidad de los productos que recomiendo, algo que sólo hago después de una cuidadosa consideración y comprobación para estar segura de que esos productos satisfacen mis estándares y merecen mi aprobación».

Por supuesto, Oprah prestó atención a sus críticos, en especial cuando informaron de que sus telespectadores se quejaban de que se entrometiera en sus creencias religiosas. Profundamente dolida por artículos sobre «La iglesia de Oprah» y «El evangelio según Oprah», interrumpió *Cambia tu vida* y le dio el nuevo nombre de *Vive tu mejor vida*. Cambió «Recordando tu espíritu» por «Recordando tu gozo».

En 1999, mientras algunos críticos redactaban su necrológica, ella estaba construyendo un imperio con una jugada en los medios que los dejaría a todos sin habla: en abril del año 2000, se asoció a Hearst y lanzaron *O, The Oprah Magazine*, que ha sido la empresa de más éxito en la historia de las revistas. Oprah apareció en la portada de cada número durante los nueve años siguientes, lo cual incitó a sus críticos a producir largos artículos sobre su narcisismo. Criticaron, «El culto a Oprah», porque cada número de *O* publicaba «la Lista O» de cosas que le gustaban a Oprah (por ejemplo, los collares para perro de Burberry, las gafas de sol de Fendi, las chinelas de Ralph Lauren, los libros electrónicos de Rocket), más dos páginas tituladas: «Oprah, vamos allá» y «Oprah, lo que sé seguro», además de recetas de la chef personal de Oprah, consejos para hacer dieta del preparador personal de Oprah y consejos de expertos de Oprah, como el Dr. Phil y Suze Orman, todo sumado a anuncios de las próximos objetivos de crecimiento personal de Oprah. Por añadidura, había una entrevista de Oprah con algun famoso destacado como el Dalai Lama, Madeleine Albright, Jane Fonda, Phil Donahue, Laura Bush, Mohamed Alí, Meryl Streep, Martha Stewart o Ralph Lauren.

En su entrevista con Nelson Mandela, él habló de cómo se había cambiado a sí mismo en la cárcel y aprendió a adiestrar su mente para dominar sus emociones con el fin de poder negociar con los líderes racistas blancos de Sudáfrica. La entrevista, publicada en abril del 2001, debería haber sido aclamada como un gran éxito de Oprah, pero un crítico de Chicago sólo vio que Oprah se pavoneaba: «A veces, la autoestima puede parecerse mucho al narcisismo patológico», escribió Carina Chocano, en el *Chicago Sun-Times*. «Este mes, en la portada de *O* pone «OPRAH habla con SU HÉROE, el impresionante, inspirador y noble Nelson Mandela» (OPRAH y SU HÉROE aparecen en un tipo de letra claramente mayor que Nelson Mandela). Entre otros artículos están «O: Lo que sé seguro», «Oprah sobre cómo liberarte» y «Cinco cosas que Oprah cree que son geniales» (Entre ellas están las manzanas y peras falsas, a 18 dólares cada una, un juego de copas de Murano, 40 dólares cada una, y un libro llamado *Alfabetización espiritual: Cómo leer la sagrada verdad en la vida de cada día*, que ayuda a Oprah a «ver lo extraordinario en las experiencias ordinarias»).

En el editorial, la revista presentó los mandamientos de Oprah para «Vivir tu mejor vida»:

Cómo evitarlo para siempre: 10 reglas.

Doce estrategias para conseguir la mejor atención sanitaria.

- Nueve reglas para escribir un buen anuncio.
- Doce cosas que una madrastra nunca debería decir.
- Diez cambios de alimentación para conseguir 10 buenos años extra.
- Nueve cosas que saben (y tú no) los que han vencido en su lucha por el exceso de peso.

De nuevo David Letterman lanzó la caballería contra Oprah en su programa nocturno anunciando: «Los diez artículos principales de la nueva revista de Oprah»:

n.º 10   P,R,A y H. Los cuatro títulos finalistas para esta revista.

n.º 9   Haced lo que os digo o haré otra película.

n.º 8   Funerales y encuentros con el Papa: ocasiones en las que no hay que usar la expresión "A por él, chica".

n.º 7   Mientras estás leyendo esto, he ganado 50 millones de dólares.

n.º 6   La noche que acabé con Deepak Chopra.

n.º 5   El billete del millón de dólares: algo cómodo que ya lleva mucho retraso.

n.º 4   Mi aventura amorosa con Oprah, por Oprah.

n.º 3   Vosotros, perdedores, nunca sabréis cómo es vivir en una mansión de oro macizo.

n.º 2   El número de teléfono de la casa de Ricki Lake y lo que odia las llamadas a las tres de la madrugada.

n.º 1   La vez que tuve que esperar cinco minutos por un café semi descafeinado con leche desnatada.

Oprah llenaba su «guía de crecimiento personal», como llamaba a su revista, bellamente editada, con páginas de consejos de algunos de sus gurús de *Cambia tu vida,* para dar a «las mujeres listas y seguras de sí mismas las herramientas que necesitan para tratar de alcanzar sus sueños, expresar su estilo individual y tomar decisiones que lleven a una vida más feliz y plena». Anunció *O, The Oprah Magazine,* en su página web, <oprah.com>:

O ofrece historias que atrapan e ideas que le llenan a uno de poder, con el sello de la visión única de Oprah sobre todo, desde la salud y el estar en forma, la carrera profesional, las relaciones y los aspectos de autodescubrimiento hasta la belleza, la moda, el diseño de interiores, los libros y la alimentación.

En menos de un año, la revista tenía una circulación pagada de 2,5 millones de ejemplares y había recaudado más de 140 millones de dólares en ingresos anuales. Sus críticos estaban estupefactos por el espectacular éxito de su nueva empresa, que ampliaba su gran grupo empresarial de medios de comunicación. Pero cuando los periodistas de Chicago intentaron entrevistarla para hablar de su nueva revista, los rechazó, todavía resentida por la cobertura negativa que dieron a la serie *Cambia tu vida.* «Volé a Nueva York, para el lanzamiento de la revista —dijo Tim Jones, reportero para temas empresariales del *Chicago Tribune*— y traté desesperadamente de conseguir una entrevista con ella. Al fin y al cabo, somos el periódico de su ciudad natal […] Oprah se negó a hablar conmigo, pero seguro que como hay infierno, sí que habló con *The New York Times*.» De hecho, Oprah llamó a Alex Kuczynski, especialista en medios del *Times*, para agradecerle el reportaje sobre el éxito de la revista *O*. «Eran las siete de la mañana y le dije: "Oprah. Uau. Esto es como recibir una llamada de Jesucristo o de Santa Claus"», bromeó Kuczynski.

Oprah no tardaría en situarse muy lejos del alcance de todos sus críticos, convirtiéndose en una filántropa internacional cuyas donaciones la consagrarían como icono mundial.

18

Cuando, en febrero de 2003, Oprah apareció en la lista *Forbes* de los 476 multimillonarios del mundo, se convirtió en lo que se había propuesto ser: la mujer negra más rica del mundo. «Desde el mismo principio, ya en 1985 —recordaba su amiga Nancy Stoddart—, siempre dijo que iba a ser multimillonaria.»

Oprah se deleitaba en su riqueza, como una bendición de Dios. Cuando volvió a Kosciusko, en 1998, para promocionar *Beloved* y para inaugurar una casa que había financiado a través de Habitat for Humanity, citó a los ciudadanos el salmo 37,4: «Ten tus delicias en el Señor, y te dará lo que tu corazón desea». Su visita fue pregonada por *The Star-Herald* con un titular en primera plana: «Oprah vuelve a casa». Vestida con un suéter marrón con cuello de cisne, una falda larga de *tweed* y botas de tacón alto, más un enorme reloj Rolex de oro y un anillo en el meñique, permaneció de pie bajo la lluvia para dirigirse a la multitud, mientras su guardaespaldas sostenía un paraguas sobre su cabeza: «Estoy muy orgullosa de ser una mujer negra de Kosciusko, Misisipí, con mi mano todavía en la mano de Dios», declaró. Durante su visita dijo a los periodistas que ser una de las personas con más poder en televisión y tener una gran riqueza no era ningún problema para ella. «Recibes en proporción a lo grande que es tu corazón y a lo dispuesto que estés a llegar hasta los demás.»

Deconstruir esa afirmación podría llevar a alguien a la conclusión de que Oprah creía que era multimillonaria porque tenía más humanidad que la mayoría, pero ella suavizó esta impresión (aunque no la aclaró), añadiendo: «La razón por la que tienes que dar es porqué vuelve a ti».

Siempre generosa, empezó a entregar importantes cantidades de dinero en 1997, donando 12 millones de dólares a la Oprah Winfrey Foundation y creando Oprah's Angel Network para recaudar las donaciones de sus telespectadores. «Quiero que abráis vuestros corazones y veáis el mundo de otra manera —les decía—. Os prometo que esto cambiará vuestra vida para mejor.» Empezó pidiendo que le enviaran el cambio que les sobrara para acumular «la hucha más grande del mundo» y financiar becas universitarias para estudiantes necesitados. En menos de 6 meses, sus telespectadores habían donado más de 3,5 millones de dólares en monedas y billetes para enviar a 150 estudiantes a la universidad, tres estudiantes de cada Estado. Contribuyó incluso la Casa Blanca, y la Primera Dama, Hillary Rodham Clinton, voló a Chicago para participar en el programa de Oprah con una hucha llena de monedas que había recogido entre los empleados.

En 1997, Oprah, profundamente afectada por la muerte de Diana, princesa de Gales, quiso asumir el cometido humanitario de la princesa: «Sentimos [...] un gran pesar por la muerte de la princesa Diana —dijo en *The Today Show*, al explicar Oprah's Angel Network—, y el mundo hablaba de lo que ella hizo en obras benéficas [...] y yo querría que todos supierais que también podéis hacerlo vosotros, en vuestro propio ámbito, en el lugar que ocupéis en vuestra vida [...] Podéis ser una princesa [...] cogiendo lo que tenéis y haciéndolo extensivo a los demás».

Oprah asoció su Angel Network a 10.000 voluntarios de Habitat for Humanity para construir 205 casas, una en cada ciudad cuya emisora local de televisión emitía *The Oprah Winfrey Show*. Cuando Habitat for Humanity construía una casa para Oprah's Angel Network, llamaban al proyecto Oprah's Angel House; después del *tsunami* del año 2004 y de los huracanes *Katrina* y *Rita*, del 2005, las Oprah Angel Houses surgieron como setas. Oprah llevó su programa a Nueva Orleans, prometiendo 10 millones de su propio dinero y, entre 2005 y 2006, recaudó, a través de su Angel Network, 11 millones más para reconstrucción. Pagaba los gastos de estructura de Oprah's Angel Network de su bolsillo, de forma que todas la donaciones se destinaban directamente a las obras benéficas que elegía. Para el 2008, sus telespectadores habían aportado más de 70 millones de dólares para 172 proyectos, distribuidos por todo el mundo, centrados en las mujeres, los niños y la familia, la educación y la alfabetización, la ayuda y la recuperación de zonas declaradas catastróficas, la juventud y el desarrollo comunitario... proyectos todos ellos seleccionados por Oprah y financiados en su nombre. Comprendía plenamente el buen nombre que acumulan los que dan, así que cuando daba, lo hacía de modo claramente público. Su filantropía no era silenciosa ni anónima.

«No hay ninguna duda de que se esfuerza para hacer buenas obras —escribió Steve Johnson, en el *Chicago Tribune*—, aunque eso lleve, frecuentemente, el esfuerzo añadido de hacer que esa labor se conozca.» Es cierto que la mayoría de las donaciones de Oprah iban seguidas de un comunicado de prensa, además de menciones en *The Oprah Winfrey Show*, pero es posible que estuviera dando el ejemplo necesario para que otros la siguieran y no sólo engrandeciéndose a si misma.

Para el año 2010, las donaciones de los telespectadores habían caído un 50 %, así que, sin fanfarria, puso un anuncio en su página web de Angel Network diciendo que no aceptaría más donaciones. También interrumpió el programa de creación de becas de la Red. La revisión de las declaraciones hechas a Hacienda por Angel Network de Oprah, indican que ha donado más de la mitad de las aportaciones de sus espectadores para ayudar a los necesitados del África Subsahariana (2.821.611 dólares en 2008) y a las regiones norteamericanas fuera de los Estados Unidos (2.409.594 dólares). El total de las donaciones y distribuciones de dinero para fuera de los Estados Unidos fue de 5.231.205 dólares. El total para los Estados Unidos, de 3.354.322 dólares.

Se podría insinuar que los 150.000 espectadores que habían hecho aportaciones a Angel Network entregaban cantidades menores porque ella donaba más de su dinero fuera de los Estados Unidos. Pero los fans de Oprah no daban su dinero con condiciones. Les parecía bien cualquier sitio donde ella quisiera enviar sus donaciones y, en los últimos años, ha decidido situarse más como filántropa mundial y concentrar una parte mayor de sus donaciones en África.

En marzo de 2010, Oprah organizó a través de Internet una subasta, de diez días de duración, en Ebay («La gran limpieza del armario de Oprah», lo llamaron), para vender 40 pares de zapatos y botas, 42 bolsos y 101 prendas de vestir, entre ellas chaquetas, faldas, blusas, suéteres y vestidos. Cada artículo llevaba una etiqueta donde ponía que había pertenecido a Oprah. Los «Zapatos de Prada, de ante rojo, tacón alto, sin puntera, de Oprah» recibieron ofertas por encima de 573 dólares. El «Bolso Chanel, de noche, negro, acolchado, de Oprah» tuvieron posturas de 2.025 dólares. El «Vestido de Carolina Herrera para Oprah Winfrey, llevado en programa», alcanzó los 1.125 dólares.

Oprah no hizo pública la cantidad total recaudada en su subasta, pero declaró que el importe total era para la Academia de Liderazgo Oprah Winfrey, en Sudáfrica. Anteriores subastas hechas en Internet por Oprah (1999, 2004 y 2005) beneficiaron a Angel Network, que, en aquel entonces, entregaba la mayor parte de sus donaciones a obras benéficas de los Estados Unidos.

Posteriormente, Oprah ha tratado de hacer ver que los esfuerzos para su proyectos de ayuda de los primeros años fueron realizados sin publicidad: «Al principio de mi carrera, cuando vine a Chicago, tenía mi propio club Big Sisters (Hermanas mayores)* donde mis productoras y yo entrábamos en los proyectos —le dijo a *Television Week*—. No le hablábamos a nadie de ellos. No

---

* *Big Brothers, Big Sisters* (Hermanos y hermanas mayores) es una organización sin ánimo de lucro cuya misión es ayudar a los niños de zonas deprimidas a desarrollar todo su potencial. (*N. de la T.*)

lo divulgábamos». Pero es un hecho que en aquella época, Oprah mencionaba su club Big Sisters en casi todas las entrevistas que concedió.

Sus campañas empezaron, en 1985, con un programa grabado en Cabrini Green, un proyecto de viviendas para personas con ingresos bajos, en el Near North Side, de Chicago, conocido como uno de los guetos más peligrosos del país y sembrados de violencia. Mary Kay Clinton, productora adjunta del programa, se conmovió tanto al ver a las chicas que vio allí que puso en marcha un programa de Little Sisters (Hermanas menores) junto con un asesor de Cabrini Green, y Oprah y su personal participaron como Big Sisters. Al principio, cuando, cada dos semanas, el grupo de Harpo se reunía con las niñas, de diez a trece años, había un gran entusiasmo. Oprah llegaba en su limusina, recogía a las niñas en sus pisos del gueto y se las llevaba de compras, al cine o a comer. Cuando Mike Wallace fue a Chicago para hacer un espacio de *60 Minutes* sobre ella, Oprah invitó a las «hermanas menores» a una fiesta pijama en su piso.

> WALLACE: Oprah no se limita a pronunciar discursos para los jóvenes. Quería hacer algo más que ayudar a las niñas negras, así que las mujeres de su personal formaron un grupo de Little Sisters, con niñas de uno de los barrios de viviendas subvencionadas de Chicago. Para poder permanecer en el grupo, hay dos normas básicas: tienes que tener buenas notas en la escuela y no quedar embarazada.

La cámara muestra a Oprah con un grupo, en pijama, riendo y charlando.

> WALLACE: Se reúnen varias veces al mes. Esta noche, en una fiesta pijama, en la sala de estar de Oprah […] Junto con las risas, siempre hay algo serio, algo nuevo que aprender, alguna manera de que las niñas amplíen sus horizontes […] Y siempre se habla de Dios.

Oprah intentó hacer con las niñas de Cabrini Green lo que Vernon había hecho con ella: las llevaba a la biblioteca y las animaba a leer. Les daba diccionarios y les hacía aprender cinco palabras nuevas cada día. Las sermoneaba: «Yo era muy parecida a vosotras. Era de aúpa». A la revista *Ms.* Oprah explicó: «Les digo las cosas muy claras: "si quedáis embarazadas, os partiré la cara. No me vengáis con que queréis hacer grandes cosas en vuestra vida y, sin embargo, no sois capaces de decirle no a un chico. Si queréis tener algo que querer y abrazar, decídmelo y os compraré un perrito"».

«Cuando hablamos de metas y dicen que quieren Cadillacs, les digo: "Si no sabéis hablar correctamente, si no sabéis leer, ni matemáticas, si quedáis embarazadas, si dejáis la escuela, nunca tendréis un Cadillac. ¡Os lo garantizo! Y si en las notas sacáis suspensos, estáis fuera del grupo. ¡No me digáis que queréis hacer grandes cosas en la vida, si lo único que lleváis a la escuela es una radio!"»

Incluso entonces, Oprah era consciente de todo lo que tenía en contra. «Una niña del programa Cabrini Green dijo que su meta era tener montones de hijos, y así conseguir más dinero de la asistencia social [...] Tenemos veinticuatro en el grupo. Quizá salvemos a dos.»

El grupo no duró mucho. Cuando el programa de Oprah pasó a ser nacional, Oprah dijo que no tenía el tiempo ni la energía ni los recursos para cargar con un programa que, en su opinión, necesitaba una estructura mayor. «Lo que pasaba era que nos llevábamos a las niñas a hacer cosas agradables, cosas buenas, cosas divertidas [...] (pero) me di cuenta de que esas cosas sólo eran actividades. Cosas buenas, pero sólo actividades [...] En realidad, no podía influir profundamente en la manera en que las niñas pensaban en sí mismas. Así que fracasé.»

Oprah dejó de involucrarse personalmente en sus donaciones, pero continuó extendiendo cheques y pronunciando discursos y apareciendo en persona para recaudar fondos para buenas causas. De lo que está disponible para el público —comunicados de prensa de Harpo, más entrevistas de Oprah en periódicos y revistas— se puede saber lo siguiente:

- En 1986, ganó 10 millones de dólares y donó 13 mil dólares para comprar una milla en la cadena de manos unidas de 6.400 kilometros, formada a través de los Estados Unidos, para recaudar dinero para luchar contra el hambre y la falta de vivienda en lo que se promocionó como «el mayor número de famosos nunca reunido». Oprah le dijo a *Time*: «Mi milla será para quienes no puedan permitirse pagar los diez dólares (cuota fija). No hay ningún rico en mi milla».

- En 1987, ganó 31 millones de dólares y donó 10.000 a la Escuela Preparatoria Marva Collins, de Chicago, y 50.000 para las Vernon Winfrey Scholarships (las becas que llevaban el nombre de su padre Vernon Winfrey), en la Universidad Estatal de Tennessee, a la cual aportaría 770.000 dólares en ocho años.

- En 1988, ganó 37 millones y donó sus ingresos de Revlon, 100.000 dólares, a Corporate/Community Schools of America, de Chicago. Extendió un cheque de 2.000 dólares para las Olimpiadas Especiales y otro de 7.000 dólares para proporcionar comidas calientes a los ancianos de Alexandra, en Sudáfrica, una donación que continuó durante tres años. Por esta contribución, le concedieron el Premio Humanitario de la Conferencia

La primera dama de los Estados Unidos, Barbara Bush, el 23 de octubre de 1989, en un momento del programa The Oprah Winfrey Show, *hablando de su vida en la política. Oprah le había pedido que apareciera en su programa después de asistir a su primer banquete de gala en la Casa Blanca en junio de 1989.*

El presidente Bill Clinton saluda a Oprah y a Quincy Jones el 13 de junio de 1993 en el banquete de gala de la Casa Blanca en honor del emperador Akihito y la emperatriz Michiko de Japón. Stedman, republicano empedernido, no quiso asistir, así que Oprah invitó a su amigo.

Nelson Mandela, ex presidente de Sudáfrica, con Oprah, en una foto del año 2002. Cuando ella le preguntó qué podía hacer por Mandela, éste le respondió: «Constrúyeme una escuela». Tras invertir cinco años y 40 millones de dólares, Oprah abrió en Sudáfrica la Oprah Winfrey Leadership Academy for Girls.

Michelle Obama, Caroline Kennedy, Maria Shriver y Oprah, haciendo campaña por Barack Obama el 3 de febrero de 2008 en el Pauley Pavilion de UCLA. Después del encuentro, Oprah, que creía en los principios de El Secreto, volvió a casa y creó un tablero de visión (verlo, creerlo, lograrlo), puso la foto de Obama en el centro, junto con otra del vestido que ella deseaba llevar para el día de la investidura.

La portada del 9 de diciembre de 2007 del periódico conservador New York Post *que interpreta el apoyo político de Oprah a Barack Obama para presidente de los Estados Unidos.*

La portada satírica de The New Republican, después del viaje de
Oprah a Auschwitz, con Elie Wiesel, anunciando que el libro de éste,
La noche, había sido seleccionado para su Club del Libro del
24 de mayo de 2006. Oprah pone a la venta el DVD del viaje
al campo de concentración en su Oprah Store, por 30 dólares.

CELEBRIDADES FAVORITAS DE OPRAH

Maya Angelou

Tom Cruise

Michael Jackson

Diane Sawyer

Julia Roberts

John F. Kennedy, Jr.

John Travolta

Toni Morrison

Cinco días después de que Oprah se disculpara por defender el libro En mil pedazos, *de James Frey, y luego hiciera trizas al autor y a su editor, Mike Luckovich, ganador del Premio Pulitzer, dibujó esta caricatura en* The Atlanta Journal-Constitution *el 31 de enero de 2006 para calificar el discurso del Estado de la Nación del presidente George W. Bush.*

Después de que Oprah fuera al programa Larry King Live *el 11 de enero de 2006 para defender el libro de Frey, diciendo que la verdad de los hechos no era importante dada su verdad emocional, Oprah fue muy criticada por* The New York Times. *Dos semanas más tarde, dio marcha atrás, pidió disculpas a sus telespectadores y llamó mentiroso a Frey.*

OPRAH A LO LARGO DE LOS AÑOS

1985

1986

1987

1989

1990

1991

1992

1993

1994

1995

1996

1997

1998

1999

2000

2001

2002

2003

2001

2005

2006

2004

2009

2007

2008

EL SARCÓFAGO DE OPRAH

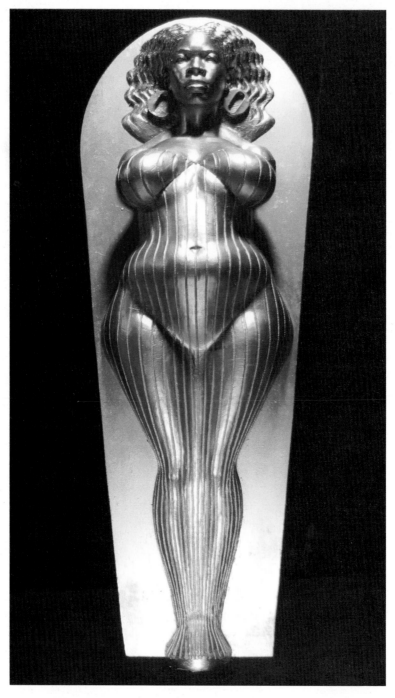

El icono definitivo de la cultura popular es la imagen de resina dorada de Oprah, obra de Daniel Edwards. «De todas las figuras de famosos que he hecho, ésta fue la primera vez que pensé en enviarle una pieza de cortesía al modelo —dijo el escultor—, [pero] muchas personas consideraron que [esta] escultura la favorecía poco [y] me pareció que quizás a Oprah no le gustaría cómo la había representado.»

Nacional de Cristianos y Judíos por su «participación en un programa de becas universitarias y por su ayuda humanitaria a Sudáfrica».

- En 1989, ganó 55 millones y extendió un cheque por 1 millón de dólares a Morehouse College, para el Oprah Winfrey Scholars, al cual, para 2004, había aportado 12 millones de dólares. También dio 25.000 dólares a la House of the Good Shepherd (Hogar del Buen Pastor), de Chicago, un albergue para mujeres maltratadas y sometidas a abusos sexuales; 10.000 dólares a la Glide Memorial Church, de San Francisco, que atiende a los pobres de la ciudad; 25.000 dólares a las Corporate/Community Schools of America; 1.000 dólares a Purple Heart Cruise; 40.000 dólares a las obras benéficas combinadas de la Southern Christian Leadership Conference (SCLC) y la National Association for the Advancement of Colored People (NAACP); 100.000 al Rape Treatment Center, de Santa Mónica (California). Además, recaudó 1 millón de dólares para las víctimas del huracán *Hugo*, durante su programa emitido desde Charleston (California del Sur).

- En 1990, ganó 68 millones y extendió cheques por 20.000 dólares para la B. Robert Lewis House, de Eagan (Minnesota), para abrir un refugio para mujeres maltratadas; 25.000 dólares para Art Against AIDS/Chicago. Además generó más de 1 millón de dólares en donaciones públicas para la Cumbre Mundial en favor de la Infancia y Unicef, después de un programa dedicado a la dramática situación de los niños que se morían de hambre. Se comprometió a entregar 500.000 dólares en dos años a la Chicago Academy for the Arts y compró la totalidad de entradas (954 asientos) de la noche del estreno en Broadway de *La lección de piano*, de August Wilson, para ayudar a la organización A Better Chance, o ABC, que proporciona becas a las mejores escuelas para alumnos de color, desfavorecidos pero académicamente capaces. También llevó en avión a la hija y el yerno de Nelson Mandela, desde Boston a Sudáfrica, para que estuvieran presentes cuando su padre saliera de prisión, después de 27 años. La publicista de Oprah le dijo al *Chicago Sun-Times* que Mandela quería evitar que «sus hijos estuvieran allí, ociosos, tres o cuatro días, esperando a que lo soltaran». En un homenaje en televisión, en horario de máxima audiencia, Bob Hope entregó a Oprah el America's Hope Award por «los logros de su carrera y por sus esfuerzos humanitarios». Oprah estaba tan agradecida por el homenaje del famoso actor que envió a Hope un ramillete de rosas, cada semana, hasta su muerte en 2003.

- En 1991, ganó 80 millones y extendió cheques por 100.000 dólares para comprar libros para la Harold Washington Library, de Chicago; 50.000

dólares para la Glide Memorial United Methodist Church, del reverendo Cecil Williams, y 1.000 dólares para el Purple Heart Cruise.

- En 1992, ganó 88 millones y extendió un cheque por 50.000 dólares para el LaPorte County Child Abuse Prevention, de Indiana, cerca de su finca, y otro por 30.000 dólares para Every Woman's Place, un refugio para mujeres en Muskegon (Michigan). También donó 20 adaptadores Dakota para estudiantes sordos para que pudieran acceder a los programas de televisión con subtitulado oculto.

- En 1993, ganó 98 millones y, después de rodar *There Are No Children Here*, en las viviendas subvencionadas de Chicago, donó su salario de 500.000 dólares, para dotar becas para los niños de familias con ingresos bajos, de las Henry Horner Homes, a través de una fundación a la que llamó There Are No Children Here. Entregó 50.000 dólares a la Holy Family Preservation Society, una de las iglesias más antiguas de Chicago, y 1 millón de dólares a la Providence-St. Mel School, predominantemente afroamericana. «El dinero se destinará a ofrecer becas para niños desfavorecidos», les dijo a los periodistas.

- En 1994, ganó 105 millones y donó los 10.000 dólares de su premio del Council on Women's Issues, de Chicago, a Providence-St.Mel. Efectuó la primera subasta de su ropa, con fines benéficos, y recaudó 150.000 dólares, que repartió entre Hull House, de Chicago y FamiliesFirst, de Sacramento. Ese año lo más importante fue que se sentía económicamente lo bastante segura como para volver a dedicarse a sus donaciones e hizo un gesto que captó la atención del país: detendría, ella sola, el ciclo de pobreza de los Estados Unidos. Celebró una conferencia de prensa para afirmar que empezaría en Chicago, creando una fundación llamada Families for a Better Life, con la intención de sacar a 100 familias de las viviendas subvencionadas y llevarlas a viviendas privadas, darles formación laboral, atención sanitaria, asesoría financiera, asistencia educativa y 30.000 dólares en ayudas económicas durante dos años. Comprometió 6 millones de dólares en el programa. «Quiero destruir la mentalidad de dependencia de la asistencia social, ese creer en la victimización», afirmó.

Oprah no sentía ninguna simpatía por quienes se beneficiaban de la asistencia social y, con frecuencia, los criticaba: «Fui hija de la asistencia social, igual que vosotras [...] ¿Cómo os permitisteis convertiros en madres dependientes de la asistencia social? ¿Por qué elegisteis este camino? Yo no lo hice». Las mujeres parecían avergonzadas de no ser lo bastante buenas para que Oprah las aceptara.

«Cuando invitó a Welfare Warriors, un grupo de madres que militan en defensa de las madres pobres de Milwaukee, a aparecer (en uno de sus programas de bienestar social), aceptamos [...] pese a que estábamos furiosas porque Oprah había traicionado a las madres afroamericanas sumidas en la pobreza —escribió Pat Gowens, directora de *Mother Warriors Voice*—. En realidad, su desprecio hacia las madres pobres hizo que aumentaran las socias de Welfare Warriors, cuando las madres afroamericanas se incorporaron específicamente para mostrar su oposición a Oprah. (Un ataque típico de Oprah a una madre dependiente de la asistencia social que había en el público: "Pero te quedas sentada en casa, sin hacer nada, sólo esperando a que llegue tu cheque mensual")».

Oprah prometió que no habría papeleo gubernamental en su programa Families for a Better Life, que sería dirigido por la Jane Addams Hull House Association, uno de los centros sociales más antiguos del país. También declaró que utilizaría su gran influencia para conseguir que otras corporaciones, instituciones y fundaciones siguieran su ejemplo.

«Es una zona de guerra —dijo a *Entertainment Weekly*—. Tenemos que sacarlas de ahí. Tenemos que tenderles la mano para que salgan adelante por sí mismas». En pocos meses, Random House, Inc. y Capital Cities ABC aportaron, cada una, 500.000 dólares a la fundación de Oprah.

«Nadie lo consigue solo —afirmó—. Todos los que han alcanzado cualquier nivel de éxito en la vida lograron hacerlo porque algo o alguien les sirvieron de faro que iluminó su camino. Lo que parece un ciclo inacabable de pobreza y desesperanza generacional puede romperse si cada uno de nosotros está dispuesto a ser una luz para el otro. Cuando aprendas, enseña; cuando consigas, da. Así es como cambias el mundo. Una vida, una familia cada vez.»

Había llegado a esta trascendental decisión después de rodar *There Are No Children There*, basada en el libro de Alex Kotylowitz sobre una familia que vivía en uno de los grupos de viviendas subvencionadas más violentos de Chicago. «Al principio, ABC quería que Diana Ross interpretara mi parte (pero) Diana dijo que no quería hacerlo porque no ofrecía la suficiente esperanza. A mí me pareció que el libro era la realidad —explicó Oprah, que canceló sus vacaciones en el sur de Francia para hacerse cargo del papel—. Siempre hay esperanza —dijo—. Yo no crecí en viviendas de ese tipo, pero soy un ejemplo perfecto de alguien que ha subido desde la nada. Desde una nada absoluta. Tienes delante a alguien que fue una auténtica paria.»

Durante el rodaje conoció a un niño llamado Calvin Mitchell, de diez años, que le conquistó el corazón. Vivía en las viviendas subvencionadas, con sus cuatro hermanos y su madre, Eva, que dependía de la asistencia social. Después de la película, iba a ver a Oprah a su despacho, cada semana, y ella se lo llevaba a su finca los fines de semana y le compraba ropa y zapatos. Al final, le preguntó a su prometido: «¿Qué te parecería si Calvin viniera a vivir con nosotros?»

«Si estás dispuesta a que venga toda la familia», contestó Stedman, miembro de la junta de la Jane Addams Hull House Association. Le explicó que un compromiso así debía ser para toda la familia, no sólo para uno de sus miembros.

«Aunque pensé en ello, Calvin no se trasladó a mi casa —dijo Oprah—. Le conseguimos trabajo a su madre. Le estamos enseñando cosas prácticas de la vida, como abrir una cuenta bancaria, vivir según lo que permita el presupuesto. Además, los hemos sacado de las viviendas subvencionadas.»

Juntos, Oprah y Stedman trabajaron en un plan para Families for a Better Life Foundation, que creían que erradicaría la dependencia de la asistencia social de las familias más pobres del país. «Stedman fue el catalizador —le confesó Oprah a *People*—. Es un hombre sistemático y su orientación me inspiró. Y este proyecto que llevamos juntos es como si cantáramos. De verdad, cantamos.» Su enfoque se apoyaba en los principios de autoperfeccionamiento del gurú Stephen Covey, cuyo centro de liderazgo ayudó a formar al personal de Hull House. Luego, Covey escribiría el prefacio del libro de Stedman sobre autoperfeccionamiento, *You Can Make It Happen*.

Tras conseguir sacar a una familia de las viviendas subvencionadas, ahora Oprah quería hacer lo mismo pero con 100 familias. Sin embargo, al atraer tanta atención de los medios hacia su anuncio, había dado a los receptores de ayudas sociales la impresión de que iba a 'comprar' su salida de la pobreza. Hull House recibió más de 30.000 llamadas, que redujeron a 1.600 candidatos, pero la falsa idea de que les iban a dar una casa gratis, siguió estando tan extendida que hubo que reescribir las hojas de solicitud para especificar: «No os vamos a comprar una casa».

Como había empezado en la misma época en que la administración Clinton trataba de reformar el sistema de bienestar social, el experimento de Oprah era observado atentamente y con grandes esperanzas. Oprah se involucró activamente en todos los aspectos, ayudando a seleccionar a las familias participantes y creando su plan de estudios de ocho semanas. Participaba en las sesiones de asesoría y seguía de cerca sus avances. Pero, después de gastar 843.000 dólares, en 18 meses, y ver sólo papeleo, cerró repentinamente la fundación y emitió una seca declaración pública: «Siento que me estoy convirtiendo en el gobierno. He gastado casi 1 millón de dólares en el programa y la mayoría han ido a gastos de desarrollo y administración. Esa no fue nunca mi intención. Ahora quiero averiguar, con la ayuda de personas que entienden de esto mejor que yo, cómo llegar directamente a las familias de una manera que les permita acabar valiéndose por sí mismas».

Se negó a conceder entrevistas sobre por qué había cancelado el programa y exigió un silencio absoluto a todos los asociados con él, incluyendo el personal de Hull House y las familias participantes. Nunca se emitió un informe ni se publicó un análisis del gasto, y por esto fue severamente criticada por los filántropos que valoran el rendir cuentas como fuerza curativa. «El problema con Families for a Better Life no fue su fracaso, sino que fue un fracaso nada constructivo, que no ofreció ninguna información sobre la transición de la asistencia social al trabajo». escribió Peter J. Frumkin, en Strategic Giving: The Art and Sience of Philanthropy. Frumkin que había sido miembro de Harvard, profesor de asuntos públicos de la Lyndon B. Johnson School of Public Affairs y director del RGK Center for Philanthropy and Community Service, culpaba a Oprah por ser tan hermética y proteger tanto su imagen. En su opinión, su experimento para pasar de asistencia social a trabajo era demasiado atrevido para no compartirlo con los que seguían comprometidos con hacer avances en ese terreno: «No debería haber ningún estigma en un fracaso constructivo que acumula conocimientos […] (pero) las iniciativas dotadas de unos fondos muy importantes que acaban en un fracaso nada constructivo, como la de Winfrey, merecen todas las críticas que están recibiendo y más […] No hay ninguna excusa para ser ineficaz y no rendir cuentas».

Oprah no creía deber nada a nadie. Con la excepción de las donaciones de Random House, Inc., y Capital Cities ABC, había financiado Families for a Better Life con su propio dinero, y no estaba dispuesta a financiar un informe público sobre su fracaso. Como le había dicho anteriormente a las graduadas de Miss Porter's School, en Farmington (Connecticut), en su discurso en la ceremonia de graduación: «Sabed esto: si tomáis una decisión y os dais cuenta de que no era la acertada, siempre tenéis el derecho a cambiar de opinión, sin sentiros culpables».

Oprah cerró sus dos fundaciones, There Are No Children Here y Families for a Better Life y puso en marcha otra, llamada For a Better Life. Como director de la nueva fundación puso a Rufus Williams, director sénior de Harpo. Entre 1996 y 2000, pasó la fundación For a Better Life a la Oprah Winfrey Foundation, para que englobara la mayoría de sus donaciones para obras benéficas, y sus mayores aportaciones fueron a Oprah Winfrey Scholars (Morehouse), Oprah Winfrey Boys and Girls (Kosciusko), y Oprah's Angel Network, que promocionaba en su programa para conseguir donaciones de los telespectadores. No tenía ninguna intención de despojarse del manto humanitario de la princesa Diana ni, pese al profesor Frumkin, tampoco estaba dispuesta a reconocer cualquier error que pudiera rebajar su papel como líder humanitaria.

De hecho, Oprah consideraba que tanto ella como Stedman eran unos líderes tan inteligentes que formaron equipo para impartir un curso en la

Kellog Graduate School of Management, de la Northwestern University, titulado Dinámica del Liderazgo. «Siempre he soñado con enseñar —le confesó a *Jet*—, y Stedman y yo compartimos la misma fe en la importancia del liderazgo dinámico en este país.»

La universidad estaba entusiasmada con su nueva profesora adjunta. «Las reacciones que recibimos de los estudiantes de MBA son fenomenales —dijo Rich Honack, que en 1999 era decano adjunto y director de marketing y comunicaciones—, porque Oprah es admirada muy sinceramente, en especial por las mujeres y los alumnos de las minorías, que la ven como alguien que ha triunfado.» Oprah insistió en que no se permitiera la entrada de la prensa en el campus durante sus clases nocturnas de cada martes, y todos y cada uno de los 110 estudiantes seleccionados para el curso tenían que presentar una tarjeta de identificación especial y someterse al control de cuatro guardias de seguridad antes de ser admitidos en el aula. Los responsables de la universidad les advirtieron de que cualquier estudiante que hablara con los periodistas sería sometido a una acción disciplinaria que podría llevar a la expulsión. Las extremas medidas de seguridad impulsaron al periódico estudiantil, al que también se le prohibía el acceso, a acusar a la universidad de implantar la censura. Oprah llegaba al campus cada semana en su propio furgón negro, blindado, con ventanillas a prueba de balas, acompañada por sus propios guardaespaldas.

Stedman y ella dieron su curso de liderazgo durante dos semestres de otoño y Oprah enviaba su avión privado a recoger a los oradores invitados, como Coretta Scott King, Jerry Yang, de Yahoo, Jeff Bezos, de Amazon.com y el ex secretario de Estado Henry Kissinger.

«Yo estaba allí, invitada por Stedman, la tarde en que vino Kissinger —recordaba Fran Johns, una mujer de negocios de Chicago—. Kissinger había ido para hacerle un favor a Oprah [...] Estábamos sentados detrás de los estudiantes cuando Oprah subió corriendo las escaleras. "Espera. Espera —le gritó a Kissinger—. No veo nada". Se sentó a mi lado y no paró de decir, a lo largo de toda la conferencia, "¿Verdad que es genial? ¿Verdad que es genial?" Y yo pensaba, "¿Genial? Es un asesino, rastrero y maquiavélico [...] pero es un orador interesante porque conoce todas esas increíbles historias internas sobre cualquier cosa"».

Oprah estaba tan agradecida a Kissinger que encargó un cuadro al óleo de su perro labrador y voló a Connecticut para entregárselo personalmente. «El develado del cuadro del perro tuvo lugar un fin de semana cuando Isaac y yo estábamos en el campo (Connecticut) y los Kissinger nos invitaron a su casa —recordaba la señora Isaac Stern, viuda del famoso violinista—. Isaac fue a conocer a Oprah. Yo me quedé en casa e hice una siesta.»

Una vez impregnada del legado de la esclavitud para rodar *Beloved*, ahora Oprah estaba todavía más entregada a ayudar a los niños afroamericanos. Años después explicó esa entrega: «La razón de que destine tanto dinero en educar a los niños negros —10 millones de dólares para A Better Chance, que saca a los niños de los barrios degradados del gueto y los lleva a escuelas privadas— es que sé que, así, sus vidas cambiarán para siempre». Aunque muy publicitadas, las donaciones de Oprah en los primeros años de su carrera eran mínimas; menos del 10 % de sus increíbles ingresos. En 1998, empezó a aumentar sus aportaciones con fines benéficos y a hacer donaciones más importantes a su fundación benéfica:

Año	Valor neto estimado (Forbes) (en millones de $)	Ingresos estimados (Forbes) (en millones de $)	Aportaciones a la Oprah Winfrey Foundation (IRS) $
1998	675	125	11.323.201
1999	725	125	0
2000	800	150	15.020.932
2001	900	150	8.000.000
2002	975	150	28.038.583
2003	1.000	180	43.657.831
2004	1.100	210	45.000.000
2005	1.300	225	35.978.502
2006	1.400	225	0
2007	1.500	260	43.000.000
		Total	230.019.049

La estrella polar de sus donaciones era Nelson Mandela, al que había conocido a través de Stedman, después de haber acompañado a la hija y el yerno de Mandela a Sudáfrica para que pudieran estar allí cuando liberaran a su padre de prisión, en Robben Island. Aunque financió el viaje en 1990, Oprah no se encontró con Mandela hasta el 2000. Para entonces, él había recibido ya el premio Nobel de la Paz, junto con Frederik Willem de Klek por sus esfuerzos por unir a Sudáfrica después de años de *apartheid*. Al año siguiente Mandela fue elegido primer presidente negro del país, cargo que ocupó hasta 1999. Cuando dejó el cargo, recorrió los Estados Unidos para recaudar dinero para la Fundación Nelson Mandela, dedicada a educar a los niños de su país. «No está más allá de nuestro poder crear un mundo en el que todos los niños tengan acceso a una buena educación —afirmaba—. Los que no lo creen tienen muy poca imaginación.»

Durante su visita, apareció en el programa de Oprah, el 27 de noviembre de 2000, y cuando llegó para hacer la grabación, los trescientos empleados de Harpo se alinearon en el vestíbulo para estrecharle la mano. «Fue la entrevista de toda una vida», dijo Oprah más tarde. Cuando Oprah visitó Sudáfrica, le preguntó a Mandela qué regalo podía hacerle, a él y a su país. La respuesta fue: «Constrúyeme una escuela», y ella aceptó. Por su parte, él le regaló el dibujo de unas manos que había hecho en prisión. «Oprah tiene montones de obras de arte en su casa —recordaba Sandra Day O'Connor, ex juez del Tribunal Supremo—. Cuando estaba visitando a mi amiga Mary Dell Pritzlaff, vecina suya en Montecito, Oprah se enteró de que estaba allí e insistió en que las dos fuéramos a cenar con ella [...] Fue una noche maravillosa y Oprah estuvo encantadora [...] Lo que más me gustó fueron las cuatro manos que había enmarcado y tenía colgadas en una de las paredes. Las había dibujado Nelson Mandela cuando estuvo preso en Robben Island.»

Antes de abrazar el proyecto que llevaría a la Oprah Winfrey Leadership Academy for Girls, Oprah se embarcó en otro proyecto para Mandela y empezó a planear A Christmas Kindness para 50.000 niños sudafricanos. Reunió un equipo con miembros del personal de Oprah Winfrey Foundation y de Harpo y unos cuantos amigos personales y durante un año trabajaron junto con la Fundación Nelson Mandela para hacer que la Navidad de 2002 fuera algo memorable para unos niños que nunca habían recibido regalos. Dijo que lo hacía porque se acordaba de cuando era niña y su madre, que dependía de la asistencia social, no se podía permitir ofrecerles una Navidad a sus hijos.

«Estaba triste no tanto por no tener juguetes como por tener que enfrentarme a mis compañeros de clase —recordaba Oprah—. ¿Qué diría cuando los otros me preguntaran qué me habían traído? Aquella Navidad, tres monjas se presentaron en mi casa con una muñeca, fruta y juegos para nosotros. Me sentí tan aliviada porque me hubieran dado algo, porque no me hubieran olvidado. Porque alguien había pensado en mí lo suficiente como para llevarme un regalo.»

Oprah habló con los responsables de los orfanatos de Sudáfrica para saber qué regalos serían culturalmente apropiados. «Me dijeron que ninguna de aquellas niñas había visto nunca una muñeca negra; la mayoría arrastraban de un lado para otro Barbies rubias y desnudas. ¿No sería maravilloso que cada niña se pudiera ver en los ojos de una muñeca igual que ella? Regalarle un muñeca negra a cada niña que conocía se convirtió en mi pasión y mi misión.»

Pasó el verano de 2002 eligiendo regalos para los niños: «Me emocionaba ver mi despacho lleno con 127 muñecas de muestra. Después de escoger la que yo habría querido cuando era niña, llamé al fabricante y le pedí que sus muñecas apenas morenas fueran bañadas en color dos veces, para oscurecerlas. Elegimos pelotas de fútbol para los chicos, radios alimentadas con energía solar para los adolescentes y tejanos y camisetas para todos. Además, quería que todos recibieran un par de zapatillas deportivas. En Sudáfrica, donde muchos de los niños andan descalzos bajo aquel sol abrasador, los zapatos son oro».

Oprah financió los vuelos para ella, Stedman, Gayle y 37 empleados, con todo el equipo técnico necesario para filmar lo que sucediera para futuros programas, más 300.000 regalos de Navidad que su personal se había pasado meses envolviendo. Su primera parada fue Johannesburgo, donde distribuyó los regalos a los niños de escuelas y orfanatos. Viajó a Qunu, el pueblo de Nelson Mandela, donde el mismo Mandela hizo de Papá Noel y la ayudó a entregar regalos a 6.500 niños que habían recorrido kilómetros a pie para conocer al hombre al que llamaban *Madiba*, el nombre tribal de Mandela. En cada parada, el personal de Oprah montaba tiendas de fiesta, llenas de burbujas, música de feria, payasos y más comida de la que aquellos niños habían visto jamás.

Oprah dijo que su Chrismas Kindness, que filmó para su programa, le había transformado la vida: «Me costó 7 millones de dólares, pero fue la mejor Navidad que he tenido nunca». Durante aquellas tres semanas, se sintió abrumada por el número de huérfanos, cuyos padres habían muerto víctimas del sida, y antes de abandonar Sudáfrica, adoptó 10 niños, de edades entre 7 y 14 años, que no tenían a nadie que los cuidara. «Sabía que no podía salvar a todos los niños, pero podía seguir ocupándome personalmente de estos diez —declaró—. Los matriculé en un internado privado y contraté a cuidadores para que los atendieran.»

Oprah justificó su maternidad a distancia por su carácter: «No traje a estos niños aquí (porque) mi modo de vida no me permitiría dedicar todo mi tiempo a ellos y esto era lo que necesitaban». A un continente de distancia, apenas podía ser madre, pero sí una generosa benefactora. «Cada Navidad volvía con montones de regalos», dijo. En 2006, compró a sus diez 'hijos' una casa enorme y contrató a un decorador para que personalizara cada uno de sus dormitorios. Pero cuando volvió al año siguiente, se quedó consternada al encontrárselos pegados a sus móviles RAZR, de 500 dólares, y hablando de sus PlayStations, iPods, zapatillas de deporte y extensiones del pelo. «Supe, de inmediato, que les había dado demasiado —confesó—, sin inculcarles valores que acompañaran los regalos.» Al año siguiente, no les dio «montones de regalos», sino que les hizo elegir una familia tan pobre como ellos lo habían sido e hizo que pasaran sus vacaciones haciendo algo bueno por los demás.

Antes de dejar Sudáfrica en 2002, Oprah empezó a construir en el solar donde acabaría estando la Oprah Winfrey Leadership Academy for Girls. «Esta vez no fracasaré», afirmó. Volvió a casa y empezó a buscar información sobre cómo construir la escuela preparatoria para chicas más magnífica del planeta, porque eso era, exactamente, lo que tenía en mente. «Esta escuela será un ejemplo para el mundo», declaró.

Utilizando su involucración en A Better Chance, Oprah envió a su sobrina Chrishaunda Lee a la Miss Porter's School, una escuela de élite, para chicas, casi todas blancas, en Farmington (Connecticut), donde, entre otras, se habían graduado Gloria Vanderbilt, Jacqueline Bouvier Kennedy Onassis y Barbara Hutton, la debutante apodada *la pobre niña rica de los Estados Unidos*. Oprah quedó tan impresionada por el cambio de su sobrina después de asistir a la escuela de Miss Porter que estableció la Oprah Winfrey Prep School Scholars, a la cual aportó, a lo largo de los años, 2 millones para becas.

Para dotar de fondos a su propia escuela, puso en marcha la Oprah Winfrey Operating Foundation, que más tarde cambió de nombre para llamarse Oprah Winfrey Leadership Academy Foundation, que financió ella misma. Al principio, invirtió 10 millones de dólares, pero al acabar, el proyecto costaba más de 40 millones. Los planes se dispararon desde «una agradable escuela internado hasta una escuela internado de clase mundial para niñas», dijo Dianne Hudson, que coordinaba el trabajo.

Año	Valor neto estimado (Forbes) (en millones de $)	Ingresos estimados (Forbes) (en millones de $)	Aportaciones a Oprah Winfrey Operating Foundation/Oprah Winfrey Leadership Academy Foundation (IRS) ($)
2002	975	150	18.000.000
2003	1.000	180	0
2004	1.100	210	5.000.000
2005	1.300	225	11.030.000
2006	1.400	225	50.200.737
2007	1.500	260	33.130.055
		Total:	117.360.792

Oprah continuó investigando otras escuelas preparatorias, entre ellas la Young Women's Leadership Charter School, de Chicago y la SEED School, de Washington. También pidió consejo a Christel DeHaan, filántropa de Indianápolis que, calladamente, construía escuelas para niños pobres por todo el mundo.

Para entonces, Oprah tenía unas ideas muy claras sobre la educación, especialmente sobre las escuelas públicas de los Estados Unidos, unas ideas que no se privaba de compartir. Después de hacer dos programas, uno de ellos titulado «Informe especial de Oprah: las escuelas estadounidenses en crisis», sobre el sistema educativo del país, aquejado de graves problemas, Oprah se consideraba ya versada en el tema. Tanto es así que en una visita a Baltimore, dictaminó que el sistema escolar de la ciudad era «una atrocidad».

En una entrevista para WBAL-TV, Oprah dijo: «Lo que está pasando aquí es un crimen contra los niños de la ciudad. Es un crimen. Es un crimen que la gente ni se imagina». Añadió que había considerado la posibilidad de hacer una donación benéfica al sistema de la escuela pública de Baltimore, pero que había decidido que sería gastar dinero en vano. «Lo que he aprendido de mis donaciones benéficas es que, a menos que puedas crear sostenibilidad, es un despilfarro. Sería igual que si lo tiraras a la basura.» También dijo que había hablado de la «atrocidad» de la ciudad con Nelson Mandela: «Estaba en su casa, hablándole de la situación de los hombres negros aquí en Baltimore —dijo, citando [incorrectamente] un 76 % de abandono escolar entre los negros varones—. No me creyó».

Tampoco la creyó la Junta Escolar de la Ciudad de Baltimore, que intentó dar los datos correctos. «Tenemos que ser el Dr. Phil y responder con los datos» —dijo Anirban Basu, miembro de la junta escolar, que corrigió el índice de abandono del instituto, dejándolo en el 50 % (no el 76 %), de los negros varones de Baltimore.

Los funcionarios de la ciudad, que parecían no tener el valor de enfrentarse a alguien de su riqueza y alta consideración, acogieron la diatriba de Oprah con timidez. «Me parece que no es consciente de los progresos que hemos hecho —dijo el alcalde, Martin O'Malley—. Estoy seguro de que no hubo malicia por su parte.»

The Sun no fue tan diplomático. Dan Rodricks, tras afirmar que los problemas de todas las escuelas de los barrios deprimidos tienen sus raíces en la pobreza, escribió: «La alta concentración de niños pobres en las escuelas es una fórmula ideal para el fracaso, algo que ha sido estudiado y demostrado. Las familias pobres tienen pocas opciones, así que están atascadas». El periodista proponía que Oprah, que había dado sus primeros pasos profesionales en

Baltimore, «empeñe un par de anillos y algunos zapatos» y entregue el importe la sección local del Children's Scholarship Fund, que ofrece becas parciales
a los niños pobres. «Creo que lo conoce. Si no, que se lo pregunte a Stedman
[...] es miembro de la junta nacional de la organización [...] ¿Cree que los
niños de Baltimore están siendo privados de una buena educación, Oprah?
Extienda un cheque.»

Pero Oprah ya había comprometido sus millones con las niñas pobres de
Sudáfrica, donde el índice de graduación en el instituto era del 76 %, en algunos lugares. Prefería cambiar las cosas entre alumnos con un alto rendimiento
allí que con otros de bajo rendimiento en los Estados Unidos, donde dijo que
los niños pobres no valoraban la educación. «Acabé tan frustrada al visitar las
escuelas de los barrios deprimidos que dejé de ir. La idea de que es necesario
aprender no existe allí. Si le preguntas a los críos qué quieren o qué necesitan,
te dirán que un iPod o unas zapatillas deportivas. En Sudáfrica, no te piden
dinero ni juguetes; te piden uniformes para poder ir a la escuela».

A través de Oprah's Angel Network, empezó a encauzar cada vez más
dinero del que recaudaba de sus telespectadores a Sudáfrica. Un análisis de las
declaraciones a Haciencia desde 2003 hasta finales de 2007 indica que casi el
10 % de las donaciones se destinaban a ese país:

Año	Organización beneficiaria en Sudáfrica	Total
2003	Chris Hani Independent School (Ciudad del Cabo)	30.000
2003	Friends of South African Schools, Greenwich (Connecticut)	1.500
2003 2005 2006	Kids Haven (Orfanato), provincia de Guanteng	3.000 262.000 350.000
2003	Hospicio de Place of Faith, Hatfield	3.000
2003	READ Educational Trust, Johannesburgo	19.643
2003 2007	Salvation Army-Carl Silhole Social Centre, (Johannesburgo)	150.000 25
2003	Thembalethu Home-based Care (provincia de Mpumalanga)	3.000

Año	Organización beneficiaria en Sudáfrica	Total
2004	Seven Fountains Primary School	250.000
2005	(provincia de Kwa Zulu-Natal)	1.750.074
2006		4.353
2007		757.204
2004	South Africa Fund (Gauteng, Ciudad del Cabo, y el valle de Sankonthshe)	30.975
2004	South Africa Uniforms (siete provincias)	1.000.000
2005	Africa Gift Fund	269
2005	God's Golden Acre (Orfanato) (provincia de KwaZulu-Natal)	25.000
2005	Ikageng Itireleng AIDS Ministry, (Johannesburgo)	180.000
2006		35.308
2007		250.000
2005	Institute of Training and Education for Capacity Building (ITEC) (Becas), East London	13.000
2005	Saphela Care and Support	10.800
2006	(provincia de KwaZulu-Natal)	362
2005	Centre for the Study of Violence and Reconciliation (Johannesburgo)	25.000
2006	Children in Distress Network (CINDI), (provincia de KwaZulu-Natal)	5.000
2006	CIDA (Community and Individual Development Association) City Campus, (Johannesburgo)	150.000
2006	Ukukhula Project (para niños víctimas del sida), Hatfield	32.025
2006	Western Cape Networking HIV/AIDS	50
2007	Community of South Africa (NACOSA)	240.000
2007	Mpilonhle (educación y prevención del sida), (provincia de KwaZulu-Natal)	297.380
2007	Teach South Africa Conference	345

	Total:	5.879.313

Oprah se había enamorado de África, y el continente se convirtió en su nuevo baremo para juzgar a todo el mundo. Cuando Gayle y ella asistieron a la boda de Scott Sanders y su compañera, Gayle brindó por la pareja. Dijo que Oprah le había dado la lista de invitados para la inauguración de la Oprah Winfrey Academy en Sudáfrica y mencionó que había invitado a Sanders, productor de la versión musical de *El color púrpura*. Gayle dijo que le había preguntado: «¿Es digno de África?» y que Oprah le había asegurado que, por supuesto, Sanders era «digno de África». El cumplido de Gayle, hecho con buenas intenciones, pareció torpe y poco amable, en presencia de Alice Walker, que escribió *El color púrpura* y que era la pastora que casaba a Sanders, porque no había sido juzgada digna de ser invitada a la inauguración de la escuela de Oprah.

Cautivada por sus raíces africanas, Oprah se imaginaba que descendía de los guerreros zulúes. «Siempre me he preguntado cómo sería si resultara que soy sudafricana —le dijo a las 3.200 personas que asistían a su seminario de Live Your Best Life en Johannesburgo. Aquí me siento como en casa. ¿Sabéis que de verdad estoy en casa? Fui en busca de mis raíces e hice que analizaran mi ADN, y soy zulú». En aquel momento todavía no había recibido los resultados de Henry Louis, *Skip*, Gates, Jr., que estaba haciendo que analizaran el ADN mitocondrial de Oprah para un programa de PBS (Public Broadcasting Service) titulado, *En busca de las raíces de Oprah*.

«Si me dices que no soy zulú, me disgustaré mucho —le advirtió—. Cuando estoy en África, siempre siento que tengo aspecto de zulú. Me siento conectada con la tribu zulú.» Gates estaba nervioso cuando tuvo que informarla de que sus antepasados procedían de Liberia, y Oprah se quedó cabizbaja. No le enorgullecía estar relacionada con un país colonizado por esclavos estadounidenses liberados. Gates tuvo que detener el rodaje unos minutos, porque Oprah necesitaba serenarse.

«Se le descompuso la cara cuando averiguó que descendía de liberianos y no de zulúes —dijo Badi Foster, presidente del fondo Phelps Stokes, que se dedica a fortalecer a las comunidades de África y las Américas—. Ahora tiene que mejorar sus relaciones con Liberia y no mostrarse tan despreciativa [...] Trajo en avión a la presidenta de Liberia, Ellen Johnson Sirleaf (primera mujer elegida presidente de una nación africana) para que participara en su programa, pero luego no le hizo ningún caso y se pasó todo el tiempo entrevistando a la reina Rania (de Jordania), la joven y bella esposa del rey Abdalá.»

Desde el año 2000 hasta el 2006, Oprah batalló con el gobierno de Sudáfrica para construir su escuela en el solar de veintidós acres (nueve hectáreas), en Henley-on-Klip, a las afueras de Johannesburgo, que le había recomendado el Ministerio de Educación sudafricano. No le gustaban los planos originales, porque decía que parecían gallineros o barracones. «¿Por qué iba a construir chozas de hojalata para unas chicas que vienen de chozas de hojalata?» Los planificadores del gobierno le dijeron que los niños africanos duermen en el suelo, en chozas sin agua ni electricidad, o comparten un colchón con otros miembros de la familia, así que el entorno más simple sería un lujo para ellos. Oprah rechazó su actitud junto con sus planos, y contrató a sus propios arquitectos. «En esta escuela voy a crear todo lo que me habría gustado tener a mí misma, de forma que las niñas tengan lo mejor de lo mejor que mi imaginación pueda ofrecerles [...] Esta escuela será un reflejo de mí misma.» Y también lo serían sus alumnas; todas pequeñas oprahs. «Todas las niñas tienen "eso" de un modo u otro —afirmó—, una luz que dice "Lo quiero". "Puedo triunfar". "No soy mis circunstancias"».

Oprah estaba decidida a hacer que la Oprah Winfrey Leadership Academy for Girls fuera su versión de Miss Porter's School, presentada como si fuera el Ritz, con un gimnasio, pistas de tenis, un salón de belleza, un espacio de yoga, un centro de salud y un comedor con mesas de mármol, servilletas de hilo y vajilla de porcelana, cubertería de plata y cristalería, todo lo cual lo había sido seleccionado por ella misma. Insistió en que hubiera también un anfiteatro con un aforo para 600 personas, para las «oradoras», porque «para ser un líder, es preciso tener voz. Y para tener voz es preciso practicar la oratoria». Exigió seis laboratorios, dos para ciencias y uno para cada departamento de arte, diseño, tecnología y medios. Todos tenían que contar con el mejor equipo, y sus aulas llenas de ordenadores debían tener espacio al aire libre, incluso con un «árbol donde poder leer bajo su sombra». Todos los dormitorios tenían cocina y cada uno disponía de balcón y de un armario grande. «Me preguntaron por qué era importante tener un espacio de armario, y lo es porque (las chicas) tendrán algo de su propiedad —afirmó—. Pensamos darles la oportunidad de ganar dinero para comprar cosas. Es la única manera de enseñarles a apreciarlas.» Para la construcción de los 28 edificios del campus, Oprah escogió ladrillos de arenisca de color dorado y eligió personalmente cada baldosa, cada luz y cada manija de cada puerta. Mandó construir una biblioteca con 10.000 volúmenes, con chimenea y pequeños cubículos donde había calcetines suaves para que las chicas se pudieran acurrucar cómodamente para leer. Decoró todas las zonas de estar con cojines de seda esparcidos por todas partes y orquídeas de verdad. Eligió sábanas de hilo, finísimas, fundas de almohada blancas bordadas con la O, y edredones esponjosos, todos los cuales comprobó personalmente para asegurarse de su lujo y comodidad. Seleccionó los uniformes para las alumnas, cinco pares de zapatos, mochilas..., incluso la ropa interior. Diseñó una bandera para la escuela y dijo que impartiría las clases de liderazgo ella misma, en persona y por satélite. Encargó obras de arte a quinientos artistas sudafricanos y llenó todos los edificios con cestas, pinturas y esculturas de cuentas que reflejaran la rica cultura tribal del país. Siempre preocupada por la seguridad, hizo instalar dobles verjas eléctricas en la entrada de la escuela y metros de vallas electrificadas con efecto de choque. Una camioneta de Venus Africa patrullaba el terreno día y noche y no se permitía que entraran visitas, excepto las familias, y ellas sólo en fines de semana específicos.

«Mamá Oprah» se comprometió a construir «la mejor escuela del mundo» para las niñas a las que ahora llamaba «mis hijas». Y prometió apoyarlas para que pudieran ir a la universidad que eligieran. Entre 3.500 solicitantes, seleccionó el primer grupo de 152 alumnas (de 11, 12 y 13 años), cada una de las cuales tenía notas superiores y demostraba potencial de liderazgo. Ninguna procedía de familias que ganaran más de 787 dólares al mes y la mayoría tenían una vida destrozada por el sida, la violación y la enfermedad. Algunas eran huérfanas, y muchas vivían sólo con un cuenco de arroz al día. «Conozco su historia —afirmó Oprah—, porque es la mía.»

Viéndose a sí misma en cada niña, afirmó: «Quiero que estén rodeadas de belleza, porque la belleza inspira. Quiero que este sea un lugar de honor porque estas niñas nunca han sido tratadas con bondad [...] Este será su lugar seguro, un lugar donde puedan crecer libres de violencia, abusos y privaciones; [...] Quiero que sus padres sepan que pueden confiarme sus hijas».

En aquellos momentos, los empobrecidos padres de las niñas veían en Oprah la personificación de la bondad, porque daba a sus hijas la oportunidad de una vida mejor, un regalo que ellos no podrían permitirse nunca. Sólo más tarde, algunos empezarían a sentir una amarga decepción. Oprah también lamentaría algunas cosas y se vería forzada a admitir que había dedicado demasiado tiempo a embellecer la escuela y no el suficiente a investigar al cuerpo docente al que confiaba la protección de las niñas. «Presté demasiada atención a las cosas equivocadas —confesó—. Construí la escuela de fuera adentro, cuando lo que realmente importaba era hacerlo de dentro afuera.»

Como parte de ese enfoque «externo», Oprah orquestó una campaña de publicidad mundial para la inauguración de su escuela y captó más atención que un lanzamiento a la Luna, apareciendo en la portada de *People* y en las primeras páginas de los periódicos de todo el mundo. Estuvo en la CNN, en un especial de dos horas con Anderson Cooper y en los informes especiales de los informativos de todas las cadenas: *The Today Show, Good Morning America, The Early Show* en CBS, *American Morning, ET y Extra* de la CNN. Se publicaron artículos en *Time, Newsweek* y, claro, en la revista *O*, y su derivada *O at Home*, más un especial en horario de máxima audiencioa en ABC, titulado *Building a*

Dream: The Oprah Winfrey Leadership Academy. Hubo tanto bombo y platillo alrededor de la inauguración de la suntuosa escuela de Oprah que el funeral de Estado de Gerald Ford, trigésimo octavo presidente de los Estados Unidos, celebrado el mismo día, pareció sólo una sobria nota a pie de página.

Unas semanas antes de Navidad, en el sitio web <HollywoodReporter. com>, Ray Richmond estaba componiendo su lista de regalos de 2006 «para figuras cuestionadas de los medios». Para Oprah, deseó «una conversación que no trate sólo de ella y de lo absoluta y sublimemente maravillosa que es». Ella, a su vez, esos mismos días, enviaba invitaciones, grandes y adornadas, a 200 personas, invitándolas a celebrar la Nochevieja con ella en Johannesburgo. Todos recibieron una relación de lo que les esperaba: elegantes suites de hotel, tes especiales, cócteles, cenas a la luz de las velas en el monte, un safari y festines africanos de cinco platos, con comida, vino y música la noche de Fin de Año, en el Palace of the Lost City, en Sun City, con la actuación del Soweto Gospel Choir. Le pidió a cada invitado que llevara un libro, con su dedicatoria personal, para la biblioteca de la escuela.

Los aviones empezaron a llegar aquel fin de semana, vertiendo estrellas de cine, de rock y de televisión: Tina Turner, Chris Rock, Mary J. Blige, Mariah Carey, Spike Lee, Sidney Poitier, Chris Tucker, Tyler Perry, Nick Ashford, Valerie Simpson, Kenneth (*Babyface*), Edmonds, Star Jones, Patti LaBelle, Cicely Tyson, Quincy Jones, Reuben Cannon, Kimberly Elise, Anna Deavere Smith, BeBe Winans, Suzanne De Passe, Andrew Young, India.Arie, Holly Robinson Peete, Al Roker, Diane Sawyer, y al premio Nobel Wangari Maathai. Todos venían a homenajear a Oprah y su escuela.

Además de los famosos, Oprah también invitó a su padre, pero no a su madre. Rindió homenaje a Vernon durante su discurso de inauguración pidiéndole que se pusiera en pie. «Lo que habéis visto lo he hecho yo, y lo que habéis oído lo he hecho yo. Pero nada de todo esto habría sido posible sin mi padre.» Vernon estaba muy orgulloso de este reconocimiento en presencia de Nelson Mandela. «Me puse en pie y me di la vuelta muy lentamente, para que pudieran verme bien —dijo más tarde—. Se me llenaron los ojos de lágrimas, porque ella reconocía mi mérito. Era verdad. No habría sido posible si no hubiera vuelto a mí, y ella me lo reconocía.»

Para la gran inauguración del 2 de enero de 2007, Oprah llevaba un vestido de baile, largo, de tafetán de seda rosa, y el pelo ligeramente rizado y apartado de la cara para mostrar en sus orejas unas lágrimas brillantes de enormes diamantes rosa. Estaba de pie delante de 152 niñas vestidas con uniformes verdes, blusas blancas, calcetines blancos y zapatos Mary Jane. Parecían damitas de honor flanqueando a una novia.

«(Con mi) vestido rosa, con los diamantes rosas y las niñas, me sentía como dicen que te sientes el día de tu boda —recordaba Oprah—. La verdad es que creí, literalmente, que me casaba 152 veces.»

Abriendo los brazos a las familias de las niñas, a sus invitados famosos y a los periodistas de todo el mundo, declaró: «Bienvenidos al día más grande, más lleno de orgullo de mi vida —Con lágrimas en los ojos, habló de forma conmovedora—. Sé lo que es crecer pobre, crecer sintiendo que no te quieren. Deseo devolverles algo a los que eran como yo de niña [...] La razón de que quisiera construir una escuela para niñas es que sé que cuando educas a una niña empiezas a cambiar el rostro de una nación. Las niñas se hacen mujeres y educan a sus hijos e hijas. Las niñas que han recibido una educación tienen menos probabilidades de coger enfermedades como el VIH y el sida; una pandemia en Sudáfrica [...] Lo que quería hacer era dar una oportunidad a las niñas que eran como yo fui; niñas pobres, que proceden de circunstancias desventajosas, pero que tienen una luz tan brillante que ni siquiera la pobreza, la enfermedad y las circunstancias de la vida podrían apagarla».

Conmovidos hasta las lágrimas, los presentes aplaudieron a Oprah, agradecidos de que hubiera abierto su corazón a estas niñas, que prometió que salvarían a su país y enriquecerían el mundo. Sin embargo, en África, algunos la criticaron por gastar tanto en tan pocas; otros, en América, estupefactos ante los lujos que había derramado sobre sus «hijas», la criticaron por no ayudar a los niños pobres de los Estados Unidos: «Todos dicen que es lujoso —respondió Oprah—. Yo lo llamo cómodo».

La diferencia entre «lujoso» y «cómodo» podría atribuirse a la diferencia entre la gente corriente y una multimillonaria que había pagado 50 millones de dólares por su mansión en los cuarenta y dos acres (unas 17 hectáreas) de Montecito (California), que era, según *Los Angeles Times,* uno de los precios más altos jamás pagados por una residencia privada en los Estados Unidos. Además invirtió 14 millones de dólares en renovaciones, haciendo que su mansión, que primero llamó Tara II, nombre que luego cambió por el de The Promised Land, tuviera un valor de 64 millones de dólares.

Con una calma encomiable, Oprah les explicó a sus críticos que hacía donaciones a Sudáfrica porque el país era joven, sólo hacía doce años que había salido del *apartheid.* También dijo que con toda una generación diezmada por el sida, era preciso educar a los niños del país para que pudieran salvar a su nación. Cuando los periodistas sudafricanos le preguntaron por qué casi todas sus alumnas eran negras, Oprah insistió en que su escuela estaba «abierta a todos [...] a todas las niñas desfavorecidas». Los periodistas insistieron, preguntando si había la intención de mantener fuera a las estudiantes blancas.

Oprah les contestó, tajante: «No creo que tenga que apaciguar a los blancos (9,2 %) de este país». A continuación, un periodista blanco le preguntó por las críticas que estaba recibiendo de los blancos. De nuevo, respondió, sin alterarse: «Me parece interesante que a los blancos les preocupe que eduque a las niñas negras». Las críticas continuaron y, unos meses más tarde, en una entrevista para BET, respondió con dureza a todos sus críticos: «Al infierno con todas vuestras críticas —dijo—. No me importa lo que tengáis que decir sobre lo que hice. Lo hice».

Menos de nueve meses después de abrir la escuela, sufrió un ataque indirecto por un escándalo de abusos sexuales que tuvo como resultado un pleito contra ella, por difamación, agresión y calumnias presentado por la ex directora, Nomvuyo Mzamane. Después de que el juez desestimara la moción de Oprah para despedirla, diciendo que Mzamane había presentado suficientes pruebas para ir a juicio, Oprah llegó a un acuerdo extrajudicial, unos días antes de que empezara el proceso en Filadelfia. Sin embargo, el escándalo por abusos sexuales tuvo como resultado varios despidos y un juicio contra una supervisora de dormitorios, acusada de catorce casos de agresión sexual y humillación a las alumnas. Un año después, expulsaron a siete estudiantes por relaciones lesbianas.

«Ha sido una de las experiencias más devastadoras, si no la más devastadora, de mi vida —reconoció Oprah en una conferencia de prensa con periodistas de Sudáfrica—. Cuando me enteré de lo sucedido, me pasé media hora llorando, yendo de una habitación a otra de mi casa. Estaba tan aturdida que no podía ni pensar con claridad.»

Algunos se quedaron estupefactos ante sus comentarios, pensando que estaba personalizando una tragedia, pensando sólo en cómo podría afectar a su imagen: «Fue de mal gusto por su parte hablar de la experiencia como si se tratara de ella —escribió Caille Millner, en el *San Francisco Chronicle*—. Dio la impresión de que sólo pensaba en sí misma y que no tenía ni idea de lo que pasaba».

Keith Olbermann, de MSNBC, estaba de acuerdo. Después de pasar el vídeo de Oprah, en la conferencia de prensa, dijo: «Gracias a Dios, la señora Winfrey está bien, ya que, bien mirado, esto sólo gira en torno a ella».

En una columna titulada «Oprah, la vengadora», Eugene Robinson escribió, en *The Washington Post:* «La verdad es que ayer me estremecí, cuando dijo que las acusaciones de abusos sexuales y físicos en la escuela para niñas que había fundado en Sudáfrica eran "una de las experiencias más devastadoras, si no la más devastadora, de mi vida", y parecía que todo tenía que ver con ella, no con las supuestas víctimas. Sin embargo, mi corazón se negó a endurecerse».

Oprah dijo que había pasado un mes en la escuela antes de que se conociera el escándalo, pero no sabía nada porque las niñas no se lo habían dicho. Les habían dado instrucciones para poner siempre una cara alegre cuando estaban con «Mamá Oprah» y no quejársele nunca de nada. No fue hasta que leyeron un artículo en el *Sowetan* (27 de septiembre de 2007), un diario de Sudáfrica, sobre una madre que se había llevado a una niña de la escuela, después de que sufriera «abusos emocionales», cuando quince estudiantes reconocieron que lo que se contaba en el artículo era cierto y presentaron sus propias acusaciones de abusos.

Dada la publicidad internacional que rodeaba a su escuela, Oprah tenía que hacer frente al escándalo, lo cual hizo por satélite desde sus estudios Harpo en Chicago. Luego, el 5 de noviembre de 2007, entregó la cinta a las empresas de noticias de los Estados Unidos, con unas inusuales normas de uso:

> Por favor, observen las siguientes condiciones de Harpo Productions para el uso de las secuencias de Oprah News Conference:
>
> 1. Créditos: Harpo Productions, Inc.
> 2. Estas secuencias sólo pueden utilizase en nuestras plataformas durante el mes de noviembre de 2007. No se autoriza ningún uso posterior (incluyendo el archivo en Internet) en una fecha posterior al 30 de noviembre de 2007.

«Llevó la cuestión del escándalo sexual en su escuela con aparente transparencia —dijo un ejecutivo de las cadenas— pero no permitió que el vídeo se pasara una y otra vez. Distribuyó la cinta con instrucciones de que sólo la podíamos usar durante el resto del mes y no podíamos archivarla ni mostrarla a perpetuidad. Es algo absolutamente inaudito.»

El extremo control que Oprah ejerció sobre la cobertura que hacía la prensa sobre el escándalo por abusos sexuales contrasta con la cobertura ilimitada que buscó cuando inauguró la escuela. Pasó meses preparando un corte de cinta que exhibiera su sueño ante el mundo. En su programa, había hablado de su escuela muchas veces, la más reciente antes de la inauguración oficial, cuando presentó al público a Muhammad Yunus, premio Nobel de la Paz en 2006. Hablaron de los males de los prestamistas y Oprah dijo que se había enterado de esa práctica «cuando estuve en África el otro día, construyendo una escuela». Quería que el laureado con el Nobel la aceptara como igual, quizá porque ella misma estaba siendo propuesta como candidata al Nobel.

«Inicié la campaña del Nobel después de que Oprah apareciera en el

Dream Academy Dinner (24 de mayo de 2005) para recaudar fondos para los niños que están en peligro porque sus padres están en prisión —dijo Rocky Twyman, publicista de Washington—. Cuando se levantó, alabó a Dios, abrió el monedero y le entregó a la Dream Academy un millón de dólares, quise que le dieran el premio Nobel de la Paz [...] pero el comité del Nobel no quería concedérselo a alguien famoso. Así que formé una comisión y hablamos con Dorothy Height (presidenta emérita del Nacional Council of Negro Women), que estaba absolutamente a favor de Oprah, porque esta le había dado 2 millones y medio de dólares, en 2002, para pagar la hipoteca de la central de la NCNW [...] La doctora Height se puso en contacto con Nelson Mandela y con el Obispo Tutu, y nos pusimos en marcha para conseguir publicidad y recoger las 100.000 firmas necesarias para presentar la nominación de Oprah ante el comité del Nobel [...]

»Por desgracia, sólo recogimos 40.000 firmas [...] porque muchos hombres, blancos y negros, se negaron a firmar [...] y muchas personas religiosas tampoco quisieron firmar porque dijeron que Oprah no estaba casada con Stedman y que daba un mal ejemplo a nuestros jóvenes por el modo en que vivía. Creo que todos pecamos y no alcanzamos la gloria de Dios, pero estas personas, sobre todo de iglesias negras, y todas conservadoras y respetuosas de la ley, sentían con mucha fuerza que Oprah se había puesto por encima de las leyes de Dios. Me quedé atónito, pero me temo que en nuestra comunidad (afroamericana) hay unos sentimientos muy fuertes contra ella [...] De las 40.000 firmas que conseguimos, la mayoría eran de blancos, no de negros. Logramos mucha publicidad e hicimos que la gente fuera más consciente de que podía conseguir el premio, pero, al final, supongo que Dios no quiso que sucediera.»

19

En primer y último lugar, y siempre, estaba *The Oprah Winfrey Show*. Incluso durante los años en que quería hacer una carrera cinematográfica, nunca dejó de lado su programa de televisión. «Es la base de todo», afirmó Oprah. Cuando, finalmente, dejó de perseguir su sueño de convertirse en una «gran estrella de cine», reivindicó su posición como presentadora número uno de los programas de entrevistas de los Estados Unidos. Para seguir en el pedestal, asignó 50 millones de dólares al año para gastos de producción y contrató a los mejores productores que pudo encontrar, pagándoles el máximo para que se trasladaran a Chicago; luego complementó sus salarios con un sistema de primas, para asegurarse de que trabajaran lo bastante duro como para conseguirle los índices que necesitaba para seguir en la cima.

Un equipo de productores creativos ayudaron a lanzar a la nueva y mejorada Oprah como amada filántropa. A David Boul se le ocurrió crear «la hucha más grande del mundo», que permitió que Oprah recogiera monedas del público para dotar a las becas universitarias para estudiantes necesitados. Kate Murphy David propuso Oprah's Angel Network, un medio ingenioso de recaudar millones entre los telespectadores y encauzar el dinero, en nombre de Oprah, a las organizaciones benéficas preferidas de esta. Alice McGee dejó su huella creando el Oprah's Book Club, y Ellen Rakieten, de la que Oprah decía que estaba entre sus mejores productores, ideó Acts of Kindness, Oprah's Favorite Things, Thank You Day y The Big Give.

Oprah también solicitaba ideas en su página web, instando a quienes la visitaban a «Llamar a la línea directa para confesiones anónimas de Harpo Productions»:

> ¿Has estado guardando un secreto que a tu familia le escandalizaría conocer? ¿Has estafado, robado u ocultado algo de lo que nadie está enterado? ¿O has desvelado un secreto de familia que te ha dejado absolutamente conmocionado, a ti o a tu familia? Tus padres, parientes o antepasados ¿han tratado de enterrar algún secreto de familia vergonzoso?
> ¡Llámanos ya!

La mayoría de las «chicas» de los primeros tiempos, que habían lanzado la Oprah de tipo más amarillo y sensacionalista, se habían quemado o las habían echado para hacer sitio al equipo de la coronación, que traían la corona y las vestiduras ribeteadas de armiño. Los programas de *Oprah* sobre nudistas, estrellas porno y prostitutas compartían ahora su lugar destacado con «programas que elevan el espíritu», sobre Dios, sobre dar y regalar. Algunas personas dijeron que era el principio de 'Santa Oprah'; otras lo vieron como 'el alba de la diva'. En cualquier caso, señalaron una brusca desviación de la Oprah sureña, en especial para las salas de redacción de Chicago.

«Lo vi venir en 1994, cuando Colleen Raleigh (la jefa de relaciones públicas de Oprah durante ocho años) puso una demanda contra ella —dijo Robert Feder, crítico de televisión del *Chicago Sun-Times* desde 1980 hasta el 2008—. Cuando informé de la demanda, y tenía que informar porque era algo del dominio público, Oprah me hizo el vacío más absoluto. Se acabaron las felicitaciones de Navidad. No me devolvía las llamadas. Nada. Hasta aquel momento, la había visto por lo menos una vez a la semana y hablaba con ella regularmente [...] Pero conforme aumentaba su poder, se iba alejando de la prensa y ahora desdeña a todos los medios de Chicago, porque ya no nos necesita.»

El paso de 'novia' a 'diosa' fue evidente para todos los que cubrían la televisión, que vieron que Oprah ya no pasaba tiempo con el público después del programa. En sus primeros y entusiastas días, cuando el público se iba ella estrechaba la mano de todos, los abrazaba, les daba autógrafos y se hacía fotos con ellos. Ahora consideraba que esa interacción personal era malgastar su tiempo y su energía, y ya no se permitían fotografías porque consideraba que su imagen era su marca. «Quién sabe donde podrían aparecer esas fotos más adelante —comentó—. No quiero acabar vendiendo galletas de la Tía Bessie, en algún rincón de Minnesota.»

Los fotógrafos de prensa también observaron el cambio de Oprah: «La fotografié bastantes veces —hice su primera portada de *People*— pero me gusta esta foto porque nunca había visto una imagen así —dijo Harry Benson, describiendo una foto natural de Oprah en 1996, vestida con ropa térmica para hacer ejercicio y muy delgada—. Ya no puedes hacer fotos así. Ahora sólo deja que la fotografíen sus propios fotógrafos. Era estupenda por aquel entonces, pero algunos de los que la rodeaban empezaban a estrechar el cerco [...] Ella quería comprar mis fotos para que nadie más las viera. Era una absoluta obsesa del control. ¡Y esta no es una foto fea! Ahora esconde toda la grasa».

Oprah era tan intransigente en lo relativo a la necesidad de protegerse de unas fans entusiastas que insistía en que el público que asistía a sus programas fuera registrado por los guardias de seguridad antes de entrar en el edificio y que entregaran sus cámaras, grabadoras, paquetes e incluso los bolis y lápices antes de que los acompañaran a sus asientos.

En los viejos tiempos, nunca se le habría ocurrido poner una *R* con el círculo alrededor (®) junto a *«You go, girl»* (A por ellos, chica), la frase que más se asocia con ella, pero en cuanto se convirtió en marca, empezó a registrar sus expresiones y solicitó el nombre de marca para frases como «Momento Ajá» y «Da a lo grande o, de lo contrario, mejor vete a casa». También registró:

- Oprah
- The Oprah Winfrey Show
- Oprah Radio
- Make the Connection
- Oprah's Book Club
- Live Your Best Life
- Oprah's Favorite Things
- Oprah's Ambassadors
- Wildest Dreams with Oprah
- Oprah Boutique
- Harpo
- The Oprah Store
- Oprah.com
- Oprah's Big Give
- Expert Minutes
- The 'Oprah' signature
- The 'O' design
- Oprah's Angel Network
- Angel Network
- Oprah Winfrey Leadership Academy for Girls
- *O, The Oprah Magazine*
- *O at Home*
- Oprah Winfrey's Legends Ball
- Oprah and Friends

La Oprah que había sido abierta y accesible parecía ahora distante y ligeramente altiva, en especial con la prensa. Para 1995, después de haber aparecido en veinte portadas de revistas nacionales, estaba acostumbrada a exigir (y conseguir) el control absoluto de lo que se escribía sobre ella, a cambio de estar en la portada. Con frecuencia, le permitían elegir al redactor, y siempre imponía al fotógrafo. La mayoría de los medios la complacían, excepto en Chicago, donde los periodistas buscaban un acceso sin trabas.

«Escribí un artículo titulado "Las 100 mujeres más poderosas de Chicago", y claro, Oprah era la número uno —dijo Cheryl L. Reed, ex redactora de la página editorial del *Chicago Sun-Times*—. Llamé a Harpo, pero Oprah no quiso concedernos una entrevista. Lo intenté todo —llamadas telefónicas, cartas, correos electrónicos, incluso enviarle flores— pero su publicista decía que estaba demasiado ocupada. Finalmente, le pregunté si podía enviarles unas preguntas para que ella las contestara. Lo que me devolvieron no fue otra cosa que un puñado de basura regurgitada que ya había sido publicada un millón de veces. Así que volví a llamar y pregunté: "¿Por qué me habéis enviado unas respuestas estándar casi generadas por el ordenador y publicadas en entrevistas anteriores?"

—Verás, la señora Winfrey dice que siempre le hacen las mismas preguntas, así que ha reunido unas respuestas que representan sus ideas sobre diversos temas y eso es lo que tiene que decir a tus preguntas.

—Creía que le entregarían mis preguntas y que ella las contestaría.

—Lo siento mucho, la señora Winfrey prefiere contestar de esta manera».

Los periodistas del *Chicago Tribune* y la revista *Chicago* tropezaron con el mismo muro en Harpo. Los únicos que lo conseguían eran los columnistas de cotilleos porque publicaban, obedientemente, los artículos ya escritos que les pasaban los publicistas de Oprah sobre las buenas obras benéficas de Oprah, los famosos que acudían a la ciudad para los programas de Oprah y los espléndidos viajes que Oprah regalaba a sus empleados. Hay que reconocerles el mérito de que no dejaban que los piques personales afloraran en sus historias y, aunque columnistas de cotilleos como Bill Zwecker, del *Chicago Sun-Times* y WBBM-TV reconocían que Oprah «se había convertido en imposible de tratar», también decían que su presencia en la ciudad beneficiaba a Chicago.

«Fue después del pleito con Raleigh cuando nos cerró a todos la puerta en los morros —dijo Robert Feder—. Le parecía que sus empleados la venderían y se volvió paranoica e incluso más controladora, obligando a la gente a firmar contratos que los ataban para siempre.»

Feder no exageraba: Oprah hacía que todos sus empleados, incluso los que estaban a prueba durante los primeros treinta días, firmaran acuerdos de confidencialidad que los obligaban hasta la tumba. Los contratos decían, en parte:

1. Durante su empleo o relación comercial con Harpo, y posteriormente, y con el máximo alcance permitido por la ley, está obligado a mantener la confidencialidad y no revelar, usar, apropiarse indebidamente, confirmar o negar, en

ningún caso, la veracidad de cualquier declaración o comentario relativos a Oprah Winfrey, Harpo (que, en su uso en este documento, incluye a todas las entidades relacionadas con Harpo, Inc., incluyendo Harpo Productions, Inc., Harpo Films, Inc.) o cualquier información confidencial tanto de Oprah como de Harpo. La expresión «información confidencial», tal como aparece empleada en esta norma, incluye, pero no se limita, a cualquier y a toda la información que no es generalmente conocida por el público, relacionada o concerniente a: *a*) la señora Winfrey y sus negocios o vida privada; *b*) las actividades, acuerdos o intereses comerciales de Harpo y sus cargos, directores, afiliados, empleados o contratistas; y *c*) las prácticas o normas de empleo de Harpo aplicables a sus empleados y/o contratistas.

2. Durante su empleo o relación comercial con Harpo, y posteriormente, está obligado a abstenerse de conceder o participar en ninguna entrevista/s concerniente o relacionada con la señora Winfrey, Harpo, su empleo o relación comercial con Harpo y cualquier asunto que concierna, tenga relación o entrañe cualquier información confidencial.

La mayoría de ex empleados reconocen que el miedo hace que se respete el contrato con Oprah, incluso entre aquellos que dejaron de ser empleados suyos hace años. «Lo único que necesitas conocer es su valor neto (2.700 millones de dólares en 2009), que puede comprar más abogados de los que nadie se puede permitir —dijo un ex productor—. Eso, más Elizabeth Coady.»

Todos los empleados de Harpo conocen bien el caso Coady. «Yo concebía y producía programas, supervisaba un equipo de otros ayudantes de producción, presentaba ideas para invitados, investigaba sobre invitados y temas», declaró Coady, ex productora adjunta sénior, que trabajó para Oprah durante 4 años. Dimitió en 1998, con la intención de escribir un libro sobre sus experiencias en Harpo. Periodista de formación, Coady publicó un artículo en el *Providence Journal* titulado «La farsante de primer orden, Oprah Winfrey y sus aduladores», donde describía cómo era trabajar para «"la suma sacerdotisa" del bombo publicitario, un producto vivo, plastificado, que pierde lustre en cuanto desaparecen las luces brillantes y el maquillaje». Debido al acuerdo de confidencialidad que Coady había firmado, Oprah amenazó con demandarla si procedía a escribir el libro. Pero Coady demandó a Oprah y la llevó a los tribunales para denunciar el acuerdo de confidencialidad, por tratarse de una cláusula contractual restrictiva inaplicable.

«Quería que se pudiera hablar libremente —declaró Coady—. Nadie hablará en Harpo. Temen por su carrera. No quería que tuvieran miedo de que

Oprah fuera a por ellos.» Según Coady, Harpo era «Un lugar lleno de cinismo y narcisismo», y afirmó que Oprah se alimentaba del narcisismo.

«Oprah no cree lo que dice. El propósito de todo lo que dice es promocionarse ella misma, no a sus fans femeninas. Le encanta que la adoren y cree que lo hacen porque es justo [...] Allí dentro (en Harpo) no hay ningún sentido de la justicia, lo cual es irónico, teniendo en cuenta la imagen pública que tiene alguien que se jacta de ser abogada de la ética y la espiritualidad profesionales. Aquel no es un lugar espiritual.»

Coady describe a Oprah diciendo que es una maestra manipuladora de los medios y que su inmensa influencia dentro de ABC, Viacom (propietaria de CBS y King World), Walt Disney Company, Hearst y Oxygen, la inmunizaban de las críticas e impedían que nadie diera un paso adelante para revelar las «intrigas y engaños» de su lugar de trabajo. Oprah comprendió que un libro como el de Coady amenazaba con arrancar la máscara de su imagen pública, tan cuidadosamente construida, en un momento en el que hacía que las palabras que pronunció durante el juicio de las llamadas 'vacas locas' («Estamos en los Estados Unidos. Se pueden decir cosas que no nos gustan») pudieran parecer hipócritas.

«Hay un público para un libro (como el mío) —afirmó Coady—, pero (Oprah) tiene un completo dominio del sector editorial, gracias a la enorme popularidad de su Club del Libro.» No obstante, la escritora reconoció el bien que Oprah había hecho y dijo que conocía a gente cuya vida se había visto positivamente afectada por ella. «Hace que mucha gente crea que hay cierta magia en el mundo». Sin embargo, Coady pensaba que Oprah dominaba a su crédula audiencia gracias a sus «constantes referencias a un poder superior y a que mimaba a las madres, amas de casa».

Elizabeth Coady no tuvo la oportunidad de escribir su libro porque el Tribunal de Apelación de Illinois dictó sentencia en su contra y juzgó que el acuerdo de confidencialidad de Oprah era «razonable y aplicable». El tribunal tomó su decisión basándose en la ley contractual, lo cual hizo que Coady, defensora de la libre expresión se preguntara: «¿Por qué una mujer con una influencia sin precedentes en las empresas de comunicación tiene que silenciar a sus empleados? ¿Por qué una mujer que ha ganado sus millones contando historias de otras personas merece este grado de protección por parte de los tribunales?»

Docenas de productores acudían a Harpo a trabajar para Oprah, dejando empleos en las cadenas de Nueva York para instalarse en Chicago porque, como dijo un ex empleado: «Pagan unos salarios de fábula». En una entrevista confidencial, otro productor dijo: «Firmé, tanto por el dinero como porque creía en su mensaje; hacer una televisión que elevara el espíritu. Pensaba que iba a trabajar para la persona que veía en televisión. Pero, Dios mío, como me engañaba [...] En Harpo, lo que hay es un culto. Es tan opresivo que asusta [...] Oprah es implacable cuando se trata de proteger su marca y está tan preocupada —en realidad, obsesionada— por quién contrata que hace que Kroll Asociates (una agencia de detectives mundial) investigue a cualquier posible empleado, incluyendo sus finanzas. Le inquieta que haya topos en su organización que puedan contarle a la prensa lo que pasa y que dañaría, definitivamente, su imagen. Si pasas la criba de Kroll, te ponen a prueba durante un mes y durante ese periodo de treinta días, los mayores te vigilan [...] esos que mucho tiempo atrás bebieron el Kool-Aid.* Si estás en desacuerdo con un programa propuesto o expresas tus dudas sobre los valores de la producción o las ideas para la historia que se expondrá, te consideran un posible creador de problemas [...] Yo acabé estando tan asustado que, incluso siendo ya parte del personal, empecé a creerme las historias que corrían sobre que nos pinchaban el teléfono y nos leían el correo electrónico [...] Si el país supiera cómo actúa esta mujer entre bastidores, se quedaría de piedra, pero nadie de dentro lo dirá, porque lo echarían a la calle, y los que han escapado y están fuera no quieren arriesgarse a que los demanden. Oprah tiene abogados tirando de la cadena como si fueran pitbulls ansiosos por lanzarse contra cualquiera que pudiera desprestigiar su marca».

Los acuerdos de confidencialidad le daban a Oprah la seguridad de que nadie trataría de ensuciar la imagen que había creado. No es que la imagen fueran totalmente un fraude, pero era frágil, si la dejaban al descubierto, porque por abierta que pareciera ser, Oprah sólo se revelaba de la manera más mesurada, distribuyendo, a pequeñas dosis, lo que llamaba 'las cosas malas', en ambientes que controlaba por completo. Después de que su hermana Patricia, a quien los tabloides habían pagado para que hablara sobre la promiscua infancia de Oprah, su ausentismo escolar, su embarazo adolescente y la muerte de su hijito, y «la vendiera por 19.000 dólares», Oprah tenía miedo de que hubiera más revelaciones indiscretas. Incapaz de confiar en la «familia» Harpo, presuponía lo peor de todos y cada uno y montó la defensa más inexpugnable que pudo idear. Siendo realistas, es totalmente imposible que pudiera perseguir a todos los ex empleados que hablaran, pero la perspectiva de que podía hacerlo

---

* Referencia al suicidio en masa que tuvo lugar en Jonestown, donde Jim Jones, líder del grupo, convenció a sus seguidores para que se mataran ingiriendo Kool-Aid, al que habían añadido cianuro potásico. La frase «beber Kool-Aid» significa ahora abrazar una filosofía o ideología de forma absoluta e incondicional. (*N. de la T.*)

los mantenía a todos en cintura. El miedo actuaba en ambos sentidos: ella sentía tanto terror de sus revelaciones como ellos de que ella los demandara.

Además de los quinientos empleados de Harpo, Oprah exigía que en *O, The Oprah Magazine* todos firmaran acuerdos de confidencialidad y juraran no revelar nunca nada sobre ella, algo que muy pocas publicaciones requerían de sus empleados. Cuando le preguntaron a Oprah por qué imponía esas restricciones draconianas a los que trabajaban para ella, volvió a decir que todo tenía que ver con la «confianza», pero esta vez Ellen Warren y Terry Armour, periodistas del *Chicago Tribune*, la pusieron en evidencia: «En realidad, no tiene nada que ver con eso —escribieron—. Tiene que ver con la desconfianza».

Oprah hacía que los cazatalentos que ayudaban a reclutar profesores para su academia de liderazgo, además de todos los miembros del cuerpo docente y todas las supervisoras de los dormitorio firmaran acuerdos de confidencialidad. Sus visitas a la escuela siempre estaban envueltas en el secreto e insistía en que sus invitados a las funciones a las que ella asistía en Sudáfrica firmaran acuerdos que prohibían las cámaras y las grabadoras. Las personas que se encargaban de comprar sus propiedades inmobiliarias también tenían que firmar cláusulas donde se establecía que no podían revelar detalles de lo que poseía. Los encargados de los *caterings,* las floristas, los organizadores de fiestas, interioristas, tapiceros, pintores, electricistas, fontaneros, jardineros, pilotos, guardias de seguridad, incluso los veterinarios que cuidaban de sus perros tenían que firmar. En una ocasión envió un mandamiento de «cesar y desistir» durante la grabación de un *reality show* en VH1 sobre las citas, porque uno de los concursantes había sido novio de Gayle King y había firmado un acuerdo de confidencialidad para no hablar de Oprah ni Gayle.

«Todos los que trabajan en Atlantic Aviation, el hangar donde Oprah guarda su avión (el reactor de alta velocidad Bombardier BD-700 Global Express, valorado en 47 millones de dólares, que había comprado en 2006) han firmado comprometiéndose a mantener el secreto», dijo Laura Aye, ex guardia de seguridad del campo de aviación. «No les está permitido hablar de ella. Si les preguntas algo sobre ella, te dirán: "No podemos hablar o perderemos el empleo". Las chicas están muy nerviosas. Antes de tener el Global, Oprah tenía un Gulfstream, y yo tenía tratos con ella en Midway [...] La vi unas 20 veces en los años que trabajé allí y ni una sola vez la vi con un hombre. Siempre viajaba con mujeres [...] Era fría, distante y muy difícil [...] No es agradable con los empleados, excepto en Navidad, cuando distribuye regalos a todo el mundo. En una ocasión tuve que gritarle cuando sacó a su perro a la zona de operaciones aéreas (AOA por sus siglas en inglés) para que hiciera pipí. Se supone que allí no debe haber nadie, porque los aviones llegan y salen constantemente y el chorro de los reactores podría ser mortal. Recibí una llamada de la torre diciendo que había una mujer paseando a su perro y que tenía que ir a sacarla de allí, de inmediato. Salí corriendo y vi que era Oprah.

»"Por favor, salga de esta zona de inmediato, señora", dije.

»"¡¿Cómo dice?", bramó.

»"Ahora mismo, señora. El perro corre el riesgo de ser succionado. No puede estar aquí fuera. Son las normas". Ella se puso furiosa […] Tuve que dar parte del incidente».

La idea de tener derecho a todo y que ese derecho acompaña la vida de una famosa multimillonaria pareció aflorar a la superficie poco después de que Oprah comprara su primer avión (un Gulfstream GIV, de 40 millones de dólares). «Entraba y salía de Signature, unas instalaciones en el campo, para aviones privados, que está separada del aeropuerto comercial —explicó Laura Aye—, y no quería que los repostadores estuvieran por allí porque no le gustaba el olor del combustible y la grasa. Su piloto comunicaba su llegada por radio y todos los encargados del repostaje eran expulsados del hangar. Los que estaban dentro preparaban rápidamente palomitas de maíz para disimular el olor a los gases. De esta manera, no tenía que oler nada a lo largo de los diez metros que debía recorrer desde el avión hasta su furgoneta blindada.»

En la época en que tenía el Gulfstream, le concedió una entrevista a Harry Allen, de *Vibe,* que le preguntó cuánto había costado el avión. Oprah respondió: «No voy a hablar de eso. La etiqueta 'jet' significa que nunca se habla de lo que cuesta el avión […] Pero, a veces, tengo un subidón por esto: en el avión sólo hay negros. El otro día la azafata pasaba una fuente con langosta y dije: "¡Seguimos siendo negros! ¡No es que nos hayamos vuelto blancos! Seguimos negros, todos. Oprah sigue siendo negra". Es que […] ¿quién lo iba a pensar?»

El periodista de *Vibe* dijo: «¿Comprende el efecto que tienen historias como estas? Es la persona negra más rica del universo».

Con tono insincero, Oprah respondió: «¿De verdad? Déjeme pensar […] Siempre pienso que otras personas son ricas. Todavía no me he hecho a la idea».

Siempre exigente respecto a lo que comía, Oprah tenía contratados a tres chefs para su avión privado. Daba instrucciones a las azafatas sobre los menús que prefería, diciendo, según Corinne Gehrls: «Los blancos no tienen ni idea de qué gusto debería tener la comida sureña».

Cuando Oprah subió de categoría, pasando del avión Gulfstrean de 40 millones de dólares al Global Express, de 47 millones, cambió de hangar y alquiló un espacio nuevo cerca de los jets de la compañía Sara Lee. «Era un almacén viejo y destartalado con puertas correderas; imagine un garaje para un avión —dijo un empleado del aeropuerto—. Se gastó 1 millón de dólares en aquel sitio, renovándolo de arriba abajo. Enmoquetó el suelo de hormigón, rehizo las paredes, las plataformas y las puertas. Incluso instaló despachos arriba, con accesorios rebuscados, y consiguió que la ciudad de Chicago construyera un aparcamiento, que luego rehizo [...] Graba sus programas en Chicago, los martes, miércoles y jueves y vuela a Santa Barbara cada jueves por la noche, para llegar de vuelta a Chicago los domingos a las nueve de la noche. Si Oprah se duerme en cualquiera de los vuelos, sus pilotos tienen órdenes de no molestarla hasta que haya dormido ocho horas [...] Deben sentarse y esperar hasta que ella se despierte».

Oprah no podía obligar a los famosos a firmar sus acuerdos de confidencialidad, así que, en las galas y las funciones benéficas, solía aislarse. «Cuando representamos *Monólogos de la vagina*, en el Madison Square Garden (febrero de 2001), la única persona con una entrada privada y un camerino privado era Oprah —recordaba Erica Jong—. Las demás —yo, Jane Fonda, Glen Close, Rita Wilson, Calista Flockhart, Shirley Knight, Army Irving, todas las demás— estábamos juntas, en ropa interior, vistiéndonos y esperando a que Bobbi Brown nos maquillara gratis. Ninguna de nosotras cobró nada. Ninguna tenía privilegios de estrella, salvo Oprah. Estaba separada y aparte de todas nosotras, y me parece que era porque tenía miedo y no se sentía segura, pero el porqué lo desconozco.»

Aquella noche, Oprah utilizó la entrada para estrellas de rock del Garden —con un ascensor lo bastante grande como para que cupieran limusinas— para evitar a los fans y llegar directamente desde la calle hasta su camerino. Una amiga insinuó más tarde que quizá se hubiera apartado del resto del reparto porque se sentía cohibida por su tamaño: «Puede que se sintiera incómoda al ser la única mujer negra y gorda entre todas aquellas chicas blancas tan delgadas».

La raza fue, categóricamente, la razón que Oprah dio para explicar que no le permitieran entrar en Hermès, en París. Gayle y ella llegaron a la lujosa boutique, quince minutos después de que cerrara, dando por sentado que les abrirían, porque veían que había compradores en el interior. Oprah dijo que quería comprar un reloj para Tina Turner, con la que iba a cenar aquella noche, pero el vendedor que estaba a la puerta no las dejó entrar, ni tampoco el gerente de la tienda. Posteriormente, Hermès dijo que la tienda se estaba preparando para un evento especial que tendría lugar aquella misma noche.

«Yo estaba allí —afirmó Gayle King— y estuvo realmente mal, muy mal. La misma Oprah lo describe como uno de los momentos más humillantes de su vida [...] Lo llamamos su momento *Crash* (en referencia a la película que describe el racismo) —Añadió—: Si se hubiera tratado de Céline Dion, Britney Spears o Barbra Streisand, de ninguna manera nos hubieran impedido entrar.»

En algunas noticias se dijo que el empleado de Hermès no reconoció a Oprah (*The Oprah Winfrey Show* no se ve en Francia), y que la tienda había «tenido un problema con los norteafricanos». Oprah llamó al presidente de Hermès en los Estados Unidos y le dijo que la habían humillado públicamente y que, aunque hacía poco había comprado doce bolsos de Hermès (6.500 dólares cada uno), ya no gastaría su dinero en los productos de lujo de la firma. La compañía emitió inmediatamente un comunicado lamentando «no haber podido dar la bienvenida a Madame Winfrey» en la tienda de París, diciendo que «en el interior, se estaba preparando un evento privado de relaciones públicas».

Je suis désolée, monsieur. Oprah emitió su propia declaración, diciendo que abordaría aquel asunto en su programa inaugural de la temporada, en otoño, ofreciendo así semanas para que el público participara acaloradamente en el furor internacional.

«Si Winfrey hubiera sido rechazada en horas normales, la acusación de racismo podría tener peso —escribió Anne Kingston, en el *National Post*, de Canadá—. Pero no fue así, lo cual indica que podrían estar en juego otros 'ismos'. Quizá se trató de 'famosismo'».

Un editorial de la *Gazette*, de Montreal, acusaba a Oprah de apresurarse a «jugar la carta de la raza», diciendo: «Todos hemos sufrido algo parecido. Por fortuna, pocos nos lanzamos a un "¿Sabe usted con quién está hablando?" Se trata de París, Madame Winfrey, no de Chicago. Incluso si saben quién es usted, no les importa lo más mínimo».

El conservador *National Review* publicó: «Lo que debería haber hecho, en nuestra opinión, era comprar todo Hermès allí mismo». La tira cómica *The Boondocks* mostraba a Huey Freeman, el radical negro de diez años, viendo la televisión y oyendo:

Oprah Winfrey está convencida de que la negativa a dejarla entrar en la tienda de Hermès en París guarda relación con la raza y afirma que hablará de ello en su programa.

Según otras noticias, Hermès ha anunciado unas enormes rebajas por «cierre del negocio».

A su vez, la humorista Rosie O'Donnell escribió en su blog:

Me muero de ganas de enterarme de todos los detalles.
Uno de los momentos más humillantes de su vida…
Oprah
una pobre niña negra obesa y atribulada

de la que abusaron sexualmente procedente de un hogar roto.

Esa Oprah

sufrió UNO de los momentos más HUMILLANTES de SU vida

en Hermès de parís.

Hummmm.

Orlando Patterson, el eminente profesor de sociología de Harvard, preguntó, más tarde en *The New York Times*: «Es posible que le negaran a Oprah una prerrogativa de su estatus de élite en nuestra nueva época dorada —que te atiendan en las tiendas de lujo, cuando ya han cerrado— pero ¿fue víctima de racismo?»

Richard Thompson Ford, profesor de derecho en Stanford, respondió a la pregunta en su provocativo libro *La carta de la raza: cómo echarse un farol sobre la parcialidad, empeora las relaciones raciales*: «Si la razón de que Oprah se sintiera humillada fue que el incidente de Hermès reavivó los recuerdos de sus pasadas experiencias con el racismo, entonces la raza de Oprah fue la razón de que se sintiera humillada. En ese sentido, Oprah fue humillada debido a su raza».

En la primera época de su carrera, Oprah sostenía que nunca había sufrido por el racismo. «Trasciendo la raza, realmente», dijo en 1986. Sin embargo, al año siguiente, informó a *People* que le habían negado la entrada en una boutique de Manhattan. En 1995, comunicó a *The Times Magazine* (Londres) que le habían prohibido entrar en «uno de los grandes almacenes más lujosos de Chicago». Se reía mientras le explicaba al periodista: «No me reconocieron porque llevaba el pelo así como (cardado). Iba con mi peluquero, también negro. Carraspearon y carraspearon y, al final dijeron que la semana anterior les habían robado dos travestis negros. "Y pensábamos que habían vuelto", dijeron. "Pues muchas gracias —dije yo—. Voy a cambiar de peinado". Luego me volví hacia mi peluquero y le dije: "Me parece que estamos experimentando un momento racista [...] O sea que es así. ¡Oh, Dios mío!»

Seis años más tarde, contó una versión parecida de la misma historia, pero para el 2001, se trataba de una tienda de Madison Avenue donde no la habían dejado entrar. Dijo que había visto un suéter en el escaparate y había llamado para que le abrieran la puerta, pero no lo hicieron. Luego vio que dos mujeres blancas entraban en la boutique. Así que volvió a llamar, pero siguieron sin admitirla. «La verdad es que no pensé "Este es un momento racista"», dijo. Llamó desde una cabina para asegurarse de que la tienda estaba abierta. «Nos pusimos a dar golpes en los escaparates». Nada. De vuelta en Chicago, llamó a la tienda: «Soy Oprah Winfrey. El otro día intenté entrar en su tienda y...» Citó que el gerente había dicho: «Sé que le va a costar creerlo, pero la semana pasada nos robaron dos transexuales negros [...] y pensamos que habían vuelto».

Tanto si las historias eran reales como retóricas, no hay duda de que Oprah estaba acostumbrada a que, en los establecimientos, la trataran como a una celebridad y le abrieran la puerta fuera de horario para que pudiera comprar. En Chicago, Bloomingdales había ampliado esta cortesía e incluso la complacía en su insistencia de que todos los empleados que no fueran esenciales salieran de la sala, para que no se quedaran allí boquiabiertos o hablaran de lo que había comprado. (Se puso furiosa cuando el *National Enquirer* reveló los regalos de Navidad que había comprado para sus empleados del estudio y la revista; 14 colgantes de oro de 14 quilates y diamantes, con la inicial *O*.)

Unos días antes del primer programa de la temporada, en septiembre de 2005, como «Première de la temporada del 20 aniversario de Oprah», su publicista anunció que Robert B. Chavez, presidente y consejero delegado de Hermès USA, sería el invitado de Oprah, lo cual provocó especulaciones sobre la posibilidad de que en esa fiesta alguien iba a recibir una bofetada monumental en la televisión nacional.

Oprah empezó el programa bromeando sobre lo que había hecho en sus vacaciones de verano y, luego, pasó a dar su versión de lo sucedido en París. Afirmó que la mayoría de los informes de la prensa estaban «equivocados de principio a fin», aunque su mejor amiga había sido la fuente de la noticia. Riñó al público por pensar que podía haberse enfadado por no poder entrar a comprar en una tienda cerrada. «Por favor —dijo—. No he llegado a la edad que tengo para ser tan estúpida. No me disgusté por no poder comprar un bolso; me disgusté porque una persona de la tienda, no toda la empresa, fue muy mal educada».

El señor Chavez miraba a Oprah, mientras ella continuaba criticando a su compañía. «Han dicho que me negaron la entrada porque la tienda estaba cerrada. Estaban cerrando la tienda; había mucha actividad en el establecimiento [...] Las puertas no estaban cerradas. Mis amigos y yo ya habíamos pasado del umbral y hubo discusiones entre el personal sobre si me dejaban entrar o no. Eso fue lo embarazoso [...] Conozco la diferencia que hay entre que una tienda esté cerrada y que lo esté para mí.

»Cualquiera al que hayan desairado porque no era lo bastante chic, lo bastante delgado o no tuviera el color de piel adecuado, o lo que sea [...] sabe que es muy humillante y eso es lo que me pasó a mí».

El chivo expiatorio de Hermès sonaba contrito:

—Querría decirle que lamentamos de verdad todas las circunstancias desgraciadas con las que tropezó cuando intentó visitar nuestra tienda en París —dijo—. Siempre nos esforzamos por atender a todos nuestros clientes de todo el mundo —Entonces dio un patinazo—. La mujer que le negó la entrada lo hizo porque, se lo juro, no sabía quién era usted.

—Esto no tiene nada que ver con "¿Sabe usted quién soy?" —le espetó Oprah—. No intentaba jugar la carta de la fama.

Chavez se apresuró a disculparse:

—La verdad es que tropezó con una empleada muy rígida.

—¿Rígida o maleducada? —preguntó Oprah.

—Rígida y maleducada, sin ninguna duda.

Una vez que hubo puesto en la picota al presidente de la firma, Oprah lo perdonó y elogió a su compañía por iniciar cursos de formación en sensibilidad para sus empleados. Concluyó esa parte del programa abrazando a Chavez e instando a sus telespectadores a comprar en el emporio de los productos de lujo, donde unos bolsos Kelly de cocodrilo costaban entre 18.000 y 25.000 dólares. Además, ella misma volvió a comprar allí y cuando dio una fiesta de «amigas», para doce, en su finca de Montecito en honor de Maria Shriver, hizo que bordaran la invitación en doce pañuelos de Hermès (375$ cada uno).

El señor Chavez fue uno de los pocos invitados en salir de Harpo sin haber tenido que firmar un acuerdo de confidencialidad. La mayoría de los que aparecen en el programa de Oprah tienen que jurar que guardarán el secreto, pero están tan agradecidos por estar allí que firman, de buen grado, la renuncia a sus derechos. «Mi director me explicó que la diferencia entre *Oprah* y otros programas es la misma que hay entre el sol y una luciérnaga —declaró un miembro de la American Society of Journalists and Authors, demasiado asustado como para que citemos su nombre—. Y, claro está, yo quiero estar al sol.»

La mayoría de escritores se tragan sus reservas profesionales y firman los acuerdos vinculantes con Oprah, pero hay un hombre que objetó por principio. «Sencillamente, no podía hacerlo —declaró Chris Rose, columnista premiado de *Times-Picayune*, de Nueva Orleans—. Me pareció que estaba mal y que iba en contra de todo lo que creo como escritor, como periodista y como ser humano.»

Rose había escrito unas conmovedoras columnas periodísticas sobre la angustiosa depresión que sufrió después del huracán *Katrina*. Sus columnas fueron seleccionadas para el premio Pulitzer y posteriormente publicadas en un libro titulado (*Un muerto en ático*). En el segundo aniversario del huracán, en el programa de Oprah se pusieron en contacto con él para hablar de los trastornos de estrés postraumático entre los supervivientes del *Katrina*. «Querían mi opinión experta, no como autor ni como columnista de prensa, sino como el residente más famosamente deprimido de la ciudad, en virtud de mis columnas sobre cómo luchar contra esa enfermedad —dijo—. Sin embargo, no me permitían mencionar mi libro, ni siquiera enseñar un ejemplar estando en antena, aunque tanto el tema de su programa como el de mi libro era la crisis en la salud mental de Nueva Orleans. Al final de un largo y agotador día —diez horas— volviendo a visitar las ruinas emocionales dejadas por el huracán, la productora de Oprah sacó un papel y me dijo que tenía que firmarlo [...] Bueno, yo estaba dispuesto a concederles el derecho a usar mi nombre, mi imagen, mi historia, incluso secuencias de mi hijo pequeño, pero no podía darles el derecho a anular mi experiencia de las diez últimas horas [...] Le expliqué que escribir es mi vida y escribir sobre mis experiencias es lo que hago para ganarme la vida.

»"Si no firma, no emitiremos ese segmento", declaró la productora.

»Habían exprimido al máximo mi pésimo estado interior e iban a exponer mis luchas personales ante el país entero —recordaba Rose—. Aunque estaba exhausto, no iba a ceder a esta clase de chantaje». La productora fue presa del pánico y a lo largo de las tres horas siguientes Rose fue bombardeado con llamadas de varios productores de un nivel más alto en la cadena de mando de Oprah, que insistían en que firmara el acuerdo de confidencialidad y amenazaban con no emitir el segmento, si no lo hacía.

«Hablamos en serio» —decían. Rose aguantó firme. Aquella noche escribió una columna sobre la experiencia de tratar con Oprah y sus productores, que colgó en la web del periódico.

«A la mañana siguiente descubrí lo que significa 'extenderse como un virus' —declaró—. Había metido la mano en un nido de avispas de Internet, lleno de sentimientos anti Oprah, que llevó mi libro desde el puesto 11.000 de Amazon al número 18, antes de que acabara el día y luego hasta la lista de *bestsellers* de *The New York Times*. Estaba estupefacto porque siempre había considerado a Oprah una máquina de hacer el bien. [...] No tenía ni idea de que, ahí fuera, había sentimientos negativos contra ella y sus acuerdos de confidencialidad, pero recibí llamadas y correos electrónicos de escritores de todo el país, diciendo que iban a comprar mi libro ese mismo día para enviarle un mensaje a Oprah. [...] La ironía es que mi segmento sí que se emitió en *Oprah* («Informe especial: Katrina, ¿cuánto costará recuperarse?»), y lo publicaron en su página web; por lo menos durante un tiempo. Pero supongo que seré recordado como el tipo cuyo libro se convirtió en éxito de ventas porque no lo vieron en *The Oprah Winfrey Show*».

Los productores de Harpo presentaban constantemente programas con gran calidad de producción: visuales deslumbrantes, segmentos de ritmo rápido y entrevistas exclusivas, a la medida de un público femenino que busca entretenimiento, diversión y superación personal. Dada las importantes primas que Oprah daba a quienes le conseguían unos índices altos, existía una rabiosa competencia entre sus productores para sacar sus historias en antena. En consecuencia, en sus negociaciones no mostraban ninguna piedad.

«Son unos matones», afirmó Rachel Grady que, junto con su socia Heidi Ewing, dirige Loki Films, que produjo *The Boys of Baraka* (Los chicos de Baraka) y *Jesus Camp* (Campamento de Jesús), este último nominado para un Premio de la Academia. «Oprah y sus productores piensan que todos estamos en deuda con ellos por el privilegio de formar parte de su programa, y esperan que trabajes gratis por ese honor». Contactaron con Loki Films en el verano de 2006 para que produjeran el especial de ABC, que se emitiría en horario de máxima audiencia, sobre la escuela de Oprah en Sudáfrica. «Teníamos que hacer el trabajo, pero no nos atribuirían el mérito de nuestro trabajo —dijo Grady—. Así que pedimos el doble de dinero. Ellas [Harriet Seitler y Kate Murphy Davis] nos dieron un contrato donde decía que podían despedirnos en cualquier momento, sin ningún motivo. También se negaron a hablar con nuestro abogado, porque dijeron que así era mejor para su presupuesto. "Además —afirmaron—, por lo general acabamos teniendo que despedir a todo el mundo y teniendo que hacerlo todo nosotras mismas". Lo dijeron tal cual [...]

»Creo que la escuela de Oprah es una idea maravillosa, pero después de haber trabajado en aquel país tan pobre, me parece que es una locura gastarse 40 millones de dólares en una única escuela, cuando, probablemente, con 75 millones se podría erradicar la pobreza en todo Sudáfrica. Pero Oprah vive en una jaula dorada y ha perdido el contacto con la realidad. Tuvimos que volar a Chicago tres veces, a petición suya [...]

»Cuando nos dimos cuenta de que tendríamos que entregarle seis meses de nuestra vida, a cambio de poco dinero y de ningún reconocimiento por nuestro trabajo y, además, tendríamos que firmar un contrato de confidencialidad jurando que el nombre de Oprah nunca saldría de nuestros labios [...] ¡Por favor! Fue entonces cuando dijimos que no podíamos aceptar el trabajo en esos términos. Harriet Seitler se puso histérica contra nosotras: "Sólo sois dos crías en una habitación de Nueva York —escupió—. Nosotras somos Oprah Winfrey. Somos Harpo. Nos necesitáis. Nosotros no os necesitamos"».

Liz Garbus, otra directora de documentales, e hija de Martin Garbus, el famoso abogado de la Primera Enmienda, también tropezó con problemas cuando su película *Girlhood* fue presentada en un programa de Oprah titulado «Dentro de la cárcel: por qué asesinan las mujeres». Las dos jóvenes que aparecían en el documental —Shanae y Megan— aceptaron aparecer, con la condición de que Oprah no mencionara la adicción a las drogas de la madre de Megan. Se hicieron promesas que luego se rompieron. Cuando Oprah le preguntó a Megan ante la cámara por la adicción a las drogas de su madre, la joven se levantó y se marchó del plató, proporcionando lo que, más tarde, un productor llamó «buena televisión»; la máxima prioridad del programa.

«Diré lo que quiero decir», afirmó Oprah en un momento de descuido ante la cámara, y con la excepción de sus amigos famosos, como John Travolta y Tom Cruise —a ninguno de los cuales le preguntó nunca nada sobre la cienciología—, perdonó a pocos más. Fusiló a preguntas a Liberace sobre el pleito que tenía por la pensión alimenticia a su ex amante, sobre el dinero que tenía, de cuántas casas era propietario, cuantos coches conducía, cuantos abrigos de pieles compraba y cuanto gastaba en joyas. Interrogó a Robin Givens sobre las palizas que le daba su ex marido, Mike Tyson, campeón de los pesos pesados. «¿Es verdad que te golpeaba hasta que vomitabas?» Le preguntó a Kim Cattrall, de *Sexo en Nueva York*: «¿Sales con alguien? ¿Resulta difícil, porque esperan que seas tú quien quieras que os peguéis un polvo?» Mirando, desaprobadora, a Boy George, la estrella británica del pop y travestido, le preguntó: «¿Qué dice tu madre cuando sales de casa, bonito?» A Jean Harris, que mató a su amante, el doctor Herman Tarnower, creador de la Scarsdale Diet, Oprah le preguntó: «¿Crees que una de las cosas que te perjudicaron (en el juicio) fue que, cuando estabas en el estrado de los testigos, tenían la impresión de que eras una bruja desalmada?» A Richard Gere le dijo: «He leído que vives como un monje, salvo por lo del celibato». Interrogó a Billy Joel sobre el problema con la bebida que lo había hecho acabar en rehabilitación. «¿Qué me dices de todos esos accidentes de coche?» Después de que Lance Armstrong se sometiera a radioterapia por un cáncer testicular, le preguntó: «¿Quieres tener más hijos? ¿Tienes esperma extra?» Cuando Oscar de la Renta fue a su programa y presentó a su hijo adoptado, que estaba sentado entre el público, Oprah miró al niño y luego le soltó al diseñador: «¿Cómo has conseguido un hijo negro?»

La competencia entre bastidores se hizo encarnizada mientras las titanes de los programas de entrevistas peleaban por hacerse con bombazos en exclusiva. En 2003, Oprah y Katie Couric se enzarzaron por Elizabeth Smart, la joven de 14 años que fue secuestrada en Salt Lake City, escondida en un sótano y encadenada a un árbol, sin permitir que se bañara durante 9 meses. Cuando la policía rescató a la joven, los padres pidieron a los medios que respetaran su intimidad para que pudiera recuperarse. Siete meses después, los padres, Ed y Lois Smart habían escrito un libro, (*La vuelta a casa de Elizabeth: un viaje de fe y esperanza*), y habían vendido los derechos de televisión a la CBS para hacer una película. Estaba previsto que el libro se publicara en octubre y sería seguido por la película, en noviembre. La campaña de promoción, programada por la editorial (Doubleday) le daba a Katie Courie, que entonces estaba en la NBC, la entrevista para Dateline, en horario de máxima audiencia, que sería seguida por Oprah para el horario diurno. Las directrices fijadas por los Smart prohibían cualquier entrevista con su hija ante las cámaras, aunque permitían secuencias de Elizabeth sin sonido.

La publicación del libro creó una locura tal en los medios que la CBS decidió emitir la entrevista con los Smart, que iba a acompañar la película en un especial de la cadena, antes de que Katie u Oprah emitieran sus encuentros con ellos. Los productores de Oprah volaron a Utah para conseguir unas secuencias de la habitación de Elizabeth, con tomas en zoom sobre el edredón de *patchwork* blanco, las almohadas con volantes y las muñecas de trapo Raggedy Ann, y también filmaron el sucio agujero donde había estado encadenada durante 9 meses. Katie Couric acompañó a sus productores a Utah y, después de entrevistar a los Smart, los convenció para que dejaran que se emitiera su conversación con Elizabeth, lo cual daba a NBC una exclusiva que nadie más tenía. Couric trató de acercarse al tema de los abusos sexuales con la joven, sin ser explícita:

> COURIC: ¿Cómo te tratan tus amigas, Elizabeth? Me refiero a que…, bueno, ya sabes…
> ELIZABETH: Regular.
> COURIC: ¿Alguna vez te preguntan algo o…?
> ELIZABETH: No.
> COURIC: Debías de estar asustada…
> ELIZABETH: Sí.
> COURIC: ¿Crees que has cambiado?
> ELIZABETH: No.

Oprah se puso furiosa cuando se enteró de la entrevista, pero en lugar de llamar a Katie Couric y darle cuatro gritos, telefoneó a Suzanne Herz, directora de publicidad de Doubleday. «Oprah le dio una buena —recordaba una empleada de Doubleday—. La dejó fuera de combate […] Para Suzanne fue muy traumático que Oprah Winfrey la tratara así». Posteriormente, Herz dijo: «La que actuó peor fue Katie Couric, no Oprah. Fue Katie quien rompió las reglas para conseguir la exclusiva. Oprah se enfadó porque ella siguió las reglas y luego la jodieron […] No la culpo […] Al final, las dos consiguieron unos índices altísimos».

La entrevista con Elizabeth Smart y sus padres ganó la hora para NBC, con 12,3 millones de telespectadores, derrotando sin problemas a la entrevista de Barbara Walters, en *20/20*, de ABC, con el mayordomo de la princesa Diana. Oprah contraatacó emitiendo secuencias de su programa antes de que saliera al aire, dos segmentos en *Good Morning America*, de ABC, el programa que competía directamente con el de Katie Couric, y *The Today Show*. «No fue venganza —aseguró la publicista de Oprah—. Sólo promoción».

No todo el mundo disfrutó de su paso por *The Oprah Winfrey Show*. «Yo representaba a Anne Robinson, que, en 2001, había escrito *Memorias de una madre inepta*, cuando, 4 años después, recibió una llamada de los productores de Oprah para salir en el programa —recordaba el agente literario Ed Victor—. Anne me preguntó si debía hacerlo y le dije que sí, porque en cuanto en su editorial (Pocket Books) se enteraron de que Oprah quería que su hija y ella aparecieran en su programa, le ofrecieron publicar el libro. Así que le dije que debía hacer el programa, vender algunos libros, y transmitir el mensaje.» Robinson, la brusca presentadora británica de *The Weakest Link*, el programa de juegos semanal, era bastante conocida en los Estados Unidos por aquel entonces, pero según su agente, su experiencia con Oprah fue «infernal».

«Anne se puso furiosa conmigo después del programa —dijo Victor—. Detestaba a Oprah y pensaba que el personal de Oprah no la había tratado bien». Robinson se negó a hablar del asunto, pero Ed Victor lo recordaba como «una absoluta pesadilla». Y añadió: «Como resultado, ya no la represento».

Marian Fontana, cuyo marido, Dave, bombero, murió en el World Trade Center el 11 de Septiembre, era acosada por los productores de Oprah, que habían reservado su aparición en un próximo programa. «Fue justo después del funeral de Dave [...] y llamaban cada diez minutos, siempre pidiendo alguna otra cosa. Querían cintas de vídeo de nuestra boda, querían fotos de la familia y querían instantáneas de cerca». Cuando supieron que iban a celebrar un acto religioso para su marido en la playa donde había sido socorrista durante 16 años, insistieron en estar presentes. «Eran avasalladores», dijo Marian. Cuando se negó, cancelaron su participación en el programa.

En la primavera de 2008, los productores de Oprah empezaron a reservar participantes para la oleada de audiencia de mayo y llamaron a James Frey para que fuera al programa a hablar de la publicación de su novela *Una mañana radiante*. Sabían que volver a unir a Oprah y al autor de *En mil pedazos* era un géiser garantizado para los índices, pero el escritor no estaba muy entusiasmado con la idea de volver a la escena donde lo habían machacado. Desde que lo vapulearon en *The Oprah Winfrey Show*, en 2006, Frey y su esposa habían perdido a su hijo recién nacido, Leo, que murió once días después de nacer, por atrofia muscular espinal, y el escritor no iba a someterse a otra de las humillaciones de 'Su Majestad', ni siquiera para promocionar su novela, a menos que se establecieran ciertas condiciones. Los productores le explicaron la situación a Oprah y, finalmente, Frey no fue al programa, pero la presentadora lo llamó para pedirle disculpas por cómo había sido tratado 2 años antes. No utilizó el programa para decir públicamente que lo sentía, pero Frey les dijo a los periodistas que valoraba su disculpa privada. Es posible que el remordimiento de Oprah fuera provocado al leer que uno de los personajes de la novela de Frey está envuelto en un escándalo y, sintiendo que todos se ponen en su contra, empieza a grabar sus conversaciones con los productores y la presentadora de un programa de entrevistas, incluyendo las confesiones que la presentadora le hizo cuando lo llamó a su casa.

En su lucha por darle índices altos a Oprah, sus productores pueden mostrarse pendencieros. «Pensé que eran […] extremadamente difíciles», confesó Daniel J. Bagdade, el abogado que representó al primer niño de los Estados Unidos en ser condenado como adulto por un asesinato. Su cliente, Nathaniel (*Nate*) Abraham, disparó contra Ronald Greene, causándole la muerte, en Pontiac (Michigan). Con 11 años, Nate fue enviado a un centro correccional de máxima seguridad, hasta que cumpliera los 21 años. A su puesta en libertad, los productores de Oprah lo estaban esperando para que aceptara participar en un programa, donde pediría perdón a la familia de su víctima. Su abogado no sentía un gran entusiasmo por ponerlo bajo los intensos focos mediáticos de *The Oprah Winfrey Show*, pero Nate estaba cautivado por lo famosa que era Oprah. «Es la persona a la que más admira —dijo el abogado—. Así que acepté […] Pero en cuanto llegamos a Chicago, bueno…»

Al ver que lo que los productores tenían en mente para el programa haría que su cliente corriera un riesgo legal, Bagdade revocó el compromiso firmado por Nate. «Y entonces pasamos dos días con sus noches con Oprah, su abogado, un caballero de edad, muy duro (William Becker dirige el equipo legal de Harpo, formado por 25 personas), y sus belicosos productores, que eran muy agresivos y nos acorralaban. Nos amenazaron con demandarnos por romper el contrato […] "Esto no quedará así ", dijeron. Oprah y yo intercambiamos llamadas por el móvil, a medianoche, mientras ella trataba de sacar el programa al aire. Cuando le expliqué las complicaciones legales, llamó a un abogado de Michigan para asegurarse de que le estaba diciendo la verdad. Fue razonable y profesional de principio a fin, algo que no puedo decir de su personal».

Al final, el programa no se emitió. Oprah actuó de mediadora en la disculpa de Nate a la familia de su víctima, en privado, y Bagdade acompañó a

Nate y a su madre, y a la familia de Ronald Greene al despacho de Oprah, que, según dijo, «era del tamaño de una casa grande [...] Justo frente a su despacho hay un guardarropa, que es del tamaño de otra casa grande [...] Sólo el zapatero parece extenderse por media manzana de casas». Bagdade no vio el enorme cuarto de baño del despacho de Oprah, con su bañera del tamaño de una piscina y de mármol rosado.

Con el abogado de Harpo sentado en un rincón, Oprah de pie al lado de su grandioso escritorio, procedió a reunir a las dos familias. «Nunca antes se habían presentado disculpas de verdad, así que fue una experiencia muy conmovedora para todos nosotros —declaró el abogado de Nate—. Estuvo bien que no fuera ante las cámaras. Habría sido una explotación excesiva. Las dos madres —la de Nate y la señora Greene— se abrazaron y se besaron. Ambas son religiosas practicantes, así que hablaron de Dios y de su perdón.»

Una vez que Oprah comprendió que no iba a contar con el apasionante programa de televisión que quería, le habría resultado fácil enviar a los Abraham y los Greene de vuelta a Pontiac (Michigan). Hay que reconocerle el mérito de decidir completar el propósito declarado del programa: darle al joven homicida la ocasión de expresar su remordimiento por su crimen, pidiendo disculpas a la familia de su víctima, lo cual les proporcionó a todos una cierta paz. «La verdad es que Oprah hizo lo indecible por Nate —dijo su abogado—. Le dio muchos consejos y se tomó un interés especial por él durante aquellos dos días.»

Sin embargo, no todos los programas que no llegaban a buen puerto despertaban la magnanimidad de Oprah, en particular si había dinero de por medio. Cuando tuvo la oportunidad de entrevistar a Monika Lewinsky, dijo que estaba entusiasmada porque sería la primera entrevista de la joven becaria para hablar de su relación sexual con el presidente Clinton, una relación que desembocaría en el conocido proceso de destitución del presidente. También Lewinsky estaba encantada, en especial cuando le dijeron que Oprah la iba a abrazar ante el público del estudio. Pero cuando la ex becaria de la Casa Blanca insistió en quedarse con los derechos de distribución de la entrevista en el extranjero, después de que se emitiera en los Estados Unidos, Oprah se plantó. Estaban en juego unas comisiones por los permisos mundiales que superaban el millón de dólares, una cantidad que Lewinsky dijo que necesitaba para pagar sus crecientes honorarios legales. Al ser, en aquellos momentos, una de las entrevistadas más buscadas del mundo, despertaba un inmenso interés internacional, porque nadie había oído todavía su voz ni su parte de la historia que estuvo a punto de hacer caer al presidente. Oprah insistió en conservar los derechos de la entrevista en el extranjero; Monica dijo que no podía permitirse cederlos. Al día siguiente, en su programa, Oprah anunció: «Tenía una entrevista con Monica Lewinsky, y las conversaciones se desviaron en una dirección que yo no quería seguir. No pago por las entrevistas, y no importa cómo se formule ese pago. He dejado de participar en la competición. Ya ni siquiera quiero hacer la entrevista. A quienquiera que la haga, que Dios le ayude».

La entrevista de dos horas la consiguió Barbara Walters, para una edición especial de *20/20*, en ABC, que atrajo a 45 millones de telespectadores en los Estados Unidos; Lewinsky retuvo los derechos mundiales. Posteriormente, en un artículo titulado «Cómo Oprah dejó plantada a Monica», la revista *George* contaba que la presentadora había «puesto por los suelos» a la ex becaria, cuando esta se negó a firmar un acuerdo con Harpo. «A ojos de Lewinsky, Winfrey demostró ser [...] alguien sin corazón, traicionera y desleal».

Nada de esto se lo creería ninguna de las fans adoradoras de Oprah ni el público presente en el estudio, que esperaban meses, a veces años, para conseguir entradas al programa y luego, hacían cola para poder entrar. «En el programa de Oprah, todo está orquestado, hasta el último chillido del público presente —afirmó el ejecutivo de una editorial que había acompañado a muchos autores a Chicago a lo largo de los años—. Funciona más o menos así: una vez que has pasado por seguridad y te has sentado, 4 o 5 productores, no sólo 1, animan a la audiencia durante unos 45 minutos. Nos dan instrucciones a todos sobre cómo actuar. Nos dicen que tenemos que saltar y gritar. Cuando Oprah dice algo divertido, se supone que tenemos que reír y aplaudir. Luego hacemos un ensayo: "Bien, vamos a probar. Si Oprah está escandalizada, vosotros os escandalizáis. Venga. Actuad como si estuvierais horrorizados. Demostradlo. Otra vez. Cuanto más reaccionéis, más oportunidades tendréis de salir por televisión. Esto es importante. Sois el público de Oprah. Sois su portal al mundo. Así que debéis responder". Estos productores están entrenados para exaltar los ánimos de los presentes, de forma que estén todos histéricos para cuando Oprah sale. En cuanto aparece, todo el mundo se pone en pie de un salto y empieza a ovacionarla y llorar y gritar y dar golpes con los pies.»

Oprah estaba tan acostumbrada a un público delirante que reaccionaba negativamente si veía a alguien que no se ponía de pie para aplaudirla. «Una vez, detectó a un joven negro que se limitaba a estar allí, sentado —explicó el ejecutivo—. Empezó a meterse con él: "Allí veo a alguien muy valiente". Empezó a pincharlo y lanzarle pullas: "Ah, no. Yo no tengo que ponerme en pie y dar vivas a Oprah. No señor. Yo no. Soy un hombre. No me inclinaré ante Oprah". Hizo todo su numerito del gueto. Fue feo, muy feo, durante cuatro o cinco minutos, mientras el pobre hombre seguía allí sentado, mientras ella se burlaba de él. No quería soltar su presa [...] Estaba cabreada porque él no le ofrecía la habitual adoración que el resto del público le daba [...] Resultó que el joven era deficiente mental y estaba gravemente discapacitado.»

Parte de la excitación que tiene asistir a uno de los programas de Oprah es la posibilidad de marcharse con un regalo fabuloso: TiVos, iPods, Kindles, pasteles, ropa, incluso coches. El programa con regalos más esperado de cada año —*Oprah's Favorite Things*— se inició en 1999 como consecuencia de la pasión de Oprah por las compras. Durante años, había compartido sus orgías compradoras con sus telespectadores —sus toallas, pijamas, suéters de cachemira, pendientes de diamantes—, que disfrutaban de su desbordante entusiasmo por su riqueza. Excitada por haberse convertido en millonaria, constantemente preguntaba a sus invitados famosos: «¿Cuándo supiste que eras rico?», «¿Qué sensación da poder comprar cuanto desees?» «¿Qué hiciste la primera vez que tuviste dinero de verdad?», «¿Ser millonario te ha cambiado la vida?»

Cuando puso en marcha *Oprah's Favorite Things*, llamó a los fabricantes de cada artículo que había seleccionado y les pidió que enviaran 300 regalos para dárselos al público del estudio. La publicidad que recibían a cambio propulsó a muchos a nuevas cotas de rentabilidad, porque se vieron inundados de pedidos de los telespectadores. Empresas pequeñas, como Spanx, Inc., Thermage, (tratamiento de belleza), Philosophy (cuidado facial), Carol's Daughter (productos de belleza) y Lafco (fragancias), se convirtieron en empresas enormes porque hacían algo que le gustaba a Oprah; así pues, pocas empresas le negaron nunca sus productos de forma gratuita. «Mi trato es este: si voy a decir que algo es mi favorito, porque es mi favorito, lo único que tienes que hacer es darme 300 de esas cosas, ¿vale? Por ejemplo estaba ese libro que alguien me había regalado, un libro llamado *Cómo vivimos*. Era un libro genial, ilustrado, de gran formato, y tenía fotos de casas de todo el mundo y de cómo vivía la gente en esas diferentes casas. ¿Sabes que llamamos a la editorial (Crown) y nos dijeron que no? Dijeron que no tenían tantos libros como para darlos gratis, porque creo que el libro es caro (75 dólares), si lo compras en las librerías. ¿Te lo puedes creer? Y ¿sabes qué les dije? "¡Bueno, pues ya no estará entre mis cosas favoritas!" Pero ¿cómo se puede ser tan estúpido (el editor)? Es algo muy estúpido. Es un libro. ¿Cuántos libros podrían haber vendido?»

Oprah se refería al programa de sus «Cosas Favoritas» como «lo más flipante de la televisión» y mantenía la fecha de emisión en secreto hasta el mismo día del programa. Luego, dedicaba una hora a regalar sus cosas favoritas de aquel año, entre las que ha habido pasteles orgánicos de queso, palomitas de maíz con caramelo, botas Ugg, CD, libros, abrigos, ordenadores portátiles, cámaras digitales, zapatos Nike exclusivos, relojes de diamantes, BlackBerrys y televisores de pantalla plana. Cada año, anunciaba los artículos a bombo y platillo, y siempre incluía el precio al por menor. En 2007, presentó su regalo más escandalosamente exorbitante al final del programa, cuando dijo a voz en grito: «Esta es mi cosa favorita más cara, de todas, todas, todas». Prácticamente agotados con un gozo orgásmico por todo lo que ya habían recibido, el público que había en el estudio temblaba mientras redoblaban los tambores y se descorrían las cortinas de terciopelo para dejar al descubierto un frigorífico LG, con un televisor de alta definición encastado en la puerta, conexión de DVD y una radio, más un sistema para proyectar diapositivas, la previsión del tiempo para cinco días y un portátil donde había cien recetas. «Su precio (al detalle) es de 3.789 dólares», vociferó Oprah. El total absoluto de las Cosas Favoritas de aquel año fue de 7.200 dólares. Conan O'Brian bromeó en su programa de noche en televisión diciendo: «La revista *Forbes* ha publicado su lista de las veinte mujeres más ricas [...] Oprah es la número uno. Las demás están entre su público».

La lista de *Oprah's Favorite Things* parecía hacerse más larga y más cara con el paso de los años, convirtiendo a Oprah, como observó un periodista, en 'La condesa de ka-ching',* soberana del materialismo». Cuando la criticaron por su craso comercialismo, Oprah anunció que, en adelante, el público de los programas de sus «Cosas Favoritas» serían personas que se lo merecieran, como los maestros mal pagados y los voluntarios del *Katrina*.

La entrega de regalos más anunciada a bombo y platillo se produjo el 13 de septiembre de 2004. «Ha sido el mejor año que he tenido en televisión, con excepción del primero», le dijo Oprah a P. J. Bednarski. Inauguró la temporada regalando 274 Pontiac G6s, nuevos de trinca, valorados en 28.000 dólares cada uno, y un total de 7,8 millones de dólares.

«No fue un truco publicitario y me duele la palabra "truco"», declaró, explicando que cuando un ejecutivo de General Motors le ofreció regalar los coches, como parte de su programa de «Cosas Favoritas», dijo que no. «No puedo hacerlo porque no es mi coche favorito y no voy a decir que lo es.» Luego recordó el nuevo programa de entrevistas que Jane Pauley iba a lanzar en septiembre y que era una fuerte alternativa al suyo. Los productores de Oprah presionaron, diciendo que no podía rechazar la oportunidad de regalar coches, así que pusieron manos a la obra para encontrar personas que se merecieran y necesitaran unas ruedas. El programa de lanzamiento de Jane Pauley quedó enterrado bajo el de los coches gratis de Oprah, que se convirtió en una de las entregas de regalos de las que más se ha hablado en la historia de la televisión.

---

* *Ka-ching*, imitación del sonido de una caja registradora, es una canción de la cantante Shania Twain que habla de la codicia que impera en la vida cotidiana. (*N. de la T.*)

«El corazón me latía con fuerza (aquel día) —recordaba Oprah—. Teníamos personal médico de urgencias preparado, porque a veces, entre el público, hay personas que se desmayan de verdad».

Llevándose a ella misma y llevando al público a un paroxismo extático, fue entregando una cajita a cada persona, diciendo que eran las llaves de un coche. El público abría la caja y se encontraba con un juego de llaves. Oprah se ponía a gritar, dando saltos y agitando los brazos arriba y abajo: «¡Has ganado un coche! ¡Has ganado un coche! Todos ganan el coche ¡Todos ganan el coche! ¡Todos ganan el coche!» Oprah llevó al público, enloquecido de alegría, al aparcamiento de Harpo, donde habían adornado 276 relucientes Pontiac G6 azules con enormes lazos rojos. «Este coche es genial —dijo Oprah—. Tiene uno de los motores más potentes que hay en la carretera.»

Maestros, pastores, enfermeras y cuidadores que llevaban años yendo al trabajo a pie, o cogiendo autobuses y teniendo que hacer tres transbordos estaban fuera de sí de alegría con aquel regalo que les cambiaba la vida. No obstante, casi de inmediato se enteraron de que tendrían que pagar impuestos (alrededor de 7.000 dólares), porque se consideraba que eran premios y no regalos. Muchos acudieron a Oprah en busca de ayuda y su publicista les dijo que tenían tres opciones: quedarse el coche y pagar el impuesto; vender el coche y pagar el impuesto quedándose con el beneficio o bien perder el coche. Oprah no les ofrecía otra opción, y Pontiac ya había donado los coches y pagado el impuesto de venta y la licencia.

«¿Fue esto realmente una buena obra que Winfrey llevó a cabo con éxito —preguntaba Lewis Lazare en el *Chicago Sun-Times*— o fue más bien un ardid publicitario a sangre fría, cuidadosamente diseñado para que la diva de los programas de entrevistas pareciera buena a expensas de Pontiac, que proporcionaba, con mucho gusto, los coches a cambio del enchufe promocional de Winfrey? —y añadía—: Es cada vez más evidente que Oprah se […] ha convertido en cómplice descarada de un montón de empresas que saben mucho de marketing y a las que se les hace la boca agua ante la perspectiva de lograr que ella respalde sus productos, con la esperanza de que eso lleve a una enorme aumento de ventas».

Oprah se puso furiosa. «A todos los que dicen: "Oh, no pagaste personalmente los coches", algo que he oído, les digo: "Bueno, podría haberlo hecho y ¿qué diferencia hay, si ellos consiguen los coches? ¿Y por qué tendría que haberlos pagado yo, si en Pontiac estaban dispuestos a pagarlos?"»

Para entonces, cabalgaba sobre unas olas enormes de gasto y sonaba un tanto arrogante cuando hablaba de sus pestañas de armiño de 500 dólares, sus sábanas finísimas y el envío de sus caballos por FedEx, desde su finca en Indiana a Hawái. Con frecuencia dejaba caer nombres de famosos cuando hablaba de los obsequios que le habían hecho; por ejemplo los 21 pares de zapatos de Christian Louboutin (1.600 dólares el par), regalados por Jessica Seinfeld; el Rolls-Royce Corniche II, descapotable (100.000 dólares), de John Travolta; la habitación llena de azucenas Casa Blanca, enviadas por Simon Cowell, uno de los jueces del programa de televisión *American Idol*, de las cuales Oprah dijo que «parecían un funeral de la Mafia», y los dos Bentley blancos (250.000 dólares cada uno) que Tyler Perry les regaló a Gayle y a ella. «Yo lo llamo mi rico hombre negro», le dijo Oprah a los telespectadores.

Hablando en una reunión cuyo objeto era recaudar fondos para una escuela pública de Baltimore, declaró: «Tengo montones de cosas, como todos esos Manolo Blahnik. Tengo todo eso y creo que es genial. No soy de esos que dicen: "Bueno, debemos renunciar a nosotros mismos". No. Yo tengo un armario lleno de zapatos y es algo bueno». Le aseguró a los adinerados presentes que disfrutaba de su dinero, sin culpa ni disculpas. «Volvía de uno de mis viajes a África. Había llevado conmigo a una de mis amigas ricas, que me dijo: "¿No te sientes culpable? ¿No te sientes fatal?" Yo le dije: "No, en absoluto. No veo cómo podría ayudarlos si yo no tuviera nada". Luego, cuando llegamos a casa, añadí: "Me voy a casa a dormir en mis sábanas Pratesi y me sentiré muy bien al hacerlo"».

Les recordó a los lectores de su revista que en su 42 cumpleaños, Gayle y ella estaban en Miami, donde decidió comprarse un fantástico reloj Cartier como regalo. De camino, en el escaparate de un distribuidor, vio un Bentley Azure negro. «Oh, Dios mío —exclamó—. Qué coche tan maravilloso». Se compró el Bentley sin pensarlo dos veces. «Es un descapotable. Bajamos la capota y ¿adivinas qué? Se pone a llover. Llueve a mares —Oprah no subió la capota de su coche de 365.000 dólares—. Quería ir en un descapotable el día de mi cumpleaños». La siguiente parada fue la tienda de Cartier para comprar el pequeño reloj Diabolo, de oro amarillo, con bisel, caja, esfera y cadena todos de diamantes, por 117.000 dólares.

Después de asistir a su primer desfile de costura en París, declaró: «Con lo que pagué por los trajes de Chanel podría haber comprado una casa». Agasajaba a sus invitados con un lujo igualmente grandioso, y gastaba millones en las fiestas que daba. «Era algo nunca visto ni oído», confesó Vernon Winfrey, al tratar de describir las suntuosas fiestas que su hija daba para el cumpleaños de Maya Angelou cada 5 años. Muchos invitados recordaban el 70 cumpleaños de Maya, en abril de 1998, como el más opulento celebrado por Oprah. Alquiló el *Seabourn Pride* para un crucero de una semana por el Caribe, invitó a 200 personas y a cada una le dio una suite con balcón en aquel buque de lujo.

«Incluso hizo que tiraran dos mil patitos amarillos, de goma, en la piscina del barco, para que pudiéramos jugar como niños en una bañera», recordaba un invitado. Las invitaciones llegaron 4 meses antes del acontecimiento, que sería en Semana Santa, y se les preguntaba a todos su talla de camiseta y pantalón, número de calzado, champán preferido, licores favoritos, comida, cosméticos, fragancias y lociones corporales; todo lo cual fue colocado en sus respectivas suites, junto con albornoces de toalla, con su nombre bordado. «Me parece que se gastó 4 millones de dólares en aquella fiesta», dijo Vernon, moviendo la cabeza al recordar las muchas paradas que hizo el barco para celebrar espléndidos almuerzos en playas blancas, las tiendas forradas de seda para las cenas y los conciertos a la luz de la luna, con Nancy Wilson cantando bajo las estrellas. Oprah organizó otra gran fiesta parecida para Maya cuando cumplió 75 años. Para su 80 cumpleaños, Oprah alquiló el Club Mar-a-Lago, de Donald Trump, en Palm Beach, para todo el fin de semana y organizó representaciones especiales de Michael Feinstein, Natalie Cole, Jessye Norman y Tony Bennett.

En 2005, en su mansión de Montecito, Oprah celebró su fiesta más fastuosa, que anunció como «Un puente hasta el presente: celebración para mujeres extraordinarias en tiempos extraordinarios». En dicha celebración las cámaras filmaban cada momento para hacer un especial en ABC, titulado «Baile de las leyendas de Oprah Winfrey». Con una planificación que duró un año y medio, el acontecimiento para homenajear a mujeres negras le dio a la cadena sus índices más altos, en programas no deportivos, en tres años. El año anterior (2004), Oprah dedicó dos programas a celebrar su 50 cumpleaños, del primero de los cuales dijo que era una «sorpresa» preparada por «mi mejor amiga» (Gayle King) y «mi hombre blanco favorito» (John Travolta). El programa, que el *Chicago Sun-Times* dijo que era «una modesta y pequeña Super Bowl de amor», fue seguido por una fiesta para 500 empleados, en Harpo, y luego 5 días de celebraciones, que empezaron con una cena para 75 personas, incluyendo los padres de Oprah, ofrecida por Stedman en el Metropolitan Club, de Chicago.

Al día siguiente, subieron al avión de Oprah y volaron a California, donde fue la invitada de honor de un almuerzo de señoras, para 50 personas, en el hotel Bel-Air, su refugio favorito en Los Ángeles. Entre los invitados estaban Salma Hayek, Diane Sawyer, Maria Shriver, Toni Morrison, Ellen DeGeneres y Céline Dion. A la noche siguiente hubo una cena con baile para 200 personas, en una finca vecina, en Montecito, y por la mañana, un *brunch* dominical para 175 personas en el San Ysidro Ranch, todo lo cual fue filmado para un segundo programa de Oprah. Además, Oprah invitó a *People* a cubrir la cena–baile montada por su organizador de fiestas, Colin Cowie, y llena de los que él llamaba JDM (*Jaw-Dropping Moments*; momentos que te dejan boquiabierto): 50 violinistas, 200 camareros (uno por invitado), un pastel «cuatro cuartos» de chocolate y frambuesa, dorado con oro de 23 quilates, música de Stevie Wonder y celebridades que lo llenaban todo de bote en bote, entre ellas las señoras del almuerzo en Bel-Air, junto con sus esposos y parejas, Tom Hanks y Rita Wilson, John Travolta y Kelly Preston, Robin y el Dr. Phil McGraw, Tina Turner y Brad Pitt y Jennifer Anniston.

Para el «Fin de semana de las leyendas», Oprah seleccionó a 25 mujeres negras que consideraba leyendas:

Maya Angelou (escritora, poeta, actriz, productora, directora).
Shirley Caesar (cantante)
Diahann Carroll (actriz, cantante)
Elizabeth Catlett (escultora)
Ruby Dee (actriz, autora obras de teatro)
Katherine Dunham (bailarina, coreógrafa)
Roberta Flack (cantante)
Aretha Franklin (cantante)
Nikki Giovanni (poeta)
Dorothy Height (activista)
Lena Horne (cantante/actriz)
Coretta Scott King (activista)
Gladys Knight (cantante)
Patti LaBelle (cantante)
Toni Morrison (escritora)
Rosa Parks (activista)
Leontyne Price (cantante de ópera)
Della Reese (cantante, actriz)
Diana Ross (cantante, actriz)
Naomi Sims (modelo)
Tina Turner (cantante)
Cicely Tyson (actriz)
Alice Walker (escritora, poeta)
Dionne Warwick (cantante)
Nancy Wilson (cantante)

Inexplicablemente de la lista de Oprah estaban ausentes su antigua amiga Whoopi Goldberg, la cantante Eartha Kitt, la aclamada cantante de ópera Jessye Norman, la respetada presentadora de televisión Gwen Ifill y la Secretaria de Estado Condoleezza Rice. De las 25 mujeres elegidas como leyendas, 7 no asistieron: Katherine Dunhsam, Aretha Franklin, Nikki Giovanni, Lena Horne, Toni Morrison, Rosa Parks y Alice Walker. «Demasiadas cámaras de televisión —dijo una de las que no participó—. Demasiada Oprah.»

Entre las 'jóvenes', como Oprah llamaba a las que seguían los pasos de las leyendas, estaban:

Yolanda Adams (cantante)
Debbie Allen (actriz y bailarina)
Ashanti (cantante)
Tyra Banks (modelo y presentadora de programas de entrevistas)
Angela Bassett (actriz)
Kathleen Battle (cantante de ópera)
Halle Berry (actriz)
Mary J.Blige (cantante)
Naomi Campbell (modelo)
Mariah Carey (cantante)
Pearl Cleage (poeta y autora obras de teatro)
Natalie Cole (cantante)
Suzanne De Passe (productora y periodista)
Kimberly Elise (actriz)
Missy Elliot (cantante de rap)
Pam Grier (actriz)
Iman (modelo)
Janet Jackson (cantante)
Judith Jamison (bailarina y coreógrafa)
Beverly Johnson (modelo)
Chaka Khan (cantante)
Gayle King (directora de la revista O)
Alicia Keys (cantante)
Audra McDonald (actriz y cantante)
Terry McMillan (escritora)
Darnell Martin (directora y guionista)
Melba Moore (actriz, cantante)
Brandy Norwood (cantante)
Michelle Obama (ejecutiva de asuntos comunitarios)
Suzan-Lori Parks (autora de obras de teatro)
Phylicia Rashad (actriz)
Valerie Simpson (cantante y compositora)
Anna Deavere Smith (actriz y autora de obras de teatro)

Susan L. Taylor (directora editorial de *Essence*)
Alfre Woodard (actriz)

Oprah inauguró el fin de semana el viernes 13 de mayo de 2005 con un almuerzo en su finca, durante el cual entregó pendientes de diamantes de 6 quilates, a las 'leyendas' y aretes de diamantes blancos y negros, de 10 quilates, a las 'jóvenes', presentados, todos ellos, en cajas rojas, de piel de cocodrilo, dentro de las cuales había estuches de plata grabados. «Soy una chica a la que le gusta un buen pendiente de diamantes, ¿sabéis?», les dijo a sus estupefactas invitadas.

«¿Son de verdad?», le preguntó la escritora Terry McMillan.

«¡Son diamantes negros, tonta! ¡Pues claro que son de verdad!»

Durante el fin de semana de las 'leyendas' hasta las estrellas más ricas se quedaron atónitas, en especial cuando vieron el tranvía que Oprah había instalado para que las invitadas recorrieran *The Promised Land* (La tierra prometida), que es como Oprah llamaba a su extensa finca, con sus diversos paseos, piscinas, estanques, rosaledas, puentes románticos y senderos serpenteantes, todos bordeados por 5.000 hortensias blancas y 2.000 árboles con flores blancas. A su igualmente lujosa casa en Hawái, la llamaba *Kingdom Come* (El Reino de los Cielos). Como les dijo a los periodistas: «Soy muy bíblica, ya sabéis. Hay dos caminos que llevan a mi casa (en Hawái) [...] Gloria y Aleluya». Pero fue su casa en Montecito la que dejó boquiabiertas a sus invitadas. «El camino de entrada tiene 8 kilómetros y cada piedra fue cortada a mano —dijo una de las invitadas—. Su bañera es una pieza entera de jade y desde su cuarto de baño se ve toda la finca de 17 hectáreas, y además le ofrece una vista de 180 grados del mar. Su armario mide 280 metros cuadrados y tiene 1.000 cajones para todo —sí, 1.000—, suéters y camisetas y 100 sombreros. Cada cajón tiene cristal en la parte delantera, para que nada se llene de polvo y ella pueda ver el interior [...] Gayle tiene su propia habitación en la casa principal, con papel pintado con rosas, y el estudio de Stedman domina las montañas de Montecito [...] Las vistas son espléndidas desde todas partes [...] Creo que es la casa más hermosa que he visto nunca.»

A la noche siguiente, sábado 14 de mayo de 2005, Oprah invitó a 362 personas a una cena–baile de etiqueta, en el Bacara Resort and Spa, en Santa Barbara. Hizo que trajeran en avión, desde Francia, 80 cajas de champán, 54 kilos de atún, desde Japón, y 20.000 peonias blancas, desde Ecuador. Michael McDonald y una orquesta de 26 instrumentos ofrecía el espectáculo. El organizador de fiestas de Oprah había enviado a sus 200 sirvientes al centro de entrenamiento para camareros durante tres días, para que sirvieran adecuadamente a los invitados de la lista 'A' de famosos de Oprah. Cuando todos se sentaron a cenar, se oyó un redoble de batería y los camareros, vestidos de esmoquin, pusieron, al mismo tiempo, 362 fuentes en las mesas. Fue otro «momento que te deja boquiabierto». Oprah no esperaba menos.

Aquella noche, después de una cena y un baile suntuosos, los invitados volvieron a su habitación del hotel y se encontraron, en la almohada, de recuerdo y envuelta para regalo, una fotografía de la noche, con un marco de plata de Asprey, el joyero proveedor de la reina Isabel II y del Príncipe de Gales. Oprah había dado instrucciones a las mujeres para que llevaran vestidos blancos o negros para el baile, mientras que ella apareció de llameante rojo, igual que había hecho Norma Shearer en un baile en blanco y negro que ofreció [...] de forma que todo el mundo la mirara *sólo* a ella. A la mañana siguiente (domingo, 15 de mayo de 2005), Oprah se puso un gran sombrero de plumas para ofrecer un *brunch* con música gospel, en *The Promised Land*, donde el senador Barack Obama, con gafas de sol, permanecía a la sombra de un árbol, a pocos pasos de donde Oprah, que rodeaba con el brazo a Barbra Streisand, se movía al ritmo de la música.

Más tarde, Oprah se acercó a Obama, que cuatro meses antes había jurado su cargo de senador de los Estados Unidos y le dijo: «Si alguien fuera a anunciar un día de estos que iba a presentarse como candidato a la presidencia, ¿no crees que este sería un lugar ideal para recaudar fondos?»

El senador Obama sonrió.

20

Al entrar el siglo XXI, Oprah era omnipresente, si no omnipotente. Aparecía en televisión 5 días a la semana, tenía 44 millones de telespectadores en los Estados Unidos, y se emitía en 145 países, desde Arabia Saudita hasta Sudáfrica. Era una presencia diaria en la radio por satélite (Sirius XM) con su propio canal, Oprah and Friends, que emitía 24 horas al día. Su revista mensual, con su fotografía en todas las portadas, tenía una circulación pagada de 2,4 millones en los Estados Unidos y se publicaba también en Sudáfrica. A través de su inversión en Oxygen, se la veía en la televisión por cable, con segmentos titulados *Oprah After the Show*. Cuando vendieron Oxygen a NBC Universal, Oprah recobró su inversión de 20 millones de dólares y anunció planes para poner en marcha su propia cadena de televisión en 2011, que se llamará OWN (Oprah Winfrey Network). Ha producido películas para televisión bajo la bandera *Oprah Winfrey Presents*, y especiales para la cadena en horario de máxima audiencia. Su página web, <Oprah.com>, atraía 6,7 millones de visitas al mes, y sus seguidores en Twitter eran más de 2 millones. Una búsqueda de su nombre en Google generaba más de 8 millones de resultados y había 529 páginas web dedicadas a ella en exclusiva.

A la llegada del nuevo milenio, Oprah era conocida y reconocida en todo el país, incluso por los que nunca veían la televisión diurna. Estaba en el vocabulario como nombre, verbo y adjetivo. Incluso los malhumorados críticos de los medios reconocían que habían entrado en la *Oprahsfera*. «Pone el culto en la cultura pop», disparó Mark Jurkowitz, en *The Boston Phoenix*, haciendo que los *Oprahitas* aullaran contra «ese imbécil» de Jurkowitz. Los *Oprahólicos* la veneraban y los *Oprahfilos* la estudiaban, convirtiéndola en el tema de más de 36 tesis universitarias, catalogadas en la Biblioteca del Congreso. Objeto de un caso práctico de la Escuela de Negocios de Harvard, sobre el éxito corporativo, también la estudiaban en la Universidad de Illinois, en Urbana-Champaign, en un curso titulado «History 298: Oprah Winfrey, la magnate. Cómo contextualizar los aspectos económicos de raza, género y clase en las empresas negras en los Estados Unidos posterior a los derechos civiles». *Newsweek* declaró que la era sensiblera del nuevo siglo era la 'Era de Oprah', y *The Wall Street Journal* dijo que *Oprahficación* significaba 'confesión pública como forma de terapia'. La revista *Jet* usaba *Oprah* como verbo: «No quise decírselo, pero me lo *Oprahó*». Los políticos de todas partes empezaron a 'ponerse Oprah', celebrando reuniones para dejar que sus votantes dieran rienda suelta a sus sentimientos. Las empresas que tenían la suerte de que sus productos aparecieran en *Oprah's Favorite Things* experimentaban una avalancha de pedidos, conocida como el 'Efecto Oprah'. Para 2001, el país se había vuelto tan *Oprahfiado* que Rudolph Giuliani, alcalde de Nueva York, escogió a Oprah, junto con James Earl Jones, para dirigir el servicio conmemorativo que se celebraría en el Yankee Stadium, en honor de las víctimas del 11 de Septiembre.

Con el país a sus pies, Oprah se sentía, finalmente, lo bastante segura como para romper su norma de «nada de políticos» y meterse en sus turbulentas aguas. Durante años, había evitado a los políticos, porque no quería ponerse al público en contra. «Si apoyo a una persona o a otra, cabrearé a un montón de gente —afirmó—. Y todavía no he conocido a ningún político por el que valga la pena jugárselo todo. Cuando lo encuentre, sin ninguna duda lo haré.» Al quedarse fuera de la refriega política, pensaba que conservaba más el afecto de sus telespectadores que Phil Donahue, su muy partidista predecesor. «Oprah se negó incluso a asistir a una cena en Gridiron», afirmó Marianne Means, la ex columnista de Hearst y antigua presidente de The Gridiron Club, a cuya cena anual en Washington asiste el Presidente, el Vicepresidente y miembros del Congreso, del Senado y del Tribunal Supremo. Los representantes de los medios interpretan parodias y canciones burlándose de los dos partidos políticos mayoritarios. «La invitamos muchas veces, pero siempre rehusó, diciendo que no quería meterse en política».

Después de 15 años en antena, Oprah decidió, finalmente, entrar en la arena política. «Esperó hasta ser lo bastante rica, para que su cuenta de resultados no se viera afectada —declaró Katharine Carr Esters—. Y fue muy inteligente por su parte [...] Pero la verdad es que, cuando se trata de dinero, no hay nadie más listo que Oprah.» Una vez convertida en un elemento fijo de la lista *Forbes* de los «400 estadounidenses más ricos», Oprah entró a formar parte de las conversaciones políticas de la nación al extender una invitación a los dos candidatos presidenciales para que aparecieran en su programa. «Espero crear la clase de ambiente y hacer las preguntas que nos permitan romper el muro político y ver quién es cada uno como persona», dijo, a través de su publicista.

Los informativos del día siguiente se ocupaban más de que Oprah se hubiera vuelto política que del vicepresidente Al Gore y el gobernador George W. Bush. El titular de <Salon.com> decía: «El camino a la Casa Blanca pasa por Oprah».

Políticamente, parecía ser demócrata, habiendo contribuido, en 1992, con 1.000 dólares para Carol Moseley Braun, de Chicago, demócrata y la primera mujer afroamericana en ser elegida para el Senado de los Estados Unidos. También donó 10.000 dólares al Comité de la Campaña Demócrata para el Senado, en 1996, y 5.000 dólares para el Comité Nacional Demócrata, en 1997. Sin embargo, aseguraba que había votado «por el mismo número de demócratas que de republicanos». No obstante, los registros de las elecciones federales no muestran ningún voto republicano, sólo evidencian que en cuatro primarias (entre 1987 y 1994) votó a demócratas. No fue a votar en las primarias de 1996, 1998 y 2000, pero sí que emitió su voto en las elecciones generales a la presidencia.

En una ocasión alardeó ante un periodista británico: «Creo que podría tener una gran influencia en la política, y creo que podrían elegirme». Pero añadió: «Creo que a un político le gustaría ser yo. Si de verdad quieres cambiar la vida de la gente, hazte con una plataforma de una hora y métete en su casa».

A *The Times,* de Londres, dijo: «Tener esta gran voz en televisión es lo que todos los políticos quieren. Todos intentan meterse en el programa, y yo no hago política en el programa».

Poniendo mucho cuidado en no volverse partidista, Oprah le pidió a la primera dama, Barbara Bush, que fuera su invitada en 1989 y, más adelante, extendió varias invitaciones a la primera dama Hillary Rohdam Clinton, que participó cuatro veces durante los ocho años que su marido estuvo en la Casa Blanca. Hillary celebró su 50 cumpleaños en el programa de Oprah, y Oprah le pidió a Hillary que le hiciera entrega del «Premio a los Logros de Toda una Vida» de los Emmy internacionales. Durante la ceremonia, Oprah apretando la mano de Hillary dijo: «Espero que nos hagas el honor de presentarte [...] a presidente de los Estados Unidos».

Ya en 1992, Oprah había sopesado la idea de romper su norma de «nada de políticos», e invitar al multimillonario texano H. Ross Perot, porque, como dijo en aquel entonces, «Es más grande que la política», pero dio marcha atrás. Cuatro años más tarde, en 1996, Oprah estaba aún indecisa y rehusó una petición del senador Robert Dole, candidato presidencial del Partido Republicano, que se presentaba contra Bill Clinton.

«No sabía qué hacer [sobre la petición de Dole de ir al programa] —le dijo a sus telespectadores—. Fui a mis productores y les dije: "Puede que no sea la decisión acertada". Pero, al final, decidí seguir fuera de la política y mantener mi vieja norma: No presento políticos». En el estudio, el público presente le ofreció una resonante ovación. «He tratado de mantenerme fuera de la política durante todos los años que he trabajado en la televisión —dijo ese día—. Básicamente, es una situación en la que nunca se gana. A lo largo de los años, no he visto que entrevistar a los políticos sobre los problemas resultara beneficioso para mis telespectadores. Procuro plantear cuestiones que la gente entiende con el corazón y los sentimientos, para que puedan tomar decisiones.»

El senador Dole se echó a reír al enterarse de la explicación de Oprah. «Bien —comentó, burlón, años más tarde—. No presenta políticos […] si compiten contra los demócratas.»

Oprah reconoció que en 1996 le habían «pedido que lo hiciera todo» en la Convención Nacional Demócrata de Chicago, pero insistió en que no participaría de ninguna manera, excepto para asistir a las fiestas dadas por «mis amigos Ethel Kennedy y John Kennedy Jr.» Desde que conoció a Maria Shriver en Baltimore, donde las dos trabajaban para WJZ-TV, Oprah estaba perdidamente enamorada de los Kennedy. Los apoyaba en todo momento, contribuía a la obra benéfica *on-line* de Ethel Kennedy, promocionaba los libros de Caroline Kennedy y Maria Shriver, asistía a las reuniones para recaudar fondos para Kathleen Kennedy Townsend, presentó un programa titulado «Los primos Kennedy» y, a lo largo de los años, invitó a todos y cada uno de los Kennedy para que aparecieran a su lado. En 2009, Victoria Kennedy le concedió a Oprah su primera entrevista después de la muerte de su marido, el senador Edward Kennedy.

Aunque Oprah no se había declarado públicamente como demócrata, sus mejores amigos —Maya Angelou, Henry Louis Gates, Jr., Quincy Jones, Coretta Scott King, Toni Morrison, Andrew Young— eran todos demócratas comprometidos con Clinton, y en 1994 la propia Oprah había sido invitada a la primera cena de gala de los Clinton, celebrada en honor del emperador de Japón, Akihito y la emperatriz Michiko. (Tiempo después reconoció que era como si se le hubiera comido la lengua el gato en presencia de la realeza japonesa. «No supe qué decir, y ha sido una de las pocas veces».) La primera cena de gala en la Casa Blanca a la que había asistido Oprah fue en 1989, durante la administración de George Bush, con Stedman Graham, republicano conservador, que cinco años después no quiso acompañarla a la Casa Blanca de Clinton. Por esa razón, Oprah llevó con ella a Quincy Jones.

«La conocí aquella noche», recordaba Christopher Addison, tratante de arte que, junto con su esposa, es el propietario de la galería Addison/Ripley Fine Art, en Washington. «No la reconocí como alguien famoso porque no veo la televisión durante el día, pero la señora de 80 años que me acompañaba aquella noche me dijo quien era […] Oprah llevaba una pequeña cámara Instamátic y me pidió que le hiciera una foto. Pensé que era simpático por su parte querer que le hicieran una foto en la Casa Blanca, casi como si fuera una turista. Un encanto».

Oprah los sedujo en las dependencias de abajo, en la Casa Blanca de Bush, cuando visitó al personal de cocina, después de la cena, pero arriba era algo diferente: el personal para asuntos sociales la encontró autoritaria y poco razonable. «Era mal educada y exigente; imposible tratar con ella», dijo Lea Berman, ex secretaria para asuntos sociales de la Casa Blanca, ante las *Colonial Dames of America* (Damas coloniales de América). «Insistió en que se le permitiera llevar a su propio cuerpo de seguridad a la mansión del presidente. Es algo absolutamente contrario a las normas de la Casa Blanca, pero la señora Winfrey se puso tan intransigente y chillona que acabamos cediendo y le permitimos que fuera acompañada de sus propios guardaespaldas.»

Cuando, en el año 2000, Oprah invitó al vicepresidente Al Gore y al gobernador George W. Bush a que fueran a su programa, los dos aceptaron porque la carrera a la presidencia iba muy igualada, y ambos querían llegar a su numeroso público femenino. Una encuesta de Gallup/CNN/*USA Today* mostraba a Bush a la zaga de Gore por diez puntos porcentuales antes de la visita a Oprah; días después, el mismo sondeo mostraba un empate estadístico. Los informativos lo llamaron el «rebote Oprah». El editorial del *Chicago Sun-Times* la homenajeó por involucrarse en la carrera presidencial, y ella dio bombo publicitario a su primera incursión política antes del programa inaugural de la temporada, haciendo que el humorista Chris Rock bromeara diciendo: «Tanto Al Gore como Bush van a aparecer en *Oprah*, pero por razones diferentes: Al Gore trata de atraer el voto de las mujeres; Bush quiere averiguar qué demonios ha hecho esta mujer para conseguir tantísimo dinero».

Oprah recibió al vicepresidente el 11 de septiembre de 2000, y él entró con aire resuelto en el escenario, y la saludó con un apretón de manos y un medio abrazo con un solo brazo.

«¿No hay beso? Yo albergaba esperanzas», lo pinchó Oprah, refiriéndose al excesivamente largo beso ante las cámaras que Gore había dado a su esposa en la Convención Demócrata. «Hasta hoy me he mantenido alejada de los políticos, pero después de quince años, necesito hacer un intento por penetrar ese muro», declaró, dirigiéndose a los espectadores, antes de avisar a Gore de que iba a ser más despiadada que efusiva. A pesar de sus 24 años en cargos públicos, Al Gore puso reparos: «Soy un poco más reservado que muchos de mi profesión». Oprah no se dejó convencer.

—Hablemos de aquel beso —dijo—. ¿De qué iba todo aquello? ¿Qué le dijo a su esposa? ¿Formaba parte del guión? ¿Trataba de enviar un mensaje?

—Trataba de enviarle un mensaje a Tipper —replicó Gore, provocando las carcajadas del público.

—No, en serio —insistió Oprah—. En su favor, hay que decir que lo interrumpía en cuanto él caía en su discurso prefabricado, para tratar de conseguir algo más veraz y sincero.

—Bueno... yo... fue una oleada abrumadora de emoción. Era un gran momento en nuestra vida. Quiero decir, no es como si yo hubiera llegado allí, solo. Ha sido una asociación, y ella es mi alma gemela.

El público del estudio, en su mayoría mujeres, estalló en unos fuertes aplausos para el robot romántico, por lo general rígido y torpe, que parecía tan enamorado de su esposa después de 30 años de matrimonio.

Durante una hora, Oprah sopló y resopló, tratando de tirar «el muro» abajo, pero lo único que consiguió sacarle a Gore fue su película favorita (*Un tipo genial*), su música favorita (Los Beatles) y sus cereales favoritos (Wheaties). «La mujer que ha persuadido a cientos de personas para que revelaran cosas sobre sí mismos que más valdría que hubieran conservado en privado no consiguió sacar a Gore del terreno en que se sentía cómodo —escribió Mark Brown, en el *Chicago Sun-Times*—. Lo mejor de todo por parte de Gore fue que la manejó tan hábilmente que Oprah no pareció ni darse cuenta».

A la semana siguiente (18 de septiembre de 2000), le tocó el turno a Bush, gobernador de Texas, que trajo dulces de coco, de la firma texana Neuman Marcus, para el público del estudio y que la saludó con un enorme beso. La foto de Bush besuqueando a Oprah en la mejilla, mientras ella sonríe alegremente, salió en la portada de *The New York Times*.

—Gracias por el beso —dijo, sentándose junto a él.

—El placer es mío —respondió Bush, sonriendo.

—Ayer, en la calle, unas personas me dijeron que iban a tomar su decisión [sobre a quién votar] después del programa de hoy —le informó Oprah. El arrogante gobernador asintió, mientras la arrogante presentadora se lanzaba a fondo y le preguntaba si se presentaba para darle la vuelta a la derrota de su padre ante Bill Clinton—. ¿Para vengarse?

—En absoluto, ni en la más pequeña, minimísima parte —insistió Bush, que dijo que sentía «una llamada» para ser presidente—. Veo los Estados Unidos como una tierra de sueños, esperanzas y oportunidades....

—Ahora quiero llegar a la trastienda —declaró Oprah—. Háblenos de alguna vez en que necesitara que lo perdonaran.

—En este mismo momento —respondió Bush, mientras el público se echaba a reír.

—Quiero algo específico —insistió Oprah, severamente.

—Sé que lo quiere, pero yo me presento a presidente —Incluso ella se tuvo que reír ante aquello, y el público aplaudió encantado.

Cuando Oprah le preguntó cuál era su «sueño favorito», él levantó la mano derecha como si fueran a tomarle juramento como presidente y, de nuevo el público estalló en carcajadas. Más tarde, a Bush se le llenaron los ojos de lágrimas cuando habló del difícil embarazo de su mujer y del nacimiento de sus hijas gemelas. Reconoció que, finalmente, había dejado de beber a la edad de 40 años porque el alcohol se había apoderado de su vida.

«Siempre consciente de su estatus como 'mujer más poderosa del planeta', Winfrey abordó las entrevistas con Gore y Bush como si fueran un deber sagrado —escribió Joyce Millman, en <Salon.com>—. Se veía que iba en serio, porque interrumpía a Gore y a Bush incluso más de lo que suele interrumpir a los invitados que han dejado de interesarla [...] No entiendo por qué Bush era tan reacio a debatir con su oponente; enfrentarse a Al Gore durante 90 minutos tiene que ser más fácil que mantener durante una hora a 'la que debe ser obedecida' y además mantenerla divertida.»

Oprah no respaldó a ninguno de los dos candidatos, pero al final de su hora, George W. Bush había conseguido un *home run,* sin problemas, en el estadio de Oprah. Cuando Chris Rock apareció unos meses después, culpó directamente a Oprah de entregar la Casa Blanca a los republicanos.

«Hiciste que Bush ganara. Vino aquí, se sentó en el sillón y tú le diste el triunfo a ese hombre. Sabes que fue así.»

«No lo hice», respondió ella, con una risa poco convincente.

Gloria Steinem se puso de parte del humorista. En su perfil de Oprah para *Time*, escribió: «Sólo cuando deja de lado su auténtico yo, pierde la confianza, como cuando ayudó a que George W. Bush fuera elegido».

Unas semanas después de que Bush se convirtiera en presidente, Oprah solicitó una entrevista con Laura Bush para la revista *O* y, mientras ella y la Primera Dama hablaban en las dependencias privadas de la Casa Blanca, el presidente asomó la cabeza, diciendo que quería saludar al próximo presidente de los Estados Unidos. «Gracias por venir a ver a Laura —dijo—, y dejar que muestre de qué está hecha.»

Unos días después de que el 11 de Septiembre hiciera pedazos el país, la Casa Blanca llamó a Oprah y le preguntó si la Primera Dama podía aparecer en el programa para hablar a los maestros y los padres sobre cómo podían ayudar a sus hijos a superar el trauma. Oprah recibió a la señora Bush el 18 de septiembre de 2001, y entraron en el plató cogidas de la mano, para tratar de tranquilizar a una nación que se había visto tan profundamente sacudida por los terribles ataques. Reflejando el sentimiento del país en aquellos momentos —el deseo y la necesidad de unirse para intentar comprender lo que había sucedido— Oprah presentó programas sobre «*Islam 101*», «¿Es la guerra la única respuesta?» y «¿Qué es ahora lo realmente importante?»

También hizo un programa presentando a mujeres afganas, titulado «Dentro del mundo Talibán», que dio lugar a otra llamada de la Casa Blanca, pidiéndole que se uniera a la señora Bush, a Karen Hugues, Directora de Comunicaciones y a Condoleezza Rice, asesora de Seguridad Nacional, para formar parte de una delegación oficial de los Estados Unidos que visitaría a niñas afganas que iban a volver a la escuela después de la caída de los talibanes. Oprah rehusó, alegando que estaba muy ocupada, cuando la verdad era que, como muchos otros, tenía miedo a viajar después de los ataques terroristas. Canceló un viaje para lanzar *O, The Oprah Magazine*, en Sudáfrica, en abril 2002, diciendo: «He empezado a sentirme incómoda respecto a viajar. Mi instinto me dice que las cosas no van bien en algunas partes del mundo. En todas partes».

El 29 de marzo de 2002 la Casa Blanca filtró la historia a la prensa, y afirmaban que Oprah le había dicho que no al presidente y que, como consecuencia, el viaje destinado a amortiguar las imágenes de violencia mundial, había tenido que posponerse. A continuación, se desató una polémica por el rechazo de Oprah después de que su publicista le dijera al *Chicago Tribune:* «Dada su responsabilidad con el programa, no añade nada más a su agenda. La invitaron, pero rehusó, respetuosamente».

Los titulares desataron una tormenta mediática:

«Winfrey no irá de gira por Bush», *New York Times.*
«La enviada Oprah un fracaso: La reina de los programas de entrevistas declina la invitación de Bush para visitar las escuelas de Afganistán», *New York Post.*
«No hay Oprah, no hay viaje a Afganistán», *Washington Post.*
««Winfrey declina la invitación de Bush para ir a Afganistán; los Estados Unidos esperaba mostrar su ayuda a las mujeres», *Chicago Tribune.*
«Oprah se echa atrás. La diva de los programas de entrevistas rechaza la invitación a Afganistán», *Daily News* (Los Angeles).

Un columnista del *Chicago Tribune* escribió: «Es estupendo vivir en un país donde una mujer negra tiene, por fin, la autoestima y el poder necesarios para decirle no al hombre que manda».

Esto provocó una carta al director sobre lo que parecía un flagrante desaire:

Perdí mucho respeto por Oprah cuando declinó la invitación del presidente para incorporarse a la delegación de los Estados Unidos que iba a visitar las escuelas de Afganistán. Qué maravillosa oportunidad tenía de difundir buena voluntad por el mundo, en nombre de los Estados Unidos.

Estoy seguro de que podría haber reorganizado su «atareada agenda» como compensación por todas las oportunidades y buena fortuna que le ha sido dada en nuestra tierra de la libertad. ¿Es que ha olvidado de dónde viene? ¡Debería darle vergüenza!

Muy nerviosa por la publicidad negativa, Oprah llamó a su amiga Star Jones, que entonces aparecía en *The View*, para decirle que la historia de la Casa Blanca no era verdad. Jones salió en antena unos momentos después para informar de la llamada de Oprah:

[Oprah] tenía algunas actividades para recaudar fondos a las que se había comprometido y todo el mundo sabe que cuando haces estas cosas [...] se venden entradas dando por sentado que estarás allí. Así que no podía dejar de hacerlo y tampoco quería, porque se había comprometido.

Dice que la Casa Blanca le dijo que irían de todos modos. Luego añadió: «Así que imagina mi sorpresa cuando me despierto y leo en el periódico que me muestro arrogante, que estoy demasiado ocupada». Dice que no ha pasado de esa manera y que realmente no es justo. Todos sabemos la clase de actividades filantrópicas que Oprah hace por todo el país y por todo el mundo, así que no era justo.

Oprah me ha dicho: «Star, me siento terriblemente utilizada por la administración Bush».

Sin embargo, antes de que pasaran seis meses, parecía que Oprah ayudaba al presidente en sus preparativos para la invasión de Irak. El 9 de octubre de 2002, presentó un programa para «ayudaros a decidir si creéis que deberíamos atacar Irak». Aunque había defensores de ambos lados de la cuestión, dio más tiempo y peso a los que apoyaban la guerra. En un momento dado, un miembro del público presente se levantó para poner en duda la existencia de armas de destrucción masiva, y Oprah lo cortó, diciendo que las armas eran «un hecho», no algo sometido a debate. «No estamos tratando de hacer propaganda —de mostrar propaganda— sólo mostramos lo que es», zanjó Oprah.

Inmediatamente después del programa, <educate-yourself.org>, página web contraria a la guerra, publicó una carta dirigida a Oprah diciendo:

Es usted una presentadora de televisión y un ídolo para muchos, que suele presentar un intercambio de opiniones abierto. ¿Cómo pudo permitir que un programa tan desequilibrado saliera en antena, cuando lo que está en juego es el futuro del planeta entero?

La Swedish Broadcasting Commission también atacó, diciendo que el programa de Oprah, uno de los más populares de Suecia, traicionaba un sesgo favorable al ataque de los Estados Unidos contra Irak. «Se expresaron diferentes puntos de vista, pero los comentarios más largos expresaban, todos, la opinión de que Sadam Husein era una amenaza para los Estados Unidos y debería ser el blanco del ataque», afirmaba la comisión. El gobierno sueco se oponía decididamente a la invasión, diciendo que carecía del mandato del Consejo de Seguridad de Nacional Unidas.

Ninguna de estas objeciones perturbó a Oprah. Como necesitaba la aprobación y buena opinión de los demás, prefería unirse al *establishment* que molestarlo, y la opinión de la clase dirigente, en aquel momento, era favorable a la invasión de Irak. Por temperamento, Oprah se habría sentido incómoda situándose en la minoría, al cuestionar la política del presidente, especialmente después del 11-S, cuando cualquier tipo de disensión se consideraba antipatriótica. Bill O'Reilly, de Fox News, había anunciado: «A los que critican públicamente a su país en unos momentos de crisis militar los llamo […] malos estadounidenses». Más adelante, Oprah presentó un programa en dos partes, el 6 y el 7 de febrero de 2003, con el título «¿Deberían los Estados Unidos atacar Irak?», y afirmó que había recibido correos lleno de insultos y amenazas, donde la llamaban «con la palabra con *N*» y le decían que «volviera a África» porque no era lo bastante favorable a la guerra. Fue su último programa sobre el tema. Los Estados Unidos invadieron Irak el 30 de marzo de 2003.

Cuatro años más tarde, *Bill Moyers Journal* presentó un convincente programa de 90 minutos en el PBS, titulado «Comprando la Guerra», que mostraba como los medios de comunicación tradicionales habían abandonado su papel de perros guardianes y se habían convertido en perritos falderos de una política fracasada que costaba miles de vidas estadounidenses e iraquíes. Moyers, que recibió un Emmy por su documental, incluyó a Oprah en su condena de los medios.

En los momentos en que Oprah parecía trabajar como animadora para la administración Bush, provocó que llegaran numerosas quejas a la Comisión Federal de Comunicaciones por airear material sexual explícito durante las horas en que los niños veían la televisión. Fue criticado particularmente un programa titulado «¿Lleva tu hijo una doble vida?», en el cual Oprah y sus invitados hablaron gráficamente del argot y los actos sexuales de los adolescentes. «Si vuestro hijo dijera que les aliñaron la ensalada, ¿sabríais qué quería decir? —preguntó a los espectadores. A continuación, procedió a dar las definiciones gráficas y obscenas de «ensalada aliñada», «curso externo» «llamada botín» y «fiestas arcoiris», que provocaron un aluvión de quejas a la FCC. Howard Stein, el escandaloso locutor, trató de emitir los comentarios de Oprah en su programa de radio al día siguiente, pero el director de la emisora de Nueva York los ocultó con un pitido por ser unos términos obscenos e indecentes. «Pero es Oprah», protestó Stern, al que la FCC había multado con casi 2 millones de dólares por usar un lenguaje parecido al de Oprah. Sin amigos en las altas esferas, sentía que le aplicaban un doble rasero.

Uno de los que habían presentado una demanda contra Oprah en la FCC dijo estar de acuerdo. «El mismo día en que multaron a Howard Stern, Oprah emitió un material sexual y escatológico que era incluso más explícito —escribió Jeff Jarvis, ex crítico de televisión de *TV Guide*—. Me he quejado, igual que muchos otros. Pero puedes apostar a que a Oprah no la multan...» Jarvis afirmó que Oprah sólo había hecho su programa sobre el sexo adolescente para sacar el tema del sexo en antena y dijo que era una hipócrita. «Oprah, puedes actuar como si no tuvieras una gran responsabilidad en esto. Has llevado el sexo a la televisión de la tarde. Mira, no creo que deban multarte por eso y tampoco creo que debieran impedir que siguieras emitiendo por eso; sencillamente yo no te veo. Pero no estás haciendo nada diferente de Howard Stern, excepto que tú te sales con la tuya. Así que corta ya tu desaprobación farisaica del sexo en el resto de la televisión. Eres la 'Reina de la Basura'».

El *Santa Barbara News-Press*, que cubría la zona donde estaba la mansión de Oprah, en Montecito, también observó la hipocresía: «¿Qué padres quieren que sus hijos vuelvan de la escuela, se apresuren a poner en marcha el programa de Oprah y se vean sometidos a esa porquería?» —escribió Scott Steepleton, redactor adjunto de información local—. Ha llegado el momento de que la FCC deje de aplicar la ley de una manera tan arbitraria. Si es grosero, es grosero, sin importar de quién sea el programa». Sin embargo, en 2006, la FCC sentenció que el programa de Oprah sobre el sexo adolescente no era indecente porque el lenguaje explícito no se utilizaba para escandalizar.

Sólo podemos preguntarnos si la FCC estaba averiada durante la oleada de audiencia de febrero de 2006, cuando Oprah hizo un programa titulado «Mujeres que usan el sexo para encontrar amor». Entrevistó a una mujer, con el nombre ficticio de Jennifer, que afirmaba haber tenido relaciones sexuales con 90 hombres y llevaba una lista y un vídeo diario de sus rollos de una noche. Oprah dejó estupefacta a la blogosfera cuando le dijo a Jennifer: «Entonces has hecho que algunos hombres que ni siquiera sabes quiénes son, te eyacularan en la cara». Los medios no comentaron el programa de Jennifer, pero Robert Paul Reyes, de <AmericanChronicle.com> acusó a Oprah de rastrear en las alcantarillas para hacer subir los índices.

«¿Millones de mujeres sintonizan contigo en busca de una programación inspiradora y educativa y tú vas y entrevistas a una ninfómana que ha practicado el sexo sin protección con casi 100 hombres?»

Oprah no se inmutó; quizá se sintiera inmunizada contra la presión de la FCC gracias a su estrecha relación con la Casa Blanca de Bush, así que continuó presentando programas sobre sexo, estilo prensa sensacionalista o amarilla, mezclados con otros sobre cómo sentirse bien y hacer el bien. Esta es una lista parcial de los programas de 2004-2009:

«Tu vida sexual ¿es normal?» (19/2/2004)
«¿Lleva tu hijo una doble vida?» (18/3/2004)
«Sexo secreto en los barrios residenciales» (19/11/2004)
«Intercambio de esposas» (27/12/2004)
«Venus, Serena y Jada Pinkett Smith hablan de citas, sexo y peso» (30/3/2005)
«Cómo liberar tu yo interior súper sexy» (31/5/2005)
«Mujeres que utilizan el sexo para encontrar el amor» (23/2/2006)
«Maestras y chicos: sexo secreto en las aulas» (27/4/2006)
«Por qué los hombres van a los clubs de striptis y otras preguntas candentes» (1/1/2007)
«237 razones para practicar el sexo»(25/9/2007)
«Cómo dieron más marcha a su vida sexual» (27/8/2008)
«Terapia sexual (1): A puerta cerrada» (2/10/2008)
«Terapia sexual (2). Miedos, fantasías y fingimiento» (21/11/2008)
«Semana de la vida mejor: Relaciones, intimidad y sexo» (9/1/2009)
«Sexo: las mujeres revelan lo que realmente desean en el sexo» (3/04/2009)
«Cómo hablar de sexo con tus hijos, con la doctora Laura Berman» (9/4/2009)
«14 años. Dicen que están preparados para el sexo» (16/4/2009)
«Cómo poner a punto tu sexy trasero» (15/6/2009)
«Las asombrosas revelaciones de la ex estrella infantil Mackenzie Phillips» (23/9/2009)
«Mackenzie y Chynna Phillips, Jay Leno y Harry Connick, Jr.» (25/9/2009)

Por mucho que Oprah ayudara a Bush a que lo eligieran presidente, lo que hizo por Arnold Schwargenegger en el año 2003 para que llegara a ser gobernador de California, fue incluso mucho más: «Los dos candidatos tenían una auténtica dificultad en cuestiones de política y tenían problemas con las mujeres votantes —dijo Mark Sawyer, director del Centro para el estudio de la raza, el origen étnico y la política, de UCLA—. El aspecto de "eres un tipo agradable con el que hablar" que tanto Bush como Schwarzenegger lograron gracias al hecho de aparecer en el programa de *Oprah*, hizo que ambos fueran candidatos más accesibles».

Cuando Schwarzeneger apareció en el programa, *Los Angeles Times* lo estaba investigando por numerosos incidentes de acoso sexual, sucedidos a lo largo de tres décadas. Cuando el periódico publicó su serie, ya había 16 mujeres que afirmaban haber sido toqueteadas y asaltadas por él, en contra de su voluntad. La mayoría no se presentaron voluntariamente porque tenían miedo de represalias en Hollywood. Algunas dijeron que Schwarzenegger las había atacado en ascensores o en algún plató. Una dijo que la agarró por detrás y le metió mano por debajo de la falda. Otra, que le agarró los pechos, la levantó contra una pared y le exigió sexo. Todas describieron el lenguaje de Schwarzenegger diciendo que era lascivo y degradante.

Aquella noche, David Letterman bromeó: «Hoy el *L. A. Times* ha acusado a Schwarzenegger de meterle mano* a las mujeres. Se lo digo yo: este hombre tiene madera de presidente».

Schwarzenegger reconocía haber contado chistes groseros o subidos de tono delante de mujeres, pero negó todas las acusaciones de acoso sexual. Con todo, su súbita decisión de presentarse a la nueva convocatoria de elecciones en California había dejado su conducta personal abierta al escrutinio público, así que su primera entrevista después de anunciar su candidatura en *The Tonight Show* fue en *The Oprah Winfrey Show*.

«Todos querían hacerse con aquella entrevista —afirmó Oprah hablando de su exclusiva—. Pero yo jugué la carta de la amistad —También bañó a Schwarzenegger con el calor de su aceptación—: Arnold es un mentor para muchos hombres, pero lo que destacan de él es el macho, los músculos. Sin embargo, lo que hace que Arnold sea Arnold es el equilibrio. Conoce y practica la sensibilidad.» Lo ensalzó como padre y alabó a los cuatro hijos de los Schwarzenegger diciendo que eran un homenaje a sus padres. Esos elogios de Oprah le permitieron superar la resistencia de las mujeres que recordaban las fanfarronadas de Arnold, *el Bárbaro,* en la revista *Oui*, en 1977, sobre sus proezas sexuales, sus orgías de sexo colectivo en el gimnasio y sus exigencias de sexo oral durante los torneos culturistas.

Semanas antes de que anunciara su candidatura, había concedido una entrevista a *Esquire*, comparándose con una mujer hermosa cuya belleza hace que la gente subestime su inteligencia:

* El término inglés *grope* significa tanto «andar a tientas» o «dar palos de ciego» como toquetear a una mujer. (*N. de la T.*)

Cuando ves a una rubia, con tetas fabulosas y un culo fabuloso, piensas que debe ser estúpida o que no debe de tener nada más que ofrecer [...] Pero lo cierto es que también están las que son tan listas como atractivas son sus pechos, tan genial como el aspecto de su cara, tan bella como lo es todo su cuerpo, tan maravillosa, ¿sabes?, que asombra a todos.

Su arrogancia grosera y galopante impulsó a Molly Ivins a escribir: «¿Es cosa mía o parece un condón relleno de nueces?»

Oprah promocionó el estreno de la nueva temporada, el 15 de septiembre de 2003, diciendo: «Es mi exclusiva con Arnold y Maria; la campaña, los rumores, la primera entrevista que han hecho juntos hasta ahora». Empezó con Maria Shriver, que era conocida por los espectadores de Oprah por sus anteriores apariciones, a las muchas referencias que Oprah hacía a su amistad y a los numerosas referencias que Oprah dedicaba a Maria en su página web. Comenzaron con sus recuerdos juveniles de cuando trabajaban juntas en Baltimore, y Oprah enseñó fotos suyas en la boda de Maria, en la residencia Kennedy, en Hyannisport. Luego le preguntó por la fama de mujeriego de su marido.

—Conozco al hombre con el que estoy casada —dijo Maria—. Llevo 26 años con él. Decido sobre él, basándome en él. No en lo que dicen los demás.

—¿Crees que a las mujeres Kennedy se las educa para mirar hacia otro lado cuando se trata de la infidelidad marital?

—Eso me da mucha rabia. No me han, comillas, 'educado', comillas, para mirar hacia otro lado. Lo acepto con todas sus virtudes y todos sus defectos. Yo tampoco soy perfecta.

Oprah sacó a colación las historias que pintaban a Arnold como misógino, y María dijo que era «exactamente lo contrario» de alguien que odiara a las mujeres: «Me prepara el café cada mañana, me dice que soy maravillosa y me ha apoyado en mi carrera».

Arnold se unió a su esposa en la siguiente parte del programa. Al sentarse, alargó el brazo y le cogió la mano a Maria. «Esta mujer que está aquí ha sido la amiga más increíble, la esposa y la madre más increíble», afirmó. Oprah sonreía de oreja a oreja, feliz, mientras el público del estudio aplaudía. «Adoran a las celebridades», dijo más tarde, sabiendo que su programa era la 'Central de Celebridades' para sus espectadores.

Le preguntó a Schwarzenegger por su entrevista en *Oui*, de tan mala fama, pero él dijo que no se acordaba.

—La idea era decir cosas tan desmesuradas que te hicieran salir en titulares.

—Ya, pero ¿te acuerdas de las fiestas, Arnold?

—La verdad es que no. Era la época en que decía cosas como 'el bombeo (en el culturismo) es mejor que correrse'.

La mano de Maria salió disparada y le tapó la boca. «Por Dios, Arnold, que mi madre está viendo este programa».

The New York Times regañó a Oprah por hacer un «favor tan grande» a Schwarzwenegger invitándolo al programa. Citando la norma federal de igualdad de tiempo, el periódico decía: «Ahora tiene que hacer un favor a los votantes e invitar a los otros candidatos a gobernador de California [...] Es cierto que la señora Winfrey tiene derecho a invitar a un único candidato, pero eso es hacer un mal uso de su programa».

Oprah no hizo ningún caso del consejo del periódico porque le importaba mucho más formar parte del grupo Kennedy. También desechó el artículo del *Nation*, titulado «Gobernador magreador», que la acusaba de que le importaba más «la celebridad [...] que la solidaridad entre mujeres», y decía que las personas que realmente necesitaban su plataforma eran «mujeres que creen que humillar, insultar y acosar a las mujeres es algo de lo que vale la pena hablar». Schwargenegger ganó las elecciones en 2003 y fue reelegido en 2006. Aquel año, Oprah contribuyó a su campaña con 5.000 dólares. Fue la única aportación política que hizo.

Después de flexionar los músculos, ahora se convirtió en una celebridad política ella misma, y los miembros del Partido Reformista crearon una página web para animarla a presentar su candidatura a la presidencia, mientras que Michael Moore, el productor de documentales, ponía en marcha una petición *online*:

> Nosotros, los abajo firmantes, acudimos a usted para que se declare candidata a la Presidencia de los Estados Unidos de América. Queremos conocer sus ideas sobre cómo enderezar este país y creemos que puede obligar a los otros candidatos a actuar según los dictados de su corazón y su conciencia. Como mínimo, puede aclarar las cosas, pero lo más probable es que pueda arrasar, las elecciones no serían más que un paseo y llegaría a ser nuestro primer presidente negro, nuestra primera mujer presidente y nuestro primer presidente, en la memoria reciente, que representa los intereses del pueblo americano.

Otros recogieron la llamada, entre ellos el escritor Robert Fulghum *(Las cosas importantes las aprendí en el parvulario),* que en su página web también respaldó a Oprah para presidente. Esto llevó a David Letterman a leer como una de las «Diez cosas principales que oí en el fin de semana republicano»: «Hemos encontrado la solución; ¡Oprah acaba de anunciar su candidatura!» Aaron McGruder, en su serie de televisión *The Boondocks*, emitió un episodio titulado «El retorno del Rey» sobre Martin Luther King, Jr., que acababa con un titular de prensa: «Oprah elegida presidente». La mayor campaña para convertir a Oprah en comandante en jefe llegó en 2003, cuando Patrick Crowe, ex maestro de escuela y propietario de Wonderful Waldo Car Wash, en Kansas City (Missouri), creó una página web donde vendía tazas, camisetas y pegatinas con el lema «Oprah for President». Cosechó toneladas de publicidad después de publicar el libro *Oprah for President: Run, Oprah, Run!* De inmediato, el fan de 69 años recibió la bofetada de una carta de «cesar y desistir», de tres páginas, enviada por los abogados de Oprah, citando 19 infracciones de los derechos de autor, más el uso no autorizado de su nombre, imagen y retrato. Le daban 5 días para responder.

«No deberían haber enviado esa carta —le dijo Oprah a Larry King—. No me gustó que mis abogados hicieran eso.»

El señor Crowe no se dejó intimidar. Cuando Oprah lo llamó para aconsejarle que dedicara su tiempo y energía a apoyar a Barack Obama, que no era candidato a la presidencia en aquel entonces, Crowe le propuso que le diera al nuevo senador por Illinois un puesto en su gabinete. Luego explicó a los periodistas por qué creía que ella sería una gran presidente: «Su genio para los negocios. Su corazón de oro. Su habilidad para hacer que todos trabajen juntos [...] su fuerte determinación [...] no es la clase de chica con la que te querrías enfrentar».

Aunque Oprah nunca se presentó a ningún cargo público y dijo que nunca lo haría, era dueña de un inmenso carisma y, para millones de estadounidenses, ella representaba la credibilidad. Además, ante algunos asuntos ella tomaba partido y unas veces éste complacía a los demócratas y otras a los republicanos: estaba a favor de que las mujeres tuvieran el derecho a decidir; estaba en contra de la pena de muerte y se oponía a las armas, la legalización de las drogas y la asistencia social; apoyó la guerra de Irak (y luego se opuso a ella); en los delitos, recomendaba que colgaran a los conductores borrachos, pero manteniéndolos vivos para poder seguir torturándolos «en sus partes privadas». En temas de religión su postura era un tanto difusa: citaba la Biblia, pero no asistía a la iglesia. Predicaba la superación personal (ayunos para la higiene interna del cuerpo y cambios de imagen) y el propio empoderamiento ('créelo y consíguelo') sazonado con paparruchas *New Age*, de *El Secreto*. En cuanto a los valores familiares, cubría todas las bases: aplaudía la maternidad, pero, para ella misma, había elegido una carrera antes que los hijos; vivía con un hombre sin casarse, pero viajaba constantemente con su mejor amiga.

Contradicciones aparte, Oprah era una presencia destacada en los Estados Unidos, una catedral, formada por una única mujer, que recogía limosnas para los pobres, escuchaba confesiones y emitía edictos: «No masques chicle en mi presencia», «Llévale siempre un regalo a la presentadora», «Sumérgete en la bañera quince minutos cada día», «Compra, compra, compra». Dispensando sentencias desde las alturas, reprendía a Lionel Richie por ser un padre absentista, condenaba a la atleta Marion Jones por andar por ahí tomando drogas para aumentar su rendimiento, y criticaba a Toni Braxton por ir a la bancarrota después de gastarse 1.000 dólares en una cubertería de plata de Gucci.

De vez en cuando, Oprah otorgaba perdón ex cátedra. En una entrevista por satélite con Jessica Coleman, una chica de 22 años que cumplía una sentencia de 6 años en el reformatorio de mujeres de Ohio, por matar cuando tenía 16 años a su hijo recién nacido, Oprah se mostró durante toda la entrevista tan dura como un juez. Hizo que Coleman contara la historia de cómo ocultó su embarazo, tuvo el bebé, que parecía haber nacido muerto, y luego metió el cuerpo en una bolsa de lona, que su novio acabó tirando en una cantera. Cuando lo encontraron, la comunidad de Columbia Station (Ohio), lo llamó *Baby Boy Hope* (Niño Esperanza) y le dio un funeral como es debido. Durante 6 años, la policía buscó al asesino o asesina del bebé y sólo dio con ella después de que la oyeran en un bar contando su historia entre sollozos.

«¿Sabías que cuando yo tenía 14 años, oculté un embarazo? —le preguntó Oprah—. Me violaron a los 9 años y abusaron de mí sexualmente desde los 10 a los 14. A los 14, quedé embarazada […] El estrés de (tener que confesar el embarazo a mi padre) me hizo ponerme de parto y el bebé murió (36 días después) […] En este mismo momento, ahí fuera hay muchas adolescentes que esconden su secreto, igual que yo escondí el mío, porque […] como tú, pensaba que no había nadie a quien se lo pudiera contar. Que tú hayas hablado hoy, va a darle a muchas chicas el valor para hacerlo. No eres tu pasado. Eres lo que es posible para ti. Haz tuya esta verdad y avanza en la vida. Perdónate y otros podrán perdonarte.»

El programa de Oprah se había convertido en el lugar donde los réprobos suplicaban misericordia o, como en el caso del presentador Brian Williams y el presidente de informativos Steve Capus, de NBC, defendían actos polémicos. Después de airear fotos y partes de vídeo enviados por el maníaco asesino que mató a tiros a 32 personas en el Tecnológico de Virginia, en 2007, NBC recibió duras críticas por emitir las últimas palabras, llenas de odio, pronunciadas por el asesino antes de suicidarse pegándose un tiro. Muchos pensaron que la cadena había explotado la situación al ofrecerle al asesino en masa la atención nacional, sin considerar los sentimientos de los familiares de las víctimas. Por ello, una semana después de la emisión, Williams y Capus aparecieron en *The Oprah Winfrey Show.*

«Tuvimos […] mucho cuidado con el número de fotos que mostramos —le dijo Brian Williams a Oprah—, y creo […] que ya casi todo ha desaparecido».

Oprah lo corrigió: «Ha desaparecido, Brian, porque la gente dijo, porque el público dijo: "No queremos verlo"».

Williams parecía tan arrepentido que un católico de la vieja escuela que veía el programa se preguntó, medio humorísticamente, si Oprah le iba a dar la absolución. «Como penitencia reza cinco padrenuestros y cinco avemarías. Haz un buen acto de contrición y ve en paz.»

Igual que el vicario del pueblo, ella cuidaba de su rebaño, ayudándoles a expiar sus pecados anteriores. Medió en la disculpa pública del campeón de los pesos pesados Mike Tyson, cuando dijo que quería reparar el daño que le había hecho a Evander Holyfield al arrancarle un trozo de oreja de un bocado, durante su combate por el título en 1997. Doce años después, los dos se reunieron en el programa de Oprah y se estrecharon la mano, esperando que su reconciliación sirviera de ejemplo a las bandas de jóvenes en guerra. Aunque muchos telespectadores criticaron a Oprah por aceptar a Tyson, violador convicto, en su programa, otros la aplaudieron. Los dos programas con Tyson, y no fue casualidad, cosecharon unos índices de audiencia altísimos en unos momentos en que estaban cayendo.

Oprah continuó siendo inflexible en su condena de quienes abusaban de niños, ya que conocía demasiado bien el trauma que sufrían las víctimas. Al entrevistar a un hombre que estaba en prisión por abusos sexuales, se refirió a él diciendo que era un «canalla». Sin embargo, sus contradicciones podían confundir: mientras que a su amigo Arnold Schwarzenegger le daba un pase en el caso de su acoso sexual, a la vez, condenaba a los raperos porque sus letras rebajaban a las mujeres; no perdonaba el racismo, pero disculpó al presidente de Hermès, después de que su tienda de París no la permitiera entrar, debido a supuestos «problemas con norteafricanos». Sin embargo, apenas se mostró cortés con Hazel Bryan Massery que, cuando era una joven estudiante blanca, había chillado insultos contra Elizabeth Eckford, una de los Nueve de Little Rock, que ingresaron en la Central High School, en 1957, después de que el presidente Eisenhower enviara tropas federales a Arkansas. En el interín, Massery le había pedido disculpas a Eckford por sus improperios, y las dos eran amigas. Oprah las invitó a las dos al programa, pero se mostró muy escéptica respecto a su amistad y no quiso aceptar que los remordimientos de Hazel hubieran llevado a la reconciliación. «Son amigas —le dijo Oprah al público, con incredulidad—. Son [...] amigas», repitió con un desagrado evidente. Luego enseñó una enorme ampliación de la foto tomada aquel día histórico, en la que aparece Elizabeth, silenciosa y digna, con sus libros, dirigiéndose a la escuela, mientras un grupo de estudiantes blancos se mofaban a gritos de ella; la más amenazadora de entre ellos era Hazel. Oprah se mostró glacial cuando le preguntó a Eckford por qué la foto seguía afectándola tantos años después.

«(Oprah) fue tan fría como podía serlo —le dijo Eckford a David Margolick de *Vanity Fair*—. Hizo lo indecible por ser odiosa.»

Margolick, que pasó tiempo con Eckford y Massery para escribir su artículo, añadió: «De modo característico, sin embargo, Elizabeth lo sentía más por Hazel, que fue tratada con mayor brusquedad todavía (por Oprah)».

De todos modos, la gente acudía en tropel a la Iglesia de Oprah. Online, había 28.000 páginas web dedicadas a participar en *The Oprah Winfrey Show*, y David Letterman, el presentador de programas nocturnos de televisión, que llevaba años excomulgado, puso en marcha un «Oprah Log», pidiendo que lo invitaran. Oprah no le hizo ningún caso, pero él insistió. «No es Oprah hasta que es Oprah» —le decía a su público noche tras noche. Sus fans no tardaron en sostener pancartas delante del Ed Sullivan Theater, en aeropuertos y en partidos de fútbol: «Oprah, por favor, llama a Dave».

Después de 82 noches, Phil Rosenthal advirtió a Oprah, en el *Chicago Sun-Times:* «Es una llamada que tienes que hacer [...] Cada noche que pasa [...] te hace parecer más una diva engreída y sin sentido del humor, que suelta todo tipo de lugares comunes New Age sobre el perdón y los pensamientos positivos, pero se aferra tozudamente a los agravios. No es él el que da una mala impresión en esto. Es un papel cómico y, mientras te niegues a actuar, serás el blanco de la broma [...] Te estás cerrando en banda, estás siendo terca, mezquina y estúpida».

Oprah todavía echaba humo por los chistes que Letterman le había dedicado a lo largo de los años:

Los diez principales ejemplos de violencia en televisión:
n.º 6 Un invitado, sin darse cuenta, se pone entre Oprah y el bufete.

Las diez principales atracciones turísticas menos populares:
n.º 3 La gran Oprah.

Las diez principales escenas mortales que Robbie Knievel no quiere interpretar:
n.º 8 Fastidiar el almuerzo encargado por Oprah.

Las diez cosas principales que no quieres escucharle decir a un hombre en un bar deportivo:

n.º 1   Vaya, es la hora de Oprah.

Las diez cosas principales que Colón diría de América, si viviera hoy:

n.º 6   ¿Cómo llegasteis a elegir al líder que llamáis Oprah?

Los diez consejos principales del Dr. Phil para entrevistar a Oprah:

n.º 4   Postérnate.

El acercamiento entre Oprah y Dave se produjo el 1 de diciembre de 2005, cuando Oprah aceptó, finalmente, aparecer en el programa de Letterman y luego le permitió acompañarla al estreno en Broadway de *El color púrpura*, impulsando a *People* a suponer:

> Y ahora, damas y caballeros, las diez razones más probables de que Oprah Winfrey pusiera fin a su ruptura de 16 años con David Letterman y aceptara aparecer en su programa nocturno de la CBS, el 1 de diciembre de 2005:
>
> n.º 10   Está produciendo un musical, *El color púrpura*, en Broadway, al otro lado de la calle.
> n.º 9-1 Véase el n.º 10.

«Por fin se ha acabado nuestra larga pesadilla nacional», dijo *The Kansas City Star.*

Letterman actuó como un escolar deslumbrado por una estrella. «Significa mucho para mí y me siento muy feliz de que estés aquí —le dijo a Oprah, efusivamente—. Has sido importante para la vida de los demás.»

Se calcula que unos 13,5 millones de personas se quedaron levantadas aquella noche para ver el programa, dándole a Letterman su mayor audiencia en más de una década. Al día siguiente, la crítica de televisión, Lisa de Moraes observó en el *Washington Post:* «Letterman se ha convertido en aquello de lo que antes se burlaba. Un *Oprahólico*».

No era sólo un cómico nocturno quien quería bañarse en el reflejo de la gloria de Oprah Winfrey. Para promocionar sus memorias de 1.008 páginas, *My Life,* el ex presidente Bill Clinton apareció en su programa (22 de junio de 2004), permaneció a su lado en su segmento de Oxygen, *Oprah After the Show,* y, abrazándola y cogidos de la mano, la llevó a dar un largo paseo por su casa de Chappaqua (Nueva York), como acompañamiento de una larga entrevista publicada en la revista *O*. En el programa, Oprah insistió en decir que «no había nada prohibido», mientras indicaba al ex presidente que leyera todas las páginas donde hablaba de sus indiscreciones sexuales.

—¿Cuáles eran tus sentimientos hacia Hillary cada vez que la engañabas? —preguntó Oprah.

—Siempre la he querido mucho —respondió Clinton—, pero no siempre la he querido bien.

—¿No tenías miedo de que te pillaran?

Clinton esquivó la pregunta, diciendo que estaba en mitad de «una lucha titánica» con el Congreso republicano, pero Oprah insistió:

—¿Creías que no te te pillarían?

—No, no lo esperaba —admitió finalmente.

Oprah había llenado el estudio con mujeres jóvenes y bonitas, de las que Jeff Simon dijo en *The Buffalo News* que, en ciertos momentos, miraban a Clinton «como mirarían a un helado de chocolate o, en otros momentos, como observarían los primeros pasos de su hijo hasta el sofá».

Los lazos de Oprah con los Clinton eran fuertes: asistió a su investidura en 1993 y a su primera cena de gala, en 1994. En diciembre de 1993, estaba a su lado en la Casa Blanca, cuando firmó la Ley Nacional de Protección a la Infancia para crear una base de datos en red donde se recogerían todas las acusaciones y condenas de abusos y acoso sexual a los niños. La ley era conocida familiarmente como «Ley Oprah».

Los dos sureños, procedentes de hogares rotos, Bill Clinton y Oprah Winfrey, tenían mucho en común: los dos habían crecido desde unas raíces con exiguas expectativas hasta alcanzar el éxito mundial, basándose en una superlativa capacidad de comunicación; los dos tenían problemas de peso, bien conocidos, y en palabras de Clinton, «guardaban secretos» y sabían vivir vidas paralelas, una en público, la otra en privado. Juntos, eran fascinantes: Clinton le dio a Oprah su segundo índice nocturno de audiencia más alto de la temporada; ella le dio un fuerte impulso en las ventas de su libro. La de Bill Clinton y Oprah fue una relación ventajosa, de mutua admiración, hasta el 17 de julio de 2004, cuando un hombre joven que presentaba su candidatura al senado de los Estados Unidos pronunció el discurso de su vida en la Convención Nacional Demócrata. Aquella noche la elevada retórica y el inspirador mensaje de Barack Obama estremecieron a la convención y lo pusieron bajo los ardientes focos del reconocimiento nacional. Entre los que saltaron de alegría estaba Oprah, profundamente conmovida por su mágica expresión.

«Fue uno de los discursos más extraordinarios que nunca he oído —le dijo más tarde—. Hay una frase en *The Autobiography of Miss Jane Pittman* (una película de 1974, basada en la novela de Ernest J. Gaines) en la que cuando Jane sostiene a un bebé en brazos, pregunta: "¿Serás tú el elegido?" Hoy, mientras hablabas, yo estaba sola en mi salita, aplaudiendo y diciendo: "Creo que este es el elegido".»

Después del discurso, Oprah, que apenas conocía a los Obama, solicitó entrevistarlos para el número de noviembre de *O*, que, estratégicamente, estaba en los quioscos justo los días anteriores a las elecciones que enviarían a Obama a Washington, donde sería el tercer afroamericano en sentarse en el Senado de los Estados Unidos desde la Reconstrucción. Para entonces Oprah había adoptado al joven senador como «mi hombre favorito». Lo presentó a sus espectadores en enero de 2005, como parte de un programa titulado «Viviendo el sueño americano». Unos meses más tarde, Oprah rindió homenaje a su esposa, Michelle, incluyéndola como 'una de las jóvenes' en su Fin de Semana de las Leyendas, y al año siguiente, Oprah refrendó públicamente a Obama como presidente, antes de que él mismo lo hiciera.

Durante su campaña al Senado, Obama se había opuesto a la guerra contra Irak diciendo que era innecesaria y, para entonces, Oprah también había cambiado de postura. Posteriormente, invitó a Frank Rich, el prestigioso columnista de *The New York Times*, a su programa (12 de octubre de 2006) para hablar de su libro «La mayor historia nunca vendida: *Declive y caída de la verdad desde el 11-S hasta el* Katrina», que acusaba a la administración Bush de vender la guerra al país con premisas falsas. Titulado «La verdad en los Estados Unidos», el programa incluía la presencia de Roy Peter Clark, experto del Poynter Institute, para hablar de cómo ver el mundo desde puntos de vista diferentes. Posteriormente, diría en su columna *on-line* que Oprah era dinámica, inteligente, divertida, carismática y querida por las mujeres del público. «Salió al escenario, antes de que las cámaras empezaran a rodar, con los zapatos en la mano, una imagen muy terrenal, pero cuando se sentó, la encargada del calzado llegó corriendo, se arrodilló y le puso los zapatos. Fue una especie de coronación, si es que es posible coronarle los pies a alguien.»

En Fox News, Bill O'Reilly se subía por las paredes porque Oprah había dedicado todo su programa a Frank Rich. «Ha declinado entrevistarme, aunque he tenido cuatro libros en el número uno de las listas de *bestsellers*». O'Reilly estaba que echaba chispas: cuatro noches después salió en antena con un segmento titulado «¿Es Oprah justa y equilibrada?», durante el cual afirmó que Oprah se «inclinaba a la izquierda» y que sus invitados liberales superaban en mucho a los conservadores. Dijo que Oprah era deshonesta con sus espectadores respecto a sus opiniones políticas. «¿No sería mejor si mirara a la gente a los ojos [...]?» Unos días después, Oprah invitaba a Obama a su programa (18 de octubre de 2006), para hablar de su libro *La audacia de la esperanza*.

«Sé que no hablo sólo por mí —afirmó—. Hay mucha gente que quiere sentir la audacia de la esperanza, que quiere sentir que los Estados Unidos pueden ser un lugar mejor para todos. Hay mucha gente que querría que te presentaras a la presidencia de los Estados Unidos. ¿Lo considerarías?»

Obama dio unos cuantos rodeos y habló de la importancia de las elecciones de mitad de legislatura. Luego Oprah volvió sobre el tema.

—Veamos, si alguna vez decidieras presentarte en los próximos cinco años —voy a seguir con este programa cinco años más—, ¿lo anunciarías aquí?

—No creo que pueda negarme.

—Vale, vale. Así que, si alguna vez, en algún momento, lo decidieras, lo harías.

—Oprah, eres mi chica.

—Vale. No pido más.

—Me parece bien.

A Bill O'Reilly estuvo a punto de darle una apoplejía. También él tenía un libro que promocionar (*Culture Warrior*), y Oprah había «declinado» tenerlo en el programa: «Estaba tan furioso que cogió el teléfono, llamó a Oprah él mismo, le dijo que no tenía ningún derecho a ser tan parcial, invitando a "alguien que odiaba a Bush, como Frank Rich" para despellejar al presidente de los Estados Unidos», recordaba una publicista de Doubleday. «O'Reilly exigió que fuera justa y lo dejara ir a él con su libro [...] Insistió e insistió, y Oprah acabó tan acoquinada que aceptó que fuera».

El programa, que tuvo lugar el 27 de octubre de 2006, se tituló «El Ayuntamiento de Oprah, con Bill O'Reilly», con un público en su mayoría masculino, permitió que O'Reilly despotricara contra el «movimiento progresista y secular» o *SPs (secular progresives)*, como él los llamaba, que según decía estaba formado por Fran Rich, el American Civil Liberties Union, George Clooney, Hollywood, Holland, los zombis de los centros comerciales, el Partido Demócrata, el FBI, los Clinton y *The New York Times*. En los tradicionalistas, en cambio, había «buena gente» como él mismo, el presidente Bush, las ciudades obreras, la clase obrera, el hombre de la calle, las personas que llaman Navidad a la Navidad y Oprah. Cuando acabó la hora, O'Reilly afirmó: «Este es el mejor programa en el que he estado».

Al investigar para este libro, le envié un correo electrónico a Bill O'Reilly para confirmar que había llamado a Oprah para que lo llevara a su programa. No contestó, pero cuando el libro se publicó, me invitó a su programa, el 14 de abril de 2010. Negó haber llamado a Oprah, pero reconoció que se había ejercido presión sobre ella. Dos fuentes, dentro de su compañía editorial recuerdan la llamada de O'Reilly, quien dijo: «Fue justa conmigo una vez que conseguí su atención».

Una vez le hubo demostrado a Bill O'Reilly que era justa y equilibrada, Oprah tomó una decisión que la enemistaría con Fox News y con la rama Clinton del Partido Demócrata. Sentía que había encontrado al 'elegido' y decidió respaldar públicamente a Barack Obama, excluyendo a todos los demás candidatos presidenciales. No estaba contenta con los que habían insinuado que, en el año 2000, su programa le había dado a George Bush la ventaja que lo llevó al triunfo, así que esta vez, decidió entregarle su poderosa plataforma sólo a su 'hombre favorito'.

«Si todo el mundo sabe que estoy a favor de Obama, sería insincero por mí parte estar ahí entrevistando a otras personas como si […] fingiera ser objetiva —dijo—. Así pues, por esta razón, a mi programa no vendrá nadie.»

Como cazatalentos sin igual, Oprah reconocía la magia telegénica cuando la veía. Después de todo, había introducido Dr. Phil, Rachael Ray y al Dr. Oz en los Estados Unidos, y sus programas de entrevistas, todos los cuales había lanzado ella, habían tenido un éxito superior a todas las expectativas. El mismo instinto la impulsó ahora a poner todas sus cartas políticas sobre la mesa. Fue una jugada atrevida, porque se esperaba que Hillary Clinton fuera la nominada por los demócratas, y al ir contra la primera mujer con unas credenciales impresionantes y un respaldo inmenso y que tenía realmente la posibilidad de ganar, Oprah corría el riesgo de provocar la antipatía de muchas de sus espectadoras femeninas. Cuando apoyó a Obama, la criticaron por favorecer a su raza, en detrimento de su género, mientras la mayoría de sus amigos afroamericanos apoyaba a Hillary Clinton.

Maya Angelou, Henry Louis Gates, Jr., Quincy Jones y Andrew Young pensaban que le debían lealtad a la senadora Clinton, porque, en palabras de Gates, fue Bill Clinton «quien nos dio voz y peso». No obstante, al lado de Oprah estaban Gayle King y Stedman Graham, republicano conservador, más su padre, Vernon Winfrey, que señaló al cartel de Obama de la pared de su barbería diciendo: «Lo apoyo en los puntos conflictivos […] Es posible que Oprah lo apoye por otras cosas». Soltó una risita ante el evidente enamoramiento de su hija por el senador de Illinois, una deducción extraída del coqueteo de su lenguaje corporal, siempre que él estaba cerca y que su padre definía así: «Sus ojos llenos de adoración y todo eso [...] Te aseguro que a Stedman no le da nada de eso».

La mejor amiga del instituto de Oprah estaba de acuerdo: «Obama es todo lo que ella ha querido siempre —dijo Luvenia Harrison Butler—. Piel clara y de la Ivy-League».

Los humoristas nocturnos también dijeron la suya: «Durante el fin de semana, Obama celebró su aniversario de boda —observó Conan O'Brien—. Salió para una cena romántica, a la luz de las velas, sólo con su esposa y Oprah».

La influencia de Obama sobre Oprah tampoco pasó desapercibida para nadie en Chicago: «Cuando Paula Crown necesitó que una estrella apareciera en la gala benéfica del Children's Circle of Care, acudió a Barack y él convenció a Oprah para que fuera —dijo uno de los filántropos de la ciudad—. De lo contrario, nunca la habríamos conseguido; hizo que la noche fuera un éxito fabuloso».

Al respaldar a Barack Obama para ser el futuro presidente de los Estados Unidos de América, Oprah dejó clara una postura que la convertiría en blanco de las críticas y el rechazo partidista: «En un momento dado, fue terrible para ella —recordaba Alice Walker—. Me acuerdo de cuando Gayle y ella asistieron a una boda en el hotel Bel-Air [...] Fue poco después de que Oprah se negara a invitar a Sarah Palin a su programa, y las mujeres republicanas de Florida decidieron boicotear a Oprah [...] Tenía los ojos llenos de lágrimas cuando nos contó que la habían llamado '*negrata*'».

Más tarde, Oprah mencionó esas reacciones violentas en su contra. «Recibí llamadas llenas de insultos y amenazas: "Vuelve a África", "Vamos a lincharte" —contó—. No estaba desairando a Sarah Palin. Sólo me estaba manteniendo fiel a la política que me había fijado (de no invitar a otros candidatos al programa).» Dos días después de las elecciones, invitó a Tina Fey, la humorista que había hecho trizas a Sarah Palin con su perfecta imitación de la gobernadora de Alaska, en *Saturday Night Live*. «Estaba en Denver; acababa de asistir al gran discurso pronunciado por Barack Obama, y al día siguiente fue cuando el senador John McCain anunció a Sarah Palin —recordó Oprah—. Dije: "Oh, Dios mío, es Tina Fey"».

Después de las elecciones, y para aplacar a los republicanos, Oprah dijo que le gustaría pedirle a Sarah Palin que acudiera al programa. «Intenté hablar con Sarah Palin, pero ella prefirió hablar con Greta Van Susteren. Habló con Matt Lauer. Habló con Larry King, pero no habló conmigo —declaró Oprah—. Pero quizás hablará conmigo cuando tenga un libro». Como era de esperar, Palin lanzó la publicación de sus memorias con Oprah, el 16 de noviembre de 2009, consiguiendo los índices más altos del programa en dos años.

«Oprah estaba entregada a recuperar a los espectadores conservadores que había perdido cuando respaldó a Barack Obama para la presidencia», escribió Lisa de Moraes, en *The Washington Post,* así que se apartó de los temas polémicos. Al día siguiente, entrevistó a la superestrella del porno Jenna Jameson, que había escrito «Cómo hacer el amor igual que una estrella porno», pero la verdad es que los medios estaban más interesados en la política que en la pornografía. Dos días después del programa con Sarah Palin, Tina Brown criticó duramente a Oprah, en *The Daily Beast:* «Empezó preguntando a Palin si creía que la había desairado durante la campaña del 2008, al no invitarla al programa. Se veía que Palin pensaba, igual que todos los que estábamos en el público: "Pero, ¿qué? ¿Por qué demonios perdemos tiempo hablando de ti?"».

Entre bastidores, Oprah no disimulaba cuáles eran sus preferencias partidistas. Apoyó con fuerza a Cory Booker, el alcalde demócrata de Newark (Nueva Jersey), que, al igual que Oprah, era un ardiente y temprano partidario de Barack Obama. El alcalde, de 40 años, salía con Gayle King, que lo presentó a Oprah; esta aportó más de 1,5 millones de dólares a varias organizaciones no lucrativas que Booker defendía en su distrito, incluyendo 500.000 dólares a un enemigo de Booker, que amenazaba con dividir el partido demócrata. Aplacado por la donación de Oprah, el enemigo se convirtió en amigo y Booker no tuvo problemas para ser reelegido. Cuatro meses después, *O, The Oprah Magazine,* del cual Gayle es directora general, publicó un artículo de ocho páginas titulado «Cory Booker... el alcalde más grande de los Estados Unidos». Cuando los Obama invitaron a Cory Booker a la cena de Estado en la Casa Blanca, en honor del presidente de México, el alcalde de Newark llevó como acompañante a Gayle King.

Antes de las elecciones presidenciales de 2008, Oprah estaba tan decidida a reservar su plataforma para Obama que cuando Bill Clinton volvió al programa, el 4 de septiembre de 2007, para promocionar su segundo libro *Giving,* quiso dejar claro que era él quien la había llamado, pidiendo aparecer en el programa. Meses después, el ex presidente le quitó importancia a la falta de apoyo de Oprah para su esposa. «Oprah es de Chicago —afirmó Clinton—. Sólo podía ser partidaria de Obama».

El momento de la segunda aparición de Clinton en el programa de Oprah era políticamente delicado, porque todos sabían que, cuatro días después, iba a organizar un enorme evento para recaudar fondos para Obama, en The Promised Land, su finca de 42 acres (17 hectáreas) en Montecito. El acontecimiento, planeado para dar cabida a, por lo menos, 600 personas, que pagarían 2.300 dólares cada una, fue pregonado como una de los acontecimientos destinados a recaudar fondos más grandes de la historia. Un humorista bromeó:

«La recaudación de fondos de Oprah está proyectada para recoger 3 millones de dólares; 2 millones de los cuales saldrán de la caseta 'Dunk Stedman'».*

La recaudación de fondos de Oprah se había anunciado en julio, y personas de todo el país se aprestaron a comprar entradas tanto para apoyar a Obama como para ver la mansión de 50 millones de dólares de Oprah, con su lago artificial y sus ondulantes prados. El evento recibió una amplia cobertura en todo el mundo y, según Oprah «No era algo sin importancia para mí (abrir las puertas de mi propiedad) [...] De verdad siento que el lugar es un regalo que me ha hecho Dios. Es un sitio muy, muy especial [...] Habrá, claro está, algunas restricciones y condiciones importantes para entrar allí».

Insistió en que no se permitiera que nadie entrara en la mansión de 2.140 metros cuadrados, así que el evento se celebró al aire libre, una soleada tarde de sábado, con la actuación de Stevie Wonder (uno de los favoritos de Obama). Asistieron más de 600 personas, que se sentaron en mantas verde manzana, que Oprah había encargado, con el «Obama '08» bordado en una esquina. Había carpas llenas de mesas con comida y bebida (minihamburguesas y limonada aderezada con vodka) esparcidas por los prados ajardinados, donde escuadrones de camareros iban y venían con bandejas de plata. No se permitió la entrada a la prensa, y los guardias de seguridad hacían pasar a todos los invitados por el detector de metales, después de despojarlos de cámaras y aparatos de grabación. Con la excepción de unos cuantos VIP, no se permitía a nadie que entrara en coche en la propiedad, de forma que todos tenían que reunirse a unos dieciséis kilómetros de distancia para ser transportados por autobuses lanzadera. Entre los famosos de la multitud, de mayoría afroamericana, estaban Whoopi Goldberg, Sidney Poitier, Ernie Banks, Bill Russell, Jimmy Connors, Linda Evans, Lou Gossett, Jr., Cicely Tyson, Forest Whitaker, Tyler Perry, Chris Rock, Cindy Crawford, George Lucas y Kenneth *Babyface* Edmonds.

Tras la comida al aire libre, y una magnífica tarde, Oprah ofreció una cena para 200 personas en una enorme carpa, con arañas de cristal. «Fue una noche mágica que nunca olvidaré», afirmó Valerie Jarrett, muy amiga de los Obama en Chicago, y ahora asesora principal del presidente.

«Sólo se vio estropeada por un momento de divismo —recordaba otro invitado de Chicago—. Fue cuando Cindy Moelis y su marido, Rob Rivkin, llegaron con los Obama —Cindy es una de las mejores amigas de Michelle Obama—. Oprah fue muy descortés. Invitó a los Obama a entrar en la casa,

* Referencia a un puesto de feria con un personaje, real o de cartón, contra el que se tiran esponjas u otros objetos empapados en agua. (*N. de la T.*)

pero indicó a Cindy y Bob que esperaran fuera, donde se sentaron en una de las mantas verdes no reservadas. El prado no tardó en llenarse [...] Oprah y Stedman salieron y se sentaron en una manta reservada, delante de Cindy y Bob, a pocos metros. Uno de los guardaespaldas de Oprah se acercó para decirle a Cindy que tenían que cambiar de sitio. Cindy preguntó por qué, señalando que no había sitios libres y que la actuación de Stevie Wonder estaba a punto de empezar. Otro guardia acudió para decirle a Bob que o se trasladaban o se iban. Bob contestó que habían venido con los Obama y que ni se movían ni se marchaban. Todo esto lo podían oír perfectamente cuantos estaban en las mantas adyacentes y observaban lo que pasaba, excepto Oprah y Stedman, que estaban de espaldas a Cindy y Bob, como si no supieran qué sucedía. Sería lógico pensar que una anfitriona habría hecho que sus guardias de seguridad se retiraran, para evitar que una situación desagradable empeorara. Pero no. Los guardias sacaron unos cuadernos y anotaron los nombres de la pareja, preguntando repetidamente cómo se escribía *Moelis*, como si quisieran avergonzarlos y hacer que se marcharan. Se quedaron para la actuación... El evento fue fantástico, salvo por el hecho de que Oprah hizo que dos personas se sintieran muy incómodas.»

Momentos así son inolvidables porque algunas personas esperan que Oprah sea, en todo momento, lo que parece ser en televisión, una mujer de envolvente calidez, encanto y afabilidad.

«Fue fabulosa cuando cogió el micrófono y presentó a Barack —dijo otro invitado—. Fue apasionada, graciosa y embriagadora en sus comentarios.»

Empezó diciendo que su casa de Montecito era un lugar sagrado para ella y explicando que lo llamaba The Promised Land porque estaba viviendo el sueño de Martin Luther King. Por esa razón, no la abría para cualquier acontecimiento. «Aquí es donde Stedman y yo vivimos nuestra vida privada —dijo—. No he participado en política porque nadie me había inspirado hasta ahora [...] Después de todos mis años en los negocios, no confío en mucha gente, pero he aprendido a confiar en mi instinto [...] Estoy convencida de que aquí tenemos a un hombre que puede cambiar las cosas y traer dignidad al pueblo de los Estados Unidos [...] Creo en el destino. Si alguien tiene una vocación, nada puede impedir que ese destino se cumpla.» Dijo que, por esa razón, se había comprometido totalmente con Obama y estaba dispuesta a encajar todo lo que los medios lanzaran contra ella por hacerlo. Mencionó también el precio de 2.300 dólares del evento y dijo que nadie, «ni siquiera mi mejor amiga, Gayle», había entrado sin pagar.

Oprah comprendía lo que valía para Obama. Cuando habló de su respaldo en *Larry King Live,* dijo: «Creo que mi valor para él, mi apoyo, probablemente es mayor que cualquier cheque que pudiera extender». Los datos de la Federal Election Comission muestran que sólo extendió un cheque, por 2.300 dólares. Sin embargo, recaudó más de 3 millones de dólares para Obama, en California y, en Chicago, algunos de sus empleados de Harpo (Harpo Inc., Harpo Radio y Harpo Studios) proporcionaron fondos adicionales:

Jill Adams, productora:	250$
Judith Banks-Johnson, productora:	500$
William L.Becker, asesor general:	300$
Timothy Bennett, presidente:	2.300$
Tracey Carter, productora adjunta:	250$
Amy Coleman, supervisora de producción:	2.000
Lisa Erspamer, productora co-ejecutiva:	2.300$
John Gehron, director general:	250$
Aaron Heeter, *freelance* de producción:	250$
Dianne A.Hudson, asesora especial:	2.300$
John Keith, productor:	250$
Lindsey Kotler, secretaria ejecutiva:	250$
Joseph Lecz, jefe de producción:	250$
Elizabeth E.Moore, jefe de personal:	2.300$
Irma Norris, jefe de producción:	3.300$
Ellen S.Rakieten, vicepresidente ejecutivo:	2.300$
Davida Rice, abogada:	4.500$
Hilary Robe, productora adjunta senior:	500$
Sheri Salata, productora co-ejecutiva:	2.300$
Harriete Seitler, vicepresidente ejecutivo:	4.600$
James Slanger, ingeniero de audio:	500$
Erin Dailey Smith, investigadora:	250$
Stacy Strazis, productora:	500$
Oprah Winfrey, autoempleada:	2.300$
Andrea Wishom Young, productora:	2.000$
Total:	36.800$

Después de su apoyo a Obama, Oprah sufrió las reacciones de algunos telespectadores, que arremetieron contra ella en sus tableros de mensajes:
«¡¡¡Oprah es una traidora!!!»
«De mal gusto».
«Nunca más volveré a ver tu programa».

En 2008, la encuesta Harris anunció que Ellen DeGeneres había vencido a Oprah como personalidad de televisión favorita de los Estados Unidos, un puesto que Oprah había ocupado en los cinco años anteriores.

Doce semanas después de la recaudación de fondos en California, Oprah se lanzó a la carretera por Obama, volando con Gayle a Iowa para hablar en Des Moines (asistencia: 18.500 personas) y Cedar Rapids (asistencia: 10.000 personas) antes de que se la llevaran a toda prisa a Columbia, Carolina del Sur (asistencia: 30.000 personas) y Manchester (asistencia: 8.500 personas). En cada ciudad, los lugares reservados a los medios estaban atestados de cámaras de televisión de todo el mundo, a la espera de grabar lo que decía en su primera campaña.

Al principio, parecía incómoda, decía que le parecía que se había salido de su terreno y, de nuevo, hizo referencia a *The Autobiography of Miss Jane Pittman* y a cómo la mujer esclavizada buscaba al 'elegido' que conduciría a su pueblo a la libertad. «Pues bien, yo tengo fe en el 2008 y he encontrado la respuesta a la pregunta de Jane Pittman. ¡He encontrado la respuesta! Es la misma pregunta que está haciendo nuestra nación: "¿Eres tú el elegido? ¿Eres tú el elegido?". Estoy aquí para deciros a todos, que sí, él es el elegido. Es el elegido [...] ¡Barack Obama!»

Al llegar al otoño, Hillary y Obama habían dejado atrás a los otros seis candidatos demócratas; Hillary contaba con el abrumador apoyo de las mujeres, mientras que Obama despertaba el entusiasmo de las personas con un alto nivel de educación y de los activistas contra la guerra. Él ganó el *caucus* de Iowa; ella ganó las primarias de New Hampshire. El súper martes, ella ganó 836 delegados; él, 845. Su reñida carrera continuó hasta el 7 de junio de 2008, cuando Hillary puso fin oficialmente a su campaña y respaldó a Obama con elocuencia.

Durante los primeros meses de la campaña, Oprah había estado sola, cargando con la antorcha a favor de Obama, pero el 27 de enero de 2008, Caroline Kennedy, la hija de John F. Kennedy, anunció también su apoyo a Obama. En un artículo de opinión en *The New York Times* titulado «Un presidente como mi padre», Caroline Kennedy escribía: «Nunca he conocido un presidente que me inspirara de la manera que la gente me dice que mi padre los inspiraba. Pero, por vez primera, estoy convencida de que he encontrado al hombre que podría ser ese presidente [...] no sólo para mí, sino para una nueva generación de estadounidenses». Con Caroline Kennedy llegó su prima Maria Shriver, y su tío el senador Ted Kennedy, cuyo respaldo galvanizó la campaña e hizo que se tambaleara la estructura de apoyo para Hillary Clinton, en especial entre los afroamericanos, que empezaron a ver que Barack Obama quizá tuviera de verdad posibilidades de ganar.

Cuando Oprah apareció en el Pauley Pavilion, en UCLA, flanqueada por Caroline Kennedy, Maria Shriver y Michelle Obama, se sentía lo bastante envalentonada para dirigirse a quienes la criticaban:

«Después de Iowa, hubo algunas mujeres que tuvieron el atrevimiento de decirme: "¿Cómo has podido, Oprah, cómo has podido?" —dijo, imitando un acento nasal—. "Has traicionado a tu género". La verdad es que soy una mujer libre. Soy una mujer libre —Lo repitió tres veces—. Ser libre significa que piensas por ti misma y decides por ti misma lo que vas a hacer. Así que os digo que no soy ninguna traidora. Sólo sigo mi propia verdad y esta verdad me ha llevado a Barack Obama.» Se burló de las mujeres que decían: «Soy una mujer; tengo que votar por una mujer». Enardeció a la multitud. «Como mujeres libres, tenéis el derecho a cambiar de opinión. No eres traidora porque ves un camino mejor y eliges seguirlo».

Al final del acto, Michelle Obama le dijo a una multitud enardecida: «Quiero que os marchéis e imaginéis a Barak Obama jurando el cargo».

Así que Oprah, que creía en los principios de *El secreto*, un libro que le había recomendado insistentemente a Obama, volvió a casa y creó un tablero de visión (verlo, creerlo, lograrlo). Puso la foto de Obama en el centro del tablero, junto a una foto del vestido que llevaría en la investidura. Luego empezó a visualizar el éxito que quería. Cuando en agosto Obama se aseguró la nominación demócrata, ella ya estaba absolutamente convencida de que era hijo del destino y sería elegido presidente.

«Me alegro mucho de haber tomado la decisión, a principios de año, de apoyarlo públicamente […] Muy pronto, decidí que incluso si perdía a todos los patrocinadores del programa […] hay un maravilloso pasaje en la Biblia (Mt, 16,26) que dice "¿De qué le servirá al hombre ganar el mundo entero, si pierde su alma?". Si yo no hubiera apoyado a Barack Obama cuando lo hice, sé que habría perdido un pedazo de mi alma.»

La noche de las elecciones, Oprah, con un vestido verde vivo, con un ligero escote, se unió a la gozosa multitud de 125.000 personas, en el parque Grant, para aclamar al hijo favorito de Chicago como primer hombre de color en ser elegido presidente de los Estados Unidos de América. Con las lágrimas cayéndole por las mejillas, mostraba su alegría, en el lado bueno de la historia, y sabiendo que quizás había tenido un papel relevante.

«Mi tarea era hacer o facilitar que personas que quizá no supieran quién era Obama, lo conocieran —declaró—. Quería que fuera elegido, y creo que lo conseguí».

Epílogo

«Recuerdo a Oprah, de pie en la sala de control, observando a Phil Donahue hacia el final de su carrera y haciendo un gesto negativo con la cabeza —recordaba un ex empleado de Harpo—. Dijo: "Si sigo aquí tanto tiempo, dadme una buena patada en el culo y echadme". Claro que esto no pasará nunca, porque nunca dejará su programa. No puede... necesita tanto estar en televisión como el aire que respira.»

La mayoría daba por sentado que sería necesaria una brigada de demolición, con pistolas eléctricas, para que Oprah se retirara, pero el 20 de noviembre de 2009, anunció que iba a poner fin a su programa, después de 20 años... cuando su contrato expirara en septiembre de 2011.

«Este programa ha sido mi vida —les dijo a los telespectadores con voz temblorosa— y lo quiero lo bastante para saber cuando es hora de decir adiós.»

Estas palabras provocaron un escalofrío y un «Oh, ¡Dios mío!» por todo el país y dispararon la luz roja de peligro por toda la industria televisiva. La marcha de Oprah de las cuatro de la tarde abriría un cráter en las emisiones diurnas y privaría a las emisoras locales, en especial las que eran propiedad y operadas por la ABC, de una introducción, con índices gigantescos, a la hora de los informativos de la noche. Las ramificaciones económicas eran potencialmente enormes.

Leyendo los titulares del día siguiente parecía que el cielo se había desplomado. El anuncio de Oprah ocupó las primeras páginas de la mayoría de periódicos, la portada de *People* y las emisiones de los informativos y dio lugar a un alud de comentarios, la mayoría de los cuales la elogiaban por abandonar antes que arriesgarse a que la noquearan unos telespectadores en disminución y unos índices flojos.

Alessandra Stanley la aplaudió en *The New York Times* por practicar «El elegante arte de dejarlo cuando todavía va en cabeza», y Gail Collins escribió una columna sobre «Poner cariño en la despedida»; *Los Angeles Times* lloraba las «Tardes sin Oprah», y *The Wall Street Journal* se preguntaba qué significaría su marcha para el futuro económico de Chicago.

Oprah dijo que tenía intención de concentrarse en OWN (Oprah Winfrey Netword) en asociación con Discovery Communications. El debut de OWN, anunciado en 2008, estaba originalmente programado para 2009. Ahora será en algún momento de 2011. Una vez lanzada, la cadena de Oprah sustituirá el Discovery Health Channel, que está disponible en 74 millones de hogares. En 2008-2009, *The Oprah Winfrey Show*, antes de que la nación pasara al sistema digital, llegaba a unos 110 millones de hogares. Actualmente, ven el programa unos 7 millones de personas cada día. Hay pocas dudas de que al pasar a OWN se reduciría espectacularmente su audiencia.

OWN tiene su base en Los Ángeles y, poco después de su anuncio, corrió la voz de que Oprah había dicho que quería retirar el dinero invertido en sus propiedades de Chicago, «lo antes posible», y añadió: «¿Por qué querría alguien quedarse en Chicago? Aquí hace un frío polar, y yo tengo una mansión en Montecito de la que no he podido disfrutar».

Aunque los medios nacionales lloraban la partida del Goliat diurno, los David de Chicago se apresuraban a coger sus hondas. «Su anuncio incita a preguntarse: ¿Importa?», inquiría Rick Kogan, del *Tribune*. «Con los años, se ha vuelto, con alguna justificación, cada vez más aislada y lejana, desconfiando de todos, excepto de un estrecho círculo de amigos y socios...». Con ironía, Phil Rosenthal, crítico de los medios para *Trib*, les dijo a los lectores: «Afrontadlo como mejor os parezca. Podéis preguntaros: "¿Qué haría Oprah?", y luego llamad a vuestra mejor amiga Gayle para compadeceros».

El alcalde de Chicago, Richard Daley, estaba furioso por el tono adoptado por los medios de la ciudad y los culpó de empujar a Oprah a marcharse de la ciudad. A petición de Oprah, el alcalde había cerrado una parte de la avenida Michigan para el programa de inauguración de septiembre de 2009, que atrajo a 20.000 fans, creando un absoluto atasco en el tráfico, en mitad de la calle más concurrida de la ciudad. El caos no le pasó desapercibido a los periodistas, algunos de los cuales lo vieron como un ejemplo más del desmesurado orgullo de Oprah.

«Se ha convertido en una consigna silenciosa en la prensa de Chicago: "Cargaos a Oprah" —dijo el alcalde Daley—. Así que si le das patadas a alguien, una y otra vez, ese alguien se marchará; es así de sencillo.»

Oprah le devolvió el favor al alcalde y le dio su apoyo volando a Copenhague para acompañarlo, a él, al Presidente y a la Primera Dama, para presionar al Comité Olímpico Internacional para que los juegos de 2016 se celebraran en Chicago, una ciudad que había gastado 60 millones de dólares en su presentación. Cuando el Comité Olímpico Internacional (COI) eliminó la candidatura de Chicago, casi de inmediato, y eligió a Río de Janeiro, la prensa de Chicago hizo que Oprah, el alcalde Daley y los Obama parecieran perdedores.

Meses más tarde, Stedman Graham declaró en Fox News, en Chicago, que la ciudad daba por hecho que siempre contarían con Oprah. «La verdad es que creo que no la valoran —dijo—. No creo que comprendan el valor de quién es, como ser humano, de lo que ha hecho, porque nadie es profeta en su tierra y, ¿saben?, ha atraído mucha atención nacional a Chicago [...] Desde el punto de vista de alguien de dentro, no creo que reciba lo que se merece por ser quien es y por lo que ha hecho por la zona de Chicago [...] Es natural que la gente piense que siempre va a estar ahí, hasta el día en que se marche y ya no tengan el programa [...]».

Los críticos y columnistas de la prensa de Chicago censuraron duramente a Graham; uno de ellos escribió: «¡Uau! Vaya montonazo humeante de... opiniones cuestionables».

La vorágine de los medios de comunicación sobre la retirada de Oprah continuó durante días: «¿Por qué lo deja?», «¿Qué hará luego?», «¿Quién la sustituirá?» Las alarmantes predicciones sobre su salud inundaron Internet, junto con fotos que insinuaban que su peso la llevaría a una diabetes debilitante y a un inevitable ataque al corazón. El *National Enquirer* publicó una portada de Oprah, demacrada e hinchada, con un titular que clamaba: «¡Las juergas de bebida y droga de Oprah! ¡Stedman, harto, se marcha... para siempre!» «Oprah pagará 150 millones de dólares para comprar su silencio». Esto impulsó al siempre descarado David Letterman a anunciar: «Las diez principales señales de que a Oprah ya no le importa». La señal n.º 1 decía: «Sus tres últimos invitados han sido Johnnie Walker, Jim Beam y José Cuervo».

Empezó a parecer que su retirada de la televisión y su visible pérdida de influencia la convertían en un blanco lícito, después de años de trato reverencial. No obstante, mientras la pintaban como dipsomaníaca y la descartaban unos sondeos que (supuestamente) evidenciaban una popularidad cada vez menor, Oprah demostró que más valía no subestimarla y dio un golpe maestro que aumentó su lustre en el escenario mundial: llevó sus cámaras a la Casa Blanca para mantener una conversación privada con Barack y Michelle Obama, cuando se preparaban para pasar su primera Navidad como Presidente y Primera Dama. Su especial de una hora de duración, en el horario de máxima audiencia, representó para ABC el programa de entretenimiento más visto de la noche (11,8 millones) y demostró que Oprah Winfrey, a la edad de 55 años, no tiene intención de ceder su corona como reina de los programas de entrevistas en televisión.

En la primavera de 2010, Oprah salió en la lista TIME 100 de personas que habían cambiado el mundo para bien o para mal. En tanto que era la única persona que había aparecido en la lista 8 veces en 8 años, fue debidamente homenajeada por Phil Donahue, que escribió: «No tienes igual en la historia de los medios. No sólo eres una bomba, además eres guay: la chica soñada por millones de jóvenes ambiciosas a las que has inspirado en todo el mundo».

Decidida a reinventarse con su propia cadena («Todo Oprah, todo el tiempo», dijo un crítico), iba a presentar por cable lo que ya presentaba muy convincentemente en su revista: su filosofía de vida, con su desconcertante mezcla de craso materialismo y edificante espiritualidad.

Algunos críticos dijeron que sus fans no la seguirían al cable. Otros especularon que OWN nunca despegaría, citando sus problemas iniciales con la programación, el hecho de que ya habían sido contratados y despedidos tres consejeros delegados y que el jefe de programación había sido depuesto, todo lo cual ha retrasado la fecha de lanzamiento varias veces. Pero Oprah ya se había embarcado en su siguiente carrera, y el crítico de medios de *The New Yorker,* le predijo un éxito sin límites. «Oprah va a una empresa en crecimiento —dijo Ken Auletta—. Deja una nave escorada y aborda una nave espacial.»

Oprah también se llevaba su aureola a Hollywood, donde sería la reina entre las celebridades que adoraba. La ciudad había excitado sus fantasías de adolescente, cuando recorrió el Paseo de la Fama frente al Teatro Chino de Grauman. Después de aquel viaje, volvió a casa de su padre en Nashville y le dijo que iba a ser una estrella.

«Papá, me puse de rodillas y pasé la mano por todas aquellas estrellas de la calle y me dije: "Un día voy a poner mi propia estrella entre estas estrellas"», recordaba Vernon Winfrey. Supo entonces que nada detendría a su hija.

Después de que el Paseo de la Fama fuera ampliado, para dar cabida a las estrellas de la pequeña pantalla, antes despreciadas por el cine, Oprah consiguió su estrella. El 17 de junio de 2010, su nombre fue incluido, junto con otras personalidades de televisión (Neil Patrick Harris, Tina Fey, Danny DeVito, Ed O'Neill y John Langley), y estrellas de cine (Penélope Cruz, Bruce Dern, Laura Dern, Diane Ladd, Ed Harris, Gwyneth Paltrow, Sissy Spacek, Donald Sutherland y Reese Witherspoon).

Ahora, cuando Oprah se retira de las emisiones de televisión, la llama piloto que despertó sus ambiciones desde la infancia sigue ardiendo, y su trabajo y los aplausos que despierta continúan llenando su espíritu, dándole su mayor placer en la vida. En consecuencia, nunca se retirará. Sin hijos ni nietos, parece que llenará sus últimos años con la recompensa del trabajo. Es cierto que ha frenado un poco el ritmo y que, a veces, parece cansada y en ocasiones se muestra apática en su programa, esa hora diaria en la que estaba chispeante en el pasado. Durante el último año, sus productores han empezado a concertar más segmentos, para que el programa se mueva a un ritmo más rápido y nadie, incluida la presentadora, desconecte.

Mientras Oprah se embarcaba en su último año en la televisión, sus amigos la inundaban de homenajes. Anna Wintour, redactora-jefe de *Vogue*, le pidió que copresidiera la Gala Benéfica del Metropolitan Museum of Arts Costume Institute, en Nueva York, el evento de la moda del año, en el cual la mesa principal cuesta 250.000 dólares. La noche de mayo de 2010 se celebraba la moda estadounidense, razón por la cual, según dijo Wintour, había elegido a Oprah para que fuera la copresidenta: «Es la mujer americana». Acompañada por Oscar de la Renta, Oprah llevaba un vestido que él había diseñado para ella y cuya confección había necesitado de cuatro personas y 150 horas de trabajo.

Unos meses después, Henry Louis *Skip* Gates, presidió el jurado que seleccionó a Oprah para recibir el premio de Anisfield-Wolf, de Cleveland, a los logros de toda una vida, que suele concederse a figuras literarias como Langston Hughes, Toni Morrison y Martin Luther King, Jr. Luego, Maria Shriver anunció que entregaría a Oprah Winfrey la medalla Minerva, que había creado como Primera Dama de California para honrar a las mujeres que «sirven en la vanguardia de la humanidad».

Conforme se hace mayor, Oprah ya no dedica la energía necesaria a mantenerse en forma, y sigue con un sobrepeso de 34 kilos, cayendo en los genes de su madre, después de haber jurado que lucharía contra su herencia. En enero de 2005, Oprah posó para la portada de su revista, con aspecto de estar en buena forma física, brillante y glamurosa. Cinco años después, había aumentado 18 kilos. Esta vez, su aspecto en la portada era una versión ampliada de su anterior yo esbelto. «¿Cómo he dejado que volviera a suceder? —preguntó—. Estoy furiosa conmigo misma. Estoy avergonzada. No puedo creer que después de todos estos años, de todas las cosas que sé hacer, siga hablando de mi peso». Le echó la culpa a una tiroides defectuosa.

La responsabilidad al frente de su escuela de 40 millones de dólares en Sudáfrica también le ha pasado factura, en especial cuando los escándalos sexuales que implicaban a una responsable de dormitorios y a varias alumnas se arrastraban por los tribunales. La publicidad que rodeó el sórdido caso era desmoralizante y había quien se preguntaba cómo alguien, incluso con los enormes recursos de Oprah, podía cuidar de 300 niñas, a 14.000 kilómetros de distancia. A pesar de todo, Oprah mantiene su compromiso con sus «niñas» y vuela a Sudáfrica una vez al año, por lo menos. Pero incluso en su propio jet privado, el viaje de 17 horas le pasa factura.

Pese al revés sufrido en los índices de audiencia de su programa, una caída en la circulación de su revista y un par de mellas en la armadura de su imagen pública, Oprah sigue siendo la mujer más influyente de su generación. Siempre ha vivido en ascenso e, incluso mientras entra en años, continúa apuntando hacia arriba.

Ha dominado su época alcanzando alturas inusuales e inesperadas y, al hacerlo, se ha convertido en un icono, especialmente para las mujeres. Ha roto todas las barreras que antes les impedían avanzar, y la historia de su vida inspira a otras muchas mujeres, porque Oprah nunca ha dejado de empujar hacia delante. Ha seguido siendo ambiciosa y, con toda probabilidad, lo seguirá siendo hasta el fin de sus días, porque siempre ha sido fiel a la poesía de Robert Browning, que escribió: «Lo que un hombre puede alcanzar debe ser más que lo que puede coger, si no, ¿de qué sirve el cielo?»

Información curricular
(1984–2009)

OPRAH COMO ACTRIZ, INTÉRPRETE, ENTREVISTADORA,
NARRADORA Y PRESENTADORA DE TV Y CINE

A. M. Chicago (1984–1985), Chicago WLS-TV, programa local diurno de entrevistas, primera emisión 2 enero 1984. Presentadora.

Survival: Everything to Live For (Según McCall's, en agosto de 1987, Oprah tenía un Emmy en su despacho por este especial sobre el suicidio entre adolescentes).

When the School Bell Rings (1984), Chicago WLS-TV, programa para niños. Presentadora.

The Oprah Winfrey Show (1985–1986), Chicago WLS-TV, programa local diurno de entrevistas, sucesor de A. M. Chicago, estrenado 30 septiembre de 1985. Presentadora.

The Color Purple (1985), película, disponible en DVD, en el papel de Sofía.

Saturday Night Live (1986), NBC, comedia, primera emisión episodio 12 abril 1986. Presentadora invitada.

Native Son (1986), película, en el papel de Sr. Thomas.

Throw Momma from the Train (1987), película, comedia, disponible en DVD, ella misma.

Chicago Grapevine (1987), ABC, prueba piloto para comedia, grabado en abril de 1987 y rechazado en junio de 1987. Nunca visto públicamente, en el papel de presentadora de un programa de entrevistas.

Star-Spangled Celebration (1987), ABC, especial hora máxima audiencia, emitido 4 julio 1987. Copresentadora con Robert Urich.

Dolly (1987), ABC, primer episodio del segundo programa de variedades de TV de Dolly Parton, primera emisión 27 septiembre 1987. Cantante.

Pee-Wee's Playhouse Christmas Special (1988), CBS, especial en horario de máxima audiencia, primera emisión 21 diciembre 1988, disponible en DVD. Ella misma.

America's All-Star Tribute to Oprah Winfrey (1990), ABC, especial en horario maxima audiencia, estreno el 18 septiembre 1990. Recibió el America's Hope Award de manos de Bob Hope.

Gabriel's Fire (1990), ABC, «Tis the Season» episodio de la serie de James Earl Jones's, estreno 20 diciembre 1990. Presentadora programa entrevistas.

Scared Silent (1992), NBC, CBS y PBS, documental, primera emisión 4/9/92; emitido en ABC 6 septiembre 1992. Presentadora.

The Fresh Prince of Bel-Air (1992), NBC, episodio «A Night at the Oprah» de la serie producida por Quincy Jones, primera emisión 9 de noviembre de 1992. Ella misma.

Lincoln (1992), ABC, documental, estrenado los días 26 y 27 de diciembre de 1992, voz de Elizabeth Keckley.

Learning Not to Hurt (1993), ABC, programa para adolescentes, debate, estrenado el 27 mayo 1993. Introducción.

All-American Girl (1995), ABC, episodio «A Night at the Oprah» de la serie de Margaret Cho, primera emisión 14 de febrero de 1995. Ella misma.

America's Top Story (1995), Hearst Broadcasting, reunión/debate, primera emisión 1 de octubre de 1995. Presentadora.

The 68th Annual Academy Awards, ABC, productor Quincy Jones, emitido el 25 de marzo de 1996. Recepcionista oficial en la alfombra roja.

About Us: The Dignity of Children (1997), ABC, documental en horario máxima audiencia, productor coejecutivo Jeff Jacobs, Children's Dignity Project. Presentadora.

Ellen (1997), ABC, partes 1 y 2 de la serie «The Puppy Episode», primera emisión 30 de abril de 1997, disponible en DVD, Ellen, Temporada 4. Terapeuta de Ellen.

Our Friend Martin (1999), Starz!, película educativa de dibujos animados, disponible en DVD. Voz de Coretta Scott King.

Home Improvement (1999), ABC, episodio de la serie «Home Alone», primera emisión 19 de enero de 1999. Ella misma.

The Hughleys (1999), ABC, episodio de la serie «Milsap Moves Up», primera emisión 1 de octubre de 1999. Ella misma.

Bette (2000), CBS, «Two Days at a Time», episodio de la serie Bette Midler, primera emisión 8 de noviembre de 2000. Ella misma.

Chicago Matters (2001), Chicago WTTW-11, «Teaching Readers» episodio de serie documental de la televisión pública, primera emisión 19 de abril de 2001. Narradora.

Unchained Memories: Readings from the Slave Narratives (2003), HBO, documental, primera emisión 10 de febrero de 2010, disponible en DVD. Lectora.

Brothers of the Borderland (2004), pase continuado de películas en el National Underground Railroad Freedom Center, Cincinnati. Narradora.

Emmanuel's Gift (2004), documental, película de distribución limitada, disponible en DVD. Narradora.

Kennedy Center Honors (2005), CBS, especial en hora de máxima audiencia, primera emisión 26 de diciembre de 2005. Homenaje a Tina Turner.

Charlotte's Web (2006), película de dibujos animados, disponible en DVD. Voz de Gussy Goose.

African American Lives (2007), episodio especial «Oprah's Roots» en la serie documental de PBS, primera emisión 24 de enero de 2007, entrevistada por Henry Louis Gates, Jr.

Ocean's 13 (2007), película, disponible en DVD. Ella misma.

Bee Movie (2007), película de dibujos animados, disponible en DVD. Voz del juez Bumbleden.

60th Annual Emmy Awards (2008), ABC, primera emisión 21 de septiembre de 2008, discurso inAgostoural.

30 Rock (2008), NBC, episodio de la serie de Tina Fey, primera emisión 6 *noviembre 2008. Ella misma.*

The Princess and the Frog, (2009), película de dibujos animados. Voz de Eudora.

OPRAH COMO PRODUCTORA E INTÉRPRETE, ENTREVISTADORA, NARRADORA Y PRESENTADORA DE TV Y CINE

The Oprah Winfrey Show (1986–actualidad), programa diurno de entrevistas, de distribución nacional, primera emisión 8 de septiembre de 1986; producido por Harpo desde 1988. Presentadora. Harpo Productions.

No One Dies Alone (1988), ABC, documental especial en horario de máxima audiencia, dirigido por Lloyd Kramer, escrito en colaboración con Juan Williams, primera emisión diciembre de 1988. Harpo productions.

The Women of Brewster Place (1989), ABC, miniserie en horario de máxima audiencia; primera emisión 19-20 de marzo de 1989; disponible en DVD. En el papel de Mattie. Harpo Productions.

Just Between Friends (1989), ABC, especial en horario de máxima audiencia, primera emisión 10 de junio de 1989. Presentadora. Harpo Productions.

Brewster Place (1990), ABC, serie semanal en horario de máxima audiencia, obra de media hora, se emitieron once episodios, primera emisión 1 de mayo de 1990, disponible en DVD. En el papel de Mattie. Harpo Productions.

In the Name of Self-Esteem (1990), ABC, especial en horario de máxima audiencia, primera emisión 1990. Presentadora. Harpo Productions.

Oprah Behind the Scenes (1992), ABC, especial en horario de máxima audiencia, con Michael Bolton, Goldie Hawn, Meryl Streep y Dustin Hoffman, primera emisión 19 de mayo de 1992. Presentadora. Harpo Productions.

Surviving a Break-up (1992), ABC, especial para adolescentes, debate, primera emisión 1 de enero de 1992. Presentadora y moderadora. Harpo Productions.

Oprah Behind the Scenes (1992), ABC, especial en horario de máxima audiencia con Jodie Foster, Richard Gere, Vanessa Williams y los Simpson, primera emisión 11 de abril de 1992. Presentadora. Harpo Productions.

Shades of a Single Protein (1993), ABC, especial para adolescentes, debate, primera emisión 28 de enero de 1993. Presentadora y moderadora. Harpo Productions.

Michael Jackson Talks... to Oprah (1993), ABC, especial en horario de máxima audiencia, primera emisión 10 de febrero de 1993. Entrevistadora. Harpo Productions.

I Hate the Way I Look (1993), ABC, especial para adolescentes, debate, primera emisión 18 de marzo de 1993. Presentadora y moderadora. Harpo Productions.

Girlfriend (1993), ABC, especial para adolescentes, drama, primera emisión 15 abril 1993. Presentadora. Harpo Productions.

There Are No Children Here (1993), ABC, especial en horario de máxima audiencia, drama, primera emisión 28 de noviembre de 1993. En el papel de Lajoe Rivers. Harpo Productions.

Oprah Winfrey Presents: Before Women Had Wings (1997), ABC, especial en horario de máxima audiencia, drama, primera emisión 2 noviembre 1997, disponible en DVD. En el papel de Zora. Harpo Films.

Beloved (1998), película, disponible en DVD. En el papel de Sethe. Harpo Films.

Oprah Goes Online (2000), Oxygen Network, serie de doce episodios semanales, estrenada 6 de febrero de 2000. Copresentadora con Gayle King. Oxygen Media, Oprah Winfrey productora ejecutiva.

Use Your Life (2001), Oxygen Network, serie de doce episodios semanales, estrenada 10 de septiembre de 2001. Presentadora. Oxygen Media, Oprah Winfrey productora ejecutiva.

Oprah After the Show (2002–2007), Oxygen Network, weekday series 2002–2004, weekly series 2005–2007, estrenada el 16 de septiembre de 2002. Presentadora. Harpo Productions.

Oprah Winfrey's Legends Ball (2006), ABC, especial en horario de máxima audiencia, primera emisión 22 de mayo de 2006. Presentadora y narradora. Harpo Productions.

Building a Dream: The Oprah Winfrey Leadership Academy (2007), ABC, especial en horario de máxima audiencia, primera emisión 26 de febrero de 2007, disponible en DVD. Presentadora y narradora. Harpo Productions.

The Oprah Winfrey Oscar Special (2007), ABC, especial en horario de máxima audiencia, primera emisión 27 de mayo de 2007. Presentadora. Harpo Productions.

Oprah's Big Give (2008), ABC, en reality show en horario de máxima audiencia, ocho episodios semanales, estrenada el 2 de marzo de 2008. Oprah aparecía en cada episodio. Harpo Productions.

OPRAH COMO PRODUCTORA DE TV Y CINE

Nine (1992), documental de TV, primera emisión 4 de abril de 1992, dirigido por Lloyd Kramer. Harpo Productions.

Overexposed (1992), ABC, especial en horario de máxima audiencia, drama, primera emisión 11 de octubre de 1992. Harpo Productions.

Oprah Winfrey Presents: The Wedding (1998), ABC, especial en horario de máxima audiencia, drama, primera emisión 22-23 de febrero de 1998. Harpo Films.

Oprah Winfrey Presents: David and Lisa (1998), ABC, especial en horario de máxima audiencia, drama, primera emisión 1 de noviembre de 1998. Harpo Productions.

Oprah Winfrey Presents: Tuesdays with Morrie (1999), ABC, especial en horario de máxima audiencia, drama, primera emisión 5 de diciembre de 1999, disponible en DVD. Harpo Productions.

Oprah Winfrey Presents: Amy and Isabelle (2001), ABC, especial, en horario de máxima audiencia, drama, primera emisión 4 de marzo de 2001. Harpo Films.

Dr. Phil (2002–actualidad), programa de entrevistas de difusión nacional, estreno 16 septiembre 2002. Harpo Productions, hasta 2005 (cuando la empresa de Phil McGraw's se hizo responsable de la producción).

Oprah Winfrey Presents: Their Eyes Were Watching God (2005), ABC, especial, en horario de máxima audiencia, drama, primera emisión 5 de marzo de 2005, disponible en DVD. Harpo Films.

Rachael Ray (2006–actualidad), programa de cocina y entrevistas, de difusión nacional, estreno el 18 de septiembre de 2006. Harpo Productions.

Oprah Winfrey Presents: Mitch Albom's For One More Day (2007), ABC, especial en horario de máxima audiencia, drama, dirigido por Lloyd Kramer, primera emisión 9 de diciembre de 2007, disponible en DVD. Harpo Films.

The Great Debaters (2007), película, disponible en DVD. Harpo Films.

Dr. Oz (2009–actualidad), programa semanal de entrevistas, de emisión nacional, estreno el 14 de septiembre de 2009. Harpo Productions.

Precious: Basado en la novela *Push* de Sapphire (2009), película, originalmente *Push*: basado en la novela de Sapphire, Oprah aparece como productora ejecutiva, junto a Tyler Perry y otros.

OPRAH COMO PRODUCTORA, TEATRO

From the Mississippi Delta (1991–1992), Circle in the Square Theatre, Nueva York, con Susan Quint Gallin, Calvin Skaggs, Susan Wexler, y Judith Resnick.

The Song of Jacob Zulu (1992), Steppenwolf Theatre (Chicago), con otros.

The Color Purple (2005–2008), Broadway Theatre, Nueva; 2007–actualidad), giras nacionales, con Scott Sanders, Roy Furman, Quincy Jones y otros.

Fuentes

Prólogo
Artículos: Amy Argetsinger y Roxanne Roberts, «The Reliable Source», Washington Post, 14 diciembre 2006; George Rush y Joanna Molloy, «Dad's Book Is No Oprah Pick», *Daily News*, Nueva York, 22 mayo 2007; transcripción, A New Earth Online Class, capítulo 7», <www.oprah.com>, 4 abril 2008; Michael Starr, «Barbara Won't Get O's Spot», *New York Post*, 4 junio 2010 TV: The View, emisión: 12 abril 2010.

Entrevistas: Judy Stone, 2 abril 2007; Jo Baldwin, 14 julio 2010, y correspondencia con Jo Baldwin, 15, 16, 20 y 27 julio, 17 agosto y 14 septiembre 2010; Jonathan Van Meter, 2 diciembre 2007; Jura Konscius, 3 marzo 2008; correspondencia con Erin Moriarty, 16 junio 2007; Tim Watts, 23 mayo 2007, y correspondencia con Tim Watts, 30 junio 2007.

Capítulo 1
Documentos: Transcripción segmento «Oprah», *60 Minutes*, CBS, 14 diciembre 1986; testimonio de Oprah Winfrey en Vista ante el Comité de la Judicatura, Segunda Sesión, sobre la Ley Nacional de Protección a la Infancia de 1991, 12 noviembre 1991.

Libros: Robert Waldron, *Oprah!*, St. Martin's Press, 1987; Bill Adler, ed., *The Uncommon Wisdom of Oprah Winfrey*, Citadel Press, 1997; Eva Illouz, *Oprah Winfrey and the Glamour of Misery*, Columbia University Press, 2003; Henry Louis Gates, Jr., *Finding Oprah's Roots*, Crown Publishers, 2007.

Artículos: Bill Zehme, «It Came from Chicago», *Spy*, diciembre 1986; Richard Sandersand Barbara Kleban Mills, «TV Host Oprah Winfrey Boots Up for Star-Making Role», *People Weekly*, 16 diciembre 1985; «INC.lings...», *Chicago Tribune*, 2 enero 1984; Judy Flander, «TV Highlights», *Chicago Tribune*, 2 enero 1984; P. J. Bednarski, «The Talk Show Diva Named Oprah»,

Channels of Communication, enero/febrero 1986; «Chicago's Grand New Oprah», *Newsweek,* 21 diciembre 1984; «Oprah Talks Up Her Show», *New York Daily News,* 19 agosto 1986; Bruce Cook, «Oprah Enjoying Sweet Success», *L. A. Life/Daily News,* 17 marzo 1986; Joanna Powell, «I Was Trying to Fill Something Deeper», *Good Housekeeping,* octubre 1996; Lee Winfrey, «Talking Her Way to TV Stardom», *Philadelphia Inquirer TV Magazine,* 7 septiembre 1986; Anne Chambers, «She's Been Fat and Thin», *Woman,* diciembre 1989; Pamela Noel, «Lights! Camera! Oprah!», *Ebony,* abril 1985; Jonathan Van Meter, «Oprah's Moment», *Vogue,* octubre 1998; Bill Zwecker, «Color Purple Nostalgic», *Chicago Sun-Times,* 4 mayo 2007; Edward Wyatt, «Oprah Winfrey to Back 'Purple'», *New York Times,* 26 septiembre 2005; John C. Shelton, «Ex Local TV Anchor Enjoys Her Success», *Nashville Banner,* 26 diciembre 1985; P. J. Bednarski», «Winfrey's Dream Hits High Gear», *Chicago Sun-Times,* 22 mayo 1984; Academy of Achievement, «Oprah Winfrey Interview», 21 febrero 1991, <www.achievement.org>; Vyvyan Mackeson, «A Day in the Life of Oprah Winfrey», *London Sunday Times,* 8 septiembre 1991; Alan Richman, «Oprah», *People Weekly,* 12 enero 1987; Eirik Knutzen, «Oprah Kicks Past for Bright Future», *Boston Herald,* 13 enero 1987; «In Time of Trouble, Oprah Looks for Help from Above», *Newsday,* 14 julio 1987; Mary H. J. Farrell, *et al.,* «Oprah's Crusade», *People Weekly,* 2 diciembre 1991; Ken Potter, «Oprah Winfrey: How I Changed My Life —and How You Can Too», *National Enquirer,* 26 enero 1988; Jim Nelson y Roger Capettini, «Oprah in Tears», *National Enquirer,* 19 noviembre 1991; Honie Stevens, «From Rags to Riches», *Saga,* mayo 2002; Cheryl Lavin, «It's All Going Oprah's Way», *Chicago Tribune,* 19 diciembre 1985; Morgan Thomas, «Troubled Girl's Evolution into an Oscar Nominee», *New York Times,* 4 marzo 1986; Maralyn Lois Polak, «Oprah Winfrey, So Much to Reveal», *Philadelphia Inquirer Magazine,* 12 octubre 1986; P. J. Bednarski, «Pandering Her Way to N.º 1», *Chicago Sun-Times,* 28 febrero 1985; P. J. Bednarski, «When Nothing's Off Limits», *Chicago Sun-Times,* 2 agosto 1984; Joan Barthel, «Here Comes Oprah», *Ms.,* agosto 1986; P. J. Bednarski, «All About Oprah Inc.», *Broadcasting and Cable,* 24 junio 2005; «Oprah Winfrey Is Hotter Than Hot», *Afro-American,* 20 septiembre 1986; Jon Anderson, «Wingin'It with Ch.7's Oprah Winfrey», *Chicago Tribune,* 13 marzo 1984; P. J. Bednarski, «Oprah Exposes Nudity», *Chicago Sun-Times,* 6 febrero 1985; Judy Markey, «Brassy, Sassy Oprah Winfrey», *Cosmopolitan,* septiembre 1986; Alan Artner, «Oprah Winfrey: A Cutup Becomes a Slice of Life», *Chicago Tribune,* 10 enero 1988; Howard Rosenberg, «Winfrey Zeroing in on Donahue», *Los Angeles Times,* 12 septiembre 1986; Stephanie Mansfield, «And Now, Heeeeeeere's Oprah», *Washington Post,* 21 octubre 1986; Richard

Zoglin, «'People Sense the Realness'», *Time*, 15 septiembre 1986; Lloyd Sachs, «Does Oprah Still Make the Grade?», *Chicago Sun-Times*, 28 julio 1985; Chrissy Iley, «The Power of Oprah», *Daily Mail*, 14 octubre 1989; Peter Conrad, «The Divine Oprah», *The Observer*, 3 junio 1990; Robert Feder, «Ch. 7 Taps Winfrey as Anchor», *Chicago Sun-Times*, 24 marzo 1984; P. J. Bednarski, «Oprah Winfrey Rides the Whirlwind», *Chicago Sun-Times*, 17 febrero 1985; Audrey Andrews, «Stealing the Show», *Essence*, octubre 1986; Bill Brashler, «Next on Oprah...», *Ladies' Home Journal*, agosto 1991; Sujata Moorti, «Cathartic Confessions or Emancipatory Texts? Rape Narratives on The Oprah Winfrey Show», *Social Text 57*, 16, n.º 4 (invierno de 1998); «On Abuse», *USA Today*, 3 septiembre 1992; Jennifer Mangan, «Facing Abuse», *Chicago Tribune*, 25 mayo 1994; «America's Shame», <www.oprah.com>, 4 octubre 2005; «Court Rejects Appeal by Convicted Molester», *Indianapolis Star*, 9 mayo 2007; Karen S. Peterson, «The Toast of Chicago TV Goes National», *USA Today*, 18 septiembre 1986; Richard Zoglin, «Lady with a Calling», *Time*, 8 agosto 1988; Jackie Roberts, «Understanding Oprah», *Redbook*, septiembre 1993; Laura B. Randolph, «Oprah Opens Up About Her Weight, Her Wedding, and Why She Withheld the Book», *Ebony*, octubre 1993; P. J. Bednarski, «'Blue Thunder' Boundless in Its Brutality and Telefascism», *Chicago Sun-Times*, 6 enero 1984; Ian Woodward, «The World of Oprah», *OK!*, 28 junio 1994; Nancy Griffin, «Oprah (Lite)», *Us*, 20 marzo 1989; Sharon Ring, [título desconocido], *News of the World*, octubre 1998; Lyn Tornabene, «Here's Oprah», *Woman's Day*, 1 octubre 1986; Pat Colander, «Oprah Winfrey's Odyssey: Talk Show Host to Mogul», *New York Times*, 12 marzo 1989.

TV/DVD: *The Oprah Winfrey Show 20th Anniversary Collection* (colección DVD); *The Oprah Winfrey Show*, WLS-TV Chicago, *«Second Anniversary»*, emitido 2 enero 1986 (en <www.museum.tv>); *The Barbara Walters Special*, ABC, emitido 11 abril 1988 (en The Paley Center for Media, Nueva York); *Scared Silent*, PBS, NBC, y CBS, emitido 4 septiembre 1992, y ABC, emitido 6 septiembre 1992 (en <www.museum.tv>).

ENTREVISTAS: Bill Zwecker, 11 octubre 2007; Ed Kosowski, 18 enero 2008.

CAPÍTULO 2

DOCUMENTOS: Transcripción del discurso de Oprah Winfrey en la conferencia de American Women's Economic Development Corporation, Nueva York, 25 febrero 1989; certificados de fallecimiento de Patricia Lloyd (fallecida el 18 o

19 de febrero 2003, New Berlin, Wisc.) y Jeffrey Lee (fallecido el 22 diciembre 1989, Milwaukee (Wisc.), Wisconsin Department of Health and Family Services; Vernon Winfrey, con Craig Marberry, páginas de muestra para *Things Unspoken: A Memoir by Oprah's Father*, 2007; verificación de datos de nacimiento y verificación de datos de fallecimiento, Vincent Miquelle Lee (nacido 8 febrero 1969 y fallecido el 16 marzo 1969, Nashville, Tenn.), Tennessee Department of Health (Departamento de Sanidad), Office of Vital Records (Oficina de Documentos Demográficos); transcripción de una entrevista de Oprah Winfrey por Diane Sawyer, *20/20*, ABC, 25 octubre 1998.

LIBROS: Henry Louis Gates, Jr., *Finding Oprah's Roots*, Crown Publishers, 2007; Merrell Noden, *People Profiles: Oprah Winfrey*, Time Life, 1999; Katharine Carr Esters, *Jay Bird Creek and My Recollections: A Memoir*, Solid Earth, 2005; Norman King, *Everybody Loves Oprah*, Bill Adler Books, 1987; Vince Staten, *Do Bald Men Get Half-Price Haircuts?*, Touchstone, 2001; Bill Adler, ed., *The Uncommon Wisdom of Oprah Winfrey*, Citadel Press, 1997.

ARTÍCULOS: Lyn Tornabene, «Here's Oprah», *Woman's Day*, 1 octubre 1986; Laura B. Randolph, «Oprah Opens Up About Her Weight, Her Wedding, and Why She Withheld the Book», *Ebony*, octubre 1993; Leslie Rubenstein, «Oprah! Thriving on Faith», *McCall's*, agosto 1987; «Chicago's Grand New Oprah», *Newsweek*, 31 diciembre 1984; Kathleen Fury, «Oprah! Why She's Got America Talking», *TV Guide*, 5 marzo 1988; Gretchen Reynolds, «Oprah, a One-Woman Show», *Options*, mayo 1994; Edna Gundersen, «Wildest Dreams Do Come True», *USA Today*, 15 mayo 1997; Adam Richman, «Oprah», *People Weekly*, 12 enero 1987; Patricia King, «Move Over, Phil Donahue—Here Comes Oprah», *Family Circle*, 21 octubre 1986; Jim Nelson y Barbara Sternig, «Talk Show Star's Wild and Wicked Childhood—Sister Reveals the Shocking Truth at Last», *National Enquirer*, 20 marzo 1990; Marilyn Johnson, «Oprah Between the Covers», *Life*, septiembre 1997; Bob Michals, «The Uncle Oprah Accuses of Sexually Abusing Her», *Globe*, 8 septiembre 1992; Jonathan Van Meter, «Looking for Oprah», *The Oxford American*, abril/mayo 1999; «Living Legend Barbra Streisand», <www.oprah.com>, 24 septiembre 2009; Barbara Grizzuti Harrison, «The Importance of Being Oprah», *New York Times Magazine*, 11 junio 1989; Stephanie Mansfield, «And Now Heeeeeeere's Oprah», *Washington Post*, 21 octubre, 1986; Lee Winfrey, «Talking Her Way to TV Stardom», *Philadelphia Inquirer*, 7 septiembre 1986; «Thursday Rites Set for Zelma Winfrey, Oprah's Stepmother», *Nashville Banner*, 5 noviembre, 1996; Tony Brown, «Even Without Scissors,

Elder Winfrey a Cutup», *Newhouse News Service*, 12 febrero 2007; Susan Goldfarb, «I Drove the Devil Out of Oprah Winfrey—Says Her Dad», *Globe*, 3 marzo 1987; Joanna Molloy, «Dad's Book Is No Oprah Pick», *New York Daily News*, 22 mayo 2007; LaTonya Taylor, «The Church of O», *Christianity Today*, 1 abril 2002; Jill Nelson, «The Man Who Saved Oprah Winfrey», *Washington Post Magazine*, 14 diciembre, 1986; Lección inaugural del curso académico del Wellesley College, 30 mayo 1997», <www.wellesley.edu>; Jaap Kooijman, «From Elegance to Extravaganza: The Supremes on The Ed Sullivan Show as a Presentation of Beauty», *Velvet Light Trap* (primavera 2002); Diahann Carroll, «From 'Julia' to 'Cosby' to 'Oprah'», *Ebony*, noviembre 2005; Barney Brantingham, «Oprah: 'This Is My Montecito Coming Out Party'», *Santa Barbara News-Press*, 25 abril 2003; «Eugene H. Abrams», *Chicago Sun-Times*, 5 septiembre 1991; Irene Hoe, «I Went to School with Oprah Winfrey», *Straits Times*, 17 septiembre 1993; Marilyn Jackson, «Oprah Between the Covers», *Life*, septiembre 1997; Judy Markey, «Brassy, Sassy Oprah Winfrey», *Cosmopolitan*, septiembre 1986; Barbara Sternig y Jim Nelson, «Oprah's Shameful Secret Past—the Sister Who Saw It All», *National Enquirer*, 27 marzo 1990; Ian Woodward, «The World of Oprah», *OK!*, 29 junio 1994; Jill Brook Coiner, «Oprah Sets the Record Straight», *McCall's*, noviembre 1993; Ginny Holbert, «Oprah Winfrey Breaks Silence on Child Abuse», *Chicago Sun-Times*, 30 agosto 1992; Bob Michals and Bob Hartlein, «Oprah's Torment», *Star*, 23 marzo 2003; Eirik Knutzen, «Oprah Star», *Toronto Starweek*, 10 enero 1987; Barbara Reynolds, «Because of Others I Can Live the Dream», *USA Today*, 6 agosto 1986; Honie Stevens, «From Rags to Riches», *Saga*, mayo 2002; Rod Gibson, «How Oprah's Baby Died», *Globe*, 8 febrero 2000; Oprah Winfrey, «What I Know for Sure», *O, The Oprah Magazine*, febrero 2007.

TV/DVD/PODCASTS: *«Oprah Winfrey: Heart of the Matter»*, *A&E Biography* especial, emitido 16 enero 2000; *The Barbara Walters Special*, ABC, emitido 11 abril 1988 (en The Paley Center for Media, Nueva York); discurso de Oprah Winfrey en el almuerzo de Women's Business Development Center, Chicago, Ill., 27 septiembre 2006 (mp3 descargado de <www.odeo.com/audio/2003955/play> el 13 noviembre 2006); *The Oprah Winfrey Show 20th Anniversary Collection* (colección DVD).

ENTREVISTAS: Katharine Carr Esters, 30 julio 2007 (junto con Jewette Battles), 1 agosto 2007, 11 septiembre 2007, 5 febrero 2008; Jo Baldwin, 14 julio 2010, y correspondencia con Jo Baldwin, 15, 16, 20 y 27 julio, 17 agosto, 14 septiembre 2010; Vernon Winfrey, 22 abril 2008, y 24 abril 2008; correspondencia con Jewette Battles, 4 marzo 2008; Larry Carpenter, 21 abril 2008.

CAPÍTULO 3
DOCUMENTOS: East Nashville High, *Grey Eagle*, 1971; solicitud de Oprah Gail Winfrey para el título de Miss Nashville Negra del concurso para Miss Black America Beauty; Vernon Winfrey con Craig Marberry, páginas de muestra para *Things Unspoken: A Memoir by Oprah's Father*, 2007; *Listening to Youth Voices*, folleto de la U.S. Government Printing Office (Oficina de Imprenta del Gobierno de los Estados Unidos), sobre la Conferencia sobre la Juventud en la Casa Blanca, 1971.

LIBROS: Henry Louis Gates, Jr., *Finding Oprah's Roots*, Crown Publishers, 2007; Robert Waldron, *Oprah!*, St. Martin's Press, 1987; Merrell Noden, *People Profiles: Oprah Winfrey*, Time Life, 1999; Norman King, *Everybody Loves Oprah*, Bill Adler Books, 1987.

ARTÍCULOS: Ken Harrell, «My 2½ Year Romance with Oprah», *Globe*, 26 Octubre 1993; Honie Stevens, «From Rags to Riches», *Saga*, mayo 2002; Academy of Achievement, «Oprah Winfrey Interview», 21 febrero 1991, <www.achievement.org>; Pat Embry, «Oprah Winfrey's Father Says Her Success Is No Surprise», *Nashville Banner*, 20 enero 1986; Sandy Smith, «Oprah Reunites with First Love», *Tennessean*, 12 febrero 1992; «Oprah Heads for Forensic Nationals», East Nashville High, *East Eagle*, abril 1970; Gary Ballard, «Oprah Winfrey», Drama-Logue, 20-26 marzo 1986; «Mayor Evers to Receive Award», *New York Amsterdam News*, 20 junio 1970; Louis Martin, «White Elks Show: How to Inspire Racial Violence», *Chicago Daily Defender*, 1 agosto, 1970; Marilyn Johnson, «Oprah Between the Covers», *Life*, septiembre 1997; Leslie Rubenstein, «Oprah!», *McCall's*, agosto 1987; Joan Barthel, «Here Comes Oprah», *Ms.*, agosto 1986; «Miss Wool Contest», East Nashville High, *East Eagle*, diciembre 1970; Lucia Monet, «Estes Park Conference on Youth», *Christian Science Monitor*, 16 abril 1971; «The Voice of Youth», *New York Times*, 23 abril 1971; John Mathews, «Game Plan for a Youth Conference», *Nation*, 17 mayo 1971; «Discontent of the Straights», *Time*, 3 mayo 1971; «Snow Country», *Newsweek*, 3 mayo 1971; «U.S. Youth Chooses Radical Path», *Christian Science Monitor*, 26 abril 1971; Nan Robertson, «White House Youth Conference Proves to be Anti-Establishment», *New York Times*, 22 abril 1971; R. C. Smith, «She Once Trashed Her Apartment to Make a Point», *TV Guide*, 30 agosto 1986.

TV/DVD: *The Oprah Winfrey Show 20th Anniversary Collection* (colección DVD); *The Oprah Winfrey Show, «Is There Life After High School?»* emitido en 1994 (en East Nashville High Alumni Association, East Alumni House, Nashville).

ENTREVISTAS: Andrea Haynes, 1 septiembre 2008; Luvenia Harrison Butler, 22 y 24 abril 2008; Larry Carpenter, 21 abril 2008, y correspondencia con Larry Carpenter, 29 julio 2008, y 30 julio 2009; Cynthia Connor Shelton, 26 agosto 2008; Gary Holt, 23 abril 2008, y correspondencia con Gary Holt, 22 agosto 2008; correspondencia con Jackie Oates, National Forensic League, 11 febrero 2008 y 1 agosto 2008; correspondencia con Jeannine Kunz, National Elks Foundation, 19 marzo 2008; correspondencia con Sylvia Watts Blann, 30 julio 2008; Sheryl Harris Atkinson, 25 junio 2008; Nancy Solinski, 25 abril 2008; correspondencia con Patsy R. Cline, 12 abril 2008 y 7 mayo 2008.

CAPÍTULO 4

DOCUMENTOS: East Nashville High, *Grey Eagle*, 1971; *Tennessee State University Bulletin*, 1971-1973; *Fisk University Catalog*, 1971-1972; transcripción, segmento *«Oprah»*, *60 Minutes*, CBS, 14 diciembre 1986; solicitud de Oprah Gail Winfrey para el título de Miss Black Nashville del Concurso de Belleza Miss Black America.

LIBROS: Vince Staten, *Do Bald Men Get Half-Price Haircuts?*, Touchstone, 2001; Robert Waldron, *Oprah!*, St. Martin's Press, 1987; Merrell Noden, *People Profiles: Oprah Winfrey*, Time Life, 1999.

ARTÍCULOS: Transcripción, *Larry King Live*, 1 mayo 2007, <www.transcripts. cnn.com>; Richard Severo, «Kenneth Clark, Who Fought Segregation, *Dies*», *New York Times*, 1 mayo 2005; Sugar Rautbord, «Oprah Winfrey», *Interview*, marzo 1986; Alan Richman, «Oprah», People Weekly, 12 enero 1987; transcripción, «A New Earth Online Class, Chapter 7», <www.oprah.com>, 14 abril 2008; J. Zamgba Browne, «Angela, 'Free at Last'», *New York Amsterdam News*, 10 junio 1972; Mary Ann Bendel, «Oprah Winfrey», *Ladies' Home Journal*, marzo 1988; Oprah Winfrey, «Oprah Talks to Charlize Theron», *O, The Oprah Magazine*, noviembre 2005; Joanna Powell, «Oprah's Awakening», *Good Housekeeping*, diciembre 1998; Leslie Marshall, «The Intentional Oprah», *InStyle*, noviembre 1998; Lee Siegel, «Thank You for Sharing», *New Republic*, 5 y 12 junio 2006; Arline Ambrose, «Martin Luther King Murdered Twice», *Tennessee State University Meter*, 14 mayo 1973; Academy of Achievement, «Oprah Winfrey Interview», 21 febrero 1991, <www.achievement. org>; «Oprah Returns to Mississippi Birth Place», <www.foxnews.com>, 5 septiembre 2006; Francine Knowles, «Becoming Oprah», *Chicago Sun-Times,* 29 septiembre 2006; «Transcript of Oprah Winfrey's Commencement Address», *Stanford Report,* 15 junio 2008; Judy Markey, «Brassy, Sassy Oprah Winfrey», *Cosmopolitan,* septiembre 1986; Patricia Towle y Roger Capettini, «Oprah Stole Beauty Contest Crown», *National Enquirer,* 20 octubre 1992; «Miss Black Nashville TSU Student», *Tennessean,* 12 marzo 1972; «Oprah Faked a Robbery», *Globe,* 8 marzo 2004; Luther Young, «She's Found Success by Just Being Oprah», *Baltimore Sun,* 27 enero 1985; «Miss Black America Rejects Title», *New York Times,* 28 agosto 1972; «Beauty Refuses 'America' Crown», *Chicago Daily Defender,* 28 agosto 1972; Ken Beck, «50 Years of Channel 5», *Tennessean,* 4 agosto 2004; Ruth Ann Leach, «Outrageous Racism Still Alive in Every State», *Nashville Banner,* 25 julio 1995; «The Price of Fame», *Celebrity,* octubre 1987; John C. Shelton, «ExLocal TV Anchor Enjoys Her Success», *Nashville Banner,* 26 diciembre 1985; Patricia King, «Move Over, Phil Donahue—Here Comes Oprah», *Family Circle,* 21 octubre 1986; Richard Sanders y Barbara Kleban Mills, «TV Host Oprah Winfrey Boots Up for StarMaking Role», *People Weekly,* 16 diciembre 1985; Jamie Foster Brown, «Everything Negroes Ever Wanted to Ask Oprah, Part 2», *Sister 2 Sister,* diciembre 1997; Ken Beck, «Nashville TV Icon Chris Clark Signs Off the Air», *Tennessean,* 1 mayo 2007; Margaret D. Pagan, «Oprah», *Metropolitan,* octubre 1979; Eirik Knutzen, «Close to the Hart», *Toronto Star,* 22 Agosto 1989; «Former ET Host Confirms He Dated Oprah Winfrey», <www.etonlin.com>, 12 abril 2010; Bill Zwecker, «It's True, Prince Will Take a Bride», *Chicago Sun-Times,* 1 febrero 1996; MacKenzie Carpenter, «Former WPXI News Director Knew Young Oprah Was a Keeper», *Pittsburgh PostGazette,* 8 septiembre 2006; Eve Zibart, «Baltimore Position Only 'Stopover' for Oprah Winfrey», *Tennessean,* 4 mayo 1976.

TV/DVD: *The Oprah Winfrey Show 20th Anniversary Collection* (colección DVD); *«Oprah Winfrey: Heart of the Matter»,* especial A&E Biography, emitido 16 enero 2000; *Oprah video tribute to Chris Clark at the time of his retirement,* WTVF-TV, emitido 23 mayo 2007 (en <www.newschannel5.com>, 25 mayo 2007); *The Oprah Winfrey Show, «Oprah Anchors the 5 O'Clock News: Celebs Go Back to Their First Jobs»,* emitido 3 noviembre 2009.

ENTREVISTAS: Luvenia Harrison Butler, 22 y 24 abril 2008; Sheryl Harris Atkinson, 25 junio 2008; Katie Rawls, 21 abril 2008; Andrea Haynes, 1 septiembre 2008; Jo Baldwin, 14 julio 2010 y correspondencia con Jo Baldwin, 15, 16, 20 y 27 julio, 17 agosto y 14 septiembre 2010; Barbara Wright, 2 julio 2008; fuente confidencial, 30 octubre 2007; fuente confidencial, 24 mayo, 2007; Bonnie Goldstein, junio 2007; Gordon El Greco Brown, 24 abril 2008; Patrice Patton-Price, 17 septiembre 2008; Chris Clark, 23 abril, 2008; Joseph Davis, 25 abril 25, 2008; Patty Outlaw, 21 abril 2008, y correspondencia con Patty Outlaw, 27 abril 2008; Jimmy Norton, 9 mayo 2008; Joyce Daniel Hill, 25 abril 2008; Elaine Garnick, 30 junio 2008; fuente confidencial, 23 enero 2007; Janet Wassom, 24 abril 2008.

Capítulo 5

Documentos: Transcripción, segmento «*Oprah*», *60 Minutes*, CBS, 14 diciembre 1986; transcripción del discurso de Oprah Winfrey en la conferencia de la American Women's Economic Development Corporation, Nueva York, 25 febrero 1989.

Libros: Countee Cullen, «*Incident*», de *Color*, Harper and Brothers, 1925; Bob Greene y Oprah Winfrey, *Make the Connection*, Hyperion, 1996; Robert Waldron, *Oprah!*, St. Martin's Press, 1987; Michael Olesker, *Tonight at Six*, Apprentice House, 2008; Merrell Noden, *People Profiles: Oprah Winfrey*, Time Life, 1999; Norman King, *Everybody Loves Oprah*, Bill Adler Books, 1987; Katrina Bell McDonald, *Embracing Sisterhood*, Rowman and Littlefield, 2007.

Artículos: «Chaos in Charm City», *Time*, 22 julio 1974; Mark Kamine, «Walk This Way», *New York Times Book Review*, 16 diciembre 2007; Laura Charles, «'Defector' Oprah Gets Sweet Send-Off», *Baltimore Sun*, 14 diciembre 1983; «Off-Camera: The Living's Convenient in Cross Keys», *Baltimore News-American*, 1 junio 1980; Rod Gibson, «Secrets of the Mortician Oprah Was Dying to Wed», *Globe*, 16 febrero 1999; Peter Williams, «Oprah and Her Men», *Star*, 6 julio 1993; Peter Williams, «The Untold Story of Oprah's Heartbreak», *Star*, 13 diciembre 1988; Patricia King, «Move Over, Phil Donahue—Here Comes Oprah», *Family Circle*, 21 octubre 1986; Bill Carter, «Baltimore's First Hour News», *Baltimore Sun*, 13 agosto 1976; Bill Carter, «Look for Hour-Long Baltimore News Programs», *Baltimore Sun*, 14 mayo 1976; Bill Carter, (título desconocido), *Baltimore Sun*, 18 junio 1976; Bill Carter, (título desconocido), *Baltimore Sun*, 11 mayo 1976; Larry Carson, «Area TV Series Was City Hall Brainchild», *Baltimore Evening Sun*, 1 septiembre 1976; Grant Pick, «Oprah!» *Republic*, enero 1986; Oprah Winfrey, «This

Month's Mission», *O, The Oprah Magazine,* diciembre 2003; Bill Carter, «The WJZ Weeknight News Is Looking Better and Al Sanders Is Why», *Baltimore Sun,* 27 abril 1977; *Academy of Achievement,* «Oprah Winfrey Interview», 21 febrero 1991, <www.achievement.org>; «Transcript of Oprah Winfrey's Commencement Address», *Stanford Report,* 15 junio 2008; Lección inaugural del curso académico del Wellesley College, 30 mayo 1997, <www.wellesley. edu>; Bill Carter, «Hour News Is Smooth and Professional, But Why Is Tom Boyd So Cute? *Baltimore Sun,* 9 septiembre 1976; «Baltimore TV Reporter Dies at 58», *Washington Post,* 1 enero 1988; Alan Richman, «Oprah», *People Weekly,* 12 enero 1987; Oprah Winfrey, «It's Not Over Till It's Over», *O, The Oprah Magazine,* enero 2004; Lisa Kogan, «Oprah and Gayle Uncensored», *O, The Oprah Magazine,* agosto 2006; Bill Carter, «WJZ Announces News Shake-Up», *Baltimore Sun,* 2 abril 1977; Eve Zibart, «Baltimore Position Only 'Stopover' for Oprah Winfrey», *Tennessean,* 4 mayo 1976; Jon Anderson, «Wingin' It with Ch. 7's Oprah Winfrey», *Chicago Tribune,* 13 marzo 1984; Margaret D. Pagan, «Oprah», *Metropolitan,* octubre 1979; transcripción, «A New Earth Online Class, Chapter 9», <www.oprah.com>, 28 abril 2008; Jeffrey Strickler, «Winfrey, Having Achieved Quite a Bit, Expects 'Great Things from Myself'», *Minneapolis Star-Tribune,* 18 abril 1986; Elizabeth Colt, «Oprah Winfrey Goes National», *Boston Globe,* 2 septiembre 1986; Linda Robinson, «Over 1000 Turn Out for Turner Funeral», *Baltimore Sun,* 4 enero 1988; Lyn Tornabene, «Here's Oprah», *Woman's Day,* 1 octubre 1986; Ian Woodward, «The World of Oprah», *OK!* 29 junio 1994; Fred Hines, «News Man Reports on S. African Horrors», *Afro-American,* 10 septiembre 1977; LaTonya Taylor, «The Church of O», *Christianity Today,* 1 abril 2002; Ann Kolson, «Sassy Oprah Has Her Say», *Providence Journal,* 6 febrero 2007; Cheryl Lavin, «It's All Going Oprah's Way», *Chicago Tribune,* 10 diciembre 1985; «Carter Foundation Presents Oprah Winfrey in a One Woman Show», *Afro-American,* 28 mayo 1983; Stephanie Chetas, «One Woman Show», *Goucher College Goucher,* 11 febrero 1982; Kathleen Fury, «Oprah! Why She's Got America Talking», *TV Guide,* 5 marzo 1988; Pat Gregor, «Oprah Hides Lover», *Star,* 18 julio 2000; Judy Markey, «Brassy, Sassy Oprah Winfrey», *Cosmopolitan,* septiembre 1986; Joe Mullins, «Touching Last Interview with Oprah's AIDS-Stricken Brother», *National Enquirer,* 16 enero 1990; Jamie Foster Brown, «Everything Negroes Ever Wanted to Ask Oprah», *Sister 2 Sister,* noviembre 1997; Gerri Kobren, «Co-hosts Love Their Work», *Baltimore Sun,* 17 septiembre 1978; Oprah Winfrey, «This Is the Body You've Been Given—Love What You've Got», *O, The Oprah Magazine,* agosto 2002; Francine Knowles, «Becoming Oprah», *Chicago Sun-Times,* 19 septiembre 2006; «Oprah: The Story of My Life», *National Enquirer,* 14 mayo 1996; Leslie Rubenstein, «Oprah! Thriving on Faith», *McCall's,* agosto 1987; Bill Carter, «Winfrey's Show Goes On», *Baltimore Sun,* 19 agosto 1986; Bill Carter, «Sher, Winfrey to Host 13's Talk Show», *Baltimore Sun,* 2 agosto 1978; Bill Carter, «Channel 13 Getting Over Its Morning Jitters», *Baltimore Sun,* 23 agosto 1978.

ENTREVISTAS: Barbara L. Hamm, 23 julio y 2 agosto 2007; Dr. William F. Baker, 12 marzo y 28 octubre 2008; Bob Turk, 3 marzo 2008, y correspondencia con Bob Turk, 4 marzo 2008; Gary Elion, 27 mayo 2007; Hilda Ford, 6 noviembre 2008; Frank Miller, 11 junio 2008; Cynthia Todd, 21 septiembre 2007; correspondencia con Bernice Johnson Reagon, 10 febrero 2007; Jane McClary, 6 noviembre 2009; Katrina Bell McDonald, 6 enero 2008; correspondencia con Peter Gethers, 11 noviembre 2008; Dr. Frank M. Reid, 21 septiembre 2007; Adam Shapiro, 16 junio 2008; Larry Singer, 19 junio 2007.

CAPÍTULO 6
DOCUMENTOS: Documentos en el caso de Donna P. Watts contra Timothy C. Watts, caso n.º 88CSP133, Circuit Court for Baltimore County, Archivo Estatal de Maryland; transcripción, segmento *«Oprah», 60 Minutes,* CBS, 14 diciembre 1986.

LIBROS: Robert Waldron, *Oprah!,* St. Martin's Press, 1987; Michael Olesker, *Tonight at Six,* Apprentice House, 2008; Bill Adler (ed.), *The Uncommon Wisdom of Oprah Winfrey,* Citadel Press, 1997.

ARTÍCULOS: David Folkenflik, «WJZ's Sher Marks 25 Storied Years in TV», *Baltimore Sun,* 18 Octubre 2000; Bill Carter, «'People Are Talking': A Breath of Hot, Stale Air», *Baltimore Sun,* 15 agosto 1978; Michael Hill, «'People Are Talking' Off to a Rough Start», *Baltimore Evening Sun,* 15 agosto 1978; Gerri Kobren, «Co-Hosts Love Their Work», *Baltimore Sun,* 17 septiembre 1978; Richard Zoglin, «Lady with a Calling», *Time,* 8 agosto 1988; David Rensin, «The Prime Time of Ms. Oprah Winfrey», *TV Guide,* 16 mayo 1992; Chris Anderson, «Meet Oprah Winfrey», *Good Housekeeping,* agosto 1986; *Academy of Achievement,* «Oprah Winfrey Interview», 21 febrero 1991, <www.achievement.org>; Bill Carter, «Channel 13 Getting Over Its Morning Jitters», *Baltimore Sun,* 23 agosto 1978; Michael Hill, «Richard Sher: Life After Oprah», *Baltimore Evening Sun,* 20 marzo 1987; Margaret D. Pagan,

«Oprah», *Metropolitan,* octubre 1979; Dave Koppel, «Newscaster Took Her Cue from Romance», *Fort Lauderdale Sun-Sentinel,* 10 octubre 1997; Gary Ballard, «Oprah Winfrey», *Drama-Logue,* 20-26 marzo 1986; Liz Smith, «Oprah Debunks 'Em», *Newsday,* 28 julio 1997; P. J. Bednarski, «Oprah Winfrey Rides the Whirlwind», *Chicago Sun-Times,* 17 febrero 1985; Patricia King, «Move Over, Phil Donahue: Here Comes Oprah», *Family Circle,* 21 octubre 1986; Jim Nelson and Barbara Sternig, «Talk Show Star's Wild and Wicked Childhood—Sister Reveals the Shocking Truth at Last», *National Enquirer,* 20 marzo 1990; Joan Barthel, «Here Comes Oprah», *Ms.,* agosto 1986; Lisa DePaulo, «Oprah's Private Life», *TV Guide,* 3 junio 1989; Julia Lawlor, «The Other Oprah», *USA Weekend,* 2-4 junio 1989; Jan Herman, «Sly Stallone Will Match Rocky Against Russkies», *Chicago Sun-Times,* 17 junio 1984; Cheryl Lavin, «Vital Statistics: Oprah Winfrey», *Chicago Tribune,* 7 septiembre; Laura B. Randolph, «Networks Help Celebrities Deal with Fame and Pain», *Ebony,* julio 1990; Stephanie Mansfield, «And Now, Heeeeere's Oprah», *Washington Post,* 21 octubre 1986; Judy Markey, «Brassy, Sassy Oprah Winfrey», *Cosmopolitan,* septiembre 1986; Dana Kennedy, «Oprah Act Two», *Entertainment Weekly,* 9 septiembre 1994; Kwaku Alston and Oprah Winfrey, «Oprah Talks to Tina Turner», *O, The Oprah Magazine,* mayo 2005; Chrissy Iley, «The Power of Oprah», *Daily Mail,* 14 octubre 1989; «In Time of Trouble, Oprah Looks for Help from Above», *Newsday,* 14 julio 1987; Karen S. Peterson, «The Toast of Chicago TV Goes National», *USA Today,* 18 septiembre 1986; «Off-Camera: The Living's Convenient in Cross Keys», *Baltimore News-American,* 1 junio 1980; Bill Carter, «'People Are Talking' Flops as Syndicated Show», *Baltimore Sun,* 7 septiembre 1981; P. J. Bednarski, «All About Oprah Inc.», *Broadcasting and Cable,* 24 junio 2005; Michael Hill, «'People Are Talking' Gains Some Limited Syndication», *Baltimore Evening Sun,* 26 marzo 1981; Bill Carter, «Can Oprah and Richard Hack It in Boise?», *Baltimore Sun,* 15 marzo 1981; Chrissy Iley, «Grand Oprah», *Daily Mail,* 18 febrero 2006; Bob Burns, «Oprah's Suicide Note Revealed», *Globe,* 16 noviembre 1999; Barbara Grizzuti Harrison, «The Importance of Being Oprah», *New York Times Magazine,* 11 junio 1989; transcripción, *Oprah Winfrey Commencement Speech at Goucher College,* 24 mayo 1981, <www.goucher.edu>; Bill Carter, (título desconocido), *Baltimore Sun,* 24 febrero 1982; Jon Anderson, «No Dog Days of August for Ch. 7's New Chief», *Chicago Tribune,* 16 agosto 1983; Gretchen Reynolds, «Oprah Unbound», *Chicago,* noviembre 1993; Peter Conrad, «The Divine Oprah», *London Observer,* 3 junio 1990; Kathleen Fury, «Oprah! Why She's Got America Talking», *TV Guide,* 5 marzo 1988; Luther Young, «She's

Found Success by Just Being Oprah», *Baltimore Sun*, 27 enero 1985; Bill Carter, «Oprah Leaving Soon for Chicago», *Baltimore Sun*, 19 octubre 1983; Oprah Winfrey, «I Created This Happiness by Choice», *O, The Oprah Magazine*, marzo 2004; Oprah Winfrey, «Wind Beneath My Wings», *Essence*, junio 1989; «Tribute: A Salute to Dr. William F. Baker», *Broadcasting and Cable advertising supplement*, 28 mayo 2007; Michael Olesker, «Today They Grieve for a Guy Who Made Folks Laugh», *Baltimore Sun*, 25 julio 1993; Sylvia Badger, «Local Stars Turn Out for Oprah's Signing-Off Party», *Baltimore News-American*, 14 diciembre 1983; Laura Charles, «'Defector' Oprah Gets Sweet Send-Off», *Baltimore Sun*, 14 diciembre 1983.

DVD: *The Oprah Winfrey Show 20th Anniversary Collection* (colección DVD).

ENTREVISTAS: Barbara L. Hamm, 23 julio y 2 agosto 2007; Jane McClary, 6 noviembre 2009; Bob Leffler, 6 noviembre 2008; Dr. William F. Baker, 12 marzo y 28 octubre 2008; Dave Gosey, junio 2007; Michael Fox, 17 enero 2007, y correspondencia con Michael Fox, 10 diciembre 2007, 31 octubre y 7 noviembre 2008; Judy Colteryahn, 16 marzo 2008 y correspondencia con Judy Colteryahn, 17 marzo, 5 agosto, 6 agosto y 30 septiembre 2008; Eileen Solomon, 28 marzo 2007; Susan Rome, 21 noviembre 2008; Ellen Lightman, 21 noviembre 2008; Paul Dickson, 17 enero 2007; Beverly Burke, 25 julio 2007; correspondencia con Wayne Kabak, 18 diciembre 2008; Ron Shapiro, 6 agosto 2007.

CAPÍTULO 7

DOCUMENTOS: Documentos en el caso de Randolph L. Cook contra Oprah Winfrey, caso n.º 1:97cv00322, United States District Court, Northern District of Illinois; capítulos de muestra de *The Wizard of O*, de Randolph Cook; transcripción, testimonio de Paul Natkin, el 15 de agosto 2000, en el caso de Paul Natkin y Stephen Green contra Oprah Winfrey *et al.*, caso n.º 1:99-cv-05367, United States District Court, Northern District of Illinois.

LIBROS: James «Quick» Tillis, tal como lo cuenta J. Engleman Price, *Thinking Big*, The LPG Group, 2000; Robert Waldron, *Oprah!*, St. Martin's Press, 1987.

ARTÍCULOS: Michael Sneed *et al.*, «The Parking Plot», *Chicago Tribune*, 20 marzo 1985; Luther Young, «She's Found Success by Just Being Oprah», *Baltimore Sun*, 27 enero 1985; Richard Roeper, «New Age Oprah Forgets

Those Tacky Old Shows», *Chicago Sun-Times*, 1 octubre 1997; Mel Novit, «Oprah Winfrey», *Boston Herald*, 4 septiembre 1986; Grant Pick, «Oprah!», *Republic*, enero 1986; Patricia Sellers, «The Business of Being Oprah», *Fortune*, 1 abril 2002; Robert Feder, «A Slimmer Winfrey Feasts on the Glory of Her Rich TV Deal», *Chicago Sun-Times*, 22 agosto 1988; Kathy O'Malley y Dorothy Collin, «INC.» *Chicago Tribune*, 4 diciembre 1990; Fred Goodman, «The Companies They Keep», *Working Woman*, 1 diciembre 1991; Barbara Grizzuti Harrison, «The Importance of Being Oprah», *New York Times Magazine*, 11 junio 1989; Lyn Tornabene, «Here's Oprah», *Woman's Day*, 1 octubre 1986; Jan Herman, «Sly Stallone Will Match Rocky Against Russkies», *Chicago Sun-Times*, 17 junio 1984; Stephen Hunter, «Oprah!», *Baltimore Sun*, 17 diciembre 1985; Judy Markey, «Brassy, Sassy Oprah Winfrey», *Cosmopolitan*, septiembre 1986; Jo-Ann Harris, «'Della' Premiers Monday», *Washington Post*, 8 junio 1967; Robert Kurson, «The Silent Treatment», *Chicago*, julio 2001; Clarence Peterson, «Very Illuminated People», *Chicago Tribune*, 26 diciembre 1985; Robert Feder, «An Eyewitness Guide to Sprucing Up Channel 7», *Chicago Sun-Times*, 26 diciembre 1985; Maralyn Lois Polak, «Oprah Winfrey: So Much to Reveal», *Philadelphia Inquirer Magazine*, 12 octubre 1986; Bill Zehme, «It Came from Chicago», *Spy*, diciembre 1986; «Chicago's Grand New Oprah», *Newsweek*, 31 diciembre 1984; Michael Sneed y Cheryl Lavin, «A Superstadium?», *Chicago Tribune*, 27 enero 1985; Jon Anderson, «Oprah Winfrey Conquers Tonight Show Challenge», *Chicago Tribune*, 31 enero 1985; P. J. Bednarski, «The Talk Show Diva Named Oprah», *Channels of Communication*, enero/febrero 1986; Luther Young, «Oprah and Joan Square Off», *Baltimore Sun*, 31 enero 1985; Marla Donato, «One Last Food Fling with Oprah», *Chicago Tribune*, 6 febrero 1985; introducción y capítulos del libro, <www.thewizardofo.com>; Sarah Gallick, «Keep Quiet!» *Star*, 18 febrero 1997; «Oprah and Coke», *Atlanta Daily World*, 12 febrero 1995; Ann Witheridge, «Oprah Drug Nightmare», *Star*, 31 enero 1995; Laura B. Randolph, «Networks Help Celebrities Deal with Fame and Pain», *Ebony*, julio 1990; «What She Did for Love», *People Weekly*, 30 enero 1995; Patrice Gains, «How Oprah's Confession Tumbled Out», *Washington Post*, 13 enero 1995; Ellen Edwards, «Oprah Winfrey Admits Drug Use», *Washington Post*, 13 enero 1995; Bill Zwecker, «Oprah Drug Revelation Could Backfire», *Chicago Sun-Times*, 15 enero 1995; Robert Feder, «Oprah Agonized Over Drug Story», *Chicago Sun-Times*, 19 enero 1995; Chris Kaltenbach, «As Fans Applaud Honesty, Others Wonder If Ratings Prompted Admission», *Baltimore Sun*, 14 enero 1995; Jeffrey Rodack, «Oprah Erupts in Sex and Drug Shocker», *National Enquirer*, 18 febrero 1997; Cindy Adams,

«He May Try to Bond with NYC», *New York Post*, 1 octubre 2007; Lucinda Hahn, «New Mom Samantha Harris; Expectant Mom Jennifer Lopez», *Chicago Tribune*, 17 octubre 2007.

TV/DVD/PODCAST: Oprah Winfrey entrevistada por Fred Griffith, *The Morning Exchange*, 15.º aniversario, WEWS-TV, emisión: enero 1987; discurso de Oprah Winfrey en el almuerzo de Women's Business Development Center, Chicago, Ill., 17 septiembre 2006 (mp3 descargado de <www.odeo.com/audio/2003955/play> el 13 noviembre 2006); *Oprah Winfrey Show 20th Anniversary Collection* (colección DVD).

ENTREVISTAS: Margo Howard, 25 julio 2008, y correspondencia con Margo Howard, 13 diciembre 2006; Dori Wilson, 8 septiembre 2008; Jo Baldwin, 14 julio 2010, y correspondencia con Jo Baldwin, 15, 16, 20 y 27 julio, 17 agosto y 14 septiembre 2010; Robert Waldron, 4 septiembre 2008; Robert Feder, 11 octubre 2007; Randolph Cook, 25 julio y 15 agosto 2007; Diane Dimond, 19 abril 2007, y correspondencia con Diane Dimond, 14 diciembre 2006; fuente confidencial, 8 octubre 2009; Jerry Oppenheimer, 2 noviembre 2007; Patty O'Toole, 20 noviembre 2008; fuente confidencial, 2 enero, 19 y 21 marzo, 3 junio 2008.

CAPÍTULO 8

LIBROS: Alice Walker, *The Same River Twice*, Scribner, 1996; Quincy Jones, Q, *The Autobiography of Quincy Jones*, Harlem Books, 2001; Robert Waldron, *Oprah!*, St. Martin's Press, 1987; Evelyn C. White, *Alice Walker*, W.W. Norton and Co., 2004; Lawrence Leamer, *Fantastic: The Life of Arnold Schwarzenegger*, St. Martin's Press, 2005.

ARTÍCULOS: Louis B. Parks, «'Purple' Actresses Make Most of Meaty Roles», *Houston Chronicle*, 21 marzo 1986; Susan Dworkin, «The Strange and Wonderful Story of the Making of The Color Purple», *Ms.*, diciembre 1985; Elena Featherstone, «The Making of The Color Purple», *San Francisco Focus*, diciembre 1985; Jack Mathews, «3 'Color Purple' Actresses Talk About Its Impact», *Los Angeles Times*, 31 enero 1986; Philip Wuntch, «Best Known as Comedian, Whoopi Goldberg Uneasy with Movie Stardom», *Ottawa Citizen*, 23 diciembre 1985; Gene Siskel, «'Color Purple': Powerful, Daring, Sweetly Uplifting», *Chicago Tribune*, 20 diciembre 1985; Denise Abbott, «The Price of Fame», *Celebrity*, octubre 1987; Richard Zoglin, «Lady with a Calling»,

Time, 8 agosto 1988; Alessandra Stanley, «Morning TV Veers from News to Frills», *New York Times*, 4 diciembre 2007; Amy Wallace, «War of Words», *Los Angeles Times*, septiembre 95, 1998; Ann Kolson, «Oprah a Name to be Reckoned With», *Philadelphia Inquirer*, 14 enero 1986; Delores Brooks, «The Phenomenal Oprah Winfrey», *Dollars and Sense* (fecha desconocida); Bruce Cook, «Oprah Enjoying Sweet Success», L. A. *Life/Daily News*, 17 marzo 1986; Jonathan Van Meter, «Oprah's Moment», *Vogue*, octubre 1998; Gary Ballard, «Oprah Winfrey», *Drama-Logue*, marzo 20–26, 1986; Fred Goodman, «The Companies They Keep», *Working Women*, 1 diciembre 1991; Grant Pick, «Oprah!», *Republic*, enero 1986; «Oprah: Tom Cruise's Couch Jumping Was Wilder Than It Seemed», <www.ABCNews.go.com>, 11 noviembre 2005; «Loving Life», <www.oprah.com>, 23 mayo 2005; Janet Charlton, «In Happier Times», <www.janetcharltonshollywood.com>, 20 agosto 2006; Michael Sneed *et al.*, «Oprah Goes Hollywood», *Chicago Tribune*, 4 junio 1985; «Names and Faces», *Los Angeles Herald Examiner*, 19 septiembre 1998; Ann Marie Lipinski, «Oprah Winfrey Buying West Side Studios», *Chicago Tribune*, 18 septiembre 1988; Pat Colander, «Oprah Winfrey's Odyssey: Talk Show Host to Mogul», *New York Times*, 12 marzo 1989; Veronica Chambers y Allison Samuels, «The Women of 'Beloved'», *Newsweek*, 19 octubre 1998; Mary Gillespie, «The Women of 'Brewster Place'», *Chicago Sun-Times*, 12 marzo 1989; Gene Wyatt, «Oprah Winfrey Learns How to Get Mad for 'Color Purple'», *Tennessean*, 15 diciembre 1985; Roger Ebert, «In Film Debut, Oprah Proves She's Born to the 'Purple'», *Chicago Sun-Times*, 15 diciembre 1985; Gene Siskel, «With 'Purple' Spielberg Finally Grows Up and Gets Serious», *Chicago Tribune*, 15 diciembre 1985; Sheila Benson, «Two Women of Substance in Unlikely Settings: 'The Color Purple'», *Los Angeles Times*, 18 diciembre 1985; David Ansen, «The Color Purple», *Newsweek*, 30 diciembre 1985; Rita Kempley, «'Purple' Making Whoopi a Star», *Washington Post*, 20 diciembre 1985; Stephen Hunter, «Oprah», *Baltimore Sun*, 17 diciembre 1985; Lou Cedrone, «The Color Purple», *Baltimore Evening Sun*, 20 diciembre 1985; Diane Bartley, «An Oscar for Oprah», *Tennessean*, 7 febrero 1986; Robert Feder, «Nice Guy Newman Cancelled by Channel 5», *Chicago Sun-Times*, 26 julio 1985; Michael Sneed *et al.*, «City Ditties», *Chicago Tribune*, 29 agosto 1985; «Oprah Returns to Nashville as Millionaire», *Tennessean*, 8 agosto 1985; Lou Cedrone, «Winfrey Story Only Beginning», *Baltimore Evening Sun*, 18 marzo 1986; Luther Young, «Oprah», *Baltimore Sun*, 21 febrero 1986; Jeffrey Strickler, «Winfrey, Having Achieved Quite a Bit, Expects 'Great Things from Myself'», Minneapolis *StarTribune*, 18 abril 1986; R. C. Smith, «She Once Trashed Her Apartment to Make a Point», *TV*

Guide, 30 agosto 1986; E. R. Shipp, «Blacks in Heated Debate Over 'The Color Purple'», *New York Times*, 27 enero 1986; Josephine Trescott, «Passions Over 'Purple'», *Washington Post*, 5 febrero 1986; Roger Ebert, «The Top Ten Films of 1985», *Chicago Sun-Times*, 29 diciembre 1985; Roger Ebert, «Hope Lives in a Character's Truth», *Chicago Sun-Times*, 28 marzo 2004; Rose P. B. Venditti y Sylvia Badger, «Coming Home», *Baltimore News American*, 21 febrero 1986; Lyn Tornabene, «Here's Oprah», *Woman's Day*, 1 octubre 1986; Bill Zehme, «It Came from Chicago», *Spy*, diciembre 1986; Stephanie Mansfield, «And Now, Heeeeeeere's Oprah», *Washington Post*, 21 octubre 1986; Robert Kurson, «The Silent Treatment», *Chicago*, julio 2001; Barbara Grizzuti Harrison, «The Importance of Being Oprah», *New York Times Magazine*, 11 junio 1989; Tina Brown, «My New Mantra for 2009», <www.thedailybeast.com>, 2 enero 2009; Tina Brown, «Is Michelle the New Oprah?», <www.thedailybeast.com>, 2 abril 2009; «Bad Press», <www. thedailybeast.com>, 21 agosto 2009; Lloyd Grove, «Oprah and the Sweat Lodge Guru», <www.thedailybeast.com>, 23 octubre 2009.

TV: Episodio Oprah Winfrey, *E! The True Hollywood Story*, emitido 17 octubre 2004.

ENTREVISTAS: Alice Walker, 7 Octubre 2008; correspondencia con fuente confidencial, 5 y 12 diciembre 2007; Erica Jong, 17 diciembre 2006; fuente confidencial, 9 noviembre 2007; Sandi Mendelson, 7 enero 2008; correspondencia con secretaria de Tina Brown, 7 enero 2008.

CAPÍTULO 9

DOCUMENTOS: Transcripción discurso de Oprah Winfrey en la conferencia de American Women's Economic Development Corporation, Nueva York, 25 febrero 1989; Stedman Graham detalles registro matrimonial, Tarrant County, acceso público; verificacion del nacimiento de Wendy Graham, Texas Department of State Health Services; documentos en el caso de Stedman Graham y Oprah Winfrey contra Extra Media, Inc., caso n.º 1:92-CV-02087, United States District Court, Northern District of Illinois; formulario «Join the Team» para Member Athletes, <www.joinaad.com>; formularios IRS 990 para Athletes Against Drugs, 2002–2007, EIN 363463119.

LIBROS: Bill Adler, ed., *The Uncommon Wisdom of Oprah Winfrey*, Citadel Press, 1997; Robert Waldron, *Oprah!*, St. Martin's Press, 1987; Stedman Graham, *You*

Can Make It Happen, Fireside, 1998 y *Build Your Own Life Brand,* Free Press, 2001; Stedman Graham, *«Whitesboro: A Hometown Remembered»,* en Wendel A. White, *Small Towns, Black Lives,* The Noyes Museum of Art, 2003.

ARTÍCULOS: Timothy McDarrah, «Talk's Not Cheap», *New York Post,* 1 enero 1987; Lloyd Shearer, «Oprah Winfrey—How Rich?», *Parade,* 15 Febrero 1987; Stephen Viens, «Secret Ways That Oprah Windfall Enjoys Her Millions», *Star,* 23 agosto 23, 1988; Alan Richman, «Oprah», *People Weekly,* 12 enero 1987; «And Another», *Boston Globe,* 1 marzo 1988; Charles Whitaker, «The Most Talked-About TV Show Host», *Ebony,* marzo 1987; Aljean Harmetz, «Learning to Live with Runaway Fame», *New York Times,* 18 mayo 1986; Alan G. Artner, «Oprah Winfrey», *Chicago Tribune,* 10 enero 1988; Marla Donato, «One Last Food Fling with Oprah», *Chicago Tribune,* 6 febrero 1985; Leslie Rubenstein, «Oprah! Thriving on Faith», *McCall's,* agosto 1987; Elizabeth Sporkin *et al.,* «Her Man Stedman», *People Weekly,* 23 noviembre 1992; Barbara Grizzuti Harrison, «The Importance of Being Oprah», *New York Times Magazine,* 11 junio 1989; «Oprah Winfrey», *Chicago Sun-Times,* 13 diciembre 1987; «Will Opulence Spoil Oprah?» *Chicago Sun-Times,* 1 marzo 1988; «Oprah's Best Friend, Gayle King, Lists 10,433 Square-Foot House in Greenwich, CT for $7.45M», <www.bergproperties.com/blog>, 7 julio 2008; Robert Feder, «Five More Reasons You Gotta Love Outrageous Oprah», *Chicago Sun-Times,* 1 diciembre 1987; Nicole Sweeney, «When I Was 30: Vernita Lee», <www.mkeonline.com>, 19 mayo 2005; Joan Barthel, «Here Comes Oprah», *Ms.,* agosto 1986; Steve Sonsky, «Oprah Winfrey!», *Miami Herald,* 7 septiembre 1986; Lyn Tornabene, «Here's Oprah», *Woman's Day,* 1 octubre 1986; Jill Brook Coiner, «Oprah Sets the Record Straight», *McCall's,* noviembre 1993; R. C. Smith, «She Once Trashed Her Apartment to Make a Point», *TV Guide,* 30 agosto 1986; Marilyn Johnson, «Oprah Between the Covers», *Life,* septiembre 1997; Kwaku Alston and Oprah Winfrey, «Oprah Talks to Tina Turner», *O, The Oprah Magazine,* mayo 2005; Alan Bash, «Viewers Can Get a Dose of Reality in Syndication», *USA Today,* 30 mayo 1995; Zondra Hughes, «Family Secrets: Oprah's Mother Speaks Out», *N'Digo,* 6-12 mayo 2010; Judy Markey, «Opinionated Oprah!», *Woman's Day,* 4 octubre 1988; «Oprah Talks to You», *O, The Oprah Magazine,* mayo 2010; Jim Nelson y Barbara Sternig, «Talk Show Star's Wild and Wicked Childhood—Sister Reveals the Shocking Truth at Last», *National Enquirer,* 20 marzo 1990; Jamie Foster Brown, «Everything Negroes Ever Wanted to Ask Oprah, Part 2», *Sister 2 Sister,* diciembre 1997; Lisa DePaulo, «Oprah's Private Life», *TV Guide,* 3 junio 1989; Mary Gillespie, «Oprah's Main Squeeze»,

Chicago Sun-Times, 14 abril 1987; Eric Sherman, «Oprah Winfrey's Success Story», *Ladies' Home Journal*, marzo 1987; Nancy Griffin, «Oprah (Lite)», *Us*, 20 marzo 1989; David Rensin, «The Prime Time of Ms. Oprah Winfrey», *TV Guide*, 16 mayo 1992; Mary Ann Bendel, «Oprah Winfrey», *Ladies' Home Journal*, marzo 1988; «Stedman Stole Oprah from Rich Doc's Arms», *Globe*, 16 febrero 1993; Debra Pickett, «Boring, Cool, Silly, Sublime», *Chicago Sun-Times*, 29 diciembre 2002; George Rush y Joanna Molloy, «When a Rumor Is Dead Wrong», *New York Daily News*, 18 abril 2002; Mike Kiley, «His Own Man», *Chicago Tribune*, 24 mayo 1995; Michel Marriott, «They Used to Call Me Oprah's Boyfriend», *New York Times*, 26 febrero 1997; JaNae' Bates, «Stedman Defines Himself and Tells Students to Do the Same», *Cleveland Call and Post*, 3-9 agosto 2006; Gretchen Reynolds, «The Man She's Marrying», *Chicago*, diciembre 1993; Jack Anderson y Dale Van Atta, «Winnie Mandela's U.S. Promoter», *Washington Post*, 8 marzo 1989; «Lunch on Oprah in South African Town», *Boston Herald*, 23 julio 1988; Brian Williams y David Barritt, «Oprah's Mission of Mercy», *National Enquirer*, 3 abril 1990; Richard Schweid, «Oprah Takes a Risk with TV Special», *Tennessean*, 20 noviembre 1988; Julia Lawlor, «The Other Oprah», *USA Weekend*, 2-4 junio 1989; LaTonya Taylor, «The Church of O», *Christianity Today*, 1 abril 2002; Ken Harrell, «Shocking Secrets Stedman Hides from Oprah», *Globe*, 7 mayo 1991; «One on One with Oprah», <www.etonline.com>, 3 enero 2007; «And Oprah's No Mike Tyson», *New York Post*, 11 noviembre 1988; «I Want a Baby— A Little Heir», *Star*, 12 septiembre 1989; Joanna Powell, «Oprah's Awakening», *Good Housekeeping*, diciembre 1998; «New Oprah Shocker! Fiancé Stedman Had Sex with a Gay Cousin», *News Extra*, 24 marzo 1992; Laura B. Randolph, «Oprah Opens Up About Her Weight, Her Wedding, and Why She Withheld the Book», *Ebony*, octubre 1993; Rosalind Rossi, «New Oprah 'Shocker' Spurs $300 Million Defamation Suit», *Chicago Sun-Times*, 27 marzo 1992; Ann McLaughlin, «Oprah Wins Suit Against Montreal Tab», *Montreal Gazette*, 3 mayo 1992; Rosalind Rossi, «Winfrey, Friend Win Lawsuit by Default», *Chicago Sun-Times*, 2 mayo 1992; «Oprah Winfrey Wins Suit by Default», *Chicago Tribune*, 2 mayo 1992; Mark Steyn, «Comic Oprah», *National Review*, 23 marzo 1998; Barbara Reynolds, «Because of Others I Can Live the Dream», *USA Today*, 8 agosto 1986; Bill Zehme, «It Came from Chicago», *Spy*, diciembre 1986; Leslie Marshall, «The Intentional Oprah», *InStyle*, noviembre 1998; «Oprah to Offer Eccentric Dining», *USA Today*, 21 noviembre 1988; Irv Kupcinet, «Kup's Column», *Chicago Sun-Times*, 26 abril 1988; «Oprah Winfrey», *People Weekly*, 28 diciembre 1987; «Grapevine Squashed», *Newsday*, 10 septiembre 1987; Tony

Castro, «Threat to Top Talk Show», *Globe*, 1 septiembre 1987; Bill Carter, «Oprah!», *Baltimore Sun*, 24 septiembre 1987; Robert Feder, «WMAQ Sale Will Leave Big Talkers Speechless», *Chicago Sun-Times*, 29 junio 1987.

TV/DVD/OTROS: *The Oprah Winfrey Show 20th Anniversary Collection* (colección DVD); *«Oprah Winfrey: Heart of the Matter»*, *A&E Biography*, especial emitido 16 enero 2000; *Kathy Griffin at Constitution Hall in Washington*, DC, 15 septiembre 2008; *Sit Down Comedy with David Steinberg*, TV Land, emitido 28 febrero 2007.

ENTREVISTAS: Correspondencia con Michael Fox, 10 diciembre 2007; Ed Kosowski, 8 noviembre 2008; Nancy Stoddart, 8 julio 2009; Katharine Carr Esters, 1 agosto 2007; Joanna Molloy, 7 julio 2008; E. Faye Butler, 3 abril 2009; Fran Johns, septiembre 2007; correspondencia con Dorothy H. Kiser, Hardin-Simmons University, 4 febrero 2009; correspondencia con el investigador Dale Lee Hinz, Policía de Fort Worth, 13 marzo 2009; correspondencia con Richard W. Schott, Federal Bureau of Prisons, 20 febrero 2007; Armstrong Williams, 19 noviembre 2008; correspondencia con Henry Fulmer, Universidad de Carolina del Norte; fuente confidencial, 11 junio 2007; fuente confidencial, 8 octubre 2009; Vernon Winfrey, 24 abril 2008; Paxton Quigley, 10 y 12 marzo 2008; Bill Zwecker, 11 octubre 2007.

CAPÍTULO 10

DOCUMENTOS: Transcripción del discurso de Oprah Winfrey en la conferencia de American Women's Economic Development Corporation, Nueva York, 25 febrero 1989.

LIBROS: Merrell Noden, *People Profiles: Oprah Winfrey*, Time Life, 1999.

ARTÍCULOS: Alan Richman, «Oprah», *People Weekly*, 12 enero 1987; «Oprah: The Best Is Yet to Come», <www.msnbc.msn.com>, 19 mayo 2006; Renard A. Hirsch, Sr., «'Anger' Oprah Recalls Not Apparent to All», *Tennessean*, 17 marzo 1987; Roderick McDavis, «Oprah Winfrey's Credibility», *Tennessee State University Meter*, 26 marzo 1987; Amy Gutman y David Graham, «TSU Commencement to Feature Winfrey», *Tennessean*, 28 marzo 1987; Patricia Templeton, «Oprah Gets Her College Degree», *Nashville Banner*, 4 mayo 1987; Sue Thomas, «Oprah Returns to TSU in Triumph», *Sunday Tennessean*, 3 mayo 1987; «Transcript of Oprah Winfrey's Commencement Address»,

Stanford Report, 15 junio 2008; Dwight Lewis, «Oprah Winfrey Funding 10 Full Scholarships», *Tennessean*, 3 agosto 1987; Marcia Ann Gillespie, «Winfrey Takes All», *Ms.*, noviembre 1988; Roger Hitts, «New Oprah Anguish as Dad Is Named in Sex Complaint», *Star*, 14 febrero 1995; Dani Cestaro *et al.*, «Oprah Fights to Save Her Dad in Sex Scandal», *National Enquirer*, 19 febrero 1995; Karen Thomas, «Oprah Stands by Her Dad», *USA Today*, 3 febrero, 1995; «Oprah Winfrey Responds to Allegations That Her Father Harrassed College Student», *Jet*, 20 febrero 1995; Rod Gibson, «Oprah to the Rescue», *Globe*, febrero 1995 (fecha desconocida); Peter Burt y Dani Cestaro, «Oprah in Tears as Dad's Accuser in Sex Scandal Passes Lie Test», *National Enquirer*, 31 febrero 1995; Kirk Loggins, «Bribe Solicited from Winfrey, Prosecutors Say», *Tennessean*, 1 abril 1995; Toni Drew, «Winfrey Accuser's Attorney Pleads Guilty», *Nashville Banner*, 25 agosto 1995; «Lawyer Loses Again in Oprah's Dad's Case», *Chicago Tribune*, 1 diciembre 1995; Laura B. Randolph, «Oprah!», *Ebony*, julio 1995; Jonathan Pinkerton, «Dolly Parton's Personal Message Urging Nashville Flood Relief; Donates Weekends Admissions Proceeds», <www.examiner.com>, 22 mayo 2010; Delores Brooks, «The Phenomenal Oprah Winfrey», *Dollars and Sense* (fecha desconocida); «Oprah Gives $1 Million to Morehouse College», *Baltimore Evening Sun*, 22 mayo 1989; «Oprah Winfrey Makes Second $5 Million [Donation]», <www.morehouse.edu>, 24 febrero 2004; Kim Cunningham «Behind Closed Doors», *People Weekly*, 29 abril 1996; Lisa Kogan, «Oprah and Gayle Uncensored», *O, The Oprah Magazine*, agosto 2006; Jennifer Hunter, «Even Well-Intended Celebs Adopt Aloof Attitudes», *Chicago Sun-Times*, 1 noviembre 2006; Debbie Schlussel, «Oprah Discovers the Holocaust», <www.frontpagemag.com>, 29 mayo 2009; «Putting Down Rover, and the Year's Other Disasters», *Chicago Sun-Times*, 29 diciembre 2006; Bob Monk, «Oprah Event Nets $5000», *Kosciusko Star-Herald*, 9 junio 1988; «Newsmakers», *Houston Chronicle*, 6 junio 1988; Kevin Pilley, «Grand Ol' Oprah», *Express*, 8 agosto 1998; Barbara Grizzuti Harrison, «The Importance of Being Oprah», *New York Times Magazine*, 11 junio 1989; transcripción, *CNN Newsroom*, 12 mayo 2007, <www.transcipts.cnn.com>; Lección inaugural del curso académico del Wellesley College, 30 mayo 1997, <www.wellesley.edu>; Mark Thornton, «Grand Oprahning», *Kosciusko Star-Herald*, 4 septiembre 2006; «Oprah Comes Home», *Kosciusko Star-Herald*, 19 noviembre 1998; Jonathan Van Meter, «Looking for Oprah»,*Oxford American*, abril/mayo 1999; «Kosciusko Prepares for Oprah's Nov. 14 Visit», *Kosciusko Star-Herald*, 30 julio 2007; Bob Michals y Bob Hartlein, «Oprah's Torment», *Star*, 25 marzo 2003; Molly Parker, «Relative: Winfrey Book Untrue», *Clarion Ledger*,

20 abril 2010; Alex Heard, «Oprah's Cousin Bashes Book», *The Daily Beast*, 22 abril 2010; Danny Shea, «Oprah Dismisses Kitty Kelley Book: 'So Called Biography'», *Huffington Post*, 19 abril 2010; Zondra Hughes, «Family Secrets: Oprah's Mother Speaks Out», *N'Digo*, 6-12 mayo 2010; Bob Michals, «The Uncle Oprah Accuses of Sexually Abusing Her», *National Enquirer*, 9 septiembre 1992; Julia Lawlor, «The Other Oprah», *USA Weekend*, 2-4 junio 1989; Pearl Cleage, «Walking in the Light», *Essence*, junio 1991; «Oprah's Steady to Be Her Hubby», *USA Today*, 9 noviembre 1992; *People Weekly*, 23 noviembre 1992; Elizabeth Sporkin *et al.*, «Her Man Stedman», *People Weekly*, 23 noviembre 1992; Robert Feder, «Jones Turns Misery into Ratings Circus», *Chicago Sun-Times*, 24 febrero 1992.

TV/PODCAST: Entrevista de Alan Frio con Vernon y Barbara Winfrey, WMSV TV, emitido 12 febrero 2007 (en <www.wmsv.com>); *The Oprah Winfrey Show, «Oprah at Auschwitz»*, emitido 24 mayo 2006; discurso de Oprah Winfrey en el almuerzo del Women's Business Development Center, Chicago, Ill., 27 septiembre 2006 (mp3 descargado de <www.odeo.com/audio/2003955/play> el 13 noviembre 2006).

ENTREVISTAS: Brooks Parker, 29 abril 2008; Chris Clark, 23 abril 2008; Vernon Winfrey, 22 abril 2008; Paul Moore, 21 abril 2008; Katie Rawls, 21 abril 2008; correspondencia con fuente confidencial, 18 febrero 2009; Jewette Battles, 31 julio 2007, 14 agosto 2007, y correspondencia con Jewette Battles, 29 abril y 8 octubre 2008; Katharine Carr Esters, 30 julio 2007 (junto con Jewette Battles), 1 agosto, 11 septiembre 2007, y 5 febrero 2008; Jo Baldwin, 14 julio 2010, y correspondencia con Jo Baldwin, 15, 16, 20 y 27 julio, 17 agosto y 14 septiembre 2010; Nancy Green, 30 julio 2007; James van Sweden, 12 y 27 diciembre 2007.

CAPÍTULO 11

DOCUMENTOS: *The Oprah Winfrey Show*, comunicado de prensa de King World, 1987; documentos en el caso de Colleen M. Raleigh contra Harpo, Inc. y Oprah Winfrey, caso n.º 94L-13511, Circuit Court of Cook County; certificado de defunción, Jeffrey Lee, Wisconsin Department of Health and Family Services; transcripción del testimonio de Paul Natkin, el 15 agosto 2000, en el caso de Paul Natkin y Stephen Green contra Oprah Winfrey *et al.*, caso nº 1:99-cv-05367, United States District Court, Northern District of Illinois; transcripción de «Headlines That Shocked the Nation: Mexican Satanic Cult

Murders», *The Oprah Winfrey Show,* emitido 1 mayo 1989; documentos de los archivos de Anti-Defamation League of B'nai B'rith, Greater Chicago Regional Office, relativos a la reacción a *The Oprah Winfrey Show,* 1 mayo 1989, y la reunión con líderes judíos, 9 mayo 1989.

LIBROS: Mark Mathabane, *Kaffir Boy in America,* Free Press, 1990; Jecquin D. Irwin, *My Life After Oprah* (self-published, 2006, Kindle ed.); Paul Natkin y Stephen Green, *To Oprah with Love,* New Millennium Press, 2002; Robert Waldron, *Oprah!,* St. Martin's Press, 1987.

ARTÍCULOS: Joan Barthel, «Here Comes Oprah», *Ms.,* agosto 1986; Richard Zoglin, «Lady with a Calling», *Time,* 8 agosto 1988; Cheryl Lavin, «It's All Going Oprah's Way», Chicago *Tribune,* 19 diciembre 1985; Yardena Arar, «Winfrey's Talk Show Makes National Debut», *Fort Lauderdale Sun-Sentinel,* 8 septiembre 1986; John Carmody, «The TV Column», *Washington Post,* 26 agosto 1986; Mel Novit, «The Women Behind Oprah», *Baltimore Sun,* 22 marzo 1987; P. J. Bednarski, «All About Oprah Inc.», *Broadcasting and Cable,* 24 junio 2005; John Dempsey, «Winfrey Agrees to Produce Her Own Show», *Variety,* 14 agosto 1988; Marla Donato, «One Last Food Fling with Oprah», *Chicago Tribune,* 6 febrero 1985; Barbara Grizzuti Harrison, «The Importance of Being Oprah», *New York Times Magazine,* 11 junio 1989; Bill Zehme, «It Came from Chicago», *Spy,* diciembre 1986; Marcia Ann Gillespie, «Winfrey Takes All», *Ms.,* noviembre 1988; Lisa DePaulo, «Oprah's Private Life», *TV Guide,* 3 junio 1989; «William Rizzo», *Chicago Sun-Times,* 4 abril 1990; Bill Zwecker, «United Front Ousted Oprah Aide», *Chicago Sun-Times,* 29 junio 1994; Gretchen Reynolds, «The Oprah Myth», *TV Guide,* 23 julio 1994; Charles Whitaker, «The Most Talked About TV Show Host», *Ebony,* marzo 1987; Dana Kennedy, «A New Soap Oprah», *Entertainment Weekly,* 11 noviembre 1994; Nancy F. Koehn y Erica Helms, «Oprah Winfrey», *Harvard Business School Publication 9-803-190,* 8 mayo 2003, revisado 1 junio 2005; Patrick Goldstein, «The Influences on Our Taste», *Los Angeles Times,* 20 diciembre 1987; Larry Finley, «A Look at Liberty», *Chicago Sun-Times,* 20 julio 1987; «Whitney Houston: Eight American Music Awards Make Her Top Female Singer», *Jet,* 28 febrero 1994; Eric Sherman, «Oprah's Wonder Year», *Ladies' Home Journal,* mayo 1990; Cynthia McGee, «Oprah's Mag Set to Debut», *New York Daily News,* 10 abril 2000; «He Sure Looks Like Oprah», *People Weekly,* 29 abril 1991; «Oprah Look-Alike Winner a Man, at Least for Now», *Chicago Tribune,* 13 abril 1991; Tim Jones, «Attorneys Take Cuts at Editing of 'Oprah' Show», *Chicago Tribune,* 3 febrero 1998; David Treadwell y Barry Bearak, «20,000 March Against Klan Attack in Georgia», *Los Angeles Times*, 25 enero 1987; «Williams Will Picket Oprah Winfrey Show», *Orlando Sentinel*, 9 febrero 1987; «Oprah's Show on Ga. March Bars Blacks, Protest Called», *Chicago Sun-Times*, 9 febrero 1987; «Civil Rights Group to Picket Winfrey Episode», *Tennessean*, 7 febrero 1987; Robert Feder, «White-Hot Georgians Cut Loose on 'Oprah'», *Chicago Sun-Times*, 10 febrero 1987; «Vintage Oprah: Racial Tensions in Georgia, Febrero 9, 1987», <www.oprah.com>, 31 agosto 2001; Clarence Page, «The Forsyth Saga Comes to TV», *Chicago Tribune*, 15 febrero 1987; Howard Rosenberg, «Oprah's Sweep Through Georgia», *Los Angeles Times*, 16 febrero 1987; Robert Feder, «Winfrey to Hit the Road in Talk Show Ratings War», *Chicago Sun-Times*, 5 febrero 1987; Jeff Jarvis, «Top Ten Oprahs», *People Weekly*, 5 septiembre 1988; «Vintage Oprah: AIDS in West Virginia, Nov. 16, 1987», <www.oprah.com>, 27 julio 2001; Lynn Rosellini y Erica E. Goode, «AIDS: When Fear Takes Charge», *US News & World Report*, 12 octubre 1987; David Friedman, «In Praise of Oprah», *Newsday*, 25 noviembre 1987; Joe Mullins *et al.*, «Oprah's Gay Brother: 'I'm Dying of AIDS'», *National Enquirer*, 14 marzo 1989; «Oprah's Christmas Heartbreak as AIDS Kills Kid Brother», *Star*, 9 enero 1990; «Oprah's Brother Dies of AIDS», *USA Today*, 4 enero 1990; «Memorable Moments», <www.oprah.com>, 14 noviembre 2005; Liz Smith, «Liz Taylor and Oprah Didn't Hit It Off», *San Francisco Chronicle*, 12 febrero 1988; Robert Feder, «Oprah Regrets Airing Racial Confrontation», *Chicago Sun-Times*, 9 febrero 1988; Irv Kupcinet, «Kup's Column», *Chicago Sun-Times*, 5 febrero 1988; John Carmody, «The TV Column», *Washington Post*, 5 febrero 1988; Dennis Kneale, «Titillating Channels», *Wall Street Journal*, 18 mayo 1988; Nan Robertson, «Donahue vs. Winfrey», *New York Times*, 1 febrero 1988; Howard Rosenberg, «Sweeps Time on TV: All the Swill That's Unfit to Screen», *Los Angeles Times*, 16 noviembre 1988; Jim Bawden, «Oprah Winfrey Steps Away from the Microphone», *Toronto Star*, 18 marzo 1989; Daniel Golden, «Oprah, Phil, Sally Jessy», *Boston Globe*, 10 julio 1988; Myra Mensh Patner, «The Tragic Legacy of a Sexual Deviation», *Washington Post*, 9 mayo 1989; Richard C. Miller, «Oprah Bombshell —She's Blamed in 2 Bizarre Deaths», *National Enquirer*, 28 noviembre 1999; «Oprah Blasts Critics Who Blame Her Show for Triggering Sex Deaths», *Star*, 2 enero 1990; Jerome George y Denny Johnson, «Oprah Show Leaves Guest So Ashamed He Hung Himself», *National Enquirer*, 21 agosto 1990; «Oprah Crucified My Son», *Star*, 21 agosto 1990; Janet Langhart, «It's Not All Talk with Oprah», *Boston Herald*, 18 octubre 1986; Jeremy Gerard, «Winfrey Show Evokes Protests», *New York Times*, 6 mayo 1989; Steve Dale, «'Letterman'

Camera's Capturing City Sights», *Chicago Tribune*, 28 abril 1989; Rick Kogan, «Letterman, City Hit It Off», *Chicago Tribune*, 8 mayo 1989; Jason Gay, «Dave at Peace», *Rolling Stone*, 18 febrero 2008; Irv Kupcinet, «Kup's Column», *Chicago Sun-Times*, 9 mayo 1989; Andrew Duncan, «Grand Oprah», *London Sunday Express*, 10 diciembre 1989; Jeremy Gerard, «TV Notes», *New York Times*, 15 mayo 1989; Neil Steinberg, «City's Elite Remember Marovitz as True Friend», *Chicago Sun-Times*, 4 abril 2001; Ann Gerber, «Sondra Wants a Fistful of Clint's Dollars», *Chicago Sun-Times*, 14 mayo 1989; Barbara Sternig y Jim Nelson, «Oprah's Shameful Secret Past —the Sister Who Saw It All», *National Enquirer*, 27 marzo 1990; Ann Gerber, «Animal Rights Folks Bark Up Wrong Tree», *Chicago Sun-Times*, 17 mayo 1990; Kathy O'Malley y Hanke Gratteau, «O'Malley and Gratteau INC.», *Chicago Tribune*, 19 mayo 1989; Jesse Walker, «Sun-Times Fires Columnist on Oprah Rumors», *New York Amsterdam News*, 10 junio 1989; Mike Royko, «Gossip's Credibility Is Only a Bad Rumor», Mike Royko, *Chicago Tribune*, 22 mayo 2009; «Gerber's Column Is Discontinued», *Chicago Sun-Times*, 24 mayo 1989; Delores Brooks, «The Phenomenal Oprah Winfrey», *Dollars and Sense* (fecha desconocida).

DVD: *The Oprah Winfrey Show 20th Anniversary Collection* (colección DVD).

ENTREVISTAS: Fuente confidencial, 3 marzo y 24 abril 2009; fuente confidencial, 8 junio 2007; Robert Waldron, 4 septiembre 2008; fuente confidencial, 24 Abril 2009; Jo Baldwin, 14 julio 2010, y correspondencia con Jo Baldwin, 15, 16, 20 y 27 julio, 17 agosto y 14 septiembre 2010; Andy Behrman, 24 agosto, 8 y 24 septiembre 2007, 5 febrero 2008, y correspondencia con Andy Behrman, 15 marzo 2009; Katharine Carr Esters, 4 octubre 2007; Jewette Battles, 28 julio 2008; Fran Johns, septiembre 2007; Michael Brooks, 20 septiembre 2007; Blair Sabol, 28 julio 2007; Paxton Quigley, 12 marzo 2008; Eileen Solomon, 28 marzo 2007; Peggy Furth, 16 marzo 2007; Suzy Prudden, 5 febrero 2008; fuente confidencial, 31 octubre 2007; correspondencia con Kevin McShane, 13 marzo 2009; Margo Howard, 23 enero y 25 julio 2008, y correspondencia con Margo Howard, 31 marzo 2009; fuente confidencial, 7 septiembre 2007; Sugar Rautbord, 19 junio 2008; Myrna Blyth, 29 mayo 2007, y correspondencia con Myrna Blyth, 27 marzo 2009; Roger Hitts, 4 abril 2008; correspondencia con Peter Cherukuri, 4 mayo 2007; Dr. Harvey Resnik, 20 julio 2007, y 6 abril 2009; Robert Holm, 27 marzo 2009; Bill Zwecker, 11 octubre 2007 y 25 junio 2008; Ann Gerber, 24 junio 2008; Wayne Kabak, 25 abril, 2007.

CAPÍTULO 12

DOCUMENTOS: Formularios IRS 990 para Oprah's Angel Network, 2002–2008, EIN 36-4231488; IRS 990 para Angel Network Support Foundation, 2002–2004, EIN 74-2962189; IRS 990-PF para The Oprah Winfrey Foundation, 2001–2007, y para A Better Life Foundation, 1998–2000, EIN 36-3976230; Informes detallados del Secretario de la State Corporation de Illinois para Harpo Productions, Inc., expediente n.º 55194122, Harpo, Inc., Documento n.º 54254253; Harpo Films, Inc., expediente n.º 55895309, Harpo Video, Inc., expediente n.º 59052705, Harpo Studios, Inc., expediente n.º 55281467, y Studio Merchandise, Inc., expediente n.º 5738876; documentos del caso de Lerato Numvuyo Mzamane contra Oprah Winfrey *et al.*, caso n.º 2:08-CV-4884 (BWK), U. S. District Court, Eastern District, Pensilvania; documentos del caso de Dr. Mehmet Oz et al. contra FWM Laboratories, Inc., et al., caso n.º 1:09-CV-07297-DAB, EE.UU., District Court, Southern District, Nueva York; State of Delaware Division of Corporations, Entity Details for Harpo Print LLC, expediente n.º 3052257, y Harpo Radio, Inc., expediente n.º 4097492; comunicado de prensa de Buena Vista Home Video and Harpo Productions, para *Oprah Make the Connection*, 11 septiembre 1997.

LIBROS: George Mair, Oprah Winfrey: *The Real Story*, Birch Lane Press, 1994; Robert Waldron, *Oprah!*, St. Martin's Press, 1987.

ARTÍCULOS: Matt Roush, «Return to Brewster», *USA Today*, 1 mayo 1990; Barbara Grizzuti Harrison, «The Importance of Being Oprah», *New York Times Magazine*, 11 junio 1989; Janet Langhart, «It's Not All Talk with Oprah», *Boston Herald*, 18 octubre 1986; Marty Daniels, «Oprah the Collector», *Chicago Tribune*, 30 septiembre 1990; Marge Colburn, «With Clients Like Oprah, This Designer's Favorite Color Is Green», *Detroit News*, 22 febrero 1992; Linda Gross, «Oprah Winfrey, Wonder Woman», *Ladies' Home Journal*, diciembre 1988; Mary Ann Bendel, «Oprah Winfrey», *Ladies' Home Journal*, marzo 1988; Mark Caro, «The Mogul Shows Off Her Studio, Her 'Control'», *Chicago Tribune*, 18 marzo 1990; Chris Anderson, «Meet Oprah Winfrey», *Good Housekeeping*, agosto 1986; transcripción, *Larry King Live*, 4 septiembre 2001, <www.transcripts.cnn.com>; Irv Kupcinet, «Kup's Column», *Chicago Sun-Times*, 7 febrero 1986; Julie Salamon, «On Film: Richard Wright Minus the Rage», *Wall Street Journal*, 8 enero 1987; Hal Ericson, *All Movie Guide*, <www.allmovie.com> (sin fecha); Vincent Canby, «Screen: 'Native Son', Based on Wright's Novel», *New York Times*, 24 diciembre 1986; Richard

474

Zoglin, «Lady with a Calling», *Time*, 8 agosto 1988; Rick Kogan, «'Brewster' Is One of Many Stories Oprah Has to Tell», *Chicago Tribune*, 19 marzo 1989; «Oprah Winfrey Plans Production Company», *Atlanta Daily World*, 15 febrero 1987; Pat Colander, «Oprah Winfrey's Odyssey: Talk Show Presentadora to Mogul», *New York Times*, 12 marzo 1989; James Warren, «King World Sounds Confident of Keeping 'Ambitious' Oprah», *Chicago Tribune*, 14 diciembre 1989; «Winfrey Options 'Beloved' Rights», *Hollywood Reporter*, 12 enero 1988; Pearl Cleage, «The Courage to Dream», *Essence*, diciembre 1998; Steven R. Strahler, «Oprah Buys Studio in Chicago», *Electronic Media*, 26 septiembre 1988; «Oprah's Show Is Honored by British Academy as Best Foreign TV Program», *Jet*, 2 marzo 1994; Timothy McDarrah, «Talk's Not Cheap», *New York Post*, 1 enero 1987; Lloyd Shearer, «Oprah Winfrey —How Rich?», *Parade*, 15 febrero 1987; «Rich Get Richer», *Chicago Tribune*, 17 septiembre 1989; Calvin Trillin, «Half an Oaf», *New York Times*, 12 abril 2009; Marla Hart, «Chicago Is No. 1 When It Comes to Talk Show Audiences», *Chicago Tribune*, 18 abril 1993; Jennifer Shaw, «Oprah Strikes Gold», *New York Post*, 2 agosto 1988; Mel Tapley, «Oprah Signs $500M 5-Year Contract», *New York Amsterdam News*, 6 agosto 1988; Matt Roush, «Oprah Gains More Than Money in New Contract», *USA Today*, 4 agosto 1988; Robert Feder, «A Slimmer Oprah Feasts on the Glory of Her Rich TV Deal», *Chicago Sun-Times*, 22 agosto 1988; Daniel Ruth, «Has the New Winfrey Diet Made Oprah Light Headed?», *Chicago Sun-Times*, 1 septiembre 1988; Lois McAloon, «The Birth of the West Side», *Chicago Sun-Times*, 2 enero 1998; Ann Marie Lipinski, «Oprah Winfrey Buying West Side TV Studios», *Chicago Tribune*, 18 septiembre 1988; Marcia Ann Gillespie, «Winfrey Takes All», *Ms.*, noviembre 1988; Robert Feder, «Oprah Buys Studio on W. Side», *Chicago Sun-Times*, 17 septiembre 1988; Delores Brooks, «The Phenomenal Oprah Winfrey», *Dollars and Sense* (fecha desconocida); Robert Feder, «Five More Reasons You Just Gotta Love Outrageous Oprah», *Chicago Sun-Times*, 1 diciembre 1987; RobertFeder, «America's TV Reporters Get Their Minutes with Oprah», *Chicago Sun-Times*, 15 marzo 1990; Shelly Levitt, «Flush Femmes», *People Weekly*, 30 agosto 1993; «About Harpo», <www.oprah.com>, 7 junio 2006; «Jeffrey Jacobs», <www.luc.edu>, 19 enero 2007; «Harpo Films Feature Films and TV Movies», <www.oprah.com>, 1 julio 2008; Stephen Galloway, «Winfrey Leads with a Mighty Heart», *Hollywood Reporter*, 26 noviembre 2007; Jerry C. Davis, «Winfrey's Studio Should Invigorate Near West Side», *Chicago Sun-Times*, 30 julio 1990; Bob Goldsborough, «Oprah's Empire», *Chicago Tribune*, 11 diciembre 2006; Marcia Froelke Coburn, «Oprah Unbound», *Chicago*, diciembre 2008; «Dogs Are Children, Too», *People Weekly*, 23 mayo 2005; Nancy Mills, «Hard Times,

Brave Women Reside on 'BrewsterPlace'», *Los Angeles Times*, 27 enero 1989; «Oprah Goes Hollywood», *People Weekly*, 13 junio 1988; Solomon Herbert, «The Women of Brewster Place», *Essence*, noviembre 1988; Michael Hill, «Oprah Feels Fame Has Given Her Responsibilities», *Baltimore Evening Sun*, 16 enero 1989; «The Women of Brewster Place», *Ebony*, marzo 1989; Michele Kort, «Lights, Camera, Affirmative Action», *Ms.*, noviembre 1988; Bill Carter, «Oprah Dons Actress, Producer Hat, Promotes ABC Miniseries», *Baltimore Sun*, 16 enero 1989; Mary Gillespie, «The Women of Brewster Place», *Chicago Sun-Times*, 12 marzo 1989; Robert Feder, «Ch. 5 Wants to Take Joan Esposito from Ch. 7 News», *Chicago Sun-Times*, 22 marzo 1989; «Oprah Beats 'The Wiz'», *New York Daily News*, 21 marzo 1989; Daniel Ruth, «Despite Its Sexism,'Brewster Place' Tells Poignant Tale», *Chicago Sun-Times*, 17 marzo 1989; Robert Feder, «ABC Pleases Oprah with 'Brewster' Slot», *Chicago Sun-Times*, 17 aril 1990; John Martin, «A Palace for Talk Show Queen», *Providence Journal*, 15 marzo 1990; Bill Brashler, «Next on Oprah...», *Ladies' Home Journal*, agosto 1991; Pearl Cleage, «Walking in the Light», *Essence*, junio 1991; Barbara Grizzuti Harrison, «The Importance of Being Oprah», *New York Times Magazine*, 11 junio 1989; Tim Appelo y Frank Spotnitz, «Love Prophet», *Entertainment Weekly*, 6 marzo 1992; Gretchen Reynolds, «Oprah Unbound», *Chicago*, noviembre 1993; Elizabeth Payne, «The Word According to Winfrey», *Ottawa Citizen*, 24 junio 2000; «Joy», *O, The Oprah Magazine*, mayo 2001; «Oprah Hosts Live Your Best Life Tour 2003», *Business Wire*, 18 marzo 2003.

TV/DVD: Oprah Winfrey entrevistada por Fred Griffith, *The Morning Exchange*, 15.º aniversario, WEWS-TV, emitido enero 1987; *The Barbara Walters Special*, ABC, emitido 11 abril 1988 (en The Paley Center for Media, New York); *The Oprah Winfrey Show 20th Anniversary Collection* (colección DVD); «A Special Presentation: Oprah and Elie Wiesel at the Auschwitz Death Camp», *The Oprah Winfrey Show*, emitido 24 mayo 2006.

ENTREVISTAS: Cheryl Reed, 11 octubre 2007; fuente confidencial, 15 abril 2009; fuente confidencial, 9 noviembre 2007; Blair Sabol, 28 julio 2007; fuente confidencial, 28 enero 2008; fuente confidencial, 13 marzo 2009, y 24 abril 2009; correspondencia con Daniel Ruth, 13 abril 2009.

PROPIEDADES INMOBILIARIAS: Además de sus propiedades Harpo citadas en este capítulo, Oprah también tiene propiedades en:
• *California*: Oprah compró su propiedad de 42 acres en Montecito en julio 2001, a través de The Promised Land LLC por 50 millones de dólares

declarados. *The Santa Barbara News-Press* (10 mayo 2006) calculó que las mejoras en la propiedad aumentaron su valor a 64,2 millones de dólares.

- *Connecticut*: Overground Railroad LLC, de Oprah compró la casa de Gayle King's en el 37 de Richmond Road, Greenwich, en 2000 por 3,6 millones de dólares. El valor tasado en 2008 era de 4,8 millones de dólares. En 2009 la casa se puso a la venta por 7,45 millones de dólares, y después el precio bajó a 6,95 millones.
- *Georgia*: Overground Railroad LLC, de Oprah, compró una casa de cinco habitaciones en Douglasville, en 2005 por 825.000 dólares. Había comprado un ático para Coretta Scott King en la zona de Buckhead, en Atlanta por 1.515.000 dólares en 2003. Al morir la señora King, Oprah vendió la propiedad por 1.800.000 dólares en 2008.
- *Hawái*: Yellow Brick Road LLC, Kingdom Come LLC, y O.W. Ranch LLC, de Oprah, pagaron un total de 23 millones de dólares en el año 2002 y 2003 por propiedades en la isla de Maui, entre ellas una casa de vacaciones en Hana y por el alquiler de una casa de vacaciones de 12 habitaciones en Kula.
- *Illinois*: Su residencia en Chicago consta de tres condominios en la Water Tower, 180 E. Pearson Street, comprada a través de Restoration LLC. Según los documentos de tasación del condado de Cook County, en 2008, el valor de mercado está entre 2,7 y 3,5 millones de dólares. La Overground Railroad LLC adquirió también una casa en el barrio de Elmwood Park, en Chicago, en 2001 por 298.000 dólares.
- *Indiana*: Overground Railroad LLC compró una casa en el 5585 de Jackson Street, Merrillvile, valorada en 133.500 dólares. La ocupa Joni Jacques, la mujer que apareció en *The Oprah Winfrey Show* en 1997, después de comprar un par de zapatos de Oprah que le quedaban demasiado grandes, diciendo que sólo ponérselos le daba esperanzas.
- *Nueva York*: Oprah compró Penthouse 36 en el 270 de East Fifty-seventh Street, Nueva York, a través de Sophie's Penthouse LLC en 2008 por 7,1 millones de dólares.
- *Tennessee*: The Oprah Winfrey Trust le compró a Vernon Winfrey una casa en Franklin, en el año 2000, que incluía un solar adyacente, por 1,5 millones de dólares. Overground Railroad compró una casa en el 9219 de Sawyer Brown Road (Nashville), por 191.500 dólares para Calvin y Roslind Eddins, a los que Oprah llama 'padrinos'.
- *Wisconsin*: Oprah le compró a su madre, Vernita Lee, un condominio en Milwaukee, en el 1522 de N. Prospect Avenue, a través de Overground Railroad LLC. En 2004, el condominio se valoró en 450.600 dólares.

Capítulo 13

Documentos: Transcripción del testimonio de Paul Natkin, el 15 de agosto 2000, en el caso de Paul Natkin y Stephen Green contra Oprah Winfrey *et al.*, caso n.º 1:99-cv-05367, E. S. District Court, Northers District (Illinois); certificado de defunción, Patricia Lloyd, Wisconsin Department of Health and Family Services.

Libros: Robert Waldron, *Oprah!*, St. Martin's Press, 1987; Bob Greene y Oprah Winfrey, *Make the Connection*, Hyperion, 1996; Bill Adler (ed.), *The Uncommon Wisdom of Oprah Winfrey*, Citadel Press, 1997.

Artículos: John Stratford, «Sex: The Three-Letter Word that Kept Oprah on Her Diet», *Star*, 22 noviembre 1988; Judy Markey, «Opinionated Oprah!», *Woman's Day*, 4 octubre 1988; «Is That You, Oprah?», *Tennessean*, 16 noviembre 1988; Irene Sax, «The Once Fat Lady Sings», *Newsday*, 16 noviembre 1988; Oprah Winfrey, «The Wind Beneath My Wings», *Essence*, junio 1989; «Oprah to Wait, Relate Weight's Fate», *Nashville Banner*, 16 noviembre 1988; Robin Abcarian, «Oh, Oh Oprah, Let's Get a Little Perspective», *Chicago Tribune*, 7 diciembre 1988; Janet Sutter, «Oprah Pulls a Fast One, Tells How», *San Diego Union*, 16 noviembre 1988; Bob Kerr, «Oprah Unveils Herself Free of Former Fat», *Providence Journal*, 16 noviembre 1988; Dan Sperling y Lorrie Lynch, «Oprah's Diet Rings Up Calls», *USA Today*, 17 noviembre 1988; Clarissa Cruz, «Worth the Weight», *Entertainment Weekly*, 17 noviembre 2000; «Big Gain, No Pain», *People Weekly*, 14 enero 1991; Betsy A. Lehman, «Oprah Winfrey Shed Pounds but Fed a Weight-Loss Myth», *Boston Globe*, 28 noviembre 1988; «Winfrey Wants Kids», *Baltimore Evening Sun*, 2 junio 1989; «An Oprah Show with Her Beau», *USA Today*, 26 enero 1989; John Carmody, «The TV Column», *Washington Post*, 17 noviembre 1988; Pat Colander, «Oprah Winfrey's Odyssey: Talk Show Host to Mogul», *New York Times*, 12 marzo 1989; «Shedding Pounds with Liquids», *San Francisco Chronicle*, 15 febrero 1989; Lorenzo Benet, «Sure Oprah Slimmed Down Fast, but Liquid Diets Aren't Right for Everyone», *Los Angeles Daily News*, 28 diciembre 1988; Stephanie Young, «Liquid Diets», *Glamour*, abril 1989; Marcia Ann Gillespie, «Winfrey Takes All», *Ms.*, noviembre 1988; Princess Simmons, «Oprah Loses Weight but Causes Concern», *Tennessean*, 1 diciembre 1988; «New Woman», *Boston Herald*, 19 diciembre 1988; Allan Johnson, «Oprah, Watch Out», *Chicago Tribune*, 12 mayo 1989; «Phlabe Phobia», *New York Post*, 12 noviembre 1988; Liz Smith, «Ackroyd Advises Bush on B-1», *San Francisco Chronicle*, 14 diciembre 1988; Karen G.

Jackovich, «Take One», People Weekly, 12 diciembre 1988; Irv Kupcinet, «Kup's Column», *Chicago Sun-Times*, 14 noviembre 1989; «Conventional Wisdom Watch», *Newsweek*, 2 abril 1990; «Oprah! The Richest Woman on TV? How She Amassed Her $250 Million Fortune», *TV Guide*, 26 agosto-1 septiembre 1989; Mark Shwed, «Where's the Rest of Me?», *Los Angeles Herald Examiner*, 29 agosto 1989; Leslie Marshall, «The Intentional Oprah», *InStyle*, noviembre 1998; «Oprah Splurges $10G in 2 Hours on Oversize Outfits», *Star*, 16 julio 1991; «Ask the Insider», *Star*, 21 noviembre 1989; Ann Trebbe y Linda Stahl, «Despite Gains, Oprah Won't End Flab Fight», *USA Today*, 16 noviembre 1989; Monica Collins, «'Real' Is Oprah's Appeal», *Boston Herald*, 21 noviembre 1989; Richard Phillips, «Oprah's Optifade», *Chicago Tribune*, 16 noviembre 1989; Irv Kupcinet, «Kup's Column», *Chicago Sun-Times*, 7 noviembre 1990; Robert Feder, «'If You Believe,' Oprah Can Help», *Chicago Sun-Times*, 29 septiembre 1997; «Oprah Proves It's Not Funny When You're Fat», *National Enquirer*, 8 marzo 1994; Catherine McEvily Harris, «Ultimate Success Story», *Shape*, diciembre 1996; Audrey Edwards, «Stealing the Show», *Essence*, octubre 1986; Charles Whitaker, «The Most Talked About TV Show Host», *Ebony*, marzo 1987; Julia Lawlor, «The Other Oprah», *USA Weekend*, 2-4 junio, 1989; Abiola Sinclair, «The New Women of Brewster Place», *New York Amsterdam News*, 12 mayo 1990; Norma Langly, «Oprah: I've Done It», *Star*, 6 noviembre 1988; Luchina Fisher *et al.*, «In Full Stride», *People Weekly*, 14 septiembre 1994; Jim Nelson y Barbara Sternig, «Talk Show Star's Wild and Wicked Childhood—Sister Reveals the Shocking Truth at Last», *National Enquirer*, 20 marzo 1990; Joe Mullins y Brian Williams, «Oprah Saves Cocaine Addicted Sister», *National Enquirer*, 12 diciembre 1989; Oprah Winfrey, «What I Know for Sure», *O, The Oprah Magazine*, febrero 2007; Honie Stevens, «From Rags to Riches», *Saga*, mayo 2002; Nancy Griffin, «Oprah (Lite)», *Us*, 20 marzo 1989; Barbara Sternig y Jim Nelson, «Oprah's Shameful Secret Past —the Sister Who Saw It All», *National Enquirer*, 27 marzo 1990; Jacquelyn Mitchard, «Maybe We Know Now What Makes Oprah Run», *Milwaukee Journal*, 20 mayo 1990; «Walter Scott's Personality Parade», *Parade*, 6 mayo 1990; Karen Ridgeway, «Winfrey Says She Had a Baby at 14», *USA Today*, 4 mayo 1990; Peter Kent, «How I Blew Oprah's $1M and Lost Her Love Forever», *Globe*, 28 octubre 1997; Ian Woodward, «The World of Oprah», *OK!*, 29 junio 1994; Laura B. Randolph, «Oprah Opens Up About Her Weight, Her Wedding, and Why She Withheld the Book», *Ebony*, octubre 1993; «Oprah Gave Me $1 Million and I Blew It», *Now*, 20 noviembre 1997; Andrew Duncan, «The Andrew Duncan Interview», *Radio Times*, 27 febrero–5 marzo

1999; Jacqueline Siebel, «Overdose Killed Winfrey's Half Sister», *Milwaukee Journal Sentinel*, 25 septiembre 2003; Chrissy Iley, «The Power of Oprah», *Daily Mail*, 14 octubre 1989; Dana Skrebneski, «Oprah Act Two», *Entertainment Weekly*, 9 septiembre 1994; Tom Shales, «Talk Is Cheap», *Washington Post*, 18 noviembre 1988; Erma Bombeck, «Digging Up the Deviants», *Chicago Sun-Times*, 23 enero 1991; Diana Mayochick, «Oprah, Inc.», *New York Post*, 30 octubre 1989; Andrew Duncan, «Grand Oprah», *London Sunday Express*, 10 diciembre 1989; Martha Bayles, «Oprah vs. Phil», *Wall Street Journal*, 26 enero 1987; Paige Albiniak, «Syndication Ratings: Pregnant Man Sends Oprah Back to the Stratosphere», *Broadcasting and Cable*, 15 abril 2008; David Rensin, «The Prime Time of Ms. Oprah Winfrey», *TV Guide*, 16 mayo 1992; Katherine Seigenthaler, «Oprah, Judges Aim at Drunk Drivers», *Chicago Tribune*, 13 diciembre 1989; «Dot's All», *New York Daily News*, 5 octubre 1989; Trudy S. Moore, «How 'The Oprah Winfrey Show' Helps People Live Better Lives», *Jet*, 18 abril 1994; «Memorable Guests Followup», <www.oprah.com>, 2 mayo 2007; Janice Peck, «Talk About Racism», *Cultural Critique*, primavera 1994; Howard Rosenberg, «It's Time for More Heart, Less Heat on TV», *Los Angeles Times*, 6 mayo 1992; Richard Corliss, «Peter Pan Speaks», *Time*, 22 febrero 1993; Tom Shales, «A Night in Neverland with the President and the King of Pop», *Washington Post*, 11 febrero 1993; transcripción, «Michael Jackson Talks to Oprah», <www.allmichael-jackson.com>; John Carmody, «The TV Column», *Washington Post*, 12 febrero 1993.

TV/DVD: *The Oprah Winfrey Show 20th Anniversary Collection* (colección DVD); «*Oprah on Eating*», *In Living Color*, Fox, emitido 1990 (en <www.black-bottom.com>).

ENTREVISTAS: Candy Miles Cocker, 20 Abril 2007; James van Sweden, 12 y 27 diciembre 2007; Bob Jones, 2 mayo 2007.

CAPÍTULO 14

DOCUMENTOS: Rama Judicial del Estado de Connecticut, Gayle King Bumpus contra William G. Bumpus, lista de casos n.º HHD-FA-92-0518354-S; documentos en el caso de Colleen M. Raleigh contra Harpo, Inc., y Oprah Winfrey, caso n.º 94L-13511, District Court, Cook County; decisión en el caso de Elizabeth Coady contra Harpo, Inc., caso n.º 1-99-0481, First District, Illinois Appellate Court; documentos en el caso de Lerato Numvuyo Mzamane contra Oprah Winfrey *et al.*, caso n.º 2:08-CV-4884 (BWK), U.S. District Court, Eastern District, (Pensilvania).

Libros: Henry Louis Gates, Jr., *Finding Oprah's Roots*, Crown Publishers, 2007; Eva Illouz, *Oprah Winfrey and the Glamour of Misery*, Columbia University Press, 2003; Vicki y Leonard Mustazza, *Coming After Oprah: Cultural Fallout in the Age of the TV Talk Show*, Bowling Green State University Popular Press, 1997.

Artículos: Paul D. Colford, «American Booksellers Convention», *Newsday*, 1 Junio 1993; Tim Warren, «By the Book?», *Baltimore Sun*, 31 mayo 1993; Jocelyn McClurg, «Booksellers Sold on Oprah Winfrey's Story», *Hartford Courant*, 1 junio 1993; Deidre Donahue, «Oprah's Life to Be Open Book», *USA Today*, 2 junio, 1993; David Streitfeld, «Oprah Pulls Bio from Publication», *Washington Post*, 16 mayo 1993; «Why Oprah's Banning Her Sexy Tell-All Book», *Star*, 6 julio 1993; Paul D. Colford, «Book Pullout a Case of Cold Feet», *Newsday*, 24 junio 1993; «Backing Off from the Book», *People Weekly*, 5 julio 1993; John Blades, «They're Celebrities of Few Words», *Chicago Tribune*, 25 junio 1993; Laura B. Randolph, «Oprah Opens Up About Her Weight, Her Wedding, and Why She Withheld the Book», *Ebony*, octubre 1993; Robert Feder, «Oprah Wanted Book to Be More Than 'Recitation'», *Chicago Sun-Times*, 18 junio 1993; «Rumors Still Swirl as Oprah Remains Silent», *Los Angeles Sentinel*, 24 junio 1993; Deidre Donahue y Ann Trebbe, «Oprah's Book Delay Leaves World Guessing», *USA Today*, 7 junio 1993; Sarah Lyall, «Book Notes», *New York Times*, 9 junio 1993; transcripción, *Larry King Live*, 5 septiembre 2001, <www.transcripts.cnn.com>; Sarah Lyall, «More Lessons to Learn Before Oprah Tells All», *New York Times*, 16 junio 1993; Karen Freifeld, «Oprah Pulls Plug on Autobiography», *Newsday*, 17 junio 1993; Linda Kramer, «Marathon Woman», *People Weekly*, 7 noviembre 1994; Gretchen Reynolds, «Oprah Unbound», *Chicago*, noviembre 1993; Jill Brook Coiner, «Oprah Sets the Record Straight», *McCall's*, noviembre 1993; Miriam Kanner, «Oprah at 40», *Ladies' Home Journal*, febrero 1994; Jonathan Van Meter, «Oprah's Moment», *Vogue*, octubre 1998; Chrissy Iley, «The Power of Oprah», *Daily Mail*, 14 octubre 1989; Mayoa Jaggi, «The Power of One», *Guardian Weekend*, 11 febrero 1999; Ian Woodward, «The World of Oprah», *OK!*, 29 junio 1994; Dana Kennedy, «Oprah Act Two», *Entertainment Weekly*, 9 septiembre 1994; Ginny Dougary, «Soul Queen», *London Times Magazine*, 4 marzo 1995; *Academy of Achievement*, «Oprah Winfrey Interview», 21 febrero 1991, <www.achievement.

org>; Richard Zoglin, «Lady with a Calling», *Time*, 8 agosto 1988; Jeff Jarvis, «Top Ten Oprahs», *People Weekly*, 5 septiembre 1988; Robert Feder, «Oprah Opens Road Show in Search of Big Ratings», *Chicago Sun-Times*, 29 octubre 1987; «Oprah Off-Broadway», *Chicago Reader*, 1 noviembre 1991; Jeff Strickler, «How Success Changes Attitudes Irks Actress», *Minneapolis StarTribune*, 15 abril 1986; Judy Markey, «Brassy, Sassy Oprah Winfrey», *Cosmopolitan*, septiembre 1986; William Sullivan, «Div Grad Bares All in Callgirl Biography», *Yale Daily News*, 3 septiembre 2004; «Oprah Glad She Booked from Autobiography», *New York Post*, 26 diciembre 1997; StevenPratt, «Oprah's Favorites», *Chicago Tribune*, 21 abril 1994; Janet Kidd Stewart, «Oh, Rosie», *Chicago Sun-Times*, 9 mayo 1994; Daisy Maryles, «Behind the Bestsellers», *Publishers Weekly*, 15 mayo 1995; «Ready for Prime Time», *People Weekly*, 14 febrero 1994; Gayle King, «What I Learned from Dad», *Good Housekeeping*, junio 2005; Aaron Barnhart, «KCTV Goes to Hartford for New Anchor», <www.blogs.kansascity.com/tvbarn>, 15 marzo 2001; Samantha Miller, «Gayle Force», *People Weekly*, 23 febrero 1998; LisaKogan, «Oprah and Gayle Uncensored», *O, The Oprah Magazine*, agosto 2006; George Rush y Joanna Molloy, «Gayle Airs Her Story: Ex-Hubby a 'Cheater'», *New York Daily News*, 14 noviembre 2006; «Oprah Winfrey Tribute: Gayle King», *Television Week*, 19 abril 2004; Ed Susman y Jeffrey Rodack, «Oprah Wrecks Best Friend's Marriage», *National Enquirer*, 29 diciembre, 1992; Jim Calio, «If You Knew Oprah Like I Know Oprah...», *Redbook*, febrero 1998; Bill Zwecker, «Oprah's Hitting 40 with Flair», *Chicago Sun-Times*, 26 enero 1994; «40th Birthday Slumber Party», *Star*, 15 febrero 1994; Eric Munoz *et al.*, «Wow! Super-Sexy Oprah Turns 40», *National Enquirer*, 15 febrero 1994; «Are You There, God? It's Me, Oprah», *Esquire*, abril 1994; Martin Townsend, «Oprah Winfrey», *Sunday Mail*, 2 julio 1995; Gretchen Reynolds, «A Year to Remember: Oprah Grows Up», *TV Guide*, 7 enero 1995; «Oprah Winfrey, What We Can All Do to Change TV», *TV Guide*, 11 noviembre 1995; Howard Kurtz, «Morality Guru Takes on Talk TV», *Washington Post*, 26 octubre 1995; Joshua Green, «The Bookie of Virtue», *Washington Monthly*, junio 2003; JimKirk, «Putting Talk Shows on Notice», *Chicago Sun-Times*, 15 noviembre 1995; Jae HaKim, «Behind the Scenes at 'Oprah'», *Chicago Sun-Times*, 4 diciembre 1994; «Rack Race», 4 julio 1994; Dana Kennedy, «A New Soap Oprah», *Entertainment Weekly*, 11 noviembre 1994; Gretchen Reynolds, «The Oprah Myth», *TV Guide*, 23 julio 1994; Robert Feder, «Oprah's Ex-Producer Lands NBC Online Gig», *Chicago Sun-Times*, 2 mayo 2000; Bill Zwecker, «United Front Ousted Oprah Aide», *Chicago Sun-Times*, 29 junio 1994; «Oprah Wins Two Emmys», *Chi-*

cago Tribune, 20 mayo 1995; «Oprah's Secretary Quits», *National Enquirer*, 20 septiembre 1994; Mike Kerrigan, «Oprah Studio 'Big Happy Family' Is a Sham», *Globe*, 15 noviembre 1994; Robert Feder, «Publicist Claims Oprah in 'Chaos'», *Chicago Sun-Times*, 26 octubre 1994; Irv Kupcinet, «Kup's Column», *Chicago Sun-Times*, 30 octubre 1994; Ellen Warren y Terry Armour, «Oh, No: Oprah Faces Tribulation of Another Trial», *Chicago Tribune*, 20 abril 2000; Susan Crabtree, «Trash TV Pulls America Down the Tubes», *Insight*, 4 diciembre 1995; Dan Santow, «Christmas at Oprah's», *Redbook*, diciembre 1994.

TV/DVD: *«Living a Secret Life»*, *Oprah After the Show*, *Oxygen*, emitido 21 septiembre 2004 (en <www.oprah.com>): *The Oprah Winfrey Show 20th Anniversary Collection* (colección en DVD).

ENTREVISTAS: Fuente confidencial, 9 noviembre 2007; fuente confidencial, 24 mayo 2007; correspondencia con Jeanette Angell, 3 mayo 2007; correspondencia con Gloria Steinem, 29 noviembre 2007; Nancy Stoddart, 8 julio 2009; fuente confidencial, 8 junio 2007; Andy Behrman, 24 agosto 2007; fuente confidencial, 2 enero 2008; fuente confidencial, 28 noviembre 2007; Patty O'Toole, 20 noviembre 2008; fuente confidencial, 24 junio 2008; correspondencia con Adam Shapiro, 6 marzo 2009; Dianne Laughlin, 7 agosto 2007; fuente confidencial, 7 septiembre 2007.

CAPÍTULO 15

DOCUMENTOS: Documentos del caso de Paul Natkin y Stephen Green contra Oprah Winfrey *et al.*, caso n.º 1:99-cv-05367, U.S. District Court, Northern District, Illinois; «Oprah: Make the Connection», comunicado de prensa de Buena Vista Home Video y Harpo Productions de 11 de septiembre de 1997; «Oprah's Book Club Fact Sheet», comunicado de prensa de *The Oprah Winfrey Show*, septiembre 1999; transcripción, «The Man Who Kept Oprah Awake at Night», *The Oprah Winfrey Show*, 26 octubre 2005; transcripción, «James Frey and the *A Million Little Pieces* Controversy», *The Oprah Winfrey Show*, 26 enero 2006.

LIBROS: Neil Steinberg, *The Alphabet of Modern Annoyances*, Doubleday, 1996; Cecilia Konchar Farr, *Reading Oprah*, SUNY Press, 2005; Bob Greene y Oprah Winfrey, *Make the Connection*, Hyperion, 1996; Kathleen Rooney, *Reading with Oprah*, Segunda Edicion, University of Arkansas Press, 2008; Eva Illouz, *Oprah Winfrey and the Glamour of Misery*, Columbia University Press, 2003; James Frey, *A Million Little Pieces*, Anchor, 2004.

ARTÍCULOS: Kevin Williams, «Oprah Steps out of the Gutter», *Chicago Sun-Times,* 8 noviembre 1995; Julie A. Johnson, «Oprah Captures the Prize in '96», *Advertising Age,* 13 enero 1997; Eric Zorn, «Trying to Keep Up with O.J.?», *Chicago Tribune,* 12 octubre 1995; Steve Johnson, «Ratings Slide, Winfrey's Happy She Took the High Road», *Chicago Tribune,* 1 mayo 1995; Robert Feder, «Oprah Still Reigning as Talk-Show Queen», *Chicago Sun-Times,* 3 julio 1995; John J. O'Connor, «Yes, More on the Trial that Won't Go Away», *New York Times,* 12 junio 1996; Daryl Fears, «Black Opinion on Simpson Shifts», *Washington Post,* 27 septiembre 2007; Ruth Ann Leach, «Oprah Told the Truth About How Many Blacks Feel About Whites», *Nashville Banner,* 5 octubre 1995; «Oprah: I'll Help You Fight Back», *Now,* 24 octubre 1996; Laura B. Randolph, «Oprah!», *Ebony,* julio 1995; John Carmody, «The TV Column», *Washington Post,* 14 febrero 1997; Chinta Strausberg, «Pincher Rips Oprah for Having Fuhrman on Show», *Chicago Defender,* 14 febrero 1997; Ed Fishbein, «Fuhrman Scores First», *Sacramento Bee,* 26 febrero 1997; Robert Feder, «Cynics' Shots at Oprah 'Come with the Territory'», *Chicago Sun-Times,* 30 septiembre 1997; Richard Roeper, «New Age Oprah Forgets Those Tacky Old Shows», *Chicago Sun-Times,* 1 octubre 1997; Robert Feder, «Oprah Does an About-Face on Program About Race», *Chicago Sun-Times,* 21 octubre 1997; Sidney Blumenthal, «Base Instincts», <www.Salon.com>, 23 noviembre 2006; Neely Tucker, «Throwing the Book at O. J. Simpson», *Washington Post,* 13 septiembre 2007; «Goldmans Discuss O. J. Book on Oprah», *San Francisco Chronicle,* 13 septiembre 2007; «Oprah Talks to You», *O' The Oprah Magazine;* Lynette Clemetson, «Oprah on Oprah», *Newsweek,* 8 enero 2001; D. T. Max, «The Oprah Effect», *New York Times Magazine,* 26 diciembre 1999; Annette Chavez, «Thanks Oprah», *Los Angeles Times,* 15 noviembre 1996; Jackie Rogers, «Outstanding Oprah», *Redbook,* septiembre 1993; Sherri Winston, «Thin's Within», *Fort Lauderdale Sun-Sentinel,* 9 octubre 1996; «'Oprah' Begins Campaign of Exercise, Nutrition», *St. Louis Post-Dispatch,* 6 mayo 1995; Robert Schaltz, «Oprah Draws Even When She's Online», *Newsday,* 8 mayo 1995; «Oprah Winfrey Is Only Entertainer and Only Black on Forbes List of 400 Richest Americans», *Jet,* 16 octubre 1995; Hal Boedeker, «Too Much Oprah, Too Much Vanity», *Orlando Sentinel,* 18 septiembre 1998; «Oprah Secedes from U.S., Forms Independent Nation of Cheese cake Eating Housewives», *Onion,* 26 mayo 1996; «Prose&Cons», *New York Daily News,* 18 junio 1996; John Marshall, «Bookseller Blues», *Seattle Post-Intelligencer,* 20 junio 1996; Paul D. Colford, «A Mario-Beaters Book», *Newsday,* 13 junio 1996; Renee James, «Empowerment Won't Help Oprah's Ratings Slipping», *Allentown Morning Call,* 1 junio

2008; Paul D. Colford, «Hype Covers Oprah's 'Body'», *Newsday*, 5 septiembre 1996; Lisbeth Levine, «It's Not Who You Know... It's Who You Train», *Chicago Tribune*, 12 septiembre 1996; Alex Tresniowski, «Oprah's Buff», *People Weekly*, 9 septiembre 1996; M. Eileen Brown, «Oprah: Make the Connection», *Chicago Sun-Times*, 27 septiembre 1997; Susan Berfield, «The Making of The Color Purple», *Business Week*, 21 noviembre 2005; David Mehegan, «Oprah's Book Club Is Back and Reading», *Chicago Tribune*, 4 julio 2003; Julia Keller y Mark Caro, «Author's Rejection of Winfrey Book Logo Stirs Literary Tempest», *Chicago Tribune*, 25 octubre 2001; Stephen Braun, «The Oprah Seal of Approval», *Los Angeles Times*, 9 marzo 1997; Kelley Blewster, «Oprah Winfrey: Testifying to the Power of Books», *Biblio*, enero 1998; David Roeder, «Winfrey Recommendation Fuels Demand for Novel», *Chicago Sun-Times*, 27 septiembre 1996; Caryn James, «The Book Club», *Chicago Tribune*, 25 noviembre 1996; Jeane Wolf, «Have Faith in Something Big», *Parade*, 25 octubre 2009; Tom Shone, «Poets in Love», *New York Times*, 22 abril 2001; Keith J. Kelley, «Oprah Makes Book on Author's Tome», *New York Daily News*, 20 octubre 1997; David Streitfeld, «Queen of All the Media», *Mirabella*, julio/agosto 1997; Martha Bayles, «Imus, Oprah and the Literary Elite», *New York Times*, 29 agosto 1999; Marilyn Johnson, «Oprah Between the Covers», *Life*, septiembre 1997; Suzy Schultz, «It's Simple, If She Reads It They Will Buy», *Chicago Sun-Times*, 24 febrero 1997; Craig Offman, «Oprah Pick Sends Publisher Scrambling», <www.Salon.com>, 9 febrero 2000; Steven Barrie-Anthony, «A Nod from Winfrey Lifts Author», *Los Angeles Times*, 30 septiembre 2005; «The Battle of the Book», *New Republic*, 10 diciembre 2007; «Novel Approach», *People Weekly*, 12 noviembre 2001; Jeff Baker, «Oprah's Stamp of Approval Rubs Writer in Conflicted Ways», *Oregonian*, 12 octubre 2001; David Kirkpatrick, «Winfrey Rescinds Offer to Author for Guest Appearance», *New York Times*, 24 octubre 2001; Ann Oldenburg, «Franzen Says He Feels 'Awful' About Feud», *USA Today*, 25 octubre 2001; Jonathan Yardley, «The Story of O», *Washington Post*, 20 octubre 2001; Jeff Giles, «Books: Errors and Corrections», *Newsweek*, 5 noviembre 2001; Jeff Jacoby, «Too Good for Oprah», *Boston Globe*, 1 noviembre 2001; David Pesci, «Poor Little Johnny», *Chicago Tribune*, 28 octubre 2001; Richard Johnson, «Correction by Oprah-Basher», *New York Post*, 31 octubre 2001; Cindy Pearlman, «Sinise Eagerto Unleash Steppenwolf for Documentary», *Chicago Sun-Times*, 11 diciembre 2001; Hillel Italie, «Winfrey Cuts Back on Book Club Picks», *Chicago Sun-Times*, 6 abril 2002; Richard Lacayo, «Oprah Turns the Page», *Time*, 15 abril 2002; «Insecure Oprah Picks the Right Road», *Rocky Mountain News*, 16 abril 2007; Marja

Mills, «Oprah to Bard,'You Go, Will'», *Chicago Tribune*, 5 marzo 2003; Patrick J. Reardon, «Lessons in Civility», *Chicago Tribune*, 25 abril 2005; Edward Wyatt, «Oprah's Book Club Reopening to Writers Who'll Sit and Chat», *New York Times*, 23 septiembre 2005; Janelle Nanos, «Franzen Meets Palestinian Flutist», *New York*, 27 febrero 2006; Deborah Caulfield Ryback, «Taking Liberties», *Minneapolis Star-Tribune*, 27 julio 2003; Edward Wyatt, «Treatment Description in Memoir Is Disputed», *New York Times*, 24 enero 2006; «A Million Little Lies: The Man Who Conned Oprah», <www.TheSmokingGun.com>, 8 enero 2006; Edward Wyatt, «Fact or Fiction, It's His Story», *New York Times*, 11 enero 2006; transcripción, *Larry King Live*, 11 enero 2006, <www.transcripts.cnn.com>; Maureen Dowd, «Oprah! How Could Ya?», *New York Times*, 14 enero 2006; Richard Cohen, «Oprah's Grand Delusion», *Washington Post*, 17 enero 2006; Frank Rich, «Truthiness 101: From Frey to Alito», *New York Times*, 22 enero 2006; Edward Wyatt, «Publisher Offers Witnesses to Disputed Addiction Book», *New York Times*, 25 enero 1996; Michael Mershel, «Publisher Blasts Oprah at Grapevine Conference», *Dallas Morning News*, 30 julio 2007; Liz Smith, «Mel's Career Hurt? Not Likely», *New York Post*, 9 agosto 2006; Liz Smith, «New Editor for O Magazine», *Buffalo News*, 8 julio 2008; Sara Nelson, «Stir Frey», *Publishers Weekly*, 17 septiembre 2007; Claudia Eller, «Film of 'A Million Little Pieces' Up in Air», *Los Angeles Times*, 28 enero 2006; «Riverhead Books Pulls Out of James Frey Deal», *New York Times*, 24 febrero 2006; «Judge Approves 'A Million Little Pieces' Refund for Disgruntled Readers», <www.foxnews.com>, 2 noviembre 2007; Samantha Conti y Jeff Bercovici, «Memo Pad», *WWD*, 9 febrero 2006.

TV/DVD: *The Oprah Winfrey Show 20th Anniversary Collection* (colección DVD); *«The O.J. Book Controversy: The Goldmans and Denise Brown Speak Out»*, *The Oprah Winfrey Show*, emitido 13 septiembre 2007.

ENTREVISTAS: Fuente confidencial, 3 junio 2008; fuente confidencial, 25 mayo, 2009; fuente confidencial, 28 agosto 2008; Katharine Carr Esters, 30 julio 2007, y 1 agosto 2007; James van Sweden, 12 diciembre 2007, y 27 diciembre 2007; Alice Walker, 10 octubre 2008; Michael Anderson, 4 noviembre 2007; correspondencia con Deborah Caulfield Ryback, 8 junio 2008; fuente confidencial, 22 marzo 2007; fuente confidencial, 9 noviembre 2007, y 22 agosto 2008, y correspondencia con fuente confidencial, 27 noviembre 2007, 28 noviembre 2007, 19 diciembre 2008, 11 mayo 2009 y 4 junio 2009; Nan Talese, 23 marzo 2007; correspondencia con Liz Smith, 25 septiembre 2007.

CAPÍTULO 16

DOCUMENTOS: Escritura, 207 East Fifty-seventh Street, 36PH, 10 marzo 2008, New York City Department of Finance, Office of the City Register (Oficina del Registro, Departamento de Finanzas de la ciudad de Nueva York), Documento ID 2008031700333001; transcripción, «Dangerous Food», *The Oprah Winfrey Show*, 16 abril 1996; transcripción, *Oprah Winfrey with Phil McGraw, Dr. Phil*, emitido 11 febrero 2008; documentos en el caso de Bruce Gregga contra National Enquirer *et al.*, caso n.º 1:95-cv-01671, U.S. District Court, Northern District (Illinois); transcripciones de declaraciones de Rayford Dotch (16 junio 1997), LeGrande Green (19 diciembre 1997, con prueba Green 5), Dianne Hudson (18 junio 1997), James Kelley (18 junio y 19 diciembre 1997), Alice McGee (19 junio 1997), Oprah Winfrey (14 junio y 12 diciembre 1997), y Andrea Wishom (17 junio 1997) en el caso de Texas Beef Group *et al.*, contra Winfrey *et al.*, caso n.º 2:96-cv-00208, E.U. District Court, Northern District, Norte de Texas.

LIBROS: Howard F. Lyman y Glen Merzer, *Mad Cowboy*, Touchstone, 1998; Oprah Winfrey, *Journey to Beloved*, Hyperion, 1998; Phillip McGraw, *Life Strategies*, Hyperion, 1999.

ARTÍCULOS: «Oprah Winfrey, Montel Williams y Kevin Mambo Among Winners at Daytime Emmy Awards», *Jet*, 10 junio 1996; Meredith Moss, «Donahue Tapes Last of 7000 Shows», *Cleveland Plain Dealer*, 1 mayo 1996; John Carmody, «Donahue to End Trail-Blazing Show», *Washington Post*, 18 enero 1996; Ed Bark, «Phil Donahue Bids Us Adieu», *St. Louis Post-Dispatch*, 11 septiembre 1996; Thomas Galvin, «Oprah Tells Bob to Take a Hike», *New York Post*, 8 octubre 1996; Michael Kranish, «Oprah on Dole Chat: I Just Won't Do It», *Boston Globe*, 11 octubre 1996; Michael Starr, «Oprah Denies Bouncing Dole», *New York Post*, 11 octubre 1996; Scott McKay, «Droll Dole Stumps for State GOP», *Providence Journal*, 1 octubre 1998; Katharine Q. Seelye, «Dole Gets a Few Laughs and $200 on Talk Show», *New York Times*, noviembre 9, 1996; Jane Hall, «Donahue: Nothing Left to Say but Goodbye», *Oregonian*, 4 mayo 1996; Marvin Kitman, «Phil, the Founding Talker», *Newsday*, 12 noviembre 1992; David Zurawik, «'Ellen' Breaks with the Past», *Baltimore Sun*, 27 abril 1997; Brian Lowry, «'Ellen' Gets Ready to Open the Closet Door», *Los Angeles Times*, 1 marzo 1997; W. Speers, «DeGeneres Outs Herself Before Her Character Does», *Philadelphia Inquirer*, 7 abril 1997; «Yep. I'm Gay», portada, *Time*, 14 abril 1997; Alan Bash, «Three Big Sponsors to Bypass 'Ellen'», *USA Today*, 27 marzo 1997; «Oprah's Visit to 'Ellen'

Airs Today», <www.eurweb.com>, 22 febrero 2007; transcripciones, «The Puppy Episode», Partes 1 y 2, *Ellen*, 30 abril 1997, <www.twiz.tv.com/scripts>; Liz Smith, «It's Rolonda Time», *Newsday*, 28 abril 1997; Claire Bickley, «Oprah Audience Generally Unsympathetic to Ellen», <www.canoe.ca>, 1 mayo 1997; Brian Lowry, «A Closet Door Opens and 36 Million Watch», *Los Angeles Times*, 2 mayo 1997; George Rush y Joanna Malloy, «Oprah Gives Straight Dope About Gay Rumors», *New York Daily News*, 5 junio 1997; Jenny Hortz, «Oprah Denies Rampant Gay Rumor», *Variety*, 5 junio 1997; Judy Hevrdejs y Mike Conklin, «Oprah Leaves No Doubt About What's In, Out of Her Closet», *Chicago Tribune*, 5 junio 1997; «Nope, She's Not Gay», *People Weekly*, 23 junio 1997; «The Rumblings Behind the Oprah Rumor», *New York Post*, 18 junio 1997; «Oprah Says She's Playing It Straight», *Lancaster Intelligencer-Journal*, 6 junio 1997; John Carmody, «The TV Column», *Washington Post*, 9 junio 1997; «Hot Lava», *New York Post*, 20 junio 1997; «Rosie O'Donnel [sic] on Oprah Gay Rumors», publicado por Runteldat en <www.blogs.bet.com/entertainment>, 28 octubre 2009; Frank Bruni, «A Sapphic Victory, but Pyrrhic», *New York Times*, 15 noviembre 2009; «Oprah and Gayle Move In Together», portada, *Globe*, 31 julio 2006; «Oprah's Secret Life: The Truth About Those Gay Rumors», *National Enquirer* (fecha desconocida); «Oprah & Gayle Like Lovers», *Globe*, 16 marzo 2009; «Who's Gay and Who's Not in Hollywood», *National Review*, 14 julio 2008; Mark Steyn, «Comic Oprah», *National Review*, 23 marzo 1998; Lee Siegel, «Thank You for Sharing», *New Republic*, 5 y 12 junio 2006; «Celebrities Gather for Magazine's 30th Birthday», *Orlando Sentinel*, 15 abril 2000; Andre Goldman, «The Night of the Big O», *Ontario National Post*, 22 abril 2000; Lillian Ross, «Oprah's Under-study», *New Yorker*, 24 abril y 1 mayo 2000; Branden Keil, «Gimme Shelter», *New York Post*, 17 enero 2008; Max Abelson, «Did Oprah's Dead Dog Sophie Inspire Gayle King's New Penthouse?» *New York Observer*, 14 marzo 2008; Lisa Kogan, «Oprah and Gayle Uncensored», *O, The Oprah Magazine*, agosto 2006; «For Mel B, a Case of Murphy's Law», *New York Daily News*, 5 diciembre 2006; transcripción, *Larry King Live*, 5 diciembre 2006, <www.transcripts.cnn.com>; Lección inaugural del curso académico del Wellesley College, 30 mayo 1997, <www.wellesley.edu>; Edna Gunderson, «Wildest Dreams Do Come True», *USA Today*, 15 mayo 1997; Lucio Guerrero y Bill Zwecker, «Tina's Last Turn», *Chicago Sun-Times*, 5 octubre 2000; «Tina Turner Returns to 'Wildest Dreams' World Tour», *Jet*, 17 marzo 1997; Neal Travis, «Good Vibes for Oprah and Beau», *New York Post*, 3 agosto 1997; Jamie Foster Brown, «Everything Negroes Ever Wanted to Ask Oprah», *Sister 2 Sister*, noviembre 1997; James Endrst, «To Endure

Academy Awards Show, You Have to Seize the Moments», *Hartford Courant*, 27 marzo 1996; Richard Roeper, «Oprah's Real Talent? Playing the Role of Fan, Not Celebrity», *Chicago Sun-Times*, 12 enero 1997; Alan Pergament, «Oscar Telecast Is a Tearful Evening of Some Nonsense and Understated Sensibility», *Buffalo News*, 26 marzo 1996; Stuart Jeffries, «The Oscars:'I Have a List... Quite a Long List'», *Guardian*, 27 marzo 1996; Howard Rosenberg, «A Night to Kilt For», *Los Angeles Times*, 26 marzo 1996; «If Body Piercing Is So Hazardous, Why Is It Popular?», *Jet*, 19 abril 1999; «Rodman Book Too Risqué; Oprah Nixes Appearance», *Chicago Sun-Times*, 29 abril 1997; «Winfrey Says No to Worm», *Chicago Sun-Times*, 30 abril 1997; Lisa Adams, «The Oprah Show and Tell», *Daily Record*, 27 octubre 2006; «Love Is All Around», <www.oprah.com>, 19 mayo 2008; David Robb, «Free Speech on 'Oprah' May Be AFTRA Breach», *Hollywood Reporter*, 21 enero 1997; Shauna Snow, «Arts and Entertainment Reports», *Los Angeles Times*, 1 febrero 1997; «On Book Signing Tour, Fergie Confesses Sins and Bares Her Soul», *Chicago Tribune*, 14 noviembre 1996; Martin Townsend, «Oprah Winfrey», *Sunday Mail*, 2 julio 1995; John James, «My Sex Pact with Andy», *Mirror*, 21 noviembre 1997; Robert Feder, «Oprah Opens Season Looking for More Fun», *Chicago Sun-Times*, 3 septiembre 1996; «Oprah Awed», *USA Today*, 28 agosto 1996; «Oprah Winfrey Kicks Off 11th Season with New Format and Theme Song,'Get with the Program'», *Jet*, 30 septiembre 1996; «Oprah's Charity Auction», <www.oprah.com>, octubre 2003; «Quotes of the Day», *Chicago Tribune*, 28 agosto 1996; Irv Kupcinet, «Kup's Column», *Chicago Sun-Times*, 28 agosto 1996; Richard Huff, «Streisand's 'Oprah' Visit Brings Big Nielsen Bounce», *New York Daily News*, 13 noviembre 1996; Bill Zwecker, «Babs Talks Politics with a 'Smile' on Oprah», *Chicago Sun-Times*, 12 septiembre 2003; «Money Madness», *People Weekly*, 4 noviembre 1996; Eric Markus, «Where's the Beef?», <www.Salon.com>, 20 enero 1998; Adam Cohen, «Trial of the Savory», *Time*, 2 febrero 1998; «Oprah Says She's Eaten Her Last Burger», *Seattle Post Intelligencer*, 18 abril 1996; «Oprah Moves Markets», *Omaha World-Herald*, 17 abril 1996; George Gunset, «Oprah Airs Beef Fears, Draws Ire», *Chicago Tribune*, 17 abril 1996; Ken Herman, «Perry Pursues Action Against Talk Show Guest's Cattle Remarks», *Austin American Statesman;* Sheldon Rampton y John Stauber, «One Hundred Percent Pure Baloney: Lessons from the Oprah Trial», *PR Watch*, Primer trimestre 1998; «Oprah: Home on the Range», *Newsweek*, 2 febrero 1998; Rick Hepp, «Winfrey's Lawyers to Defend Ownership of Photosin Book», *Chicago Tribune*, 10 diciembre 1999; Tim Jones, «Jubilant Winfrey:'I Refuse to Be Muzzled'», *Chicago Tribune*, 27 Febrero 1998;

«Oprah 1,Beef 0», *People Weekly*, 16 marzo 1998; «Talk Show Presentadora Transformed», *Los Angeles Sentinel*, 25 marzo 1998; «Oprah Says She Felt Redeemed After Victory Over Texas Cattlemen», *Jet*, 23 marzo 1998; Tom Gliatto, «So Where's the Beef?», *People Weekly*, 16 febrero 1998; «Oprah: Home on the Range», *Newsweek*, 2 febrero 1998; Mark Donald, «Analyze This», *Dallas Observer*, 13 abril 2000; Lynn Allison, «Oprah's Real Beef», *Globe*, 17 marzo 1998; Mark Babineck, «Oprah Charms Amarillo Audience», *Chicago Sun-Times*, 24 enero 1998; Richard Roeper, «Oprah Unfurled Charm, Lassoed Heart of Texas», *Chicago Sun-Times*, 2 marzo 1998; «Oprah Charms Amarillo Jury at Texas Beef Defamation Trial», *Los Angeles Sentinel*, 18 febrero 1998; Joanna Powell, «Oprah's Awakening», *Good Housekeeping*, diciembre 1998; Skip Hollandsworth, «Phillip McGraw», *Texas Monthly*, septiembre 1999; John W. Gonzales, «Winfrey Has a Cow as Beef Trial Drags On», *New Orleans Times-Picayune*, 6 febrero 1998; Skip Hollandsworth y Pamela Colloff, «How the West Was Won», *Texas Monthly*, marzo 1998; Tim Jones, «Muzzling Employees Host's Prerogative but Winfrey's Restriction Makes Some Howl», *Chicago Tribune*, 16 abril 2000; Tim Jones, «Trial Offers Revealing Look Behind the Talk», *Chicago Tribune*, 8 febrero 1998; Tim Jones, «A Bit Agitated but Uncowed, TV Star Calls Lawsuit 'The Most Painful Thing' She Has Ever Endured», *Chicago Tribune*, 5 febrero 1998; Alex Rodriguez, «No Beef with Oprah», *Chicago Sun-Times*, 27 febrero 1998; Leslie Baldacci, «Land of the Winfrey», *Chicago Sun-Times*, 1 marzo 1998; Tim Jones, «Attorneys Square Off in Closing Arguments», *Chicago Tribune*, 26 febrero 1998.

TV/DVD/VÍDEOS: Archivo de la entrevista de American Television a Phil Donahue, 9 mayo 2001 (nueve partes, en YouTube); *The Oprah Winfrey Show* 20th Anniversary Collection (colección en DVD); Late Show with David Letterman, emitido el 19 julio 2006; «Women Leaving Men for Other Women», *The Oprah Winfrey Show*, emitido el 6 marzo 2009; «Evangelist Ted Haggard, His Wife and the Gay Sex Scandal», *The Oprah Winfrey Show*, emitido el 28 enero 2009; «Oprah Winfrey: Heart of the Matter», *A&E* especial *Biography*, emitido 16 enero 2000.

ENTREVISTAS: Gloria Steinem, 5 junio 2007; Senador Robert Dole, 23 mayo 2008; Phil Donahue, 9 agosto 2007; correspondencia con Liz Smith, 25 y 26 septiembre 2007; Jo Baldwin, 14 julio 2010, y correspondencia con Jo Baldwin, 15, 16, 20 y 27 julio, 17 agosto y 14 septiembre 2010; fuente confidencial, 7 julio 2008; fuente confidencial, 22 agosto 2008; Rocky Twyman, 20 mayo 2008; Erica Jong, 17 diciembre 2006; Marty Ingels, 21 diciembre 2006; fuente confidencial, 9 noviembre 2007; fuente confidencial, 22 marzo 2007; correspondencia con Paul Burrell, 24 agosto 2007; Howard Lyman, 24 marzo 2008; Elliott Zinger y Patrick Walsh, 9 octubre 2007, y correspondencia con Elliott Zinger, 22 junio 2009; fuente confidencial, 1 octubre 2008; Bill Zwecker, 11 octubre 2007; fuente confidencial, 26 noviembre, 2007; Tim Jones, 5 abril 2007.

CAPÍTULO 17

DOCUMENTOS: Transcripción, entrevista a Oprah Winfrey por Diane Sawyer, *20/20*, ABC, 25 octubre 1998; King World Productions, Inc., Declaración general de propiedad fiduciaria (SEC Schedule SC 13D), presentada 27 octubre 1997; King World Productions, Inc., Declaración general de propiedad fiduciaria (SEC Schedule SC 13G), presentada 13 octubre 1998; transcripción, Oprah Winfrey con Phil McGraw, *Dr. Phil,* emitido 11 Febrero 2008; documentos en el caso de Dr. Mehmet Oz *et al.*, contra FWM Laboratories, Inc., et al., caso n.º 1:09-CV-07297-DAB, E.U. District Court, Southern District (Nueva York).

LIBROS: Oprah Winfrey, *Journey to Beloved,* Hyperion, 1998; Natalie Zemon Davis, *Slaves on Screen,* Harvard University Press, 2000; Rhonda Byrne, *The Secret,* Atria Books/Beyond Words, 2006; *Live Your Best Life: A Treasury of Wisdom, Wit, Advice, Interviews and Inspiration from O, The Oprah Magazine,* Oxmoor House, 2005; *O's Guide to Life: The Best of O, The Oprah Magazine,* Oxmoor House, 2007; *O's Big Book of Happiness: The Best of O, The Oprah Magazine,* Oxmoor House, 2008.

ARTÍCULOS: «Winfrey's Company Buys Rights to 'Beloved,' 'Boy'», *Variety, 12 enero 1988; Jonathan Van Meter,* «Oprah's Moment», *Vogue,* octubre 1998; Gretchen Reynolds, «A Year to Remember: Oprah Grows Up», *TV Guide,* 7 enero 1995; «Dumbing Up», *Economist,* 17 octubre 1998; Tom Shales, «'David and Lisa'and a Little Too Much Oprah», *Washington Post,* 31 octubre 1989; Roger Ebert, «Oprah Meets Her Match», *Chicago Sun-Times,* 11 octubre 1998; Ron Stodghill, «Daring to Go There», *Time,* 5 octubre 1998; Laura B. Randolph, «Oprah and Danny Sizzle in Their First Love Scene in the Powerful Film 'Beloved'», *Ebony,* noviembre 1998; Honie Stevens, «From Rags to Riches», *Saga,* mayo 2002; Clarence Page, «Taking Off Blinders About Slavery», *Chicago Tribune,* 21 octubre 1998; Lorrie Lynch, «Oprah's

New Mission», *USA Weekend,* 9-11 octubre 1998; John Millar, «Oprah Winfrey and Thandie Newton», *OK!,* 12 marzo 1999; Janet Maslin, «No Peace from a Brutal Legacy», *New York Times,* 16 octubre 1998; Stanley Kauffmann, «Of Human Bondages», *New Republic,* 16 noviembre 1998; Richard Alleva, «Beloved», *Commonweal,* 20 noviembre 1998; Roger Ebert, «Grand Oprah», *Chicago Sun-Times,* 16 octubre 1998; Richard Corliss, «Bewitching Beloved», *Time,* 5 octubre 1998; Mary A. Mitchell, «Nothing Entertaining About Films on Slavery», *Chicago Sun-Times,* 18 octubre 1998; Anita Creamer, «Beautiful Pictures Reveal Ugly Truth», *Sacramento Bee,* 12 octubre 1998; Marisa Meltzer, «The Fat Wars», <www.thedailybeast.com>, 19 mayo 2009; Marilyn Gardner, «Vogue's Oprah Sends Mixed Message», *Christian Science Monitor,* 18 octubre 1998; Lloyd Grove, «Vogue Editor Rouses the Fat and the Furious», *New York Daily News,* 19 septiembre 2005; Cynthia Grenier, «Vogue Scores in Big Fashion Getting First Lady for Cover», *Washington Times,* 12 diciembre 1998; «Oscar Fashions/More Maria Shriver», <www.oprah.com>, 5 marzo 1999; «Oprah Winfrey and Beloved», <www.news.bbc.co.uk>, 5 marzo 1999; Jeannie Williams, «Cover Girl Oprah a Model of Makeover», *USA Today,* 18 septiembre 1998; Veronica Chambers y Allison Samuels, «The Women of 'Beloved'», *Newsweek,* 19 octubre 1998; Jill Vejnuska, «It's Oprah's World», *Palm Beach Post,* 16 octubre 1998; Steve Holsey, «Oprah Winfrey, Talk Show Queen, Has Complex Movie She Believes In», *Michigan Chronicle,* 14 octubre 1998; Mary McNamara, «O to a Higher Power», *Los Angeles Times,* 11 diciembre 2005; Sharon Waxman, «Beloved Gets the Cold Shoulder», *Montreal Gazette,* 12 noviembre 1998; «Autumn Flops», *Economist,* 21 noviembre 1998; Martyn Palmer, «Unloved but Unbowed», *London Times,* 25 febrero 1999; John Millar, «Grand Oprah», *Sunday Express,* 21 febrero 1999; Liz Smith, «Jackie Mason on Mel», *New York Post,* 3 agosto 2006; «Oprah Winfrey: For a Beloved TV Icon, a Year of Grit, Glamour —and Jeers», *People Weekly,* 28 diciembre 1998; Cindy Pearlman, «Poet Angelou Has Few Kind Words for Clinton», *Chicago Sun-Times,* 3 diciembre 1998; Liz Smith, «Still an Open Fan of Andre's», *New York Post,* 10 junio 1999; Scott A. Resnick, «Whoopi Goldberg Fields Questions, Holds Back Little», *Harvard Crimson,* 10 noviembre 1998; «It's War», *National Enquirer,* 31 diciembre 1998; Mayoa Jaggi, «The Power of One», *Guardian Weekend,* 11 febrero 1999; Lynette Clemetson, «It's Constant Work», *Newsweek,* 8 octubre 2001; Phil Rosenthal, «Soul Second», *Chicago Sun-Times,* 28 junio 2000; Jill Smolowe y Sonja Steptoe, «O on the Go», *People Weekly,* 16 julio 2001; Richard Huff, «Happy Days Here Again for Top-Rated 'Oprah'», *New York Daily News,* 1 Octubre 1998; Robert Feder, «Why Oprah

Keeps Faith with Her Faithful Followers», *Chicago Sun-Times,* 16 septiembre 1997; Robert Feder, «Springer Isn't Stung by Winfrey's Remarks», *Chicago Sun-Times,* 10 febrero 1999; «Rachael Ray?» <www.tmz.com>, 24 enero 2007; «Business and Finance», *Wall Street Journal,* 16 septiembre 1998; Lisa de Moraes, «In CBS Deal, Oprah Gets a Wheel Fortune: $100 Million», *Washington Post,* 2 abril 1999; Tim Jones, «In a Blink, CBS Changes Its Make-Up», *Chicago Tribune,* 2 abril 1999; Forbes 400 list 1999, <www.Forbes.com>; Amy Wellborn, «The Feel-Good Spirituality of Oprah», *Our Sunday Visitor,* 13 enero 2002; Lyn Garrett, «Oprah Gets Spiritual», *Publishers Weekly,* 14 septiembre 1998; Bob Longino, «Oprah Exhorting Fans to 'Change Your Life'», *Atlanta Constitution,* 10 septiembre 1998; Christopher John Farley, «Queen of All Media», *Time,* 5 octubre 1998; Richard Roeper, «'Deepak Oprah's' Inner Journey Is an Ego Trip», *Chicago Sun-Times,* 12 octubre 1998; Libby Copeland, «Our Lady of Perpetual Help», *Washington Post,* 26 junio 2000; Skip Hollandsworth, «Phillip McGraw», *Texas Monthly,* septiembre 1999; Cheryl Lavine, «Dr. Tell It Like It Is», *Chicago Tribune,* 12 junio 2001; «Oprah Winfrey Reinvents Her Show», *Atlanta Daily World,* 13 septiembre 1998; Ann Oldenburg, «Oprah: 'These Are the Glory Days for Me'», *USA Today,* 6 octubre 1998; Shu Shin Lu, «Oprah Fan's Tragedy», *Chicago Sun-Times,* 24 diciembre 1999; Steve Johnson, «Oh, No, Oprah! Enough!», *Chicago Tribune,* 23 noviembre 1998; Weston Kosova y Pat Wingert, «Live Your Best Life Ever», *Newsweek,* 8 junio 2009; Lucy Howard et al., «The Buzz», *Newsweek,* 22 febrero 1999; Hal Boedeker, «Too Much Oprah, Too Much Vanity», *Orlando Sentinel,* 18 septiembre 1998; Wiley A. Hall III, «Urban Rhythms: The Marches», *Afro-American Red Star,* 27 octubre 2000; Jeff MacGregor, «Inner Peace, Empowerment, and Host Worship», *New York Times,* 25 octubre 1998; «The Gospel According to Oprah», *Vantage Point,* julio 1998; Phil Rosenthal, «What a 'Man'», *Chicago Sun-Times,* 16 junio 1999; Jerry Adler, «'The Secret': Does Self-Help Book Really Help?», *Newsweek,* 5 marzo 2007; transcripción *Larry King Live,* 1 mayo 2007, <www.transcripts.cnn.com>; Steve Rabey, «Oprah's 'Gospel'», *Christian Examiner,* mayo 2008; Marco R. della Cava, «Secret History of 'The Secret'», *USA Today,* 28 marzo 2007; Peter Birkenhead, *«Oprah's Ugly Secret»,* <www. Salon.com>, 5 marzo 2007; transcripción *Real Time with Bill Maher,* 9 marzo 2007, <www.safesearching.com>; Tim Watkin, «Self-Help's Slimy 'Secret'», *Washington Post,* 8 abril 2007; «Letters to Oprah», <www.oprah. com>, 26 marzo 2007; Lynn Clemetson, «Oprah on Oprah», *Newsweek,* 8 enero 2008; Robert Feder, «Oprah Set to Launch Magazine Next Year», *Chicago Sun-Times,* 9 julio 1999; Robert Feder, «Give Her an O-Oprah Names

New Magazine», *Chicago Sun-Times,* 13 enero 2000; Keith Kelly, «Oprah Magazine Goes with O», *New York Post,* 13 enero 2000; Lillian Ross, «Oprah's Understudy», *New Yorker,* 24 abril y 1 mayo 2000; April Peterson, «Combining Mass and Class: The Story of O, The Oprah Magazine», *Journal of Magazine and New Media Research,* otoño 2003; Marina Benjamin, «O is for Oprah and Over-the-Top», *Evening Standard,* 26 abril 2000; «Oprah Talks to Nelson Mandela», *O, The Oprah Magazine,* abril 2001; Carina Chocano, «Look Out O: Twins Go Glossy», *Chicago Sun-Times,* 11 abril 2001; «Top Ten Articles in Oprah's New Magazine», *Late Show with David Letterman,* 10 abril 2000, <www.cbs.com/latenight/lateshow>.

TV/DVD: *Beloved,* 1998 (DVD); *«Oprah Winfrey: Heart of the Matter»,* A&E especial *Biography,* emitido 16 enero 2000; *The Oprah Winfrey Show 20th Anniversary Collection* (colección DVD); «What Happened to the Mom Who Shopped Her Family Broke?» *The Oprah Winfrey Show,* emitido 18 enero 2008.

ENTREVISTAS: Fuente confidencial, 26 noviembre 2007; Susan Karns, 29 julio 2009; Peter Colasante, 17 diciembre 2007; Maureen Taylor, 17 diciembre 2007; Vernon Winfrey, 24 abril 2008; Nan Talese, 23 marzo 2007; Tim Jones, 5 abril, 2007; correspondencia con Alex Kuczynski, 13 abril 2008.

CAPÍTULO 18

DOCUMENTOS: «Oprah's Angel Network Fact Sheet», comunicado de prensa de *The Oprah Winfrey Show,* septiembre 1999; IRS, formularios 990 para Oprah's Angel Network, 2002–2007, EIN 36-4231488; IRS, formularios 990 para Angel Network Support Foundation, 2002–2004, EIN 74-2962189; transcripción, segmento «Oprah», *60 Minutes,* CBS, 14 diciembre 1986; transcripción, discurso de Oprah Winfrey en Miss Porter's School, 12 junio 1994; Illinois Secretary of State Corporation File Detail Report para The Oprah Winfrey Foundation, Expediente n.º 57496614; IRS, formularios 990-PF para The Oprah Winfrey Foundation, 2001–2007, y For A Better Life Foundation, 1998–2000, EIN 36-3976230; «Oprah Winfrey Leadership Academy for Girls—South Africa Celebrates Its Official Opening», comunicado de prensa de TOWLAG, 2 enero 2007; IRS, formularios 990-PF para The Oprah Winfrey Operating Foundation, 2002–2005, y The Oprah Winfrey Leadership Academy Foundation, 2006, 2007, EIN 74-3048315; documentos del caso de *Lerato Nomvuyo Mzamane contra Oprah Winfrey et al.,* caso n.º 2:08-CV-4884 en el E.U. District Court, Eastern District (Pensilvania).

LIBROS: Robert Waldron, *Oprah!*, St. Martin's Press, 1987; George Mair, *Oprah Winfrey: The Real Story*, Birch Lane Press, 1994; Peter Frumkin, *Strategic Giving: The Art and Science of Philanthropy*, University of Chicago Press, 2006; Henry Louis Gates, Jr., *Finding Oprah's Roots*, Crown Publishers, 2007.

ARTÍCULOS: Andrew Gumbel, «Oprah Becomes First Black Woman to Join Billionaire's Club», *Los Angeles Times*, 1 marzo 2003; «Oprah Comes Home», *Kosciusko Star-Herald*, 15 noviembre 1998; «Oprah Winfrey Reveals the Real Reason Why She Stayed on TV», *Jet*, 24 noviembre 1997; «FAMU Habitat for Humanity Chapter Selected to Build Oprah House», *Tennessee Tribune*, 16 abril 1998; Shawn Reeves, «The House That Oprah Built», *Habitat World*, octubre/noviembre 1999; «Habitat Plans Six Houses in '98», *Atlanta Journal Constitution*, 22 enero 1998; Jennifer Wulff y Mike Lipton, «These Are My Dream Girls», *People Weekly*, 15 enero 2007; «Building Oprah Katrina Homes», <www.oprah.com>; Mary Perez, «With Little Fanfare, Oprah's Angel Network Is Quietly Helping Coast People and Communities Recover», *Biloxi-Gulfport Sun-Herald*; Steve Johnson, «Oh, No, Oprah! Enough», *Chicago Tribune*, 23 noviembre 1998; Alex Ben Block, «Oprah on the Record», *Television Week*, 19 abril 2004; «How Big Sister Oprah Opened Her Arms and Her Heart to Save Ghetto Kids», *Star*, 5 septiembre, 1989; Bill Brashler, «Next on Oprah…», *Ladies' Home Journal*, agosto 1991; Joan Barthel, «Here Comes Oprah» *Ms.*, agosto, 1986; «Bill Cosby Leads the Millionaire Entertainers», *San Francisco Chronicle*, 7 septiembre 1987; Marilynn Marchione, «Coast to Coast: U. S. Reaches Out», *Chicago Sun-Times*, 25 mayo 1986; Charles Krauthammer, «Celebrities in Politics», *Time*, 21 abril 1986; Timothy McDarragh, «Talk's Not Cheap», *New York Post*, 1 enero 1987; Irv Kupcinet, «Kup on Sunday», *Chicago Sun-Times*, 8 marzo 1987; «$25,000 Kiss», *Nashville Banner*, 4 agosto 1987; Robert Feder, «Oprah Buys Studio on West Side», *Chicago Sun-Times*, 17 septiembre 1988; «Oprah, Revlon Give School $100,000», *New York Amsterdam News*, 4 febrero 1989; «Generous Oprah», *New York Daily News*, 27 diciembre 1988; «Lunch on Oprah in South African Town», *Boston Herald*, 23 julio 1988; Brian Williams y David Barritt, «Oprah's Mission of Mercy», *National Enquirer*, 3 abril 1990; Brian Lowry, «NCCJ Humanitarian Award Presented to Oprah Winfrey», *Variety*, 24 octubre 1988; «Oprah Gives Donation», *Fort Lauderdale Sun-Sentinel*, 30 abril 1988; «Rich Get Richer», *Chicago Tribune*, 17 septiembre 1989; «Oprah Winfrey Establishes Morehouse College Fund», *Atlanta Daily World*, 25 mayo 1989; «Oprah Makes Her Second $5Mil Donation to Morehouse College», *Chicago Defen-*

der, 26 febrero 2004; Lisbeth Levine, «Show Supports Shelter», *Chicago Sun-Times*, 23 agosto 1989; «Check Oprah —She Saves the Day», *Chicago Sun-Times*, 28 marzo 1989; Irv Kupcinet, «Kup's Column», *Chicago Sun-Times*, 22 junio 1989; «Star Watch», *USA Today*, 26 septiembre 1989; «Oprah Winfrey Helps», *Atlanta Daily World*, 12 marzo 1989; «Cosby Tops List of Money-Makers», *Los Angeles Times*, 17 septiembre 1990; «Oprah, Church Make Way for Dakota Shelter», *Minneapolis Star-Tribune*, 16 agosto 1990; Mary Cameron Frey, «Chicago Opens Its Heart for Art Against AIDS», *Chicago Sun-Times*, 22 abril 1990; «... And Winfrey Deserves Salute», *Chicago Sun-Times*, 2 octubre 1990; Irv Kupcinet, «Kup's Column», *Chicago Sun-Times*, 25 enero 1990; Susan Heller Anderson, «Chronicle», *New York Times*, 26 enero 1990; «Standing Room Only», *Atlanta Daily World*, 11 mayo 1990; «Oprah Flying Mandela Kin to South Africa», *Chicago Sun-Times*, 2 febrero 1990; Robert Feder, «Bob Hope Leads Stars in Salute to Winfrey», *Chicago Sun-Times*, 12 septiembre 1990; «The Dish!», *Globe*, 21 enero 2003; Edward R. Silverman, «Big Bucks on the Block», *Newsday*, 16 septiembre 1991; Eric Siegel, «Talk Show Host Winfrey Gives Money for Books», *Baltimore Sun*, 18 septiembre 1991; Edward R. Silverman, «Big Bucks», *Newsday*, 14 septiembre 1992; «Oprah Gives $50,000 to Fight Abuse», *Chicago Sun-Times*, 15 enero 1992; «People», *Orange County Sentinel*, 1 agosto 1992; Irv Kupcinet, «Kup's Column», *Chicago Sun-Times*, 16 enero 1992; David E. Kalish, «Oprah Tops Forbes' List of Entertainers», *San Francisco Chronicle*, 13 septiembre 1993; Ginny Holbert, «Winfrey Thinks Show Can Help», *Chicago Sun-Times*, 23 noviembre 1993; M. W. Newman, «Restoration Brings Out Best in Holy Family», *Chicago Sun-Times*, 12 julio 1993; Mary Cameron Frey, «Oprah Looks Like a Million to West Side School», *Chicago Sun-Times*, 17 octubre 1993; Bill Zwecker, «The Top Earners», *Chicago Sun-Times*, 12 septiembre 1994; «Oprah Winfrey Donates Prize Money to School», *New York Amsterdam News*, 12 febrero 1994; «Rack Race», *People Weekly*, 4 julio 1994; Luchina Fisher *et al.*, «In Full Stride», *People Weekly*, 12 septiembre 1994; «'Taking on Welfare' —Next on Oprah», *Chicago Tribune*, 16 septiembre 1994; Gary Wisby, «Oprah Picks Up the Tab», *Chicago Sun-Times*, 14 septiembre 1994; Barbara Grizzuti Harrison, «The Importance of Being Oprah», *New York Times Magazine*, 11 junio 1989; Pat Gowens, «A Woman's Response to the 'Oprah Effect'», <www.blackagendareport.com>, 1 noviembre 2006; Dana Kennedy, «Oprah Act Two», *Entertainment Weekly*, 9 septiembre 1994; Maudlyne Ihejirika, «7 Star in Oprah's Pilot», *Chicago Sun-Times*, 15 septiembre 1995; Allyson C. Ward, «Oprah, Hull House Help 100 Needy Families with Housing», *Chicago Defender*, 14 septiembre 1994; Christopher John Farley,

«Oprah Springs Eternal», *Time*, 30 agosto 1993; Melissa Key, «Secret Heartache Behind Oprah's $6M Giveaway», *Star*, 17 septiembre 1994; Jamie Foster Brown, «Everything Negroes Ever Wanted to Ask Oprah», *Sister 2 Sister*, noviembre 1997; Louise Kiernan, «Oprah's Poverty Program Stalls», *Chicago Tribune*, 27 agosto 1996; Clarence Page, «Oprah Asking the Right Questions», *Chicago Tribune*, 4 septiembre 1996; Richard Thomas, «Queen of the Dream», *Guardian*, 10 mayo 1997; «Oprah Winfrey and Beau Stedman Graham to Teach Class at Northwestern University», *Jet*, 7 junio 1999; Cliff Edwards, «Professor Oprah to Teach Leadership at Northwestern», *Commercial Appeal*, 20 mayo, 1999; «Oprah on Oprah», *Newsweek*, 8 enero 1999; Bill Hoffman, «On Guard! Here Comes Oprah», *New York Post*, 15 noviembre 2000; Mike Thomas, «Class Dismissed», *Chicago Sun-Times*, 3 enero 2001; Michael Sneed, «Sneed», *Chicago Sun-Times*, 12 noviembre 1999; Forbes 400 list 1998, 1999, 2000, and 2002, <www.Forbes.com>; «O, No! Oprah Talks of Retiring», *New York Post*, 12 marzo 2002; «World's Richest People» list 2003 and 2004, <www.Forbes.com>; Lista «Multimillonarios» 2006 y 2007, <www.Forbes.com>; «Oprah, Master P and Puff Daddy Among Forbes' List of 40 Highest Paid Entertainers», *Jet*, 28 septiembre 1998; «Oprah and Michael Jordan Among Forbes' List of Top 50 Highest Paid Performers», *Jet*, 22 marzo 1999; «Who Are the Highest-Paid Black Celebrities», *Jet*, 27 marzo 2000; lista «100 Top Celebrities» 2001, 2002, 2003, 2004, 2005, 2006 y 2007, <www.Forbes.com>; «Mandela's Passion for Education», *Mercury*, 15 julio 2008; «Newsmakers», *Houston Chronicle*, 5 noviembre 2000; Belinda Robinson, «Oprah's African Dream Realized», *London Voice*, 7 diciembre 2006; Oprah Winfrey, «O Happy», *O, The Oprah Magazine*, abril 2003; Darren Scheuttler, «Crowding Mars Mandela Holiday Party», *Chicago Tribune*, 23 diciembre 2002; P. J. Bednarski, «All About Oprah Inc.», *Broadcasting and Cable*, 24 junio 2005; Oprah Winfrey, «What I Know for Sure», *O, The Oprah Magazine*, diciembre 2006; Patricia Edmonds, «This Time I Won't Fail», *USA Weekend*, 17 diciembre 2006; Pamela Gien, «Building the Dream», *O, The Oprah Magazine*, enero 2007; Rosalind Rossi, «Oprah Visits Local Charter School to Get Tips for Her South African», *Chicago Sun-Times*, 15 noviembre 2003; transcripción, *Anderson Cooper 360 Degrees*, <www.cnn. transcripts.com>, 8 enero 2007; Debby Knox, «The Christel Touch», <www. wishtv.com>, 12 febrero 2007; «Talk Show Host Reinvigorates Attention on City's Failing Schools», <www.thewbalchannel.com>, 12 abril 2006; Dan Rodricks, «Listen Up, Oprah: There Are Other Ways to Help City Kids», *Baltimore Sun*, 13 abril 2006; Lynn Anderson, «Baltimore Turns the Other Cheek for Oprah», *Baltimore Sun*, 22 abril 2006; Daphne Merkin, «Soap

Oprah», *Radar,* febrero 2008; Allison Samuels, «Oprah Winfrey's Lavish South African School», *Newsweek,* 8 enero 2007; «Oprah Reveals She Is a Descendant of Zulus», *Jet,* 4 julio 2005; «One on One with Oprah», <www.etonline.com>, 3 enero 2007; «Oprah Opens Her Dream School for Poor South African Students», *Yahoo News* (AFP), 2 enero 2007; Rebecca Traister, «What Oprah Can't Forget», <www.Salon.com>, 13 enero 2007; Janet Silvera, «Mixed Feelings for New 'Oprah' School», *Jamaica Gleaner,* 29 mayo 2007; «Oprah Admits Having Nearly Given Up South African School Project», *Yahoo News* (AFP), 3 enero 2007; Suzanne Slesin, «Live and Learn», *O at Home,* verano 2007; «KZN Girls Head for Oprah's School», *Durban Daily News,* 20 noviembre 2006; Chrisena Coleman, «Oprah's Schooled», *New York Daily News,* 2 enero 2007; «Statement from Oprah Winfrey», *Boston Globe,* 20 enero 2007; «Oprah: Their Story Is My Story», <www.ABCNews.go.com>, 2 enero 2007; «Oprah Winfrey Press Conference», <www.oprah.com>, 5 noviembre 2007; «Transcript of Oprah Winfrey's Commencement Address», *Stanford Report,* 15 junio 2008; Lumka Oliphant, «Stars at Oprah's S. A. Bash», *Pretoria News,* 23 diciembre 2006; Ray Richmond, «Gift List for Challenged Media Figures», <www.hollywoodreporter.com>, 19 diciembre 2006; Beverly Keel, «Oprah's School for Girls in Africa Impresses Dad», *Tennessean,* 12 enero 2007; «Oprah Winfrey Talks About 'Her Girls'», <www.ABC7Chicago.com>, 26 febrero 2007; Jodi Poirier, «Building a Dream», *New York Amsterdam News,* 1-7 marzo 2007; Ruben Navarette, «The Truth According to Oprah», *San Diego Union-Tribune,* 14 enero 2007; Maulina Karenga, «Oprah in Africa», *Los Angeles Sentinel,* 17 enero 2007; Gill Guilford y Bothos Molosanka, «Accused Pleads Not Guilty in Oprah Case», *Johannesburg Star,* 29 julio 2008; Solly Maphumulo, «Oprah Sex Scandal», *Johannesburg Star,* 31 marzo 2009; Caille Millner, «Oprah's Opportunity», *San Francisco Chronicle,* 12 noviembre 2007; transcripción, *Countdown with Keith Olbermann,* <www.msnbc.msn.com>, 5 noviembre 2007; Eugene Robinson, «Oprah the Avenger», *Washington Post,* 6 noviembre 2007; Canaan Mdletshe, «Girl Quits Winfrey Academy», *Sowetan,* 27 septiembre 2007; Andrew Leonard, «Live on Oprah: Microfinance!», <www.Salon.com>, 5 diciembre 2006.

TV/DVD: *The Oprah Winfrey Show 20th Anniversary Collection* (colección DVD); *The Oprah Winfrey Show,* WLS-TV Chicago, *«Second Anniversary»,* emitido 2 enero 1986 (en <www.museum.tv>); Oprah Winfrey entrevistada en *Meet the Faith,* BET, emitido 29 julio 2007; «Oprah's Roots» episodio epecial de *African American Lives,* PBS, emitido 24 enero 2007; *Building a Dream,* especial de ABC, emitido 26 febrero 2007; «Inside Oprah's Holiday Trip», *The Oprah Winfrey Show*, emitido 17 enero 2007.

ENTREVISTAS: Nancy Stoddart, 8 julio 2009; Fran Johns, septiembre 2007; Linda Reynolds Stern, diciembre 2008; Sandra Day O'Connor, noviembre 2008; Alice Walker, 7 octubre 2008; Badi Foster, 27 febrero 2007; Vernon Winfrey, 24 abril 2008; fuente confidencial, 9 noviembre 2007; Rocky Twyman, 20 mayo 2008.

CAPÍTULO 19
DOCUMENTOS: Transcripciones de declaraciones de Rayford Dotch (16 junio 1997), LeGrande Green (19 diciembre 1997), Dianne Hudson (18 junio 1997), James Kelley (18 junio y 19 diciembre 1997), Alice McGee (19 junio 1997), Oprah Winfrey (14 junio y 12 diciembre 1997), y Andrea Wishom (17 junio 1997) en el caso de Texas Beef Group et al. contra Winfrey *et al.*, caso n.º 2:96-cv-00208, E.U. District Court, Northern District, Texas; documento del caso de Mutual of Omaha Insurance Company contra Winfrey et al., caso n.º 8:09-cv-00145-JFB-TDT, E.U. District Court, Distrito de Nebraska; resultados de «Harpo» y «Oprah», U.S. Patent and Trademark Office, Trademark Electronic Search System; decisión en el caso de Elizabeth Coady contra Harpo, Inc., caso n.º 1-99-0481, 1st District, Appellate Court (Illinois); documentos del caso de Lerato Nomvuyo Mzamane contra Oprah Winfrey *et al.*, caso n.º 2: 08-CV-4884 de U.S. District Court, District Court for the Eastern District (Pensilvania); documentos del caso de Corrine Kehrls contra Myron Gooch, *et al.*, caso n.º 1:09-CV-06338, en U.S.District Court del Northern District of Illinois, Eastern Division; transcripción, Jean Harrison sobre *The Oprah Winfrey Show*, 22 agosto 1988.

LIBROS: Bill Adler, ed., *The Uncommon Wisdom of Oprah Winfrey*, Citadel Press, 1997; Susan Faludi, *The Terror Dream*, Metropolitan Books, 2007.

ARTÍCULOS: Patricia Sellars, «The Business of Being Oprah», *Fortune*, 1 abril 2000; Robert Feder, «Cynics' Shots at Oprah 'Come with the Territory'», *Chicago Sun-Times*, 30 septiembre 1997; «Happy Anniversary! The Oprah Show Turns 20», *O, The Oprah Magazine*, octubre 2005; P. J. Bednarski, «All About Oprah Inc.», *Broadcasting and Cable*, 24 junio 2005; Robert Kurson, «The Silent Treatment», *Chicago*, julio 2001; «Call Harpo Productions Anonymous Confession Hot Line», <www.oprah.com> (descargado 2 noviembre

2006); «Listing of Full Trademarks», <www.oprah.com> (descargado 9 sep- tiembre 2009); Mary McNamara, «The Life of Hollywood», *Los Angeles Times*, 11 diciembre 2005; Logan Hill, «Harry Benson Gets Shots You Just Don't See Anymore», *New York*, 7 diciembre 2009; Kandace Raymond, «Oprah Fan Awaits Big Day», 14 noviembre 2007, <www.13wmaz.com>; Elizabeth Coady, «World Class Phoney Oprah Winfrey and Her Sycophants», *Providence Journal*, Knight Ridder/Tribune News Service, 28 septiembre 2000; Michael Milner, «Free Speech Rocks! (When Oprah Calls the Tune)», *Chicago Reader*, 10 diciembre 1999; Tim Jones, «Muzzling Employees Host's Prerogative but Winfrey's Restriction Makes Some Howl», *Chicago Tribune*, 16 abril 2000; Eric Deggans, «Oprah Fans Get into the Spirit», *St. Petersburg Times*, 21 junio 2003; Emily Farache, «Oprah to Underlings: Shut Your Mouth», <www.eonline.com>, 17 abril 2000; Libby Copeland, «Our Lady of Perpetual Help», *Washington Post*, 26 junio 2000; Keith J. Kelly, «Oprah Defends Her Gag Rule for Staffers», *New York Post*, 18 abril 2000; Ellen Warren y Terry Armour, «Oh, No: Oprah Faces Tribulation of Another Trial», *Chicago Tribune*, 12 abril 2000; Grant McArthur, «Oprah Winfrey's Search for Aussie Leader», *Sydney Daily Telegraph*, 23 marzo 2008; IanEvans, «Trial to Lift Veil of Secrecy Over Oprah's African Academy», *Independent*, 27 julio 2008; Sonia Murray, «Peach Fuzz», *Atlanta Journal Constitution*, 4 febrero 2004; «Rumor: Oprah Shuts Down Filming of VH1 Reality Show...», <www. mediatakeout.com>, 14 diciembre 2008; «Oprah to Take Delivery of Cana- dian Jet», *Toronto Star*, 4 junio 2006; Ben Bradley, «Winfrey's Jet Grounded After Striking Bird in CA», <www.ABC7Chicago.com>, 27 diciembre 2005; Harry Allen, «Owned by Nobody», *Vibe*, septiembre 1997; Bill Zwecker, «Paris Store's Hard Lesson: Don't Mess with Oprah», *Chicago Sun-Times*, 23 junio 2005; George Rush y Joanna Molloy, «Snub a Pocketbook Issue to Oprah», *New York Daily News*, 22 junio 2005; «Store Sorry for Closed Door Policy», *Chicago Tribune*, 24 junio 2005; Gersh Kuntzman, «Pal: Oprah Humiliated by Hermès», *New York Post*, 24 junio 2005; «Ted and Sally's Hot Buggy Ride», *New York Post*, 20 junio 2005; Pete Samson, «Noprah», *Daily Mirror*, 25 junio 2005; «French Diss?» *People Weekly*, 11 julio 2005; Anna Kingston, «Rosa Parks She's Not», *National Post*, 28 junio 2005; «Oprah's Woes», *Montreal Gazette*, 30 junio 2005; Mary Mitchell, «In Paris, Not Even Oprah Winfrey Can Escape the Reality of Being Black», *Chicago Sun-Times*, 3 julio 2005; «Oprah Winfrey Was Denied Entry in Paris Because, as One Employee Said, They Had Been 'Having a Problem with North Africans'», *National Review*, 18 julio 2005; Aaron McGruder, «The Boondocks», 11 julio 2005, <www.gocomics.com>; Rosie O'Donnell, «Oprah hermès», <www.

rosie.com>, 25 junio 2005; Orlando Patterson, «The Blind Pig», *New York Times*, 10 febrero 2008; William Grimes, «Colorblind Conclusions on Racism», *New York Times*, 6 febrero 2008; «Oprah Winfrey», *People Weekly*, 28 diciembre 1987; Ginny Dougary, «Soul Queen», *London Times Magazine*, 4 marzo 1995; «Oprah Mistaken for Gender-Bending Bandit», *National Enquirer*, 23 octubre 2001; «Oprah After Hours Shopping Spree», *National Enquirer*, 20 diciembre 2001; «Anything Can Happen», <www.oprah.com>, 19 septiembre 2005; Don Kaplan, «Oprah: Hermès Embarrassed Me», *New York Post*, 20 septiembre 2005; «Oprah Gets OnAir Apology for Hermès Snub», *Chicago Sun-Times*, 21 septiembre 2005; Chris Rose, «As Not Read by Oprah», *Times-Picayune* de Nueva Orleans, 29 agosto 2007; «Inside Prison», <www.oprah.com>, 12 diciembre 2003; Marieke Haredy, «Spare Me That Oprah Ego», <www.theage.com.au, 21 diciembre, 2006; Grant Pick, «Oprah!», *Republic*, enero 1986; «Dot's All...», *New York Daily News*, 20 octubre 1997; Elliott Harris, «St. Valentine Had a Cannon Out There», *Chicago Sun-Times*, 24 febrero 2005; «Fashion Scoop: Oprah's Playbill», *WWD*, 18 abril 2006; Richard Roeper, «Apparently the Right Thing Isn't the Smart Thing», *Chicago Sun-Times*, 4 noviembre 2003; Margery Eagan, «Ethics Go Out the Window with Titillating Smart Story», *Boston Herald*, 28 octubre 2003; Lisa de Moraes, «3 Weeks at Nº1: Fox Leads the League», *Washington Post*, 29 octubre 2003; Peter Johnson, «Personal Tragedy or Media Event?», *USA Today*, 27 octubre 2003; «Elizabeth Smart TV Crossfire», <www.cnn.com>, 27 octubre 2003; Evgenia Peretz, «James Frey Gets a Bright, Shiny Apology from Oprah», <www.VanityFair.com>, 11 mayo 2009; Jennifer Armstrong, «New James Frey Paperback Implies He Has Scandalous Recordings of Oprah... Or Not», <www.ew.com>, 5 mayo 2009; Keith Bradsher, «Boy Who Killed Gets 7 Years; Judge Says Law Is Too Harsh», *New York Times*, 14 enero 2000; Jennifer Chambers, «Oprah Gets Abraham to Apologize to Family», *Detroit News*, 1 febrero 2007; Marilyn Johnson, «Oprah Between the Covers», *Life*, septiembre 1997; Josh Young, «How Oprah Dumped Monica», *George*, marzo 1999; Howard Kurtz y Lisa de Moraes, «Oprah Drops Monica Exclusive Over Money Issues», *Washington Post*, 30 diciembre 1998; Barbara McMahon, «Why Oprah Rejected Lewinsky Interview», *Evening Standard*, 30 septiembre 1998; Mike McDaniel, «ABC Catapults to Top of Weekly Ratings with Lewinsky and 'Friends'», *Houston Chronicle*, 10 marzo 1999; Lawrie Mifflin with Stuart Elliott, «Lewinsky Proves to Be Popular with Both Viewers and Sponsors», *New York Times*, 5 marzo 1999; «Queen Oprah Speaks: Talk Show Is Becoming Guide to Winfrey Ways», *Boston Herald*, 19 diciembre 1996; Natasha Singer, «The Oprah Treatment», *New York Times*,

11 mayo 2006; Sarah Fiedelholtz, «These Are a Few of Oprah's Favorite Things», *Chicago Sun-Times*, 23 noviembre 2004; Listas «Favorite Things» <www.oprah.com>, 1999, 2000, 2002, 2003, 2004, 2005, 2007 y 2008; «Late Night Jokes», 19 enero 2007, <www.newsmax.com>; «7000 Reasons to Love Oprah», *Chicago Tribune*, 22 noviembre 2005; Lewis Lazare, «Oprah Carried Away with Giveaways», *Chicago Sun-Times*, 16 septiembre 2004; Kelly Williams, «Drive, She Said», *People Weekly*, 27 septiembre 2004; Richard Roeper, «Oprah-mercial Turns Her into Hawk Show Host», *Chicago Sun-Times*, 16 septiembre 2004; Richard Roeper, «Car Winners Finding Out There Is No Free Lunch», *Chicago Sun-Times*, 20 septiembre 2004; Lucio Guerro, «Oprah's Car Giveaway Not Totally Free», *Chicago Sun-Times*, 22 septiembre 2004; «Oprah Car Winners Hit with Hefty Tax», <www.CNN-Money.com>, 22 septiembre 2004; Howard Gensler, «Yale Classroom Takes Two Days to Play Jax», *Philadelphia Daily News*, 27 septiembre 2004; «Vanity Fair 100», *Vanity Fair*, octubre 2006; Katherine Thomson, «The Billionaire Thank-You Note», <www.HuffingtonPost.com>, 15 octubre 2007; «More from Monterey: Would You Buy a Used Car from Oprah Winfrey?», <www.latimesblogs.latimes.com/uptospeed>, 28 julio 2008; «From Fat to Fabulous», <www.oprah.com>, 15 septiembre 2005; «Madea Is Tyler Perry's Other Half», <www.oprah.com>, 6 marzo 2009; Stephen M. Silverman, «Oprah Winfrey: Wealth Is a Good Thing», <www.people.com>, 11 abril 2006; Leslie Marshall, «The Intentional Oprah», *InStyle*, noviembre 1998; Lisa Kogan, «Oprah and Gayle Uncensored», *O, The Oprah Magazine*, agosto 2006; Susan Yerkes, «Out to Sea with Oprah», *San Antonio News Express*, 19 mayo 1998; Mike O'Neill, «Key West Agog Over Oprah», *Tampa Tribune*, 18 abril 1998; Nancy Wilson, «Maya's Birthday», *Life*, julio 1998; «Oprah Gives Maya Big Birthday Bash», *Jet*, 19 mayo 2003; «Oprah for Maya», *St. Louis Post-Dispatch*, 2 mayo 2008; Aldore D. Collier, «Oprah Honors Her Heroes in Three Day Bash in Santa Barbara, CA», *Jet*, 6 junio 2005; Laurie Winer, «The Legends Who Lunch», *O, The Oprah Magazine*, agosto 2005; Lisa de Moraes, «Fox Crushes the Competition», *Washington Post*, 1 junio 2006; Bill Zwecker, «For Oprah, a Night Full of Friends», *Chicago Sun-Times*, 1 marzo 2005; Michelle Tauber y J. D. Heyman, «What a Party!», *People Weekly*, 16 febrero 2004; «Oprah Turns 50», *Us*, 16 febrero 2004; Phil Rosenthal, «What Are You Looking At?», *Chicago Sun-Times*, 6 febrero 2004; «Oprah's Big Birthday Plans», *Us*, 16 febrero 2004; Tom Gliatto, «A Party from the Heart», *People Weekly*, 30 mayo 2005; Bill Zwecker, «Kate Minogue Postpones Tour to Battle Breast Cancer», *Chicago Sun-Times*, 18 mayo 2005; André Leon Talley, «Thick and Thin», *Vogue*, julio 2005; «Oprah Talks About 'Legends Ball'», <www.ABC-

News.go.com>, 22 mayo 2006; Stephanie A. Frederic, «Inside Oprah's Bash for Obama», *Los Angeles Sentinel*, 13-19 septiembre 2007; John McCormick and Christi Parsons, «Winfrey Draws Rich, Famous to Obama Bash», *Chicago Tribune*, 9 septiembre 2007; Logan Hill, «Harry Benson Got Shots You Just Don't See Anymore», *New York*, 7 diciembre 2009.

TV/DVD: *The Oprah Winfrey Show 20th Anniversary Collection* (colección DVD); *«The Oprah Effect»*, *CNBC Originals*, CNBC, emitido 8 mayo 2009; «Oprah's Favorite Things», *The Oprah Winfrey Show*, emitido 20 noviembre 2007; «Oprah's Song of Maya, Parts 1 and 2» *The Gayle King Show*, emitido 20 y 21 mayo 1998.

ENTREVISTAS: Fuente confidencial, 21 Marzo 2008; Robert Feder, 11 octubre 2007; Cheryl Reed, 11 octubre 2007 y 25 junio 2008; Bill Zwecker, 11 octubre 2007 y 25 junio, 2008; fuente confidencial, 26 noviembre 2007; Laura Aye, 24 junio 2008; fuente confidencial, 28 noviembre 2007; Erica Jong, 17 diciembre 2006; fuente confidencial, 17 octubre 2007; Chris Rose, 20 agosto 2009; Rachel Grady, 15 diciembre 2006 y 27 abril 2007; Suzanne Herz, 15 junio 2007; fuente confidencial, 22 marzo 2007; Ed Victor, 9 noviembre 2007; fuente confidencial, 22 agosto 2008; Daniel J. Bagdade, 7 mayo 2008; Peggy Furth, 16 marzo 2007; correspondencia con Wayne Kabak, 29 septiembre 2009; correspondencia con Cameron Smith, 25 abril 2007; Blair Sabol, 28 julio 2007; Miyuki Williams, 20 enero 2007; correspondencia con Joe Armstrong, 6 marzo 2009; Alice Walker, 7 octubre 2008; David McFadden, M.D., 24 diciembre 2008.

CAPÍTULO 20

DOCUMENTOS: Resultados de la búsqueda para «Winfrey» at <www.opensecrets.org>; Federal Communications Commission archivo de quejas contra *The Oprah Winfrey Show*, 2004-2007; Federal Communication Commission, «Notices of Apparent Liability and Memorandum Opinion and Order, Mar. 2006», hechas públicas el 15 de marzo 2006; carta de Jerry Glover, The Entertainment and Intellectual Property Group LLC, a Patrick Crowe, Oprah for President, 22 agosto 2006; Public Law 103-209, 103rd Congress, National Child Protection Act of 1993; transcripción «Keeping Hope Alive», *The Oprah Winfrey Show*, 18 octubre 2006; resultados búsqueda para «Oprah Winfrey», «Stedman Graham», y «Harpo», Federal Election Commission, Individual Contributions Search, Disclosure Data Search.

Libros: Patrick H. Crowe, *Oprah for President: Run, Oprah, Run!*, Crowe Enterprises, 2005; Richard Wolffe, *Renegade,* Crown Publishers, 2009.

Artículos: «Oprah Winfrey's Biography», <www.oprah.com> (descargado 20 febrero 2009); Lista mundial de distribución de The Oprah Winfrey Show, <www.oprah.com>, mayo 2009; Stephanie D. Smith, «The Circulation Gauge», *WWD,* 27 agosto 2009; Patricia Sellars, «The Business of Being Oprah», *Fortune,* 1 abril 2000; Peter Lauria, «NBC Breathes In», *New York Post,* 10 octubre 2007; Meg James, «Oprah Teams with Discovery on New Cable Channel», *Los Angeles Times,* 15 enero 2008; «Oprah.com Facts», <www.oprah.com>, mayo 2008; «Oprah Most Requested Stop in PR Campaigns», <www.PRinside.com>, 12 enero 2008; Mark Jurkowitz, «Attack of the 50-Foot Oprah», *Boston Phoenix,* 9 febrero 2006; Nancy F. Koehn y Erica Helms, «Oprah Winfrey», *Harvard Business School Publication* 9-803-190, 8 mayo 2003, revisado 1 junio 2005; «A Class Act: Oprah Hosts Students of History 298», *Inside Illinois,* 17 mayo 2001; «The Age of Oprah», portada *Newsweek,* 18 enero 2001; «Queen Oprah», *Wall Street Journal,* 17 septiembre 1997; LaTonya Taylor, «The Church of O», *Christianity Today,* 1 abril 2002; Mary McNamara, «The Life of Hollywood», *Los Angeles Times,* 11 diciembre 2005; Lynn Sweet, «Bush, Gore in Hot Seat with Oprah», *Chicago Sun-Times,* 10 septiembre 2000; Robert Feder, «Gore to Help Kick Off New Season of Oprah», *Chicago Sun-Times,* 1 septiembre 2000; «Oprah Lines Up Gore as Guest for Septiembre 11», *Chicago Tribune,* 1 septiembre 2000; Joyce Millman, «The Road to the White House Goes Through Oprah», <www.Salon.com>, 25 septiembre 2000; transcripción «Bill Moyers Talks with Dr. Ronald Walters», *Bill Moyers Journal,* 14 diciembre 2007, <www.pbs.org>; Lynn Sweet, «Oprah Backs Obama but Will She Vote for Him?», *Chicago Sun-Times,* 7 septiembre 2007; Brad Ritzer, «I Would Have Done This Job for Free», *Woman,* 14 diciembre 1998; Ginny Dougary, «Soul Queen», *London Times Magazine,* 4 marzo 1995; Martyn Palmer, «Unloved but Unbowed», *London Times,* 25 febrero 1999; Joshua Green, «Take Two», *Atlantic Monthly,* noviembre 2006; «Obama and the Oprah Factor», *Newsmax,* mayo 2008; Larry King, «Hannibal Lecter Turns Up in Italy», *USA Today,* 15 junio 1992; Michael Kranish, «Oprah on Dole Chat: I Just Won't Do It», *Boston Globe,* 11 octubre 1996; Michael Starr, «Oprah Denies Bouncing Dole», *New York Post,* 11 octubre 1996; Thomas Galvin, «Oprah Tells Bob to Take a Hike», *New York Post,* 8 octubre 1996; Robert Feder, «Oprah Lets Political Parade Pass Her By», *Chicago Sun-Times,* 26 agosto 1996; Phil Kloer, «Beatles and 'Soul-Train' Make Music for Sweeps», *Atlanta Constitution,* 1 noviembre 1995; Irv

Kupcinet, «Kup's Column», *Chicago Sun-Times*, 7 noviembre 1997; Louis Lague, «The White Tie House», *People Weekly*, 27 junio 1994; Donnie Radcliffe y Jacqueline Trescott, «Politics and Putters», *Washington Post*, 28 junio 1989; Will Lesher, «Bush, Gore Hope Oprah Will Be the Way to Gain Crucial Female Votes», *Chicago Tribune*, 8 septiembre 2000; David Skinner, «Gore's Softsell on 'Oprah'», <www.Salon.com>, 12 septiembre 2000; Phil Rosenthal, «Selling Obama May Be Beyond Oprah's Reach», *Chicago Tribune*, 7 septiembre 2007; «Getting Off the Couch», *Chicago Sun-Times*, 21 septiembre 2000; Gary Wisby, «Punch Card, Punch Line», *Chicago Sun-Times*, 17 septiembre 2000; «Gore Gets a Laugh on Oprah's Show», *Chicago Sun-Times*, 11 septiembre 2000; Naftali Bendavid, «Gore Wins Battle of Wills on 'Oprah' Show», *Chicago Tribune*, 12 septiembre 2000; Mark Brown, «Gore Had Nothing to Fear with Oprah», *Chicago Sun-Times*, 22 septiembre 2000; Michael Sneed, «Sneed», *Chicago Sun-Times*, 22 septiembre 2000; «Bush Has His Turn to Woo Women Voters on 'Oprah'», *Chicago Tribune*, 18 septiembre 2000; Richard Roeper, «Preppies Bush, Gore Are Hard Not to Heckle», *Chicago Sun-Times*, 20 septiembre 2000; «Texas Governor George W. Bush Has Revealing Talk with Oprah», *Jet*, 19 septiembre 2000; Matthew Mosk, «The Magic Touch?», *Washington Post*, 5 septiembre 2007; Gloria Steinem, «Oprah Winfrey: How America Got with the Program», *Time*, 18 abril 2005; Ellen Warren y Terry Farmer, «Bush Has Idea for Oprah's Next Lifestyle Makeover», *Chicago Tribune*, 16 abril 2001; «Oprah Talks to Laura Bush», *O, The Oprah Magazine*, mayo 2001; Tara Copp, «First Lady Working Hard on Home Front», *Chicago Sun-Times*, 19 septiembre 2001; «Oprah Fears Trip, Skips O Premiere in South Africa», *Chicago Sun-Times*, 11 abril 2002; «Oprah Skips South African Launch of 'O' Magazine», *National Enquirer*, 11 abril 2002; Jeff, Zeleny, «Oprah Declines Bush Invite to Afghan Trip», *Chicago Tribune*, 29 marzo 2002; «Winfrey Won't Tour for Bush», *New York Times*, 30 marzo 2002; Andy Geller, «Envoy Oprah a No-Go», *New York Post*, 30 marzo 2002; Barbara E. Martinez, «No Oprah, No Afghan Trip», *Washington Post*, 30 marzo 2002; Joseph Honig, «Oprah Balks», *Los Angeles Daily News*, 8 abril 2002; «Oprah Just Says No», *People Weekly*, 15 abril 2002; Sally A.Tully, «Oprah's Decline», *Chicago Tribune*, 16 abril 2002; Michael Starr y Adam Buckman, «Oprah Complains to Palson 'The View', White House Set Me Up», *New York Post*, 3 abril, 2002; Anne Basile, «My Letter to Oprah», <www.educate-yourself.org>, 9 octubre 2002; Sacha Zimmerman, *Saint Oprah*, <www.thenewrepublic.com>, 21 mayo 2007; transcripción, «Buying the War», *Bill Moyers Journal*, 25 abril 2007, <www.pbs.org>; Laurence van Gelder, «Arts Briefing», *New York Times*, 18 septiembre 2003; «Sweden Censures

Oprah for Pro-War Bias», *Circom Report,* octubre 2003; Bill O'Reilly, «I Made a Mistake...», <www.foxnews.com>, 3 marzo 2003; Larry Elder, «You've Got Mail», <www.worldnetdaily.com>, 29 diciembre 2006; Tom Shales, «A Media Role in Setting the War? No Question», *Washington Post,* 25 abril 2007; «Howard vs. Oprah», *Star,* 27 marzo 27, 2004; Greg Gatlin, «Stern Drags Oprah into Indecency Battle», *Boston Herald,* 20 marzo 2004; «Is Oprah Next in FCC Crosshairs?», *Newsweek,* 12 abril 2004; Richard Roeper, «By FCC Standards, Oprah More Dangerous Than Stern», *Chicago Sun-Times,* 24 marzo 2004; Brian Hutchinson, «Stern Rebuke by FCC», *New York Daily News,* 19 marzo 2004; Jeff Jarvis, «Oprah, Pontificating Panderer», <www.buzzmachine.com>, 26 marzo 2004; Scott Steepleton, «FCC Should Gauge All by the Same Rules», *Santa Barbara News-Press,* 12 abril 2004; Robert Paul Reyes, «Oprah Winfrey Goes the Jerry Springer Route to Garner High Ratings», <www.americanchronicle.com>, 24 febrero 2006; Nitya Venkataraman, «Oprah Winfrey Presents: Barack Obama», <www.ABCNews.go.com>, 7 diciembre 2007; Gary Cohen *et al.,* «Women Say Schwarzenegger Groped, Humiliated Them», *Los Angeles Times,* 2 octubre 2003; Tracy Weber *et al.,* «3 More Women Allege Misconduct», *Los Angeles Times,* 4 octubre 2003; Gary Cohen *et al.,* «4 More Women Go Public Against Schwarzenegger», *Los Angeles Times,* Octubre 5, 2003; Carla Hall, «Another Alleged Victim Comes Forward», *Los Angeles Times,* 7 octubre 2003; Maltea Gold y George Rubin, «Critics See Story as Hatchet Job», *Los Angeles Times,* 4 octubre 2003; Bill Carter y Brian Stelter, «Letterman Extortion Question Raises Questions for CBS», *New York Times,* 3 octubre 2009; Mark Steyn, «Comic Oprah», *National Review,* 23 marzo 2008; Tim Griere, «Would You Let Your Sister Vote for this Man?», <www.Salon.com>, 30 agosto 2003; Hank Steuver, «Is This Any Way to Make a Movie?», *Washington Post,* 7 septiembre 2003; Molly Ivins, «So Whose Mess Is California Anyway?», *Tulsa World,* 27 agosto 2003; «Season Premiere», <www.oprah.com>, 15 septiembre 2003; Scott Martelle, «Schwarzenegger Plays Up Family in 'Oprah' Talk», *Los Angeles Times,* 16 septiembre 2003; David K. Li, «Maria Defends Her Husband on Oprah», *New York Post,* 16 septiembre 2003; «The Arnold Show», *Chicago Tribune,* 16 septiembre 2003; Mary McNamara, «O to a Higher Power», *Los Angeles Times,* 11 diciembre 2005; «Oprah, Arnold and Equal Time», *New York Times,* 17 septiembre 2003; Katha Pollitt, «Governor Groper?», *Nation,* 6 octubre 2003; «President Oprah Hits the Web», <www.news.bbc.co.uk>, 6 octubre 1999; Michael Moore, «Draft Oprah for President», <www.michaelmoore.com> (descargado 28 junio 2006); Robert Fulghum, *Journal,* <www.robertfulghum.com>, 143 agosto 2006; «Top Ten Things Overheard at the Republican Weekend», *Late Show with David Letterman,* 21 febrero 1995, <www.cbs.com/latenight/lateshow>; Kelli Bamforth, «One Man's Idea for President Turns National Sensation», *Wednesday Sun,* 26 diciembre 2007; transcripción, *Larry King Live,* 25 septiembre 2006; Don Kaplan, «Please Hold for Oprah», *New York Post,* 14 octubre 2006; Judy Markey, «Opinionated Oprah!» *Woman's Day,* 4 octubre 1988; Nell Scovell, «Dressing Room Dropout», *New York Times Style Magazine,* Navidad 2006; «Former Olympic Medalist Marion Jones' First Interview After Prison», <www.oprah. com>, 24 octubre 2008; Allison Samuels, «Toni Tells Her Troubles», *Newsweek,* 1 mayo 2000; Howard Kurtz, «For NBC President, a Week in the Hot Seat», *Washington Post,* 30 abril 2007; «The Virginia Tech Videotape Debate», <www.oprah.com>, 24 abril 2007; Richard Zoglin, «Lady with a Calling», *Time,* 8 agosto 1988; Daniel Margolick, «Through a Lens Darkly», <www.vanityfair.com>, 24 septiembre 2007; «Fun with Oprah», <www.ddy. com> («Oprah Log» descargado 9 octubre 2009); Alyson Ward, «Oprah, Dave. Dave, Oprah», *Fort Worth Star Telegram,* 30 noviembre 2005; Phil Rosenthal, «What Are You Looking At?», *Chicago Sun-Times,* 1 febrero 2002; Phil Rosenthal, «Oprah, Please Call Dave», *Chicago Sun-Times,* 7 enero 2002; *Top Ten Lists, Late Show with David Letterman,* 11 noviembre 1993, 29 junio 1994, 3 mayo 1999, 29 marzo 2004, 10 octubre 2005 y 22 noviembre 2005, <www.cbs.com/ latenight/lateshow>; «Scoop», *People Weekly,* 5 diciembre 2005; Aaron Barnhart, «Back on Speaking Terms: Dave and Oprah Chat Tonight», *Kansas City Star,* 1 diciembre 2005; David Bauder, «Oprah's Appearance Triples Letterman's Audiences», *Chicago Sun-Times,* 3 diciembre 2005; Lisa de Moraes, «Oprah Gives Peace —and Letterman— a Chance», *Washington Post,* 2 diciembre 2005; «Oprah Talks to Bill Clinton», *O, The Oprah Magazine,* agosto 2004; Tom McNamee y Mike Thomas, «Clinton Book Tour Gets Around to Oprah's Set», *Chicago Sun-Times,* 23 junio 2004; Jeff Simon, «A Long 'Life'», *Buffalo News,* 26 junio 2004; «Glitz Meets Grits», *Chicago Sun-Times,* 19 enero 1993; «President Clinton Signs 'Oprah Bill,' New Law to Protect Children», *Jet,* 10 enero 1994; Mark Jurkowitz, «Clinton's Charm and Confessions Play Well on TV», *Boston Globe,* 24 junio 2004; «Presidential Performance», *Broadcasting and Cable,* 28 junio 2004; «Performance of the Week», *Time,* 5 julio 2004; «Oprah Talks to Barack Obama», *O, The Oprah Magazine,* noviembre 2004; «Living the American Dream», <www.oprah.com>, 19 enero 2005; Dr. Ink, «A Look Behind the Scenes», *Poynter Online* (<www.poynter.org>), 17 octubre 2006; Noel Sheppard, «Bill O'Reilly and Michelle Malkin Take on Oprah», <www.newsbus-ters.org>, 17 octubre 2006; Matthew Mosk, «Oprah's Couch for Obama

Only», <www.blogs.washingtonpost.com>, 5 septiembre 2007; «Late Night Jokes», 5 octubre 2009, <www.newsmax.com>; «Oprah's Statement Regarding Gov. Sarah Palin on The Oprah Winfrey Show», <www.oprah.com>, 5 septiembre 2008; Alex Leary, «Florida Republicans Say No to Oprah», *The Buzz* (<www.blogs.tampabay.com>), 6 septiembre 2008; «Oprah on the Palin Rumors», <www.extratv.warnerbrothers.com>, 4 diciembre 2008; Garance Franke-Ruta, «Oprah and Obama, Together Again», <www.voices. washingtonpost.com>, 25 noviembre 2009; Lisa de Moraes, «Who's Unwilling to Pull Punches with Sarah?», *Washington Post*, 18 noviembre 2009; Tina Brown, «Sarah Drops the Act», <www.thedailybeast.com>, 18 noviembre 2009; «Oprah Winfrey Donates to Newark Nonprofits», *Newesday*, 1 febrero 2009; Max Pizarro, «The Guru, The Star and Oprah, <www.politickernj. com>, 9 febrero 2009; Sharon Cotlier, «15 Questions with Bill Clinton», <www.people.com>, 22 mayo 2008; «Late Night Jokes», 5 septiembre 2009, <www.newsmax.com>; Dan Frederick, «Oprah to Host Obama Fundraiser», *Top of the Ticket* (<www.latimesblogs.latimes.com>), 7 julio 2007; Lynn Sweet, «Oprah's Obama Fundraiser Sold Out?», *Chicago Sun-Times*, 39 julio 2007; Soo Youn y Michael Saul, «Oprah Winfrey Raises $3 Million for Barack Obama», *New York Daily News*, 9 septiembre 2007; John McCormick y Christi Parsons, «Winfrey Draws Rich and Famous to Obama Bash», *Chicago Tribune*, 9 septiembre 2007; Jonathan King, «The Oprah/Barack Affair», *Montecito Journal*, 13 septiembre 2007; Richard Mineards, «From the First Canape to the Very Last Cocktail», *Santa Barbara News-Press*, 11 septiembre 2007; «Oprah Rolls Out the Red Carpet for Obama», *USA Today*, 9 septiembre 2007; Tina Daunt, «Obama Finds Lots of Green in Oprah's Meadow», *Los Angeles Times*, 9 septiembre 2007; transcripción, *Larry King Live*, 1 mayo 2007; Colleen Mastory, «Oprah's Gamble», *Chicago Tribune*, 13 diciembre 2007; «Ellen DeGeneres Is New Favorite TV Personality as Oprah Slips to Number Two», *The Harris Poll*, n.º 6, 14 enero 2008; John McCormick, «First Oprah, Next Gayle King», *Swamp* (<www.weblogs.baltimoresun. com>), 12 diciembre 2007; «How He Did It», *Newsweek*, 5 noviembre 2008; Caroline Kennedy, «A President Like My Father», *New York Times*, 27 enero 2008; Joan Walsh, «Don't Call Oprah a 'Traitor'», <www.Salon.com>, 4 febrero 2008; «The Secret Behind the Secret», <www.oprah.com>, 6 febrero 2008; Edward McClellan, «More Than 125,000 Witness History in Chicago», <www.Salon.com>, 26 noviembre 2008; «Madonna, Oprah, Other Celebrities React to Obama's Win», *AP*, 5 noviembre 2008; Craig Garthwaite y Timothy J. Moore, «The Role of Celebrity Endorsements in Politics: Oprah, Obama, and the 2008 Democratic Primary», (sin publicar), septiembre 2008;

John Carlucci, «Winfrey on Politics: I Did My Part for Change», *AP,* 14 septiembre 2009.

TV/DVD/AUDIO/OTROS: «Remembering Ted Kennedy: Vicki Kennedy's First TV Interview», *The Oprah Winfrey Show,* 25 noviembre 2009; *The Oprah Winfrey Show 20th Anniversary Collection* (colección DVD); «Return of the King», *The Boondocks,* (en <www.vidilife.com>), «All American Tragedy», *The Oprah Winfrey Show,* 3 noviembre 2006; «Oprah Fridays Live: Mike Tyson Returns, Plus Evander Holyfield», *The Oprah Winfrey Show,* 16 octubre 2009; «Truth in America», *The Oprah Winfrey Show,* 12 octubre 2006; «Oprah's Town Hall with Bill O'Reilly», *The Oprah Winfrey Show,* 27 octubre 2006; *The O'Reilly Factor,* emitido el 14 abril 2010; Henry Louis Gates, Jr., Alma y Joseph Gildenhorn Talk, Aspen Institute, Washington, D.C., 27 febrero 2007; presencia de Oprah Winfrey en *The Ed Lover Show,* WWPR-FM, 4 noviembre 2008 (audio en <www.power1051fm.com>); «Will Smith and Tina Fey», *The Oprah Winfrey Show,* 6 noviembre 2008; discurso de Oprah en Columbia (Carolina del Sur), 9 diciembre 2007.

ENTREVISTAS: Correspondencia con Mary Ann Gilbert, ProQuest, 14 septiembre 2009; Marianne Means, 9 febrero 2007; Katharine Carr Esters, 1 agosto 2007; Senador Robert Dole, 23 mayo 2008; correspondencia con Eileen Wood, 19 septiembre 2009; Christopher Addison, 20 noviembre 2007; Trudie Munson, 2007; correspondencia con Patrick Crowe, 3 junio 2008; fuente confidencial, 10 agosto 2007; fuente confidencial, 26 octubre 2006; Vernon Winfrey, 24 abril 2008; Luvenia Harrison Butler, 24 abril 2008; fuente confidencial, 23 junio 2008; Alice Walker, 10 octubre 2008.

EPÍLOGO

ARTÍCULOS: Alessandra Stanley, «The Fine Art of Quitting While She's Ahead», *New York Times,* 20 noviembre 2009; Gail Collins, «Putting the Fond in Farewell», *New York Times,* 21 noviembre 2009; Joe Flint y Meg James, «Afternoons Without Oprah», *Los Angeles Times,* 21 noviembre 2009; Julia Viatullo-Martin, «What Oprah's Departure Means for the Windy City», *Wall Street Journal,* 28 noviembre 2009; Nikki Finke, «The End of 'Oprah' as We Know Her», <www.deadline.com/hollywood>, 5 noviembre 2009; Daniel Frankel, «Oprah's Network Sets Yet Another Launch Date», <www.thewrap.com>, 20 noviembre 2009; Nikki Finke, «Oprah Promises Cable Show 'Smaller and Different'», <www.deadline.com/hollywood>, 20 noviembre 2009;

Rick Kogan, «City of 1000 Stars: Should Chicago Be Defined by Its Celebrities?», *Chicago Tribune*, 29 noviembre 2009; Phil Rosenthal, «Say It Ain't So, O», *Chicago Tribune*, 6 noviembre 2009; «Why Is She Ending the Show? Daley Blames the Media», *Chicago Sun-Times*, 19 noviembre 2009; Richard Roeper, «Oprah Doesn't Feel Chicagoans' Love? Oh, Please!», *Chicago Sun-Times*, 7 junio 2010; Patricia Shipp, «Oprah's Booze and Drug Binges», *National Enquirer*, 9 noviembre 2009; «Late Show Top Ten», <www.newsmax.com/jokes>, 23 noviembre 2009; Bill Gorman, «'Christmas Special at the White House: An Oprah Primetime Special' draws ABC's 2nd Biggest Audience in the Hour This Season», <tvbythenumbers.com>, 14 diciembre 2009; Jason Links, «The Time 100 in 2010», *Huffington Post*, 29 abril 2010; Phil Donahue, «Oprah Winfrey», <www.time.com>, 29 abril 2010; Claire Atkinson, «Maria Grasso and Nina Wass Exit Cable Channel Before Launch», *Broadcasting and Cable*, 25 agosto 2009; Ken Auletta, «Why Oprah Needs Cable», <www.newyorker.com>, 20 noviembre 2009; Pat Embry, «'Oprah Winfrey's Father Says Her Success Is No Surprise», *Nashville Banner*, 20 enero 1986; Cathy Horyn, «Elegance is the Norm at Costume Institute Gala», *New York Times*, 3 mayo 2010; Anahita Moussavian y Serena French, «Oversexed in the City», *New York Post*, 4 mayo 2010; Amy Diluna, «Stars Come Out to Shine at the Metropolitan Museum of Art's Costume Institute Gala», *New York Daily News*, 4 mayo 2010; Kaitlin Knoll, «Oprah Winfrey to Receive Minerva Award», *The Hollywood Reporter*, 2 junio 2010; Karen R. Long, «Oprah Winfrey Is a Surprise Winner of Cleveland's Anisfield-Wolf Award», *Plain Dealer*, 22 abril 2010; «We Hear You», *O, The Oprah Magazine*, mayo 2010.

TV: «Oprah's Fridays Live», *The Oprah Winfrey Show*, emitido 20 noviembre 2009; «Oprah's Season 24 Kickoff Party», *The Oprah Winfrey Show*, emitido 10 septiembre 2009.

ENTREVISTA: Fuente confidencial, 2 enero 2008.

Bibliografía

ABT, Vicki y Leonard MUSTAZZA: *Coming After Oprah: Cultural Fallout in the Age of the TV Talk Show,* Bowling Green State University Popular Press, Bowling Green (Ohio), 1997.

ADLER, Bill (ed.): *The Uncommon Wisdom of Oprah Winfrey.* Citadel Press, Secaucus (Nueva Jersey), 1997.

ALMOND, Steve: *(Not That You Asked),* Random House, Nueva York, 2007.

ANGELOU, Maya: *Letter to My Daughter,* Random House, Nueva York, 2008.

BLACK, Cathie: *Basic Black,* Crown, Nueva York, 2007.

BLY, Nellie: *Oprah!, Up Close and Down Home,* Zebra Books, Nueva York, 1993.

BONVILLAIN, Keifer: *Ruthless,* Keifer Enterprises, Atlanta, 2007.

BURRELL, Paul: *A Royal Duty,* Putnam, Nueva York, 2003.

CROWE, Patrick H.: *Oprah for President,* publicado por el autor, 2005.

DAVIS, Natalie Zemon: *Slaves on Screen,* Harvard University Press, Cambridge, (Massachussetts), 2000.

DOUGHERTY, Jack: *More Than One Struggle: The Evolution of Black School Reform in Milwaukee,* University of North Carolina Press, Chapel Hill, 2004.

ELLIOT, Jeffrey M. (ed.): *Conversations with Maya Angelou,* University Press of Mississippi, Jackson, 1989.

ESTERS, Katharine Carr: *Jay Bird Creek,* Solid Earth LLC, Kosciusko (Misisipí), 2005.

FARR, Cecilia Konchar: *Reading Oprah,* SUNY Press, Albany (Nueva York), 2005.

FREY, James: *A Million Little Pieces,* Anchor, Nueva York, 2003.

FRUMKIN, Peter: *Strategic Giving: The Art and Science of Philanthropy,* University of Chicago Press, Chicago, 2006.

FUNDERBURG, Lise, y Jennifer S. ALTMAN, con prefacio de Oprah Winfrey: *The Color Purple: A Memory Book of the Broadway Musical,* Carroll and Graf, Nueva York, 2006.

GAMSON, Joshua: *Freaks Talk Back,* University of Chicago Press, Chicago, 1998.

GARSON, Helen S.: *Oprah Winfrey: A Biography*, Greenwood Books, Westport (Connecticut), 2004.

GATES, Henry Louis, Jr.: *Finding Oprah's Roots*, Crown, Nueva York, 2007.

GILLESPIE, Marcia Ann, Rosa Johnson BUTLER y Richard A. LONG: *Maya Angelou: A Glorious Celebration*, Doubleday, (con prefacio de Oprah Winfrey), Nueva York, 2008.

GRAHAM, Stedman: *Build Your Own Life Brand*, Free Press, Nueva York, 2001.

— *Diversity: Leaders Not Labels*, Free Press, Nueva York, 2006.

— *Move Without the Ball*, Fireside, Nueva York, 2004.

— *Teens Can Make It Happen*, Fireside, Nueva York, 2000.

— *Who Are You?* Hay House, Carlsbad, California, 2005.

— *You Can Make It Happen*, Fireside, Nueva York, 1998.

GRAHAM, Stedman, Lisa DELPY NEIROTTI, y Joe JEFF GOLDBLATT, *The Ultimate Guide to Sport Event Management and Marketing*, Irwin Professional Publishing, Chicago, 1995.

— *The Ultimate Guide to Sports Marketing* (2.ª ed.), McGraw-Hill, Nueva York, 2001.

GREENE, Bob y Oprah WINFREY: *A Journal of Daily Renewal: The Companion to Make the Connection*, Hyperion, Nueva York, 1996.

— *Make the Connection*, Hyperion, Nueva York, 1996.

GRIFFIN, Kathy: *Official Book Club Selection: A Memoir According to Kathy Griffin*, Ballantine Books, Nueva York, 2009.

HARRIS, Jennifer y Elwood WATSON (eds.): *The Oprah Phenomenon*, University of Kentucky Press, Lexington, 2007.

ILLOUZ, Eva: *Oprah Winfrey and the Glamour of Misery*, Columbia University Press, Nueva York, 2003.

IRWIN, Jecquin D.: *My Life After Oprah*, publicado por el autor, 2006 (Kindle ed.)

JALLOH, Alusine y Toyin FABOLA (eds.): *Black Business and Economic Power*. University of Rochester Press, Rochester (Nueva York), 2002.

JONES, Quincy, *Q.: The Autobiography of Quincy Jones*, Harlem Moon, Nueva York, 2001.

KAMINER, Wendy: *I'm Dysfunctional, You're Dysfunctional*. Vintage Books, Nueva York, 1993.

KING, Norman: *Everybody Loves Oprah*, William Morrow and Co., Nueva York, 1987.

KOGAN, Rick: *America's Mom: The Life, Lessons, and Legacy of Ann Landers*, William Morrow, Nueva York, 2003.

KROHN, Katherine: *Oprah Winfrey*, 21st Century Books, Minneapolis, 2002.

KURTZ, Howard: *Hot Air: All Talk All the Time*, Basic Books, Nueva York, 1997.

LAWRENCE, Ken: *The World According to Oprah*, Andrews McMeel Publishing, Kansas City (Missouri), 2005.

LEAMER, Lawrence: *Fantastic: The Life of Arnold Schwarzenegger*, St. Martin's Press, Nueva York, 2005.

Live Your Best Life: A Treasury of Wisdom, Wit, Advice, Interviews, and Inspiration from O, The Oprah Magazine, Oxmoor House, Birmingham (Alabama), 2005.

LOWE, Janet: *Oprah Winfrey Speaks*, John Wiley and Sons, Nueva York, 1998.

LYMAN, Howard F.: (con Glen MERZER) *Mad Cowboy*, Touchstone, Nueva York, 1998.

MAIR, George: *Oprah Winfrey: The Real Story*, Birch Lane Press, Nueva York, 1994.

MARBERRY, Craig: *Cuttin' Up: Wit and Wisdom from Black Barbershops*, Doubleday, Nueva York, 2005.

MARSHALL, P. David: *Celebrity and Power*, University of Minnesota Press, Minneapolis, 1997.

MATHABANE, Mark: *Kaffir Boy in America*, Free Press, Nueva York, 1990.

McDONALD, Katrina Bell: *Embracing Sisterhood*, Rowman and Littlefield, Nueva York, 2007.

McDOWELL, Josh y Dave STERRETT: *«O» God: A Dialogue on Truth and Oprah's Spirituality*, WND Books, Los Angeles, 2009.

McGRAW, Philip: *Life Strategies*, Hyperion, Nueva York, 1999.

NATKIN, Paul y Stephen GREEN: *To Oprah with Love*, New Millennium Press, Beverly Hills (California), 2002.

NELSON, Marcia Z: *The Gospel According to Oprah*, John Knox Press, Westminster, 2005.

NICHOLSON, Louis P.: *Oprah Winfrey, Entertainer*, (Introducción de Coretta Scott King.), Grolier Inc., Danbury (Connecticut), 1994.

NODEN, Merrell: *People Profiles: Oprah Winfrey*, Time Inc., Nueva York, 1999.

O's Big Book of Happiness: The Best of O, The Oprah Magazine, Oxmoor House, Birmingham (Alabama), 2008.

O's Guide to Life: The Best of O, The Oprah Magazine, Oxmoor House, Birmingham (Alabama), 2007.

OLESKER, Michael: *Michael Olesker's Baltimore*, Johns Hopkins University Press, Baltimore, 1995.

— *Tonight at Six*, Apprentice House, Baltimore, 2008.

OPPENHEIMER, Jerry: *Front Row*, St. Martin's Griffin, Nueva York, 2005.

PECK, Janice: *The Age of Oprah*, Paradigm Publishers, Boulder (Colorado), 2008.

ROBERTS, Gene y Hank KLIBANOFF: *The Race Beat*, Alfred A. Knopf, Nueva York, 2006.

ROONEY, Kathleen: *Reading with Oprah* (2.ª edición), University of Arkansas Press, Fayetteville, 2008.

SHATTUC, Jane M.: *The Talking Cure*, Routledge, Nueva York, 1997.

SLOAN, Bill: *I Watched a Wild Hog Eat My Baby*, Prometheus Books, Amherst (Nueva York), 2001.

SMITH-SHOMADE, Beretta E.: *Shaded Lives: African-American Women and Television*, Rutgers University Press, New Brunswick (Nueva Jersey), 2002.

STATEN, Vince: *Do Bald Men Get Half-Price Haircuts?*, Touchstone, Nueva York, 2001.

STEELE, Carrington: *Don't Drink the Kool-Aid*. Publicado por la autora, 2008.

STEINBERG, Neil: *The Alphabet of Modern Annoyances*, Doubleday, Nueva York, 1996.

TILLIS, James: *«Quick»*, contado a J. Engleman Price, *Thinking Big*, The LPG Group, Chicago, 2000.

TOLLE, Eckhart: *A New Earth*, Plume, Nueva York, 2005.

WALDRON, Robert: *Oprah!*, St. Martin's, Nueva York, 1987.

WALKER, Alice: *The Same River Twice*, Scribner, Nueva York, 1996.

WALKER, Andre: (Prefacio de Oprah Winfrey.) *Andre Talks Hair!*, Simon and Schuster, Nueva York, 1997.

WALKER, Margaret: *Jubilee*, Mariner Books, Nueva York, 1999 (publicado originalmente en 1966).

WHITE, Evelyn C.: *Alice Walker*, W.W.: Norton and Co., Nueva York, 2004.

WHITE, Wendel A.: *Small Towns, Black Lives*, The Noyes Museum of Art, Oceanville (Nueva Jersey), 2003.

WILSON, Melba: *Crossing the Boundary: Black Women Survive Incest*, Seal Press, Seattle, 1994.

WINFREY, Oprah: *The Best of Oprah's What I Know for Sure. Supplement to O, the Oprah Magazine*, sin fecha.

— *Journey to Beloved*, Hyperion, Nueva York, 1998.

WINFREY, Shakeeta: *The Other Winfrey: Life in the Shadow of O*. Marketing Communications Group, Decatur (Georgia), 2007.

WOLFFE, Richard: *Renegade: The Making of a President*, Crown, Nueva York, 2009.

Agradecimientos

Un libro sobre alguien tan complejo y fascinante como Oprah Winfrey no podía tener un hogar mejor que Random House, Inc. y el Crown Publising Group. El apoyo de Peter Olson, anterior director ejecutivo, y Jenny Frost, anterior presidenta de Crown, para que presentara una biografía amplia y detallada de una de las figuras públicas con más poder de nuestro tiempo me dio la oportunidad de escribir sobre el sueño americano, con sus miserias y sus riquezas, sus estragos y sus recompensas.

Durante los cuatro años de investigaciones e informes disfruté de la magnífica guía de mi exigente editor Peter Gethers y la ayuda, en todo momento, de su extraordinaria colaboradora Christina Malach y de Claudia Herr, editora de enorme talento. Bajo el liderazgo de Markus Dohle, consejero delegado de Random House, la presidenta Maya Mavjee, la editora Tina Constable y el director de marketing Philip Patrick, empecé a vivir el sueño de todos los autores: una experiencia editorial fabulosa que incluía la maravillosa capacidad de organización de Amy Boorstein, el ojo artístico de Mary Choteborsky, el genio corrector de Jenna Dolan, el sofisticado diseño de cubiertas de David Tran y el delicado talento de David Drake, director de publicidad, en conjunción con Marina Ein, Jeff Ingram y Rebecca Kelley, de Ein Communications. Además, durante el proceso, disfruté de la extraordinaria asesoría legal de Kathy Trager y Matthew Martin.

Estoy agradecida a todos los miembros de Crown Publishing Group, muy particularmente a Robert Siek, director de producción; Linnea Knollmueller, producción; Barbara Sturman, diseño; Amanda D'Acierno, editoria de audio; Jill Flaxman, marketing de ventas; Linda Kaplan, derechos de reproducción y Jacob Bronstein, que me introdujo en twitter y facebook, esas maravillas del siglo XXI.

Tengo una enorme deuda de agradecimiento con mi agente de toda la vida, Wayne S. Kabak, que me ha llevado de la mano en muchos libros, y a Larry Kirshbaum, que se sumó a nosotros en esta empresa editorial.

La investigación para este libro empezó con mi ayudante Stephanie K. Eller, que organizó 2.732 ficheros sobre la vida de Oprah Winfrey, clasificados por nombres, fechas y temas. Además, Stephanie examinó las declaraciones de la renta (formulario 990) de las diversas fundaciones de Oprah, para diseñar los estadillos financieros que aparecen en el capítulo 18. Pasó días y días comprobando los datos de cada capítulo y recopilando la documentación para las notas finales. Durante el proceso, contamos con la ayuda de una excelente investigación e información de Liz Rich, Leon Wagener, Carolyn Hardnett Robinson, Monika Blackwell, Alexander Hilhorst, Shilpa Nadham, Wendy Lyons Sunshine y Patti Pancoe.

La mayoría de fuentes de este libro son citadas por su nombre, con la excepción de los empleados anteriores y actuales de Harpo, que sólo podían hablar con la condición de mantener una absoluta confidencialidad. Aprecio la confianza que depositaron en mí.

Los periodistas, como siempre, fueron extremadamente generosos, y se lo agradezco, en especial a Margaret Engel, directora de Alicia Patterson Foundation; a su gemela Alison Engel, directora de University Communications, de la Universidad de Carolina del Sur; a Linda Cashdan, que me guió a lo largo de todos los capítulos de C&O Canal; y al fallecido John Mashek, que no vivió lo suficiente para celebrar lo que llamaba «la continuada saga de 'Santa Oprah'».

Por orden alfabético doy las gracias a las siguientes personas por todo lo que hicieron por este libro y por su autora: Christopher Addison, Kurt Anderson, Michael Anderson, Jeanette Angell, Alexandra Armstrong, Joe Armstrong, Sheryl Harris Atkinson, Lissa Agostoust, Laura Aye, Daniel Bagdade, Barry Baird, William F. Baker, Bob Barnes, Ysaye M. Barnwell, Alexa Bartel, Jewette Battles, Andy Behrman, Phoebe Beasley, Kathy Berlin, Ellen Bennett, Jenna Bett, Rob Birkhead, Alexandra Mayoes Birnbaum, Sylvia Watts Blann, Mervin Block, Myrna Blyth, Anne Borchardt, David and Amanda Bowker, Richard Brase, Richard Brenneman, Michael Brooks, Gordon El Greco Brown, Beverly Burke, Bonnie Burlbaw, Deborah Bush, E. Faye Butler, Paul Burrell, Kenneth Burrows, David Bushman, Dale Buss, Luvenia Harrison Butler, Maria Calcagni, William Chaput del Lotos Club, Trace Chapman, Larry Carpenter, Kathryn Carrick, Peter Cherukuri, Chris Clark, Steve Clark, Winnie Clark, Elizabeth Clauhsen, Patsy Cline, Peter Colasante, Judy Colteryahn, David Patrick Columbia, Mike Conway, Randolph Cook, Krysten Coppoletta, Paul Costello, Margo Cozell, Thomas Craft, Todd Cranford, Lynn Crawford, Candy Miles-Crocker, Nancy Cronk, David Crossland, Page Crossland, Patrick Crowe, Renee Crown, Barbara Dale, Mike Dalton, Peggy Datillo, Gwen Davis, Joseph Davis, Virginia Davis, Spider Dean, Tatiana de Fidler, Charles DeFanti, Steve Dennis, Sally Denton, Paul Dickson, Grace

Diekhaus, Maria di Martini, Diane Dimond, Barbara Dixon, Sen. Robert Dole, Pier Dominguez, Phil Donahue, Todd Doughty, Kathleen Drew, Helen y Richard Dudman, Robert Duffy, Bill East, Daniel Edwards, Bonnie Eldon, Gary Elion, Katharine Carr Esters, Don Everett, Penny Farthing, Nancy Fax, David Fechheimer, Robert Feder, Carol Felsenthal, Kathleen Fennell, Hilda Ford, Badi Foster, Michael Fox, Drew Friedman, Rick Frishman, Tony Frost, Peter Frumkin, Harry G. Fulmer, Peggy Furth, Keri L. Gaither, Tony and Marsha Gallo, Elaine Ganick, Ray Garcia, Patricia A. Garrett-Oluade, Ann Gerber, Robin Gerber, Mary Ann Gilbert, Mary Gilliat, Michelle Gillion, Jean and Tom Gilpin, Mishelle Gilson, Vivian y Bob Glick, Bonnie Goldstein, Alex Goode, Nina Goodman, Sarah Gorman, Rachel Grady, Diedre Stoelze Graves, Don and Judy Green, Nancy Green, Kevin Grogan, Michael Gross, Patricia Gurne, Barbara L. Hamm, Joy Handler, Joyce Saenz Harris, Judith L. Harris, Stacy Harris, Anna Harrison, Fruzsina Harsanyi, Darlene Hayes, Andrea Haynes, J. C. Hayward, James Henderson, Suzanne Herz, Stephen Hess, Joyce Daniel Hill, Michael Hill, Dale Lee Hinz, Roger Hitts, Robert Holm, Gary Holt, Jay Houston, Glenn Horowitz, Sandy Horwitt, Margo Howard, Beth Howse, Charlotte Huff, Bobbie Huffmister, Bob Hughes, Janis Ian, Gail Ifshin, Marty Ingels, Mark Itkin, Paula K. Jacobs, Jeremy Jacobs, Beverly Jackson, Tracey Jackson, James Jenkins, Ken Jennings, Fran Johns, Keith Johnson, Peter Johnston, Doug Joiner, Bob Jones, Tim Jones, Erica Jong, Carol Joynt, David Jozwiak, Andre Julian, Blair Kamin, Susan Karns, Beverly Keel, John Keller, Susie Kelly, Karen Kennedy, Kathy Kiely, Dorothy H. Kiser, Rick Kogan, Arnold Koonin, Jesse Kornbluth, Ed Kosowski, Bill Kovach, Alex Kucsynski, Jeanine Kunz, Ris La Coste, Melissa Lakey, Lynne Lamberg, Norma y Roger Langley, Kitty Lansdale, Janine Latus, Diane LAgostohlin, Bob Leffler, A. J. Lehter, Pat and Randy Lewis, Beatrice Liebenberg, Ellen Lightman, Lisa Lucke, Mike Luckovich, Howard Lyman, Sharon Malone, Mary Jo Manning, Cecily Marcus, Alice Masemer, Darlene Mathis, Jane McClary, Jerry McCoy, Katrina Bell McDonald, David McFadden, M. D., Marvin McIntyre, Pat McNees, Grace McQuade, Kevin McShane, Marianne Means, Sandi Mendelson, Caroline Michel, Zoe Mikva, Frank Miller, Marc E. Miller, Mark Crispan Miller, Richard Mineards, Rachel Mirsky, Dan E. Moldea, Joanna Molloy, John Moran, James McGrath Morris, Susan Morrison, Barbara and David Morowitz, Dan Moore, Paul Moore, Luther T. Munford, Trudie Munson, Alanna Nash, Tracy Noble, Jimmy Norton, Janette Nunez, Jackie Oakes, Patricia O'Brien, Justice Sandra Day O'Connor, Mike Olesker, Jerry Oppenheimer, Patty O'Toole, Patty Outlaw, Marc Pachter y el equipo del Washington Biography Group, Margaret Pagan, Jack Panczak, Brooks

Parker, Bob Parr, Patrice Patton-Price, Topher Payne, Scott Peacock, Pamela Peeke, M. D., Alexandra Penney, JoAnn Pinkerton, Diane M. Praet, Suzy Prudden, Paxton Quigley, Sugar Rautbord, Katie Rawls, Sonny Rawls, Bernice Johnson Reagon, Cheryl Reed, Judith Regan, Dr. Frank M. Reid, Bonnie Remsberg, Bev Reppert, Harvey Resnick, M. D., Barry Ribock, Carol Ribock, Allen Rice, Jewell Robinson, Patsy Rogers, Richard Redpants Rogers, Carl Rollyson, Louisa Romano, Paula Rome, Susan Rome, Chris Rose, George Rush, Daniel Ruth, Colleen Ryan, Deborah Caulfield Ryback, Robert Rynasiewicz, Blair Sabol, Jeff Samuels, Conrad Sanford, Bob Sector, Richard W. Schott, Pat Shakow, Adam Shapiro, Amy Shapiro, Ron Shapiro, Claudia Shear, Riki Sheehan, Barbara Shellhorn, Cynthia Connor Shelton, Anne Boone Simanski, Larry Singer, Cameron Smith, Esther Smith, Lisa Smith, Liz Smith, Sharon Hull Smith, Eileen Solomon, Nancy Solinski, Brenda Billips Square, Julie Johnson Staples, Neil Steinberg, Linda Reynolds Stern, Ann Stock, Nancy Stoddart, John B. Straw, Gloria Steinem, Nancy Harvey Steorts, Andrew Stephen, Allen J. Streiker, Kimba Stroud, Michael Sullivan, Richard Swartz, Nan Talese, Deborah Tannen, Maureen Taylor, Rose Thomas, Patricia Thompson, Cynthia Todd, Sue Tolchin, Jeffrey Toobin, Darlene Tracy, Bob Turk, Rocky Twyman, James van Sweden, Ed Victor, Robert Waldron, Alice Walker, Patrick Walsh, Jeanette Walls, Mike Walter, Ellen Warren, Eddie Washington, Janet Wassom, Susan Weaving, Steve Weisman, Gregg A. Wilhelm, Armstrong Williams, Miyuki Williams, Dori Wilson, Vernon Winfrey, Judy Wise, Jeanette Witter, Eileen Wood, Barbara Wright, Irene Wurtzel, Catherine Wyler, Elliot Zinger, Jeremy y Gretchen Zucker, Bill Zwecker.

Gracias, también, a Sheila y Dobli Srinivasan y sus amigos de PGA West, en La Quinta, que, al sol de California añadieron su calidez durante el invierno: Jim y Connie Alderson, Stephanie Arthur, John Caruana, Howard y Monique Culver, George y Geraldine Harmina, Jim y Gail Hawkins, Jim y Barbara Lambert, Bill y Sandi Phillips, Terry y Patricia Pracht, Debra Schwanke, Jesse y Ellen Sprecher, David y Lorraine Stearns.

Mi más profundo agradecimiento para mi marido, Jonathan Zucker, que continúa haciendo que el sol brille.

2 de enero de 2010

Créditos fotográficos

PÁGINA 19: AP Photo/LM Otero.

ENCARTE FOTOGRÁFICO 1
PÁGINA 1. Arriba: Peter Johnston. Abajo: Jewette Battles.
PÁGINA 2. Arriba, izquierda: cortesía de Katharine Carr Esters. Arriba, derecha: cortesía de Katharine Carr Esters. Abajo: cortesía de Larry Carpenter.
PÁGINA 3. Arriba, izquierda: cortesía de Larry Carpenter. Arriba, derecha: cortesía de Gary Holt. Abajo: cortesía de Patrice Patton-Price.
PÁGINA 5. Arriba: Peter Johnston. Centro: cortesía de Katharine Carr Esters.
PÁGINA 6. Arriba: cortesía de Katharine Carr Esters. Abajo: ©Sandy Gibson Photographer.
PÁGINA 7. Arriba: WJZ Channel 13, Baltimore (Maryland). Abajo: cortesía del Departamento de Policía de Fort Worth.
PÁGINA 8: Arriba: Biblioteca Presidencial de George H. W. Bush. Abajo: Michael Loccisano/Getty Images.

ENCARTE FOTOGRÁFICO 2
PÁGINA 1. Arriba: Biblioteca Presidencial de George H. W. Bush. Centro: Biblioteca Presidencial de William J. Clinton. Abajo: Media24/Gallo Images/Hulton Archive/Getty Images.
PÁGINA 2. Arriba: David McNew/Getty Images. Abajo: *New York Post*.
PÁGINA 3. Drew Friedman.
PÁGINA 4. *Maya Angelou:* E. Neitzel/Getty Images; *Michael Jackson:* Sylvia Linares/Getty Images; *Julia Roberts:* Bruce Glikas/Getty Images; *John Travolta:* Michael Tran/Getty Images; *Toni Morrison:* James Keyser/Time&Life Pictures/Getty Images; *John F. Kennedy, Jr.:* Arnaldo Magnani/Getty Images; *Diane Sawyer:* James Devaney/Getty Images; *Tom Cruise:* Frederick M. Brown/Getty Images; *Oprah Winfrey:* Peter Kramer/Getty Images.
PÁGINA 5. Arriba: Mike Luckovich. Abajo: Scott Wintrow/Getty Images.
PÁGINA 6. *1985:* Kevin Horan/Time&Life Pictures/Getty Images; *1986:* Ron

519

Galella/Getty Images; *1987:* Kevin Winter/Time&Life Pictures/Getty Images; *1989 y 1991:* Ron Galella Ltd./Getty Images; *1990, 1992, 1993 y 1994:* Jim Small/Getty Images; *1995 y 1996:* Dave Allocca/Time&Life Pictures/Getty Images. *1997:* Robin Platzer/Twin Images/Getty Images.

PÁGINA 7. *1998:* Brenda Chase/Getty Images. *1999:* Mario Magnani/Getty Images; *2000 y 2004:* Arnaldo Magnani/Getty Images; *2001:* Frank Micelotta/Getty Images; *2002:* Mark Mainz/Getty Images; *2003:* Dave Hogan/Getty Images; *2005:* Kevin Winter/Getty Images; *2006:* Chip Somodevilla/Getty Images; *2007:* Evan Agostini/Getty Images; *2008:* Donald Kravitz/Getty Images; *2009:* George Napolitano/Getty Images.

PÁGINA 8. cortesía de Daniel Edwards.

Índice alfabético

W

Waldheim, Kurt, 146
Waldron, Robert, 81, 127-128, 218
Walker, Alice, 402, 429
   El color púrpura, 29, 35, 136-
      138, 228, 281-282, 366
   película, 136–137, 141, 143
Walker, Andre, 178, 200
Walker, Madame C. J., 168
Walker, Margaret, (autora de *Jubileo*),
   62, 99
Walker, Thomas, 174
Wallace, Mike, 73, 91, 110, 141, 351
Wall Street Journal, The, 141, 205,
   406
Walt Disney Company, 304, 325, 332,
   379
Walters, Barbara, 16, 68, 87, 97, 141,
   216, 306, 392, 395
Wang, Vera, 200
Warhol, Andy, 145, 197
Warner, John, 129
Warner Books, 275
Warren, Ellen, 381
Warwick, Dionne, 401
Washington, Dinah, 218
Washington, Harold, 42, 121
Washington Post, The, 140, 243, 286,
   292, 295, 327, 344
Wassom, Janet, 88
Watts, Donna, 110
Watts, Rolonda, 300
Watts, Tim, 110-114, 116, 118-119,
   122, 310
Wayans, Keenan y Damon, 238
Wayans, Kim, 238
WBAL-TV, 363
WBBM-TV, 377
WDCN, 87
Weber, Gary, 317
Weiner, Arleen, 103, 110, 115, 122
Weir, Peter, 326
Welfare Warriors, 354
Weller, Robb, 119
Wenner, Jann, 127
Wheeler, Pat, 101-102
Whitaker, Forest, 431

Whitfield, Lynn, 227
Wiesel, Elie, 177, 230, 288, 292
Wietrak, Robert, 252
Wilkin, Abra Prentice Anderson, 144-145
Williams, Armstrong, 158, 159–160,
   166
Williams, Barbara, 163
Williams, Brian, 422
Williams, Hosea (reverendo), 200-201
Williams, Montel, 206, 265, 300
Williams, Robin, 164
Williams, Rufus, 357
Williams, Ted, 13
Williams and Connolly, 319
Williamson, Marianne, 194, 264, 330
Wilson, August, 353
Wilson, Dori, 124
Wilson, Flip, 71
Wilson, Nancy, 400, 401
Wilson, Rita, 383, 401
Winfrey, Barbara, 174, 178, 198
Winfrey, Elmore y Ella, 47
Winfrey, Oprah,
   abusos sexuales, 24, 29-30,
      32–35, 52, 76, 170, 242,
      245, 255–256, 258, 310
   ADN, 366
   adolescencia, 46, 47, 49–57,
      58–70, 77–81, 163, 240,
      242, 255, 256, 257–260, 421
   ambición, 60, 85, 87-88, 141–
      142, 144, 167-168, 197,
      217, 230, 241, 440
   años en la Universidad, 72–76,
      170–171
   autopromoción, 126–128, 141–
      142, 144, 160, 169, 182,
      198, 221, 350, 376-377
   aviones, 381–383
   color de la piel, 42, 56, 72–73,
      125-126, 161, 193
   confianza en sí misma, 142
   consumo de drogas, 59, 85, 131,
      132–135, 167, 241, 255,
      256–257, 297
   debut en televisión (1974), 84
   derroche de dinero, 398-399

Acerca de la autora

KITTY KELLEY es la autora, aclamada internacionalmente, de títulos como *Jackie Oh!; Elizabeth Taylor: The Last Star; His Way: The Unauthorized Biography of Frank Sinatra; Nancy Reagan: The Unauthorized Biography; The Royals;* y *The Family: The Real Story of the Bush Dinasty.* Los cuatro últimos títulos fueron todos número uno en la lista de los más vendidos en el *The New York Times.* Kelley ha sido homenajeada con premios como el Outstanding Author Award from the American Society of Journalists and Authors por sus «valientes escritos sobre la cultura popular», el Philip M. Stern Award por su «excepcional servicio a los autores y a la profesión de escritores», Medal of Merit del Lotos Club de Nueva York y en el 2005 con el PEN Oakland Literary Censorship Award. Sus artículos han aparecido en prestigiosos periódicos tales como *The New York Times, The Washington Post, The Wall Street Journal, Newsweek, People, Ladies' Home Journal, McCall's, Los Angeles Times* y *Chicago Tribune.* Actualemnte vive en Washington, con su esposo Jonathan Zucker que es médico.